· 2025 소방승진 시험대비 ·

소방시설법 및 화재예방법

소방법령 II

2025 시험대비 기출문제를 통한 출제경향 파악
제·개정법령 반영 핵심이론 완벽 분석 및 정리

기본서

권동억 저

cambus 출판사

머리말

종전의 「화재예방, 소방시설 설치·유지 및 안전관리에 관한 법률」이 「소방시설 설치 및 관리에 관한 법률」과 「화재의 예방 및 안전관리에 관한 법률」로 분법이 되면서 내용도 전부 개정이 되었습니다. 본 교재는 이에 맞추어 「소방시설법 및 화재예방법」으로 새롭게 출판하게 되었습니다.

본 이론서는 최근 승진시험의 출제경향에 맞춘 소방승진 전문수험서로 승진시험에 완벽하게 대비토록 하였습니다. 관계 법령의 최근 기출문제에 대한 분석을 토대로 기본내용의 체계적인 정리, 단원별 핵심정리 및 적중 OX 문제, 적중 예상문제 등 4단계로 구성하여 법령 전체에 대한 반복적인 확인학습이 가능하도록 하였습니다.

도서의 특징

❶ 소방승진 전문수험서로서의 기능에 충실하였습니다. 소방시설법령의 내용을 단원별로 이해하기 쉽도록 체계적으로 서술하고, 소방학교의 교재를 모두 반영하였습니다. 필수 암기 사항은 각 장마다 핵심요약을 하고 적중 OX 문제를 통해 기본실력을 점검하도록 하였습니다.

❷ 승진시험에 대비하기 위해서는 기본서의 이해 및 정리만으로는 부족하며, 객관식 문제에 대한 충분한 연습이 필요합니다. 실전 핵심문제는 소방법령의 기본내용과 기출문제 등을 철저하게 분석하여 출제 가능한 문제들로 구성하여 승진시험에 대비하도록 하였습니다.

❸ 2025년 1월 5일까지 소방법령의 개정사항을 모두 반영하였으며, 시험출제범위에 맞추어 재구성하고 최근 승진시험의 기출문제를 수록하였습니다. 법령 개정사항 등이 있으면, 캠버스에듀(www.cambusedu.com), 네이버 소준사 카페(http://cafe.naver.com/fire2020), 소준사 홈페이지(firemanexamco.kr) 게시판 등을 통해 신속히 보완하도록 하겠습니다.

이 교재로 처음부터 끝까지 차근차근 정리하여 나간다면 소방승진시험에서 반드시 좋은 결과가 있을 것으로 믿습니다.

끝으로 각별한 인내로 교재를 출간하는 데 격려해주신 (주)캠버스 한장석 대표님과 도움을 주신 분들께 진심으로 감사드립니다.

편저자 권동억

소방시설법 및 화재예방법(소방교, 괄호는 소방장) 출제빈도 일람표

대단원	소단원	2020	2021	2022	2023	2024	총계
제1장 소방시설법 총칙	목적 및 의의						
	용어의 정의	1(3)		4(1)		2	7(4)
	연혁 및 국가의 책무						
제2장 소방시설의 설치 및 방염	건축허가등의 동의등	1(1)	1	2(2)	1(1)	2(3)	7(7)
	소방시설의 설치	1(1)	1(2)	2(2)	4(4)	1(1)	9(10)
	소방시설의 관리	3(2)	3(4)	3(2)	(1)	2(2)	11(11)
	방염	1	1			1	3
제3장 소방시설의 자체점검	소방시설의 자체점검	1(3)	1(1)	1(1)		(1)	3(6)
	자체점검 결과의 조치				(1)		(1)
제4장 소방시설 관리사 및 관리업	소방시설관리사		1(1)	1			2(1)
	소방시설관리업			(1)			(1)
제5장 소방용품의 품질관리	형식승인				1		1
	성능인증 등						
제6장 보칙 및 벌칙	보칙	(1)					(1)
	벌칙	(1)	1(2)		1	1(2)	3(5)
제1장 화재예방법 총칙 등	법의 목적 및 용어 정의					(1)	(1)
	법의 연혁 및 구성						
	국가 등의 책무						
	안전관리 기본계획			(2)		1(1)	1(3)
제2장 화재안전조사	화재안전조사	1			1(1)		2(1)
	조치명령			(1)			(1)
	손실보상						
제3장 화재의 예방조치	화재의 예방	1	1(1)	1			3(1)
	불을 사용하는 설비	1(2)	2(1)	2(2)		1(1)	6(6)
	화재예방강화지구	1	(2)	(2)	(1)		1(5)
	화재위험경보	(1)					(1)
	화재안전영향평가					(1)	(1)
제4장 소방대상물의 소방안전관리	소방안전관리	4(1)	2(2)		2(2)	2(2)	10(7)
	소방안전관리자 관리						
	소방안전관리자 교육	1(1)	1			(1)	2(2)
	소방훈련·안전교육				1(1)		1(1)
제5장 특별관리시설물	특별관리시설물		(1)		1	1	2(1)
	화재예방안전진단				1(1)	1(1)	2(2)
제6장 보칙 및 벌칙	보칙						
	벌칙	1	1(1)			2	4(1)
합계		18(17)	16(18)	16(16)	13(13)	17(17)	80(81)

소방공무원승진시험의 필기시험과목(제28조 관련) 〈개정 2022.12.1〉

구 분	과목수	필기시험과목
소방령·소방경 승진시험	3	행정법, 소방법령Ⅰ·Ⅱ·Ⅲ, 선택1 (행정학, 조직학, 재정학)
소방위 승진시험	3	행정법, 소방법령Ⅳ, 소방전술
소방장 승진시험	3	소방법령Ⅱ, 소방법령Ⅲ, 소방전술
소방교 승진시험	3	소방법령Ⅰ, 소방법령Ⅱ, 소방전술

※ 비고
1. 소방법령Ⅰ : 소방공무원법(같은 법 시행령 및 시행규칙을 포함한다. 이하 같다)
2. 소방법령Ⅱ : 소방기본법, 소방시설 설치 및 관리에 관한 법률 및 화재의 예방 및 안전관리에 관한 법률
3. 소방법령Ⅲ : 위험물안전관리법, 다중이용업소의 안전관리에 관한 특별법
4. 소방법령Ⅳ : 소방공무원법, 위험물안전관리법
5. 소방전술 : 화재진압·구조·구급 관련 업무수행을 위한 지식·기술 및 기법 등

이 책의 차례

PART 01 | 소방시설법

Chapter 1 소방시설법의 총칙 ········ 011
제1절 소방시설법의 목적 및 의의 ········ 011
제2절 용어의 정의 ········ 012
제3절 소방시설법의 연혁 및 국가의 책무 등 ········ 029
- 핵심요약 ········ 032
- 적중OX문제 ········ 037
- 적중예상문제 ········ 041

Chapter 2 소방시설의 설치·관리 및 방염 ········ 059
제1절 건축허가등의 동의 등 ········ 059
제2절 소방시설의 설치 ········ 074
제3절 소방시설의 관리 ········ 091
제4절 방염 ········ 104
- 핵심요약 ········ 107
- 적중OX문제 ········ 119
- 적중예상문제 ········ 127

Chapter 3 소방시설등의 자체점검 ········ 170
제1절 소방시설등의 자체점검 ········ 170
제2절 자체점검 결과의 조치 등 ········ 181
- 핵심요약 ········ 185
- 적중OX문제 ········ 191
- 적중예상문제 ········ 195

Chapter 4 소방시설관리사 및 소방시설관리업 ········· 209
제1절 소방시설관리사 ··· 209
제2절 소방시설관리업 ··· 217
    ✪ 핵심요약 ··· 232
    ✪ 적중OX문제 ·· 238
    ✪ 적중예상문제 ·· 242

Chapter 5 소방용품의 품질관리 ······························· 261
제1절 소방용품의 형식승인 ·································· 261
제2절 소방용품의 성능인증 등 ······························ 266
제3절 우수품질 제품에 대한 인증 등 ····················· 268
    ✪ 핵심요약 ··· 270
    ✪ 적중OX문제 ·· 273
    ✪ 적중예상문제 ·· 275

Chapter 6 보칙 및 벌칙 ··· 284
제1절 보칙 ·· 284
제2절 벌칙 ·· 293
    ✪ 핵심요약 ··· 299
    ✪ 적중OX문제 ·· 303
    ✪ 적중예상문제 ·· 306

PART 02 | 화재예방법

Chapter 1 총칙 및 안전관리 기본계획 ········ 324
제1절 법의 목적 및 용어 정의 ········ 324
제2절 법의 연혁 및 구성 ········ 326
제3절 국가 및 지방자치단체의 책무 ········ 328
제4절 화재의 예방 및 안전관리 기본계획의 수립·시행 ········ 329
　● 핵심요약 ········ 333
　● 적중OX문제 ········ 336
　● 적중예상문제 ········ 339

Chapter 2 화재안전조사 ········ 349
제1절 화재안전조사 ········ 349
제2절 화재안전조사 결과에 따른 조치명령 ········ 358
제3절 조치명령과 손실보상 ········ 360
　● 핵심요약 ········ 362
　● 적중OX문제 ········ 367
　● 적중예상문제 ········ 370

Chapter 3 화재의 예방조치 등 ········ 386
제1절 화재의 예방 ········ 386
제2절 불을 사용하는 설비 등의 관리 ········ 389
제3절 화재예방강화지구 ········ 397
제4절 화재에 관한 위험경보 ········ 399
제5절 화재안전영향평가 ········ 401
　● 핵심요약 ········ 404
　● 적중OX문제 ········ 411
　● 적중예상문제 ········ 416

Chapter 4 소방대상물의 소방안전관리 ········· 440
제1절 소방안전관리 ········· 440
제2절 소방안전관리자의 관리 ········· 460
제3절 소방안전관리자 등에 대한 교육 ········· 472
제4절 소방훈련 및 소방안전교육 ········· 481
- 핵심요약 ········· 484
- 적중OX문제 ········· 495
- 적중예상문제 ········· 500

Chapter 5 특별관리시설물의 소방안전관리 ········· 526
제1절 소방안전 특별관리시설물의 안전관리 ········· 526
제2절 화재예방안전진단 ········· 529
- 핵심요약 ········· 537
- 적중OX문제 ········· 540
- 적중예상문제 ········· 543

Chapter 6 보칙 및 벌칙 ········· 553
제1절 보칙 ········· 553
제2절 벌칙 ········· 563
- 핵심요약 ········· 568
- 적중OX문제 ········· 572
- 적중예상문제 ········· 575

부록 2024 소방승진시험문제 ········· 586

제1편

소방시설법

chapter 1 | 소방시설법의 총칙
chapter 2 | 소방시설의 설치·관리 및 방염
chapter 3 | 소방시설등의 자체점검
chapter 4 | 소방시설관리사 및 소방시설관리업
chapter 5 | 소방용품의 품질관리
chapter 6 | 보칙 및 벌칙

CHAPTER 01 소방시설법의 총칙

> **학/습/포/인/트**
>
> 총칙은 소방시설법 전체에 관한 원칙적 사항으로 법의 목적 및 의의, 법의 해석에 있어 일관성을 확보하기 위한 용어의 정의, 법의 연혁 및 구성, 국가 및 지방자치단체의 책무 등에 대하여 규정하고 있다. 총칙에서는 용어의 정의를 명확하게 정리해야 한다. 특히 소방시설의 종류를 파악하고 특정소방대상물을 명확하게 구분해야 한다.

제1절 법의 목적 및 의의

1 소방시설법의 목적

(1) 법의 목적

이 법은 특정소방대상물 등에 설치하여야 하는 소방시설등의 설치·관리와 소방용품 성능관리에 필요한 사항을 규정함으로써 국민의 생명·신체 및 재산을 보호하고 공공의 안전과 복리 증진에 이바지함을 목적으로 한다.(법 제1조)

(2) 목적과 수단의 구조

특정소방대상물 등에 설치하여야 하는 소방시설등의 설치·관리와 소방용품 성능관리에 필요한 사항을 규정하는 것을 수단으로 하여 국민의 생명·신체 및 재산을 보호하고 궁극적으로는 공공의 안전과 복리 증진에 이바지하고자 한다.

2 목적 규정의 의의

(1) 목적 규정의 의의

목적 규정은 법률의 입법목적을 간명하게 요약한 문장으로서, 법규정의 의미와 존재이유 등의 입법취지를 명확히 하며, 또한 법률규정의 운용·해석지침을 제시하는 역할을 한다.

(2) 목적 규정의 기능

목적 규정은 법규해석의 기능과 함께 법의 근본 취지가 "공공의 안전과 복리증진"이라는 헌법상의 이념을 실현하기 위한 것을 표현함으로써 법률의 합헌성 확보의 기능 등이 있다.

제2절 용어의 정의

1 용어의 정의 및 적용범위

(1) 용어의 정의(법 제2조 제1항)

① "소방시설"이란 소화설비, 경보설비, 피난구조설비, 소화용수설비, 그 밖에 소화활동설비로서 대통령령으로 정하는 것을 말한다.
② "소방시설등"이란 소방시설과 비상구, 그 밖에 소방 관련 시설로서 대통령령으로 정하는 것을 말한다.
③ "특정소방대상물"이란 건축물 등의 규모·용도 및 수용인원 등을 고려하여 소방시설을 설치하여야 하는 소방대상물로서 대통령령으로 정하는 것을 말한다.
④ "화재안전성능"이란 화재를 예방하고 화재발생 시 피해를 최소화하기 위하여 소방대상물의 재료, 공간 및 설비 등에 요구되는 안전성능을 말한다.
⑤ "성능위주설계"란 건축물 등의 재료, 공간, 이용자, 화재 특성 등을 종합적으로 고려하여 공학적 방법으로 화재 위험성을 평가하고 그 결과에 따라 화재안전성능이 확보될 수 있도록 특정소방대상물을 설계하는 것을 말한다.
⑥ "화재안전기준"이란 소방시설 설치 및 관리를 위한 다음의 기준을 말한다.
　㉠ 성능기준 : 화재안전 확보를 위하여 재료, 공간 및 설비 등에 요구되는 안전성능으로서 소방청장이 고시로 정하는 기준
　㉡ 기술기준 : 성능기준을 충족하는 상세한 규격, 특정한 수치 및 시험방법 등에 관한 기준으로서 행정안전부령으로 정하는 절차에 따라 소방청장의 승인을 받은 기준
⑦ "소방용품"이란 소방시설등을 구성하거나 소방용으로 사용되는 제품 또는 기기로서 대통령령으로 정하는 것을 말한다.

실전연습

Q. 소방시설법상 용어의 정의에서 화재안전 확보를 위하여 재료, 공간 및 설비 등에 요구되는 안전성능으로서 소방청장이 고시로 정하는 기준을 무엇이라고 하는가?

① 화재안전성능　　　　　② 성능위주설계
③ 성능기준　　　　　　　④ 기술기준

해설 | 소방시설 설치 및 관리를 위한 화재안전기준에서 성능기준에 대한 설명이다.　　　↦ ③

---

(2) 적용범위(법 제2조 제2항)

이 법에서 사용하는 용어의 뜻은 위에서 규정하는 것을 제외하고는 「소방기본법」, 「화재예방법」, 「소방시설공사업법」, 「위험물안전관리법」 및 「건축법」에서 정하는 바에 따른다.

2 소방시설

(1) 소화설비
물 또는 그 밖의 소화약제를 사용하여 소화하는 기계·기구 또는 설비로서 다음의 것

① 소화기구
   ㉠ 소화기
   ㉡ 간이소화용구 : 에어로졸식 소화용구, 투척용 소화용구, 소공간용 소화용구 및 소화약제 외의 것을 이용한 간이소화용구
   ㉢ 자동확산소화기

② 자동소화장치
   ㉠ 주거용 주방자동소화장치
   ㉡ 상업용 주방자동소화장치
   ㉢ 캐비닛형 자동소화장치
   ㉣ 가스자동소화장치
   ㉤ 분말자동소화장치
   ㉥ 고체에어로졸자동소화장치

③ 옥내소화전설비[호스릴(hose) 옥내소화전설비를 포함한다]

④ 스프링클러설비등
   ㉠ 스프링클러설비
   ㉡ 간이스프링클러설비(캐비닛형 간이스프링클러설비를 포함한다)
   ㉢ 화재조기진압용 스프링클러설비

⑤ 물분무등소화설비
   ㉠ 물분무소화설비
   ㉡ 미분무소화설비
   ㉢ 포소화설비
   ㉣ 이산화탄소소화설비
   ㉤ 할론소화설비
   ㉥ 할로겐화합물 및 불활성기체(다른 원소와 화학반응을 일으키기 어려운 기체를 말한다) 소화설비
   ㉦ 분말소화설비
   ㉧ 강화액소화설비
   ㉨ 고체에어로졸소화설비

⑥ 옥외소화전설비

(2) 경보설비 ★ 20년 소방장

화재발생 사실을 통보하는 기계·기구 또는 설비로서 다음의 것

① 단독경보형 감지기
② 비상경보설비 : 비상벨설비, 자동식사이렌설비
③ 시각경보기
④ 화재알림설비
⑤ 자동화재탐지설비
⑥ 비상방송설비
⑦ 자동화재속보설비
⑧ 통합감시시설
⑨ 누전경보기
⑩ 가스누설경보기

(3) 피난구조설비

화재가 발생할 경우 피난하기 위하여 사용하는 기구 또는 설비로서 다음의 것

① 피난기구
  ㉠ 피난사다리
  ㉡ 구조대
  ㉢ 완강기
  ㉣ 간이완강기
  ㉤ 그 밖에 화재안전기준으로 정하는 것(미끄럼대·피난교·피난용트랩·공기안전매트· 다수인 피난장비·승강식피난기)

② 인명구조기구
  ㉠ 방열복, 방화복(안전모, 보호장갑 및 안전화를 포함한다)
  ㉡ 공기호흡기
  ㉢ 인공소생기

③ 유도등
  ㉠ 피난유도선
  ㉡ 피난구유도등
  ㉢ 통로유도등
  ㉣ 객석유도등
  ㉤ 유도표지

④ 비상조명등 및 휴대용비상조명등

(4) 소화용수설비

화재를 진압하는 데 필요한 물을 공급하거나 저장하는 설비로서 다음의 것

① 상수도소화용수설비
② 소화수조·저수조, 그 밖의 소화용수설비

(5) 소화활동설비 ☆ 22년 소방장, 소방교, 18년 소방교

화재를 진압하거나 인명구조활동을 위하여 사용하는 설비로서 다음의 것을 말한다. 소화활동설비는 관계인 및 일반인 사용목적이 아니라 관설 소방력이 사용할 수 있도록 하기 위한 소방시설이란 점에서 그 특징이 있다.

① 제연설비
② 연결송수관설비
③ 연결살수설비
④ 비상콘센트설비
⑤ 무선통신보조설비
⑥ 연소방지설비

실전연습

Q. 「소방시설 설치 및 관리에 관한 법률 시행령」상 소방시설 중 "화재를 진압하거나 인명구조활동을 위하여 사용하는 설비"에 해당하지 않는 것은? ☆ 22년 소방교

① 제연설비 ② 소화용수설비
③ 연소방지설비 ④ 비상콘센트설비

해설 | 소화용수설비는 화재진압하는데 필요한 물을 공급하거나 저장하는 설비이다. ➡ ②

---

3 소방시설등

(1) 소방시설등 ☆ 22년 소방교

"소방시설등"이란 소방시설과 비상구(非常口), 그 밖에 소방 관련 시설로서 대통령령으로 정하는 것을 말한다.(법 제2조 제1항 제2호)

(2) 소방 관련 시설로서 대통령령으로 정하는 것

법 제2조 제1항 제2호에서 그 밖에 소방 관련 시설로서 "대통령령으로 정하는 것"이란 방화문 및 자동방화셔터를 말한다.(영 제4조)

4 특정소방대상물(영 제5조)

법 제2조제1항 제3호에서 "대통령령으로 정하는 특정소방대상물"이란 다음 영 별표 2의 소방대상물을 말한다.

(1) 공동주택 ☆ 23년 소방장

① 아파트등 : 주택으로 쓰이는 층수가 5층 이상인 주택
② 연립주택 : 주택으로 쓰는 1개 동의 바닥면적(2개 이상의 동을 지하주차장으로 연결하는 경우에는 각각의 동으로 본다) 합계가 660㎡를 초과하고, 층수가 4개 층 이하인 주택
③ 다세대주택 : 주택으로 쓰는 1개 동의 바닥면적(2개 이상의 동을 지하주차장으로 연결하는 경우에는 각각의 동으로 본다) 합계가 660㎡ 이하이고, 층수가 4개 층 이하인 주택
④ 기숙사 : 학교 또는 공장 등의 학생 또는 종업원 등을 위하여 쓰는 것으로서 1개 동의 공동취사시설 이용 세대 수가 전체의 50퍼센트 이상인 것(「교육기본법」 제27조제2항에 따른 학생복지주택 및 「공공주택 특별법」 제2조제1호의3에 따른 공공매입임대주택 중 독립된 주거의 형태를 갖추지 않은 것을 포함한다)

(2) 근린생활시설 ☆ 24년 소방교, 20년 소방장, 19년 소방장

① 슈퍼마켓과 일용품(식품, 잡화, 의류, 완구, 서적, 건축자재, 의약품, 의료기기 등) 등의 소매점으로서 같은 건축물(하나의 대지에 두 동 이상의 건축물이 있는 경우에는 이를 같은 건축물로 본다)에 해당 용도로 쓰는 바닥면적의 합계가 1천㎡ 미만인 것
② 휴게음식점, 제과점, 일반음식점, 기원(棋院), 노래연습장 및 단란주점(단란주점은 같은 건축물에 해당 용도로 쓰는 바닥면적의 합계가 150㎡ 미만인 것만 해당한다)
③ 이용원, 미용원, 목욕장 및 세탁소(공장이 부설된 것과 「대기환경보전법」, 「물환경보전법」 또는 「소음·진동관리법」에 따른 배출시설의 설치허가 또는 신고의 대상이 되는 것은 제외한다)
④ 의원, 치과의원, 한의원, 침술원, 접골원(接骨院), 조산원, 산후조리원 및 안마원(「의료법」 제82조제4항에 따른 안마시술소를 포함한다)
⑤ 탁구장, 테니스장, 체육도장, 체력단련장, 에어로빅장, 볼링장, 당구장, 실내낚시터, 골프연습장, 물놀이형 시설(「관광진흥법」 제33조에 따른 안전성검사의 대상이 되는 물놀이형 시설을 말한다), 그 밖에 이와 비슷한 것으로서 같은 건축물에 해당 용도로 쓰는 바닥면적의 합계가 500㎡ 미만인 것
⑥ 공연장(극장, 영화상영관, 연예장, 음악당, 서커스장, 「영화 및 비디오물의 진흥에 관한 법률」 제2조제16호가에 따른 비디오물감상실업의 시설, 비디오물소극장업의 시설, 그 밖에 이와 비슷한 것) 또는 종교집회장[교회, 성당, 사찰, 기도원, 수도원, 수녀원, 제실(祭室), 사당, 그 밖에 이와 비슷한 것]으로서 같은 건축물에 해당 용도로 쓰는 바닥면적의 합계가 300㎡ 미만인 것

⑦ 금융업소, 사무소, 부동산중개사무소, 결혼상담소 등 소개업소, 출판사, 서점, 그 밖에 이와 비슷한 것으로서 같은 건축물에 해당 용도로 쓰는 바닥면적의 합계가 500㎡ 미만인 것
⑧ 제조업소, 수리점, 그 밖에 이와 비슷한 것으로서 같은 건축물에 해당 용도로 쓰는 바닥면적의 합계가 500㎡ 미만인 것(「대기환경보전법」, 「물환경보전법」 또는 「소음·진동관리법」에 따른 배출시설의 설치허가 또는 신고의 대상인 것은 제외한다)
⑨ 「게임산업진흥에 관한 법률」 제2조제6호의2에 따른 청소년게임제공업 및 일반게임제공업의 시설, 제7호에 따른 인터넷컴퓨터게임시설제공업의 시설 및 제8호에 따른 복합유통게임제공업의 시설로서 같은 건축물에 해당 용도로 쓰는 바닥면적의 합계가 500㎡ 미만인 것
⑩ 사진관, 표구점, 학원(같은 건축물에 해당 용도로 쓰는 바닥면적의 합계가 500㎡ 미만인 것만 해당하며, 자동차학원 및 무도학원은 제외한다), 독서실, 고시원(「다중이용업소의 안전관리에 관한 특별법」에 따른 다중이용업 중 고시원업의 시설로서 독립된 주거의 형태를 갖추지 않은 것으로서 같은 건축물에 해당 용도로 쓰는 바닥면적의 합계가 500㎡ 미만인 것을 말한다), 장의사, 동물병원, 총포판매사, 그 밖에 이와 비슷한 것
⑪ 의약품 판매소, 의료기기 판매소 및 자동차영업소로서 같은 건축물에 해당 용도로 쓰는 바닥면적의 합계가 1천㎡ 미만인 것

근린생활시설
1. 바닥면적 150제곱미터 미만 : 단란주점
2. 바닥면적 300제곱미터 미만 : 공연장(극장, 영화상영관, 연예장, 음악당, 서커스장, 비디오감상실업과 비디오물소극장업의 시설) 또는 종교집회장(교회, 성당, 사찰, 기도원, 수도원, 수녀원, 제실, 사당, 그 밖에 이와 비슷한 것)
3. 바닥면적 500제곱미터 미만 : 탁구장, 테니스장, 체육도장, 체력단련장, 에어로빅장, 볼링장, 당구장, 골프연습장, 실내낚시터, 물놀이형 시설, 금융업소, 사무소, 부동산중개사무소, 결혼상담소, 소개업소, 서점, 게임제공업, 자동차학원 및 무도학원을 제외한 학원, 고시원
4. 바닥면적 1천 제곱미터 미만 : 슈퍼마켓과 일용품의 소매점, 의약품판매소, 의료기기 판매소 및 자동차영업소

실전연습

Q. 특정소방대상물에서 근린생활시설에 해당되지 않는 것은? ☆ 16년 경기 소방장

① 같은 건축물에 해당 용도로 쓰는 바닥면적의 합계가 1천제곱미터 미만인 슈퍼마켓
② 같은 건축물에 해당 용도로 쓰는 바닥면적의 합계가 150제곱미터 미만인 단란주점
③ 같은 건축물에 해당 용도로 쓰는 바닥면적의 합계가 500제곱미터 미만인 무도학원
④ 같은 건축물에 해당 용도로 쓰는 바닥면적의 합계가 300제곱미터 미만인 공연장

해설 | ③ 틀림, 바닥면적의 500제곱미터 미만인 학원은 근린생활시설이나 무도학원 등은 제외된다. ➡ ③

(3) 문화 및 집회시설

① 공연장 : 공연장으로서 근린생활시설에 해당하지 않는 것
② 집회장 : 예식장, 공회당, 회의장, 마권(馬券) 장외 발매소, 마권 전화투표소, 그 밖에 이와 비슷한 것으로서 근린생활시설에 해당하지 않는 것
③ 관람장 : 경마장, 경륜장, 경정장, 자동차 경기장, 그 밖에 이와 비슷한 것과 체육관 및 운동장으로서 관람석의 바닥면적의 합계가 1천㎡ 이상인 것
④ 전시장 : 박물관, 미술관, 과학관, 문화관, 체험관, 기념관, 산업전시장, 박람회장, 견본주택, 그 밖에 이와 비슷한 것
⑤ 동·식물원 : 동물원, 식물원, 수족관, 그 밖에 이와 비슷한 것

(4) 종교시설

① 종교집회장으로서 근린생활시설에 해당하지 않는 것(바닥면적의 합계가 300제곱미터 이상)
② ①의 종교집회장에 설치하는 봉안당(奉安堂)

(5) 판매시설

① 도매시장 : 「농수산물 유통 및 가격안정에 관한 법률」 제2조제2호에 따른 농수산물도매시장과 제5호에 따른 농수산물공판장, 그 밖에 이와 비슷한 것(그 안에 있는 근린생활시설을 포함한다)
② 소매시장 : 시장, 「유통산업발전법」 제2조제3호에 따른 대규모점포, 그 밖에 이와 비슷한 것(그 안에 있는 근린생활시설을 포함한다)
③ 전통시장 : 「전통시장 및 상점가 육성을 위한 특별법」 제2조제1호에 따른 전통시장(그 안에 있는 근린생활시설을 포함하며, 노점형시장은 제외한다)
④ 상점 : 다음의 어느 하나에 해당하는 것(그 안에 있는 근린생활시설을 포함한다)
  ㉠ 근린생활시설 ①에 해당하는 용도(슈퍼마켓과 일용품 등의 소매점)로서 같은 건축물에 해당 용도로 쓰는 바닥면적 합계가 1천㎡ 이상인 것
  ㉡ 근린생활시설 ⑨에 해당하는 용도(청소년게임제공업 및 일반게임제공업, 인터넷컴퓨터게임시설제공업 및 복합유통게임제공업)로서 같은 건축물에 해당 용도로 쓰는 바닥면적 합계가 500㎡ 이상인 것

(6) 운수시설 ☆ 18년 소방장

① 여객자동차터미널
② 철도 및 도시철도 시설[정비창(整備廠) 등 관련 시설을 포함한다]
③ 공항시설(항공관제탑을 포함한다)
④ 항만시설 및 종합여객시설

(7) 의료시설
① **병원** : 종합병원, 병원, 치과병원, 한방병원, 요양병원
② **격리병원** : 전염병원, 마약진료소, 그 밖에 이와 비슷한 것
③ **정신의료기관**
④ **의료재활시설** : 「장애인복지법」제58조제1항제4호에 따른 장애인 의료재활시설

(8) 교육연구시설
① **학교**
   ㉠ 초등학교, 중학교, 고등학교, 특수학교, 그 밖에 이에 준하는 학교 : 「학교시설사업 촉진법」 제2조제1호나목의 교사(校舍)(교실·도서실 등 교수·학습활동에 직접 또는 간접적으로 필요한 시설물을 말하되, 병설유치원으로 사용되는 부분은 제외한다), 체육관, 「학교급식법」 제6조에 따른 급식시설, 합숙소(학교의 운동부, 기능선수 등이 집단으로 숙식하는 장소를 말한다. 이하 같다)
   ㉡ 대학, 대학교, 그 밖에 이에 준하는 각종 학교 : 교사 및 합숙소
② **교육원**(연수원, 그 밖에 이와 비슷한 것을 포함한다)
③ **직업훈련소**
④ **학원**(근린생활시설에 해당하는 것과 자동차운전학원·정비학원 및 무도학원은 제외한다)
   ※ 자동차운전학원·정비학원은 항공기 및 자동차 관련 시설이며, 무도학원은 위락시설이다.
⑤ **연구소**(연구소에 준하는 시험소와 계량계측소를 포함한다)
⑥ **도서관**
   ※ 도서관은 교육연구시설이나 공공도서관은 업무시설에 해당한다.

실전연습

Q. 다음 특정소방대상물 중에서 교육연구시설은 모두 몇 개인가?

| ㄱ. 초등학교 | ㄴ. 교육원 | ㄷ. 직업훈련소 |
| ㄹ. 자동차운전학원 | ㅁ. 연구소 | ㅂ. 공공도서관 |

① 2개
② 3개
③ 4개
④ 5개

해설 | ㄹ의 자동차운전학원은 항공기 및 자동차 관련 시설이며, ㅂ의 공공도서관은 업무시설이다. → ③

(9) 노유자시설

① **노인 관련 시설** : 「노인복지법」에 따른 노인주거복지시설, 노인의료복지시설, 노인여가복지시설, 주·야간보호서비스나 단기보호서비스를 제공하는 재가노인복지시설(「노인장기요양보험법」에 따른 재가장기요양기관 포함), 노인보호전문기관, 노인일자리지원기관, 학대피해노인 전용쉼터, 그 밖에 이와 비슷한 것

② **아동 관련 시설** : 「아동복지법」에 따른 아동복지시설, 「영유아보육법」에 따른 어린이집, 「유아교육법」에 따른 유치원(학교의 교사 중 병설유치원으로 사용되는 부분을 포함한다), 그 밖에 이와 비슷한 것

③ **장애인 관련 시설** : 「장애인복지법」에 따른 장애인 거주시설, 장애인 지역사회재활시설(장애인 심부름센터, 한국수어통역센터, 점자도서 및 녹음서 출판시설 등 장애인이 직접 그 시설 자체를 이용하는 것을 주된 목적으로 하지 않는 시설 제외), 장애인 직업재활시설, 그 밖에 이와 비슷한 것

④ **정신질환자 관련 시설** : 「정신건강증진 및 정신질환자 복지서비스 지원에 관한 법률」에 따른 정신재활시설(생산품판매시설은 제외한다), 정신요양시설, 그 밖에 이와 비슷한 것

⑤ **노숙인 관련 시설** : 「노숙인 등의 복지 및 자립지원에 관한 법률」 제2조제2호에 따른 노숙인복지시설(노숙인일시보호시설, 노숙인자활시설, 노숙인재활시설, 노숙인요양시설 및 쪽방삼 당소만 해당한다), 노숙인종합지원센터 및 그 밖에 이와 비슷한 것

⑥ **한센인 등 요양시설** : ①부터 ⑤까지에서 규정한 것 외에 「사회복지사업법」에 따른 사회복지시설 중 결핵환자 또는 한센인 요양시설 등 다른 용도로 분류되지 않는 것

(10) 수련시설

① **생활권 수련시설** : 「청소년활동 진흥법」에 따른 청소년수련관, 청소년문화의집, 청소년특화시설, 그 밖에 이와 비슷한 것

② **자연권 수련시설** : 「청소년활동 진흥법」에 따른 청소년수련원, 청소년야영장, 그 밖에 이와 비슷한 것

③ **유스호스텔** : 「청소년활동 진흥법」에 따른 유스호스텔

(11) 운동시설

① **탁구장, 체육단련장 등** : 탁구장, 체육도장, 테니스장, 체력단련장, 에어로빅장, 볼링장, 당구장, 실내낚시터, 골프연습장, 물놀이형 시설, 그 밖에 이와 비슷한 것으로서 근린생활시설에 해당하지 않는 것(바닥면적 500제곱미터 이상)

② **체육관** : 관람석이 없거나 관람석의 바닥면적이 1천㎡ 미만인 것

③ **운동장** : 육상장, 구기장, 볼링장, 수영장, 스케이트장, 롤러스케이트장, 승마장, 사격장, 궁도장, 골프장 등과 이에 딸린 건축물로서 관람석이 없거나 관람석의 바닥면적이 1천㎡ 미만인 것

(12) 업무시설

① **공공업무시설** : 국가 또는 지방자치단체의 청사와 외국공관의 건축물로서 근린생활시설에 해당하지 않는 것
② **일반업무시설** : 금융업소, 사무소, 신문사, 오피스텔(업무를 주로 하며, 분양하거나 임대하는 구획 중 일부의 구획에서 숙식을 할 수 있도록 한 건축물로서 국토교통부장관이 고시하는 기준에 적합한 것), 그 밖에 이와 비슷한 것으로서 근린생활시설에 해당하지 않는 것
③ 주민자치센터(동사무소), 경찰서, 지구대, 파출소, 소방서, 119안전센터, 우체국, 보건소, 공공도서관, 국민건강보험공단, 그 밖에 이와 비슷한 용도로 사용하는 것
④ 마을회관, 마을공동작업소, 마을공동구판장, 그 밖에 이와 유사한 용도로 사용되는 것
⑤ 변전소, 양수장, 정수장, 대피소, 공중화장실, 그 밖에 이와 유사한 용도로 사용되는 것

(13) 숙박시설

① **일반형 숙박시설** : 「공중위생관리법 시행령」 제4조제1호에 따른 숙박업의 시설
② **생활형 숙박시설** : 「공중위생관리법 시행령」 제4조제2호에 따른 숙박업의 시설
③ 고시원(근린생활시설에 해당하지 않는 것을 말한다) 및 그 밖에 위의 시설과 비슷한 것

(14) 위락시설

① 단란주점으로서 근린생활시설에 해당하지 않는 것(바닥면적 150제곱미터 이상)
② 유흥주점, 그 밖에 이와 비슷한 것
③ 관광진흥법에 따른 유원시설업의 시설, 그 밖에 이와 비슷한 시설(근린생활시설은 제외)
④ 무도장 및 무도학원
⑤ 카지노영업소

실전연습

Q. 특정소방대상물을 분류한 것으로 틀린 것은?

① 의료시설 - 정신요양시설
② 운동시설 - 관람석이 없는 운동장
③ 수련시설 - 유스호스텔
④ 위락시설 - 무도학원

해설 | 정신요양시설은 노유자시설 중 정신질환자 관련 시설에 해당한다. ➡ ①

---

(15) 공장

물품의 제조·가공[세탁·염색·도장(塗裝)·표백·재봉·건조·인쇄 등을 포함한다] 또는 수리에 계속적으로 이용되는 건축물로서 근린생활시설, 위험물 저장 및 처리 시설, 항공기 및 자동차 관련 시설, 자원순환 관련 시설, 묘지 관련 시설 등으로 따로 분류되지 않는 것

(16) 창고시설

위험물 저장 및 처리 시설 또는 그 부속용도에 해당하는 것은 제외한다.

① 창고(물품저장시설로서 냉장·냉동 창고를 포함한다)
② 하역장
③ 물류터미널 : 「물류시설의 개발 및 운영에 관한 법률」에 따른 물류터미널
④ 집배송시설 : 「유통산업발전법」 제2조제15호에 따른 집배송시설

(17) 위험물 저장 및 처리 시설

① 제조소등
② 가스시설 : 산소 또는 가연성 가스를 제조·저장 또는 취급하는 시설 중 지상에 노출된 산소 또는 가연성 가스 탱크의 저장용량의 합계가 100톤 이상이거나 저장용량이 30톤 이상인 탱크가 있는 가스시설로서 다음의 어느 하나에 해당하는 것
　㉠ 가스 제조시설 : 「고압가스 안전관리법」 제4조제1항에 따른 고압가스의 제조허가를 받아야 하는 시설, 「도시가스사업법」 제3조에 따른 도시가스사업허가를 받아야 하는 시설
　㉡ 가스 저장시설 : 「고압가스 안전관리법」 제4조제5항에 따른 고압가스 저장소의 설치허가를 받아야 하는 시설, 「액화석유가스의 안전관리 및 사업법」 제8조제1항에 따른 액화석유가스 저장소의 설치 허가를 받아야 하는 시설
　㉢ 가스 취급시설 : 「액화석유가스의 안전관리 및 사업법」 제5조에 따른 액화석유가스 충전사업 또는 액화석유가스 집단공급사업의 허가를 받아야 하는 시설

(18) 항공기 및 자동차 관련 시설(건설기계 관련 시설을 포함한다)

① 항공기격납고
② 차고, 주차용 건축물, 철골 조립식 주차시설(바닥면이 조립식이 아닌 것을 포함한다) 및 기계장치에 의한 주차시설
③ 세차장
④ 폐차장
⑤ 자동차 검사장
⑥ 자동차 매매장
⑦ 자동차 정비공장
⑧ 운전학원·정비학원
⑨ 건축물의 내부[건축법 시행령에 따른 필로티와 건축물의 지하를 포함]에 설치된 주차장(단독주택과 공동주택 중 50세대 미만인 연립주택 또는 50세대 미만인 다세대주택은 제외)
⑩ 여객자동차 운수사업법, 화물자동차 운수사업법 및 건설기계관리법에 따른 차고 및 주기장(駐機場)

(19) 동물 및 식물 관련 시설

① 축사[부화장(孵化場)을 포함한다]
② 가축시설 : 가축용 운동시설, 인공수정센터, 관리사(管理舍), 가축용 창고, 가축시장, 동물검역소, 실험동물 사육시설, 그 밖에 이와 비슷한 것
③ 도축장
④ 도계장
⑤ 작물 재배사(栽培舍)
⑥ 종묘배양시설
⑦ 화초 및 분재 등의 온실
⑧ 식물과 관련된 ⑤부터 ⑦까지의 시설과 비슷한 것(동·식물원은 제외)

(20) 자원순환 관련 시설

① 하수 등 처리시설
② 고물상
③ 폐기물재활용시설
④ 폐기물처분시설
⑤ 폐기물감량화시설

(21) 교정 및 군사시설

① 보호감호소, 교도소, 구치소 및 그 지소
② 보호관찰소, 갱생보호시설, 그 밖에 범죄자의 갱생·보호·교육·보건 등의 용도로 쓰는 시설
③ 치료감호시설
④ 소년원 및 소년분류심사원
⑤ 「출입국관리법」 제52조제2항에 따른 보호시설
⑥ 「경찰관 직무집행법」 제9조에 따른 유치장
⑦ 국방·군사시설(「국방·군사시설 사업에 관한 법률」 제2조제1호가목부터 마목까지의 시설)

(22) 방송통신시설

① 방송국(방송프로그램 제작시설 및 송신·수신·중계시설을 포함한다)
② 전신전화국
③ 촬영소
④ 통신용 시설
⑤ 데이터센터
⑥ 그 밖에 ①부터 ④까지의 시설과 비슷한 것

(23) 발전시설
    ① 원자력발전소
    ② 화력발전소
    ③ 수력발전소(조력발전소를 포함한다)
    ④ 풍력발전소
    ⑤ 전기저장시설[20킬로와트시(kWh)를 초과하는 리튬·나트륨·레독스플로우 계열의 2차 전지를 이용한 전기저장장치 또는 무정전전원공급장치(UPS)의 시설을 말한다]
    ⑥ 그 밖에 ①부터 ④까지의 시설과 비슷한 것(집단에너지 공급시설을 포함한다)

(24) 묘지 관련 시설
    ① 화장시설
    ② 봉안당(제4호나목의 종교집회장 안에 설치된 봉안당은 종교시설이므로 제외한다)
    ③ 묘지와 자연장지에 부수되는 건축물
    ④ 동물화장시설, 동물건조장(乾燥葬)시설 및 동물 전용의 납골시설

(25) 관광 휴게시설
    ① 야외음악당
    ② 야외극장
    ③ 어린이회관
    ④ 관망탑
    ⑤ 휴게소
    ⑥ 공원·유원지 또는 관광지에 부수되는 건축물

실전연습

Q. 특정소방대상물을 분류한 것으로 틀린 것은?

① 창고시설 - 물류터미널
② 항공기 및 자동차 관련 시설 - 주차장
③ 관광휴게시설 - 어린이회관
④ 동물 및 식물 관련 시설 - 동물원

해설 | 동물원은 문화 및 집회시설에 해당한다. ↦ ④

(26) 장례시설

① 장례식장[의료시설의 부수시설(「의료법」제36조제1호에 따른 의료기관의 종류에 따른 시설을 말한다)은 제외한다]
② 동물 전용의 장례식장

(27) 지하상가

지하의 인공구조물 안에 설치되어 있는 상점, 사무실, 그 밖에 이와 비슷한 시설이 연속하여 지하도에 면하여 설치된 것과 그 지하도를 합한 것

(27의2) 터널

① 차량(궤도차량은 제외한다) 등의 통행을 목적으로 지하, 수저 또는 산을 뚫어서 만든 것
② 「도로법」제50조 제2항에 따른 방음터널

(28) 지하구 ☆ 20년 소방장

① 전력·통신용의 전선이나 가스·냉난방용의 배관 또는 이와 비슷한 것을 집합수용하기 위하여 설치한 지하 인공구조물로서 사람이 점검 또는 보수를 하기 위하여 출입이 가능한 것 중 다음의 어느 하나에 해당하는 것
　㉠ 전력 또는 통신사업용 지하 인공구조물로서 전력구(케이블 접속부가 없는 경우는 제외한다) 또는 통신구 방식으로 설치된 것
　㉡ ㉠외의 지하 인공구조물로서 폭이 1.8미터 이상이고 높이가 2미터 이상이며 길이가 50m 이상인 것
② 「국토의 계획 및 이용에 관한 법률」제2조제9호에 따른 공동구

(29) 국가유산

① 「문화유산의 보존 및 활용에 관한 법률」에 따른 지정문화유산 중 건축물
② 「자연유산의 보존 및 활용에 관한 법률」에 따른 천연기념물등 중 건축물

(30) 복합건축물

① 하나의 건축물이 제1호부터 제27호까지의 것 중 둘 이상의 용도로 사용되는 것. 다만, 다음의 어느 하나에 해당하는 경우에는 복합건축물로 보지 않는다.
　㉠ 관계 법령에서 주된 용도의 부수시설로서 그 설치를 의무화하고 있는 용도 또는 시설
　㉡ 「주택법」제35조제1항제3호 및 제4호에 따라 주택 안에 부대시설 또는 복리시설이 설치되는 특정소방대상물
　㉢ 건축물의 주된 용도의 기능에 필수적인 용도로서 다음의 어느 하나에 해당하는 용도
　　ⓐ 건축물의 설비(제23호마목의 전기저장시설을 포함한다), 대피 또는 위생을 위한 용도, 그 밖에 이와 비슷한 용도

ⓑ 사무, 작업, 집회, 물품저장 또는 주차를 위한 용도, 그 밖에 이와 비슷한 용도
　　ⓒ 구내식당, 구내세탁소, 구내운동시설 등 종업원후생복리시설(기숙사는 제외한다) 또는 구내소각시설의 용도, 그 밖에 이와 비슷한 용도
② 하나의 건축물이 근린생활시설, 판매시설, 업무시설, 숙박시설 또는 위락시설의 용도와 주택의 용도로 함께 사용되는 것

(31) 특정소방대상물의 비고(영 별표2) ☆ 22년 소방교, 19년 소방장, 17년 소방교

① **별개의 특정소방대상물로 보는 경우** : 내화구조로 된 하나의 특정소방대상물이 개구부 및 연소 확대 우려가 없는 내화구조의 바닥과 벽으로 구획되어 있는 경우에는 그 구획된 부분을 각각 별개의 특정소방대상물로 본다. 다만, 제9조에 따라 성능위주설계를 해야 하는 범위를 정할 때에는 하나의 특정소방대상물로 본다.
② **연결통로로 연결된 경우** : 둘 이상의 특정소방대상물이 다음의 어느 하나에 해당되는 구조의 복도 또는 통로(연결통로)로 연결된 경우에는 이를 하나의 특정소방대상물로 본다.
　㉠ 내화구조로 된 연결통로가 다음의 어느 하나에 해당되는 경우
　　ⓐ 벽이 없는 구조로서 그 길이가 6m 이하인 경우
　　ⓑ 벽이 있는 구조로서 그 길이가 10m 이하인 경우. 다만, 벽 높이가 바닥에서 천장까지의 높이의 2분의 1 이상인 경우에는 벽이 있는 구조로 보고, 벽 높이가 바닥에서 천장까지의 높이의 2분의 1 미만인 경우에는 벽이 없는 구조로 본다.
　㉡ 내화구조가 아닌 연결통로로 연결된 경우
　㉢ 컨베이어로 연결되거나 플랜트설비의 배관 등으로 연결되어 있는 경우
　㉣ 지하보도, 지하상가, 터널로 연결된 경우
　㉤ 자동방화셔터 또는 60분+ 방화문이 설치되지 않은 피트(전기설비 또는 배관설비 등이 설치되는 공간을 말한다)로 연결된 경우
　㉥ 지하구로 연결된 경우
③ **②의 경우 별개의 특정소방대상물로 보는 경우** : 위 ②에도 불구하고 연결통로 또는 지하구와 소방대상물의 양쪽에 다음의 어느 하나에 적합한 경우에는 각각 별개의 특정소방대상물로 본다.
　㉠ 화재 시 경보설비 또는 자동소화설비의 작동과 연동하여 자동으로 닫히는 자동방화셔터 또는 60분+ 방화문이 설치된 경우
　㉡ 화재 시 자동으로 방수되는 방식의 드렌처설비 또는 개방형 스프링클러헤드가 설치된 경우
④ **지하층이 지하상가와 연결되어 있는 경우**
　㉠ **지하상가로 보는 경우** : 위 (1)부터 (30)까지의 특정소방대상물의 지하층이 지하상가와 연결되어 있는 경우 해당 지하층의 부분을 지하상가로 본다.
　㉡ **지하상가로 보지 않는 경우** : 다만, 다음 지하상가와 연결되는 지하층에 지하층 또는 지하상가에 설치된 자동방화셔터 또는 60분+ 방화문이 화재 시 경보설비 또는 자동소화설비의 작동과 연동하여 자동으로 닫히는 구조이거나 그 윗부분에 드렌처설비가 설치된 경우에는 지하상가로 보지 않는다.

5 소방용품

소방용품이란 소방시설등을 구성하거나 소방용으로 사용되는 제품 또는 기기로서 대통령령으로 정하는 것을 말한다.(법 제2조제1항제7호) 법 제2조제1항제7호에서 "대통령령으로 정하는 것"이란 별표 3의 다음의 제품 또는 기기를 말한다.(영 제6조)

(1) 소화설비를 구성하는 제품 또는 기기
① 별표 1 제1호가목의 소화기구(소화약제 외의 것을 이용한 간이소화용구는 제외한다)
② 별표 1 제1호나목의 자동소화장치
③ 소화설비를 구성하는 소화전, 관창(管槍), 소방호스, 스프링클러헤드, 기동용 수압개폐장치, 유수제어밸브 및 가스관선택밸브

(2) 경보설비를 구성하는 제품 또는 기기
① 누전경보기 및 가스누설경보기
② 경보설비를 구성하는 발신기, 수신기, 중계기, 감지기 및 음향장치(경종만 해당한다)

(3) 피난구조설비를 구성하는 제품 또는 기기 ☆ 18년 소방교
① 피난사다리, 구조대, 완강기(지지대를 포함한다) 및 간이완강기(지지대를 포함한다)
② 공기호흡기(충전기를 포함한다)
③ 피난구유도등, 통로유도등, 객석유도등 및 예비 전원이 내장된 비상조명등

(4) 소화용으로 사용하는 제품 또는 기기 ☆ 17년 소방교
① 소화약제 : 자동소화장치(상업용 주방자동소화장치, 캐비닛형 자동소화장치)와 소화설비용(포소화설비, 이산화탄소소화설비, 할론소화설비, 할로겐화합물 및 불활성기체 소화설비, 분말소화설비, 강화액소화설비, 고체에어로졸 소화설비)만 해당한다.
② 방염제(방염액·방염도료 및 방염성물질을 말한다)

(5) 그 밖에 행정안전부령으로 정하는 소방 관련 제품 또는 기기

실전연습

Q. 소방시설 등을 구성하거나 소방용으로 사용되는 제품 및 기기가 아닌 것은?

① 음향장치(경종은 제외한다.)   ② 공기호흡기(충전기를 포함한다)
③ 완강기 및 간이완강기   ④ 방염제(방염액·방염도료 등이다)

해설 | ① 음향장치는 경종만 해당한다.   ▶ ①

6 시행령상 용어의 정의 등

(1) 무창층(영 제2조 제1호) ☆ 24년 소방교, 18년 소방교, 16년 소방장

"무창층(無窓層)"이란 지상층 중 다음의 요건을 모두 갖춘 개구부(건축물에서 채광·환기·통풍 또는 출입 등을 위하여 만든 창·출입구, 그 밖에 이와 비슷한 것을 말한다)의 면적의 합계가 해당 층의 바닥면적의 30분의 1 이하가 되는 층을 말한다.

① 크기는 지름 50센티미터 이상의 원이 통과할 수 있을 것
② 해당 층의 바닥면으로부터 개구부 밑부분까지의 높이가 1.2미터 이내일 것
③ 도로 또는 차량이 진입할 수 있는 빈터를 향할 것
④ 화재 시 건축물로부터 쉽게 피난할 수 있도록 창살이나 그 밖의 장애물이 설치되지 않을 것
⑤ 내부 또는 외부에서 쉽게 부수거나 열 수 있을 것

(2) 피난층(영 제2조 제2호)

"피난층"이란 곧바로 지상으로 갈 수 있는 출입구가 있는 층을 말한다.

7 기술기준의 제정

(1) 기술기준의 제정·개정 절차(규칙 제2조)

① 중앙위원회의 심의·의결 : 국립소방연구원장은 화재안전기준 중 기술기준을 제정·개정하려는 경우 제정안·개정안을 작성하여「소방시설 설치 및 관리에 관한 법률」제18조제1항에 따른 중앙소방기술심의위원회의 심의·의결을 거쳐야 한다. 이 경우 제정안·개정안의 작성을 위해 소방 관련 기관·단체 및 개인 등의 의견을 수렴할 수 있다.
② 승인신청서 제출 : 국립소방연구원장은 중앙위원회의 심의·의결을 거쳐 다음의 사항이 포함된 승인신청서를 소방청장에게 제출해야 한다.
  ㉠ 기술기준의 제정안 또는 개정안
  ㉡ 기술기준의 제정 또는 개정 이유
  ㉢ 기술기준의 심의 경과 및 결과
③ 승인 여부 결정 및 통보 : 승인신청서를 제출받은 소방청장은 제정안 또는 개정안이 화재안전기준 중 성능기준 등을 충족하는지를 검토하여 승인 여부를 결정하고 국립소방연구원장에게 통보해야 한다.
④ 관보 게재 및 공개 : 승인을 통보받은 국립소방연구원장은 승인받은 기술기준을 관보에 게재하고, 국립소방연구원 인터넷 홈페이지를 통해 공개해야 한다.
⑤ 기술기준의 세부 사항 : 위에서 규정한 사항 외에 기술기준의 제정·개정을 위하여 필요한 사항은 국립소방연구원장이 정한다.

제3절 소방시설법의 연혁 및 국가의 책무 등

1 소방시설법의 연혁

(1) 소방법의 제정 및 분법

① 종전의 소방법 : 1958년에 제정 되어 2004년 5월까지 시행되었던 소방법은 다양한 영역의 소방행정 분야를 소방법이라는 단일법으로 규정하고 있어 그 내용과 체계가 복잡 다양하여 쉽게 이해할 수 없을 뿐만 아니라 소방 관련 기타 법령과도 연계성이 부족하였다.
② 소방법의 분법 : 2003년 5월 29일 소방법을 4개의 법으로 분법 되면서, 종전 소방시설의 설치·유지, 소방용품의 형식승인 등에 관한 내용을 분리하여 「소방시설법」을 제정하였다.
③ 소방시설법 개정 : 2016년 법명을 「화재예방, 소방시설 설치·유지 및 안전관리에 관한 법률」로 변경하여 소방시설 외에 화재예방 및 피해 저감에 필요한 사항을 함께 규정하였다.

(2) 화재예방, 소방시설 설치·유지 및 안전관리에 관한 법률의 분법

화재 예방에 관한 사항을 분리하여 별도의 법률로 제정하기로 하고 종전의 법률을 소방시설 설치 및 관리에 관한 법률과 화재예방 및 안전관리에 관한 법률로 분법되어 2022.12.1.부터 시행되었다.

2 소방시설법의 구성

(1) 소방시설법의 구성

소방시설법은 기존 소방법의 제4장(소방시설 등의 기준 등) 및 제5장(소방용품의 형식승인) 규정을 근간으로 하여 제정되었으며, 21년 12월 전부 개정되어 7장 61조로 구성되어 있다.

제1장 총칙	제1조 (목적) 제2조 (정의) 제3조 (국가 및 지방자치단체의 책무) 제4조 (관계인의 의무) 제5조 (다른 법률과의 관계)
제2장 소방시설의 설치·관리 및 방염	제6조 (건축허가등의 동의) 제7조 (소방시설의 내진설계기준) 제8조 (성능위주설계) 제9조 (성능위주설계평가단) 제10조 (주택에 설치하는 소방시설) 제11조 (자동차에 설치 또는 비치하는 소화기) 제12조 (특정소방대상물에 설치하는 소방시설의 관리 등) 제13조 (소방시설기준 적용의 특례)

	제14조 (특정소방대상물별로 설치하여야 하는 소방시설의 정비 등) 제15조 (건설현장의 임시소방시설 설치 및 관리) 제16조 (피난시설, 방화구획 및 방화시설의 관리) 제17조 (소방용품의 내용연수 등) 제18조 (소방기술심의위원회) 제19조 (화재안전기준의 관리·운영) 제20조 (특정소방대상물의 방염 등) 제21조 (방염성능의 검사)
제3장 소방시설 등의 자체점검	제22조 (소방시설 등의 자체점검) 제23조 (소방시설 등의 자체점검 결과의 조치) 제24조 (점검기록표 게시 등)
제4장 소방시설관리사 및 소방시설관리업	제25조 (소방시설관리사) 제26조 (부정행위자에 대한 제재) 제27조 (관리사의 결격사유) 제28조 (자격의 취소·정지) 제29조 (소방시설관리업의 등록 등) 제30조 (등록의 결격사유) 제31조 (등록사항의 변경신고) 제32조 (관리업자의 지위승계) 제33조 (관리업의 운영) 제34조 (점검능력 평가 및 공시 등) 제35조 (등록의 취소와 영업정지 등) 제36조 (과징금처분)
제5장 소방용품의 품질관리	제37조 (소방용품의 형식승인 등) 제38조 (형식승인의 변경) 제39조 (형식승인의 취소 등) 제40조 (소방용품의 성능인증 등) 제41조 (성능인증의 변경) 제42조 (성능인증의 취소 등) 제43조 (우수품질 제품에 대한 인증) 제44조 (우수품질인증 소방용품에 대한 지원 등) 제45조 (소방용품의 제품검사 후 수집검사 등)
제6장 보칙	제46조 (제품검사 전문기관의 지정 등) 제47조 (전문기관의 지정취소 등) 제48조 (전산시스템의 구축 및 운영) 제49조 (청문) 제50조 (권한 또는 업무의 위임·위탁 등) 제51조 (벌칙 적용에서 공무원 의제) 제52조 (감독) 제53조 (수수료 등) 제54조 (조치명령 등의 기간연장) 제55조 (위반행위의 신고 및 신고포상금의 지급)

제7장 벌칙	제56조 (벌칙) 제57조 (벌칙) 제58조 (벌칙) 제59조 (벌칙) 제60조 (양벌규정) 제61조 (과태료)
부칙	제1조 (시행일) 제2조 내지 제15조 (다른 법령과의 관계)

(2) 소방시설법의 범위

소방시설 설치 및 관리에 관한 법률을 기본으로 하며, 하위법령으로는 대통령령인 동법 시행령, 그리고 행정안전부령인 동법 시행규칙이 있다.

3 국가 등의 책무 및 다른 법률과의 관계

(1) 국가와 지방자치단체의 책무(법 제3조)

① 국가와 지방자치단체는 소방시설등의 설치·관리와 소방용품의 품질 향상 등을 위하여 필요한 정책을 수립하고 시행하여야 한다.
② 국가와 지방자치단체는 새로운 소방 기술·기준의 개발 및 조사·연구, 전문인력 양성 등 필요한 노력을 하여야 한다.
③ 국가와 지방자치단체는 위의 책무에 따른 정책을 수립·시행하는 데 있어 필요한 행정적·재정적 지원을 하여야 한다.

(2) 관계인의 의무(법 제4조)

① 관계인(「소방기본법」 제2조제3호에 따른 관계인을 말한다. 이하 같다)은 소방시설등의 기능과 성능을 보전·향상시키고 이용자의 편의와 안전성을 높이기 위하여 노력하여야 한다.
② 관계인은 매년 소방시설등의 관리에 필요한 재원을 확보하도록 노력하여야 한다.
③ 관계인은 국가 및 지방자치단체의 소방시설등의 설치 및 관리 활동에 적극 협조하여야 한다.
④ 관계인 중 점유자는 소유자 및 관리자의 소방시설등 관리 업무에 적극 협조하여야 한다.

(3) 다른 법률과의 관계(법 제5조)

특정소방대상물 가운데 「위험물안전관리법」에 따른 위험물 제조소등의 안전관리와 위험물 제조소등에 설치하는 소방시설등의 설치기준에 관하여는 「위험물안전관리법」에서 정하는 바에 따른다.

CHAPTER 01 소방시설법의 총칙
핵심요약

소방시설법의 목적	이 법은 특정소방대상물 등에 설치하여야 하는 소방시설등의 설치·관리와 소방용품 성능관리에 필요한 사항을 규정함으로써 국민의 생명·신체 및 재산을 보호하고 공공의 안전과 복리 증진에 이바지함을 목적으로 한다.(법 제1조)
용어의 정의	1) 용어의 정의(법 제2조) ① **소방시설** : 소화설비, 경보설비, 피난구조설비, 소화용수설비, 그 밖에 소화활동설비로서 대통령령으로 정하는 것을 말한다. ② **소방시설등** : 소방시설과 비상구(非常口), 그 밖에 소방 관련 시설로서 대통령령으로 정하는 것을 말한다. ③ **특정소방대상물** : 건축물 등의 규모·용도 및 수용인원 등을 고려하여 소방시설을 설치하여야 하는 소방대상물로서 대통령령으로 정하는 것을 말한다. ④ **화재안전성능** : 화재를 예방하고 화재발생 시 피해를 최소화하기 위하여 소방대상물의 재료, 공간 및 설비 등에 요구되는 안전성능을 말한다. ⑤ **성능위주설계** : 건축물 등의 재료, 공간, 이용자, 화재 특성 등을 종합적으로 고려하여 공학적 방법으로 화재 위험성을 평가하고 그 결과에 따라 화재안전성능이 확보될 수 있도록 특정소방대상물을 설계하는 것을 말한다. ⑥ **화재안전기준** : 소방시설 설치 및 관리를 위한 다음의 기준을 말한다. 　㉠ **성능기준**: 화재안전 확보를 위하여 재료, 공간 및 설비 등에 요구되는 안전성능으로서 소방청장이 고시로 정하는 기준 　㉡ **기술기준**: 성능기준을 충족하는 상세한 규격, 특정한 수치 등에 관한 기준으로 행정안전부령으로 정하는 절차에 따라 소방청장의 승인을 받은 기준 ⑦ **소방용품** : 소방시설등을 구성하거나 소방용으로 사용되는 제품 또는 기기로서 대통령령으로 정하는 것을 말한다.

① **소화설비** : 물 또는 그 밖의 소화약제를 사용하여 소화하는 기계·기구 또는 설비
② **경보설비** : 화재발생 사실을 통보하는 기계·기구 또는 설비
③ **피난구조설비** : 화재가 발생할 경우 피난하기 위하여 사용하는 기구 또는 설비
④ **소화용수설비** : 화재를 진압하는 데 필요한 물을 공급하거나 저장하는 설비
⑤ **소화활동설비** : 화재를 진압하거나 인명구조활동을 위하여 사용하는 설비

소방시설	소화설비	소화기구	소화기	
			간이소화용구	에어로졸식, 투척용, 소공간용 및 소화약제 외 간이소화용구
			자동확산소화기	
		자동소화장치	주거용, 상업용, 캐비닛형, 가스, 분말, 고체에어로졸	
		옥내소화전설비(호스릴옥내소화전설비 포함)		

	스프링클러 설비등	① 스프링클러설비 ② 간이스프링클러설비(캐비넷형 간이스프링클러 포함) ③ 화재조기진압용 스프링클러설비
	물분무등 소화설비	① 물 분무 소화설비 ② 미분무소화설비 ③ 포소화설비 ④ 이산화탄소소화설비 ⑤ 할론소화설비 ⑥ 할로겐화합물 및 불활성기체 소화설비 ⑦ 분말소화설비 ⑧ 강화액소화설비 ⑨ 고체에어로졸소화설비
	옥외소화전설비	
경보 설비		① 단독경보형 감지기 ② 비상경보설비 ③ 시각경보기 ④ 자동화재탐지설비 ⑤ 비상방송설비 ⑥ 자동화재속보설비 ⑦ 통합감시시설 ⑧ 누전경보기 ⑨ 가스누설경보기
피난 설비	피난기구	① 피난사다리, ② 구조대, ③ 완강기, ④ 그 밖에 소방청장이 정하여 고시하는 화재안전기준으로 정하는 것
	인명구조기구	① 방열복, 방화복, ② 공기호흡기, ③ 인공소생기
	유도등	① 피난유도선, ② 피난구유도등, ③ 통로유도등, ④ 객석유도등, ⑤ 유도표지
	비상조명등 및 휴대용비상조명등	
소화용수 설비	① 상수도소화용수설비 ② 소화수조·저수조, 그 밖의 소화용수설비	
소화활동 설비	① 제연설비 ② 연결송수관설비 ③ 연결살수설비 ④ 비상콘센트설비 ⑤ 무선통신보조설비 ⑥ 연소방지설비	
소방시설등	소방시설과 비상구, 소방 관련 시설로서 대통령령으로 정하는 것(방화문 및 자동방화셔터)	
특정 소방대상물	1) 공동주택 　① 아파트등 ; 주택으로 쓰이는 층수가 5층 이상인 주택 　② 연립주택 : 주택으로 쓰는 1개 동의 바닥면적(2개 이상 동을 지하주차장으로 연결하는 경우 각각의 동으로 본다) 합계가 660㎡를 초과하고, 층수가 4개 층 이하인 주택 　③ 다세대주택 : 주택으로 쓰는 1개 동의 바닥면적 합계가 660㎡ 이하이고, 층수가 4개 층 이하인 주택 　④ 기숙사 : 학교 또는 공장 등의 학생 또는 종업원 등을 위해 쓰는 것으로서 1개 동의 공동취사 이용 세대 수가 전체의 50% 이상인 것 2) 근린생활시설 　① 휴게음식점, 제과점, 일반음식점, 기원, 노래연습장 및 단란주점(단란주점은 같은 건축물에 해당 용도로 쓰는 바닥면적의 합계가 150제곱미터 미만인 것) 　② 공연장(극장, 영화상영관, 연예장, 음악당, 서커스장, 비디오감상실업의 시설) 또는 종교집회장(교회, 성당, 사찰, 기도원, 수도원, 사당)으로 바닥면적 300제곱미터 미만	

③ 탁구장, 테니스장, 체육도장, 골프연습장, 실내낚시터, 금융업소, 소개업소, 서점, 게임제공업, 사진관, 학원(자동차학원·무도학원 제외)시설로서 바닥면적 500제곱미터 미만
④ 제조업소, 수리점으로서 바닥면적 500제곱미터 미만이고 대기환경보전법 등에 따른 배출시설의 설치허가 또는 신고의 대상이 아닌 것
⑤ 슈퍼마켓과 일용품 등 소매점, 의약품 판매소 및 자동차영업소로서 바닥면적 1천 제곱미터 미만인 것
⑥ 이용원, 미용원, 목욕장, 세탁소(공장이 부설된 것과 배출시설의 허가 대상 제외), 의원, 한의원, 치과의원, 침술원, 조산원, 산후조리원, 안마원(안마시술소), 장의사, 동물병원

3) 문화 및 집회시설
① 공연장(극장, 영화상영관, 음악당, 서커스장), 집회장(예식장, 공회당, 회의장)으로서 근린생활시설에 해당하지 않는 것
② 관람장(경마장, 경륜장, 자동차경기장, 체육관 및 운동장)으로서 관람석의 바닥면적의 합계가 1천제곱미터 이상인 것
③ 전시장(박물관, 미술관, 과학관, 문화관, 체험관, 기념관, 박람회장), 동식물원

4) 종교시설 : 종교집회장으로서 근린생활시설이 아닌 것과 종교집회장 내 봉안당

5) 판매시설
① 도매시장 및 소매시장, 전통시장
② 상점(슈퍼마켓과 일용품 등의 소매점으로 바닥면적 1천제곱미터 이상, 게임제공업과 인터넷컴퓨터게임시설제공업의 시설로서 바닥면적 500제곱미터 이상)

6) 운수시설 : 여객자동차터미널, 철도 및 도시철도 시설, 공항·항만시설 및 종합여객시설

7) 의료시설
① 병원(종합병원, 병원, 치과병원, 한방병원, 요양병원)
② 격리병원
③ 정신의료기관
④ 장애인 의료재활시설

8) 교육연구시설 : 학교, 교육원, 직업훈련소, 학원(자동차운전학원, 무도학원 제외)

9) 노유자시설 : 노인·아동·장애인·정신질환자·노숙인 관련 시설

10) 수련시설 : 생활권 수련시설, 자연권 수련시설, 유스호스텔

11) 운동시설
① 탁구장, 체육도장, 테니스장, 실내낚시터로 근린생활시설에 해당하지 않는 것
② 체육관, 운동장과 부속 건축물로서 관람석이 없거나 바닥면적 1천제곱미터 미만

12) 업무시설 : 공공업무시설(국가 또는 자치단체의 청사), 일반업무시설(금융업소, 사무소, 오피스텔로 근린생활 시설 아닌 것), 주민자치센터, 파출소, 소방서, 119안전센터, 우체국, 보건소, 공공도서관, 마을회관, 변전소, 양수장, 공중화장실

13) 숙박시설 : 일반형 숙박시설, 생활형 숙박시설, 고시원(근린시설 제외)

14) 위락시설 : 단란주점(근린 제외), 유흥주점, 유원시설업, 무도장·무도학원, 카지노

15) 공장 : 물품의 제조·가공, 수리에 계속 이용되는 건축물

16) 창고시설 : 창고(냉동창고 포함), 하역장, 물류터미널, 집배송 시설

17) 위험물 저장 및 처리시설 : 위험물제조소등, 가스시설

18) 항공기 및 자동차 관련 시설 : 항공기 격납고, 차고, 주차시설(철골 조립식, 기계장치), 세차장, 폐차장, 자동차매매장, 자동차정비공장, 운전학원·정비학원, 주차장

19) 동물 및 식물 관련 시설 : 축사(부화장 포함), 가축시설(가축용 운동시설, 인공수정센터, 가축시장, 동물검역소), 도축장, 도계장, 작물재배사, 종묘배양시설, 화초 및 분재의 온실

20) 자원순환 관련 시설 : 분뇨처리시설, 고물상, 폐기물처리시설, 폐기물감량화시설

21) 교정 및 군사시설

22) 방송통신시설 : 방송국, 전신전화국, 촬영소, 통신용 시설

23) 발전시설 : 원자력·화력·수력(조력발전소 포함)·풍력발전소, 전기저장시설

24) 묘지 관련 시설 : 화장시설, 봉안당, 묘지와 자연장지에 부수되는 건축물

25) 관광 휴게시설 : 야외음악당, 야외극장, 어린이회관, 관망탑, 휴게소, 공원·유원지 또는 관광지에 부수되는 건축물

26) 장례시설 : 장례식장(의료시설의 부수시설 제외), 동물 전용의 장례식장

27) 지하상가 : 지하의 인공구조물 안에 설치되어 있는 상점, 사무실, 그 밖에 이와 비슷한 시설이 연속하여 지하도에 면하여 설치된 것과 그 지하도를 합한 것

27의2) 터널 : 차량(궤도차량 제외) 등의 통행을 목적으로 지하, 산 등을 뚫어서 만든 것

28) 지하구 : 전선이나 배관 등을 집합수용하기 위하여 설치한 지하 인공구조물로 사람이 점검 또는 보수를 위하여 출입이 가능한 것 중 다음에 해당하는 것과 공동구
① 전력 또는 통신사업용 지하 인공구조물 : 전력구 또는 통신구 방식으로 설치된 것
② 기타 지하 인공구조물 : 폭 1.8m 이상, 높이가 2m 이상, 길이가 50m 이상

29) 국가유산 : 지정문화유산 중 건축물 및 천연기념물등 중 건축물

30) 복합건축물 : 1)부터 27)까지 중 둘 이상의 용도로 사용되거나 하나의 건축물이 근린, 판매, 업무, 숙박, 위락시설의 용도와 주택의 용도로 함께 사용되는 것으로 다음은 제외한다.
① 관계 법령에서 주된 용도의 부수시설로서 그 설치를 의무화하고 있는 시설
② 주택 안에 부대시설 또는 복리시설이 설치되는 특정소방대상물
③ 건축물의 주된 용도의 기능에 필수적인 용도로서 건축물의 설비, 대피 또는 위생, 사무, 작업, 집회, 물품저장 또는 주차, 종업원후생복리시설 또는 구내소각시설

특정소방 대상물 비고	1. 별개의 특정소방대상물로 보는 경우 : 내화구조로 된 하나의 특정소방대상물이 개구부 및 연소 확대 우려가 없는 내화구조의 바닥과 벽으로 구획되어 있는 경우 그 구획된 부분을 각각 별개의 특정소방대상물로 본다. 2. 연결통로로 연결된 경우 : 둘 이상의 특정소방대상물이 다음의 어느 하나에 해당되는 구조의 복도 또는 통로로 연결된 경우에는 이를 하나의 특정소방대상물로 본다.

　　　　　　　가. 내화구조로 된 연결통로가 벽이 없는 구조로서 그 길이가 6m 이하이거나 벽이 있는 구조로서 그 길이가 10m 이하인 경우
　　　　　　　나. 내화구조가 아닌 연결통로로 연결된 경우
　　　　　　　다. 컨베이어로 연결되거나 플랜트설비의 배관 등으로 연결되어 있는 경우
　　　　　　　라. 지하보도, 지하상가, 터널로 연결된 경우나 지하구로 연결된 경우
　　　　　　　마. 자동방화셔터 또는 60분+ 방화문이 설치되지 않은 피트로 연결된 경우
　　　　　3. **별개의 특정소방대상물로 보는 경우** : 2에도 불구하고 연결통로 또는 지하구와 소방대상물의 양쪽에 다음의 어느 하나에 적합한 경우 각각 별개의 소방대상물로 본다.
　　　　　　　가. 화재 시 경보설비 또는 자동소화설비의 작동과 연동하여 자동으로 닫히는 자동방화셔터 또는 60분+ 방화문이 설치된 경우
　　　　　　　나. 화재 시 자동으로 방수되는 방식의 드렌처설비 또는 개방형 스프링클러헤드가 설치된 경우

기타 용어	1) **대통령령으로 정하는 소방용품** 　① 소화설비 : 소화기구(소화약제 외의 것을 이용한 간이소화용구 제외), 자동소화장치, 소화설비를 구성하는 소화전, 관창, 소방호스, 스프링클러헤드, 기동용 수압개폐장치 등 　② 경보설비 : 누전경보기 및 가스누설경보기, 경보설비를 구성하는 발신기, 수신기, 중계기, 감지기 및 음향장치(경종만 해당) 　③ 피난구조설비 : 피난사다리, 구조대, 완강기(지지대 포함), 간이완강기(지지대 포함), 공기호흡기(충전기 포함), 피난구유도등, 통로유도등, 객석유도등 및 예비 전원이 내장된 비상조명등 　④ 소화용으로 사용 : 소화약제(상업용 주방·캐비닛형 자동소화장치와 포소화설비 등 소화설비용)와 방염제(방염액 · 방염도료 및 방염성물질) 2) **시행령상의 용어의 정의** 　① 무창층 : 지상층 중 다음의 요건을 모두 갖춘 개구부의 면적의 합계가 해당 층의 바닥면적의 30분의 1 이하가 되는 층을 말한다. 　　㉠ 크기는 지름 50센티미터 이상의 원이 통과할 수 있을 것 　　㉡ 해당 층의 바닥면으로부터 개구부 밑부분까지의 높이가 1.2미터 이내일 것 　　㉢ 도로 또는 차량이 진입할 수 있는 빈터를 향할 것 　　㉣ 창살이나 장애물이 설치되지 않을 것 　　㉤ 내외부에서 쉽게 부수거나 열 수 있을 것 　② 피난층 : 곧바로 지상으로 갈 수 있는 출입구가 있는 층을 말한다.
국가 및 지방자치단체 의 책무	1) **국가와 지방자치단체의 책무** 　① 소방시설등의 설치·관리와 소방용품의 품질 향상을 위한 정책을 수립·시행하여야 하며, 새로운 소방 기술·기준의 개발 및 조사·연구, 전문인력 양성 등 필요한 노력을 해야 한다. 　② 책무에 따른 정책을 수립·시행하는 데 필요한 행정적·재정적 지원을 해야 한다. 2) **관계인의 의무** 　① 관계인은 소방시설등의 기능과 성능을 보전·향상시키고 이용자의 편의와 안전성을 높이기 위하거나 매년 소방시설등의 관리에 필요한 재원을 확보하도록 노력하여야 하며, 국가 및 지방자치단체의 소방시설등의 설치 및 관리 활동에 적극 협조하여야 한다. 　② 관계인 중 점유자는 소유자 및 관리자의 소방시설등 관리 업무에 적극 협조하여야 한다.

CHAPTER 01 소방시설법의 총칙
적중OX문제

01 소방시설법은 특정소방대상물 등에 설치하여야 하는 소방시설등의 설치·관리와 소방용품 성능관리에 필요한 사항을 규정하고 있다. ( )

02 소방시설이란 소화설비, 경보설비, 피난구조설비, 소화용수설비, 그 밖에 소화활동설비로서 대통령령으로 정하는 것을 말하며, 소방시설등이란 소방시설과 비상구, 그 밖에 소방 관련 시설로서 행정안전부령으로 정하는 것을 말한다. ( )

03 특정소방대상물이란 건축물 등의 규모·용도 및 수용인원 등을 고려하여 소방시설을 설치하여야 하는 소방대상물로서 대통령령으로 정하는 것이다. ( )

04 화재안전기준이란 화재를 예방하고 화재발생 시 피해를 최소화하기 위하여 소방대상물의 재료, 공간 및 설비 등에 요구되는 안전성능을 말한다. ( )

05 성능위주설계란 건축물 등의 재료, 공간 등을 종합적으로 고려하여 공학적 방법으로 화재 위험성을 평가하고 그 결과에 따라 화재안전성능이 확보될 수 있도록 특정소방대상물을 설계하는 것을 말한다. ( )

06 화재안전기준 중 기술기준이란 화재안전 확보를 위하여 재료, 공간 및 설비 등에 요구되는 안전성능으로서 소방청장이 고시로 정하는 기준을 말한다. ( )

07 "소방용품"이란 소방시설등을 구성하거나 소방용으로 사용되는 제품 또는 기기로서 대통령령으로 정하는 것을 말한다. ( )

08 소방시설법에서 사용하는 용어의 뜻은 직접 규정하는 것을 제외하고는 「소방기본법」, 「다중이용업소의 안전관리에 관한 법률」, 「위험물안전관리법」 및 「건축법」에서 정하는 바에 따른다. ( )

09 소화설비 중 소화기구에는 소화기, 간이소화용구, 옥내소화전설비가 포함된다. ( )

10 미끄럼대·피난사다리·구조대·완강기·간이완강기 등의 피난기구와 방열복·방화복·공기호흡기, 인공소생기 등의 인명구조기구는 피난구조설비에 속한다. ( )

11 소화용수설비란 화재를 진압하거나 인명구조활동을 위하여 사용하는 설비로서 상수도소화용수설비와 소화수조·저수조, 그 밖의 소화용수설비를 말한다. ( )

정답 01.○ 02.X 03.○ 04.X 05.○ 06.X 07.○ 08.X 09.X 10.○ 11.X

12 소화설비 중 물분무등소화설비에는 물분무소화설비, 미분무소화설비, 포소화설비, 이산화탄소소화설비, 강화액소화설비 등이 있다. ( )

13 주택으로 쓰이는 층수가 5층 이상인 아파트와 학교 또는 공장 등의 학생 또는 종업원을 위하여 쓰는 기숙사는 공동주택에 해당한다. ( )

14 휴게음식점, 제과점, 일반음식점, 기원, 노래연습장 및 단란주점(단란주점은 같은 건축물에 해당 용도로 쓰는 바닥면적의 합계가 150m^2 미만인 것만 해당한다)은 근린생활시설이다. ( )

15 탁구장, 테니스장, 체육도장, 체력단련장, 에어로빅장, 볼링장, 당구장, 실내낚시터, 골프연습장, 물놀이형 시설, 그 밖에 이와 비슷한 것으로서 같은 건축물에 해당 용도로 쓰는 바닥면적의 합계가 1천m^2 미만인 것은 근린생활시설이다. ( )

16 공연장(극장, 영화상영관, 연예장, 음악당, 서커스장, 비디오물감상실업과 비디오물소극장업의 시설) 또는 종교집회장[교회, 성당, 사찰, 기도원, 수도원, 수녀원, 제실(祭室), 사당]으로서 같은 건축물에 해당 용도로 쓰는 바닥면적의 합계가 300m^2 미만인 것은 근린생활시설이다. ( )

17 안마원 및 「의료법」 제82조제4항에 따른 안마시술소는 위락시설에 해당하며 동·식물원은 동물 및 식물 관련 시설에 해당한다. ( )

18 의원, 치과의원, 한의원, 침술원, 접골원, 조산원, 산후조리원은 근린생활시설이다. ( )

19 경마장, 경륜장, 경정장, 자동차 경기장, 그 밖에 이와 비슷한 것과 체육관 및 운동장으로서 관람석의 바닥면적의 합계가 1천m^2 이상인 것과 전시장, 동·식물원은 문화 및 집회시설이다. ( )

20 공연장 또는 종교집회장으로서 근린생활시설에 해당하지 않는 것은 문화 및 집회시설이다. ( )

21 한방병원과 한의원, 전염병원과 마약진료소 등의 격리병원, 정신보건법에 따른 정신의료기관, 장애인복지법에 따른 장애인 의료재활시설은 의료시설에 해당한다. ( )

22 학교, 교육원, 직업훈련소, 근린생활시설에 해당하는 것과 자동차운전학원·정비학원 및 무도학원을 제외한 학원, 연구소, 도서관은 교육연구시설에 해당한다. ( )

23 노유자시설의 아동 관련 시설은 「아동복지법」에 따른 아동복지시설, 「영유아보육법」에 따른 어린이집, 「유아교육법」에 따른 유치원(병설유치원을 포함한다), 그 밖에 이와 비슷한 것이다. ( )

24 「정신건강증진 및 정신질환자 복지서비스 지원에 관한 법률」에 따른 정신재활시설(생산품판매시설은 제외한다)은 노유자시설에 해당하나, 정신요양시설은 의료시설에 해당한다. ( )

정답 ◦— 12.○ 13.○ 14.○ 15.X 16.○ 17.X 18.○ 19.○ 20.X 21.X 22.○ 23.○ 24.X

25 육상장, 구기장, 볼링장, 수영장, 스케이트장, 롤러스케이트장, 승마장, 사격장, 궁도장, 골프장 등과 이에 딸린 건축물로서 관람석이 없거나 관람석의 바닥면적이 1천㎡ 미만인 것은 운동시설에 해당한다. ( )

26 오피스텔, 주민자치센터, 119안전센터, 소방서, 보건소, 공공도서관, 마을회관, 변전소, 양수장, 공중화장실은 업무시설에 해당한다. ( )

27 고시원(근린생활시설에 해당하지 않는 것을 말한다)은 숙박시설이다. ( )

28 단란주점 및 유흥주점으로서 같은 건축물에 해당 용도로 쓰는 바닥면적의 합계가 150㎡ 미만인 것은 근린생활시설에 해당하나 근린생활시설에 해당하지 않는 것은 위락시설이다. ( )

29 위험물 저장 및 처리시설에서 가스시설은 산소 또는 가연성 가스를 제조ㆍ저장 또는 취급하는 시설 중 지상에 노출된 산소 또는 가연성 가스 탱크의 저장용량의 합계가 50톤 이상이거나 저장용량이 30톤 이상인 탱크가 있는 가스제조시설, 가스저장시설, 가스취급시설의 어느 하나에 해당하는 것이다. ( )

30 고물상, 폐기물처분시설은 자원순환 관련 시설이며 종교집회장에 설치된 봉안당 및 화장시설은 묘지 관련 시설에 해당한다. ( )

31 관광진흥법에 따른 유원시설업의 시설, 야외음악당 및 야외극장, 어린이회관, 관망탑, 휴게소, 공원ㆍ유원지 또는 관광지에 부수되는 건축물은 관광 휴게시설이다. ( )

32 지하구는 전력ㆍ통신용의 전선이나 가스ㆍ냉난방용의 배관 또는 이와 비슷한 것을 집합수용하기 위하여 설치한 지하 인공구조물로서 사람이 점검 또는 보수를 하기 위하여 출입이 가능한 것 중 전력 또는 통신사업용 지하 인공구조물로서 전력구 또는 통신구 방식으로 설치된 것이나 전력 또는 통신사업용 이외 지하 인공구조물로서 폭 1.8m 이상이고 높이가 2m 이상이며 길이가 50m 이상인 것을 말한다. ( )

33 하나의 건축물이 둘 이상의 용도로 사용되는 것은 관계 법령에서 주된 용도의 부수시설로서 그 설치를 의무화하고 있는 용도 또는 시설이더라도 복합건축물이다. ( )

34 내화구조로 된 하나의 특정소방대상물이 개구부가 없는 내화구조의 바닥과 벽으로 구획되어 있는 경우에는 그 구획된 부분을 각각 별개의 특정소방대상물로 본다. ( )

35 둘 이상의 특정소방대상물이 내화구조로 된 연결통로로 연결된 경우 벽이 없는 구조로서 그 길이가 5m 이하인 경우 또는 벽이 있는 구조로서 그 길이가 10m 이하인 경우 어느 하나에 해당되는 구조의 복도 또는 통로로 연결된 경우에는 이를 하나의 특정소방대상물로 본다. ( )

36 연결통로 또는 지하구와 소방대상물의 양쪽에 화재 시 경보설비 또는 자동소화설비의 작동과 연동하여 자동으로 닫히는 자동방화셔터 또는 60분+ 방화문이 설치된 경우 별개의 특정소방대상물로 본다. ( )

정답 ∘ 25.○ 26.○ 27.○ 28.X 29.X 30.X 31.X 32.○ 33.X 34.○ 35.X 36.○

37 피난구조설비를 구성하는 제품 또는 기기의 소방용품으로는 피난사다리, 구조대, 완강기(지지대를 포함한다) 및 간이완강기(지지대를 포함한다) 등이 있다. ( )

38 무창층이란 지상층 중 해당 층의 바닥면으로부터 개구부 밑부분까지의 높이가 1.2미터 이내일 것, 내부 또는 외부에서 쉽게 부수거나 열 수 있을 것 등의 요건을 모두 갖춘 개구부의 면적의 합계가 해당 층의 바닥면적의 30분의 1 이하가 되는 층을 말한다. ( )

39 특정소방대상물 가운데 「위험물안전관리법」에 따른 위험물 제조소등의 안전관리와 위험물 제조소등에 설치하는 소방시설등의 설치기준에 관하여는 「위험물안전관리법」에서 정하는 바에 따른다. ( )

40 국가와 지방자치단체는 소방시설등의 설치·관리와 소방용품의 품질 향상 등을 위하여 필요한 정책을 수립하고 시행하여야 한다. ( )

41 소방청장은 새로운 소방 기술·기준의 개발 및 조사·연구, 전문인력 양성 등 필요한 노력을 하여야 하며, 정책을 수립·시행하는 데 있어 필요한 행정적·재정적 지원을 하여야 한다. ( )

42 국가와 지방자치단체는 소방시설등의 기능과 성능을 보전·향상시키고 이용자의 편의와 안전성을 높이기 위하거나 매년 소방시설등의 관리에 필요한 재원을 확보하도록 노력하여야 한다. ( )

43 관계인은 국가 및 지방자치단체의 소방시설등의 설치 및 관리 활동에 적극 협조하여야 하며, 관계인 중 점유자는 소유자 및 관리자의 소방시설등 관리 업무에 적극 협조하여야 한다. ( )

정답 37.O 38.O 39.O 40.O 41.X 42.X 43.O

CHAPTER 01 소방시설법의 총칙 적중예상문제

01 다음 중 「소방시설 설치 및 관리에 관한 법률」의 목적이 아닌 것은?

① 화재를 예방·경계하거나 진압하고 화재, 재난·재해, 그 밖의 위급한 상황에서의 구조·구급 활동을 규정한다.
② 특정소방대상물 등에 설치해야 하는 소방시설등의 설치·관리에 필요한 사항을 정한다.
③ 소방용품 성능관리에 필요한 사항을 규정한다.
④ 국민의 생명·신체 및 재산을 보호하고 공공의 안전과 복리 증진에 이바지함을 목적으로 한다.

해설 ① 틀림, ①은 소방기본법의 목적에 해당한다. 소방시설법은 특정소방대상물 등에 설치하여야 하는 소방시설등의 설치·관리와 소방용품 성능관리에 필요한 사항을 규정함으로써 국민의 생명·신체 및 재산을 보호하고 공공의 안전과 복리 증진에 이바지함을 목적으로 한다.(법 제1조)

02 다음 용어의 정의에서 특정소방대상물에 해당하는 것은?

① 화재를 예방하고 화재발생 시 피해를 최소화하기 위하여 소방대상물의 재료, 공간 및 설비 등에 요구되는 안전성능을 말한다.
② 건축물 등의 규모·용도 및 수용인원 등을 고려하여 소방시설을 설치하여야 하는 소방대상물로서 대통령령으로 정하는 것을 말한다.
③ 소화설비, 경보설비, 피난구조설비, 소화용수설비, 그 밖에 소화활동설비로서 대통령령으로 정하는 것을 말한다.
④ 소방시설등을 구성하거나 소방용으로 사용되는 제품 또는 기기로서 대통령령으로 정하는 것을 말한다.

해설 ① 화재안전성능이란 화재를 예방하고 화재발생 시 피해를 최소화하기 위하여 소방대상물의 재료, 공간 및 설비 등에 요구되는 안전성능을 말한다.
② 맞음, 특정소방대상물이란 건축물 등의 규모·용도 및 수용인원 등을 고려하여 소방시설을 설치하여야 하는 소방대상물로서 대통령령으로 정하는 것이다.
③ 소방시설이란 소화설비, 경보설비, 피난구조설비, 소화용수설비, 그 밖에 소화활동설비로서 대통령령으로 정하는 것을 말한다.
④ 소방용품이란 소방시설등을 구성하거나 소방용으로 사용되는 제품 또는 기기로서 대통령령으로 정하는 것을 말한다.

정답 01.① 02.②

03 소방시설 설치 및 관리를 위한 화재안전기준에서 화재안전 확보를 위하여 재료, 공간 및 설비 등에 요구되는 안전성능으로서 소방청장이 고시로 정하는 기준에 해당하는 것은?

① 화재안전성능
② 성능위주설계
③ 화재안전기준의 성능기준
④ 화재안전기준의 기술기준

> **해설** ① 화재안전성능이란 화재를 예방하고 화재발생 시 피해를 최소화하기 위하여 소방대상물의 재료, 공간 및 설비 등에 요구되는 안전성능을 말한다.(법 제2조 제1항 제4호)
> ③ 맞음, 화재안전기준에서 성능기준에 대한 설명이다.
> ④ 화재안전기준에서 기술기준이란 성능기준을 충족하는 상세한 규격, 특정한 수치 및 시험방법 등에 관한 기준으로서 행정안전부령으로 정하는 절차에 따라 소방청장의 승인을 받은 기준을 말한다.

04 소방시설법상 용어의 정의에 대한 설명으로 틀린 것은?

① "소방시설등"이란 소방시설과 비상구(非常口), 그 밖에 소방 관련 시설로서 행정안전부령으로 정하는 것을 말한다.
② "성능위주설계"란 건축물 등의 재료, 공간, 이용자, 화재 특성 등을 종합적으로 고려하여 공학적 방법으로 화재 위험성을 평가하고 그 결과에 따라 화재안전성능이 확보될 수 있도록 특정소방대상물을 설계하는 것을 말한다.
③ "화재안전기준"이란 소방시설 설치 및 관리를 위한 성능기준 및 기술기준을 말한다.
④ "기술기준"이란 성능기준을 충족하는 상세한 규격, 특정한 수치 및 시험방법 등에 관한 기준으로서 행정안전부령으로 정하는 절차에 따라 소방청장의 승인을 받은 기준을 말한다.

> **해설** ① 틀림, "소방시설등"이란 소방시설과 비상구(非常口), 그 밖에 소방 관련 시설로서 대통령령으로 정하는 것을 말한다.
> ③,④ 맞음, 화재안전기준 및 화재안전기준에서 기술기준에 대한 설명이다.

05 다음 용어의 정의에서 소화활동설비에 해당하는 것은?

① 화재발생 사실을 통보하는 기계·기구 또는 설비를 말한다.
② 화재를 진압하는 데 필요한 물을 공급하거나 저장하는 설비를 말한다.
③ 화재를 진압하거나 인명구조활동을 위하여 사용하는 설비를 말한다.
④ 물 또는 그 밖의 소화약제를 사용하여 소화하는 기계·기구 또는 설비를 말한다.

> **해설** ③ 맞음, 소화활동설비는 화재를 진압하거나 인명구조활동을 위하여 사용하는 설비로 제연설비, 연결송수관설비, 연결살수설비, 비상콘센트설비, 무선통신보조설비, 연소방지설비 등이 있다.
> ①은 경보설비, ②는 소화용수설비, ④는 소화설비에 대한 용어의 정의이다.

정답 03.③ 04.① 05.③

06 다음 소방시설 중 소화설비에 해당하지 않은 것은?

① 자동소화장치
② 옥내소화전설비
③ 스프링클러설비등
④ 연소방지설비

해설 ④ 틀림, 연소방지설비는 소화활동설비에 해당한다. 소방시설 중 소화설비에는 소화기구, 자동소화장치, 옥내소화전설비, 스프링클러설비등(스프링클러설비, 간이스프링클러설비, 화재조기진압용 스프링클러설비), 물분무소화설비, 옥외소화전설비가 있다.

07 다음 소화설비 중에서 자동소화장치에 해당하지 않는 것은?

① 주거용 주방자동소화장치
② 캐비닛형 자동소화장치
③ 가스자동소화장치
④ 에어로졸식 소화용구

해설 ④ 틀림, 에어로졸식 소화용구, 투척용 소화용구, 소공간용 소화용구 및 소화약제 외의 것을 이용한 간이 소화용구는 간이소화용구로 소화기구에 해당한다. 자동소화장치는 주거용 주방자동소화장치, 상업용 주방자동소화장치, 캐비닛형 자동소화장치, 가스자동소화장치, 분말자동소화장치, 고체에어로졸자동소화장치가 있다.

08 다음 소화설비 중 물분무등소화설비의 종류에 해당하는 것은?

① 강화액소화설비
② 옥외소화전설비
③ 비상콘센트설비
④ 고체에어로졸자동소화장치

해설 ① 맞음, 물분무등소화설비(영 제3조[별표1])
　㉠ 물분무소화설비
　㉡ 미분무소화설비
　㉢ 포소화설비
　㉣ 이산화탄소소화설비
　㉤ 할론소화설비
　㉥ 할로겐화합물 및 불활성기체 소화설비
　㉦ 분말소화설비
　㉧ 강화액소화설비
　㉨ 고체에어로졸소화설비

정답 06.④ 07.④ 08.①

09 다음 중 화재발생 사실을 통보하는 기계 · 기구 또는 설비에 해당하는 것은?

① 자동화재속보설비
② 자동확산소화기
③ 피난유도선
④ 무선통신보조설비

해설 ① 맞음, 화재발생 사실을 통보하는 기계 · 기구 또는 설비는 경보설비이다. 자동화재속보설비, 자동화재탐지설비, 단독경보형감지기, 비상경보설비, 시각경보기, 비상방송설비, 통합감시시설, 누전경보기, 가스누설경보 기는 경보설비에 해당한다.
②,③,④ 틀림, ②의 자동확산소화기, 간이소화용구, 소화기 등 소화기구는 소화설비에 해당하며, ③의 피난유도선은 피난구조설비이다. ④의 무선통신보조설비, 제연설비, 연결송수관설비, 연결살수설비, 비상콘센트설비, 연소방지설비는 소화활동설비에 해당한다.

10 다음 소방시설 중에서 비상경보설비에 해당하는 것은?

① 누전경보기 및 가스누설경보기
② 비상벨설비 및 자동식사이렌설비
③ 비상벨설비 및 비상방송설비
④ 자동화재탐지설비 및 시각경보기

해설 ② 맞음, 경보설비(화재발생 사실을 통보하는 기계 · 기구 또는 설비) 중에서 비상경보설비는 비상벨설비 및 자동식사이렌설비를 말한다.

11 다음 소방시설 중에서 피난구조설비의 종류가 아닌 것은?

① 방열복
② 피난사다리
③ 비상조명등
④ 비상경보설비

해설 ④ 틀림, 비상경보설비는 경보설비에 해당한다. 피난구조설비는 화재가 발생할 경우 피난하기 위하여 사용하는 기구 또는 설비로서 다음과 같이 구분할 수 있다.
㉠ 피난기구 : 피난사다리, 구조대, 완강기, 소방청장이 고시하는 화재안전기준으로 정하는 것(미끄럼대, 피난교, 피난용트랩, 다수인 피난장비, 승강식 피난기 등)
㉡ 인명구조기구 : 방열복, 방화복(안전모, 보호장갑 및 안전화를 포함한다), 공기호흡기, 인공소생기
㉢ 유도등 : 피난유도선, 피난구유도등, 통로유도등, 객석유도등, 유도표지
㉣ 비상조명등 및 휴대용비상조명등

정답 09.① 10.② 11.④

12 다음 보기의 피난구조설비 중에서 인명구조기구에 해당하는 것은?

| ㄱ. 방열복 | ㄴ. 피난사다리 | ㄷ. 공기호흡기 |
| ㄹ. 인공소생기 | ㅁ. 구조대 | ㅂ. 완강기 |

① ㄱ, ㄴ, ㄹ
② ㄱ, ㄷ, ㄹ
③ ㄷ, ㄹ, ㅁ
④ ㄷ, ㄹ, ㅂ

해설 ② 맞음, ㄱ. 방열복, ㄷ. 공기호흡기, ㄹ. 인공소생기는 피난구조설비 중에서 인명구조기구에 해당한다.
ㄴ. 피난사다리, ㅁ. 구조대, ㅂ. 완강기는 피난구조설비 중에서 피난기구에 해당한다.

13 「소방시설 설치 및 관리에 관한 법률 시행령」상 소방시설 중 "화재를 진압하거나 인명구조활동을 위하여 사용하는 설비"에 해당하지 않는 것은? ☆ 22년 소방장

① 제연설비
② 연결살수설비
③ 자동화재탐지설비
④ 무선통신보조설비

해설 ③ 틀림, 자동화재탐지설비는 화재발생 사실을 통보하는 기계·기구 또는 설비로서 경보설비에 해당한다. 화재를 진압하거나 인명구조활동을 위하여 사용하는 설비는 소화활동설비이다. 소화활동설비에는 제연설비, 연결송수관설비, 연결살수설비, 비상콘센트설비, 무선통신보조설비 및 연소방지설비가 있다.

14 다음 소방시설과 각 설비의 연결이 바르지 않은 것은?

① 소화설비 - 소화기구, 옥내소화전설비, 스프링클러설비
② 소화용수설비 - 소화수조, 연결살수설비, 연결송수관설비
③ 경보설비 - 비상방송설비, 가스누설경보기, 통합감시시설
④ 피난구조설비 - 방열복, 피난유도선, 휴대용비상조명등

해설 ① 맞음, 소화설비란 물 또는 그 밖의 소화약제를 사용하여 소화하는 기계·기구 또는 설비로 소화기구, 자동소화장치, 옥내소화전설비, 스프링클러설비 등, 물분무등소화설비, 옥외소화전 등이 이에 해당한다.
② 틀림, 연결살수설비와 연결송수관설비 등은 소화용수설비가 아닌 소화활동설비에 해당한다. 소화용수설비는 화재를 진압하는 데 필요한 물을 공급하거나 저장하는 설비로서 상수도소화용수설비, 소화수조·저수조, 그 밖의 소화용수설비 등이 있다.
③ 맞음, 비상방송설비, 가스누설경보기, 통합감시시설, 단독경보형감지기, 비상경보설비 등은 경보설비이다.
④ 맞음, 방열복, 방화복, 피난유도선, 비상조명등 및 휴대용비상조명등 등은 피난구조설비이다.

정답 12.② 13.③ 14.②

15 소방시설 설치 및 관리에 관한 법률에서 정하는 사항에서 틀린 것은?

① 소방시설이란 소화설비, 경보설비, 피난구조설비, 소화용수설비, 그 밖에 소화활동설비로 대통령령으로 정하는 것을 말한다.
② 소화설비란 화재를 진압하거나 인명구조활동을 위하여 사용하는 설비이다.
③ 피난구조설비란 화재가 발생한 경우 피난하기 위하여 사용하는 기구 또는 설비를 말한다.
④ 소방시설 등이란 소방시설과 비상구(非常口), 그 밖에 소방 관련 시설로서 대통령령으로 정하는 것을 말한다.

> 해설 ①,④ 맞음, 소방시설이란 소화설비, 경보설비, 피난구조설비, 소화용수설비, 그 밖에 소화활동설비로 대통령령으로 정하는 것을 말하며, 소방시설 등이란 소방시설과 비상구(非常口), 그 밖에 소방 관련 시설로서 대통령령으로 정하는 것을 말한다.
> ② 틀림, 소화설비란 물 또는 그 밖의 소화약제를 사용하여 소화하는 기계·기구 또는 설비를 말한다. 화재를 진압하거나 인명 구조 활동을 위하여 사용하는 설비는 소화활동설비이다.
> ③ 맞음, 피난구조설비란 화재가 발생한 경우 피난하기 위하여 사용하는 기구 또는 설비를 말한다.

16 다음 중 「소방시설 설치 및 관리에 관한 법률」에서 소방시설등에 해당하지 않는 것은?

① 소화용수설비
② 방화시설
③ 비상구
④ 자동방화셔터

> 해설 ② 틀림, 소방시설등이란 소방시설(소화설비, 경보설비, 피난구조설비, 소화용수설비, 소화활동설비)과 비상구(非常口), 그 밖에 소방 관련 시설로서 대통령령으로 정하는 것(방화문 및 자동방화셔터)을 말한다. 소방시설등에 방화설비는 해당하지 않는다.

17 현재 「소방시설 설치 및 관리에 관한 법률」에서 정하고 있는 공동주택에 해당하는 것은?

① 연립주택
② 다세대주택
③ 기숙사
④ 다가구주택

> 해설 ③ 맞음, 공동주택은 다음과 같다. 연립주택과 다세대주택은 24.12.1.부터 적용된다.
> ㉠ 아파트등 : 주택으로 쓰이는 층수가 5층 이상인 주택
> ㉡ 기숙사 : 학교 또는 공장 등의 학생 또는 종업원 등을 위하여 쓰는 것으로서 1개 동의 공동취사시설 이용 세대 수가 전체의 50퍼센트 이상인 것(「교육기본법」제27조제2항에 따른 학생복지주택 및「공공주택 특별법」제2조제1호의3에 따른 공공매입임대주택 중 독립된 주거의 형태를 갖추지 않은 것을 포함한다)

정답 15.② 16.② 17.③

18 다음 특정소방대상물 중에서 근린생활시설에 해당하지 않은 것은?

① 기원 및 치과의원
② 동·식물원 및 수족관
③ 안마원 및 안마시술소
④ 산후조리원 및 안마원

> 해설 ② 틀림, 동물원, 식물원, 수족관 및 그 밖에 이와 비슷한 것은 문화 및 집회시설에 해당한다. 같은 건축물에 해당 용도로 쓰는 바닥면적의 조건이 없는 근린생활시설에는 다음과 같다.
> ㉠ 의원, 치과의원, 한의원, 침술원, 접골원, 조산원, 산후조리원 및 안마원(안마시술소 포함)
> ㉡ 이용원, 미용원, 목욕장 및 세탁소(공장이 부설된 것과 대기환경보전법 등에 따른 배출시설의 설치허가 또는 신고의 대상이 되는 것은 제외)
> ㉢ 독서실, 장의사, 동물병원, 총포판매사, 그 밖에 이와 비슷한 것
> ㉣ 휴게음식점, 제과점, 일반음식점, 기원, 노래연습장

19 청소년 게임제공업 및 일반게임제공업의 시설로서 같은 건축물에 해당 용도로 쓰는 바닥면적의 합계가 600m²인 것은 어떤 특정소방대상물에 해당되는가?

① 근린생활시설
② 위락시설
③ 판매시설
④ 업무시설

> 해설 ③ 맞음, 청소년 게임제공업 및 일반게임제공업의 시설, 인터넷컴퓨터게임시설제공업 및 복합유통게임제공업의 시설로서 같은 건축물에 해당 용도로 쓰는 바닥면적의 합계가 500m² 미만인 것은 근린생활시설에 해당하나 바닥면적의 합계가 500m² 이상인 것은 판매시설에 해당한다.

20 동일한 건축물 안에서 바닥면적의 합계가 150제곱미터 미만인 단란주점은 특정소방대상물의 분류에서 어디에 속하는가?

① 근린생활시설
② 문화 및 집회시설
③ 위락시설
④ 관광휴게시설

> 해설 ① 맞음, 동일한 건축물 안에서 바닥면적의 합계가 150제곱미터 미만인 단란주점은 근린생활시설이다. 같은 건축물에 해당 용도로 쓰는 바닥면적의 조건이 있는 근린생활시설에는 다음과 같다.
> ㉠ 바닥면적 150제곱미터 미만인 단란주점
> ㉡ 바닥면적 300제곱미터 미만인 공연장(극장, 영화상영관, 연예장, 음악당, 서커스장, 비디오물감상실업과 비디오물소극장업의 시설) 또는 종교집회장(교회, 성당, 사찰, 기도원, 수도원, 수녀원, 제실, 사당)
> ㉢ 바닥면적 500제곱미터 미만인 탁구장, 테니스장, 체육도장, 골프연습장, 실내낚시터, 금융업소, 사무소, 부동산중개사무소, 결혼상담소 등 소개업소, 출판사, 서점, 게임제공업 및 인터넷컴퓨터게임시설제공업, 복합유통게임제공업, 자동차학원 및 무도학원을 제외한 학원
> ㉣ 바닥면적 500제곱미터 미만인 제조업소, 수리점, 그 밖에 이와 비슷한 것(물환경보전법 등에 따른 배출시설의 설치허가 또는 신고의 대상인 것은 제외한다)
> ㉤ 바닥면적 1천 제곱미터 미만인 슈퍼마켓과 일용품(식품, 잡화, 의류, 완구, 서적, 건축자재, 의약품, 의료기기 등) 등 소매점, 의약품 판매소 의료기기판매소 및 자동차영업소

정답 18.② 19.③ 20.①

21. 다음 중 문화 및 집회시설에 해당하지 않는 것은?

① 바닥면적의 합계가 300제곱미터 이상인 극장
② 예식장, 마권 장외 발매소 등의 집회장
③ 박물관, 미술관, 체험관 등의 전시장
④ 경마장, 체육관으로서 관람석의 바닥면적의 합계가 1천 제곱미터 미만인 것

해설
① 맞음, 바닥면적의 합계가 300제곱미터 미만인 공연장(극장, 영화상영관, 음악당)은 근린생활시설이나 300제곱미터 이상인 공연장은 문화 및 집회시설에 해당한다.
②,③ 맞음, 예식장, 공회당, 회의장 등의 집회장과 박물관, 미술관 등의 전시장은 문화 및 집회시설이다.
④ 틀림, 경마장, 경륜장, 경정장, 자동차 경기장, 그 밖에 이와 비슷한 것과 체육관 및 운동장으로서 관람석의 바닥면적의 합계가 1천제곱미터 이상인 것이 문화 및 집회시설이다. 체육관 및 운동장으로서 관람석의 바닥면적의 합계가 1천제곱미터 미만인 것은 운동시설에 해당한다.

22. 다음 중 의료시설에 해당하지 않는 것은?

☆ 16년 경북 소방교

① 정신요양시설
② 마약진료소
③ 정신의료기관
④ 장애인 의료재활시설

해설
① 틀림, 정신요양시설은 노유자시설에 해당한다. 의료시설은 아래와 같다.
㉠ 병원 : 종합병원, 병원, 치과병원, 한방병원, 요양병원
㉡ 격리병원 : 전염병원, 마약진료소, 그 밖에 이와 비슷한 것
㉢ 정신의료기관
㉣ 「장애인복지법」 제58조제1항제4호에 따른 장애인 의료재활시설

23. 다음 중 교육연구시설에 해당하지 않는 것은?

① 초등학교
② 교육원(연구원, 그 밖에 이와 비슷한 것을 포함한다)
③ 학원(자동차운전학원 및 무도학원을 포함한다)
④ 도서관

해설
③ 틀림, 자동차운전학원 및 무도학원은 제외한다.
㉠ 학교 : 초등학교, 중학교, 고등학교, 특수학교, 그 밖에 이에 준하는 학교 교사(校舍), 체육관, 급식시설, 합숙소(학교의 운동부, 기능선수 등이 집단으로 숙식하는 장소), 대학교
㉡ 교육원(연수원, 그 밖에 이와 비슷한 것을 포함한다)
㉢ 직업훈련소
㉣ 학원(근린생활시설에 해당하는 것과 자동차운전학원·정비학원 및 무도학원은 제외한다)
㉤ 연구소(연구소에 준하는 시험소와 계량계측소를 포함한다)
㉥ 도서관

정답 21.④ 22.① 23.③

24 특정소방대상물 중에서 노유자시설에 해당하지 않는 것은?

① 노인의료복지시설
② 장애인 의료재활시설
③ 유치원(병설유치원 포함)
④ 장애인 직업재활시설

해설 ② 틀림, 장애인 의료재활시설은 의료시설에 해당한다. 노유자 시설은 다음과 같다.
   ㉠ 노인 관련 시설 : 노인주거복지시설, 노인의료복지시설, 노인여가복지시설, 주·야간보호서비스나 단기보호서비스를 제공하는 재가노인복지시설(재가장기요양기관 포함), 노인보호전문기관
   ㉡ 아동 관련 시설 : 아동복지시설, 어린이집, 「유치원(병설유치원을 포함한다)
   ㉢ 장애인 관련 시설 : 장애인 거주시설, 장애인 지역사회재활시설(장애인 심부름센터, 한국수어통역센터, 점자도서 및 녹음서 출판시설 등 장애인이 직접 그 시설 자체를 이용하는 것을 주된 목적으로 하지 않는 시설 제외), 장애인 직업재활시설, 그 밖에 이와 비슷한 것
   ㉣ 정신질환자 관련 시설 : 정신재활시설(생산품판매시설 제외), 정신요양시설
   ㉤ 노숙인 관련 시설 : 노숙인복지시설(노숙인일시보호시설, 노숙인자활시설, 노숙인재활시설, 노숙인요양시설 및 쪽방 상담소만 해당한다), 노숙인종합지원센터 및 그 밖에 이와 비슷한 것

25 다음 중 특정소방대상물의 분류로 옳지 못한 것은?

① 숙박시설 - 근린생활시설이 아닌 고시원, 생활형 숙박시설
② 자원순환 관련 시설 - 고물상, 폐기물처분시설
③ 수련시설 - 유스호스텔, 청소년 수련원
④ 교육연구시설 - 연구소 및 공공도서관

해설 ① 맞음, 숙박시설에는 일반형 숙박시설, 생활형 숙박시설, 고시원(근린생활시설에 해당하지 않는 것), 그 밖에 위 시설과 비슷한 것 등이 있다.
② 맞음, 고물상, 폐기물처분시설, 하수 등 처리시설, 폐기물재활용시 등은 자원순환 관련 시설이다.
③ 맞음, 생활권 수련시설(청소년수련관, 청소년문화의집, 청소년특화시설), 자연권 수련시설(청소년수련원, 청소년야영장), 유스호스텔은 수련시설에 해당한다.
④ 틀림, 도서관은 교육연구시설이나 공공도서관은 업무시설에 해당한다.

26 다음 중 특정 소방대상물에서 위락시설이 아닌 것은?

① 안마시술소
② 무도학원
③ 유흥주점
④ 카지노영업소

해설 ① 틀림, 안마시술소는 근린생활시설이다. 위락시설은 다음과 같다.
   ㉠ 단란주점으로서 근린생활시설에 해당하지 않는 것 : 바닥면적의 합계가 150제곱미터 이상인 것
   ㉡ 유흥주점, 그 밖에 이와 비슷한 것
   ㉢ 관광진흥법에 따른 유원시설업의 시설, 그 밖에 이와 비슷한 시설(근린생활시설에 해당하는 것 제외)
   ㉣ 무도장 및 무도학원
   ㉤ 카지노영업소조에 따른 소방안전관리업무의 대행을 하려는 자는 대통령으로 정하는 업종별로 시·도지사에게 소방시설관리업 등록을 하여야 한다.(법 제29조 제1항)

정답 24.② 25.④ 26.①

27 다음 특정소방대상물에서 동물 및 식물 관련 시설은 모두 몇 개인가?

| ㄱ. 동물원 | ㄴ. 도계장 | ㄷ. 식물원 |
| ㄹ. 도축장 | ㅁ. 수족관 | ㅂ. 경마장 |

① 2개
② 3개
③ 4개
④ 5개

> **해설** ① 맞음, ㄱ의 동물원 ㄷ의 식물원, ㅁ의 수족관, ㅂ의 경마장은 문화 및 집회시설이다. 동물 및 식물 관련 시설로는 ㉠ 축사(부화장 포함), ㉡ 가축시설(가축용 운동시설, 인공수정센터, 관리사, 가축용 창고, 가축시장, 동물검역소, 실험동물 사육시설 등), ㉢ 도축장, ㉣ 도계장, ㉤ 작물 재배사(栽培舍), ㉥ 종묘배양시설, ㉦ 화초 및 분재 등의 온실, ㉧ 식물과 관련된 ㉤부터 ㉦까지의 시설과 비슷한 것(동·식물원은 제외한다)

28 다음 중 특정소방대상물의 분류로 옳은 것은?

① 항공기 및 자동차 관련 시설 - 항공기격납고, 폐차장, 자동차검사장
② 의료시설 - 치과병원, 유스호스텔, 종합병원, 요양병원, 마약진료소
③ 관광휴게시설 - 관망탑, 촬영소, 유원지 또는 관광지에 부수되는 건축물
④ 묘지 관련 시설 - 화장장, 봉안당(종교집회장에 설치되는 봉안당 포함)

> **해설** ① 맞음, 항공기격납고, 폐차장, 자동차검사장, 세차장, 폐차장, 자동차매매장, 자동차정비공장, 운전학원·정비학원, 주차장 등은 항공기 및 자동차 관련 시설이다.
> ② 틀림, 「청소년활동 진흥법」에 따른 유스호스텔은 수련시설에 해당한다.
> ③ 틀림, 촬영소는 방송통신시설에 해당한다.
> ④ 틀림, 봉안당은 묘지 관련 시설이나 종교집회장에 설치되는 봉안당은 종교시설이므로 제외한다.

29 전력 또는 통신사업용 이외 지하 인공구조물의 경우 지하구의 규격으로 옳은 것은?

① 폭 1.5미터 이상, 높이 2미터 이상, 길이가 50미터 이상
② 폭 1.8미터 이상, 높이 2미터 이상, 길이가 50미터 이상
③ 폭 1.8미터 이상, 높이 2미터 이상, 길이가 500미터 이상
④ 폭 2.5미터 이상, 높이 3미터 이상, 길이가 100미터 이상

> **해설** ② 맞음, 지하구란 전력·통신용의 전선이나 가스·냉난방용의 배관 또는 이와 비슷한 것을 집합수용하기 위하여 설치한 지하 인공구조물로서 사람이 점검 또는 보수를 하기 위하여 출입이 가능한 것 중 다음의 어느 하나에 해당하는 것을 말한다.
> ㉠ 전력 또는 통신사업용 지하 인공구조물로서 전력구(케이블 접속부가 없는 경우에는 제외) 또는 통신구 방식으로 설치된 것
> ㉡ ㉠외의 지하 인공구조물로서 폭이 1.8미터 이상이고 높이가 2미터 이상이며 길이가 50미터 이상인 것

정답 27.① 28.① 29.②

30 전력 또는 통신사업용 지하구의 설치 기준으로 옳은 것은?

① 폭이 1.8미터 이상인 것
② 높이가 2미터 이상인 것
③ 길이가 50미터 이상인 것
④ 통신구 방식으로 설치된 것

해설 ④ 맞음, 전력 또는 통신사업용 지하 인공구조물의 경우 길이, 폭 및 높이에 관계없이 전력구(케이블 접속부가 없는 경우는 제외) 또는 통신구 방식으로 설치된 것은 지하구이다.

31 하나의 건축물이 둘 이상의 용도로 사용되는 복합건축물로 볼 수 있는 것은?

① 관계 법령에서 주된 용도의 부수시설로서 그 설치를 의무화하고 있는 시설
② 주택대지 안에 설치하는 부대시설 또는 복리시설이 설치되는 특정소방대상물
③ 건축물의 주된 용도외의 기능으로서 구내세탁소
④ 건축물의 주된 용도의 기능에 필수적인 용도로서 건축물의 설비

해설 ③ 맞음, 복합건축물이란 하나의 건축물이 둘 이상의 용도로 사용되는 것을 말한다. 다만, 다음의 어느 하나에 해당하는 경우에는 복합건축물로 보지 않는다.(영 [별표2])
　㉠ 관계 법령에서 주된 용도의 부수시설로서 그 설치를 의무화하고 있는 용도 또는 시설
　㉡ 주택대지 안에 설치하는 부대시설 또는 복리시설이 설치되는 특정소방대상물
　㉢ 건축물의 주된 용도의 기능에 필수적인 용도로서 다음의 어느 하나에 해당하는 용도
　　ⓐ 건축물의 설비·대피 및 위생, 그 밖에 이와 비슷한 시설의 용도
　　ⓑ 사무·작업·집회·물품저장·주차, 그 밖에 이와 비슷한 시설의 용도
　　ⓒ 구내식당·구내세탁소·구내운동시설 등 종업원후생복리시설 및 구내소각 시설 등의 용도

32 「소방시설 및 관리에 관한 법률 시행령」상 특정소방대상물에 대한 설명으로 틀린 것은?

① 내화구조로 된 하나의 특정소방대상물이 개구부 및 연소 확대 우려가 없는 내화구조의 바닥과 벽으로 구획되어 있는 경우에는 그 구획된 부분을 각각 별개의 특정소방대상물로 본다.
② 둘 이상의 특정소방대상물이 벽이 없는 내화구조로서 그 길이가 6미터 이상의 연결통로로 연결된 경우에는 하나의 특정소방대상물로 본다.
③ 둘 이상의 특정소방대상물이 자동방화셔터 또는 60분+ 방화문이 설치되지 않은 피트로 된 연결통로로 연결된 경우에는 하나의 특정소방대상물로 본다.
④ 특정소방대상물의 지하층이 지하상가와 연결된 경우 해당 지하층의 부분을 지하상가로 본다.

해설 ② 틀림, 내화구조로 된 연결통로가 벽이 없는 구조로서 그 길이가 6m 이하인 경우 또는 내화구조로 된 연결통로가 벽이 있는 구조로서 그 길이가 10m 이하인 경우 및 다음의 경우는 하나의 특정소방대상물로 본다.
③ 맞음, 둘 이상의 특정소방대상물이 자동방화셔터 또는 60분+ 방화문이 설치되지 않은 피트로 된 연결통로나 내화구조가 아닌 연결통로 등으로 연결된 경우에는 하나의 특정소방대상물로 본다.

정답　30.④　31.③　32.②

33 둘 이상의 특정소방대상물이 연결통로 또는 지하구와 연결된 경우 별개의 소방대상물로 보는 경우가 아닌 것은?

① 화재 시 경보설비의 작동과 연동하여 자동으로 닫히는 자동방화셔터가 설치된 경우
② 화재 시 자동소화설비의 작동과 연동하여 자동으로 닫히는 60분+ 방화문이 설치된 경우
③ 화재 시 자동으로 방수되는 방식의 드렌처설비가 설치된 경우
④ 화재 시 수동으로 방수되는 방식의 개방형 스프링클러헤드가 설치된 경우

해설 ④ 틀림, 연결통로 또는 지하구와 소방대상물의 양쪽에 다음의 어느 하나에 적합한 경우에는 각각 별개의 특정소방대상물로 본다.(영 별표 2, 비고)
　㉠ 화재 시 경보설비 또는 자동소화설비의 작동과 연동하여 자동으로 닫히는 자동방화셔터 또는 60분+ 방화문이 설치된 경우
　㉡ 화재 시 자동으로 방수되는 방식의 드렌처설비 또는 개방형 스프링클러헤드가 설치된 경우

34 다음 중 소방시설 등을 구성하는 소방용품에 해당하지 않는 것은?

① 소화기구(소화약제 외의 것을 이용한 간이소화용구를 포함한다)
② 감지기 및 음향장치(경종에 한한다)
③ 공기호흡기(충전기를 포함한다)
④ 완강기(지지대를 포함한다) 및 간이완강기(지지대를 포함한다)

해설 ① 틀림, 소방용품이란 소방시설 등을 구성하거나 소방용으로 사용되는 제품 또는 기기로서 대통령령으로 정하는 것을 말한다. 소화설비를 구성하는 소방용품에 소화기구를 포함한다. 다만 소화약제를 이용한 간이소화용구는 제외한다.

35 「소방시설 및 관리에 관한 법률 시행령」상 무창층(無窓層)의 정의에 필요한 개구부의 조건으로 틀린 것은?

① 개구부의 크기가 지름 50센티미터 이상의 원이 통과할 수 있을 것
② 해당 층의 바닥면으로부터 개구부 밑부분까지의 높이가 1.2미터 이내일 것
③ 개구부는 도로 또는 차량이 진입할 수 있는 빈터를 향할 것
④ 외부에서만 쉽게 부수거나 열 수 있을 것

해설 ④ 틀림, 개구부(건축물에서 채광·환기·통풍 또는 출입 등을 위하여 만든 창·출입구)의 조건
　㉠ 크기는 지름 50센티미터 이상의 원이 통과할 수 있을 것
　㉡ 해당 층의 바닥면으로부터 개구부 밑부분까지의 높이가 1.2미터 이내일 것
　㉢ 도로 또는 차량이 진입할 수 있는 빈터를 향할 것
　㉣ 화재 시 건축물로부터 쉽게 피난할 수 있도록 창살이나 그 밖의 장애물이 설치되지 않을 것
　㉤ 내부 또는 외부에서 쉽게 부수거나 열 수 있을 것

정답　33.④　34.①　35.④

36 「소방시설 및 관리에 관한 법률 시행령」상 무창층은 개구부의 면적의 합계가 해당 층의 바닥면적의 얼마 이하가 되는 층을 말하는가?

① 10분의 1 이하
② 20분의 1 이하
③ 30분의 1 이하
④ 40분의 1 이하

해설 ③ 맞음, 무창층은 지상층 중 개구부의 요건(크기는 지름 50센티미터 이상의 원이 내접할 수 있는 크기일 것, 해당 층의 바닥면으로부터 개구부 밑부분까지의 높이가 1.2미터 이내일 것, 도로 또는 차량이 진입할 수 있는 빈터를 향할 것, 화재 시 건축물로부터 쉽게 피난할 수 있도록 창살이나 그 밖의 장애물이 설치되지 않을 것, 내부 또는 외부에서 쉽게 부수거나 열 수 있을 것)을 모두 갖춘 개구부의 면적의 합계가 해당 층의 바닥면적의 30분의 1 이하가 되는 층을 말한다.

37 소방시설 및 관리에 관한 법령상 용어의 정의 등에 대한 설명으로 틀린 것은?

① 무창층(無窓層)"이란 지상층 또는 지하층 중 요건을 갖춘 개구부의 면적의 합계가 해당 층의 바닥면적의 30분의 1 이하가 되는 층을 말한다.
② 피난층이란 곧바로 지상으로 갈 수 있는 출입구가 있는 층을 말한다.
③ 국립소방연구원장은 화재안전기준 중 기술기준을 제정·개정하려는 경우 제정안·개정안을 작성하여 중앙소방기술심의위원회의 심의·의결을 거쳐야 한다.
④ 하나의 건축물이 근린생활시설, 판매시설, 업무시설, 숙박시설 또는 위락시설의 용도와 주택의 용도로 함께 사용되는 것은 복합건축물에 해당한다.

해설 ① 틀림, 무창층(無窓層)"이란 지상층 중 요건을 갖춘 개구부의 면적의 합계가 해당 층의 바닥면적의 30분의 1 이하가 되는 층을 말한다.(영 제2조 제1호)
② 맞음, 피난층이란 곧바로 지상으로 갈 수 있는 출입구가 있는 층을 말한다.(영 제2조 제2호)

38 「소방시설 및 관리에 관한 법률」상 특정소방대상물 가운데 위험물 제조소 등의 안전관리와 위험물 제조소 등에 설치하는 소방시설 설치기준에 관해 적용되는 법률은?

① 소방기본법
② 소방시설공사업법
③ 위험물안전관리법
④ 소방시설 설치 및 관리에 관한 법률

해설 ③ 맞음, 다른 법률과의 관계 : 특정소방대상물 가운데 「위험물안전관리법」에 따른 위험물 제조소등의 안전관리와 위험물 제조소등에 설치하는 소방시설등의 설치기준에 관하여는 「위험물안전관리법」에서 정하는 바에 따른다.(소방시설 설치 및 관리에 관한 법률 제5조)

정답 36.③ 37.① 38.③

39 특정소방대상물을 분류한 것으로 맞지 않는 것은? ☆ 18년 소방장

① 문화 및 집회시설 - 동물원, 식물원
② 항공기 및 자동차 관련 시설 - 항공관제탑
③ 장례시설 - 장례식장(의료시설의 부수시설은 제외)
④ 관광 휴게시설 - 야외음악당 및 어린이 회관

> **해설** ① 맞음, 동물원, 식물원, 수족관, 그 밖에 이와 비슷한 것은 문화 및 집회시설이다.
> ② 틀림, 항공관제탑을 포함한 공항시설은 항공기 및 자동차 관련 시설이 아니라 운수시설에 해당한다.
> ③ 맞음, 장례식장(의료시설의 부수시설은 제외)과 동물 전용의 장례식장은 장례시설에 해당한다.
> ④ 맞음, 야외음악당 및 어린이 회관, 야외극장, 관망탑, 휴게소 등은 관광 휴게시설에 해당한다.

40 소방용품 중 피난구조설비를 구성하는 제품 및 기기가 아닌 것은? ☆ 18년 소방교

① 완강기(지지대를 포함한다)
② 구조대
③ 피난유도선
④ 공기호흡기(충전기를 포함한다)

> **해설** ③ 틀림, 피난유도선은 피난구조설비를 구성하는 소방용품에 해당하지 아니한다. 소방용품 중 피난구조설비를 구성하는 제품 및 기기는 다음과 같다.
> ㉠ 피난사다리, 구조대, 완강기(지지대를 포함한다) 및 간이완강기(지지대를 포함한다)
> ㉡ 공기호흡기(충전기를 포함한다)
> ㉢ 피난구유도등, 통로유도등, 객석유도등 및 예비 전원이 내장된 비상조명등

41 무창층이 되기 위한 개구부의 요건으로 맞는 것은? ☆ 18년 소방교

① 크기는 지름 50센티미터 이상의 원이 통과할 수 있을 것
② 해당 층의 바닥면으로부터 개구부 밑 부분까지의 높이가 1.5미터 이내일 것
③ 빈터를 향하여 있지 않을 것
④ 창살이 설치되어 있거나 내부 또는 외부에서 쉽게 부수거나 열 수 있을 것

> **해설** ① 맞음, 개구부(건축물에서 채광·환기·통풍 또는 출입 등을 위하여 만든 창·출입구)의 요건으로 크기는 지름 50센티미터 이상의 원이 통과할 수 있을 것을 요한다. 무창층은 개구부의 면적의 합계가 해당 층 바닥면적의 30분의 1이하가 되는 층을 말한다.
> ② 틀림, 해당 층의 바닥면으로부터 개구부 밑부분까지의 높이가 1.2미터 이내일 것
> ③ 틀림, 도로 또는 차량이 진입할 수 있는 빈터를 향할 것
> ④ 틀림, 화재 시 건축물로부터 쉽게 피난할 수 있도록 창살이나 그 밖의 장애물이 설치되지 않을 것과 내부 또는 외부에서 쉽게 부수거나 열 수 있을 것을 요건으로 한다.

정답 39.② 40.③ 41.①

42 다음 특정소방대상물에서 근린생활시설이 아닌 것은? ☆ 19년 소방장

① 단란주점으로 바닥면적의 합계 150제곱미터 미만 인 것
② 종교집회장으로 바닥면적의 합계 300제곱미터 미만인 것
③ 자동차학원으로 바닥면적의 합계 500제곱미터 미만인 것
④ 의료기기 판매소로 바닥면적의 합계 1,000제곱미터 미만인 것

> 해설 ①,②,④ 바닥면적 150제곱미터 미만인 단란주점, 바닥면적 300제곱미터 미만 공연장 또는 종교집회장, 바닥면적 1천 제곱미터 미만인 의약품판매소는 근린생활시설이다.
> ③ 틀림, 바닥면적 500제곱미터 미만인 학원은 근린생활시설이다. 자동차 운전·정비학원은 면적과 관계없이 항공기 및 자동차 관련 시설이다.

43 특정소방대상물에 대한 다음 설명 중 틀린 것은? ☆ 19년 소방장

① 둘 이상의 특정소방대상물이 벽이 없는 내화구조로 된 연결통로로 연결된 경우 그 길이가 10미터인 경우에는 각각 별개의 소방대상물로 본다.
② 내화구조로 된 하나의 특정소방대상물이 개구부가 없는 내화구조의 바닥과 벽으로 구획되어 있는 경우에는 그 구획된 부분을 각각 별개의 특정소방대상물로 본다.
③ 둘 이상의 특정소방대상물의 연결통로의 양쪽에 자동소화설비의 작동과 연동하여 자동으로 닫히는 자동방화셔터 또는 60분+ 방화문이 설치된 경우 이를 하나의 소방대상물로 본다.
④ 특정소방대상물의 지하층이 지하상가와 연결되어 있는 경우 해당 지하층의 부분을 지하상가로 본다.

> 해설 ③ 틀림, 연결통로 또는 지하구와 소방대상물의 양쪽에 다음의 어느 하나에 적합한 경우에는 각각 별개의 소방대상물로 본다.
> ㉠ 화재 시 경보설비 또는 자동소화설비의 작동과 연동하여 자동으로 닫히는 자동방화셔터 또는 60분+ 방화문이 설치된 경우
> ㉡ 화재 시 자동으로 방수되는 방식의 드렌처설비 또는 개방형 스프링클러헤드가 설치된 경우

44 소방시설을 설치하여야 하는 소방대상물로서 대통령령으로 정하는 것은? ☆ 20년 소방교

① 특정소방대상물
② 소방대상물
③ 소방시설등
④ 소방용품

> 해설 ① 맞음, "특정소방대상물"이란 건축물 등의 규모·용도 및 수용인원 등을 고려하여 소방시설을 설치하여야 하는 소방대상물로서 대통령령으로 정하는 것을 말한다.
> ② 소방대상물은 건축물, 차량, 선박, 선박건조구조물, 산림, 그 밖의 인공구조물 또는 물건이다.
> ③ 소방시설등은 소방시설과 비상구, 그 밖에 소방 관련 시설로서 대통령령으로 정하는 것이다.
> ④ 소방용품은 소방시설등을 구성하거나 소방용으로 사용되는 제품 또는 기기로서 대통령령으로 정하는 것이다.

정답 42.③ 43.③ 44.①

45 다음 중 경보설비에 해당하는 것을 모두 고르면? ☆ 20년 소방장

| ㉠ 자동화재속보설비 | ㉡ 통합감시시설 | ㉢ 누전경보기 |
| ㉣ 휴대용비상조명등 | ㉤ 피난유도선 | |

① ㉠, ㉡, ㉢
② ㉠, ㉡, ㉣
③ ㉡, ㉢, ㉣
④ ㉢, ㉣, ㉤

해설 ① 맞음, 경보설비는 화재발생 사실을 통보하는 기계·기구 또는 설비로서 ㉠ 자동화재속보설비, ㉡ 통합감시시설, ㉢ 누전경보기는 경보설비에 해당한다. 휴대용비상조명등과 피난유도선은 피난구조설비에 해당한다.

---

46 근린생활시설에 해당하는 특정소방대상물에서 ( )의 수의 합계는? ☆ 20년 소방장

○ 단란주점은 같은 건축물에 해당 용도로 쓰는 바닥면적 합계가 (ㄱ) 미만인 것만 해당한다.
○ 공연장으로서 같은 건축물에 해당 용도로 쓰는 바닥면적의 합계가 (ㄴ) 미만인 것
○ 금융업소, 사무소, 부동산중개사무소, 결혼상담소 등 소개업소, 출판사, 서점, 그 밖에 이와 비슷한 것으로서 같은 건축물에 해당 용도로 쓰는 바닥면적의 합계가 (ㄷ) 미만인 것
○ 의약품 판매소, 의료기기 판매소 및 자동차영업소로서 같은 건축물에 해당 용도로 쓰는 바닥면적의 합계가 (ㄹ)미만인 것

① 1,450제곱미터
② 1,800제곱미터
③ 1,950제곱미터
④ 2,100제곱미터

해설 ③ 맞음, 150 + 300 + 500 + 1,000 = 1,950제곱미터이다. 근린생활시설은 다음과 같다.
　ㄱ. 단란주점은 같은 건축물에 해당 용도로 쓰는 바닥면적 합계가 150제곱미터 미만인 것만 해당한다.
　ㄴ. 공연장으로서 같은 건축물에 해당 용도로 쓰는 바닥면적의 합계가 300제곱미터 미만인 것
　ㄷ. 금융업소, 사무소, 부동산중개사무소, 결혼상담소 등은 바닥면적의 합계가 500제곱미터 미만인 것
　ㄹ. 의약품 판매소, 의료기기 판매소 등은 바닥면적의 합계가 1,000제곱미터 미만인 것

---

47 「소방시설 설치 및 관리에 관한 법률 및 시행령」상 용어의 정의에 따른 "소방시설등"에 해당하지 않는 것은? ☆ 22년 소방교

① 방화문
② 방화벽
③ 비상구
④ 자동방화셔터

해설 ② 틀림, "소방시설등"이란 소방시설과 비상구(非常口), 그 밖에 소방 관련 시설로서 대통령령으로 정하는 것을 말한다.(법 제2조 제1항 제2호) 법 제2조 제1항 제2호에서 그 밖에 소방 관련 시설로서 "대통령령으로 정하는 것"이란 방화문 및 자동방화셔터를 말한다.(영 제4조)

정답 45.① 46.③ 47.②

48 「소방시설 및 관리에 관한 법률 시행령」상 둘 이상의 특정소방대상물을 하나의 특정소방대상물로 보는 연결통로의 요건으로 옳지 않은 것은? ☆22년 소방교

① 내화구조가 아닌 연결통로로 연결된 경우
② 지하보도, 지하상가, 터널로 연결된 경우
③ 컨베이어로 연결되거나 플랜트설비의 배관 등으로 연결되어 있는 경우
④ 내화구조로 된 연결통로이며 벽이 없는 구조로서 그 길이가 10m 이하인 경우

해설 ④ 틀림, 연결통로로 연결된 2이상의 특정소방대상물을 하나의 특정소방대상물로 보는 경우는 다음과 같다.
㉠ 내화구조로 된 연결통로가 벽이 없는 구조로서 그 길이가 6m 이하인 경우 또는 내화구조로 된 연결통로가 벽이 있는 구조로서 그 길이가 10m 이하인 경우
㉡ 내화구조가 아닌 연결통로로 연결된 경우
㉢ 컨베이어로 연결되거나 플랜트설비의 배관 등으로 연결되어 있는 경우
㉣ 지하보도, 지하상가, 터널, 지하구로 연결된 경우
㉤ 자동방화셔터 또는 60분+ 방화문이 설치되지 않은 피트로 연결된 경우

49 다음은 「소방시설 설치 및 관리에 관한 법률 시행령」상 무창층(無窓層)에 대한 설명이다. ㉠~㉢에 들어갈 내용으로 옳은 것은? ☆ 24년 소방교

> "무창층"(無窓層)이란 지상층 중 다음 각 목의 요건을 모두 갖춘 개구부(건축물에서 채광·환기·통풍 또는 출입 등을 위하여 만든 창·출입구, 그 밖에 이와 비슷한 것을 말한다. 이하 같다)의 면적의 합계가 해당 층의 바닥면적(「건축법 시행령」 제119조제1항제3호에 따라 산정된 면적을 말한다. 이하 같다)의 (㉠) 이하가 되는 층을 말한다.
> 가. 크기는 지름 (㉡) 이상의 원이 통과할 수 있을 것
> 나. 해당 층의 바닥면으로부터 개구부 밑부분까지의 높이가 (㉢) 이내일 것
> 다. 도로 또는 차량이 진입할 수 있는 빈터를 향할 것
> - 이 하 생 략 -

	㉠	㉡	㉢
①	30분의 1	50센티미터	1.2미터
②	30분의 1	60센티미터	1.5미터
③	50분의 1	50센티미터	1.5미터
④	50분의 1	60센티미터	1.2미터

해설 ① 맞음, "무창층"(無窓層)이란 지상층 중 다음 각 목의 요건을 모두 갖춘 개구부(의 면적의 합계가 해당 층의 바닥면적(「건축법 시행령」 제119조제1항제3호에 따라 산정된 면적을 말한다. 이하 같다)의 (30분의1) 이하가 되는 층을 말한다.
가. 크기는 지름 (50센티미터) 이상의 원이 통과할 수 있을 것
나. 해당 층의 바닥면으로부터 개구부 밑부분까지의 높이가 (1.2미터) 이내일 것

정답 48.④ 49.①

50 「소방시설 설치 및 관리에 관한 법률 시행령」상 특정소방대상물 중 근린생활시설에 해당하지 않는 것은? (주어진 용도 외 다른 용도는 없음) ☆ 24년 소방교

① 자동차영업소로서 같은 건축물에 해당 용도로 쓰는 바닥면적의 합계가 600 ㎡인 건축물
② 탁구장, 그 밖에 이와 비슷한 것으로서 같은 건축물에 해당 용도로 쓰는 바닥면적의 합계가 300 ㎡인 건축물
③ 슈퍼마켓과 일용품(식품, 잡화, 의류, 완구, 서적, 건축 자재, 의약품, 의료기기 등) 등의 소매점으로서 같은 건축물에 해당 용도로 쓰는 바닥면적의 합계가 800 ㎡인 건축물
④ 종교집회장[교회, 성당, 사찰, 기도원, 수도원, 수녀원, 제실(祭室), 사당, 그 밖에 이와 비슷한 것을 말한다.]으로서 같은 건축물에 해당 용도로 쓰는 바닥면적의 합계가 400 ㎡인 건축물

해설 ④ 틀림, 종교집회장[교회, 성당, 사찰, 기도원, 수도원, 수녀원, 제실(祭室), 사당, 그 밖에 이와 비슷한 것을 말한다.]으로서 같은 건축물에 해당 용도로 쓰는 바닥면적의 합계가 300 ㎡ 미만인 건축물이 근린생활시설이다. 종교집회장으로서 바닥면적의 합계가 300 ㎡ 이상인 건축물은 종교시설이다.

정답 50.④

CHAPTER 02 소방시설등의 설치·관리 및 방염

> **학/습/포/인/트**
>
> 2장은 특정소방대상물의 화재로부터 안전을 확보하기 위하여 특정소방대상물이 건축 될 당시부터 적정한 소방시설이 적용·설치 될 수 있도록 사전예방적인 절차인 건축허가 등의 동의, 각 소방대상물의 규모별·용도별·수용인원에 따라 소방시설의 설치의무와 유지·관리의무, 특정소방대상물이 화재로부터의 안전을 확보하는데 중요한 물적 요소가 되고 있는 방염에 관한 사항을 규정하고 있다.

제1절 건축허가등의 동의 등

1 건축허가등의 동의

(1) 소방본부장 또는 소방서장의 동의(법 제6조 제1항)[1]

① 허가등의 사전 동의 : 건축물 등의 신축·증축·개축·재축(再築)·이전·용도변경 또는 대수선(大修繕)의 허가·협의 및 사용승인(이하 "건축허가등"이라 한다)의 권한이 있는 행정기관은 건축허가등을 할 때 미리 그 건축물 등의 시공지(施工地) 또는 소재지를 관할하는 소방본부장이나 소방서장의 동의를 받아야 한다. ☆ 20년 소방교

② 승인, 사용검사 등 포함 : 건축허가등은 「주택법」제15조에 따른 승인 및 같은 법 제49조에 따른 사용검사, 「학교시설사업 촉진법」제4조에 따른 승인 및 같은 법 제13조에 따른 사용승인을 포함한다.

(2) 건축허가등의 동의대상물의 범위(법 제6조) ☆ 24년 소방교, 22년 소방장, 21년 소방교, 20년 소방장, 17년 소방교

건축허가등을 할 때에 소방본부장이나 소방서장의 동의를 받아야 하는 건축물 등의 범위는 대통령령으로 정한다.(제7항) 건축허가등(건축물 등의 신축·증축·개축·재축(再築)·이전·용도변경 또는 대수선(大修繕)의 허가·협의 및 사용승인)을 할 때 미리 소방본부장 또는 소방서장의 동의를 받아야 하는 건축물 등의 범위는 다음과 같다.(영 제7조 제1항)

---

[1] 건축허가등의 동의는 일정 규모 이상의 건축에 대하여 건축물의 설계단계부터 각종 소방시설 등이 적정·적법하게 설치토록 하는 절차적 규정이다. 이는 건축물이 완성되어 사용할 때부터 소방상 안전한 건축물이 되게 하여 소방행정의 효율성 제고와 화재로부터의 국민의 생명과 재산 보호라는 예방소방행정의 목적을 달성하려는 것이다. 건축허가의 동의는 독립된 행정처분이 아닌 건축허가의 일부분에 속하며 행정기관 상호간의 협의라 할 수 있다.

① **연면적 400제곱미터 이상인 건축물** : 연면적(「건축법 시행령」제119조제1항제4호에 따라 산정된 면적을 말한다)이 400제곱미터 이상인 건축물이나 시설. 다만, 다음의 어느 하나에 해당하는 건축물이나 시설은 다음에서 정한 기준 이상인 건축물이나 시설로 한다.
   ㉠ 학교시설(「학교시설사업 촉진법」제5조의2제1항에 따라 건축하려는) : 100제곱미터
   ㉡ 노유자시설(老幼者施設) 및 수련시설 : 200제곱미터
   ㉢ 정신의료기관(「정신건강증진 및 정신질환자 복지서비스 지원에 관한 법률」제3조제5호에 따른 정신의료기관으로 입원실이 없는 정신건강의학과 의원은 제외) : 300제곱미터
   ㉣ 장애인의료재활시설(장애인복지법」제58조제1항제4호에 따른 장애인 의료재활시설 : 이하 의료재활시설) : 300제곱미터
② **지하층 또는 무창층이 있는 건축물** : 바닥면적이 150제곱미터(공연장의 경우는 100제곱미터) 이상인 층이 있는 것
③ **주차시설** : 차고·주차장 또는 주차 용도로 사용되는 시설로서 다음의 하나에 해당하는 것
   ㉠ 차고·주차장으로 사용되는 바닥면적이 200제곱미터 이상인 층이 있는 건축물이나 주차시설
   ㉡ 승강기 등 기계장치에 의한 주차시설로서 자동차 20대 이상을 주차할 수 있는 시설
④ **층수**(「건축법 시행령」제119조제1항제9호에 따라 산정된 층수)가 6층 이상인 건축물
⑤ 항공기격납고, 관망탑, 항공관제탑, 방송용 송수신탑
⑥ 공동주택, 의원(입원실 또는 인공신장실이 있는 것으로 한정한다)·조산원·산후조리원, 숙박시설, 위험물 저장 및 처리 시설, 발전시설 중 풍력발전소·전기저장시설, 지하구(地下溝)
⑦ **노유자생활시설** : ①에 해당하지 않는 노유자시설 중 다음의 어느 하나에 해당하는 시설. 다만, ㉠의 학대피해노인 전용쉼터 및 ㉡부터 ㉥까지의 시설 중 「건축법 시행령」별표 1의 단독주택 또는 공동주택에 설치되는 시설은 제외한다.(영 제7조 제1항 제7호)
   ㉠ 노인 관련 시설 : 「노인복지법」제31조에 따른 노인주거복지시설·노인의료복지시설 및 재가노인복지시설, 학대피해노인 전용쉼터의 어느 하나에 해당하는 시설
   ㉡ 아동복지시설 : 「아동복지법」제52조에 따른 아동복지시설로 아동상담소, 아동전용시설 및 지역아동센터는 제외한다.
   ㉢ 장애인 거주시설 : 「장애인복지법」제58조제1항제1호에 따른 장애인 거주시설
   ㉣ 정신질환자 관련 시설 : 「정신건강증진 및 정신질환자 복지서비스 지원에 관한 법률」제27조제1항 제2호에 따른 공동생활가정을 제외한 재활훈련시설과 같은 법 시행령 제16조제3호에 따른 종합시설 중 24시간 주거를 제공하지 아니하는 시설은 제외한다.
   ㉤ 노숙인 관련 시설 : 노숙인자활시설, 노숙인재활시설 및 노숙인요양시설
   ㉥ 결핵환자나 한센인이 24시간 생활하는 노유자시설
⑧ **요양병원** : 「의료법」제3조제2항제3호라목에 따른 요양병원(의료재활시설은 제외한다)
⑨ 공장 또는 창고시설로서 「화재의 예방 및 안전관리에 관한 법률 시행령」별표 2에서 정하는 수량의 750배 이상의 특수가연물을 저장·취급하는 것
⑩ 가스시설로서 지상에 노출된 탱크의 저장용량의 합계가 100톤 이상인 것

> **실전연습**
>
> Q. 소방본부장이나 소방서장의 동의를 받아야 하는 건축물의 범위에 해당하지 않는 것은?
>
> ☆ 22년 소방장
>
> ① 연면적이 300제곱미터인 노유자시설
> ② 연면적 50제곱미터인 건축등을 하려는 학교시설
> ③ 무창층이 있는 공연장으로서 바닥면적이 100제곱미터인 층이 있는 것
> ④ 차고·주차장으로 사용되는 바닥면적이 200제곱미터인 층이 있는 주차시설
>
> 해설 | 학교시설의 경우 연면적 100제곱미터 이상이 건축허가등의 동의 대상이다. ▸ ②

(4) 동의대상에서 제외되는 특정소방대상물(영 제7조 제2항)

영 제7조 제1항에도 불구하고 다음의 어느 하나에 해당하는 특정소방대상물은 소방본부장 또는 소방서장의 건축허가 등의 동의 대상에서 제외된다. ☆ 24년 소방장, 19년 소방교

① 화재안전기준에 적합한 것 : 특정소방대상물에 설치되는 소화기구, 자동소화장치, 누전경보기, 단독경보형감지기, 가스누설경보기 및 피난구조설비(비상조명등 제외)가 화재안전기준에 적합한 경우 해당 특정소방대상물
② 추가 소방시설이 설치되지 않는 것 : 건축물의 증축 또는 용도변경으로 인하여 해당 특정소방대상물에 추가로 소방시설이 설치되지 아니하는 경우 해당 특정소방대상물
③ 착공신고 대상이 아닌 것 : 「소방시설공사업법 시행령」제4조에 따른 소방시설공사의 착공신고 대상에 해당하지 않는 경우 해당 특정소방대상물

(5) 건축법상 신고대상인 경우(법 제6조 제2항)

건축물 등의 증축·개축·재축·용도변경 또는 대수선의 신고를 수리(受理)할 권한이 있는 행정기관은 그 신고를 수리하면 그 건축물 등의 시공지 또는 소재지를 관할하는 소방본부장이나 소방서장에게 지체 없이 그 사실을 알려야 한다.

(6) 설계도면의 제출(법 제6조 제3항)

① 설계도면 : 건축허가등의 권한이 있는 행정기관과 신고를 수리할 권한이 있는 행정기관은 건축허가등의 동의를 받거나 신고를 수리한 사실을 알릴 때 관할 소방본부장이나 소방서장에게 건축허가등을 하거나 신고를 수리할 때 건축허가등을 받으려는 자 또는 신고를 한 자가 제출한 설계도서 중 건축물의 내부구조를 알 수 있는 설계도면을 제출하여야 한다.
② 예외 : 국가안보상 중요하거나 국가기밀에 속하는 건축물을 건축하는 경우로서 관계 법령에 따라 행정기관이 설계도면을 확보할 수 없는 경우에는 그러하지 아니하다.

2 건축허가등의 동의 절차

(1) 소방본부장 또는 소방서장에게 동의 요구(영 제7조 제3항)

① 허가 관청 : 법 제6조제1항에 따라 건축허가등의 권한이 있는 행정기관은 건축허가등의 동의를 받으려는 경우에는 동의요구서에 행정안전부령으로 정하는 서류를 첨부하여 해당 건축물 등의 소재지를 관할하는 소방본부장 또는 소방서장에게 동의를 요구하여야 한다.

② 이 경우 동의 요구를 받은 소방본부장 또는 소방서장은 첨부서류가 미비한 경우에는 그 서류의 보완을 요구할 수 있다.

(2) 건축허가등의 동의요구의 기관(규칙 제3조 제1항)

법 제6조제1항에 따른 건축물 등의 신축·증축·개축·재축·이전·용도변경 또는 대수선의 허가·협의 및 사용승인(건축허가등)의 동의요구는 다음의 구분에 따른 기관이 건축물 등의 시공지(施工地) 또는 소재지를 관할하는 소방본부장 또는 소방서장에게 해야 한다.

① 건축물과 위험물제조소등의 경우 : 「건축법」 제11조에 따른 허가(건축법 29조 제2항에 따른 협의, 주택법 제15조 및 제49조에 따른 승인 및 사용검사, 학교시설사업 촉진법 제4조 및 제13조에 따른 승인 및 사용승인 포함)의 권한이 있는 행정기관

　㉠ 건축법 제11조[2])에 따른 허가 및 건축법 제29조 제2항에 따른 협의 권한을 가진 행정기관 : 특별자치시장·특별자치도지사 또는 시장·군수·구청장 등

　㉡ 주택법 제15조에 따른 승인의 권한을 가진 행정기관 : 특별시장·광역시장·특별자치시장·특별자치도지사 또는 시장·군수(대지면적 10만m² 이상은 시·도지사 또는 대도시 시장)

　㉢ 주택법 제49조에 따른 사용검사의 권한을 가진 행정기관 : 시장·군수·구청장 등

　㉣ 학교시설사업촉진법 제4조 및 제13조에 따른 승인 및 사용승인의 권한을 가진 행정기관 : 교육부장관 또는 교육감

② 가스시설 : 고압가스안전관리법 제4조·도시가스사업법 제3조 또는 액화석유가스의 안전 및 사업관리법 제3조 및 제6조에 따른 허가의 권한을 가진 행정기관(시장·군수·구청장)

③ 전기설비 : 전기안전관리법 제8조에 따른 자가용전기설비의 공사계획의 인가의 권한이 있는 행정기관 및 전기사업법 제61조에 따른 전기사업용전기설비의 공사계획에 대한 인가의 권한이 있는 행정기관 : 산업통상자원부장관

④ 지하구 : 국토의 계획 및 이용에 관한 법률 제88조 제2항에[3]) 따른 도시·군계획시설 사업의 실시 계획의 인가의 권한을 가진 행정기관 : 국토교통부장관, 시·도지사 또는 대도시 시장

---

2) **건축법 제11조(건축허가)** ① 건축물을 건축하거나 대수선하려는 자는 특별자치시장·특별자치도지사 또는 시장·군수·구청장의 허가를 받아야 한다. 다만, 21층 이상의 건축물 등 대통령령으로 정하는 용도 및 규모의 건축물을 특별시나 광역시에 건축하려면 특별시장이나 광역시장의 허가를 받아야 한다.

3) **국토의 계획 및 이용에 관한 법률 제88조**(실시계획의 작성 및 인가 등) ② 도시·군계획시설사업의 시행자(국토교통부장관, 시·도지사와 대도시 시장은 제외한다)는 제1항에 따라 실시계획을 작성하면 대통령령으로 정하는 바에 따라 국토교통부장관, 시·도지사 또는 대도시 시장의 인가를 받아야 한다.

(3) **동의요구 시 첨부서류**(규칙 제3조 제2항) ☆ 22년 소방교·소방장

건축허가 등의 동의요구 기관은 영 제7조제3항에 따라 건축허가등의 동의를 요구하는 때에는 동의요구서(전자문서로 된 요구서를 포함)에 다음의 서류(전자문서 포함)를 첨부해야 한다.

① 건축허가등 확인서류 사본 : 「건축법 시행규칙」에 의한 건축허가신청서, 건축허가서 또는 건축·대수선·용도변경신고서 등 건축허가등을 확인할 수 있는 서류의 사본. 이 경우 동의요구를 받은 담당공무원은 특별한 사정이 없는 한 「전자정부법」 제36조제1항에 따른 행정정보의 공동이용을 통하여 건축허가서를 확인함으로써 첨부서류의 제출을 갈음할 수 있다.

② 다음의 설계도서 : 건축물 설계도서 및 소방시설 설계도서의 ⓑ·ⓓ는 「소방시설공사업법 시행령」 제4조에 따른 소방시설공사 착공신고대상에 해당되는 경우에만 제출하고, 이 경우 ㉡의 ⓓ 서류 중 내진 시방서 및 계산서 등 세부 내용이 포함된 상세 설계도면은 「소방시설공사업법」 제13조에 따른 착공신고 시까지 제출해야 한다.

　㉠ 건축물 설계도서
　　ⓐ 건축물 개요 및 배치도
　　ⓑ 주단면도 및 입면도(立面圖: 물체를 정면에서 본 대로 그린 그림)
　　ⓒ 층별 평면도(용도별 기준층 평면도를 포함한다)
　　ⓓ 방화구획도(창호도를 포함한다)
　　ⓔ 실내·실외 마감재료표
　　ⓕ 소방자동차 진입 동선도 및 부서 공간 위치도(조경계획을 포함한다)

　㉡ 소방시설 설계도서
　　ⓐ 소방시설(기계·전기 분야의 시설)의 계통도(시설별 계산서를 포함한다)
　　ⓑ 소방시설별 층별 평면도
　　ⓒ 실내장식물 방염대상물품 설치 계획(「건축법」제52조에 따른 건축물의 마감재료 제외)
　　ⓓ 소방시설의 내진설계 계통도 및 기준층 평면도(내진 시방서 및 계산서 등 세부 내용이 포함된 상세 설계도면을 포함한다)

③ 소방시설 설치계획표
④ 임시소방시설 설치계획서(설치시기·위치·종류·방법 등 임시소방시설의 설치와 관련한 세부사항을 포함한다)
⑤ 「소방시설공사업법」 제4조 제1항에 따라 등록한 **소방시설설계업등록증**과 소방시설을 설계한 기술인력자의 기술자격증 사본 및 제21조의3제2항에 따라 체결한 소방시설설계 계약서 사본

실전연습

Q. 다음 중 건축허가등의 동의 요구 시 첨부서류가 아닌 것은?
　① 소방시설 설치계획표　　　② 기술인력자의 기술자격증 사본
　③ 소방시설공사업 등록증 사본　　　④ 소방시설별 층별 평면도

해설 | 소방시설설계업등록증이 첨부서류이다.　　　➡ ③

(4) 동의요구에 대한 회신 등(법 제6조) ☆ 21년 소방교, 소방장, 17년 인천 소방장

① **동의요구에 대한 회신** : 소방본부장이나 소방서장은 동의를 요구받은 경우 해당 건축물 등이 이 법 또는 이 법에 따른 명령과 소방기본법 제21조의2에 따른 소방자동차 전용구역의 설치 사항을 따르고 있는지를 검토한 후 행정안전부령으로 정하는 기간 이내에 해당 행정기관에 동의 여부를 알려야 한다.(제4항)

② **검토자료 첨부** : 소방본부장 또는 소방서장은 건축허가등의 동의 여부를 알릴 경우에는 원활한 소방활동 및 건축물 등의 화재안전성능을 확보하기 위하여 필요한 다음의 사항에 대한 검토 자료 또는 의견서를 첨부할 수 있다.(제5항)
  ㉠ 「건축법」제49조제1항 및 제2항에 따른 피난시설, 방화구획(防火區劃)
  ㉡ 「건축법」제49조제3항에 따른 소방관 진입창
  ㉢ 「건축법」제50조에서 제53조까지에 따른 방화벽, 마감재료 등(방화시설)
  ㉣ 그 밖에 소방자동차의 접근이 가능한 통로의 설치 등 대통령령으로 정하는 사항

③ **대통령령으로 정하는 검토자료** : 소방자동차의 접근이 가능한 통로의 설치 등 대통령령으로 정하는 사항(영 제7조 제4항)
  ㉠ 소방자동차의 접근이 가능한 통로의 설치
  ㉡ 「건축법」제64조 및 「주택건설기준 등에 관한 규정」제15조에 따른 승강기의 설치
  ㉢ 「주택건설기준 등에 관한 규정」제26조에 따른 주택단지 안 도로의 설치
  ㉣ 「건축법 시행령」제40조제2항에 따른 옥상광장, 같은 조 제3항에 따른 비상문자동개폐장치 또는 같은 조 제4항에 따른 헬리포트의 설치
  ㉤ 그 밖에 소방본부장 또는 소방서장이 소화활동 및 피난을 위해 필요하다고 인정하는 사항

④ **회신기간** : 동의요구를 받은 소방본부장 또는 소방서장은 건축허가등의 동의 요구서류를 접수한 날부터 5일(허가를 신청한 건축물이 특급소방안전관리대상물에 해당하는 경우에는 10일) 이내에 건축허가등의 동의여부를 회신해야 한다.(규칙 제3조 제3항)

⑤ **보완의 요구** : 소방본부장 또는 소방서장은 동의 요구서 및 첨부서류의 보완이 필요한 경우에는 4일 이내의 기간을 정하여 보완을 요구할 수 있다. 이 경우 보완기간은 회신기간에 산입하지 않으며 보완기간 내에 보완하지 않는 경우에는 동의요구서를 반려해야 한다.

⑥ **건축허가 취소의 통보** : 건축허가등의 동의를 요구한 기관이 그 건축허가등을 취소했을 때에는 취소한 날부터 7일 이내에 건축물 등의 시공지 또는 소재지를 관할하는 소방본부장 또는 소방서장에게 그 사실을 통보해야 한다.(규칙 제3조 제5항)

⑦ **동의대장의 관리** : 소방본부장 또는 소방서장은 동의 여부를 회신하는 때에는 별지 제1호서식의 건축허가등의 동의대장에 이를 기재하고 관리해야 한다.(규칙 제3조 제6항)

(5) 사용승인에 대한 동의(법 제6조)

사용승인에 대한 동의를 할 때에는 「소방시설공사업법」제14조제3항에 따른 소방시설공사의 완공검사증명서를 교부하는 것으로 동의를 갈음할 수 있다. 이 경우 건축허가등의 권한이 있는 행정기관은 소방시설공사의 완공검사증명서를 확인하여야 한다.(제6항)

(6) 다른 법령에 따른 인·허가에서 소방시설 등이 포함된 경우(법 제6조 제8항)

① 소방법령 적합 여부 확인 : 다른 법령에 따른 인가·허가 또는 신고 등(건축허가등과 제2항에 따른 신고는 제외하며, 이하 인허가등이라 한다)의 시설기준에 소방시설등의 설치·관리 등에 관한 사항이 포함되어 있는 경우 해당 인허가등의 권한이 있는 행정기관은 인허가등을 할 때 미리 그 시설의 소재지를 관할하는 소방본부장이나 소방서장에게 그 시설이 이 법 또는 이 법에 따른 명령을 따르고 있는지를 확인하여 줄 것을 요청할 수 있다.

② 확인 결과의 통지 : 이 경우 요청을 받은 소방본부장 또는 소방서장은 행정안전부령으로 정하는 기간(7일) 내에 확인 결과를 알려야 한다.

3 내진설계 및 성능위주설계

(1) 소방시설의 내진설계(법 제7조) ☆ 24년 소방교, 소방장, 22년 소방교, 21년 소방교, 소방장, 19년 소방장, 17년 소방교

① 내진설계기준 : 「지진·화산재해대책법」 제14조(내진설계기준의 설정)제1항 각 호의 시설 중 대통령령으로 정하는 특정소방대상물(내진설계기준의 설정 대상 건축물)에 대통령령으로 정하는 소방시설을 설치하려는 자는 지진이 발생할 경우 소방시설이 정상적으로 작동될 수 있도록 소방청장이 정하는 내진설계기준에 맞게 소방시설을 설치하여야 한다.

② 내진설계 대상 건축물 : 법 제7조에서 "대통령령으로 정하는 특정소방대상물"이란 「건축법」 제2조제1항제2호에 따른 건축물로서 「지진·화산재해대책법 시행령」 제10조제1항 각 호에 해당하는 시설(내진설계기준의 설정 대상 시설)을 말한다.(영 제8조 제1항)

③ 내진설계 대상 소방시설 : "대통령령으로 정하는 소방시설"이란 소방시설 중 옥내소화전설비, 스프링클러설비, 물분무등소화설비를 말한다.(영 제8조 제2항)

(2) 성능위주설계(법 제8조)

① 성능위주설계 : 연면적·높이·층수 등이 일정 규모 이상인 대통령령으로 정하는 특정소방대상물(신축하는 것만 해당한다)에 소방시설을 설치하려는 자는 성능위주설계를 하여야 한다.

③ 성능위주설계의 신고 : 소방시설을 설치하려는 자가 성능위주설계를 한 경우에는 「건축법」 제11조에 따른 건축허가를 신청하기 전에 해당 특정소방대상물의 시공지 또는 소재지를 관할하는 소방서장에게 신고하여야 한다. 해당 특정소방대상물의 연면적·높이·층수의 변경 등 행정안전부령으로 정하는 사유로 신고한 성능위주설계를 변경하려는 경우에도 또한 같다.

④ 신고의 수리 : 소방서장은 신고 또는 변경신고를 받은 경우 그 내용을 검토하여 이 법에 적합하면 신고를 수리하여야 한다.

⑤ 기본설계도서의 사전검토 : 성능위주설계의 신고 또는 변경신고를 하려는 자는 해당 특정소방대상물이 「건축법」 제4조의2에 따른 건축위원회의 심의를 받아야 하는 건축물인 경우에는 그 심의를 신청하기 전에 성능위주설계의 기본설계도서 등에 대해서 해당 특정소방대상물의 시공지 또는 소재지를 관할하는 소방서장의 사전검토를 받아야 한다.

⑥ **성능위주설계평가단의 검토** : 소방서장은 성능위주설계의 신고, 변경신고 또는 사전검토 신청을 받은 경우에는 소방청 또는 관할 소방본부에 설치된 성능위주설계평가단의 검토·평가를 거쳐야 한다. 다만, 소방서장은 신기술·신공법 등 검토·평가에 고도의 기술이 필요한 경우에는 중앙소방기술심의위원회에 심의를 요청할 수 있다.

⑦ **수정 또는 보완 요청** : 소방서장은 검토·평가 결과 성능위주설계의 수정 또는 보완이 필요하다고 인정되는 경우에는 성능위주설계를 한 자에게 그 수정 또는 보완을 요청할 수 있으며, 수정 또는 보완 요청을 받은 자는 정당한 사유가 없으면 그 요청에 따라야 한다.

⑧ **성능위주설계의 기준** : 위에서 규정한 사항 외에 성능위주설계의 신고, 변경신고 및 사전검토의 절차·방법 등에 필요한 사항과 성능위주설계의 기준은 행정안전부령으로 정한다.

(3) 성능위주설계를 해야 하는 특정소방대상물 ☆ 24년 소방장, 23년 소방교·소방장, 21년 소방교, 소방장, 20년 소방장

대통령령으로 정하는 특정소방대상물(신축만 해당)은 다음과 같다.(영 제9조)

① **연면적 20만제곱미터 이상인 특정소방대상물** : 다만, 별표 2 제1호 가목에 따른 공동주택 중 주택으로 쓰이는 층수가 5층 이상인 주택(아파트등)은 제외한다.
② **아파트** : 50층 이상(지하층 제외)이거나 지상으로부터 높이가 200미터 이상인 아파트등
③ 30층 이상(지하층 포함)이거나 지상으로부터 높이가 120미터 이상인 특정소방대상물(아파트등은 제외한다)
④ **연면적 3만제곱미터 이상인 다음의 어느 하나에 해당하는 특정소방대상물**
  ㉠ 별표 2 제6호나목의 철도 및 도시철도 시설
  ㉡ 별표 2 제6호다목의 공항시설
⑤ **창고시설** : 별표 2 제16호의 창고시설 중 연면적 10만제곱미터 이상인 것 또는 지하층의 층수가 2개 층 이상이고 지하층의 바닥면적의 합계가 3만제곱미터 이상인 것
⑥ **영화상영관** : 하나의 건축물에 영화상영관이 10개 이상인 특정소방대상물
⑦ **지하연계 복합건축물** : 「초고층 및 지하연계 복합건축물 재난관리에 관한 특별법」제2조제2호에 따른 지하연계 복합건축물에 해당하는 특정소방대상물
⑧ **터널** : 별표 2 제27호의 터널 중 수저(水底)터널 또는 길이가 5천미터 이상인 것

실전연습

Q. 성능위주설계를 하여야 하는 특정소방대상물이 아닌 것은?

① 아파트를 제외한 연면적 20만제곱미터인 특정소방대상물
② 지상으로부터 높이가 100미터인 특정소방대상물
③ 지하층을 포함한 층수가 30층인 특정소방대상물
④ 연면적 5만제곱미터인 철도 및 도시철도 시설, 공항시설

해설 | 지상으로부터 높이가 120미터 이상인 특정소방대상물이 성능위주설계의 대상이다. ↪ ②

(4) 성능위주설계의 신고(규칙 제4조)

① **신고서 및 첨부서류**: 성능위주설계를 한 자는 「건축법」 제11조에 따른 건축허가를 신청하기 전에 성능위주설계 신고서(전자문서 신고서 포함)에 다음의 서류를 첨부하여 관할 소방서장에게 신고해야 한다. 이 경우 다음의 서류에는 사전검토 결과에 따라 보완된 내용을 포함해야 하며, 사전검토 신청 시 제출한 서류와 동일한 내용의 서류는 제외한다.
  ㉠ 다음의 사항이 포함된 설계도서
    ⓐ 건축물의 개요(위치, 구조, 규모, 용도)
    ⓑ 부지 및 도로의 설치 계획(소방차량 진입 동선을 포함한다)
    ⓒ 화재안전성능의 확보 계획
    ⓓ 성능위주설계 요소에 대한 성능평가(화재 및 피난 모의실험 결과를 포함한다)
    ⓔ 성능위주설계 적용으로 인한 화재안전성능 비교표
    ⓕ 다음의 건축물 설계도면 : 주단면도 및 입면도, 층별 평면도 및 창호도, 실내·실외 마감재료표, 방화구획도(화재 확대 방지계획을 포함한다), 건축물의 구조 설계에 따른 피난계획 및 피난 동선도
    ⓖ 소방시설의 설치계획 및 설계 설명서
    ⓗ 소방시설 설계도면 : 소방시설 계통도 및 층별 평면도, 소화용수설비 및 연결송수구 설치 위치 평면도, 종합방재실 설치 및 운영계획, 상용전원 및 비상전원의 설치계획, 소방시설의 내진설계 계통도 및 기준층 평면도(내진 시방서 및 계산서 등 세부 내용이 포함된 상세 설계도면 제외), 소방시설에 대한 전기부하 및 소화펌프 등 용량계산서
  ㉡ 「소방시설공사업법 시행령」별표 1의2에 따른 **성능위주설계를 할 수 있는 자의 자격·기술인력을 확인할 수 있는 서류**
  ㉢ 「소방시설공사업법」제21조 및 제21조의3제2항에 따라 체결한 **성능위주설계 계약서 사본**

② **보완의 요청** : 소방서장은 성능위주설계 신고서를 받은 경우 성능위주설계 대상 및 자격 여부 등을 확인하고, 첨부서류의 보완이 필요한 경우에는 7일 이내의 기간을 정하여 성능위주설계를 한 자에게 보완을 요청할 수 있다.

(5) 신고된 성능위주설계에 대한 검토·평가(규칙 제5조)

① **평가단의 검토 등 요청** : 성능위주설계의 신고를 받은 소방서장은 필요한 경우 보완 절차를 거쳐 소방청장 또는 관할 소방본부장에게 성능위주설계 평가단의 검토·평가를 요청해야 한다.
② **평가 결과서 작성** : 검토·평가를 요청받은 소방청장 또는 소방본부장은 요청을 받은 날부터 20일 이내에 평가단의 심의·의결을 거쳐 해당 건축물의 성능위주설계를 검토·평가하고, 성능위주설계 검토·평가 결과서를 작성하여 관할 소방서장에게 지체 없이 통보해야 한다.
③ **중앙위원회의 심의** : 성능위주설계 신고를 받은 소방서장은 위 규정에도 불구하고 신기술·신공법 등 검토·평가에 고도의 기술이 필요한 경우에는 중앙위원회에 심의를 요청할 수 있다. 중앙위원회는 요청된 사항에 대하여 20일 이내에 심의·의결을 거쳐 별지 제3호서식의 성능위주설계 검토·평가 결과서를 작성하고 관할 소방서장에게 지체 없이 통보해야 한다.

④ 신고자에게 결과 통보 : 성능위주설계 검토·평가 결과서를 통보받은 소방서장은 성능위주설계 신고를 한 자에게 별표 1에 따라 수리 여부를 통보해야 한다.

[규칙 별표 1] 평가단 및 중앙소방기술심의위원회의 검토·평가 구분 및 통보 시기(제5조제5항 관련)

구분		성립요건	통보 시기
수리	원안 채택	신고서 내용에 수정이 없거나 경미한 경우 원안대로 수리	지체 없이
	보완	평가단 또는 중앙위원회에서 검토·평가한 결과 보완이 요구되는 경우로서 보완이 완료되면 수리	보완완료 후 지체 없이 통보
불수리	재검토	평가단 또는 중앙위원회에서 검토·평가한 결과 보완이 요구되나 단기간에 보완될 수 없는 경우	지체 없이
	부결	평가단 또는 중앙위원회에서 검토·평가한 결과 소방 관련 법령 및 건축 법령에 위반되거나 평가 기준을 충족하지 못한 경우	지체 없이

비 고 : 보완으로 결정된 경우 보완기간은 21일 이내로 부여하고 보완이 완료되면 지체 없이 수리 여부를 통보해야 한다.

(6) 성능위주설계의 변경신고(규칙 제6조)

① **변경신고 대상** : 법 제8조제2항 후단에서 "해당 특정소방대상물의 연면적·높이·층수의 변경 등 행정안전부령으로 정하는 사유"란 특정소방대상물의 연면적·높이·층수의 변경이 있는 경우를 말한다. 다만, 「건축법」 제16조제1항 단서 및 같은 조 제2항에 따른 경우(대통령령으로 정하는 경미한 사항의 변경 등)는 제외한다.
② **변경 신고** : 성능위주설계를 한 자는 해당 성능위주설계를 한 특정소방대상물이 변경신고에 해당하는 경우 성능위주설계 변경 신고서에 제4조제1항의 서류(전자문서를 포함, 변경되는 부분만 해당)를 첨부하여 관할 소방서장에게 신고해야 한다.
③ **변경신고 검토** : 성능위주설계의 변경신고에 대한 검토·평가, 수리 여부 결정 및 통보에 관하여는 제5조제2항부터 제5항까지의 규정(신고된 성능위주설계에 대한 검토·평가의 절차규정)을 준용한다. 다만, 변경신고의 경우에는 14일 이내 심의·의결을 거친다.

(7) 성능위주설계의 사전검토 신청(규칙 제7조)

① **사전검토 신청** : 성능위주설계를 한 자는 「건축법」 제4조의2에 따른 건축위원회의 심의를 받아야 하는 건축물인 경우에는 그 심의를 신청하기 전에 별지 제5호서식의 성능위주설계 사전검토 신청서에 다음의 서류를 첨부하여 관할 소방서장에게 사전검토를 신청해야 한다.
  ㉠ 건축물의 개요(위치, 구조, 규모, 용도)
  ㉡ 부지 및 도로의 설치 계획(소방차량 진입 동선을 포함한다)
  ㉢ 화재안전성능의 확보 계획
  ㉣ 화재 및 피난 모의실험 결과

          ⑪ 다음의 건축물 설계도면 : 주단면도 및 입면도, 층별 평면도 및 창호도, 실내·실외 마감
             재료표, 방화구획도(화재 확대 방지계획 포함), 건축물의 구조 설계에 따른 피난계획
             및 피난 동선도
          ⑭ 소방시설 설치계획 및 설계 설명서(소방시설 기계·전기 분야의 기본계통도를 포함)
          ⑮ 「소방시설공사업법 시행령」별표 1의2에 따른 성능위주설계를 할 수 있는 자의 자격·기
             술인력을 확인할 수 있는 서류
          ⑯ 「소방시설공사업법」제21조 및 제21조의3제2항에 따라 체결한 성능위주설계 계약서 사본
       ② 첨부서류의 보완 : 소방서장은 성능위주설계 사전검토 신청서를 받은 경우 성능위주설계 대
          상 및 자격 여부 등을 확인하고, 첨부서류의 보완이 필요한 경우에는 7일 이내의 기간을 정
          하여 성능위주설계를 한 자에게 보완을 요청할 수 있다.

(8) 사전검토가 신청된 성능위주설계에 대한 검토·평가(규칙 제8조)

   ① **평가단의 검토·평가 요청** : 사전검토의 신청을 받은 소방서장은 필요한 경우 보완 절차를 거쳐
      소방청장 또는 관할 소방본부장에게 평가단의 검토·평가를 요청해야 한다.
   ② **사전검토 결과서** : 검토·평가를 요청받은 소방청장 또는 소방본부장은 평가단의 심의·의결을
      거쳐 해당 건축물의 성능위주설계를 검토·평가하고, 성능위주설계 사전검토 결과서를 작성
      하여 관할 소방서장에게 지체 없이 통보해야 한다.
   ③ **중앙위원회의 심의** : 위 규정에도 불구하고 성능위주설계 사전검토의 신청을 받은 소방서장
      은 신기술·신공법 등 검토·평가에 고도의 기술이 필요한 경우에는 중앙위원회에 심의를 요청
      할 수 있다. 중앙위원회는 요청된 사항에 대하여 심의를 거쳐 별지 제6호서식의 성능위주설
      계 사전검토 결과서를 작성하고, 관할 소방서장에게 지체 없이 통보해야 한다.
   ④ **결과 통보** : 성능위주설계 사전검토 결과서를 통보받은 소방서장은 성능위주설계 사전검토
      를 신청한 자 및 「건축법」제4조에 따른 해당 건축위원회에 그 결과를 지체 없이 통보해야
      한다.

(9) 성능위주설계 기준(규칙 제9조)

   성능위주설계의 기준은 다음과 같으며, 성능위주설계의 세부 기준은 소방청장이 정한다.
   ① 소방자동차 진입(통로) 동선 및 소방관 진입 경로 확보
   ② 화재·피난 모의실험을 통한 화재위험성 및 피난안전성 검증
   ③ 건축물의 규모와 특성을 고려한 최적의 소방시설 설치
   ④ 소화수 공급시스템 최적화를 통한 화재피해 최소화 방안 마련
   ⑤ 특별피난계단을 포함한 피난경로의 안전성 확보
   ⑥ 건축물의 용도별 방화구획의 적정성
   ⑦ 침수 등 재난상황을 포함한 지하층 안전확보 방안 마련

4 성능위주설계평가단

(1) 성능위주설계평가단(법 제9조)
  ① **평가단의 설치** : 성능위주설계에 대한 전문적·기술적인 검토 및 평가를 위하여 소방청 또는 소방본부에 성능위주설계 평가단을 둔다.
  ② **비밀누설의 금지** : 평가단에 소속되거나 소속되었던 사람은 평가단의 업무를 수행하면서 알게 된 비밀을 이 법에서 정한 목적 외의 용도로 사용하거나 다른 사람 또는 기관에 제공하거나 누설하여서는 아니 된다.
  ③ 평가단의 구성 및 운영 등에 필요한 사항은 행정안전부령으로 정한다.

(2) 평가단의 구성(규칙 제10조)
  ① **구성** : 평가단장을 포함하여 50명 이내의 평가단원으로 성별을 고려하여 구성한다.
  ② **평가단장의 임명 또는 위촉** : 평가단장은 화재예방 업무를 담당하는 부서의 장 또는 임명 또는 위촉된 평가단원 중에서 학식·경험·전문성 등을 종합적으로 고려하여 소방청장 또는 소방본부장이 임명하거나 위촉한다.
  ③ **평가단원의 자격** : 다음의 어느 하나에 해당하는 사람 중에서 소방청장 또는 관할 소방본부장이 임명하거나 위촉한다. 다만, 관할 소방서의 해당 업무 담당 과장은 당연직 평가단원으로 한다.
    ㉠ 소방공무원 중 다음의 어느 하나에 해당하는 사람
      ⓐ 소방기술사
      ⓑ 소방시설관리사
      ⓒ 다음의 어느 하나에 해당하는 자격을 갖춘 사람으로서 중앙소방학교에서 실시하는 성능위주설계 관련 교육과정을 이수한 사람 : 소방설비기사 이상의 자격을 가진 사람으로서 건축허가등의 동의 업무를 1년 이상 담당하거나 건축 또는 소방 관련 석사 이상의 학위를 취득한 사람으로서 건축허가등의 동의 업무를 1년 이상 담당한 사람
    ㉡ 건축 분야 및 소방방재 분야 전문가 중 다음의 어느 하나에 해당하는 사람
      ⓐ 위원회 위원 또는 법 제18조제2항에 따른 지방소방기술심의위원회 위원
      ⓑ 「고등교육법」제2조에 따른 학교 또는 이에 준하는 학교나 공인된 연구기관에서 부교수 이상의 직(職) 또는 이에 상당하는 직에 있거나 있었던 사람으로서 화재안전 또는 관련 법령이나 정책에 전문성이 있는 사람
      ⓒ 소방기술사
      ⓓ 소방시설관리사
      ⓔ 건축계획, 건축구조 또는 도시계획과 관련된 업종에 종사하는 사람으로서 건축사 또는 건축구조기술사 자격을 취득한 사람
      ⓕ 「소방시설공사업법」제28조제3항에 따른 특급감리원 자격을 취득한 사람으로 소방공사 현장 감리업무를 10년 이상 수행한 사람

④ 단원의 임기 : 위촉된 평가단원의 임기는 2년으로 하되, 2회에 한정하여 연임할 수 있다.
⑤ 평가단장 : 평가단을 대표하고 평가단의 업무를 총괄한다. 평가단장이 부득이한 사유로 직무를 수행할 수 없을 때에는 평가단장이 미리 지정한 평가단원이 그 직무를 대리한다.

(3) 평가단의 운영(규칙 제11조)

① 회의 : 평가단장과 평가단장이 회의마다 지명하는 6명 이상 8명 이하의 평가단원으로 구성·운영하며, 과반수의 출석으로 개의하고 출석 평가단원 과반수의 찬성으로 의결한다. 다만, 성능위주설계의 변경신고에 대한 심의·의결을 하는 경우에는 건축물의 성능위주설계를 검토·평가한 평가단원 중 5명 이상으로 평가단을 구성·운영할 수 있다.
② 수당의 지급 : 평가단의 회의에 참석한 평가단원에게는 예산의 범위에서 수당, 여비, 그 밖에 필요한 경비를 지급할 수 있다. 다만, 소방공무원인 평가단원이 소관 업무와 관련하여 평가단의 회의에 참석하는 경우에는 그렇지 않다.
③ 운영의 세부사항 : 위에서 규정한 사항 외에 평가단의 운영에 필요한 세부적인 사항은 소방청장 또는 관할 소방본부장이 정한다.

(4) 평가단원의 제척(除斥)·기피·회피(규칙 제12조)

① 단원의 제척 : 단원이 다음의 하나에 해당하는 경우 평가단의 심의·의결에서 제척된다.
　㉠ 평가단원 또는 그 배우자나 배우자였던 사람이 해당 안건의 당사자(당사자가 법인·단체 등인 경우 임원 포함)가 되거나 그 안건의 당사자와 공동권리자 또는 공동의무자인 경우
　㉡ 평가단원이 해당 안건의 당사자와 친족인 경우
　㉢ 평가단원이 해당 안건에 관하여 증언, 진술, 자문, 연구, 용역 또는 감정을 한 경우
　㉣ 평가단원이나 평가단원이 속한 법인·단체 등이 해당 안건의 당사자의 대리인이거나 대리인이었던 경우
② 평가단원의 기피 : 당사자는 제척사유가 있거나 평가단원에게 공정한 심의·의결을 기대하기 어려운 사정이 있는 경우에는 평가단에 기피신청을 할 수 있고, 평가단은 의결로 기피 여부를 결정한다. 이 경우 기피 신청의 대상인 평가단원은 그 의결에 참여하지 못한다.
③ 평가단원의 회피 : 평가단원이 제척사유에 해당하는 경우에는 스스로 해당 안건의 심의·의결에서 회피(回避)해야 한다.

(5) 평가단원의 해임·해촉(규칙 제13조)

소방청장 또는 관할 소방본부장은 평가단원이 다음의 어느 하나에 해당하는 경우에는 해당 평가단원을 해임하거나 해촉(解囑)할 수 있다.
① 심신장애로 직무를 수행할 수 없게 된 경우
② 직무와 관련된 비위사실이 있는 경우
③ 직무태만, 품위손상이나 그 밖의 사유로 평가단원으로 적합하지 않다고 인정되는 경우
④ 제12조 제1항 각 호의 어느 하나에 해당하는데도 불구하고 회피하지 않은 경우
⑤ 평가단원 스스로 직무를 수행하기 어렵다는 의사를 밝히는 경우

5 주택에 설치하는 소방시설

(1) 소화기 및 단독경보형감지기 설치

다음의 주택의 소유자는 소화기 등 대통령령으로 정하는 소방시설을 설치하여야 한다.(법 제10조 제1항) 법 제10조 제1항에서 "소화기 등 대통령령으로 정하는 소방시설"이란 소화기 및 단독경보형감지기를 말한다.(영 제10조)☆ 18년 소방교

① 단독주택 : 「건축법」 제2조제2항제1호의 단독주택[건축법 시행령 별표1에 따른 단독주택, 다중주택, 다가구주택 및 공관(公館)]
② 연립주택 및 다세대주택 : 「건축법」 제2조제2항제2호의 공동주택(아파트 및 기숙사는 제외)

> [별표 1] 용도별 건축물의 종류(건축법 시행령 제3조의4 관련)
>
> 2. 공동주택
>   가. 아파트 : 주택으로 쓰는 층수가 5개 층 이상인 주택
>   나. 연립주택 : 주택으로 쓰는 1개 동의 바닥면적(2개 이상의 동을 지하주차장으로 연결하는 경우에는 각각의 동으로 본다) 합계가 660제곱미터를 초과하고, 층수가 4개 층 이하인 주택
>   다. 다세대주택 : 주택으로 쓰는 1개 동의 바닥면적 합계가 660제곱미터 이하이고, 층수가 4개 층 이하인 주택(2개 이상의 동을 지하주차장으로 연결하는 경우에는 각각의 동으로 본다)
>   라. 기숙사 : 학교 또는 공장 등의 학생 또는 종업원 등을 위하여 쓰는 것으로서 1개 동의 공동취사시설 이용 세대 수가 전체의 50퍼센트 이상인 것(「교육기본법」 제27조제2항에 따른 학생복지주택을 포함)

(2) 주택용소방시설의 설치기준 등(법 제10조 제2항 및 제3항)

① 주택용소방시설의 설치 : 국가 및 지방자치단체는 주택용소방시설의 설치 및 국민의 자율적인 안전관리를 촉진하기 위하여 필요한 시책을 마련하여야 한다.
② 주택용소방시설의 설치기준 : 주택용소방시설의 설치기준 및 자율적인 안전관리 등에 관한 사항은 특별시·광역시·특별자치시·도 또는 특별자치도의 조례로 정한다.

6 차량용 소방시설

(1) 차량용 소화기(법 제11조)

① 차량용 소화기 비치 대상 : 「자동차관리법」 제3조제1항에 따른 자동차 중 다음의 어느 하나에 해당하는 자동차를 제작·조립·수입·판매하려는 자 또는 해당 자동차의 소유자는 차량용 소화기를 설치하거나 비치하여야 한다.(제1항)
   ㉠ 5인승 이상의 승용자동차
   ㉡ 승합자동차
   ㉢ 화물자동차
   ㉣ 특수자동차

② 비치 기준 : 차량용 소화기의 설치 또는 비치 기준은 행정안전부령으로 정한다. 자동차에는 법 제37조제5항에 따라 형식승인을 받은 차량용 소화기를 아래의 기준에 따라 설치 또는 비치해야 한다.(제2항)

③ 비치 여부 확인 : 국토교통부장관은「자동차관리법」제43조제1항에 따른 자동차검사 시 차량용 소화기의 설치 또는 비치 여부 등을 확인하여야 하며, 그 결과를 매년 12월 31일까지 소방청장에게 통보해야 한다.(제3항)

(2) 차량용 소화기의 설치 또는 비치기준

법 제11조 제1항에 따른 차량용 소화기의 설치 또는 비치 기준은 별표 2와 같다. 자동차에는 법 제37조제5항에 따라 형식승인을 받은 차량용 소화기를 아래의 기준에 따라 설치 또는 비치해야 한다.(규칙 제14조 및 제14조 관련 별표 2)

① 승용자동차 : 법 제37조제5항에 따른 능력단위 1 이상의 소화기 1개 이상을 사용하기 쉬운 곳에 설치 또는 비치한다.

② 승합자동차
  ㉠ 경형승합자동차 : 능력단위 1 이상의 소화기 1개 이상을 사용하기 쉬운 곳에 설치 또는 비치한다.
  ㉡ 승차정원 15인 이하 : 능력단위 2 이상인 소화기 1개 이상 또는 능력단위 1 이상인 소화기 2개 이상을 설치한다. 이 경우 승차정원 11인 이상 승합자동차는 운전석 또는 운전석과 옆으로 나란한 좌석 주위에 1개 이상을 설치한다.
  ㉢ 승차정원 16인 이상 35인 이하 : 능력단위 2 이상인 소화기 2개 이상을 설치한다. 이 경우 승차정원 23인을 초과하는 승합자동차로서 너비 2.3미터를 초과하는 경우에는 운전자 좌석 부근에 가로 600밀리미터, 세로 200밀리미터 이상의 공간을 확보하고 1개 이상의 소화기를 설치한다.
  ㉣ 승차정원 36인 이상 : 능력단위 3 이상인 소화기 1개 이상 및 능력단위 2 이상인 소화기 1개 이상을 설치한다. 다만, 2층 대형승합자동차의 경우에는 위층 차실에 능력단위 3 이상인 소화기 1개 이상을 추가 설치한다.

③ 화물자동차(피견인자동차 제외) 및 특수자동차
  ㉠ 중형 이하 : 능력단위 1 이상인 소화기 1개 이상을 사용하기 쉬운 곳에 설치한다.
  ㉡ 대형 이상 : 능력단위 2 이상인 소화기 1개 이상 또는 능력단위 1 이상인 소화기 2개 이상을 사용하기 쉬운 곳에 설치한다.

④ 「위험물안전관리법 시행령」제3조에 따른 지정수량 이상의 위험물 또는「고압가스 안전관리법 시행령」제2조에 따라 고압가스를 운송하는 특수자동차(피견인자동차를 연결한 경우에는 이를 연결한 견인자동차 포함) :「위험물안전관리법 시행규칙」제41조 및 별표 17 제3호나목 중 이동탱크저장소 자동차용소화기의 설치기준란에 해당하는 능력단위와 수량 이상을 설치한다.

제2절 소방시설의 설치

1 특정소방대상물에 설치하는 소방시설

(1) 특정소방대상물에 설치하는 소방시설의 관리 등(법 제12조, 시행, 23.7.4.)

① **관계인의 소방시설 설치 의무** : 특정소방대상물의 관계인은 대통령령으로 정하는 소방시설을 화재안전기준에 따라 설치·관리하여야 한다.(제1항 전단)

② **장애인 등이 사용하는 소방시설** : 「장애인·노인·임산부 등의 편의증진 보장에 관한 법률」 제2조제1호에 따른 장애인 등이 사용하는 소방시설(경보설비 및 피난구조설비를 말한다)은 대통령령으로 정하는 바에 따라 장애인 등에 적합하게 설치·관리하여야 한다.(제1항 후단)

> ┤ 관련개념 ├
> 「장애인·노인·임산부 등의 편의증진 보장에 관한 법률」 제2조제1호 : "장애인등"이란 장애인·노인·임산부 등 일상생활에서 이동, 시설 이용 및 정보 접근 등에 불편을 느끼는 사람을 말한다.

③ **조치명령** : 소방본부장이나 소방서장은 제1항에 따른 소방시설이 화재안전기준에 따라 설치·관리되고 있지 아니할 때에는 해당 특정소방대상물의 관계인에게 필요한 조치를 명할 수 있다.(제2항)

④ **소방시설 폐쇄·차단행위 금지** : 특정소방대상물의 관계인은 소방시설을 설치·관리하는 경우 화재시 소방시설의 기능과 성능에 지장을 줄 수 있는 폐쇄(잠금 포함)·차단 등의 행위를 하여서는 아니 된다. 다만, 소방시설의 점검·정비를 위하여 필요한 경우 폐쇄·차단은 할 수 있다.(제3항)

⑤ **안전 확보 지침의 고시** : 소방청장은 특정소방대상물의 관계인이 소방시설의 점검·정비를 위하여 폐쇄·차단을 하는 경우 안전을 확보하기 위하여 필요한 행동요령에 관한 지침을 마련하여 고시하여야 한다.(제4항)

⑥ **소방시설정보관리시스템** : 소방청장, 소방본부장 또는 소방서장은 소방시설의 작동정보 등을 실시간으로 수집·분석할 수 있는 시스템을 구축·운영할 수 있다.(제5항)

⑦ **작동정보의 통보** : 소방청장, 소방본부장 또는 소방서장은 제5항에 따른 작동정보를 해당 특정소방대상물의 관계인에게 통보하여야 한다.(제6항)

⑧ **정보관리시스템 구축의 대상** : 소방시설정보관리시스템 구축·운영의 대상은 「화재의 예방 및 안전관리에 관한 법률」 제24조제1항 전단에 따른 소방안전관리대상물 중 소방안전관리의 취약성 등을 고려하여 대통령령으로 정하고, 그 밖에 운영방법 및 통보 절차 등에 필요한 사항은 행정안전부령으로 정한다.(제7항)

(2) 수용인원의 산정 방법(시행령 별표 7)☆ 23년 소방교·소방장, 21년 소방장, 19년 소방장, 18년 소방장

① 숙박시설이 있는 특정소방대상물
  ㉠ 침대가 있는 숙박시설 : 해당 특정소방대상물의 종사자의 수에 침대의 수(2인용 침대는 2인으로 산정한다)를 합한 수로 한다.
  ㉡ 침대가 없는 숙박시설 : 해당 특정소방대상물의 종사자의 수에 숙박시설의 바닥면적의 합계를 $3m^2$로 나누어 얻은 수를 합한 수로 한다.
② 강의실·교무실·상담실·실습실·휴게실 용도로 쓰이는 특정소방대상물 : 해당 용도로 사용하는 바닥면적의 합계를 $1.9m^2$로 나누어 얻은 수로 한다.
③ 강당, 문화 및 집회시설, 운동시설, 종교시설
  ㉠ 해당 용도로 사용하는 바닥면적의 합계를 $4.6m^2$로 나누어 얻은 수로 한다.
  ㉡ 관람석이 있는 경우 : 고정식 의자를 설치 한 부분에 있어서는 해당 부분의 의자수로 하고, 긴 의자의 경우에는 의자의 정면너비를 0.45m나누어 얻은 수로 한다.
④ 그 밖의 특정소방대상물 : 해당 용도로 사용하는 바닥면적의 합계를 $3m^2$로 나누어 얻은 수
⑤ 바닥면적의 산정
  ㉠ 제외 되는 것 : 바닥면적을 산정하는 때에는 복도(건축법 시행령 제2조제11호에 따른 준불연재료 이상의 것을 사용하여 바닥에서 천장까지 벽으로 구획 한 것을 말한다)·계단 및 화장실의 바닥면적을 포함하지 아니한다.
  ㉡ 소수점 이하 : 계산 결과 소수점 이하의 수는 반올림한다.

실전연습

Q. 강의실, 교무실, 상담실, 실습실, 휴게실로 사용하는 바닥면적의 합계가 361제곱미터인 특정소방대상물의 경우 수용인원은 몇 명인가?

① 78명　　　　　　　　　② 120명
③ 190명　　　　　　　　　④ 361명

해설 | 해당 용도로 사용하는 바닥면적의 합계를 $1.9m^2$로 나누어 얻은 수로 산정한다.　　　　➡ ③

---

(3) 소방시설의 종류 및 설치기준(영 제11조)

① 소방시설의 종류 : 법 제12조 제1항 전단에 따라 특정소방대상물의 관계인이 특정소방대상물에 설치·관리해야 하는 소방시설의 종류는 별표 4와 같다.(영 제11조 제1항)
② 장애인 등이 사용하는 소방시설 : 법 제12조 제1항 후단에 따라 장애인등이 사용하는 소방시설은 별표 4 제2호 및 제3호(경보 및 피난구조설비)에 따라 장애인등에 적합하게 설치·관리해야 한다.(영 제11조 제2항)

(4) 소방시설의 설치기준(영 별표 4 비고)

① 복합건축물의 소방시설 : 별표 2 제1호부터 제27호까지 중 어느 하나에 해당하는 시설(이하 "근린생활시설등")의 소방시설 설치기준이 복합건축물의 소방시설 설치기준보다 강한 경우 복합건축물 안에 있는 해당 근린생활시설등에 대해서는 그 근린생활시설등의 소방시설 설치기준을 적용한다.

② 원자로 등에 설치하는 소방시설 : 원자력발전소 중「원자력안전법」제2조에 따른 원자로 및 관계시설에 설치하는 소방시설에 대해서는「원자력안전법」제11조 및 제21조에 따른 허가기준에 따라 설치한다.

③ 내진설계 및 성능위주설계 대상 : 특정소방대상물의 관계인은 내진설계 대상 특정소방대상물 및 성능위주설계 대상 특정소방대상물에 설치·관리해야 하는 소방시설에 대해서는 소방시설의 내진설계기준 및 성능위주설계의 기준에 맞게 설치·관리해야 한다.

2 소화설비

(1) 화재안전기준에 따라 소화기구를 설치해야 하는 특정소방대상물

화재안전기준에 따라 소화기구를 설치해야 하는 특정소방대상물은 다음의 어느 하나에 해당하는 것으로 한다.

① 연면적 33㎡ 이상인 것 : 다만, 노유자시설의 경우에는 투척용 소화용구 등을 화재안전기준에 따라 산정된 소화기 수량의 2분의 1 이상으로 설치할 수 있다.
② ①에 해당하지 않는 시설로서 가스시설, 발전시설 중 전기저장시설 및 문화재
③ 터널
④ 지하구

(2) 자동소화장치를 설치해야 하는 특정소방대상물

자동소화장치를 설치해야 하는 특정소방대상물은 다음의 어느 하나에 해당하는 특정소방대상물 중 후드 및 덕트가 설치되어 있는 주방이 있는 특정소방대상물로 한다. 이 경우 해당 주방에 자동소화장치를 설치해야 한다.

① 주거용 주방자동소화장치를 설치해야 하는 것 : 아파트등 및 오피스텔의 모든 층
② 상업용 주방자동소화장치를 설치해야 하는 것
  ㉠ 판매시설 중「유통산업발전법」제2조제3호에 해당하는 대규모점포에 입점해 있는 일반음식점
  ㉡「식품위생법」제2조제12호에 따른 집단급식소
③ 캐비닛형 자동소화장치, 가스자동소화장치, 분말자동소화장치 또는 고체에어로졸자동소화장치를 설치해야 하는 것 : 화재안전기준에서 정하는 장소

(3) 옥내소화전설비를 설치해야 하는 특정소방대상물 ★ 24년 소방교

다음의 어느 하나에 해당하는 것으로 한다. 다만, 위험물 저장 및 처리 시설 중 가스시설, 지하구 및 업무시설 중 무인변전소(방재실 등에서 스프링클러설비 또는 물분무등소화설비를 원격으로 조정할 수 있는 무인변전소로 한정한다)는 제외한다.

① **연면적 3천㎡ 이상** : 다음의 어느 하나에 해당하는 경우에는 모든 층에 설치해야 한다.
   ㉠ 연면적 3천㎡ 이상인 것(터널은 제외한다)
   ㉡ 지하층·무창층(축사 제외)으로서 바닥면적이 600㎡ 이상인 층이 있는 것
   ㉢ 4층 이상인 층 중에서 바닥면적이 600㎡ 이상인 층이 있는 것

② **연면적 1천5백㎡ 이상** : ①에 해당하지 않는 근린생활시설, 판매시설, 운수시설, 의료시설, 노유자시설, 업무시설, 숙박시설, 위락시설, 공장, 창고시설, 항공기 및 자동차 관련 시설, 교정 및 군사시설 중 국방·군사시설, 방송통신시설, 발전시설, 장례시설 또는 복합건축물로서 다음에 해당하는 경우에는 모든 층
   ㉠ 연면적 1천5백㎡ 이상인 것
   ㉡ 지하층·무창층으로서 바닥면적이 300㎡ 이상인 층이 있는 것
   ㉢ 층수가 4층 이상인 것 중 바닥면적이 300㎡ 이상인 층이 있는 것

③ **옥상 주차장** : 건축물의 옥상에 설치된 차고 또는 주차장으로서 차고 또는 주차의 용도로 사용되는 부분의 면적이 200㎡ 이상인 경우 해당 부분

④ 다음의 어느 하나에 해당하는 터널
   ㉠ 길이가 1천m 이상인 터널
   ㉡ 예상교통량, 경사도 등 터널의 특성을 고려하여 행정안전부령으로 정하는 터널

⑤ **공장·창고시설** : ①,②에 해당하지 않는 공장 또는 창고시설로서 「화재의 예방 및 안전관리에 관한 법률 시행령」별표 2에서 정하는 750배 이상의 특수가연물을 저장·취급하는 것

(4) 스프링클러설비를 설치해야 하는 특정소방대상물 ★ 23년 소방장, 20년 소방교, 소방장

위험물 저장 및 처리 시설 중 가스시설 또는 지하구는 제외한다.

① **6층 이상** : 6층 이상인 특정소방대상물의 경우에는 모든 층에 설치해야 하나 다음에 해당하는 경우는 제외한다.
   ㉠ 주택 관련 법령에 따라 기존의 아파트등을 리모델링하는 경우로서 건축물의 연면적 및 층높이가 변경되지 않는 경우. 이 경우 해당 아파트등의 사용검사 당시의 소방시설의 설치에 관한 대통령령 또는 화재안전기준을 적용한다.
   ㉡ 스프링클러설비가 없는 기존의 특정소방대상물을 용도변경하는 경우. 다만, ②부터 ⑥까지 및 ⑨부터 ⑫까지의 규정에 해당하는 특정소방대상물로 용도변경하는 경우에는 해당 규정에 따라 스프링클러설비를 설치한다.

② **기숙사·복합건축물** : 기숙사(교육연구시설·수련시설 내에 있는 학생 수용을 위한 것을 말한다) 또는 복합건축물로서 연면적 5천㎡ 이상인 경우에는 모든 층

③ **문화 및 집회, 종교, 운동시설** : 문화 및 집회시설(동·식물원은 제외), 종교시설(주요구조부가 목조인 것은 제외), 운동시설(물놀이형 시설 및 바닥이 불연재료이고 관람석이 없는 운동시설은 제외)로서 다음의 어느 하나에 해당하는 경우에는 모든 층
  ㉠ 수용인원이 100명 이상인 것
  ㉡ 영화상영관 : 영화상영관의 용도로 쓰이는 층의 바닥면적이 지하층 또는 무창층인 경우에는 500㎡ 이상, 그 밖의 층의 경우에는 1천㎡ 이상인 것
  ㉢ 무대부 : 지하층·무창층 또는 4층 이상의 층에 있는 경우 무대부의 면적이 300㎡ 이상인 것, 기타 층에 있는 경우에는 무대부의 면적이 500㎡ 이상인 것
④ **판매·운수시설·물류터미널** : 판매시설, 운수시설 및 창고시설(물류터미널로 한정)로서 바닥면적 합계가 5천㎡ 이상이거나 수용인원이 500명 이상인 경우에는 모든 층
⑤ **바닥면적 600㎡ 이상** : 다음의 어느 하나에 해당하는 용도로 사용되는 시설의 바닥면적의 합계가 600㎡ 이상인 것은 모든 층
  ㉠ 근린생활시설 중 조산원 및 산후조리원
  ㉡ 의료시설 중 정신의료기관, 종합병원, 병원, 치과병원, 한방병원 및 요양병원
  ㉢ 노유자시설
  ㉣ 숙박이 가능한 수련시설, 숙박시설
⑥ **창고시설(물류터미널 제외)** : 바닥면적의 합계가 5천㎡ 이상인 경우에는 모든 층
⑦ **지하층·무창층 또는 4층 이상** : 특정소방대상물의 지하층·무창층(축사 제외) 또는 층수가 4층 이상인 층으로서 바닥면적이 1천㎡ 이상인 층이 있는 경우에는 해당 층
⑧ **랙식 창고(rack warehouse)** : 랙(물건을 수납할 수 있는 선반이나 이와 비슷한 것을 갖춘 것)을 갖춘 것으로서 천장 또는 반자(반자가 없는 경우 지붕의 옥내에 면하는 부분)의 높이가 10m를 초과하고, 랙이 설치된 층의 바닥면적 합계가 1천5백㎡ 이상인 것
⑨ **공장 또는 창고시설로서 다음의 어느 하나에 해당하는 시설**
  ㉠ 1천 배 이상의 특수가연물을 저장·취급하는 시설
  ㉡ 「원자력안전법 시행령」 제2조제1호에 따른 중·저준위방사성폐기물의 저장시설 중 소화수를 수집·처리하는 설비가 있는 저장시설
⑩ **지붕 또는 외벽이 불연재료가 아니거나 내화구조가 아닌 다음의 공장 또는 창고시설**
  ㉠ 창고시설 중 물류터미널 : 바닥면적의 합계가 2천5백㎡ 이상이거나 수용인원이 250명 이상인 경우에는 모든 층
  ㉡ 창고시설(물류터미널 제외) : 바닥면적의 합계가 2천5백㎡ 이상인 것은 모든 층
  ㉢ 공장 또는 창고시설 : 시설 중 ⑦(바닥면적 1천㎡ 이상)에 해당하지 않는 것으로서 지하층·무창층 또는 층수가 4층 이상인 것 중 바닥면적이 500㎡ 이상인 경우에는 모든 층
  ㉣ 랙식 창고시설 : ⑧(바닥면적 합계가 1천5백㎡ 이상)에 해당하지 않는 것으로서 바닥면적의 합계가 750㎡ 이상인 경우에는 모든 층
  ㉤ 공장 또는 창고시설 : ⑨의 ㉠(1천 배 이상의 특수가연물)에 해당하지 않는 것으로서 500배 이상의 특수가연물을 저장·취급하는 시설

⑪ 교정 및 군사시설 : 다음의 어느 하나에 해당하는 경우에는 해당 장소
  ㉠ 보호감호소·교도소 등 : 보호감호소, 교도소, 구치소 및 그 지소, 보호관찰소, 갱생보호시설, 치료감호시설, 소년원 및 소년분류심사원의 수용거실
  ㉡ 보호시설 : 「출입국관리법」 제52조제2항에 따른 보호시설(외국인보호소의 경우 보호대상자의 생활공간으로 한정)로 사용하는 부분. 다만, 보호시설이 임차건물에 있는 경우는 제외한다.
  ㉢ 「경찰관 직무집행법」 제9조에 따른 유치장
⑫ 지하상가로서 연면적 1천㎡ 이상인 것
⑬ 발전시설 중 전기저장시설
⑭ ①부터 ⑬까지의 특정소방대상물에 부속된 보일러실 또는 연결통로 등

(5) 간이스프링클러설비를 설치해야 하는 특정소방대상물 ☆ 23소방교, 21년 소방교, 19년 소방교

① 연립주택 및 다세대주택 : 공동주택 중 연립주택 및 다세대주택에 설치하는 간이스프링클러설비는 화재안전기준에 따른 주택전용 간이스프링클러설비를 설치한다.
② 근린생활시설 중 다음의 어느 하나에 해당하는 것
  ㉠ 근린생활시설로 사용하는 부분의 바닥면적 합계가 1천㎡ 이상인 것은 모든 층
  ㉡ 의원, 치과의원 및 한의원으로서 입원실 또는 인공신장실이 있는 시설[인공신장실의 경우 건축·이전·용도변경 또는 대수선의 허가·협의 신청 또는 신고, 해당 시설의 개설신고 또는 개설변경(개설 장소의 이전 또는 인공신장실이 신설되는 경우로 한정한다) 신고하는 것부터 적용]
  ㉢ 조산원 및 산후조리원으로서 연면적 600㎡ 미만인 시설
③ 의료시설 중 종합병원 등 : 종합병원, 병원, 치과병원, 한방병원 및 요양병원(의료재활시설은 제외한다)으로 사용되는 바닥면적의 합계가 600㎡ 미만인 시설
④ 의료시설 중 정신의료기관 또는 의료재활시설
  ㉠ 시설로 사용되는 바닥면적의 합계가 300㎡ 이상 600㎡ 미만인 시설
  ㉡ 시설로 사용되는 바닥면적의 합계가 300㎡ 미만이고, 창살(철재·플라스틱 또는 목재 등으로 사람의 탈출 등을 막기 위하여 설치한 것을 말하며, 화재 시 자동으로 열리는 구조로 되어 있는 창살은 제외한다)이 설치된 시설
⑤ 교육연구시설 내 합숙소 : 연면적 100㎡ 이상인 것
⑥ 노유자시설 : 노유자시설로 다음의 어느 하나에 해당하는 시설
  ㉠ 노유자생활시설 : 노인 관련 시설, 아동복지시설, 장애인 거주시설, 정신질환자 관련 시설 등(노인 관련 시설의 학대피해노인 전용쉼터 및 기타 노유자시설 중 단독주택 또는 공동주택에 설치되는 시설은 제외한다)
  ㉡ ㉠의 노유자생활시설에 해당하지 않는 노유자시설로 해당 시설로 사용하는 바닥면적의 합계가 300㎡ 이상 600㎡ 미만인 시설
  ㉢ ㉠의 노유자생활시설에 해당하지 않는 노유자시설로 해당 시설로 사용하는 바닥면적의 합계가 300㎡ 미만이고, 창살(철재·플라스틱 또는 목재 등으로 사람의 탈출 등을 막기 위하여 설치한 것을 말하며, 화재 시 자동으로 열리는 구조로 되어 있는 창살 제외)이 설치된 시설

⑥ 숙박시설 : 숙박시설로 사용되는 바닥면적의 합계가 300㎡ 이상 600㎡ 미만인 시설
⑦ **임차 보호시설** : 건물을 임차하여 「출입국관리법」 제52조제2항에 따른 보호시설로 사용하는 부분
⑧ **복합건축물** : 별표 2 제30호나목의 복합건축물(하나의 건축물이 근린생활시설, 판매시설, 업무시설, 숙박시설 또는 위락시설의 용도와 주택의 용도로 사용되는 것만 해당)에 연면적 1천㎡ 이상인 것은 모든 층에 설치해야 한다.

실전연습

Q. 간이스프링클러설비를 설치하여야 하는 특정소방대상물이 아닌 것은?

① 근린생활시설로 사용하는 부분의 바닥면적 합계가 1천㎡ 이상인 것은 모든 층
② 요양병원(의료재활시설 제외)으로 사용되는 바닥면적의 합계가 600㎡ 미만인 시설
③ 숙박시설로 사용되는 바닥면적의 합계가 600㎡ 이상인 것
④ 복합건축물로서 연면적 1천㎡ 이상인 것은 모든 층

해설 | ③ 틀림, 이는 스프링클러설비를 설치하여야 하는 특정소방대상물이다.   ▶ ③

---

(6) 물분무등소화설비를 설치해야 하는 특정소방대상물 ☆ 22년 소방교

위험물 저장 및 처리 시설 중 가스시설, 발전시설의 전기저장시설 중 무정전전원공급장치(UPS)의 시설 및 지하구는 제외한다.(개정 24.12.31.)

① 항공기 및 자동차 관련 시설 중 항공기 격납고
② **차고, 주차용 건축물** : 차고, 주차용 건축물 또는 철골 조립식 주차시설로서 연면적 800㎡ 이상인 것은 물분무등소화설비를 설치해야 한다.
③ **건축물 내부에 설치된 차고·주차장** : 차고 또는 주차의 용도로 사용되는 면적의 합계가 200㎡ 이상인 경우 해당 부분(50세대 미만 연립주택 및 다세대주택은 제외한다)
④ **기계장치의 주차시설** : 기계장치에 의한 주차시설을 이용하여 20대 이상의 차량을 주차할 수 있는 시설
⑤ **전기실·발전실** : 특정소방대상물에 설치된 전기실·발전실·변전실[4]·축전지실·통신기기실 또는 전산실, 그 밖에 이와 비슷한 것으로서 **바닥면적이 300㎡ 이상**[5]인 것. 다만, 내화구조로 된 공정제어실 내에 설치된 주조정실로서 양압시설[6]이 설치되고 전기기기에 220볼트 이하인 저전압이 사용되며 종업원이 24시간 상주하는 곳은 제외한다.

---

4) 가연성 절연유를 사용하지 않는 변압기·전류차단기 등의 전기기기와 가연성 피복을 사용하지 않은 전선 및 케이블만을 설치한 전기실·발전실 및 변전실은 제외한다.
5) 하나의 방화구획 내에 둘 이상의 실(室)이 설치되어 있는 경우에는 이를 하나의 실로 보아 바닥면적을 산정한다.
6) 외부 오염 공기 침투를 차단하고 내부의 나쁜 공기가 자연스럽게 외부로 흐를 수 있도록 한 시설을 말한다.

⑥ 소화수를 수집·처리하는 설비가 설치되어 있지 않은 중·저준위방사성폐기물의 저장시설 : 물분무등 소화설비 중 이산화탄소·할론·할로겐화합물 및 불활성기체 소화설비를 설치해야 한다.
⑦ 행정안전부령으로 정하는 터널 : 예상 교통량, 경사도 등 터널의 특성을 고려하여 행정안전부령으로 정하는 터널에는 물분무소화설비를 설치해야 한다.(영 별표 4 제1호 바목 7) 전단

> 규칙 제16조(소방시설을 설치해야 하는 터널)
> 영 별표 4 제1호 바목 7) 전단에서 "행정안전부령으로 정하는 터널"이란 「도로의 구조·시설 기준에 관한 규칙」 제48조에 따라 국토교통부장관이 정하는 도로의 구조 및 시설에 관한 세부기준에 의하여 물분무소화설비를 설치해야 하는 터널을 말한다.

⑧ 국가유산청장과 협의하여 정하는 것 : 국가유산 중 「문화유산의 보존 및 활용에 관한 법률」에 따른 지정문화유산(문화유산자료를 제외한다) 또는 「자연유산의 보존 및 활용에 관한 법률」에 따른 천연기념물등(자연유산자료를 제외한다)으로서 소방청장이 국가유산청장과 협의하여 정하는 것

(7) 옥외소화전설비를 설치하여야 하는 특정소방대상물 ★ 22년 소방장

아파트등, 위험물 저장 및 처리 시설 중 가스시설, 지하구 또는 터널은 제외한다.

① 지상 1층 및 2층의 바닥면적의 합계가 9천㎡ 이상인 것. 이 경우 같은 구(區) 내의 둘 이상의 특정소방대상물이 행정안전부령으로 정하는 연소(延燒) 우려가 있는 구조인 경우에는 이를 하나의 특정소방대상물로 본다.(영 별표 4 제1호 사목 1)

> 규칙 제17조(연소 우려가 있는 건축물의 구조)
> 영 별표 4 제1호사목 1) 후단에서 "행정안전부령으로 정하는 연소 우려가 있는 구조"란 다음의 기준에 모두 해당하는 구조를 말한다.
> 1. 건축물대장의 건축물 현황도에 표시된 대지경계선 안에 둘 이상의 건축물이 있는 경우
> 2. 각각의 건축물이 다른 건축물의 외벽으로부터 수평거리가 1층의 경우에는 6미터 이하, 2층 이상의 층의 경우에는 10미터 이하인 경우
> 3. 개구부(영 제2조제1호에 따른 개구부)가 다른 건축물을 향하여 설치되어 있는 경우

② 문화유산 중 「문화유산의 보존 및 활용에 관한 법률」 제23조에 따라 **보물 또는 국보로 지정된 목조건축물**
③ 공장 또는 창고시설 : ①에 해당하지 않는 공장 또는 창고시설로서 750배 이상의 특수가연물을 저장·취급하는 것

3 경보설비

(1) 단독경보형감지기를 설치해야 하는 특정소방대상물

다음의 어느 하나에 해당하는 것으로 한다. 이 경우 연립주택 및 다세대주택에 설치하는 단독경보형 감지기는 연동형으로 설치해야 한다.

① 교육연구시설·수련시설 내에 있는 기숙사 또는 합숙소로서 연면적 2천㎡ 미만인 것
② 자동화재탐지설비 설치대상에 해당하지 않는 수련시설(숙박시설이 있는 것만 해당)
③ 연면적 400㎡ 미만의 유치원
④ 공동주택 중 연립주택 및 다세대주택

(2) 비상경보설비를 설치해야 하는 특정소방대상물 ☆ 23년 소방장

모래·석재 등 불연재료 공장 및 창고시설, 위험물 저장 및 처리 시설 중 가스시설, 사람이 거주하지 않거나 벽이 없는 축사 등 동물 및 식물 관련 시설 및 지하구는 제외한다.

① 연면적 400㎡ 이상인 것은 모든 층
② 지하층 또는 무창층의 바닥면적이 150㎡(공연장은 100㎡) 이상인 것은 모든 층
③ 터널로서 길이가 500m 이상인 것
④ 50명 이상의 근로자가 작업하는 옥내 작업장

(3) 자동화재탐지설비를 설치해야 하는 특정소방대상물 ☆ 23년 소방교

① 공동주택 중 아파트등·기숙사 및 숙박시설의 경우에는 모든 층
② 층수가 6층 이상인 건축물의 경우에는 모든 층
③ 연면적 600㎡ 이상 : 근린생활시설(목욕장은 제외), 의료시설(정신의료기관 및 요양병원은 제외), 위락시설, 장례시설 및 복합건축물로서 연면적 600㎡ 이상인 경우에는 모든 층
④ 연면적 1천㎡ 이상 : 근린생활시설 중 목욕장, 문화 및 집회시설, 종교시설, 판매시설, 운수시설, 운동시설, 업무시설, 공장, 창고시설, 위험물 저장 및 처리 시설, 항공기 및 자동차 관련 시설, 교정 및 군사시설 중 국방·군사시설, 방송통신시설, 발전시설, 관광 휴게시설, 지하상가로서 연면적 1천㎡ 이상인 경우에는 모든 층
⑤ 연면적 2천㎡ 이상 : 교육연구시설(교육시설 내에 있는 기숙사 및 합숙소를 포함한다), 수련시설(수련시설 내에 있는 기숙사 및 합숙소를 포함하며, 숙박시설이 있는 수련시설은 제외한다), 동물 및 식물 관련 시설(기둥과 지붕만으로 구성되어 외부와 기류가 통하는 장소는 제외), 자원순환 관련 시설, 교정 및 군사시설(국방·군사시설은 제외) 또는 묘지 관련 시설로서 연면적 2천㎡ 이상인 경우에는 모든 층
⑥ 노유자 생활시설의 경우에는 모든 층

⑦ ⑥에 해당하지 않는 노유자 시설로서 연면적 400㎡ 이상인 노유자 시설 및 숙박시설이 있는 수련시설로서 수용인원 100명 이상인 경우에는 모든 층
⑧ 의료시설 중 정신의료기관 또는 요양병원으로서 다음의 어느 하나에 해당하는 시설
　㉠ 요양병원(의료재활시설은 제외한다)
　㉡ 정신의료기관 또는 의료재활시설로 사용되는 바닥면적 합계가 300㎡ 이상인 시설
　㉢ 정신의료기관 또는 의료재활시설로 사용되는 바닥면적의 합계가 300㎡ 미만이고, 창살이 설치된 시설
⑨ 판매시설 중 전통시장
⑩ 터널로서 길이가 1천m 이상인 것
⑪ 지하구
⑫ ③에 해당하지 않는 근린생활시설 중 조산원 및 산후조리원
⑬ ④에 해당하지 않는 공장 및 창고시설로서「화재의 예방 및 안전관리에 관한 법률 시행령」별표 2에서 정하는 수량의 500배 이상의 특수가연물을 저장·취급하는 것
⑭ ④에 해당하지 않는 발전시설 중 전기저장시설

연면적 관련 자동화재탐지설비 설치대상
연면적 600㎡ 이상 : 근린생활시설(목욕장 제외), 의료시설, 위락시설, 장례시설 및 복합건축물
연면적 1,000㎡ 이상 : 목욕장, 문화 및 집회, 종교, 운동, 자동차, 운수, 공장·창고, 판매, 방송통신시설
연면적 2,000제㎡ 이상 : 교육연구시설, 수련시설, 동물 및 식물 관련 시설, 자원순환 관련 시설

(4) 시각경보기를 설치해야 하는 특정소방대상물

자동화재탐지설비를 설치하여야 하는 특정소방대상물 중 다음의 어느 하나에 해당하는 것
① 근린생활시설, 문화 및 집회시설, 종교시설, 판매시설, 운수시설, 의료시설, 노유자시설
② 운동시설, 업무시설, 숙박시설, 위락시설, 창고시설 중 물류터미널, 발전시설 및 장례시설
③ 교육연구시설 중 도서관, 방송통신시설 중 방송국, 지하상가

(5) 화재알림설비를 설치해야 하는 특정소방대상물(시행, 23.12.1.)

화재알림설비를 설치해야 하는 특정소방대상물은 판매시설 중 전통시장으로 한다.

(6) 비상방송설비를 설치해야 하는 특정소방대상물

위험물 저장 및 처리 시설 중 가스시설, 사람이 거주하지 않거나 벽이 없는 축사 등 동물 및 식물 관련 시설, 터널 및 지하구는 제외한다.

① 연면적 3천5백㎡ 이상인 것은 모든 층
② 지하층을 제외한 층수가 11층 이상인 것은 모든 층
③ 지하층의 층수가 3층 이상인 것은 모든 층

(7) 자동화재속보설비를 설치해야 하는 특정소방대상물 ☆ 24년 소방장

방재실 등 화재 수신기가 설치된 장소에 24시간 화재를 감시할 수 있는 사람이 근무하고 있는 경우에는 자동화재속보설비를 설치하지 않을 수 있다.

① 노유자 생활시설
② 노유자 시설 : 바닥면적이 500㎡ 이상인 층이 있는 것
③ 수련시설(숙박시설이 있는 것만 해당)로서 바닥면적이 500㎡ 이상인 층이 있는 것
④ 문화유산 중 「문화유산의 보존 및 활용에 관한 법률」 제23조에 따라 보물 또는 국보로 지정된 목조건축물
⑤ 근린생활시설 중 다음의 어느 하나에 해당하는 시설
 ㉠ 의원, 치과의원 및 한의원으로서 입원실이 있는 시설
 ㉡ 조산원 및 산후조리원
⑥ 의료시설 중 다음의 어느 하나에 해당하는 것
 ㉠ 종합병원, 병원, 치과병원, 한방병원 및 요양병원(의료재활시설은 제외한다)
 ㉡ 정신병원, 의료재활시설로 사용되는 바닥면적의 합계가 500㎡ 이상인 층이 있는 것
⑦ 판매시설 중 전통시장

(8) 통합감시시설을 설치해야 하는 특정소방대상물

통합감시시설을 설치해야 하는 특정소방대상물은 지하구로 한다.

(9) 누전경보기를 설치해야 하는 특정소방대상물

① 계약전류용량 100암페어 초과 : 누전경보기는 계약전류용량(같은 건축물에 계약 종류가 다른 전기가 공급되는 경우에는 그중 최대계약전류용량)이 100암페어를 초과하는 특정소방대상물(내화구조가 아닌 건축물로서 벽·바닥 또는 반자의 전부나 일부를 불연재료 또는 준불연재료가 아닌 재료에 철망을 넣어 만든 것만 해당)에 설치해야 한다.
② 제외되는 특정소방대상물 : 다만, 위험물 저장 및 처리 시설 중 가스시설, 터널 및 지하구의 경우에는 그렇지 않다.

(10) 가스누설경보기를 설치해야 하는 특정소방대상물

가스시설이 설치된 경우만 해당한다.
① 문화 및 집회시설, 종교시설, 판매시설, 운수시설, 의료시설, 노유자 시설
② 수련시설, 운동시설, 숙박시설, 창고시설 중 물류터미널, 장례시설

4 피난구조설비

(1) 피난기구를 설치해야 하는 특정소방대상물

① 피난기구의 설치 ; 피난기구는 특정소방대상물의 모든 층에 화재안전기준에 적합한 것으로 설치해야 한다.
② 예외 : 다만, 피난층, 지상 1층, 지상 2층(노유자시설 중 피난층이 아닌 지상 1층과 피난층이 아닌 지상 2층은 제외한다) 및 층수가 11층 이상인 층과 위험물 저장 및 처리시설 중 가스시설, 터널 또는 지하구의 경우에는 그렇지 않다. ☆ 17년 소방교

(2) 인명구조기구를 설치해야 하는 특정소방대상물 ☆ 22년 소방교

① 방열복 또는 방화복(안전모, 보호장갑 및 안전화를 포함한다), 인공소생기 및 공기호흡기를 설치해야 하는 특정소방대상물 : 지하층을 포함하는 층수가 7층 이상인 것 중 관광호텔 용도로 사용하는 층
② 방열복 또는 방화복(안전모, 보호장갑 및 안전화를 포함) 및 공기호흡기를 설치해야 하는 특정소방대상물 : 지하층을 포함하는 층수가 5층 이상인 것 중 병원 용도로 사용하는 층
③ 공기호흡기를 설치해야 하는 특정소방대상물 : 공기호흡기를 설치해야 하는 특정소방대상물은 다음의 어느 하나에 해당하는 것으로 한다.
  ㉠ 수용인원 100명 이상인 문화 및 집회시설 중 영화상영관
  ㉡ 판매시설 중 대규모점포
  ㉢ 운수시설 중 지하역사
  ㉣ 지하상가
  ㉤ 물분무소화설비를 설치해야 하는 특정소방대상물 및 화재안전기준에 따라 이산화탄소소화설비(호스릴이산화탄소소화설비는 제외한다)를 설치해야 하는 특정소방대상물

실전연습

Q. 「소방시설 설치 및 관리에 관한 법률 시행령」상 공기호흡기를 설치해야 하는 특정소방대상물이 아닌 것은? ☆ 22년 소방교

① 지하구
② 운수시설 중 지하역사
③ 판매시설 중 대규모 점포
④ 수용인원 100명 이상인 문화 및 집회시설 중 영화상영관

해설 | 지하구는 공기호흡기를 설치해야 할 특정소방대상물이 아니다. ➡ ①

(3) 유도등을 설치해야 하는 특정소방대상물

① **피난구유도등, 통로유도등 및 유도표지** : 특정소방대상물에 설치한다. 다만, 다음의 어느 하나에 해당하는 경우는 제외한다.(지하구는 삭제되어 지하구에도 유도등을 설치해야 함)
  ㉠ 동물 및 식물 관련 시설 중 축사로서 가축을 직접 가두어 사육하는 부분
  ㉡ 터널
② **객석유도등** : 다음의 어느 하나에 해당하는 특정소방대상물에 설치한다.
  ㉠ 유흥주점영업시설(「식품위생법 시행령」 제21조제8호라목의 유흥주점영업 중 손님이 춤을 출 수 있는 무대가 설치된 카바레, 나이트클럽 또는 이와 비슷한 영업시설만 해당)
  ㉡ 문화 및 집회시설, 종교시설, 운동시설

(4) 비상조명등을 설치해야 하는 특정소방대상물

창고시설 중 창고 및 하역장, 위험물 저장 및 처리 시설 중 가스시설 및 사람이 거주하지 않거나 벽이 없는 축사 등 동물 및 식물 관련 시설은 제외한다.

① **층수 및 연면적** : 지하층을 포함하는 층수가 5층 이상인 건축물로서 연면적 3천㎡ 이상인 경우에는 모든 층
② **무창층 및 지하층 면적** : ①에 해당하지 않는 특정소방대상물로서 그 지하층 또는 무창층의 바닥면적이 450㎡ 이상인 경우에는 해당 층
③ **터널 길이 500 이상** : 터널로서 그 길이가 500m 이상인 것

(5) 휴대용비상조명등을 설치해야 하는 특정소방대상물

① 숙박시설
② 수용인원 100명 이상의 영화상영관, 판매시설 중 대규모점포, 철도 및 도시철도 시설 중 지하역사, 지하상가

5 소화용수설비

(1) 상수도소화용수설비를 설치해야 하는 특정소방대상물

상수도소화용수설비를 설치해야 하는 특정소방대상물은 다음에 해당하는 것으로 한다.

① **연면적 5천㎡ 이상인 것** : 다만, 위험물 저장 및 처리 시설 중 가스시설, 터널 또는 지하구의 경우에는 제외한다.
② **탱크의 저장용량 100톤 이상** : 가스시설로서 지상에 노출된 탱크의 저장용량의 합계가 100톤 이상인 것
③ 자원순환 관련 시설 중 폐기물재활용시설 및 폐기물처분시설

(2) 소화수조 또는 저수조를 설치해야 하는 특정소방대상물 ☆ 23년 소방교

상수도소화용수설비를 설치해야 하는 특정소방대상물의 대지 경계선으로부터 180m 이내에 지름 75㎜ 이상인 상수도용 배수관이 설치되지 않은 지역의 경우에는 화재안전기준에 따른 소화수조 또는 저수조를 설치해야 한다.

6 소화활동설비

(1) 제연설비를 설치해야 하는 특정소방대상물

① **무대부 바닥면적 200 이상** : 문화 및 집회시설, 종교시설, 운동시설로서 무대부의 바닥면적이 200㎡ 이상인 경우에는 해당 무대부에 제연설비를 설치해야 한다.
② **영화상영관(수용인원 100명 이상)** : 문화 및 집회시설 중 영화상영관으로서 수용인원 100명 이상인 경우에는 해당 상영관
③ **지하층 등에 설치된 다음의 시설** : 지하층이나 무창층에 설치된 근린생활시설, 판매시설, 운수시설, 숙박시설, 위락시설, 의료시설, 노유자시설 또는 창고시설(물류터미널로 한정한다)로서 해당 용도로 사용되는 바닥면적의 합계가 1천㎡ 이상인 경우 해당 부분
④ **시외버스정류장 등** : 운수시설 중 시외버스정류장, 철도 및 도시철도 시설, 공항시설 및 항만시설의 대기실 또는 휴게시설로서 지하층 또는 무창층의 바닥면적이 1천㎡ 이상인 경우에는 모든 층
⑤ **지하상가 연면적 1천 이상** : 지하상가로서 연면적 1천㎡ 이상인 것
⑥ **행정안전부령으로 정하는 터널** : 예상 교통량, 경사도 등 터널의 특성을 고려하여 행정안전부령으로 정하는 터널(「도로의 구조·시설 기준에 관한 규칙」 제48조에 따라 국토교통부장관이 정하는 도로의 구조 및 시설에 관한 세부기준에 의하여 제연설비를 설치해야 하는 터널을 말한다. 규칙 제16조)
⑦ 특정소방대상물(갓복도형 아파트등은 제외한다)에 부설된 특별피난계단, 비상용 승강기의 승강장 또는 피난용 승강기의 승강장

(2) 연결송수관설비를 설치해야 하는 특정소방대상물

위험물 저장 및 처리 시설 중 가스시설 또는 지하구는 제외한다.

① **층수 및 연면적** : 층수가 5층 이상으로서 연면적 6천㎡ 이상인 경우에는 모든 층
② **층수 7층 이상** : ①에 해당하지 않는 특정소방대상물로서 지하층을 포함하는 층수가 7층 이상인 경우에는 모든 층
③ **지하층 층수 및 면적** : ① 및 ②에 해당하지 않는 특정소방대상물로서 지하층의 층수가 3층 이상이고 지하층의 바닥면적의 합계가 1천㎡ 이상인 경우에는 모든 층
④ **터널 길이 1천 이상** : 터널로서 길이가 1천m 이상인 것

(3) 연결살수설비를 설치해야 하는 특정소방대상물

다음의 어느 하나에 해당하는 것으로 하며 지하구는 제외한다.

① **판매·운수시설·물류터미널** : 판매시설, 운수시설, 창고시설 중 물류터미널로서 해당 용도로 사용되는 부분의 바닥면적의 합계가 1천㎡ 이상인 경우에는 해당 시설
② **지하층**(피난층으로 주된 출입구가 도로와 접한 경우는 제외한다)으로서 **바닥면적의 합계가 150㎡ 이상**인 경우에는 지하층의 모든 층. 다만, 「주택법 시행령」 제46조제1항에 따른 국민주택규모 이하인 아파트등의 지하층(대피시설로 사용하는 것만 해당한다)과 교육연구시설 중 학교의 지하층의 경우에는 700㎡ 이상인 것으로 한다.
③ **30톤 이상 탱크** : 가스시설 중 지상에 노출된 탱크의 용량이 30톤 이상인 탱크시설
④ ① 및 ②의 특정소방대상물에 부속된 연결통로

> 1. 가스시설로서 지상에 노출된 탱크의 저장용량의 합계가 100톤 이상인 것은 건축허가 등의 동의대상이며, 소방시설로는 상수도소화용수설비를 설치해야 하는 특정소방대상물이다.
> 2. 가스시설 중 지상에 노출된 탱크의 용량이 30톤 이상인 탱크시설은 연결살수설비의 설치대상이다.

(4) 비상콘센트설비를 설치해야 하는 특정소방대상물

위험물 저장 및 처리 시설 중 가스시설 또는 지하구는 제외한다.

① **11층 이상의 층** : 층수가 11층 이상인 특정소방대상물의 경우에는 11층 이상의 층
② **지하층 층수 및 면적** : 지하층의 층수가 3층 이상이고 지하층의 바닥면적의 합계가 1천㎡ 이상인 것은 지하층의 모든 층
③ **터널 길이 500 이상** : 터널로서 길이가 500m 이상인 것

(5) 무선통신보조설비를 설치해야 하는 특정소방대상물

위험물 저장 및 처리 시설 중 가스시설은 제외한다.

① **지하상가 연면적** : 지하상가로서 연면적 1천㎡ 이상인 것
② **지하층 층수 및 면적** : 지하층의 바닥면적의 합계가 3천㎡ 이상인 것 또는 지하층의 층수가 3층 이상이고 지하층의 바닥면적의 합계가 1천㎡ 이상인 것은 지하층의 모든 층
③ **터널 길이 500 이상** : 터널로서 길이가 500m 이상인 것 ☆ 18년 소방교
④ **공동구** : 지하구 중 공동구
⑤ **30층 이상 중 16층 이상** : 층수가 30층 이상인 것으로서 16층 이상 부분의 모든 층

(6) 연소방지설비를 설치해야 하는 특정소방대상물

연소방지설비는 지하구(전력 또는 통신사업용인 것만 해당)에 설치해야 한다.

관계인이 갖추어야 하는 소방시설

1. 터널의 길이에 따른 소방시설
   ① 모든 터널 : 소화기구
   ② 500미터 이상 : 무선통신보조설비, 비상조명등, 비상콘센트설비, 비상경보설비
   ③ 1,000미터 이상 : 옥내소화전설비, 연결송수관설비, 자동화재탐지설비
2. 지하상가 연면적 1000제곱미터 이상 : 제연설비, 무선통신보조설비, 스프링클러설비, 자탐지설비
3. 특수가연물 저장하는 공장 : 500배 이상(자탐설비), 750배 이상(옥내·옥외소화전), 1,000배 이상(스프링)
4. 입원실이 있는 의원, 치과의원 및 한의원 : 간이스프링클러설비, 자동화재속보설비
5. 면적 관계없이 자동화재탐지설비 설치 : 요양병원, 지하구, 전통시장, 노유자생활시설
6. 면적 관계없이 자동속보설비 설치 : 치과병원, 한방병원, (종합)병원, 요양병원, 전통시장, 노유자생활시설
7. 인명구조기구
   ① 7층 이상 관광호텔 : 방열복 또는 방화복, 인공소생기 및 공기호흡기
   ② 5층 이상의 병원 : 방열복 또는 방화복, 공기호흡기
8. 수용인원 100명 이상 영화상영관 : 스프링클러설비, 공기호흡기, 휴대용비상조명등, 제연설비
9. 숙박시설이 있는 수련시설로서 수용인원 100명 이상 : 모든 층에 자동화재탐지설비를 설치

7 소방시설정보관리시스템

(1) 소방시설정보관리시스템 구축·운영 대상 등(영 제12조) ☆ 23년 소방장

① **구축 대상** : 소방청장, 소방본부장 또는 소방서장이 법 제12조 제5항에 따라 소방시설의 작동정보 등을 실시간으로 수집·분석할 수 있는 시스템(소방시설정보관리시스템)을 구축·운영하는 경우 그 구축·운영의 대상은 「화재의 예방 및 안전관리에 관한 법률」 제24조제1항 전단에 따른 소방안전관리대상물 중 다음의 특정소방대상물로 한다.
  ㉠ 문화 및 집회시설
  ㉡ 종교시설
  ㉢ 판매시설
  ㉣ 의료시설
  ㉤ 노유자 시설
  ㉥ 숙박이 가능한 수련시설
  ㉦ 업무시설
  ㉧ 숙박시설
  ㉨ 공장
  ㉩ 창고시설
  ㉪ 위험물 저장 및 처리 시설
  ㉫ 지하상가 및 터널
  ㉬ 지하구, 그 밖에 소방청장, 소방본부장 또는 소방서장이 소방안전관리의 취약성과 화재위험성을 고려하여 필요하다고 인정하는 특정소방대상물

② **협조 의무** : 특정소방대상물의 관계인은 소방청장, 소방본부장 또는 소방서장이 소방시설정보관리시스템을 구축·운영하려는 경우 특별한 사정이 없으면 이에 협조해야 한다.

(2) 소방시설정보관리시스템 운영방법 및 통보 절차 등(규칙 제15조)

① **소방시설 작동정보 분석** : 소방청장, 소방본부장 또는 소방서장은 법 제12조제5항에 따른 소방시설의 작동정보 등을 실시간으로 수집·분석할 수 있는 시스템으로 수집되는 소방시설의 작동정보 등을 분석하여 해당 특정소방대상물의 관계인에게 해당 소방시설의 정상적인 작동에 필요한 사항과 관리 방법 등 개선사항에 관한 정보를 제공할 수 있다.

② **관계인에게 통보** : 소방청장, 소방본부장 또는 소방서장은 소방시설정보관리시스템을 통하여 소방시설의 고장 등 비정상적인 작동정보를 수집한 경우에는 해당 특정소방대상물의 관계인(「소방기본법」 제2조제3호에 따른 관계인을 말한다)에게 그 사실을 알려주어야 한다.

③ **전담인력** : 소방청장, 소방본부장 또는 소방서장은 소방시설정보관리시스템의 체계적·효율적·전문적인 운영을 위해 전담인력을 둘 수 있다.

④ **세부 절차** : 위에서 규정한 사항 외에 소방시설정보관리시스템의 운영방법 및 통보 절차 등에 관하여 필요한 세부 사항은 소방청장이 정한다.

제3절 소방시설의 관리

1 소방시설기준 적용의 특례

(1) 소방시설기준이 강화되는 경우(법 제13조 제1항) ☆ 22년 소방교·소방장, 21년 소방교, 소방장, 19년 소방교

① **변경 전의 기준 적용(원칙)** : 소방본부장이나 소방서장은 제12조제1항 전단에 따른 대통령령 또는 화재안전기준이 변경되어 그 기준이 강화되는 경우 기존의 특정소방대상물(건축물의 신축·개축·재축·이전 및 대수선 중인 특정소방대상물을 포함한다)의 소방시설에 대하여는 변경 전의 대통령령 또는 화재안전기준을 적용한다.

② **강화된 기준 적용(예외)** : 다음의 어느 하나에 해당하는 소방시설 중 대통령령 또는 화재안전 기준으로 정하는 경우 대통령령 또는 화재안전기준의 변경되어 그 기준이 강화되는 경우 강화된 기준을 적용할 수 있다. ☆ 24년 소방장

  ㉠ 다음의 소방시설
   ⓐ 소화기구
   ⓑ 비상경보설비
   ⓒ 자동화재탐지설비
   ⓓ 자동화재속보설비
   ⓔ 피난구조설비

  ㉡ **공동구** : 「국토의 계획 및 이용에 관한 법률」제2조 제9호에 따른 공동구에 설치하는 소화기, 자동소화장치, 자동화재탐지설비, 통합감시시설, 유도등 및 연소방지설비

  ㉢ **전력 또는 통신사업용 지하구**에 설치하는 소화기, 자동소화장치, 자동화재탐지설비, 통합감시시설, 유도등 및 연소방지설비

  ㉣ **노유자시설**에 설치하는 간이스프링클러설비, 자동화재탐지설비 및 단독경보형 감지기

  ㉤ **의료시설**에 설치하는 스프링클러설비, 간이스프링클러설비, 자동화재탐지설비 및 자동화재속보설비

실전연습

Q. 소방시설 변경 시 기존의 특정소방대상물에 강화된 기준을 적용하는 것이 아닌 것은? ☆ 22년 소방교

① 의료시설에 설치하는 자동화재탐지설비
② 의료시설에 설치하는 자동화재속보설비
③ 노유자시설에 설치하는 무선통신보조설비
④ 노유자시설에 설치하는 간이스프링클러설비

해설 | 노유자시설에 설치하는 간이스프링클러설비, 자동화재탐지설비 및 단독경보형감지기가 대상이다. ➡ ③

(2) 유사한 소방시설의 설치 면제

① 유사한 소방시설의 설치면제 : 소방본부장이나 소방서장은 특정소방대상물에 설치하여야 하는 소방시설 가운데 기능과 성능이 유사한 스프링클러설비, 물 분무등소화설비, 비상경보설비 및 비상방송설비 등의 소방시설의 경우에는 대통령령으로 정하는 바에 따라 유사한 소방시설의 설치를 면제할 수 있다.(법 제13조 제2항)

② 면제기준 : 법 제13조 제2항에 따라 소방본부장이나 소방서장은 특정소방대상물에 설치해야 하는 소방시설 가운데 기능과 성능이 유사한 소방시설의 설치를 면제하려는 경우에는 다음의 별표 5의 기준에 따른다.(영 제14조)

[영 별표5] 특정소방대상물의 소방시설 설치의 면제기준(제14조 관련)

설치가 면제되는 소방시설	설치가 면제되는 기준
1. 자동소화장치	자동소화장치(주거용 주방자동소화장치 및 상업용 주방자동소화장치는 제외한다)를 설치해야 하는 특정소방대상물에 물분무등소화설비를 화재안전기준에 적합하게 설치한 경우에는 그 설비의 유효범위(해당 소방시설이 화재를 감지·소화 또는 경보할 수 있는 부분을 말한다. 이하 같다)에서 설치가 면제된다.
2. 옥내소화전설비	소방본부장 또는 소방서장이 옥내소화전설비의 설치가 곤란하다고 인정하는 경우로서 호스릴방식의 미분무소화설비 또는 옥외소화전설비를 화재안전기준에 적합하게 설치한 경우에는 그 설비의 유효범위에서 설치가 면제된다.
3. 스프링클러설비	가. 스프링클러설비를 설치해야 하는 특정소방대상물(발전시설 중 전기저장시설은 제외)에 적응성 있는 자동소화장치 또는 물분무등소화설비를 화재안전기준에 적합하게 설치한 경우에는 그 설비의 유효범위에서 설치가 면제된다. 나. 스프링클러설비를 설치해야 하는 전기저장시설에 소화설비를 소방청장이 정하여 고시하는 방법에 따라 설치한 경우 설비의 유효범위에서 설치가 면제된다.
4. 간이스프링클러설비	간이스프링클러설비를 설치해야 하는 특정소방대상물에 스프링클러설비, 물분무소화설비 또는 미분무소화설비를 화재안전기준에 적합하게 설치한 경우에는 그 설비의 유효범위에서 설치가 면제된다.
5. 물분무등 소화설비	물분무등소화설비를 설치해야 하는 차고·주차장에 스프링클러설비를 화재안전기준에 적합하게 설치한 경우에는 그 설비의 유효범위에서 설치가 면제된다.
6. 옥외소화전설비	옥외소화전설비를 설치해야 하는 문화유산인 목조건축물에 상수도소화용수설비를 옥외소화전설비의 화재안전기준에서 정하는 방수압력·방수량·옥외소화전함 및 호스의 기준에 적합하게 설치한 경우에는 설치가 면제된다.
7. 비상경보설비	비상경보설비를 설치해야 할 특정소방대상물에 단독경보형 감지기를 2개 이상의 단독경보형 감지기와 연동하여 설치하는 경우에는 그 설비의 유효범위에서 설치가 면제된다.
8. 비상경보설비 또는 단독경보형감지기	비상경보설비 또는 단독경보형 감지기를 설치해야 하는 특정소방대상물에 자동화재탐지설비 또는 화재알림설비를 화재안전기준에 적합하게 설치한 경우에는 그 설비의 유효범위에서 설치가 면제된다.

9. 자동화재 탐지설비	자동화재탐지설비의 기능(감지·수신·경보기능을 말한다)과 성능을 가진 화재알림설비, 스프링클러설비 또는 물분무등소화설비를 화재안전기준에 적합하게 설치한 경우에는 그 설비의 유효범위에서 설치가 면제된다.
10. 화재알림설비	화재알림설비를 설치해야 하는 특정소방대상물에 자동화재탐지설비를 화재안전기준에 적합하게 설치한 경우에는 그 설비의 유효범위에서 설치가 면제된다.
11. 비상방송설비	비상방송설비를 설치해야 하는 특정소방대상물에 자동화재탐지설비 또는 비상경보설비와 같은 수준 이상의 음향을 발하는 장치를 부설한 방송설비를 화재안전기준에 적합하게 설치한 경우에는 그 설비의 유효범위에서 설치가 면제된다.
12. 자동화재 속보설비	자동화재속보설비를 설치해야 하는 특정소방대상물에 화재알림설비를 화재안전기준에 적합하게 설치한 경우에는 그 설비의 유효범위에서 설치가 면제된다.
13. 누전경보기	누전경보기를 설치해야 하는 특정소방대상물 등에 아크경보기(옥내 배전선로의 단선이나 선로 손상 등으로 발생하는 아크를 감지하고 경보하는 장치) 또는 전기 관련 법령에 따른 지락차단장치를 설치한 경우 그 설비의 유효범위에서 설치가 면제된다.
14. 피난구조설비	피난구조설비를 설치해야 하는 특정소방대상물에 그 위치·구조 또는 설비의 상황에 따라 피난상 지장이 없다고 인정되는 경우에는 화재안전기준에서 정하는 바에 따라 설치가 면제된다.
15. 비상조명등	비상조명등을 설치해야 하는 특정소방대상물에 피난구유도등 또는 통로유도등을 화재안전기준에 적합하게 설치한 경우 유도등의 유효범위에서 설치가 면제된다.
16. 상수도 소화용수설비	가. 상수도소화용수설비를 설치해야 하는 특정소방대상물의 각 부분으로부터 수평거리 140미터 이내에 공공의 소방을 위한 소화전이 화재안전기준에 적합하게 설치되어 있는 경우에는 설치가 면제된다. 나. 소방본부장 또는 소방서장이 상수도소화용수설비의 설치가 곤란하다고 인정하는 경우로서 화재안전기준에 적합한 소화수조 또는 저수조가 설치되어 있거나 이를 설치하는 경우에는 그 설비의 유효범위에서 설치가 면제된다.
17. 제연설비	가. 제연설비를 설치해야 하는 특정소방대상물[별표 4 제5호가목6)은 제외]에 다음의 어느 하나에 해당하는 설비를 설치한 경우에는 설치가 면제된다. 　　1) 공기조화설비를 화재안전기준의 제연설비기준에 적합하게 설치하고 공기조화설비가 화재 시 제연설비기능으로 자동전환되는 구조로 설치되어 있는 경우 　　2) 직접 외부 공기와 통하는 배출구의 면적의 합계가 해당 제연구역[제연경계(제연설비의 일부인 천장 포함)에 의하여 구획된 건축물 내의 공간] 바닥면적의 100분의 1 이상이고, 배출구부터 각 부분까지의 수평거리가 30m 이내이며, 공기유입구가 화재안전기준에 적합하게(외부 공기를 직접 자연 유입할 경우에 유입구의 크기는 배출구의 크기 이상이어야 한다) 설치되어 있는 경우 나. 별표 4 제5호가목7)에 따라 제연설비를 설치해야 하는 특정소방대상물 중 노대(露臺)와 연결된 특별피난계단, 노대가 설치된 비상용 승강기의 승강장 또는 「건축법 시행령」 제91조제5호의 기준에 따라 배연설비가 설치된 피난용 승강기의 승강장에는 설치가 면제된다.
18. 연결송수관설비	연결송수관설비를 설치해야 하는 소방대상물에 옥외에 연결송수구 및 옥내에 방수구가 부설된 옥내소화전설비, 스프링클러설비, 간이스프링클러설비 또는 연결살수설

	비를 화재안전기준에 적합하게 설치한 경우에는 그 설비의 유효범위에서 설치가 면제된다. 다만, 지표면에서 최상층 방수구의 높이가 70m 이상인 경우에는 설치해야 한다.
19. 연결살수설비	가. 연결살수설비를 설치해야 하는 특정소방대상물에 송수구를 부설한 스프링클러설비, 간이스프링클러설비, 물분무소화설비 또는 미분무소화설비를 화재안전기준에 적합하게 설치한 경우 그 설비의 유효범위에서 설치가 면제된다. 나. 가스 관계 법령에 따라 설치되는 물분무장치 등에 소방대가 사용할 수 있는 연결송수구가 설치되거나 물분무장치 등에 6시간 이상 공급할 수 있는 수원(水源)이 확보된 경우에는 설치가 면제된다.
20. 무선통신 보조설비	무선통신보조설비를 설치해야 하는 특정소방대상물에 이동통신 구내 중계기 선로설비 또는 무선이동중계기(「전파법」 제58조의2에 따른 적합성평가를 받은 제품만 해당한다) 등을 화재안전기준의 무선통신보조설비기준에 적합하게 설치한 경우에는 설치가 면제된다.
21. 연소방지설비	연소방지설비를 설치해야 하는 특정소방대상물에 스프링클러설비, 물분무소화설비 또는 미분무소화설비를 화재안전기준에 적합하게 설치한 경우에는 그 설비의 유효범위에서 설치가 면제된다.

실전연습

Q. 특정소방대상물의 소방시설 설치의 면제기준으로 틀린 것은?

① 물분무등소화설비를 설치하여야 하는 차고·주차장에 스프링클러설비를 화재안전기준에 적합하게 설치한 경우에는 그 설비의 설치가 전부 면제된다.
② 피난구조설비를 설치하여야 하는 특정소방대상물에 위치·구조 또는 설비의 상황에 따라 피난상 지장이 없다고 인정되는 경우 화재안전기준에서 정하는 바에 따라 설치가 면제된다.
③ 비상경보설비를 설치하여야 할 특정소방대상물에 단독경보형 감지기를 2개 이상의 단독경보형 감지기와 연동하여 설치하는 경우에는 그 설비의 유효범위에서 설치가 면제된다.
④ 옥내소화전설비의 설치가 곤란한 경우로서 호스릴 방식의 미분무소화설비를 화재안전기준에 적합하게 설치한 경우에는 그 설비의 유효범위에서 옥내소화전설비의 설치가 면제된다.

해설 | 이 경우에는 그 설비의 유효범위에서 설치가 면제된다. ➡ ①

(3) 증축 또는 용도변경되는 경우의 소방시설 설치기준

소방본부장이나 소방서장은 기존의 특정소방대상물이 증축되거나 용도변경되는 경우에는 대통령령으로 정하는 바에 따라 증축 또는 용도변경 당시의 소방시설의 설치에 관한 대통령령 또는 화재안전기준을 적용한다.(법 제13조 제3항)

(4) 증축 시의 소방시설기준 적용의 특례 ☆ 17년 소방교

① 원칙 : 법 제13조제3항에 따라 소방본부장 또는 소방서장은 특정소방대상물이 증축되는 경우에는 기존 부분을 포함한 특정소방대상물의 전체에 대하여 증축 당시의 소방시설의 설치에 관한 대통령령 또는 화재안전기준을 적용해야 한다.(영 제15조 제1항)

② 예외 : 다만, 다음의 어느 하나에 해당하는 경우에는 기존 부분에 대해서는 증축 당시의 소방시설의 설치에 관한 대통령령 또는 화재안전기준을 적용하지 않는다.
  ㉠ 기존 부분과 증축 부분이 내화구조(耐火構造)로 된 바닥과 벽으로 구획된 경우
  ㉡ 기존 부분과 증축 부분이「건축법 시행령」제46조제1항제2호에 따른 자동방화셔터 또는 같은 영 제64조제1항제1호에 따른 60분+ 방화문으로 구획되어 있는 경우
  ㉢ 자동차 생산공장 등 화재 위험이 낮은 특정소방대상물 내부에 연면적 33제곱미터 이하의 직원 휴게실을 증축하는 경우
  ㉣ 자동차 생산공장 등 화재 위험이 낮은 특정소방대상물에 캐노피(3면 이상에 벽이 없는 구조의 캐노피를 말한다)를 설치하는 경우

(5) 용도변경 시의 소방시설기준 적용의 특례(영 제15조 제2항)

① 원칙 : 법 제13조제3항에 따라 소방본부장 또는 소방서장은 특정소방대상물이 용도변경되는 경우에는 용도변경되는 부분에 대해서만 용도변경 당시의 소방시설의 설치에 관한 대통령령 또는 화재안전기준을 적용한다.

② 전체에 대하여 용도변경 전의 기준을 적용하는 경우 : 다만, 다음의 어느 하나에 해당하는 경우에는 특정소방대상물 전체에 대하여 용도변경 전에 해당 특정소방대상물에 적용되던 소방시설의 설치에 관한 대통령령 또는 화재안전기준을 적용한다. ☆ 20년 소방교
  ㉠ 특정소방대상물의 구조·설비가 화재연소 확대 요인이 적어지거나 피난 또는 화재진압활동이 쉬워지도록 변경되는 경우
  ㉡ 용도변경으로 천장·바닥·벽 등에 고정되어 있는 가연성 물질의 양이 줄어드는 경우

(6) 소방시설을 설치하지 않을 수 있는 특정소방대상물 ☆ 22년 소방교, 19년 소방장

① 구분 : 다음 어느 하나에 해당하는 특정소방대상물 가운데 대통령령으로 정하는 특정소방대상물에는 대통령령으로 정하는 소방시설을 설치하지 아니할 수 있다.(법 제13조 제4항)
  ㉠ 화재 위험도가 낮은 특정소방대상물
  ㉡ 화재안전기준을 적용하기 어려운 특정소방대상물
  ㉢ 화재안전기준을 다르게 적용하여야 하는 특수한 용도 또는 구조를 가진 특정소방대상물
  ㉣「위험물안전관리법」제19조에 따른 자체소방대가 설치된 특정소방대상물

② 위 제4항의 어느 하나에 해당하는 특정소방대상물에 구조 및 원리 등에서 공법이 특수한 설계로 인정된 소방시설을 설치하는 경우에는 중앙소방기술심의위원회의 심의를 거쳐 화재안전기준을 적용하지 아니 할 수 있다.(법 제13조 제5항)

③ 소방시설을 설치하지 않을 수 있는 특정소방대상물 및 소방시설의 범위(영 별표 6)

구분	특정소방대상물	면제 소방시설
1. 화재 위험도가 낮은 특정소방대상물	석재, 불연성금속, 불연성 건축재료 등의 가공공장·기계조립공장·주물공장 또는 불연성 물품을 저장하는 창고	옥외소화전 및 연결살수설비
2. 화재안전기준을 적용하기 어려운 특정소방대상물	펄프공장의 작업장, 음료수 공장의 세정 또는 충전을 하는 작업장, 그 밖에 이와 비슷한 용도로 사용하는 것	스프링클러설비, 상수도소화용수설비 및 연결살수설비
	정수장, 수영장, 목욕장, 농예·축산·어류양식용 시설, 그 밖에 이와 비슷한 용도로 사용되는 것	자동화재탐지설비, 상수도소화용수설비 및 연결살수설비
3. 화재안전기준을 달리 적용해야 하는 특수한 용도 또는 구조를 가진 특정소방대상물	원자력발전소, 중·저준위 방사성폐기물의 저장시설	연결송수관설비 및 연결살수설비
4. 「위험물안전관리법」 제19조에 따른 자체소방대가 설치된 특정소방대상물	자체소방대가 설치된 위험물 제조소등에 부속된 사무실	옥내소화전설비, 소화용수설비, 연결살수설비 및 연결송수관설비

2 소방시설의 정비

(1) 특정소방대상물별로 설치하여야 하는 소방시설의 정비 등(법 제14조)

① **소방시설 결정의 고려사항** : 제12조제1항에 따라 대통령령으로 소방시설을 정할 때에는 특정소방대상물의 규모·용도·수용인원 및 이용자 특성 등을 고려하여야 한다.
② **소방시설 규정의 정비** : 소방청장은 건축 환경 및 화재위험특성 변화사항을 효과적으로 반영할 수 있도록 소방시설 규정을 3년에 1회 이상 정비하여야 한다.
③ 소방청장은 건축 환경 및 화재위험특성 변화 추세를 체계적으로 연구하여 정비를 위한 개선방안을 마련하여야 하며, 연구의 수행 등에 필요한 사항은 행정안전부령으로 정한다.

(2) 소방시설규정의 정비(영 제18조)

소방청장은 법 제14조제3항에 따라 다음의 연구과제에 대하여 건축 환경 및 화재위험 변화 추세를 체계적으로 연구하여 소방시설 규정의 정비를 위한 개선방안을 마련해야 한다.
① **공모과제** : 공모에 의하여 심의·선정된 과제
② **지정과제** : 소방청장이 필요하다고 인정하여 발굴·기획하고, 주관 연구기관 및 주관 연구책임자를 지정하는 과제

3 임시소방시설의 유지·관리 등

(1) 건설현장의 임시소방시설 설치 및 관리(법 제15조) ☆ 20년 소방교, 19년 소방교

① **임시소방시설** :「건설산업기본법」제2조제4호에 따른 건설공사를 하는 자(공사시공자)는 특정소방대상물의 신축·증축·개축·재축·이전·용도변경·대수선 또는 설비 설치 등을 위한 공사 현장에서 인화성 물품을 취급하는 작업 등 대통령령으로 정하는 작업을 하기 전에 설치 및 철거가 쉬운 화재대비시설(임시소방시설)을 설치하고 관리하여야 한다.(제1항)

② **설치 면제** : 제1항에도 불구하고 소방시설공사업자가 화재위험작업 현장에 소방시설 중 임시소방시설과 기능 및 성능이 유사한 것으로서 대통령령으로 정하는 소방시설을 화재안전기준에 맞게 설치 및 관리하고 있는 경우에는 공사시공자가 임시소방시설을 설치하고 관리한 것으로 본다.(제2항)

③ **조치명령** : 소방본부장 또는 소방서장은 규정에 따라 임시소방시설 또는 소방시설이 설치 및 관리되지 아니할 때에는 해당 공사시공자에게 필요한 조치를 명할 수 있다.

④ **임시소방시설의 종류** : 임시소방시설을 설치하여야 하는 공사의 종류와 규모, 임시소방시설의 종류 등에 필요한 사항은 대통령령으로 정하고, 임시소방시설의 설치 및 관리 기준은 소방청장이 정하여 고시(건설현장의 화재안전성능기준)한다. ☆ 21년 소방장

(2) 화재위험작업 및 임시소방시설의 종류(영 제18조)

① **화재위험작업** : 법 제15조제1항에서 "인화성 물품을 취급하는 작업 등 대통령령으로 정하는 작업"이란 다음의 어느 하나에 해당하는 작업을 말한다.(영 제18조 제1항)
　㉠ 인화성·가연성·폭발성 물질을 취급하거나 가연성 가스를 발생시키는 작업
　㉡ 용접·용단(금속·유리·플라스틱 따위를 녹여서 절단하는 일) 등 불꽃을 발생시키거나 화기를 취급하는 작업
　㉢ 전열기구, 가열전선 등 열을 발생시키는 기구를 취급하는 작업
　㉣ 알루미늄, 마그네슘 등을 취급하여 폭발성 부유분진(공기 중에 떠다니는 미세한 입자를 말한다)을 발생시킬 수 있는 작업
　㉤ 그 밖에 ㉠부터 ㉣까지와 비슷한 작업으로 소방청장이 정하여 고시하는 작업

② **임시소방시설의 종류** : 임시소방시설의 종류는 다음(영 별표 8 제1호)과 같다. ☆ 24년 소방교
　㉠ 소화기
　㉡ 간이소화장치 : 물을 방사(放射)하여 화재를 진화할 수 있는 장치로서 소방청장이 정하는 성능을 갖추고 있을 것
　㉢ 비상경보장치 : 화재가 발생한 경우 주변에 있는 작업자에게 화재사실을 알릴 수 있는 장치로서 소방청장이 정하는 성능을 갖추고 있을 것
　㉣ 가스누설경보기 : 가연성 가스가 누설되거나 발생된 경우 이를 탐지하여 경보하는 장치로서 법 제37조에 따른 형식승인 및 제품검사를 받은 것

ⓜ 간이피난유도선 : 화재가 발생한 경우 피난구 방향을 안내할 수 있는 장치로서 소방청장이 정하는 성능을 갖추고 있을 것
ⓑ 비상조명등 : 화재가 발생한 경우 안전하고 원활한 피난활동을 할 수 있도록 자동 점등되는 조명장치로서 소방청장이 정하는 성능을 갖추고 있을 것
ⓐ 방화포 : 용접·용단 등의 작업 시 발생하는 불티로부터 가연물이 점화되는 것을 방지해주는 천 또는 불연성 물품으로서 소방청장이 정하는 성능을 갖추고 있을 것

(3) 임시소방시설을 설치해야 하는 공사의 종류와 규모(영 제18조)

법 제15조 제1항에 따라 임시소방시설을 설치해야 하는 공사의 종류 및 규모는 다음(영 별표 8 제2호)과 같다. ☆ 24년 소방장, 20년 소방교, 소방장, 17년 소방교

① 소화기 : 법 제6조제1항에 따라 소방본부장 또는 소방서장의 동의를 받아야 하는 특정소방대상물의 신축·증축·개축·재축·이전·용도변경 또는 대수선 등을 위한 공사 중 법 제15조제1항에 따른 화재위험작업현장에 설치한다.
② 간이소화장치 : 다음의 어느 하나에 해당하는 공사의 화재위험작업현장에 설치한다.
 ㉠ 연면적 3천㎡ 이상
 ㉡ 해당 층의 바닥면적이 600㎡ 이상인 지하층, 무창층 또는 4층 이상인 층
③ 비상경보장치 : 다음의 어느 하나에 해당하는 공사의 화재위험작업현장에 설치한다.
 ㉠ 연면적 400㎡ 이상
 ㉡ 해당 층의 바닥면적이 150㎡ 이상인 지하층 또는 무창층
④ 가스누설경보기 : 가스누설경보기는 바닥면적 150㎡ 이상인 지하층 또는 무창층의 화재위험작업현장에 설치한다.
⑤ 간이피난유도선 : 간이피난유도선은 바닥면적 150㎡ 이상인 지하층 또는 무창층의 화재위험작업현장에 설치한다.
⑥ 비상조명등 : 비상조명등은 바닥면적이 150㎡ 이상인 지하층 또는 무창층의 화재위험작업현장에 설치한다.
⑦ 방화포 : 용접·용단 작업이 진행되는 화재위험작업현장에 설치한다.

(4) 대체할 수 있는 소방시설

소방시설과 기능 및 성능이 유사한 소방시설로서 임시소방시설을 설치한 것으로 보는 소방시설은 다음(영 별표 8 제3호)과 같다. ☆ 22년 소방교

① 간이소화장치를 설치한 것으로 보는 소방시설 : 소방청장이 정하여 고시하는 기준에 맞는 소화기(연결송수관설비의 방수구 인근에 설치한 경우로 한정) 또는 옥내소화전설비
② 비상경보장치를 설치한 것으로 보는 소방시설 : 비상방송설비 또는 자동화재탐지설비
③ 간이피난유도선을 설치한 것으로 보는 소방시설 : 피난유도선, 피난구유도등, 통로유도등 또는 비상조명등

> **실전연습**
>
> Q. 「소방시설 설치 및 관리에 관한 법률 시행령」상 임시소방시설 중 간이피난유도선을 설치한 것으로 보는 소방시설에 해당하지 않는 것은? ☆ 22년 소방교
>
> ① 피난유도선 ② 비상조명등
> ③ 피난구유도등 ④ 피난구유도표지
>
> 해설 | 간이피난유도선을 설치한 것으로 보는 소방시설은 ①,②,③이다. ➡ ④

4 방화시설의 관리 및 소방용품의 내용연수

(1) 방화시설 등에 대한 행위제한(법 제16조 제1항)

특정소방대상물의 관계인은 「건축법」 제49조에 따른 피난시설, 방화구획(防火區劃) 및 방화시설에 대하여 다음의 행위를 하여서는 아니 된다.
① 피난시설, 방화구획 및 방화시설을 폐쇄하거나 훼손하는 등의 행위
② 피난시설, 방화구획 및 방화시설의 주위에 물건을 쌓아두거나 장애물을 설치하는 행위
③ 피난시설, 방화구획 및 방화시설의 용도에 장애를 주거나 「소방기본법」 제16조에 따른 소방활동에 지장을 주는 행위
④ 그 밖에 피난시설, 방화구획 및 방화시설을 변경하는 행위

(2) 방화시설에 대한 조치명령(법 제16조 제2항)

소방본부장이나 소방서장은 특정소방대상물의 관계인이 제1항 각 호의 행위를 한 경우에는 피난시설, 방화구획 및 방화시설의 관리를 위하여 필요한 조치를 명할 수 있다.

(3) 소방용품의 내용연수(법 제17조)

① **소방용품의 교체** : 특정소방대상물의 관계인은 내용연수가 경과한 소방용품을 교체하여야 한다. 이 경우 내용연수를 설정하여야 하는 소방용품의 종류 및 그 내용연수 연한에 필요한 사항은 대통령령으로 정한다.
② **사용기간의 연장** : 위 규정에도 불구하고 행정안전부령으로 정하는 절차 및 방법 등에 따라 소방용품의 성능을 확인받은 경우에는 그 사용기한을 연장할 수 있다.
③ **내용연수 설정 대상** : 내용연수를 설정해야 하는 소방용품은 분말형태의 소화약제를 사용하는 소화기로 하며, 이에 따른 소방용품의 내용연수는 10년으로 한다.(영 제19조)

5 소방기술심의위원회

(1) 중앙소방기술심의위원회

다음의 사항을 심의하기 위하여 소방청에 둔다. ☆ 24년 소방교, 18년 소방교, 16년 소방교

① 화재안전기준에 관한 사항
② 소방시설공사의 하자를 판단하는 기준에 관한 사항
③ 소방시설의 구조 및 원리 등에서 공법이 특수한 설계 및 시공에 관한 사항
④ 소방시설의 설계 및 공사감리의 방법에 관한 사항
⑤ 제8조제5항 단서에 따라 신기술·신공법 등 검토·평가에 고도의 기술이 필요한 경우로서 중앙위원회에 심의를 요청한 사항
⑥ 그 밖에 소방기술 등에 관하여 대통령령으로 정하는 다음의 사항(영 제20조)
　㉠ 연면적 10만제곱미터 이상의 특정소방대상물에 설치된 소방시설의 설계·시공·감리의 하자 유무에 관한 사항
　㉡ 새로운 소방시설과 소방용품 등의 도입 여부에 관한 사항
　㉢ 그 밖에 소방기술과 관련하여 소방청장이 소방기술심의위원회의 심의에 부치는 사항

(2) 지방소방기술심의위원회

다음의 사항을 심의하기 위하여 시·도에 둔다.

① 소방시설에 하자가 있는지의 판단에 관한 사항
② 그 밖에 소방기술 등에 관하여 대통령령으로 정하는 다음의 사항
　㉠ 연면적 10만제곱미터 미만의 특정소방대상물에 설치된 소방시설의 설계·시공·감리의 하자 유무에 관한 사항
　㉡ 소방본부장 또는 소방서장이 「위험물안전관리법」 제2조제1항제6호에 따른 제조소등의 시설기준 또는 화재안전기준의 적용에 관하여 기술검토를 요청하는 사항
　㉢ 그 밖에 소방기술과 관련하여 시·도지사(특별시장·광역시장·특별자치시장·도지사 또는 특별자치도지사)가 소방기술심의위원회의 심의에 부치는 사항

실전연습

Q. 중앙소방기술심의위원회의 심의사항이 아닌 것은?　　☆ 16년 부산 소방교

　① 화재안전기준에 관한 사항
　② 소방시설의 구조 및 원리 등에서 공법이 특수한 설계 및 시공에 관한 사항
　③ 소방시설의 설계 및 공사감리의 방법에 관한 사항
　④ 소방시설에 하자가 있는지의 판단에 관한 사항

해설 | 소방시설에 하자가 있는지의 판단에 관한 사항은 지방소방기술심의위원회의 심의사항이다.　➡ ④

(3) 소방기술심의위원회의 구성 등(영 제21조) ☆ 19년 소방장

① 중앙위원회 및 지방위원회의 구성·운영에 필요한 사항은 대통령령으로 정한다.
② **중앙위원회** : 위원장을 포함하여 60명 이내의 위원으로 성별을 고려하여 구성한다. 중앙위원회의 회의는 위원장과 위원장이 회의마다 지정하는 6명 이상 12명 이하의 위원으로 구성하며, 분야별 소위원회를 구성·운영할 수 있다.
③ **지방위원회** : 위원장을 포함하여 5명 이상 9명 이하의 위원으로 구성한다.

(4) 위원의 임명·위촉(영 제22조)

① **중앙위원회 위원** : 중앙위원회의 위원은 과장급 직위 이상의 소방공무원과 다음의 어느 하나에 해당하는 사람 중에서 소방청장이 임명하거나 성별을 고려하여 위촉한다.
　㉠ 소방기술사, 소방시설관리사
　㉡ 석사 이상의 소방 관련 학위를 소지한 사람
　㉢ 소방 관련 법인·단체에서 소방 관련 업무에 5년 이상 종사한 사람
　㉣ 소방공무원 교육기관, 대학교 또는 연구소에서 소방과 관련된 교육이나 연구에 5년 이상 종사한 사람
② **지방위원회 위원** : 지방위원회의 위원은 해당 시·도 소속 소방공무원과 ①의 어느 하나에 해당하는 사람 중에서 시·도지사가 임명하거나 성별을 고려하여 위촉한다.
③ **위원장의 위촉** : 중앙위원회의 위원장은 소방청장이 해당 위원 중에서 위촉하고, 지방위원회의 위원장은 시·도지사가 해당 위원 중에서 위촉한다.
④ **위원의 임기** : 중앙위원회 및 지방위원회의 위원 중 위촉위원의 임기는 2년으로 하되, 한 차례만 연임할 수 있다.

(5) 위원장 및 위원의 직무(영 제23조)

① **위원장** : 중앙·지방위원회의 위원장은 위원회의 회의를 소집하고 그 의장이 된다.
② **직무의 대리** : 위원장이 부득이한 사유로 직무를 수행할 수 없을 때에는 위원장이 지정한 위원이 그 직무를 대리한다.

(6) 위원의 제척·기피·회피(영 제24조)

① **위원의 제척** : 위원회의 위원이 다음의 어느 하나에 해당하는 경우에는 위원회의 심의·의결에서 제척된다.
　㉠ 위원이나 그 배우자 또는 배우자였던 사람이 해당 안건의 당사자(당사자가 법인·단체 등인 경우 임원 포함)가 되거나 그 안건의 당사자와 공동권리자 또는 공동의무자인 경우
　㉡ 위원이 해당 안건의 당사자와 친족인 경우
　㉢ 위원이 해당 안건에 관하여 증언, 진술, 자문, 연구, 용역 또는 감정을 한 경우
　㉣ 위원이나 위원이 속한 법인·단체 등이 해당 안건의 당사자의 대리인인(이었던) 경우

② 위원의 기피 : 당사자는 제척사유가 있거나 위원에게 공정한 심의·의결을 기대하기 어려운 사정이 있는 경우에는 위원회에 기피신청을 할 수 있고, 위원회는 의결로 기피 여부를 결정한다. 이 경우 기피신청의 대상인 위원은 그 의결에 참여하지 못한다.
③ 위원의 회피 : 위원이 제척 또는 기피사유에 해당하는 경우에는 스스로 해당 안건의 심의·의결에서 회피(回避)해야 한다.

(7) 위원의 해임 및 해촉(영 제25조)

소방청장 또는 시·도지사는 위원이 다음의 어느 하나에 해당하는 경우에는 해당 위원을 해임하거나 해촉(解囑)할 수 있다.
① 심신장애로 인하여 직무를 수행할 수 없게 된 경우
② 직무와 관련된 비위사실이 있는 경우
③ 직무태만, 품위손상이나 그 밖의 사유로 인하여 위원으로 적합하지 않다고 인정되는 경우
④ 제24조제1항(제척사유)의 어느 하나에 해당하는 데에도 불구하고 회피하지 않은 경우
⑤ 위원 스스로 직무를 수행하기 어렵다는 의사를 밝히는 경우

(8) 시설등의 확인 등(영 제26조 내지 28조)

① 시설등의 확인 및 의견청취 : 소방청장 또는 시·도지사는 위원회의 원활한 운영을 위하여 필요하다고 인정하는 경우 위원회 위원으로 하여금 관련 시설 등을 확인하게 하거나 해당 분야의 전문가 또는 이해관계자 등으로부터 의견을 청취하게 할 수 있다.
② 수당 : 위원회의 위원에게는 예산의 범위에서 수당, 여비, 그 밖에 필요한 경비를 지급할 수 있다. 다만, 공무원이 그 소관 업무와 직접 관련하여 출석하는 경우에는 그렇지 않다.
③ 위 규정 외 운영에 필요한 사항 : 이 영에서 정한 것 외에 위원회의 운영에 필요한 사항은 소방청장 또는 시·도지사가 정한다.

실전연습

Q. 다음 중 소방기술심의위원회에 대한 설명으로 틀린 것은? ☆ 16년 경기 소방장

① 소방청에 중앙위원회를 두며 시·도에 지방위원회를 둔다.
② 지방위원회는 위원장을 포함하여 5명 이상 9명 이하의 위원으로 구성한다.
③ 중앙위원회의 회의는 위원장과 위원장이 회의마다 지정하는 13명으로 구성한다.
④ 소방기술심의위원회의 위촉위원의 임기는 2년으로 하되, 한 차례만 연임할 수 있다.

해설 | 중앙위원회의 회의는 위원장과 위원장이 회의마다 지정하는 6명 이상 12명 이하의 위원으로 구성한다. ➡ ③

6 화재안전기준의 관리·운영

(1) 화재안전기준의 관리·운영(법 제19조)

소방청장은 화재안전기준을 효율적으로 관리·운영하기 위하여 다음의 업무를 수행하여야 한다.
① 화재안전기준의 제정·개정 및 운영
② 화재안전기준의 연구·개발 및 보급
③ 화재안전기준의 검증 및 평가
④ 화재안전기준의 정보체계 구축
⑤ 화재안전기준에 대한 교육 및 홍보
⑥ 국외 화재안전기준의 제도·정책 동향 조사·분석
⑦ 화재안전기준 발전을 위한 국제협력
⑧ 그 밖에 화재안전기준 발전을 위하여 대통령령으로 정하는 사항

(2) 대통령령으로 정하는 화재안전기준의 관리(영 제29조)

법 제19조 제8호에서 "대통령령으로 정하는 사항"이란 다음의 사항을 말한다.
① 화재안전기준에 대한 자문
② 화재안전기준에 대한 해설서 제작 및 보급
③ 화재안전에 관한 국외 신기술·신제품의 조사·분석
④ 그 밖에 화재안전기준의 발전을 위하여 소방청장이 필요하다고 인정하는 사항

제4절 방염

1 특정소방대상물의 방염 등

(1) 방염대상물품의 설치기준(법 제12조)

① 방염성능기준 이상 : 대통령령으로 정하는 특정소방대상물(방염처리대상 특정소방대상물)에 실내장식 등의 목적으로 설치 또는 부착하는 물품으로서 대통령령으로 정하는 물품(방염대상물품)은 방염성능기준 이상의 것으로 설치하여야 한다.
② 방염성능검사 조치명령 : 소방본부장이나 소방서장은 방염대상물품이 방염성능기준에 미치지 못하거나 방염성능검사를 받지 아니한 것이면 소방대상물의 관계인에게 방염대상물품을 제거하도록 하거나 방염성능검사를 받도록 하는 등 필요한 조치를 명할 수 있다.
③ 방염성능기준은 대통령령으로 정한다.

(2) 방염성능기준 이상의 실내장식물 등을 설치해야 하는 특정소방대상물(영 제30조)

법 제20조제1항에서 "대통령령으로 정하는 특정소방대상물(방염처리대상 특정소방대상물)"이란 다음의 어느 하나에 해당하는 것을 말한다. ☆ 24년 소방교, 19년 소방교, 17년 소방교
① 근린생활시설 중 의원, 치과의원, 한의원, 조산원, 산후조리원, 체력단련장, 공연장 및 종교집회장
② 건축물 옥내에 있는 다음의 시설 : 문화 및 집회시설, 종교시설, 운동시설(수영장은 제외)
③ 의료시설
④ 교육연구시설 중 합숙소
⑤ 노유자시설
⑥ 숙박이 가능한 수련시설
⑦ 숙박시설
⑧ 방송통신시설 중 방송국 및 촬영소
⑨ 다중이용업소
⑩ 위의 시설에 해당하지 아니하는 것으로서 층수가 11층 이상인 것(아파트등 제외)

실전연습

Q. 방염성능기준 이상의 실내장식물 등을 설치해야 하는 특정소방대상물이 아닌 것은?

① 근린생활시설 중 공연장   ② 의료시설
③ 방송통신시설 중 방송국   ④ 건축물 옥내 수영장

해설 | 건축물 옥내에 있는 운동시설은 수영장은 제외한다.   ➡ ④

(3) 방염대상물품 및 방염성능기준(영 제31조)

대통령령으로 정하는 방염대상물품은 다음의 것을 말한다. ☆ 20년 소방교

① **방염처리를 한 물품** : 제조 또는 가공 공정에서 방염처리를 한 다음의 물품을 말한다.
  ㉠ 창문에 설치하는 커튼류(블라인드를 포함한다)
  ㉡ 카펫, 벽지류(두께가 2밀리미터 미만인 종이벽지는 제외한다)
  ㉢ 전시용 합판·목재 또는 섬유판, 무대용 합판·목재 또는 섬유판(합판·목재류의 경우 불가피하게 설치 현장에서 방염처리한 것을 포함한다)
  ㉣ 암막·무대막(「영화 및 비디오물의 진흥에 관한 법률」 제2조제10호에 따른 영화상영관에 설치하는 스크린과 「다중이용업소의 안전관리에 관한 특별법 시행령」 제2조제7호의4에 따른 가상체험체육시설업에 설치하는 스크린을 포함한다)
  ㉤ 섬유류 또는 합성수지류 등을 원료로 하여 제작된 소파·의자(「다중이용업소의 안전관리에 관한 특별법 시행령」 제2조제1호나목 및 같은 조 제6호에 따른 단란주점영업, 유흥주점영업 및 노래연습장업의 영업장에 설치하는 것으로 한정한다)

② **실내장식물** : 건축물 내부의 천장이나 벽에 부착하거나 설치하는 것으로서 다음에 해당하는 것을 말한다. 다만, 가구류(옷장, 찬장, 식탁, 식탁용 의자, 사무용 책상, 사무용 의자 및 계산대, 그 밖에 이와 비슷한 것을 말한다)와 너비 10센티미터 이하인 반자돌림대 등과 「건축법」 제52조에 따른 내부마감재료는 제외한다. ☆ 21년 소방교
  ㉠ 종이류(두께 2밀리미터 이상인 것)·합성수지류 또는 섬유류를 주원료로 한 물품
  ㉡ 합판이나 목재
  ㉢ 공간을 구획하기 위하여 설치하는 간이 칸막이(접이식 등 이동 가능한 벽체나 천장 또는 반자가 실내에 접하는 부분까지 구획하지 아니하는 벽체를 말한다)
  ㉣ 흡음(吸音)을 위하여 설치하는 흡음재(흡음용 커튼을 포함한다)
  ㉤ 방음(防音)을 위하여 설치하는 방음재(방음용 커튼을 포함한다)

③ **방염제품의 권장** : 소방본부장 또는 소방서장은 ①,② 물품 외에 다중이용업소·의료시설·노유자시설·숙박시설 또는 장례식장에서 사용하는 침구류·소파 및 의자와 건축물 내부의 천장 또는 벽에 부착하거나 설치하는 가구류에 대하여 방염처리가 필요하다고 인정되는 경우에는 방염처리된 물품을 사용하도록 권장할 수 있다.

(4) 방염성능기준 ☆ 19년 소방장, 17년 인천 소방장, 16년 경기 소방장

방염성능기준은 다음의 기준에 따르되, 방염대상물품의 종류에 따른 구체적인 방염성능기준은 다음의 기준의 범위에서 소방청장이 정하여 고시하는 바에 따른다.(영 제31조 제2항)

① **불꽃연소** : 버너의 불꽃을 제거한 때부터 불꽃을 올리며 연소하는 상태가 그칠 때까지 시간(잔염시간)은 20초 이내일 것
② **불씨연소** : 버너의 불꽃을 제거한 때부터 불꽃을 올리지 않고 연소하는 상태가 그칠 때까지 시간(잔진시간)은 30초 이내일 것

③ 탄화(炭化)한 면적은 50제곱센티미터 이내, 탄화한 길이는 20센티미터 이내일 것
④ 불꽃에 의하여 완전히 녹을 때까지 불꽃의 접촉 횟수는 3회 이상일 것
⑤ 발연량 : 소방청장이 정하여 고시한 방법으로 발연량을 측정하는 경우 최대연기밀도는 400 이하일 것

> **실전연습**
>
> Q. 방염성능기준에 대한 설명으로 틀린 것은?
>
> ① 버너의 불꽃을 제거한 때부터 불꽃을 올리며 연소하는 상태가 그칠 때까지 시간은 30초 이내일 것
> ② 탄화한 면적은 50제곱센티미터 이내일 것
> ③ 탄화한 길이는 20센티미터 이내일 것
> ④ 발연량(發煙量)을 측정하는 경우 최대연기밀도는 400 이하일 것
>
> 해설 | 버너의 불꽃을 제거한 때부터 불꽃을 올리며 연소하는 상태가 그칠 때까지 시간은 20초 이내이다.　　➜ ①

2 방염성능의 검사

(1) 의의
특정소방대상물에 사용되는 방염물품에 대해 성능검사를 받도록 하여 적정 성능의 방염제품이 설치될 수 있도록 하여 방염물품이 그 본래의 기능을 다 할 수 있도록 하려는 것이다.

(2) 방염성능의 검사
① **소방청장이 실시하는 방염성능검사** : 특정소방대상물에서 사용하는 방염대상물품은 소방청장이 실시하는 방염성능검사를 받은 것이어야 한다.(법 제21조 제1항)
② **시·도지사가 실시하는 방염성능검사** : 대통령령으로 정하는 방염대상물품의 경우에는 시·도지사가 실시하는 검사를 받아야 한다. "대통령령으로 정하는 방염대상물품"이란 전시용 합판·목재 또는 무대용 합판·목재 중 설치 현장에서 방염처리를 하는 합판·목재류와 방염대상물품 중 설치 현장에서 방염처리를 하는 합판·목재류를 말한다.(영 제32조)
③ **거짓 시료 제출 금지** : 「소방시설공사업법」 제4조에 따라 방염처리업의 등록을 한 자는 방염성능검사를 할 때에 거짓 시료(試料)를 제출하여서는 아니 된다.(법 제21조 제2항)
④ **방염성능검사의 방법과** 검사 결과에 따른 합격 표시 등에 필요한 사항은 행정안전부령(소방용품의 품질관리 등에 관한 규칙)으로 정한다.(법 제21조 제3항)

CHAPTER 02 핵심요약

소방시설등의 설치·관리 및 방염

건축허가의 동의	1) 사전 동의 : 건축물 등의 허가 권한이 있는 행정기관은 건축허가등을 할 때 미리 그 건축물 등의 시공지 또는 소재지를 관할하는 소방본부장이나 소방서장의 동의를 받아야 한다. 2) 건축허가등의 동의대상물의 범위 　① 연면적 400제곱미터 이상인 건축물이나 시설(아래 시설은 각기 정한 기준) 　　㉠ 학교시설 : 100제곱미터 　　㉡ 노유자시설 및 수련시설 : 200제곱미터 　　㉢ 정신의료기관 및 장애인 의료재활시설 : 300제곱미터 　② 지하층·무창층의 건축물 : 바닥면적 150제곱미터(공연장 100) 이상인 층 　③ 차고·주차장 또는 주차용도로 사용되는 다음의 시설 　　㉠ 차고·주차장 : 바닥면적이 200제곱미터 이상인 층이 있는 시설 　　㉡ 기계장치에 의한 주차시설로서 자동차 20대 이상을 주차할 수 있는 시설 　④ 층수가 6층 이상인 건축물 　⑤ 항공기격납고, 관망탑, 항공관제탑, 방송용 송수신탑, 공동주택, 의원(입원실 또는 인공신장실이 있는 것)·조산원·산후조리원, 숙박시설, 위험물 저장 및 처리 시설, 발전시설 중 풍력발전소·전기저장시설, 지하구, 요양병원(의료재활시설 제외) 　⑥ 공장·창고시설 : 특수가연물 750배 이상 저장·취급 　⑦ 가스시설 : 지상에 노출된 탱크의 저장 용량의 합계가 100톤 이상 　⑧ 노유자 생활시설 : 연면적 200미만의 다음 노유자시설(㉠ 학대피해노인 전용쉼터 및 ㉡부터 ㉥까지 시설 중 단독주택·공동주택에 설치되는 시설 제외) 　　㉠ 노인주거복지·노인의료복지 및 재가노인복지, 학대피해노인 전용쉼터 　　㉡ 아동복지시설(아동상담소, 아동전용시설 및 지역아동센터 제외) 　　㉢ 장애인 거주시설 　　㉣ 정신질환자 관련 시설 　　㉤ 노숙인 관련 시설 중 노숙인자활시설, 노숙인재활 및 노숙인요양시설 　　㉥ 결핵환자나 한센인이 24시간 생활하는 노유자시설 3) 동의대상에서 제외되는 특정소방대상물 　① 소화기구, 자동소화장치, 누전경보기, 단독경보형감지기, 가스누설경보기 및 피난구조설비(비상조명등 제외)가 화재안전기준에 적합한 경우 　② 증축·용도변경으로 특정소방대상물에 추가로 소방시설이 설치되지 않는 경우 　③ 소방시설공사의 착공신고 대상에 해당하지 않는 경우 해당 특정소방대상물 4) 건축법상 신고대상 : 신고를 수리한 행정기관이 건축물의 시공지 또는 소재지를 관할하는 소방본부장이나 소방서장에게 지체 없이 그 사실을 알려야 한다.

동의 절차	1) **동의 요구의 기관** : 건축물 등의 허가 권한이 있는 행정기관이 시공지 또는 소재지를 관할하는 소방본부장이나 소방서장에게 동의를 요구한다. 2) **동의요구시 첨부서류** 　① 건축허가등을 확인할 수 있는 서류 사본(공동이용을 통한 확인으로 갈음). 　② 설계도서 : ㉠ 및 ㉡의 ⓑ, ⓓ는 소방시설공사 착공신고대상인 경우만 제출 　　㉠ 건축물 설계도서 : 건축물 개요 및 배치도, 층별 평면도, 주 단면도 및 입면도, 방화구획도(창호도 포함) 　　㉡ 소방시설 설계도서 : ⓐ 계통도, ⓑ 소방시설별 층별 평면도, ⓒ 실내장식물 방영대상물품 설치계획, ⓓ 내진설계 계통도 및 기준층 평면도 　③ 소방시설 설치계획표, 임시소방시설 설치계획서 　④ 소방시설설계업등록증과 소방시설을 설계한 기술인력자의 기술자격증 사본 　⑤ 소방시설설계 계약서 사본 3) **동의요구에 대한 회신** 　① 회신 : 동의요구를 받은 소방본부장 또는 소방서장은 동의요구서류를 접수한 날부터 5일(특급은 10일) 이내에 건축허가의 동의여부를 회신해야 한다. 　② 검토자료 첨부 : 피난시설, 방화구획, 소방관 진입창, 방화시설, 대통령령으로 정하는 소방차 접근이 가능한 통로의 설치 등을 위해 필요한 사항 　③ 보완의 요구 : 소방본부장 또는 소방서장은 동의 요구서 및 첨부서류의 보완이 필요한 경우에는 4일 이내의 기간을 정하여 보완을 요구할 수 있다. 　④ 허가 취소의 통보 : 동의 요구기관이 건축허가등을 취소하였을 때에는 취소한 날부터 7일 이내 관할 소방본부장·소방서장에게 그 사실을 통보해야 한다. 4) **사용승인에 대한 동의** : 소방시설공사의 완공검사증명서를 교부로 갈음할 수 있다.
내진설계 및 성능위주설계	1) **소방시설의 내진설계** : 특정소방대상물에 옥내소화전설비, 스프링클러설비, 물분무등소화설비를 설치하려는 자는 지진이 발생할 경우 소방시설이 정상적으로 작동될 수 있도록 소방청장이 정하는 내진설계기준에 맞게 설치해야 한다. 2) **성능위주설계** : 다음의 대통령령으로 정하는 특정소방대상물(신축만 해당)에 소방시설을 설치하려는 자는 성능위주설계를 하여야 한다. 　① 연면적 20만제곱미터 이상인 특정소방대상물. 다만, 아파트등은 제외한다. 　② 지하층 제외 50층 이상이거나 지상으로부터 높이가 200미터 이상 아파트등 　③ 지하층 포함 30층 이상이거나 지상으로부터 높이가 120미터 이상 특정소방대상물(아파트등은 제외) 　④ 연면적 3만제곱미터 이상인 철도 및 도시철도 시설이나 공항시설 　⑤ 창고시설 중 연면적 10만제곱미터 이상인 것 또는 지하층의 층수가 2개 층 이상이고 지하층의 바닥면적의 합계가 3만제곱미터 이상인 것 　⑥ 하나의 건축물에 영화상영관이 10개 이상인 특정소방대상물 　⑦ 지하연계 복합건축물에 해당하는 특정소방대상물 　⑧ 터널 중 수저(水底)터널 또는 길이가 5천미터 이상인 것
	1) **설계의 신고** : 성능위주설계를 한 자는 건축허가를 신청하기 전에 신고서에 설계도서, 성능위주설계를 할 수 있는 자의 자격을 확인할 수 있는 서류, 성능위주설계 계약서 사본을 첨부하여 관할 소방서장에게 신고해야 한다. 소방서장은 첨부서류의 보완이 필요한 경우 7일 이내의 기간을 정하여 보완을 요청할 수 있다.

성능위주설계의 신고 등

2) 성능위주설계에 대한 검토·평가
① 검토 요청 : 성능위주설계의 신고를 받은 소방서장은 소방청장 또는 관할 소방본부장에게 성능위주설계 평가단의 검토·평가를 요청해야 한다.
② 평가결과서 통보 : 소방청장 또는 소방본부장은 요청을 받은 날부터 20일 이내에 평가단의 심의·의결을 거쳐 해당 건축물의 성능위주설계를 검토·평가하고, 검토·평가 결과서를 작성하여 관할 소방서장에게 지체 없이 통보해야 한다.
③ 중앙위원회의 심의 : 소방서장은 신기술 등 검토·평가에 고도의 기술이 필요한 경우 중앙위원회에 심의를 요청할 수 있다.

3) 성능위주설계의 변경신고(규칙 제6조)
① 변경신고 대상 : 연면적·높이·층수의 변경이 있는 경우
② 요청을 받은 날부터 14일 이내에 평가단의 심의·의결을 거쳐야 한다.

4) 성능위주설계평가단
① 평가단의 설치 : 성능위주설계에 대한 전문적·기술적인 검토 및 평가를 위하여 소방청 또는 소방본부에 성능위주설계 평가단을 둔다.
② 구성 : 평가단장 포함 50명 이내 평가단원으로 성별을 고려하여 구성한다.
③ 회의 : 평가단장과 평가단장이 회의마다 지명하는 6명 이상 8명 이하의 평가단원으로 구성하며, 과반수의 출석으로 개의하고 출석 평가단원 과반수의 찬성으로 의결한다.(변경신고 : 5명 이상으로 평가단을 구성할 수 있다)

주택용 차량용 소방시설

1) 주택용 소방시설
① 단독주택과 공동주택(아파트 및 기숙사 제외)의 소유자는 소방시설 중 소화기 및 단독경보형감지기를 설치하여야 한다.
② 국가 및 지방자치단체는 주택용 소방시설의 설치 및 국민의 자율적인 안전관리를 촉진하기 위하여 필요한 시책을 마련하여야 한다.
③ 주택용 소방시설의 설치기준 및 자율적인 안전관리 사항은 시·도의 조례로 정함

2) 차량용 소방시설
① 차량용 소화기 : 승용자동차(5인승 이상), 승합자동차, 화물자동차, 특수자동차를 제작·조립·수입·판매하려는 자 또는 해당 자동차의 소유자는 차량용 소화기를 설치하거나 비치하여야 한다.
② 차량용 소화기의 설치 또는 비치 기준은 행정안전부령으로 정한다.
③ 국토교통부장관은 자동차검사 시 차량용 소화기의 설치·비치 여부 등을 확인해야 하며, 그 결과를 매년 12월 31일까지 소방청장에게 통보해야 한다.

3) 차량용 소방시설 설치 또는 비치기준
① 승용자동차 : 능력단위 1 이상의 소화기 1개 이상, 사용하기 쉬운 곳에 설치
② 승합자동차
  ㉠ 경형 : 능력단위 1 이상의 소화기 1개 이상
  ㉡ 승차정원 15인 이하 : 능력단위 2 이상인 소화기 1개 이상 또는 능력단위 1 이상인 소화기 2개 이상
  ㉢ 승차정원 16인 이상 35인 이하 : 능력단위 2 이상인 소화기 2개 이상
  ㉣ 승차정원 36인 이상 : 능력단위 3 이상인 소화기 1개 이상 및 능력단위 2 이상인 소화기 1개 이상

③ 화물자동차(피견인자동차 제외) 및 특수자동차
  ㉠ 중형 이하 : 능력단위 1 이상인 소화기 1개 이상
  ㉡ 대형 이상 : 능력단위 2 이상인 소화기 1개 이상 또는 능력단위 1 이상인 소화기 2개 이상
④ 지정수량 이상 위험물 또는 고압가스를 운송하는 특수자동차 : 이동탱크저장소 자동차용소화기의 설치기준란에 해당하는 능력단위와 수량 이상을 설치

특정 소방대상물에 설치하는 소방시설

1) 특정소방대상물에 설치하는 소방시설의 유지·관리 등(법 제12조)
   ① 특정소방대상물의 관계인은 대통령령으로 정하는 소방시설을 화재안전기준에 따라 설치·관리하여야 한다.
   ② 조치명령 : 소방본부장이나 소방서장은 소방시설이 화재안전기준에 따라 설치·관리되고 있지 아니할 때에는 관계인에게 필요한 조치를 명할 수 있다.

2) 수용인원의 산정 방법(시행령 별표 7)
   ① 숙박시설이 있는 특정소방대상물
     ㉠ 침대가 있는 시설 : 종사자 수 + 침대 수(2인용 침대는 2인으로 산정)
     ㉡ 침대가 없는 시설 : 종사자 수 + 바닥면적 합계를 $3m^2$로 나누어 얻은 수
   ② 숙박시설 외의 특정소방대상물
     ㉠ 강의실·교무실·휴게실 : 바닥면적 합계를 $1.9m^2$로 나누어 얻은 수
     ㉡ 강당, 문화 및 집회시설, 운동시설, 종교시설 : 바닥면적의 합계를 $4.6m^2$로 나누어 얻은 수(관람석이 있는 경우 고정식 의자는 해당 부분의 의자 수로 하고, 긴 의자의 경우에는 의자의 정면너비를 0.45m로 나누어 얻은 수)
     ㉢ 그 밖의 특정소방대상물 : 바닥면적의 합계를 $3m^2$로 나누어 얻은 수
   ③ 비고 : 바닥면적을 산정하는 때에는 복도, 계단 및 화장실의 바닥면적을 포함하지 아니한다. 계산 결과 소수점 이하의 수는 반올림한다.

소화설비 설치대상

1) 소화기구를 설치해야 하는 특정소방대상물
   ① 연면적 $33m^2$ 이상. 노유자시설의 경우에는 투척용 소화용구 등을 화재안전기준에 따라 산정된 소화기 수량의 2분의 1 이상으로 설치할 수 있다.
   ② 가스시설, 문화재, 터널, 지하구 및 발전시설 중 전기저장시설

2) 자동소화장치를 설치해야 하는 특정소방대상물
   ① 주거용 주방자동소화장치 : 아파트등 및 오피스텔의 모든 층
   ② 상업용 주방자동소화장치 : 대규모점포에 입점한 일반음식점, 집단급식소

3) 옥내소화전설비(가스시설, 무인변전소 제외)
   ① 연면적 3천m^2 이상이거나 바닥 600m^2 이상 지하층·무창층 또는 4층 이상
   ② 근린, 숙박, 판매, 운수, 의료, 위락, 장례, 복합건축물, 노유자, 업무, 공장, 창고, 항공기 및 자동차 관련, 국방·군사, 방송통신, 발전시설로서 연면적 1천5백m^2 이상이거나 바닥면적이 300m^2 이상인 지하층·무창층 또는 4층 이상
   ③ 1천m 이상인 터널
   ④ 옥상 차고·주차장 : 주차 등의 용도로 사용되는 부분의 면적이 200m^2 이상
   ⑤ 특수가연물을 750배 이상 저장·취급하는 공장 또는 창고시설

4) 스프링클러설비(가스시설, 지하구 제외)
   ① 층수가 6층 이상인 특정소방대상물의 경우에는 모든 층
   ② 기숙사(교육연구시설·수련시설 내에 있는 학생 수용을 위한 것을 말한다) 또는 복합건축물로서 연면적 5천㎡ 이상인 경우에는 모든 층
   ③ 문화·종교·운동시설 : 문화 및 집회시설(동·식물원 제외), 종교시설(주요구조부가 목조는 제외), 운동시설(물놀이형 제외)로서 다음의 경우 모든 층
      ㉠ 수용인원이 100명 이상인 것
      ㉡ 영화상영관 : 바닥면적이 지하·무창층 500㎡ 이상, 기타 1천㎡ 이상
      ㉢ 무대부가 지하층·무창층 또는 4층 이상 : 무대부의 면적이 300㎡ 이상, 기타 층에 있는 경우 면적이 500㎡ 이상인 것
   ④ 판매·운수 및 물류터미널 : 바닥 합계 5천㎡ 이상, 수용인원이 500명 이상
   ⑤ 조산원 및 산후조리원, 정신의료기관, 병원(종합·치과·한방·요양), 노유자, 수련시설(숙박 가능), 숙박시설 : 바닥면적 합계가 600㎡ 이상인 모든 층
   ⑥ 창고시설(물류터미널 제외) : 바닥면적 합계가 5천㎡ 이상인 경우 모든 층
   ⑦ 랙식창고(rack warehouse) : 바닥면적의 합계가 1천5백㎡ 이상인 것
   ⑧ 지하층·무창층(축사 제외) 또는 4층 이상인 층으로 바닥면적이 1천㎡ 이상
   ⑨ 공장 또는 창고시설 : 특수가연물을 1천배 이상 저장·취급, 중·저준위방사성폐기물의 저장시설 중 소화수를 수집·처리하는 설비가 있는 저장시설
   ⑩ 보호감호소, 교도소, 구치소, 「출입국관리법」에 따른 보호시설(임차 제외)
   ⑪ 지하상가로서 연면적 1천㎡ 이상, 발전시설 중 전기저장시설

5) 간이스프링클러설비
   ① 공동주택 중 연립주택 및 다세대주택
   ② 근린생활시설 : 바닥면적 1천㎡ 이상, 조산원 및 산후조리원으로서 연면적 600㎡ 미만인 시설, 입원실이 있는 의원·치과·한의원,
   ③ 교육연구시설 내에 합숙소 : 연면적 100㎡ 이상인 것
   ④ 병원, 종합·치과·한방·요양병원(의료재활시설 제외) : 바닥 600㎡ 미만
   ⑤ 노유자시설, 정신의료기관, 의료재활시설 : 바닥면적의 합계가 300㎡ 이상 600㎡ 미만이거나 바닥면적의 합계가 300㎡ 미만이고 창살이 설치된 시설
   ⑥ 숙박시설로 사용되는 바닥면적의 합계가 300㎡ 이상 600㎡ 미만인 시설
   ⑦ 노유자 생활시설, 건물을 임차한 「출입국관리법」에 따른 보호시설
   ⑧ 복합건축물로서 연면적 1천㎡ 이상인 것은 모든 층

6) 물분무등소화설비(가스시설, 지하구 제외)
   ① 항공기 및 자동차 관련 시설 중 항공기 격납고
   ② 차고, 주차용 건축물(기계식주차장 포함)로서 연면적 800㎡ 이상인 것
   ③ 건축물 내부 주차장 : 면적 합계가 200㎡ 이상, 기계식 주차 : 20대 이상
   ④ 전기실·발전실·변전실 또는 전산실로 바닥면적이 300㎡ 이상인 것
   ⑤ 소화수를 처리하는 설비가 없는 중·저준위방사성폐기물의 저장시설 : 이산화탄소, 할론소화설비 또는 할로겐화합물 및 불활성기체 소화설비
   ⑥ 행정안전부령으로 정하는 터널 : 물분무소화설비를 설치해야 한다.
   ⑦ 지정문화유산 등으로서 소방청장이 국가유산청장과 협의하여 정하는 것

7) 옥외소화전설비
① 지상 1층 및 2층의 바닥면적의 합계가 9천㎡ 이상인 것. 이 경우 같은 구(區) 내의 둘 이상의 특정소방대상물이 아래의 행정안전부령으로 정하는 연소 우려가 있는 구조인 경우에는 이를 하나의 특정소방대상물로 본다.
㉠ 건축물대장의 건축물 현황도에 표시된 대지경계선 안에 둘 이상의 건축물
㉡ 각각의 건축물이 다른 건축물의 외벽으로부터 수평거리가 1층의 경우에는 6미터 이하, 2층 이상의 층의 경우에는 10미터 이하인 경우
㉢ 개구부가 다른 건축물을 향하여 설치되어 있는 경우
② 보물 또는 국보로 지정된 목조건축물
③ 특수가연물을 750배 이상 저장·취급하는 공장 또는 창고시설

경보설비 설치대상

1) 단독경보형 감지기
① 교육연구시설·수련시설 내 기숙사 또는 합숙소로서 연면적 2천㎡ 미만
② 자동화재탐지설비 설치대상에 해당하지 않는 수련시설(숙박시설이 있는)
③ 연면적 400㎡ 미만의 유치원
④ 공동주택 중 연립주택 및 다세대주택(연동형으로 설치)

2) 비상경보설비(지하구, 모래·석재 등 불연재료 창고 및 가스시설은 제외)
① 연면적 400㎡ 이상이거나 지하층·무창층의 바닥 150㎡(공연장 100㎡) 이상
② 터널로서 길이가 500m 이상인 것
③ 50명 이상의 근로자가 작업하는 옥내 작업장

3) 자동화재탐지설비
① 공동주택 중 아파트등·기숙사 및 숙박시설의 경우에는 모든 층
② 층수가 6층 이상인 건축물의 경우에는 모든 층
③ 연면적 600㎡ 이상 : 근린생활시설(목욕장 제외), 의료시설(정신의료기관 또는 요양병원 제외), 위락시설, 장례시설 및 복합건축물
④ 연 1천㎡ 이상 : 공동주택, 근린생활시설 중 목욕장, 문화 및 집회, 종교, 판매, 운수, 운동, 업무시설, 공장, 창고, 위험물 저장 및 처리 시설, 항공기 및 자동차 관련 시설, 국방·군사, 방송통신, 발전, 관광 휴게시설, 지하상가
⑤ 연면적 2천㎡ 이상 : 교육연구시설(기숙사 및 합숙소 포함), 수련시설(숙박시설이 있는 것은 제외), 동물 및 식물 관련, 자원순환 관련, 묘지 관련 시설
⑥ 요양병원(의료재활시설 제외), 지하구, 판매시설 중 전통시장, 노유자 생활시설(모든 층), 조산원 및 산후조리원, 발전시설 중 전기저장시설
⑦ 연면적 400㎡ 이상 노유자 및 숙박시설이 있는 수련시설로 수용인원 100명 이상
⑧ 정신의료기관 또는 의료재활시설로 사용되는 바닥면적의 합계가 300㎡ 이상이거나 바닥면적의 합계가 300㎡ 미만이고, 창살이 설치된 시설
⑨ 터널로서 길이가 1천m 이상인 것
⑩ 특수가연물을 500배 이상 저장·취급하는 공장 또는 창고시설

4) 시각경보기 : 자탐설비를 설치해야 하는 대상물 중 다음에 해당하는 것
① 근린생활, 문화 및 집회, 종교, 판매, 운수, 의료 및 노유자시설,
② 운동, 업무, 숙박, 위락, 창고(물류터미널), 발전 및 장례시설
③ 교육연구시설 중 도서관, 방송통신시설 중 방송국, 지하상가

5) 비상방송설비(위험물 저장 및 처리 시설 중 가스시설, 사람이 거주하지 않는 동물 및 식물 관련 시설, 터널, 축사 및 지하구는 제외)
   ① 연면적 3천5백㎡ 이상인 것은 모든 층
   ② 지하층을 제외한 11층 이상과 지하층의 층수가 3층 이상인 것은 모든 층

6) 자동화재속보설비 : 화재 수신기가 설치된 장소에 24시간 화재를 감시할 수 있는 사람이 근무하고 있는 경우 자속설비를 설치하지 않을 수 있다.
   ① 노유자, 정신병원과 의료재활시설, 수련시설(숙박) : 바닥 500㎡ 이상인 층
   ② 문화재 중 보물 또는 국보로 지정된 목조건축물
   ③ 근린생활시설 : 입원실이 있는 의원·치과·한의원, 조산원 및 산후조리원
   ④ 종합병원, 병원, 치과, 한방 및 요양병원, 전통시장, 노유자 생활시설

7) 통합감시시설을 설치해야 하는 특정소방대상물은 지하구로 한다.

8) 누전경보기(가스시설, 지하구, 터널 제외) : 계약전류용량이 100암페어 초과

9) 가스누설경보기(가스시설이 설치된 경우) : 문화 및 집회시설, 종교, 판매, 운수, 의료, 노유자, 수련, 운동, 숙박시설, 물류터미널, 장례시설

피난구조 설비 설치대상

1) 피난기구
   ① 특정소방대상물의 모든 층에 화재안전기준에 적합한 것으로 설치해야 한다.
   ② 제외 : 피난층, 지상 1층, 지상 2층 및 층수가 11층 이상인 층과 위험물 저장 및 처리시설 중 가스시설, 지하구 및 터널

2) 인명구조기구
   ① 방열복·방화복, 인공소생기 및 공기호흡기 : 지하층 포함 7층 이상인 관광호텔
   ② 방열복·방화복 및 공기호흡기 : 지하층 포함 5층 이상인 병원
   ③ 공기호흡기를 설치해야 하는 특정소방대상물
      ㉠ 수용인원 100명 이상인 영화상영관
      ㉡ 판매시설 중 대규모점포, 운수시설 중 지하역사, 지하상가
      ㉢ 이산화탄소소화설비를 설치하여야 하는 특정소방대상물

3) 유도등
   ① 피난구유도등, 통로유도등 및 유도표지 : 특정소방대상물에 설치한다. 다만, 터널과 축사로서 가축을 직접 가두어 사육하는 부분은 제외
   ② 객석유도등 : 유흥주점영업시설(카바레, 나이트클럽 또는 이와 비슷한 영업시설만 해당) 문화 및 집회시설, 종교시설, 운동시설

4) 비상조명등(창고 및 하역장, 가스시설 제외)
   ① 지하층을 포함하는 층수가 5층 이상인 건축물로서 연면적 3천㎡ 이상인 것
   ② 지하층·무창층의 바닥면적이 450㎡ 이상인 경우 그 지하층 또는 무창층
   ③ 터널로서 그 길이가 500m 이상인 것

5) 휴대용 비상조명등 : 숙박시설, 수용인원 100명 이상의 영화상영관, 판매시설 중 대규모점포, 철도 및 도시철도 시설 중 지하역사, 지하상가

소방용수 설비 설치대상	1) 상수도소화용수설비 : 연면적 5천㎡ 이상(가스시설, 지하구, 터널 제외), 지상에 노출된 탱크의 저장용량 합계가 100톤 이상 가스, 폐기물재활용·처분시설 2) 소화수조 또는 저수조 : 상수도소화용수설비를 설치해야 하는 대상물의 대지 경계선으로부터 180m 이내 지름 75㎜ 이상인 상수도용 배수관이 설치되지 않은 지역
소화활동 설비 설치대상	1) 제연설비 　① 문화 및 집회시설, 종교시설, 운동시설로서 무대부의 바닥면적이 200㎡ 이상 또는 문화 및 집회시설 중 영화상영관으로서 수용인원 100명 이상 　② 지하층·무창층에 설치된 근린생활시설, 판매, 운수, 숙박, 위락, 의료, 노유자시설 또는 물류터미널로서 바닥면적 합계가 1천㎡ 이상 　③ 운수시설 중 시외버스정류장, 철도 및 도시철도 시설, 공항시설 및 항만시설의 대합실 또는 휴게시설로서 지하층·무창층의 바닥면적 1천㎡ 이상 　④ 지하상가로서 연면적 1천㎡ 이상 　⑤ 예상 교통량, 경사도 등 터널 특성을 고려하여 행정안전부령으로 정하는 터널 2) 연결송수관설비(가스시설 또는 지하구는 제외) 　① 층수가 5층 이상으로서 연면적 6천㎡ 이상 　② 지하층을 포함하는 층수가 7층 이상 　③ 지하층의 층수가 3층 이상이고 지하층의 바닥면적의 합계가 1천㎡ 이상 　④ 터널로서 길이가 1천m 이상인 것 3) 연결살수설비(지하구는 제외) 　① 판매시설, 운수시설, 물류터미널로서 바닥면적의 합계가 1천㎡ 이상인 것 　② 지하층(피난층으로 주된 출입구가 도로와 접한 경우 제외)으로서 바닥면적의 합계가 150㎡ 이상인 것. 다만, 국민주택규모 이하인 아파트등의 지하층(대피시설로 사용하는 것)과 학교의 지하층의 경우에는 700㎡ 이상인 것 　③ 가스시설 중 지상에 노출된 탱크의 용량이 30톤 이상인 탱크시설 　④ ① 및 ②의 특정소방대상물에 부속된 연결통로 4) 비상콘센트설비(가스시설 또는 지하구는 제외) 　① 층수가 11층 이상인 특정소방대상물의 경우에는 11층 이상의 층 　② 지하층 층수 3층 이상이고 지하층 바닥면적 합계가 1천㎡ 이상 : 지하층의 모든 층 　③ 터널로서 길이가 500m 이상인 것 5) 무선통신보조설비(가스시설은 제외한다) 　① 지하상가로서 연면적 1천㎡ 이상인 것 　② 지하층의 바닥면적의 합계가 3천㎡ 이상인 것 또는 지하층의 층수가 3층 이상이고 지하층의 바닥면적의 합계가 1천㎡ 이상인 것은 지하층의 모든 층 　③ 터널로서 길이가 500m 이상인 것 　④ 지하구 중 공동구 　⑤ 층수가 30층 이상인 것으로서 16층 이상 부분의 모든 층 6) 연소방지설비 : 지하구(전력 또는 통신사업용인 것만 해당)에 설치해야 한다.

소방시설 정보관리 시스템	1) **소방시설정보관리시스템 구축·운영** ① 대상 : 문화, 종교, 판매, 의료, 노유자, 숙박이 가능한 수련, 숙박, 업무시설, 공장, 창고시설, 위험물 저장 및 처리 시설, 지하상가, 터널, 지하구, 소방관서장이 소방안전관리의 취약성 등을 고려하여 필요하다고 인정하는 것 ② 관계인은 소방시설정보관리시스템을 구축·운영하는 경우 협조해야 한다. 2) **정보관리시스템의 운영** : 소방관서장은 관계인에게 소방시설의 정상적인 작동에 필요한 정보를 제공할 수 있으며, 고장 등 비정상적인 작동정보를 수집한 경우 해당 특정소방대상물의 관계인에게 그 사실을 알려주어야 한다.
소방시설기준 적용의 특례	1) **기준이 강화되는 경우** : 기존의 소방시설에 대하여는 변경 전의 대통령령 또는 화재안전기준을 적용한다. 다만, 다음의 경우 강화된 기준을 적용할 수 있다. ① 소화기구, 비상경보설비, 피난구조설비, 자동화재속보, 자동화재탐지설비 ② 지하구의 공동구, 전력 또는 통신사업용 지하구에 설치하는 소화기, 자동소화장치, 자동화재탐지설비, 통합감시시설, 유도등 및 연소방지설비 ③ 노유자시설에 설치하는 간이스프링클러설비, 자탐설비, 단독경보형감지기 ④ 의료시설에 설치하는 스프링클러, 간이스프링클러, 자탐 및 자속설비 2) **유사한 소방시설의 설치 면제** ① 자동소화장치(주거용 및 상업용 주방소화장치 제외) : 물분무등소화설비를 화재안전기준에 적합하게 설치한 경우 설비의 유효범위에서 설치가 면제 ② 옥내소화전 : 소방본부장·소방서장이 옥내소화전의 설치가 곤란하다고 인정하는 경우로 호스릴 방식의 미분무소화설비·옥외소화전을 적합하게 설치 ③ 스프링클러설비 : 적응성 있는 자동소화장치 또는 물분무등소화설비를 화재안전기준에 적합하게 설치한 경우 그 설비의 유효범위에서 설치가 면제 ④ 간이스프링클러설비(연소방지설비) : 스프링클러설비, 물분무소화설비 또는 미분무소화설비를 화재안전기준에 적합하게 설치한 경우 ⑤ 물분무등소화설비 : 차고·주차장에 스프링클러를 적합하게 설치한 경우 ⑥ 옥외소화전설비 : 옥외소화전을 설치해야 하는 목조문화재에 상수도소화용수설비를 방수압력 및 호스의 기준에 적합하게 설치한 경우 ⑦ 비상경보설비 : 단독경보형 감지기를 2개 이상 단독경보형 감지기와 연동 설치 ⑧ 비상경보설비·단독경보형 감지기 : 자탐설비를 적합하게 설치한 경우 ⑨ 자동화재탐지설비 : 자탐설비의 기능(감지·수신·경보기능)과 성능을 가진 스프링클러 또는 물분무등소화설비를 화재안전기준에 적합하게 설치한 경우 ⑩ 비상방송설비 : 자동화재탐지설비 또는 비상경보설비와 같은 수준 이상의 음향을 발하는 장치를 부설한 방송설비를 화재안전기준에 적합하게 설치한 경우 ⑪ 자동화재속보설비 : 화재알림설비를 화재안전기준에 적합하게 설치한 경우 ⑫ 상수도소화용수설비 : 특정소방대상물의 각 부분으로부터 수평거리 140m 이내에 공공소방을 위한 소화전이 기준에 적합하게 설치되어 있는 경우 3) **증축의 경우** ① 원칙 : 특정소방대상물이 증축되는 경우에는 기존 부분을 포함한 전체에 대하여 증축 당시의 대통령령 또는 화재안전기준을 적용한다. ② 예외 : 기존 부분에 대해서는 증축 당시의 기준을 적용하지 아니하는 경우

㉠ 기존 부분과 증축 부분이 내화구조로 된 바닥과 벽으로 구획되거나 자동방화셔터 또는 60분+ 방화문으로 구획되어 있는 경우
㉡ 자동차 생산공장 등 화재 위험이 낮은 특정소방대상물 내부에 연면적 33제곱미터 이하의 직원 휴게실을 증축하거나 캐노피를 설치하는 경우

4) 용도변경의 경우
   ① 원칙 : 용도변경되는 부분에 대해서만 용도변경 당시의 기준을 적용한다.
   ② 예외 : 특정소방대상물 전체에 대하여 용도변경 전의 기준을 적용하는 경우
      ㉠ 특정소방대상물의 구조·설비가 화재연소 확대 요인이 적어지거나 피난 또는 화재진압활동이 쉬워지도록 변경되는 경우
      ㉡ 용도변경으로 천장·바닥 등에 고정된 가연성 물질의 양이 줄어드는 경우

5) 소방시설을 설치하지 않을 수 있는 특정소방대상물
   ① 화재 위험도가 낮은 특정소방대상물
   ② 화재안전기준을 적용하기 어려운 특정소방대상물
   ③ 화재안전기준을 다르게 적용해야 하는 특수한 용도·구조의 특정소방대상물
   ④ 「위험물안전관리법」 제19조에 따른 자체소방대가 설치된 특정소방대상물

	특정소방대상물	면제 소방시설
①	석재, 불연성금속, 불연성 건축재료 등의 가공공장·기계조립공장·주물공장	옥외소화전 및 연결살수설비
②	펄프공장의 작업장, 음료수 공장의 세정 또는 충전을 하는 작업장	스프링클러설비, 상수도소화용수설 및 연결살수설비
	정수장, 수영장, 목욕장, 농예·축산·어류양식용 시설	자동화재탐지설비, 상수도소화용수비 및 연결살수설비
③	원자력발전소, 중·저준위 방사성폐기물의 저장시설	연결송수관설비 및 연결살수설비
④	자체소방대가 설치된 위험물 제조소등에 부속된 사무실	옥내소화전설비, 소화용수설비, 연살수설비 및 연결송수관설비

소방시설의 정비 등

1) **소방시설의 정비** : 소방청장은 소방시설 규정을 3년에 1회 이상 정비해야 하며, 화재위험특성 변화 추세를 체계적으로 연구하여 개선방안을 마련해야 한다.

2) **소방용품의 내용연수 등** : 내용연수를 설정하여야 하는 소방용품은 분말형태의 소화약제를 사용하는 소화기로 하며 내용연수는 10년으로 한다.

임시소방 시설의 유지·관리

1) 건설현장의 임시소방시설의 설치 및 관리 등
   ① 공사시공자는 특정소방대상물의 신축·증축 등 또는 설비 설치를 위한 공사 현장에서 화재위험작업을 하기 전에 임시소방시설을 설치·관리하여야 한다.
      ㉠ 인화성·가연성·폭발성 물질을 취급하거나 가연성 가스를 발생시키는 작업
      ㉡ 용접·용단 등 불꽃을 발생시키거나 화기를 취급하는 작업
      ㉢ 전열기구, 가열전선 등 열을 발생시키는 기구를 취급하는 작업
      ㉣ 알루미늄, 마그네슘 등을 취급하여 폭발성 부유분진을 발생시킬 수 있는 작업
      ㉤ ㉠부터 ㉣까지와 비슷한 작업으로 소방청장이 정하여 고시하는 작업

② 임시소방시설을 설치하고 관리하는 것으로 보는 경우
  ㉠ 간이소화장치 : 소방청장이 고시하는 기준에 맞는 소화기·옥내소화전설비
  ㉡ 비상경보장치 : 비상방송설비 또는 자탐설비
  ㉢ 간이피난유도선 : 피난유도선, 피난구유도등, 통로유도등 또는 비상조명등

2) 임시소방시설의 종류 및 설치대상
  ① 소화기 : 소방본부장 또는 소방서장의 동의를 받아야 하는 특정소방대상물의 신축·증축 등을 위한 공사 중 화재위험작업의 현장에 설치한다.
  ② 간이소화장치 : 연면적 3천㎡ 이상이거나 해당 층의 바닥면적이 600㎡ 이상인 지하층, 무창층 및 4층 이상인 층의 공사의 화재위험작업현장에 설치
  ③ 비상경보장치 : 연면적 400㎡ 이상이거나 해당 층의 바닥면적이 150㎡ 이상인 지하층 또는 무창층의 어느 하나에 해당하는 공사의 작업현장에 설치
  ④ 가스누설경보기, 간이피난유도선, 비상조명등 : 바닥면적 150㎡ 이상인 지하층·무창층의 화재위험작업현장에 형식승인 및 제품검사를 받은 것으로 설치
  ⑤ 방화포 : 용접·용단 작업이 진행되는 화재위험작업현장에 설치한다.

방화시설의 유지·관리

1) 방화시설에 대한 행위제한 : 피난시설, 방화구획 및 방화시설을 폐쇄하거나 훼손하는 등의 행위, 주위에 물건을 쌓아두거나 장애물을 설치하는 행위, 용도에 장애를 주거나 소방활동에 지장을 주는 행위, 변경하는 행위
2) 조치명령 : 소방본부장이나 소방서장은 관계인이 행위제한의 행위를 한 경우 방화시설 등의 유지·관리를 위하여 필요한 조치를 명할 수 있다.

소방기술심의위원회

1) 소방기술심의위원회의 설치
  ① 중앙소방기술심의위원회 : 다음의 사항을 심의하기 위하여 소방청에 둔다.
    ㉠ 화재안전기준에 관한 사항
    ㉡ 소방시설의 구조 및 원리 등에서 공법이 특수한 설계 및 시공에 관한 사항
    ㉢ 소방시설의 설계 및 공사감리의 방법에 관한 사항
    ㉣ 소방시설공사의 하자를 판단하는 기준에 관한 사항
    ㉤ 신기술·신공법 등 검토·평가에 고도의 기술이 필요한 경우로서 중앙위원회에 심의를 요청한 사항
    ㉥ 그 밖에 소방기술 등에 관하여 다음의 대통령령으로 정하는 사항
      ⓐ 연면적 10만제곱미터 이상 소방시설의 설계·시공감리의 하자 유무
      ⓑ 새로운 소방시설과 소방용품 등의 도입 여부에 관한 사항
      ⓒ 그 밖에 소방기술과 관련하여 소방청장이 심의에 부치는 사항
  ② 지방소방기술심의위원회 : 다음의 사항을 심의하기 위하여 시·도에 둔다.
    ㉠ 소방시설에 하자가 있는지의 판단에 관한 사항
    ㉡ 그 밖에 소방기술 등에 관하여 다음 대통령령으로 정하는 사항
      ⓐ 연면적 10만제곱미터 미만 소방시설의 설계·시공·감리의 하자 유무
      ⓑ 소방본부장 또는 소방서장이 기술검토를 요청하는 사항
      ⓒ 그 밖에 소방기술과 관련하여 시·도지사가 심의에 부치는 사항
  ③ 위원회의 구성·운영에 필요한 사항은 대통령령으로 정한다.

2) 구성
① 중앙위원회는 성별을 고려하여 위원장을 포함한 60명 이내의 위원으로 구성한다. 회의는 위원장이 회의마다 지정하는 6명 이상 12명 이하의 위원으로 구성하고, 분야별 소위원회를 구성·운영할 수 있다.
② 지방위원회는 위원장을 포함하여 5명 이상 9명 이하의 위원으로 구성한다.

소방대상물의 방염

1) 방염성능기준 이상의 실내장식물 등을 설치하여야 하는 특정소방대상물
① 근린생활시설 중 의원, 치과의원, 한의원, 조산원, 산후조리원, 체력단련장, 공연장 및 종교집회장
② 건축물의 옥내에 있는 문화 및 집회시설, 종교시설, 운동시설(수영장 제외)
③ 의료시설, 교육연구시설 중 합숙소,
④ 노유자시설, 숙박이 가능한 수련시설, 숙박시설
⑤ 다중이용업소, 방송통신시설 중 방송국 및 촬영소, 11층 이상(아파트 제외)

2) 대통령령으로 정하는 방염대상물품
① 제조 또는 가공 공정에서 방염처리를 한 물품(합판·목재류의 경우에는 설치 현장에서 방염처리를 한 것 포함)으로서 다음의 어느 하나에 해당하는 것
  ㉠ 창문에 설치하는 커튼류(블라인드를 포함한다)
  ㉡ 카펫, 두께가 2밀리미터 미만인 벽지류(종이벽지는 제외한다)
  ㉢ 전시용 합판 또는 섬유판, 무대용 합판 또는 섬유판
  ㉣ 암막·무대막(영화상영관 및 골프 연습장업에 설치하는 스크린을 포함)
  ㉤ 섬유류 또는 합성수지류 등을 원료로 하여 제작된 소파·의자(단란주점영업, 유흥주점영업 및 노래연습장업의 영업장에 설치하는 것만 해당)
② 실내장식물 : 건축물 내부의 천장이나 벽에 부착(설치)하는 것으로서 다음의 것(가구류와 너비 10센티미터 이하인 반자돌림대 등과 내부마감재료는 제외)
  ㉠ 종이류(두께 2밀리미터 이상)·합성수지류 또는 섬유류를 주원료로 한 물품
  ㉡ 합판이나 목재
  ㉢ 간이 칸막이, 흡음재·방음재(흡음·방음용 커튼 포함)

4) 방염성능기준 : 다음 기준의 범위에서 소방청장이 정하여 고시하는 바에 따른다.
① 버너의 불꽃을 제거한 때부터 불꽃을 올리며 연소하는 상태가 그칠 때까지 시간은 20초 이내일 것
② 버너의 불꽃을 제거한 때부터 불꽃을 올리지 않고 연소하는 상태가 그칠 때까지 시간은 30초 이내일 것
③ 탄화한 면적은 50제곱센티미터 이내, 탄화한 길이는 20센티미터 이내일 것
④ 불꽃에 의하여 완전히 녹을 때까지 불꽃의 접촉 횟수는 3회 이상일 것
⑤ 발연량을 측정하는 경우 최대연기밀도 400 이하일 것

방염성능의 검사

1) 방염성능의 검사
① 방염대상물품은 소방청장이 실시하는 방염성능검사를 받은 것이어야 한다. 설치 현장에서 방염처리를 하는 합판·목재의 경우 시·도지사가 실시하는 검사를 받아야 한다. 방염성능검사를 할 때에 거짓 시료를 제출하여서는 아니 된다.
② 방염성능검사 방법과 합격표시에 필요한 사항은 행정안전부령으로 정한다.

적중OX문제

소방시설등의 설치·관리 및 방염

01 건축물 등의 건축허가등의 권한이 있는 행정기관은 건축허가등을 할 때 미리 그 건축물 등의 시공지 또는 소재지를 관할하는 소방본부장이나 소방서장의 동의를 받아야 한다. ( )

02 연면적이 400제곱미터 이상인 건축물이나 시설, 「학교시설사업 촉진법」에 따라 연면적이 100제곱미터 이상인 학교시설 등을 건축하려는 경우에는 소방본부장이나 소방서장의 동의를 받아야 한다. ( )

03 연면적이 100제곱미터 이상인 노유자시설 및 수련시설, 200제곱미터 이상인 정신의료기관과 장애인 의료재활시설을 건축하려는 경우에는 소방본부장이나 소방서장의 동의를 받아야 한다. ( )

04 지하층 또는 무창층이 있는 건축물로서 바닥면적이 150제곱미터(공연장의 경우에는 100제곱미터) 이상인 층이 있는 것은 소방본부장이나 소방서장의 동의를 받아야 한다. ( )

05 공장 또는 창고시설로서 화재예방법 시행령 별표2에서 정하는 수량의 750배 이상의 특수가연물을 저장·취급하는 것은 건축허가등의 동의 대상이다. ( )

06 항공기격납고, 관망탑, 항공관제탑, 방송용 송수신탑, 공동주택·의원·조산원, 위험물 저장 및 처리 시설, 수력발전소, 지하구 시설을 건축하려는 경우에는 소방본부장이나 소방서장의 동의를 받아야 한다. ( )

07 연면적이 200제곱미터 미만인 노유자시설 중 노인 관련 시설, 아동복지시설, 장애인 거주시설, 정신질환자 관련 시설 등을 건축하려는 경우에는 소방본부장이나 소방서장의 동의를 받아야 한다. ( )

08 특정소방대상물에 설치되는 소화기구, 자동소화장치, 단독경보형감지기, 피난구조설비(비상조명등 포함)가 화재안전기준에 적합한 경우 그 특정소방대상물은 건축허가등의 동의대상에서 제외된다. ( )

09 건축물 등의 증축·개축·재축·용도변경 또는 대수선의 신고를 수리할 권한이 있는 행정기관은 신고를 수리하면 건축물의 시공지 등을 관할하는 소방본부장 등에게 지체 없이 그 사실을 알려야 한다. ( )

10 건축허가 등의 동의요구의 기관이 동의요구서에 첨부하는 서류 중 소방시설 설계도서 중 소방시설의 계통도와 소방시설별 층별 안내도는 소방시설공사 착공신고대상에 해당되는 경우에만 제출한다. ( )

11 건축허가 등의 동의요구의 기관은 건축허가등의 동의를 요구하는 때에는 동의요구서에 건축허가등을 확인할 수 있는 서류의 사본, 설계도서, 소방시설 설치계획표, 소방시설설계업등록증과 소방시설을 설계한 기술인력자의 기술자격증 사본 등의 서류를 첨부하여야 한다. ( )

정답 01.O 02.O 03.X 04.O 05.O 06.X 07.O 08.X 09.O 10.X 11.O

12 동의요구를 받은 소방본부장 또는 소방서장은 건축허가등의 동의요구서류를 접수한 날부터 5일(특급소방안전관리대상물의 경우에는 10일) 이내에 건축허가등의 동의여부를 회신하여야 한다. ( )

13 소방본부장 또는 소방서장은 동의 요구서 및 첨부서류의 보완이 필요한 경우에는 5일 이내의 기간을 정하여 보완을 요구할 수 있다. ( )

14 건축허가등의 동의를 요구한 기관이 그 건축허가등을 취소하였을 때에는 취소한 날부터 10일 이내에 관할 소방본부장 또는 소방서장에게 그 사실을 통보하여야 한다. ( )

15 사용승인에 대한 동의를 할 때에는 「소방시설공사업법」에 따른 소방시설공사의 완공검사증명서를 교부하는 것으로 동의를 갈음할 수 있다. 이 경우 건축허가등의 권한이 있는 행정기관은 소방시설공사의 완공검사증명서를 확인하여야 한다. ( )

16 건축허가의 동의 여부를 알릴 경우에는 원활한 소방활동 및 건축물 등의 화재안전성능을 확보하기 위하여 필요한 피난시설, 방화구획, 소방관 진입창, 그 밖에 소방자동차의 접근이 가능한 통로의 설치 등 대통령령으로 정하는 사항에 대한 검토 자료 또는 의견서를 첨부할 수 있다. ( )

17 옥외소화전설비, 스프링클러설비, 물분무등소화설비를 설치하려는 자는 지진이 발생할 경우 소방시설이 정상적으로 작동될 수 있도록 소방청장이 정하는 내진설계기준에 맞게 설치하여야 한다. ( )

18 창고시설 중 연면적 10만제곱미터 이상인 것 또는 지하층 층수가 2개 층 이상이고 지하층 바닥면적의 합계가 3만제곱미터 이상인 것에 소방시설을 설치하려는 자는 성능위주설계를 설계하여야 한다. ( )

19 연면적 10만제곱미터 이상인 특정소방대상물과 층수가 30층(지하층 포함) 이상이거나 지상으로부터 높이가 120미터 이상에 해당하는 특정소방대상물(아파트 등은 제외)은 성능위주설계를 하여야 한다. ( )

20 연면적 3만제곱미터 이상인 철도 및 도시철도 시설, 공항시설과 하나의 건축물에 영화상영관이 10개 이상인 특정소방대상물은 성능위주설계를 하여야 한다. ( )

21 성능위주설계에 대한 검토·평가를 요청받은 소방청장 또는 소방본부장은 요청을 받은 날부터 14일 이내에 평가단의 심의·의결을 거쳐 해당 건축물의 성능위주설계를 검토·평가하고, 성능위주설계 검토·평가 결과서를 작성하여 관할 소방서장에게 지체 없이 통보해야 한다. ( )

22 성능위주설계평가단의 회의는 평가단장과 평가단장이 회의마다 지명하는 6명 이상 8명 이하의 평가단원으로 구성·운영하며, 과반수의 출석으로 개의하고 출석 평가단원 과반수의 찬성으로 의결한다. ( )

23 단독주택과 공동주택(아파트 및 기숙사는 포함한다)의 소유자는 소방시설 중 소화기 및 단독경보형감지기를 설치하여야 한다. ( )

정답 12.○ 13.X 14.X 15.○ 16.○ 17.X 18.○ 19.X 20.○ 21.X 22.○ 23.X

24 소방본부장 및 소방서장은 주택용소방시설의 설치 및 국민의 자율적인 안전관리를 촉진하기 위하여 필요한 시책을 마련하여야 하며, 주택용 소방시설의 설치기준 및 자율적인 안전관리 등에 관한 사항은 특별시 · 광역시 · 특별자치시 · 도 또는 특별자치도의 조례로 정한다. ( )

25 5인승 이상의 승용자동차, 승합자동차, 화물자동차 및 화물자동차를 제작·조립·수입·판매하려는 자 또는 해당 자동차의 소유자는 차량용 소화기를 설치하거나 비치하여야 한다. ( )

26 승차인원 36인 이상 승합자동차는 능력단위 2 이상인 소화기 및 능력단위 1 이상인 소화기 1개 이상의 차량용 소화기를 설치하여야 한다. ( )

27 특정소방대상물의 관계인은 행정안전부령으로 정하는 소방시설을 소방청장이 정하여 고시하는 화재안전기준에 따라 설치·관리하여야 한다. 이 경우 장애인등이 사용하는 소방시설(경보설비 및 피난구조설비)은 행정안전부령으로 정하는 바에 따라 장애인등에 적합하게 설치·관리하여야 한다. ( )

28 숙박시설이 있는 특정소방대상물 중 침대가 없는 숙박시설의 수용인원은 해당 특정소방대상물의 종사자의 수에 숙박시설의 바닥면적의 합계를 $3m^2$로 나누어 얻은 수를 합한 수로 산정한다. ( )

29 강의실·교무실·상담실·실습실·휴게실 용도로 쓰이는 특정소방대상물의 수용인원은 해당 용도로 사용하는 바닥면적의 합계를 $4.6m^2$로 나누어 얻은 수로 산정한다. ( )

30 수용인원의 산정 방법에서 바닥면적을 산정하는 때에는 복도·계단 및 화장실의 바닥면적을 포함하지 아니하며, 계산결과 1 미만의 소수는 반올림한다. ( )

31 연면적 $30m^2$ 이상인 것과 가스시설, 발전시설 중 전기저장시설 및 문화재, 터널, 지하구인 특정소방대상물은 화재안전기준에 따라 소화기구를 설치해야 한다. ( )

32 아파트등 및 오피스텔의 모든 층은 주거용 주방자동소화장치를 설치해야 한다. ( )

33 연면적이 3천m^2 이상(터널 제외)이거나 지하층·무창층(축사 제외) 또는 층수가 4층 이상인 것 중 바닥면적이 $500m^2$ 이상인 층이 있는 것은 모든 층에는 옥내소화전설비를 설치하여야 한다. ( )

34 길이가 1천m 이상인 터널과 건축물의 옥상에 설치된 차고 또는 주차장으로서 차고 또는 주차의 용도로 사용되는 부분의 면적이 $200m^2$ 이상인 것은 옥내소화전설비를 설치해야 한다. ( )

35 문화 및 집회시설(동·식물원은 제외), 종교시설(주요구조부가 목조인 것은 제외), 운동시설(물놀이형 시설은 제외)로서 수용인원이 100명 이상인 것은 모든 층에 스프링클러설비를 설치하여야 한다. ( )

정답 24.X 25.○ 26.X 27.X 28.○ 29.X 30.○ 31.X 32.○ 33.X 34.○ 35.○

36 영화상영관의 용도로 쓰이는 층의 바닥면적이 지하층 또는 무창층인 경우에는 300m² 이상, 그 밖의 층의 경우에는 1천m² 이상인 특정소방대상물은 스프링클러설비를 설치하여야 한다. (   )

37 판매시설, 운수시설 및 창고시설(물류터미널에 한정한다)로서 바닥면적의 합계가 5천m² 이상이거나 수용인원이 500명 이상인 경우에는 모든 층에 스프링클러설비를 설치하여야 한다. (   )

38 지하상가로서 연면적 1천m² 이상인 것과 기숙사(교육연구시설·수련시설 내에 있는 학생 수용을 위한 것을 말한다) 또는 복합건축물로서 연면적 5천m² 이상인 경우에는 간이스프링클러설비를 설치하여야 한다. (   )

39 근린생활시설 중 조산원 및 산후조리원으로서 연면적이 600m² 미만인 시설, 교육연구시설 내에 합숙소로서 연면적 100m² 이상인 것은 간이스프링클러설비를 설치하여야 한다. (   )

40 정신의료기관 또는 의료재활시설로 사용되는 바닥면적의 합계가 300m² 미만이고, 창살이 설치된 시설에는 간이스프링클러설비를 설치하여야 한다. (   )

41 노유자 생활시설과 노유자 생활시설에 해당하지 않는 노유자시설로 바닥면적의 합계가 300m² 이상 600m² 미만인 시설은 간이스프링클러설비를 설치하여야 한다. (   )

42 숙박시설로 사용되는 바닥면적의 합계가 300m² 이상 500m² 미만인 시설과 복합건축물로서 연면적 1천m² 이상인 것은 모든 층에 간이스프링클러설비를 설치하여야 한다. (   )

43 항공기 및 자동차 관련 시설 중 항공기 격납고와 주차용 건축물로서 연면적 800m² 이상인 것에는 물분무등소화설비를 설치하여야 한다. (   )

44 건축물 내부에 설치된 차고 또는 주차장으로서 차고 또는 주차의 용도로 사용되는 부분)의 바닥면적의 합계가 200m² 이상인 것과 「주차장법」에 따른 기계식주차장치를 이용하여 20대 이상의 차량을 주차할 수 있는 것에는 물분무등소화설비를 설치하여야 한다. (   )

45 지상 1층 및 2층의 바닥면적의 합계가 6천m² 이상인 특정소방대상물은 옥외소화전설비를 설치하여야 하는 특정소방대상물(아파트등, 위험물 저장 및 처리 시설 중 가스시설, 지하구 또는 터널은 제외한다)이다. (   )

46 연면적 400m² 이상이거나 지하층 또는 무창층의 바닥면적이 150m²(공연장의 경우 100m²) 이상인 것과 터널로서 길이가 500m 이상인 것은 비상경보설비를 설치하여야 한다. (   )

정답 36.X 37.○ 38.X 39.○ 40.○ 41.○ 42.X 43.○ 44.○ 45.X 46.○

47 연면적 3천5백m² 이상인 것, 지하층을 제외한 층수가 11층 이상인 것, 50명 이상의 근로자가 작업하는 옥내 작업장에는 비상방송설비를 설치하여야 한다. ( )

48 누전경보기는 계약전류용량(같은 건축물에 계약 종류가 다른 전기가 공급되는 경우에는 그 중 최대계약전류용량을 말한다)이 100암페어를 초과하는 특정소방대상물에 설치하여야 한다. ( )

49 근린생활시설(목욕장은 제외), 의료시설(정신의료기관 또는 요양병원은 제외), 위락시설, 장례시설 및 복합건축물로서 연면적 600m² 이상인 것은 자동화재탐지설비를 설치하여야 한다. ( )

50 근린생활시설 중 목욕장, 업무시설, 항공기 및 자동차 관련 시설, 국방·군사시설, 관광 휴게시설, 지하상가로서 연면적 1천m² 이상인 것은 자동화재탐지설비를 설치하여야 한다. ( )

51 근린생활시설 중 의원, 치과의원 및 한의원으로서 입원실이 있는 시설과 조산원 및 산후조리원, 의료시설 중 종합병원, 병원, 치과병원, 한방병원 및 요양병원(의료재활시설은 제외)은 자동화재탐지설비와 자동화재속보설비를 설치하여야 한다. ( )

52 교육연구시설·수련시설 내에 있는 기숙사 또는 합숙소로서 연면적 2천㎡ 미만인 것과 공동주택 중 연립주택 및 다세대주택에는 단독경보형감지기를 설치해야 한다. ( )

53 피난기구는 특정소방대상물의 모든 층에 화재안전기준에 적합한 것으로 설치하여야 한다. 다만, 피난층, 지상 1층, 지상 2층 및 층수가 10층 이상인 층과 위험물 저장 및 처리시설 중 가스시설, 터널 또는 지하구의 경우에는 그러하지 아니하다. ( )

54 지하층을 포함하는 층수가 7층 이상인 것 중 관광호텔 용도로 사용하는 층은 인명구조기구 중 방열복 또는 방화복, 인공소생기 및 공기호흡기를 설치하여야 하는 특정소방대상물이다. ( )

55 수용인원 50명 이상인 문화 및 집회시설 중 영화상영관, 판매시설 중 대규모점포, 운수시설 중 지하역사, 지하상가는 공기호흡기를 설치하여야 한다. ( )

56 지하층을 포함하는 층수가 5층 이상인 건축물로서 연면적 3천m² 이상인 것과 터널로서 그 길이가 500m 이상인 특정소방대상물은 비상조명등을 설치하여야 한다. ( )

57 연면적 5천m² 이상인 특정소방대상물은 상수도소화용수설비를 설치하여야 한다. 다만, 위험물 저장 및 처리 시설 중 가스시설, 터널 또는 지하구의 경우에는 제외한다. ( )

정답 47. X 48. O 49. O 50. O 51. X 52. O 53. X 54. O 55. X 56. O 57. O

58 상수도소화용수설비를 설치해야 하는 특정소방대상물의 대지 경계선으로부터 180m 이내에 지름 75mm 이상인 상수도용 배수관이 설치되지 않은 지역의 경우에는 화재안전기준에 따른 소화수조 또는 저수조를 설치하여야 한다. ( )

59 문화 및 집회시설, 종교시설, 운동시설로서 무대부의 바닥면적이 100m² 이상인 무대부 또는 문화 및 집회시설 중 영화상영관으로서 수용인원 100명 이상인 해당 상영관은 제연설비를 설치하여야 한다. ( )

60 판매시설, 운수시설, 창고시설 중 물류터미널로서 해당 용도로 사용되는 부분의 바닥면적의 합계가 1천m² 이상인 특정소방대상물은 연결송수관설비를 설치하여야 한다. ( )

61 층수가 11층 이상인 특정소방대상물의 경우에는 11층 이상의 층, 지하층의 층수가 3층 이상이고 지하층의 바닥면적의 합계가 1천m² 이상인 것은 지하층의 모든 층, 터널로서 길이가 500m 이상인 특정소방대상물은 비상콘센트설비를 설치해야 한다. ( )

62 지하층의 바닥면적의 합계가 3천m² 이상인 것 또는 지하층의 층수가 3층 이상이고 지하층의 바닥면적의 합계가 1천m² 이상인 것은 지하층의 모든 층에 무선통신보조설비를 설치하여야 한다. ( )

63 문화 및 집회시설, 종교시설, 판매시설, 운동시설 및 운수시설은 소방시설의 작동정보 등을 실시간으로 수집·분석할 수 있는 시스템을 구축·운영하여야 하는 특정소방대상물이다. ( )

64 대통령령 등이 변경되어 그 기준이 강화되는 경우 소화기구, 비상경보설비, 자동화재탐지설비, 자동화재속보설비, 피난구조설비의 어느 하나에 해당하는 소방시설은 강화된 기준을 적용할 수 있다. ( )

65 대통령령 또는 화재안전기준이 변경되어 강화되는 경우 공동구에 설치하는 소화기, 자동소화장치, 자동화재탐지설비, 통합감시시설, 유도등 및 연소방지설비와 의료시설에 설치하는 스프링클러설비, 간이스프링클러설비, 자동화재탐지설비 및 자동화재속보설비는 강화된 기준을 적용할 수 있다. ( )

66 물분무등소화설비를 설치하여야 하는 차고·주차장에 스프링클러설비 또는 간이스프링클러설비를 화재안전기준에 적합하게 설치한 경우에는 그 설비의 유효범위에서 설치가 면제된다. ( )

67 스프링클러설비를 설치하여야 하는 특정소방대상물에 적응성 있는 자동소화장치 또는 물분무등소화설비를 화재안전기준에 적합하게 설치한 경우에는 그 설비의 유효범위에서 설치가 면제된다. ( )

68 누전경보기를 설치하여야 하는 특정소방대상물 또는 그 부분에 아크경보기 또는 전기 관련 법령에 따른 지락차단장치를 설치한 경우에는 그 설비의 유효범위에서 설치가 면제된다. ( )

정답 ○ 58.○ 59.X 60.X 61.○ 62.○ 63.X 64.○ 65.○ 66.X 67.○ 68.○

69 상수도소화용수설비를 설치하여야 하는 특정소방대상물의 각 부분으로부터 수평거리 150m 이내에 공공의 소방을 위한 소화전이 화재안전기준에 적합하게 설치되어 있는 경우에는 설치가 면제된다. (　)

70 소방본부장 또는 소방서장은 특정소방대상물이 증축되는 경우에는 기존 부분을 포함한 특정소방대상물의 전체에 대하여 증축 당시의 소방시설의 설치에 관한 화재안전기준을 적용하여야 한다. (　)

71 특정소방대상물의 구조·설비가 화재연소 확대 요인이 적어지거나 피난 또는 화재진압활동이 쉬워지도록 변경되는 경우에는 특정소방대상물 전체에 대하여 용도변경 전에 해당 특정소방대상물에 적용되던 소방시설의 설치에 관한 대통령령 또는 화재안전기준을 적용한다. (　)

72 펄프공장의 작업장, 음료수 공장의 세정 또는 충전을 하는 작업장, 그 밖에 이와 비슷한 용도로 사용하는 것은 화재안전기준을 적용하기 어려운 특정소방대상물로 자동화재탐지설비, 상수도소화용수설비 및 연결살수설비를 설치하지 아니할 수 있다. (　)

73 대통령령으로 소방시설을 정할 때에는 특정소방대상물의 규모·용도 및 수용인원 등을 고려하여야 하며, 소방청장은 건축 환경 및 화재위험특성 변화사항을 효과적으로 반영할 수 있도록 소방시설 규정을 5년에 1회 이상 정비하여야 한다. (　)

74 내용연수를 설정해야 하는 소방용품은 분말형태의 소화약제를 사용하는 소화기로 하며, 이에 따른 소방용품의 내용연수는 10년으로 한다. (　)

75 소방본부장이나 소방서장은 특정소방대상물의 관계인이 피난시설, 방화구획 및 방화시설을 폐쇄하거나 훼손하는 등의 행위를 한 경우에는 필요한 조치를 명할 수 있다. (　)

76 관계인은 특정소방대상물의 건축·이전·용도변경·대수선 또는 설비 설치 등을 위한 공사 현장에서 화재위험작업을 하기 전에 설치 및 철거가 쉬운 화재대비시설을 설치하고 관리하여야 한다. (　)

77 인화성 물품을 취급하는 화재위험작업은 용접·용단 등 불꽃을 발생시키거나 화기를 취급하는 작업, 알루미늄, 마그네슘 등을 취급하여 폭발성 부유분진을 발생시킬 수 있는 작업 등이다. (　)

78 해당 층의 바닥면적이 150m² 이상인 지하층 또는 무창층의 화재위험작업현장에 임시소방시설로 간이소화장치와 간이피난유도선 및 비상조명등을 설치해야 한다. (　)

79 소방시설공사의 하자를 판단하는 기준에 관한 사항은 중앙소방기술심의위원회의 심의하며, 소방시설에 하자가 있는지의 판단에 관한 사항은 지방소방기술심의위원회에서 심의한다. (　)

정답　69.X　70.○　71.○　72.X　73.X　74.○　75.○　76.X　77.○　78.X　79.○

80 중앙소방기술심의위원회는 성별을 고려하여 위원장을 포함한 60명 이내의 위원으로 성별을 고려하여 구성하며, 회의는 위원장과 위원장이 회의마다 지정하는 6명 이상 15명 이하의 위원으로 구성한다. ( )

81 근린생활시설 중 의원, 치과의원, 한의원, 조산원, 산후조리원, 체력단련장, 공연장 및 종교집회장과 교육연구시설 중 학습소, 의료시설 등은 방염성능기준 이상의 방염대상물품으로 설치하여야 한다. ( )

82 대통령령으로 정하는 방염대상물품에는 제조 또는 가공 공정에서 방염처리를 한 물품으로서 창문에 설치하는 커튼류(블라인드를 포함한다), 카펫, 벽지류(두께가 2밀리미터 이하인 종이벽지는 제외한다) 등과 실내장식물이 있다. ( )

83 방염성능기준에서 버너의 불꽃을 제거한 때부터 불꽃을 올리며 연소하는 상태가 그칠 때까지 시간은 30초 이내이어야 하며, 버너의 불꽃을 제거한 때부터 불꽃을 올리지 않고 연소하는 상태가 그칠 때까지 시간은 20초 이내이어야 한다. ( )

84 방염성능기준에서 불꽃에 의하여 완전히 녹을 때까지 불꽃의 접촉 횟수는 3회 이상이며, 소방청장이 정하여 고시한 방법으로 발연량을 측정하는 경우 최대연기밀도는 400 이하이어야 한다. ( )

정답 80.X 81.○ 82.X 83.X 84.○

CHAPTER 02 적중예상문제

소방시설등의 설치·관리 및 방염

01 건축허가등의 동의에 있어서 시공지 또는 소재지를 관할하는 소방본부장 또는 소방서장의 동의를 요구할 수 있는 자는?

① 건축허가의 권한이 있는 행정기관
② 소방시설 설계업자
③ 건축주 또는 소방감리업자
④ 소방시설공사업자

해설 ① 맞음, 건축허가등의 권한이 있는 행정기관은 건축허가등을 할 때 미리 그 건축물 등의 시공지(施工地) 또는 소재지를 관할하는 소방본부장이나 소방서장의 동의를 받아야 한다.(법 제6조 제1항)

02 건축허가등의 동의 대상의 범위가 아닌 것은?   ☆ 16년 경북 소방교

① 연면적이 400제곱미터 이상인 건축물이나 시설
② 연면적이 100제곱미터 이상인 학교시설
③ 연면적이 200제곱미터 이상인 정신의료기관
④ 연면적이 300제곱미터 이상인 장애인 의료재활시설

해설 ③ 틀림, 연면적을 기준으로 할 때 400제곱미터 이상인 건축물이나 시설은 건축허가등의 동의대상이다. 다만, 다음의 어느 하나에 해당하는 시설은 아래의 기준 이상인 건축물로 한다.
　㉠ 「학교시설사업 촉진법」에 따라 건축등을 하려는 학교시설 : 100제곱미터
　㉡ 노유자시설(老幼者施設) 및 수련시설 : 200제곱미터
　㉢ 정신의료기관과 장애인 의료재활시설 : 300제곱미터

03 소방본부장이나 소방서장의 동의를 받아야 하는 건축물이 아닌 것은?

① 학교시설로서 연면적이 100제곱미터 이상인 건축물
② 지하층 또는 무창층이 있는 건축물의 바닥면적이 100제곱미터 이상인 층이 있는 것
③ 차고·주차장으로 사용되는 바닥면적이 200제곱미터 이상인 층이 있는 건축물이나 주차시설
④ 승강기 등 기계장치에 의한 주차시설로서 자동차 20대 이상을 주차할 수 있는 시설

해설 ② 틀림, 지하층 또는 무창층이 있는 건축물로서 바닥면적이 150제곱미터(공연장의 경우에는 100제곱미터) 이상인 층이 있는 것이 건축허가의 동의대상이다.
③,④ 맞음, 차고·주차장으로 사용되는 바닥면적이 200제곱미터 이상인 층이 있는 건축물이나 주차시설, 승강기 등 기계장치에 의한 주차시설로서 자동차 20대 이상을 주차할 수 있는 시설은 건축허가의 동의대상이다.

정답　01.①　02.③　03.②

04 건축허가 대상물로 면적에 관계없이 소방본부장 또는 소방서장의 동의를 받아야 하는 대상이 아닌 것은?

① 방송용 송·수신탑
② 위험물 제조소
③ 학교시설
④ 숙박시설

해설 ③ 틀림, 학교시설을 건축하려는 경우에는 연면적 100제곱미터 이상인 건축물이 동의대상이다.
①,②,④ 맞음, 항공기격납고, 관망탑, 항공관제탑, 방송용 송수신탑, 공동주택, 의원(입원실 또는 인공신장실이 있는 것으로 한정한다)·조산원·산후조리원, 숙박시설, 위험물 저장 및 처리 시설, 발전시설 중 풍력발전소·전기저장시설, 지하구는 면적에 관계없이 동의를 받아야 하는 대상이다.

05 연면적 200제곱미터 미만인 노유자시설 중에서 건축허가등의 동의를 받아야 하는 것은?

① 노인여가복지시설 및 노인보호전문기관
② 아동상담소, 아동전용시설 및 지역아동센터
③ 단독주택에 설치되는 장애인 거주시설
④ 공동주택에 설치되는 노인 주거복지시설

해설 ④ 틀림, 연면적 200제곱미터 미만인 노유자시설 중 다음에 해당하는 시설은 동의대상이다. 다만, ㉠의 학대피해노인 전용쉼터 및 ㉡부터 ㉥까지의 시설 중 단독주택 또는 공동주택에 설치되는 것은 제외한다.
㉠ 노인 관련 시설(「노인복지법」에 따른 노인여가복지시설 및 노인보호전문기관은 제외한다)
㉡ 「아동복지법」 제52조에 따른 아동복지시설(아동상담소, 아동전용시설 및 지역아동센터 제외)
㉢ 「장애인복지법」 제58조제1항제1호에 따른 장애인 거주시설
㉣ 정신질환자 관련 시설(공동생활가정을 제외한 정신질환자지역사회재활시설, 정신질환자직업재활시설과 같은 법 시행령 에 따른 정신질환자종합시설 중 24시간 주거를 제공하지 아니하는 시설은 제외)
㉤ 별표 2 제9호마목에 따른 노숙인 관련 시설 중 노숙인자활시설, 노숙인재활시설 및 노숙인요양시설
㉥ 결핵환자나 한센인이 24시간 생활하는 노유자시설

06 건축허가등의 동의에 대한 설명으로 틀린 것은?

① 건축허가등의 권한이 있는 행정기관은 건축허가등을 할 때 미리 그 건축물 등의 시공지 또는 소재지를 관할하는 소방본부장이나 소방서장의 동의를 받아야 한다.
② 요양병원과 연면적 200제곱미터 이상의 의료재활시설은 건축허가 등의 동의대상물이다.
③ 가스시설로서 지상에 노출된 탱크의 저장용량의 합계가 100톤 이상인 것은 건축허가 등의 동의대상물이다.
④ 건축물 등의 증축·개축·재축·용도변경 또는 대수선의 신고를 수리(受理)할 권한이 있는 행정기관은 그 신고를 수리하면 그 건축물 등의 시공지 또는 소재지를 관할하는 소방본부장이나 소방서장에게 지체 없이 그 사실을 알려야 한다.

해설 ② 틀림, 「의료법」 제3조제2항제3호라목에 따른 요양병원과 연면적 300제곱미터 이상인 의료재활시설은 건축허가 등의 동의대상물이다. ④ 맞음, 법 제7조 제2항의 규정이다.

정답 04.③ 05.④ 06.②

07 특정 소방대상물에 설치하는 소방시설이 화재안전기준에 적합하여 건축허가 등의 동의대상에서 제외되는 경우의 시설이 아닌 것은?

① 소화기구
② 자동소화장치
③ 비상경보설비
④ 누전경보기

해설 ③ 틀림, 건축허가등의 동의대상에서 제외되는 특정소방대상물은 다음과 같다.
㉠ 별표 5에 따라 특정소방대상물에 설치되는 소화기구, 자동소화장치, 누전경보기, 단독경보형감지기, 가스누설경보기 및 피난구조설비(비상조명등은 제외)가 화재안전기준에 적합한 경우 그 특정소방대상물
㉡ 건축물의 증축 또는 용도변경으로 인하여 해당 특정소방대상물에 추가로 소방시설이 설치되지 아니하는 경우 그 특정소방대상물
㉢ 소방시설공사의 착공신고 대상에 해당하지 않는 경우 해당 특정소방대상물

08 소방본부장 또는 소방서장의 건축허가등의 동의대상에서 제외되는 특정소방대상물에 해당하지 않는 것은?

① 특정소방대상물에 설치되는 단독경보형감지기가 화재안전기준에 적합한 경우
② 특정소방대상물에 설치되는 자동화재탐지설비가 화재안전기준에 적합한 경우
③ 건축물의 증축으로 인하여 추가로 소방시설등이 설치되지 아니하는 경우
④ 특정소방대상물에 설치되는 피난구조설비(비상조명등 제외)가 화재안전기준에 적합한 경우

해설 ② 틀림, 자동화재탐지설비는 동의대상에서 제외되는 것이 아니다. 특정소방대상물에 설치되는 소화기구, 자동소화장치, 누전경보기, 단독경보형감지기, 가스누설경보기 및 피난구조설비(비상조명등은 제외)가 화재안전기준에 적합한 경우 그 특정소방대상물은 동의대상에서 제외된다.

09 건축허가등의 동의를 요구하는 경우 동의요구서에 첨부하여야 하는 서류가 아닌 것은?

① 건축허가신청서 및 건축허가서
② 소방시설 설치계획표
③ 안전관리담당자 자격증 사본
④ 소방시설설계업등록증

해설 ③ 틀림, 건축허가 등의 동의요구의 기관은 건축허가등의 동의를 요구하는 때에는 동의요구서에 다음의 서류(전자문서 포함)를 첨부하여야 한다.(규칙 제4조 제2항)
㉠ 건축허가신청서 및 건축허가서 또는 건축허가등을 확인할 수 있는 서류의 사본
㉡ 다음의 설계도서. 건축물설계도서와 줄 친 것은 소방시설공사 착공신고대상에 해당되는 경우만 제출한다.
· 건축물 설계도서 : 건축물 개요 및 배치도, 주 단면도 및 입면도, 층별 평면도, 방화구획도(창호도 포함)
· 소방시설 설계도서 : 소방시설의 계통도, <u>소방시설별 층별 평면도</u>, 실내장식물 방염대상물품 설치 계획, <u>소방시설의 내진설계 계통도 및 기준층 평면도</u>
㉢ 소방시설 설치계획표, 임시소방시설 설치계획서
㉣ 소방시설설계업등록증과 소방시설을 설계한 기술인력자의 기술자격증 사본
㉤ 소방시설설계 계약서 사본

정답 07.③ 08.② 09.③

10 건축허가등의 동의절차에 대한 내용으로 틀린 것은?

① 건축허가등의 권한이 있는 행정기관은 건축허가등의 동의를 받으려는 경우에는 해당 건축물 등의 소재지를 관할하는 소방본부장 또는 소방서장에게 동의를 요구하여야 한다.
② 동의요구를 받은 소방본부장 또는 소방서장은 건축허가등의 동의요구서류를 접수한 날부터 5일 이내에 건축허가등의 동의여부를 회신하여야 한다.
③ 건축허가등의 동의를 요구한 기관이 그 건축허가등을 취소했을 때에는 취소한 날부터 7일 이내에 건축물의 소재지 등을 관할하는 소방본부장 또는 소방서장에게 그 사실을 통보해야 한다
④ 소방본부장 또는 소방서장은 동의 요구서 및 첨부서류의 보완이 필요한 경우에는 5일 이내의 기간을 정하여 보완을 요구할 수 있다.

해설 ④ 틀림, 소방본부장 또는 소방서장은 동의 요구서 및 첨부서류의 보완이 필요한 경우에는 4일 이내의 기간을 정하여 보완을 요구할 수 있다. 이 경우 보완기간은 회신기간에 산입하지 아니하고, 보완기간 내에 보완하지 아니하는 때에는 동의 요구서를 반려하여야 한다.(규칙 제4조 제4항)

11 건축허가등의 동의절차에서 ( )에 들어갈 말이 바르게 연결된 것은?   ☆ 16년 경기 소방교

> 건축허가등의 동의요구를 받은 소방본부장 또는 소방서장은 건축허가등의 동의요구서류를 접수한 날부터 ( )이내에, 허가를 신청한 건축물 등이 특급 소방안전관리대상물에 해당하는 경우에는 ( )이내에 건축허가등의 동의여부를 회신하여야 한다. 소방본부장 또는 소방서장은 동의 요구서 및 첨부서류의 보완이 필요한 경우에는 ( )이내의 기간을 정하여 보완을 요구할 수 있다.

① 3일 – 5일 – 7일
② 5일 – 10일 – 4일
③ 5일 – 10일 – 5일
④ 7일 – 10일 – 4일

해설 ② 맞음, 동의요구를 받은 소방본부장 또는 소방서장은 건축허가등의 동의요구서류를 접수한 날부터 5일 이내에 허가를 신청한 건축물 등이 특급 소방안전관리대상물에 해당하는 경우에는 10일 이내에 건축허가등의 동의여부를 회신하여야 한다. 소방본부장 또는 소방서장은 동의 요구서 및 첨부서류의 보완이 필요한 경우에는 4일 이내의 기간을 정하여 보완을 요구할 수 있다.(규칙 제4조 제3항 및 제4항)

12 사용승인에 대한 동의를 갈음할 수 있는 소방시설공사업법상의 절차는?

① 임시사용승인
② 소방시설의 준공검사
③ 완공검사증명서 교부
④ 사업계획의 승인

해설 ③ 맞음, 사용승인에 대한 동의를 할 때에는 「소방시설공사업법」 제14조 제3항에 따른 소방시설공사의 완공검사증명서를 교부하는 것으로 동의를 갈음할 수 있다. 이 경우 건축허가등의 권한이 있는 행정기관은 소방시설공사의 완공검사증명서를 확인하여야 한다.(법 제7조 제3항)

정답   10.④   11.②   12.③

13 소방시설 중 내진설계기준을 적용하는 것이 아닌 것은?

① 옥내소화전설비
② 옥외소화전설비
③ 스프링클러설비
④ 물분무등소화설비

해설 ② 틀림, 내진설계기준의 설정 대상 건축물에 옥내소화전설비, 스프링클러설비, 물분무등소화설비의 소방시설을 설치하려는 자는 지진이 발생할 경우 소방시설이 정상적으로 작동될 수 있도록 소방청장이 정하는 내진설계기준에 맞게 소방시설을 설치하여야 한다.(법 제7조, 영 제8조 제2항)

14 내진설계 및 성능위주에 대한 설명으로 적절하지 않은 것은?

① 대통령령으로 정하는 특정소방대상물에 대통령령으로 정하는 소방시설을 설치하려는 자는 지진이 발생할 경우 소방시설이 정상적으로 작동될 수 있도록 행정안전부령으로 정하는 내진설계기준에 맞게 소방시설을 설치하여야 한다.
② 대통령령으로 정하는 내진설계 대상 소방시설이란 소방시설 중 옥내소화전설비, 스프링클러설비, 물분무등소화설비를 말한다.
③ 연면적·높이·층수 등이 일정 규모 이상인 대통령령으로 정하는 특정소방대상물(신축하는 것만 해당한다)에 소방시설을 설치하려는 자는 성능위주설계를 하여야 한다.
④ 소방시설을 설치하려는 자가 성능위주설계를 한 경우에는 건축허가를 신청하기 전에 해당 특정소방대상물의 시공지 또는 소재지를 관할하는 소방서장에게 신고하여야 한다.

해설 ① 틀림, 「지진·화산재해대책법」 제14조(내진설계기준의 설정)제1항 각 호의 시설 중 대통령령으로 정하는 특정소방대상물(내진설계기준의 설정 대상 건축물)에 대통령령으로 정하는 소방시설을 설치하려는 자는 지진이 발생할 경우 소방시설이 정상적으로 작동될 수 있도록 소방청장이 정하는 내진설계기준에 맞게 소방시설을 설치하여야 한다.

15 성능위주설계를 하여야 하는 특정소방대상물이 아닌 것은?

① 연면적 3만제곱미터 이상인 철도 및 도시철도 시설이나 공항시설
② 연면적 20만제곱미터 이상인 특정소방대상물(아파트등은 제외한다)
③ 50층 이상(지하층 포함)이거나 지상으로부터 높이가 200미터 이상인 아파트등
④ 하나의 건축물에 영화상영관이 10개 이상인 특정소방대상물

해설 ③ 틀림, 성능위주설계를 하여야 하는 특정소방대상물은 ①,②,④ 및 다음과 같다.
㉠ 50층 이상(지하층 제외)이거나 지상으로부터 높이가 200미터 이상인 아파트등
㉡ 30층 이상(지하층 포함)이거나 지상으로부터 높이가 120미터 이상인 특정소방대상물(아파트등은 제외)
㉢ 창고시설 중 연면적 10만제곱미터 이상인 것 또는 지하층의 층수가 2개 층 이상이고 지하층의 바닥면적의 합계가 3만제곱미터 이상인 것
㉣ 지하연계 복합건축물에 해당하는 특정소방대상물 및 터널 중 수저 터널 또는 길이가 5천미터 이상인 것

정답 13.② 14.① 15.③

16 다음 중 성능위주설계를 하여야 할 특정소방대상물이 아닌 것은?

① 창고시설 중 연면적 5만제곱미터 이상인 것
② 터널 중 수저(水底)터널 또는 길이가 5천미터 이상인 것
③ 지하연계 복합건축물에 해당하는 특정소방대상물
④ 30층 이상(지하층 포함)이상인 특정소방대상물(아파트등 제외)

> 해설 ① 틀림, 창고시설 중 연면적 10만제곱미터 이상인 것 또는 지하층의 층수가 2개 층 이상이고 지하층의 바닥면적의 합계가 3만제곱미터 이상인 것이 성능위주설계를 하여야 할 대상이다.(영 제9조)
> ②,③ 맞음, 터널 중 수저(水底)터널 또는 길이가 5천미터 이상인 것과 지하연계 복합건축물에 해당하는 특정소방대상물은 성능위주설계를 하여야 한다.

17 다음 중 성능위주설계에 대한 설명으로 옳지 않은 것은?

① 대통령령으로 정하는 특정소방대상물에 특정 소방시설을 설치하려는 자는 소방청장이 정하는 내진설계기준에 맞게 소방시설을 설치하여야 한다.
② 성능위주설계를 한 자는 성능위주설계 신고서에 설계도서와 설계성능위주설계를 할 수 있는 자의 자격을 확인할 수 있는 서류 등을 첨부하여 관할 소방서장에게 신고해야 한다.
③ 소방서장은 첨부서류의 보완이 필요한 경우에는 7일 이내의 기간을 정하여 성능위주설계를 한 자에게 보완을 요청할 수 있다.
④ 성능위주설계 변경신고의 경우 평가단의 검토·평가를 요청받은 소방청장 또는 소방본부장은 요청을 받은 날부터 20일 이내에 평가단의 심의·의결을 거쳐야 한다.

> 해설 ④ 틀림, 성능위주설계 변경신고의 경우 평가단의 검토·평가를 요청받은 소방청장 또는 소방본부장은 요청을 받은 날부터 14일 이내에 평가단의 심의·의결을 거쳐야 한다.

18 소방시설법령의 성능위주설계평가단에 대한 설명으로 틀린 것은?

① 성능위주설계에 대한 전문적·기술적인 검토 및 평가를 위하여 소방청 또는 소방본부에 성능위주설계 평가단을 둔다.
② 평가단은 평가단장을 포함하여 50명 이내의 평가단원으로 성별을 고려하여 구성한다.
③ 「소방시설공사업법」제28조제3항에 따른 특급 및 고급감리원 자격을 취득한 사람으로 소방공사 현장 감리업무를 10년 이상 수행한 사람은 평가단원이 될 수 있다.
④ 당사자는 제척사유가 있거나 평가단원에게 공정한 심의·의결을 기대하기 어려운 사정이 있는 경우에는 평가단에 기피신청을 할 수 있고, 평가단은 의결로 기피 여부를 결정한다.

> 해설 ①,② 맞음, 성능위주설계평가단은 소방청 또는 소방본부에 두며 평가단은 단장을 포함하여 50명 이내의 평가단원으로 성별을 고려하여 구성한다.
> ③ 틀림, 특급감리원 자격을 취득한 사람으로 소방공사 현장 감리업무를 10년 이상 수행한 사람이어야 한다.

정답 16.① 17.④ 18.③

19 소방시설 중 소화기 및 단독경보형감지기를 설치하여야 하는 주택에 해당하지 않는 것은?

① 단독주택
② 연립주택
③ 다세대주택
④ 아파트

해설 ④ 공동주택에서 아파트 및 기숙사는 제외한다. 다음의 주택의 소유자는 소방시설 중 소화기 및 단독경보형감지기를 설치하여야 한다.(법 제8조 제1항 및 영 제13조)
㉠ 「건축법」 제2조 제2항제1호의 단독주택
㉡ 「건축법」 제2조 제2항제2호의 공동주택(연립주택과 다세대주택을 포함, 아파트 및 기숙사는 제외)

20 주택에 설치하는 소방시설에 대한 설명으로 틀린 것은?

① 단독주택 및 공동주택(아파트 및 기숙사는 제외한다)의 소유자는 대통령령으로 정하는 소방시설을 설치하여야 한다.
② 대통령령으로 정하는 소방시설이란 소화기 및 단독경보형감지기를 말한다.
③ 소방본부장 또는 소방서장은 주택용소방시설의 설치 및 국민의 자율적인 안전관리를 촉진하기 위하여 필요한 시책을 마련하여야 한다.
④ 주택용 소방시설의 설치기준 및 자율적인 안전관리 등에 관한 사항은 특별시·광역시·특별자치시·도 또는 특별자치도의 조례로 정한다.

해설 ①,② 맞음, 단독주택 및 공동주택(아파트 및 기숙사는 제외한다)의 소유자는 대통령령으로 정하는 소방시설을 설치하여야 한다.(법 제8조 제1항) 법 제8조 제1항에서 "대통령령으로 정하는 소방시설"이란 소화기 및 단독경보형감지기를 말한다.(영 제13조)
③ 틀림, 국가 및 지방자치단체는 주택용소방시설의 설치 및 국민의 자율적인 안전관리를 촉진하기 위하여 필요한 시책을 마련하여야 한다.

21 차량용 소방시설에 대한 설명으로 적절하지 않은 것은?

① 4인승 이상의 승용자동차 및 승합자동차를 제작·조립·수입·판매하려는 자 또는 해당 자동차의 소유자는 차량용 소화기를 설치하거나 비치하여야 한다.
② 차량용 소화기의 설치 또는 비치 기준은 행정안전부령으로 정한다.
③ 국토교통부장관은 자동차검사 시 차량용 소화기의 설치 또는 비치 여부 등을 확인하여야 하며, 그 결과를 매년 12월 31일까지 소방청장에게 통보해야 한다.
④ 승차정원 15인 이하 승합자동차는 능력단위 2 이상인 소화기 1개 이상 또는 능력단위 1 이상인 소화기 2개 이상을 설치한다.

해설 ① 틀림, 5인승 이상의 승용자동차, 승합자동차, 화물자동차 및 특수자동차를 제작·조립·수입·판매하려는 자 또는 해당 자동차의 소유자는 차량용 소화기를 설치하거나 비치하여야 한다.(법 제11조 제1항)
②,③ 맞음, 법 제11조 제2항 및 제3항의 규정이다.

정답 19.④ 20.③ 21.①

22. 특정소방대상물에 설치하는 소방시설의 유지·관리 등에 대한 설명으로 틀린 것은?

① 특정소방대상물의 관계인은 대통령령으로 정하는 소방시설을 화재안전기준에 따라 설치·관리하여야 한다.
② 장애인등이 사용하는 소방시설(경보설비 및 피난구조설비를 말한다)은 화재안전기준으로 정하는 바에 따라 장애인등에 적합하게 설치·관리하여야 한다.
③ 소방본부장이나 소방서장은 소방시설이 화재안전기준에 따라 설치·관리되어 있지 아니할 때에는 해당 특정소방대상물의 관계인에게 필요한 조치를 명할 수 있다.
④ 특정소방대상물의 관계인은 소방시설을 설치·관리하는 경우 소방시설의 기능과 성능에 지장을 줄 수 있는 폐쇄(잠금을 포함한다)·차단 등의 행위를 하여서는 아니 된다.

해설 ② 틀림, 「장애인·노인·임산부 등의 편의증진 보장에 관한 법률」 제2조 제1호에 따른 장애인등이 사용하는 소방시설(경보설비 및 피난구조설비를 말한다)은 대통령령으로 정하는 바에 따라 장애인등에 적합하게 설치·관리하여야 한다.

23. 특정소방대상물의 관계인은 특정소방대상물의 규모, 용도 및 수용인원 등을 고려하여 소방시설 등을 갖추어야 한다. 다음 중 수용인원의 산정방법으로 틀린 것은?

① 침대가 있는 숙박시설은 해당 특정소방물의 종사자의 수에 침대의 수(2인용 침대는 2인으로 산정한다)를 합한 수로 한다.
② 침대가 없는 숙박시설은 해당 특정소방대상물의 종사자의 수에 숙박시설의 바닥면적의 합계를 $3m^2$로 나누어 얻은 수를 합한 수로 한다.
③ 강의실·교무실·상담실·실습실·휴게실 용도로 쓰이는 특정소방대상물은 해당 용도로 사용하는 바닥면적의 합계를 $1.9m^2$로 나누어 얻은 수로 한다.
④ 강당, 문화 및 집회시설, 운동시설, 종교시설은 해당 용도로 사용하는 바닥면적의 합계를 $3m^2$로 나누어 얻은 수로 한다.

해설 ④ 틀림, 강당, 문화 및 집회시설, 운동시설, 종교시설 : 해당 용도로 사용하는 바닥면적의 합계를 $4.6m^2$로 나누어 얻은 수(관람석이 있는 경우 고정식 의자를 설치 한 부분에 있어서는 해당 부분의 의자수로 하고, 긴 의자의 경우에는 의자의 정면너비를 0.45m로 나누어 얻은 수로 한다)

24. 수용인원 산정을 위한 바닥면적의 계산에 포함하여야 하는 것은?

① 창고
② 복도
③ 계단
④ 화장실

해설 ① 맞음, 바닥면적을 산정하는 때에는 복도(준불연재료 이상의 것을 사용하여 바닥에서 천장까지 벽으로 구획 한 것)·계단 및 화장실의 바닥면적을 포함하지 아니한다. 계산결과 1 미만의 소수는 반올림한다.

정답 22.② 23.④ 24.①

25 관람석이 없는 문화 및 집회시설로 사용하는 바닥면적의 합계가 414m²인 특정소방대상물의 경우의 수용인원은?

① 90명
② 138명
③ 218명
④ 920명

해설 ① 맞음, 수용인원은 90명이다(414 ÷ 4.6 = 90). 강당, 문화 및 집회시설, 운동시설, 종교시설은 해당 용도로 사용하는 바닥면적의 합계를 4.6m²로 나누어 얻은 수(관람석이 있는 경우 고정식 의자를 설치 한 부분에 있어서는 해당 부분의 의자수로 하고, 긴 의자는 의자의 정면너비를 0.45m로 나누어 얻은 수로)로 산정한다.

26 관계인이 특정소방대상물에 설치해야 하는 소방시설로 틀린 것은?

① 연면적 33m² 이상과 발전시설 중 전기저장시설 및 문화재는 소화기구를 설치해야 한다.
② 아파트등 및 오피스텔의 모든 층에는 가스자동소화장치를 설치해야 한다.
③ 판매시설 중 대규모점포에 입점해 있는 일반음식점과 「식품위생법」에 따른 집단급식소에는 상업용 주방자동소화장치를 설치해야 한다.
④ 터널로써 길이가 1천m 이상인 터널에는 옥내소화전설비를 설치해야 한다.

해설 ① 맞음, 연면적 33m² 이상인 것과 발전시설 중 전기저장시설 및 문화재, 가스시설, 터널 및 지하구는 소화기구를 설치해야 한다.
② 틀림, 아파트등 및 오피스텔의 모든 층은 주거용 주방자동소화장치를 설치하여야 한다.

27 옥내소화전설비를 설치하여야 하는 특정소방대상물로 맞는 것은?

① 위험물 저장 및 처리 시설 중 가스시설
② 연면적 2천m² 이상
③ 근린생활시설, 업무시설로서 연면적 1천5백m² 이상
④ 터널로서 길이가 500m 이상인 터널

해설 ③ 맞음, 옥내소화전설비를 설치하여야 하는 특정소방대상물(가스시설, 무인변전소 제외)
㉠ 연면적 3천m² 이상(터널 제외)이거나 지하층·무창층(축사 제외) 또는 층수가 4층 이상인 것 중 바닥면적이 600m² 이상인 층이 있는 것은 모든 층
㉡ 터널로서 길이가 1천m 이상인 터널
㉢ ㉠에 해당하지 않는 근린생활시설, 판매시설, 운수시설, 의료시설, 노유자시설, 업무시설, 숙박시설, 위락시설, 공장, 창고시설, 항공기 및 자동차 관련 시설, 교정 및 군사시설 중 국방·군사시설, 방송통신시설, 발전시설, 장례시설 또는 복합건축물로서 연면적 1천5백m² 이상이거나 지하층·무창층 또는 층수가 4층 이상인 층 중 바닥면적이 300m² 이상인 층이 있는 것은 모든 층
㉣ 옥상에 설치된 차고·주차장으로서 차고·주차의 용도로 사용되는 부분의 면적이 200m² 이상인 것
㉤ ㉠ 및 ㉢에 해당하지 않는 공장 또는 창고시설로서 「소방기본법 시행령」 별표 2에서 정하는 수량의 750배 이상의 특수가연물을 저장·취급하는 것

정답 25.① 26.② 27.③

28 다음 중 스프링클러설비를 설치하여야 하는 특정소방대상물이 아닌 것은?

① 문화 및 집회시설로서 수용인원이 100명 이상인 것
② 영화상영관의 용도로 쓰이는 층의 바닥면적이 지하층의 경우 500제곱미터 이상인 것
③ 판매시설로서 바닥면적의 합계가 3,500제곱미터 이상인 경우
④ 정신의료기관으로 사용되는 시설이 바닥면적의 합계가 600제곱미터 이상인 경우

해설 ①,② 맞음, 문화 및 집회시설은 수용인원 100명 이상, 영화상영관의 바닥면적이 지하층 또는 무창층인 경우에는 500m² 이상이며, 기타 층은 1천m² 이상, 무대부가 지하층·무창층 또는 4층 이상의 층에 있는 경우에는 무대부의 면적이 300m² 이상이며, 기타 층은 500m² 이상인 것에 스프링클러를 설치하여야 한다.
③ 틀림, 판매시설, 운수시설 및 창고시설(물류터미널)로서 바닥면적의 합계가 5천m² 이상이거나 수용인원이 500명 이상인 경우에는 모든 층에 스프링클러를 설치하여야 한다.
④ 맞음, 이 경우 모든 층에 스프링클러설비를 설치하여야 한다.

29 다음 중 바닥면적의 합계가 600m² 이상인 것은 모든 층에 스프링클러설비를 설치하여야 하는 것이 아닌 것은?

① 근린생활시설 중 조산원 및 산후조리원
② 의료시설 중 요양병원(정신병원은 제외한다)
③ 숙박이 가능한 수련시설 및 숙박시설
④ 창고시설(물류터미널은 제외한다)

해설 ④ 틀림, 창고시설(물류터미널 제외)은 바닥면적의 합계가 5천m² 이상인 모든 층에 스프링클러설비를 설치하여야 한다. ①,②,③은 바닥면적의 합계가 600m² 이상인 것은 모든 층에 스프링클러설비를 설치하여야 한

30 간이스프링클러설비를 설치해야 하는 특정소방대상물로 틀린 것은?

① 근린생활시설 중 조산원 및 산후조리원으로서 연면적 600m² 미만인 시설
② 교육연구시설 내에 합숙소로서 연면적 100m² 이상인 시설
③ 의료시설 중 정신의료기관으로 사용되는 바닥면적의 합계가 300m² 미만인 시설
④ 노유자 생활시설

해설 ① 맞음, 근린생활시설 중 조산원 및 산후조리원으로서 바닥면적 600m² 이상인 것은 모든 층에 스프링클러설비를 설치하여야 하며, 연면적 600m² 미만인 시설은 간이스프링클러설비를 설치하여야 한다.
③ 틀림, 의료시설 중 정신의료기관 또는 요양병원으로서 다음의 어느 하나에 해당하는 시설에는 간이스프링클러설비를 설치하여야 한다.
㉠ 종합병원, 병원, 치과병원, 한방병원 및 요양병원(정신병원과 의료재활시설은 제외)으로 사용되는 바닥면적의 합계가 600m² 미만인 시설
㉡ 정신의료기관 또는 의료재활시설로 사용되는 바닥면적의 합계가 300m² 이상 600m² 미만인 시설
㉢ 정신의료기관 또는 의료재활시설로 사용되는 바닥면적의 합계가 300m² 미만이고, 창살이 설치된 기관

정답 28.③ 29.④ 30.③

31 간이스프링클러를 설치하여야 할 소방대상물에 해당하지 않는 것은?

① 근린생활시설로서 바닥면적의 합계가 600m² 이상인 것은 모든 층
② 노유자 생활시설에 해당하지 않는 노유자시설로 해당 시설로 사용하는 바닥면적의 합계가 300m² 이상 600m² 미만인 시설
③ 건물을 임차하여 「출입국관리법」 제52조 제2항에 따른 보호시설로 사용하는 부분
④ 숙박시설로 사용되는 바닥면적의 합계가 300m² 이상 600m² 미만인 시설

해설 ① 틀림, 이 경우 바닥면적의 합계가 1천m² 이상인 것은 모든 층에 간이스프링클러설비를 설치해야 한다.
② 맞음, 노유자시설로서 다음의 어느 하나에 해당하는 시설에는 간이스프링클러설비를 설치하여야 한다.
  ㉠ 노유자생활시설 : 노인 관련 시설 이외에는 단독주택 또는 공동주택에 설치되는 시설은 제외한다.
  ㉡ ㉠에 해당하지 않는 노유자시설로 해당 시설로 사용하는 바닥면적의 합계가 300m² 이상 600m² 미만이거나 바닥면적의 합계가 300m² 미만이고, 창살이 설치된 시설

32 물분무등소화설비를 설치하여야 하는 특정소방대상물이 아닌 것은?

① 항공기 및 자동차 관련 시설 중 항공기격납고
② 주차용 건축물 또는 철골 조립식 주차시설로서 연면적 800㎡ 이상인 것
③ 건축물 내부에 설치된 차고 또는 주차장으로서 차고 또는 주차의 용도로 사용되는 면적이 200㎡ 이상인 경우 해당 부분
④ 특정소방대상물에 설치된 전기실·발전실·변전실로 바닥면적이 200㎡ 이상인 것

해설 ① 맞음, 항공기 및 자동차 관련 시설 중 항공기격납고, 행정안전부령으로 정하는 터널, 지정문화유산 또는 천연기념물 등으로서 소방청장이 국가유산청장과 협의하여 정하는 것, 소화수를 수집·처리하는 설비가 설치되어 있지 않은 중·저준위 방사성폐기물의 저장시설(이 경우는 이산화탄소소화설비, 할론소화설비 또는 할로겐화합물 및 불활성기체 소화설비를 설치하여야 한다).
②,③ 맞음, 주차장 건축물로 연면적 800㎡ 이상인 것, 건축물 내부에 설치된 주차장은 주차 용도로 사용되는 면적이 200㎡ 이상인 것, 기계식 주차장치로 20대 이상 주차할 수 있는 것이 물분무등소화설비 설치대상이다.
④ 틀림, 특정소방대상물에 설치된 전기실·발전실·변전실·축전지실·통신기기실 또는 전산실, 그 밖에 이와 비슷한 것으로서 바닥면적이 300㎡ 이상인 것에 물분무등소화설비를 설치하여야 한다.

33 옥외소화전설비를 설치하여야 하는 특정소방대상물의 기준으로 틀린 것은?

① 아파트등과 지하구 또는 터널
② 지상 1층 및 2층의 바닥면적의 합계가 9천㎡ 이상인 것
③ 문화유산 중 「문화유산의 보존 및 활용에 관한 법률」 제23조에 따라 보물 또는 국보로 지정된 목조건축물
④ 공장 또는 창고시설로서 지정 수량의 750배 이상의 특수가연물을 저장·취급하는 것

해설 ① 틀림, 옥외소화전설비를 설치하여야 하는 특정소방대상물은 ②,③,④이다. 다만 아파트등, 위험물 저장 및 처리 시설 중 가스시설, 지하구 또는 터널은 옥외소화전설비의 설치대상에서 제외한다.

정답   31.①   32.④   33.①

34 옥외소화전 설치에서 연소 우려가 있는 건축물의 구조이다. 빈 칸에 들어갈 내용은?

> 같은 구(區) 내의 둘 이상의 건물이 다음의 조건에 모두 해당되는 연소 우려가 있는 구조인 경우에는 이를 하나의 특정소방대상물로 본다. 즉, 건축물대장의 건축물 현황도에 표시된 대지경계선 안에 둘 이상의 건축물이 있는 경우로서 각각의 건축물이 다른 건축물의 외벽으로부터 수평거리가 1층의 경우에는 (   ) 이하, 2층 이상의 층의 경우에는 (   ) 이하인 경우 및 개구부가 다른 건축물을 향하여 설치되어 있는 구조를 말한다.

① 3m, 5m   ② 3m, 5m
③ 3m, 8m   ④ 6m, 10m

해설 ④ 맞음, 지상 1층 및 2층의 바닥면적의 합계가 9천m² 이상인 것은 옥외소화전설비를 설치하여야 하는 특정소방대상물이다. 이 경우 같은 구 내의 둘 이상의 특정소방대상물이 행정안전부령으로 정하는 연소 우려가 있는 다음의 기준에 모두 해당하는 구조인 경우 이를 하나의 특정소방대상물로 본다.(규칙 제7조)
ⓐ 건축물대장의 건축물 현황도에 표시된 대지경계선 안에 둘 이상의 건축물이 있는 경우
ⓑ 각각의 건축물이 다른 건축물의 외벽으로부터 수평거리가 1층의 경우에는 6m 이하, 2층 이상의 층의 경우에는 10m 이하인 경우
ⓒ 개구부(영 제2조제1호에 따른 개구부)가 다른 건축물을 향하여 설치되어 있는 경우

35 단독경보형 감지기를 설치하여야 하는 대상으로 틀린 것은?

① 교육연구시설·수련시설 내에 있는 기숙사 또는 합숙소로서 연면적 1천㎡ 미만인 것
② 자동화재탐지설비 설치대상에 해당하지 않는 수련시설(숙박시설이 있는 것만 해당한다)
③ 연면적 400㎡ 미만의 유치원
④ 공동주택 중 연립주택 및 다세대주택

해설 ① 틀림, 교육연구시설·수련시설 내에 있는 기숙사 또는 합숙소로서 연면적 2천㎡ 미만인 것과 ②,③,④의 경우에는 단독경보형 감지기를 설치해야 한다.

36 비상경보설비를 설치하여야 할 특정소방대상물로 옳지 않은 것은?

① 연면적 400㎡인 여관
② 무창층의 바닥면적이 110㎡인 공연장
③ 터널로서 길이가 500m인 것
④ 40명의 근로자가 작업하는 옥내 작업장

해설 ④ 틀림, 비상경보설비를 설치하여야 할 특정소방대상물은 다음과 같다.
㉠ 연면적 400m²(터널 또는 사람이 거주하지 않거나 벽이 없는 축사 등 동·식물 관련시설은 제외한다) 이상이거나 지하층 또는 무창층의 바닥면적이 150m²(공연장의 경우 100m²) 이상인 것
㉡ 터널로서 길이가 500m 이상인 것, 50명 이상의 근로자가 작업하는 옥내 작업장

정답 34.④ 35.① 36.④

37 자동화재탐지설비를 설치하여야 하는 특정소방대상물로 틀린 것은?

① 근린생활시설(목욕장을 포함한다)로서 연면적 600㎡ 이상인 경우에는 모든 층
② 터널로서 길이가 1천m 이상인 것
③ 문화 및 집회시설, 종교시설로서 연면적 1천㎡ 이상인 경우에는 모든 층
④ 교육연구시설, 수련시설로서 연면적 2천㎡ 이상인 경우에는 모든 층

해설 ③,④ 맞음, 공동주택, 근린생활시설 중 목욕장, 문화 및 집회시설, 종교시설로서 연면적 1천m² 이상인 것, 교육연구시설(교육시설 내 기숙사 및 합숙소 포함), 수련시설(수련시설 내 기숙사 및 합숙소를 포함하며, 숙박시설이 있는 수련시설 제외)로서 연면적 2천m² 이상인 것이 자동화재탐지설비 설치대상이다.
① 틀림, 근린생활시설(목욕장은 제외), 의료시설(정신의료기관 또는 요양병원은 제외), 위락시설, 장례시설 및 복합건축물로서 연면적 600m² 이상인 것이 자동화재탐지설비 설치대상이다.

38 자동화재속보설비를 설치해야 하는 대상으로 틀린 것은?

① 노유자시설로서 바닥면적이 500㎡ 이상인 층이 있는 것
② 노유자시설 및 판매시설 중 전통시장
③ 근린생활시설 중 의원, 치과의원 및 한의원으로서 입원실이 있는 시설
④ 정신병원 및 의료재활시설로 사용되는 바닥면적의 합계가 600㎡ 이상인 층이 있는 것

해설 ① 맞음, 노유자시설 또는 숙박시설이 있는 수련시설로서 바닥면적이 500㎡ 이상인 층이 있는 것은 자동화재속보설비를 설치해야 한다.
② 맞음, 노유자 생활시설, 판매시설 중 전통시장에는 자동화재속보설비를 설치해야 한다.
③ 맞음, 근린생활시설 중 다음의 어느 하나에 해당하는 시설 : 의원, 치과의원 및 한의원으로서 입원실이 있는 시설, 조산원 및 산후조리원
④ 틀림, 정신병원 및 의료재활시설로 사용되는 바닥면적의 합계가 500㎡ 이상인 층이 있는 것이 대상이다.

39 다음 중 경보설비의 설치대상에 대한 설명으로 틀린 것은?

① 지하층을 포함하는 층수가 7층 이상인 관광호텔에는 방열복 또는 방화복(안전모, 보호장갑 및 안전화를 포함한다), 인공소생기 및 공기호흡기를 설치해야 한다.
② 누전경보기는 계약전류용량이 200암페어를 초과하는 특정소방대상물에 설치해야 한다.
③ 통합감시시설을 설치하여야 하는 특정소방대상물은 지하구로 한다.
④ 연면적 3천5백㎡ 이상인 것, 지하층을 제외한 층수가 11층 이상인 것과 지하층의 층수가 3층 이상인 것에는 비상방송설비를 설치해야 한다.

해설 ② 틀림, 누전경보기는 계약전류용량(같은 건축물에 계약 종류가 다른 전기가 공급되는 경우에는 그 중 최대계약전류용량)이 100암페어를 초과하는 특정소방대상물에 설치하여야 한다. 다만, 위험물 저장 및 처리 시설 중 가스시설, 터널 또는 지하구의 경우에는 그러하지 아니하다.

정답 37.① 38.④ 39.②

40 피난기구의 설치에 대한 다음의 보기에서 ( )에 들어갈 말은?

> 피난기구는 특정소방대상물의 피난층, 지상 1층, 지상 2층 및 층수가 ( ) 이상인 층과 위험물 저장 및 처리시설 중 가스시설, 터널 또는 지하구를 제외한 모든 층에 설치하여야 한다.

① 9층　　　　　　　　　　　② 10층
③ 11층　　　　　　　　　　　④ 15층

해설 ③ 맞음, 피난기구는 특정소방대상물의 모든 층에 화재안전기준에 적합한 것으로 설치하여야 한다. 다만, 피난층, 지상 1층, 지상 2층 및 층수가 11층 이상인 층과 위험물 저장 및 처리시설 중 가스시설, 터널 또는 지하구의 경우에는 그러하지 아니하다.

---

41 다음 중 객석유도등을 설치해야 하는 대상이 아닌 것은?

① 비디오물감상실
② 예식장
③ 카바레, 나이트클럽
④ 운동시설

해설 ① 틀림, 객석유도등은 다음의 어느 하나에 해당하는 특정소방대상물에 설치한다.
　㉠ 유흥주점영업시설(유흥주점영업 중 손님이 춤을 출 수 있는 무대가 설치된 카바레, 나이트클럽 또는 이와 비슷한 영업시설만 해당한다)
　㉡ 문화 및 집회시설
　㉢ 종교시설 및 운동시설

---

42 다음 중 비상조명등을 설치해야 하는 특정소방대상물로 틀린 것은?

① 지하층을 포함하는 층수가 5층 이상인 건축물로서 연면적 3천㎡ 이상인 것
② 터널로서 그 길이가 500m 이상인 것
③ 지하층 또는 무창층의 바닥면적이 450㎡ 이상인 경우 그 지하층 또는 무창층
④ 수용인원 100명 이상의 영화상영관, 판매시설 중 대규모점포, 철도 및 도시철도 시설 중 지하역사, 지하상가

해설 ④ 틀림, 수용인원 100명 이상의 영화상영관, 판매시설 중 대규모점포, 철도 및 도시철도 시설 중 지하역사, 지하상가 및 숙박시설은 휴대용 비상조명등을 설치해야 한다. 비상조명등 설치대상은 다음과 같다.
　㉠ 지하층을 포함하는 층수가 5층 이상인 건축물로서 연면적 3천m^2 이상인 것
　㉡ ㉠에 해당하지 않는 특정소방대상물로서 그 지하층 또는 무창층의 바닥면적이 450m^2 이상인 경우에는 그 지하층 또는 무창층
　㉢ 터널로서 그 길이가 500m 이상인 것

정답 40.③　41.①　42.④

43 상수도소화용수설비 설치에 대한 설명으로 틀린 것은?

① 연면적 5천㎡ 이상인 것
② 지하층을 포함하는 층수가 7층 이상인 것
③ 가스시설로서 지상에 노출된 탱크의 저장용량의 합계가 100톤 이상인 것
④ 상수도소화용수설비를 설치해야 하는 대상물의 대지 경계선으로부터 180m 이내에 지름 75㎜ 이상인 상수도용 배수관이 설치되지 않은 지역은 소화수조 또는 저수조를 설치해야 한다.

해설 ② 틀림, ②는 연결송수관설비를 설치하여야 하는 대상물이다. 상수도소화용수설비를 설치하여야 하는 특정소방대상물은 다음의 어느 하나와 같다.
  ㉠ 연면적 5천m² 이상인 것(가스시설, 터널 또는 지하구의 경우에는 그러하지 아니하다)
  ㉡ 가스시설로서 지상에 노출된 탱크의 저장용량의 합계가 100톤 이상인 것

44 지하층 또는 무창층에 설치된 숙박시설은 해당 용도로 사용되는 바닥면적이 얼마 이상이면 제연설비를 설치하여야 하는가?

① 100m²
② 200m²
③ 1천m²
④ 2천m²

해설 ③ 맞음, 제연설비를 설치하여야 하는 특정소방대상물은 다음의 어느 하나와 같다.
  ㉠ 문화 및 집회시설, 종교시설, 운동시설로서 무대부의 바닥면적이 200m² 이상 또는 문화 및 집회시설 중 영화상영관으로서 수용인원 100명 이상인 것
  ㉡ 지하층이나 무창층에 설치된 근린생활시설, 판매시설, 운수시설, 숙박시설, 위락시설, 의료시설, 노유자시설 또는 물류터미널로서 해당 용도로 사용되는 바닥면적의 합계가 1천㎡ 이상인 경우 해당 부분
  ㉢ 운수시설 중 시외버스정류장, 철도 및 도시철도 시설, 공항시설 및 항만시설의 대합실 또는 휴게시설로서 지하층 또는 무창층의 바닥면적이 1천m² 이상인 경우에는 모든 층
  ㉣ 지하상가로서 연면적 1천m² 이상인 것
  ㉤ 예상 교통량, 경사도 등 터널의 특성을 고려하여 행정안전부령으로 정하는 터널
  ㉥ 특정소방대상물(갓복도형 아파트등은 제외)에 부설된 특별피난계단 또는 비상용 승강기의 승강장

45 무선통신보조설비를 설치하여야 하는 특정소방대상물이 아닌 것은?

① 지하구(전력 또는 통신사업용인 것만 해당한다)
② 지하상가로서 연면적 1천㎡ 이상인 것
③ 지하층의 바닥면적의 합계가 3천㎡ 이상인 것 또는 지하층의 층수가 3층 이상이고 지하층의 바닥면적의 합계가 1천㎡ 이상인 것은 지하층의 모든 층
④ 층수가 30층 이상인 것으로서 16층 이상 부분의 모든 층

해설 ① 틀림, 지하구(전력 또는 통신사업용인 것만 해당한다)에 설치해야하는 것은 연소방지설비이다. 무선통신보조설비는 ②, ③,④ 및 터널로서 길이가 500m 이상인 것과 공동구에 설치해야 한다.

정답 43.② 44.③ 45.①

46 지하구를 제외한 특정소방대상물에 연결살수설비 설치대상이 아닌 것은?

① 판매시설, 운수시설, 창고시설 중 물류터미널로서 해당 용도로 사용되는 부분의 바닥면적의 합계가 1천㎡ 이상인 경우에는 해당 시설
② 층수가 11층 이상인 특정소방대상물의 경우에는 11층 이상의 층
③ 가스시설 중 지상에 노출된 탱크의 용량이 30톤 이상인 탱크시설
④ 지하층으로서 바닥면적의 합계가 150㎡ 이상인 것. 다만, 국민주택규모 이하인 아파트등의 지하층의 경우에는 700㎡ 이상인 것으로 한다.

해설 ② 틀림, 층수가 11층 이상인 특정소방대상물의 경우에는 11층 이상의 층은 비상콘센트설비를 설치해야 하는 특정소방대상물(위험물 저장 및 처리 시설 중 가스시설 또는 지하구는 제외한다)이다.
①,③,④ 맞음 ①,③,④ 및 ①과 ④의 특정소방대상물에 부속된 연결통로는 연결살수설비 설치대상이다.

47 관계인이 특정소방대상물에 설치해야 하는 소방시설로 틀린 것은?

① 지하상가로서 연면적 1천m² 이상인 경우 스프링클러설비, 자동화재탐지설비, 무선통신보조설비, 제연설비는 공통적으로 설치해야 할 소방시설이다.
② 터널의 길이가 1km인 경우에 설치해야 하는 소방시설은 소화기구, 무선통신보조설비, 비상조명등, 옥내소화전설비 및 상수도소화용수설비 등이다.
③ 위험물 저장 및 처리 시설 중 가스시설, 지하구, 터널에서 모두 제외되는 소방시설은 옥외소화전설비, 비상방송설비, 피난기구, 소화용수설비이다.
④ 소화수를 처리하는 설비가 설치되어 있지 않은 중·저준위방사성폐기물의 저장시설에는 이산화탄소소화설비, 할론소화설비 또는 할로겐화합물 및 불활성기체 소화설비를 설치해야 한다.

해설 ② 틀림, 터널의 길이가 1km인 경우에 설치해야 하는 소방시설은 소화기구, 무선통신보조설비, 비상조명등, 비상콘센트설비, 비상경보설비, 옥내소화전설비, 연결송수관설비 및 자동화재탐지설비이다.
③ 맞음, 위험물 저장 및 처리 시설 중 가스시설, 지하구, 터널에서 모두 제외되는 소방시설은 옥외소화전설비, 비상방송설비, 피난기구, 소화용수설비이다.

48 소방시설 설치 및 관리에 관한 법 상 소방시설정보관리시스템 구축 대상이 아닌 것은?

① 문화 및 집회시설
② 종교시설
③ 지하상가 및 지하구
④ 운수시설

해설 ④ 틀림, 소방시설정보관리시스템 구축·운영 대상은 ①,②,③ 및 판매시설, 의료시설, 노유자시설, 업무시설, 숙박이 가능한 수련시설, 숙박시설, 공장, 창고시설, 위험물 저장 및 처리시설 및 그 밖에 소방청장, 소방본부장 또는 소방서장이 소방안전관리의 취약성과 화재위험성을 고려하여 필요하다고 인정하는 특정소방대상물이다.

정답 46.② 47.② 48.④

49 근린생활시설등의 소방시설 설치기준이 복합건축물의 소방시설 설치기준보다 강한 경우 복합건축물 안에 있는 해당 근린생활시설등에 대해 적용되는 소방시설의 설치기준은?

① 행정안전부령으로 정하는 설치기준을 적용한다.
② 복합건축물의 소방시설 설치기준을 적용한다.
③ 근린생활시설등의 소방시설 설치기준을 적용한다.
④ 근린생활시설등의 소방시설 설치기준 또는 복합건축물의 소방시설 설치기준을 적용한다.

해설 ③ 맞음, 특정소방대상물 제1호부터 제27호까지 중 어느 하나에 해당하는 시설(근린생활시설등)의 소방시설 설치기준이 복합건축물의 소방시설 설치기준보다 강한 경우 복합건축물 안에 있는 해당 근린생활시설등에 대해서는 그 근린생활시설등의 소방시설 설치기준을 적용한다.(영 별표 4 비고)

50 소방시설기준 적용의 특례 중 대통령령 또는 화재안전기준의 변경 시 기존의 특정소방대상물에 대하여 강화된 화재안전기준을 적용하는 것은?

① 옥내소화전설비　　　　　　　　　② 자동화재탐지설비
③ 옥외소화전설비　　　　　　　　　④ 스프링클러설비

해설 ② 맞음, 다음의 어느 하나에 해당하는 소방시설의 경우에는 강화된 기준을 적용할 수 있다.
　㉠ 소화기구, 비상경보설비, 자동화재탐지, 자동화재속보설비, 피난구조설비 중 대통령령으로 정하는 것
　㉡ 다음의 특정소방대상물에 설치하는 소방시설 중 대통령령 또는 화재안전기준으로 정하는 것
　　ⓐ 공동구에 설치하는 소화기, 자동소화장치, 자동화재탐지설비, 통합감시시설, 유도등 및 연소방지설비
　　ⓑ 전력 또는 통신사업용 지하구에 설치하는 소화기, 자동소화장치, 자동화재탐지설비, 통합감시시설 등
　　ⓒ 노유자(老幼者)시설, 의료시설에 설치하여야 하는 소방시설 중 대통령령 등으로 정하는 것

51 소방시설기준 적용의 특례 중 대통령령 또는 화재안전기준의 변경 시 기존의 특정소방대상물에 대하여 강화된 화재안전기준을 적용하는 것으로 틀린 것은?

① 소화기구, 비상경보설비, 자동화재탐지설비, 자동화재속보설비, 피난구조설비 등의 소방시설
② 지하구 가운데 공동구 및 전력 또는 통신사업용 지하구에 설치하여야 하는 소방시설
③ 노유자시설에 설치하는 스프링클러설비, 자동화재탐지설비 및 단독경보형감지기
④ 의료시설에 설치하는 자동화재탐지설비 및 자동화재속보설비

해설 ③ 틀림, 대통령령 또는 화재안전기준의 변경으로 강화된 기준을 적용하는 경우
　㉠ 소화기구, 비상경보설비, 자동화재탐지설비, 자동화재속보설비, 피난구조설비 중 대통령령으로 정하는 것
　㉡ 공동구에 설치하는 소화기, 자동소화장치, 자동화재탐지설비, 통합감시시설, 유도등 및 연소방지설비
　㉢ 전력 또는 통신사업용 지하구에 설치하는 소화기, 자동소화장치, 자동화재탐지설비, 통합감시시설, 유도등 및 연소방지설비
　㉣ 노유자(老幼者)시설에 설치하는 간이스프링클러설비, 자동화재탐지설비 및 단독경보형 감지기
　㉤ 의료시설에 설치하는 스프링클러설비, 간이스프링클러설비, 자동화재탐지설비 및 자동화재속보설비

정답　49.③　50.②　51.③

52 특정소방대상물의 소방시설 설치의 면제기준으로 틀린 것은?

① 스프링클러설비를 설치해야 하는 특정소방대상물에 물분무등소화설비를 화재안전기준에 적합하게 설치한 경우에는 그 설비의 유효범위에서 설치가 면제된다.
② 물분무등소화설비를 설치해야 하는 차고·주차장에 스프링클러설비를 화재안전기준에 적합하게 설치한 경우에는 그 설비의 유효범위에서 설치가 면제된다.
③ 비상경보설비를 설치해야 할 특정소방대상물에 단독경보형 감지기를 2개 이상의 단독경보형 감지기와 연동하여 설치하는 경우에는 그 설비의 유효범위에서 설치가 면제된다.
④ 간이스프링클러설비를 설치해야 하는 특정소방대상물에 스프링클러설비, 분말소화기를 화재안전기준에 적합하게 설치한 경우에는 그 설비의 유효범위에서 설치가 면제된다.

해설 ④ 틀림, 간이스프링클러설비 또는 연소방지설비를 설치하여야 하는 특정소방대상물에 스프링클러설비, 물분무소화설비 또는 미분무소화설비를 화재안전기준에 적합하게 설치한 경우에는 그 설비의 유효범위에서 설치가 면제된다. 분말소화기의 설치로 간이스프링클러설비를 설치를 면제받을 수는 없다.

53 연결살수설비를 면제할 수 있는 요건으로 틀린 것은?

① 연결살수설비를 설치하여야 하는 특정소방대상물에 송수구를 부설한 스프링클러설비를 화재안전기준에 적합하게 설치한 경우에는 그 설비의 유효범위에서 설치가 면제된다.
② 연결살수설비를 설치하여야 하는 특정소방대상물에 물분무소화설비 또는 미분무소화설비를 화재안전기준에 적합하게 설치한 경우에는 그 설비의 유효범위에서 설치가 면제된다.
③ 물분무장치 등에 소방대가 사용할 수 있는 연결송수구가 설치된 경우에는 설치가 면제된다.
④ 물분무장치 등에 4시간 이상 공급할 수 있는 수원이 확보된 경우에는 설치가 면제된다.

해설 ④ 틀림, 가스 관계 법령에 따라 설치되는 물분무장치 등에 소방대가 사용할 수 있는 연결송수구가 설치되거나 물분무장치 등에 6시간 이상 공급할 수 있는 수원이 확보된 경우에는 설치가 면제된다.

54 다음 설명 중 괄호 안에 들어갈 내용으로 알맞은 것은?

> 소방본부장이나 소방서장은 기존의 특정소방대상물이 (㉠)되거나 (㉡)되는 경우에는 대통령령으로 정하는 바에 따라 (㉠) 또는 (㉡) 당시의 소방시설의 설치에 관한 대통령령 또는 화재안전기준을 적용한다.

① 신축, 증축
② 증축, 개축
③ 증축, 용도변경
④ 신축, 용도변경

해설 ③ 맞음, 소방본부장이나 소방서장은 기존의 특정소방대상물이 증축되거나 용도변경되는 경우에는 대통령령으로 정하는 바에 따라 증축 또는 용도변경 당시의 소방시설의 설치에 관한 대통령령 또는 화재안전기준을 적용한다.(법 제13조 제3항)

정답 52.④ 53.④ 54.③

55 특정소방대상물이 증축되는 경우 기존부분에 대하여는 증축 당시의 소방시설등의 설치에 관한 대통령령 또는 화재안전기준을 적용하지 않는 경우로 틀린 것은?

① 기존 부분과 증축 부분이 내화구조가 아닌 바닥과 벽으로 구획된 경우
② 기존 부분과 증축 부분이 자동방화셔터 또는 60분+ 방화문으로 구획되어 있는 경우
③ 자동차 생산공장 등 화재 위험이 낮은 특정소방대상물 내부에 연면적 33제곱미터 이하의 직원 휴게실을 증축하는 경우
④ 자동차 생산공장 등 화재 위험이 낮은 특정소방대상물에 캐노피를 설치하는 경우

> **해설** ① 틀림, 특정소방대상물이 증축되는 경우에는 기존 부분을 포함한 특정소방대상물의 전체에 대하여 증축 당시의 소방시설의 설치에 관한 대통령령 또는 화재안전기준을 적용해야 한다. 그러나 ②,③,④ 및 기존 부분과 증축 부분이 내화구조로 된 바닥과 벽으로 구획된 경우의 어느 하나에 해당하는 경우에는 기존 부분에 대해서는 증축 당시의 소방시설의 설치에 관한 대통령령 또는 화재안전기준을 적용하지 않는다.(영 제15조 제1항)

56 특정소방대상물의 증축 또는 용도 변경되는 경우 소방시설기준 적용의 특례로 틀린 것은?

① 증축되는 경우 기존 부분을 포함한 특정소방대상물의 전체에 대하여 증축 당시의 소방시설의 설치에 관한 대통령령 또는 화재안전기준을 적용하여야 한다.
② 기존 부분과 증축 부분이 내화구조로 된 바닥과 벽으로 구획된 경우 기존 부분에 대해서는 증축 당시의 소방시설의 설치에 관한 대통령령 또는 화재안전기준을 적용하지 아니한다.
③ 용도변경되는 경우 기존 부분을 포함한 특정소방대상물의 전체에 대하여 용도변경 당시의 소방시설의 설치에 관한 대통령령 또는 화재안전기준을 적용하여야 한다.
④ 용도변경으로 인하여 천장·바닥·벽 등에 고정되어 있는 가연성 물질의 양이 줄어드는 경우에는 특정소방대상물 전체에 대하여 용도변경 전의 소방시설의 설치에 관한 대통령령 또는 화재안전기준을 적용한다.

> **해설** ③ 틀림, 소방본부장 또는 소방서장은 특정소방대상물이 용도변경되는 경우에는 용도변경되는 부분에 대해서만 용도변경 당시의 소방시설의 설치에 관한 대통령령 또는 화재안전기준을 적용한다.

57 소방시설을 설치하지 않을 수 있는 특정소방대상물이 아닌 것은?

① 화재위험도가 낮은 특정소방대상물
② 화재안전기준을 적용하기가 어려운 특정소방대상물
③ 화재안전기준을 달리 적용해야 하는 특수한 용도 또는 구조를 가진 특정소방대상물
④ 위험물안전관리법에 제19조에 따른 자위소방대가 설치된 특정소방대상물

> **해설** ④ 틀림, 소방시설을 설치하지 아니할 수 있는 특정소방대상물은 ①,②,③ 및 위험물안전관리법에 제19조에 따른 자체소방대가 설치된 특정소방대상물이다.

정답 55.① 56.③ 57.④

58 소방시설을 설치하지 아니할 수 있는 특정소방대상물의 범위로 틀린 것은?

① 화재안전기준을 달리 적용해야 하는 특수한 용도 또는 구조를 가진 특정소방대상물 – 원자력 발전소, 핵폐기물처리시설
② 화재위험도가 낮은 특정소방대상물 – 정수장, 수영장, 목욕장
③ 화재안전기준을 적용하기가 어려운 특정소방대상물 – 펄프공장의 작업장, 음료수 공장의 세정 또는 충전하는 공장의 작업장
④ 자체소방대가 설치된 특정소방대상물 – 자체소방대가 설치된 위험물제조소등에 부속된 사무실

해설 ② 틀림, 정수장, 수영장, 목욕장은 화재안전기준을 적용하기가 어려운 특정소방대상물이다. 화재안전기준을 적용하기가 어려운 특정소방대상물은 다음과 같다.
  ⊙ 펄프공장의 작업장·음료수 공장의 세정 또는 충전하는 작업장 그 밖에 이와 비슷한 용도로 사용하는 것은 스프링클러설비, 상수도소화용수설비 및 연결살수설비를 설치하지 아니할 수 있다.
  ⊙ 정수장, 수영장, 목욕장, 농예·축산·어류양식용 시설 그 밖에 이와 비슷한 용도로 사용되는 것은 자동화재탐지설비, 상수도소화용수설비 및 연결살수설비를 설치하지 아니할 수 있다.

59 소방시설을 설치하지 아니할 수 있는 특정소방대상물과 소방시설의 범위로 틀린 것은?

① 주물공장은 옥내소화전 및 소화용수설비를 설치하지 아니할 수 있다.
② 펄프공장의 작업장은 화재안전기준을 적용하기 어려운 특정소방대상물이다.
③ 정수장은 자동화재탐지설비, 상수도소화용수설비를 설치하지 아니할 수 있다.
④ 원자력발전소는 연결송수관설비 및 연결살수설비를 설치하지 아니할 수 있다.

해설 ① 틀림, 석재, 불연성금속, 불연성 건축재료 등의 가공공장·기계조립공장·주물공장 또는 불연성 물품을 저장하는 창고는 옥외소화전 및 연결살수설비를 설치하지 아니할 수 있다. 옥내소화전설비, 소화용수설비를 설치하지 않을 수 있는 특정소방대상물은 자체소방대가 설치된 위험물 제조소 등에 부속된 사무실이다.

60 특정소방대상물별로 설치하여야 하는 소방시설의 정비 등에 대한 설명으로 틀린 것은?

① 소방시설을 정할 때에는 특정소방대상물의 규모·용도 및 수용인원 등을 고려하여야 한다.
② 소방청장은 건축 환경 및 화재위험특성 변화사항을 효과적으로 반영할 수 있도록 소방시설 규정을 2년에 1회 이상 정비하여야 한다.
③ 소방청장은 건축 환경 및 화재위험특성 변화 추세를 체계적으로 연구하여 정비를 위한 개선방안을 마련하여야 한다.
④ 연구의 수행 등에 필요한 사항은 행정안전부령으로 정한다.

해설 ① 맞음, 소방시설을 정할 때에는 특정소방대상물의 규모·용도·수용인원 및 이용자 특성 등을 고려해야 한다.
  ② 틀림, 소방청장은 건축 환경 및 화재위험특성 변화사항을 효과적으로 반영할 수 있도록 소방시설 규정을 3년에 1회 이상 정비하여야 한다.(법 제14조 제2항)

정답 58.② 59.① 60.②

61 소방용품의 내용연수에 대한 설명으로 틀린 것은?

① 특정소방대상물의 관계인은 내용연수가 경과한 소방용품을 교체하여야 한다.
② 내용연수를 설정하여야 하는 소방용품의 종류는 대통령령으로 정한다.
③ 내용연수를 설정하여야 하는 소방용품은 분말형태의 소화약제를 사용하는 소화기로 한다.
④ 소방용품의 내용연수는 15년으로 한다.

> 해설 ①,② 맞음, 법 제17조 제1항의 규정이다.
> ④ 틀림, 내용연수를 설정하여야 하는 소방용품은 분말형태의 소화약제를 사용하는 소화기로 하며, 이에 따른 소방용품의 내용연수는 10년으로 한다.(영 제19조)

62 임시소방시설의 유지・관리 등에 대한 설명으로 틀린 것은?

① 공사시공자는 특정소방대상물의 신축·증축·개축 등 또는 설비 설치 등을 위한 공사 현장에서 화재위험작업을 하기 전에 임시소방시설을 설치하고 관리하여야 한다.
② 임시소방시설 설치하여야 할 공사의 종류와 그 설치 및 관리 기준은 대통령령으로 정한다.
③ 소방본부장 또는 소방서장은 임시소방시설 등이 설치・관리되지 아니할 때에는 해당 시공자에게 필요한 조치를 하도록 명할 수 있다.
④ 임시소방시설은 소화기, 간이소화용구, 비상경보장치, 가스누설경보기, 간이피난유도선, 비상조명등 및 방지포가 있으며, 가스누설경보기는 형식승인 및 제품검사를 받은 것으로 한다.

> 해설 ② 틀림, 임시소방시설을 설치하여야 하는 공사의 종류와 규모, 임시소방시설의 종류 등에 관하여 필요한 사항은 대통령령으로 정하고, 임시소방시설의 설치 및 유지・관리 기준은 소방청장이 정하여 고시한다.

63 임시소방시설의 유지・관리에서 공사 현장에서 인화성(引火性) 물품을 취급하는 대통령령으로 정하는 작업(화재위험작업)으로 틀린 것은?

① 인화성・가연성・폭발성 물질을 취급하거나 가연성 가스를 발생시키는 작업
② 전열기구, 가열전선 등 열을 발생시키는 기구를 취급하는 작업
③ 알루미늄, 마그네슘 등을 취급하여 폭발성 부유분진을 발생시킬 수 있는 작업
④ 위와 비슷한 작업으로 행정안전부령으로 정하는 작업

> 해설 ④ 틀림, "인화성(引火性) 물품을 취급하는 작업 등 대통령령으로 정하는 작업"이란 다음의 어느 하나에 해당하는 작업을 말한다.(영 제18조 제1항)
> ㉠ 인화성・가연성・폭발성 물질을 취급하거나 가연성 가스를 발생시키는 작업
> ㉡ 용접・용단(금속・유리・플라스틱 따위를 녹여서 절단하는 일) 등 불꽃을 발생시키거나 화기를 취급하는 작업
> ㉢ 전열기구, 가열전선 등 열을 발생시키는 기구를 취급하는 작업
> ㉣ 알루미늄, 마그네슘 등을 취급하여 폭발성 부유분진을 발생시킬 수 있는 작업
> ㉤ 그 밖에 ㉠부터 ㉣까지와 비슷한 작업으로 소방청장이 정하여 고시하는 작업

정답 61.④ 62.② 63.④

64 임시소방시설을 설치하여야 하는 공사의 종류 및 규모에 대한 내용으로 틀린 것은?

① 비상경보장치 : 연면적 400㎡ 이상이거나 해당 층의 바닥면적이 150㎡ 이상인 지하층 또는 무창층의 어느 하나에 해당하는 공사의 화재위험작업현장에 설치한다.
② 간이소화장치 : 연면적 3천㎡ 이상이거나 해당 층의 바닥면적이 600㎡ 이상인 지하층, 무창층 및 4층 이상의 층 어느 하나에 해당하는 공사의 작업현장에 설치한다
③ 가스누설경보기, 간이피난유도선, 비상조명등 : 바닥면적 100㎡ 이상인 지하층 또는 무창층의 화재위험작업현장에 설치한다.
④ 방화포 : 용접·용단 작업이 진행되는 화재위험작업현장에 설치한다.

> 해설 ③ 틀림, 가스누설경보기, 간이피난유도선, 비상경보장치는 바닥면적이 150㎡ 이상인 지하층 또는 무창층의 어느 하나에 해당하는 공사의 화재위험작업현장에 설치한다.(영 별표 8 제2호)

65 임시소방시설과 기능 및 성능이 유사한 소방시설로서 간이소화장치의 임시소방시설을 설치한 것으로 보는 소방시설은?

① 비상방송설비 또는 자동화재탐지설비
② 소방청장이 정하여 고시하는 기준에 맞는 소화기 또는 옥내소화전설비
③ 피난유도선, 피난구유도등, 통로유도등 또는 비상조명등
④ 단독경보형감지기 및 시각경보기

> 해설 ② 맞음, 임시소방시설과 기능 및 성능이 유사한 소방시설로서 임시소방시설을 설치한 것으로 보는 소방시설은 다음의 별표 5의2 제3호와 같다.
> ㉠ 간이소화장치를 설치한 것으로 보는 소방시설 : 소방청장이 정하여 고시하는 기준에 맞는 소화기(연결송수관설비의 방수구 인근에 설치한 경우로 한정한다) 또는 옥내소화전설비
> ㉡ 비상경보장치를 설치한 것으로 보는 소방시설 : 비상방송설비 또는 자동화재탐지설비
> ㉢ 간이피난유도선을 설치한 것으로 보는 소방시설 : 피난유도선, 피난구유도등, 통로유도등 또는 비상조명등

66 중앙소방기술심의위원회의에서 심의하여야 하는 사항으로 틀린 것은?

① 소방시설공사의 하자를 판단하는 기준에 관한 사항
② 소방시설의 구조 및 원리 등에서 공법이 특수한 설계 및 시공에 관한 사항
③ 새로운 소방시설과 소방용품 등의 도입 여부에 관한 사항
④ 연면적 5만제곱미터 이상의 특정소방대상물에 설치된 소방시설의 설계·시공·감리의 하자 유무에 관한 사항

> 해설 ③ 맞음, ③은 소방기술 등에 관하여 대통령령으로 정하는 사항이다.
> ④ 틀림, 연면적 10만제곱미터 이상의 특정소방대상물에 설치된 소방시설의 설계·시공·감리의 하자 유무에 관한 사항이 중앙소방기술심의위원회의 심의사항이다.

정답 64.③ 65.② 66.④

67 다음 중 지방소방기술심의위원회의 심의사항으로 옳은 것은?

① 화재안전기준에 관한 사항
② 소방시설에 하자가 있는지의 판단에 관한 사항
③ 소방시설의 설계 및 공사감리의 방법에 관한 사항
④ 소방기술과 관련하여 소방청장이 심의에 부치는 사항

해설 ② 맞음, 소방시설에 하자가 있는지의 판단에 관한 사항은 지방위원회의 심의사항, 소방시설공사의 하자를 판단하는 기준에 관한 사항은 중앙위원회의 심의사항이다. 지방위원회의 심의사항은 다음과 같다.
  ㉠ 소방시설에 하자가 있는지의 판단에 관한 사항
  ㉡ 그 밖에 소방기술 등에 관하여 대통령령으로 정하는 다음의 사항
    ⓐ 연면적 10만제곱미터 미만의 특정소방대상물에 설치된 소방시설의 설계·시공·감리의 하자 유무에 관한 사항
    ⓑ 소방본부장 또는 소방서장이 화재안전기준 또는 위험물 제조소등의 시설기준의 적용에 관하여 기술검토를 요청하는 사항
    ⓒ 그 밖에 소방기술과 관련하여 시·도지사가 기술심의위원회의 심의에 부치는 사항

68 다음 중 소방기술심의위원회에 대한 설명으로 틀린 것은?

① 소방청에 두는 중앙소방기술심의위원회는 위원장을 포함하여 60명 이내로 구성한다.
② 중앙위원회의 회의는 위원장과 위원장이 회의마다 지정하는 6명 이상 12명 이하의 위원으로 구성하고, 중앙위원회는 분야별 소위원회를 구성·운영할 수 있다.
③ 지방소방기술심의위원회는 위원장을 포함하여 5명 이상 9명 이하의 위원으로 구성한다.
④ 위원회의 위원 중 위촉위원의 임기는 3년으로 하되, 한 차례만 연임할 수 있다.

해설 ① 맞음, 소방청에 두는 중앙소방기술심의위원회는 성별을 고려하여 위원장을 포함한 60명 이내의 위원으로 구성한다. 회의는 위원장이 회의마다 지정하는 6명 이상 12명 이하의 위원으로 구성하고, 중앙위원회는 분야별 소위원회를 구성·운영할 수 있다.
④ 틀림, 위원회의 위원 중 위촉위원의 임기는 2년으로 하되, 한 차례만 연임할 수 있다.

69 중앙소방기술심의위원회 위원으로 임명·위촉될 수 있는 자격기준으로 틀린 것은?

① 소속 소방공무원
② 소방시설관리사
③ 석사 이상의 소방 관련 학위를 소지한 사람
④ 소방 관련 법인·단체에서 소방 관련 업무에 5년 이상 종사한 사람

해설 ① 틀림, 중앙소방기술심의위원회 위원으로 임명·위촉될 수 있는 자격기준은 과장급 직위 이상의 소방공무원과 ②,③,④ 및 소방기술사, 소방공무원 교육기관, 대학교 또는 연구소에서 소방과 관련된 교육이나 연구에 5년 이상 종사한 사람이다. 소속 소방공무원은 지방위원회 위원의 자격기준이다.

정답 67.② 68.④ 69.①

70 다음 중 소방기술심의위원회에 대한 설명으로 틀린 것은?

① 중앙소방기술심의위원회는 소방청에 지방소방기술심의위원회는 시·도에 둔다.
② 소방청장 또는 시·도지사는 위원이 직무와 관련된 비위사실이 있는 경우에는 해당 위원을 해임하거나 해촉할 수 있다.
③ 위원회의 위원이나 그 배우자 또는 배우자였던 사람이 해당 안건의 당사자가 되거나 그 안건의 당사자와 공동권리자 또는 공동의무자인 경우 위원회의 심의·의결에서 제척된다.
④ 해당 안건의 당사자는 위원에게 제척사유가 있거나 공정한 심의·의결을 기대하기 어려운 사정이 있는 경우에는 위원회에 회피신청을 할 수 있고, 위원회는 의결로 이를 결정한다.

> **해설** ④ 틀림, 해당 안건의 당사자는 위원에게 공정한 심의·의결을 기대하기 어려운 사정이 있는 경우에는 위원회에 기피신청을 할 수 있고, 위원회는 의결로 이를 결정한다. 이 경우 기피신청의 대상인 위원은 그 의결에 참여하지 못한다. ④의 경우에는 회피가 아닌 기피신청을 할 수 있다. 위원이 제척사유 또는 기피사유에 해당하는 경우에는 스스로 해당 안건의 심의·의결에서 회피(回避)해야 한다.

71 다음 중 방염대상 특정소방대상물이 아닌 것은?

① 근린생활시설 중 체력단련장
② 숙박이 가능한 수련시설
③ 옥외에 설치된 운동시설
④ 교육연구시설 중 합숙소

> **해설** ③ 틀림, 방염성능기준 이상의 실내장식물 등을 설치하여야 하는 특정소방대상물은 다음과 같다.
> ㉠ 근린생활시설 중 의원, 치과의원, 한의원, 조산원, 산후조리원, 체력단련장, 공연장, 종교집회장
> ㉡ 건축물의 옥내에 있는 문화 및 집회시설, 종교시설, 운동시설(수영장은 제외한다)
> ㉢ 의료시설, 교육연구시설 중 합숙소
> ㉣ 숙박시설, 노유자시설 및 숙박이 가능한 수련시설
> ㉤ 방송통신시설 중 방송국 및 촬영소
> ㉥ 다중이용업소
> ㉦ 위의 시설에 해당하지 아니하는 것으로서 층수가 11층 이상인 것(아파트는 제외)

72 다음 중 방염처리를 하여야 하는 물품이 아닌 것은?

① 커튼류(블라인드 제외)
② 전시용 합판
③ 합성수지류를 원료로 제작된 소파
④ 암막·무대막

> **해설** ① 틀림, 방염처리를 하여야 하는 물품(영 제31조 제1항)
> ㉠ 창문에 설치하는 커튼류(블라인드를 포함한다)
> ㉡ 카펫, 벽지류(두께가 2밀리미터 미만인 벽지류로서 종이벽지는 제외한다)
> ㉢ 전시용 합판 또는 섬유판, 무대용 합판 또는 섬유판
> ㉣ 암막·무대막(영화상영관에 설치하는 스크린과 골프 연습장업에 설치하는 스크린을 포함한다)
> ㉤ 섬유류 또는 합성수지류 등을 원료로 제작된 소파·의자(단란·유흥주점 및 노래연습장업의 영업장)

정답 70.④ 71.③ 72.①

73 방염대상물품 중 실내장식물에 해당하지 않는 것은?

① 공간을 구획하기 위하여 설치하는 간이 칸막이
② 벽을 장식하기 위하여 부착한 두께 2mm 미만의 종이벽지
③ 벽을 장식하기 위한 합판이나 목재
④ 방음(防音)을 위하여 설치하는 방음재

해설 ② 틀림, 실내장식물은 건축물 내부의 천장이나 벽에 부착하거나 설치하는 것으로서 다음에 해당하는 것을 말한다. 다만, 가구류와 너비 10센티미터 이하인 반자돌림대 등과 내부마감재료는 제외한다.
  ㉠ 종이류(두께 2밀리미터 이상인 것을 말한다)·합성수지류 또는 섬유류를 주원료로 한 물품
  ㉡ 합판이나 목재
  ㉢ 공간을 구획하기 위하여 설치하는 간이 칸막이
  ㉣ 흡음이나 방음을 위하여 설치하는 흡음재(흡음용 커튼 포함) 또는 방음재(방음용 커튼 포함)

74 방염성능기준에 대한 설명으로 적절하지 못한 것은?

① 탄화한 면적은 50제곱센티미터 이내, 탄화한 길이는 30센티미터 이내일 것
② 버너의 불꽃을 제거한 때부터 불꽃을 올리지 않고 연소상태가 그칠 때까지 30초 이내일 것
③ 불꽃에 의하여 완전히 녹을 때까지 불꽃의 접촉 횟수는 3회 이상일 것
④ 발연량을 측정하는 경우 최대연기밀도는 400 이하일 것

해설 ① 틀림, 방염성능기준은 다음의 기준의 범위에서 소방청장이 정하여 고시하는 바에 따른다.
  ㉠ 버너의 불꽃을 제거한 때부터 불꽃을 올리며 연소하는 상태가 그칠 때까지 시간은 20초 이내일 것
  ㉡ 버너의 불꽃을 제거한 때부터 불꽃을 올리지 않고 연소하는 상태가 그칠 때까지 시간은 30초 이내일 것
  ㉢ 탄화(炭化)한 면적은 50제곱센티미터 이내, 탄화한 길이는 20센티미터 이내일 것
  ㉣ 불꽃에 의하여 완전히 녹을 때까지 불꽃의 접촉 횟수는 3회 이상일 것
  ㉤ 소방청장이 정하여 고시한 방법으로 발연량을 측정하는 경우 최대연기밀도는 400 이하일 것

75 다음 방염성능의 검사에 대한 내용으로 틀린 것은?

① 방염대상물품은 소방청장이 실시하는 방염성능검사를 받은 것이어야 한다.
② 방염대상물품 중 설치 현장에서 방염처리를 하는 합판·목재 등 대통령령으로 정하는 방염대상물품의 경우에는 시·도지사가 실시하는 검사를 받아야 한다.
③ 방염성능검사를 할 때에 거짓 시료(試料)를 제출하여서는 아니 된다.
④ 방염성능검사 방법과 검사 결과에 따른 합격 표시 등에 필요한 사항은 대통령령으로 정한다.

해설 ① 맞음, 특정소방대상물에서 사용하는 방염대상물품은 소방청장(대통령령으로 정하는 방염대상물품의 경우에는 시·도지사)이 실시하는 방염성능검사를 받은 것이어야 한다.(법 제13조 제1항)
  ④ 틀림, 방염성능검사 방법과 검사 결과에 따른 합격 표시 등에 필요한 사항은 행정안전부령으로 정한다.

정답 73.② 74.① 75.④

76 다음 중 주택에 설치하는 소방시설에 대한 설명으로 옳은 것은? ☆ 18년 소방교

① 단독주택 및 공동주택(아파트 및 기숙사는 제외)의 소유자가 설치하여야 한다.
② 주택에 설치하는 소방시설은 소화기 및 자동화재탐지설비이다.
③ 소방본부장 또는 소방서장은 주택용소방시설의 설치 및 국민의 자율적인 안전관리를 촉진하기 위하여 필요한 시책을 마련하여야 한다.
④ 주택용소방시설의 설치기준 및 자율적인 안전관리 등에 관한 사항은 대통령령으로 정한다.

해설 ① 맞음, 단독주택 및 공동주택(아파트 및 기숙사는 제외한다)의 소유자는 대통령령으로 정하는 소방시설을 설치하여야 한다.(법 제10조 제1항)
② 틀림, 대통령령으로 정하는 주택용소방시설이란 소화기 및 단독경보형감지기를 말한다.(영 제10조)
③ 틀림, 필요한 시책을 마련하여야 하여야 하는 주체는 국가 및 지방자치단체이다.
④ 틀림, 주택용 소방시설의 설치기준 및 자율적인 안전관리 등에 관한 사항은 시·도의 조례로 정한다.

77 다음 중 800미터 터널에 설치하는 것이 아닌 것은? ☆ 18년 소방교

① 소화기구
② 무선통신보조설비
③ 연결송수관설비
④ 비상조명등

해설 ③ 틀림, 소화기구는 모든 터널에 설치해야 하며, 터널 길이 500m 이상에 설치해야 하는 소방시설은 무선통신보조설비, 비상조명등, 비상콘센트설비, 비상경보설비이다. ③의 연결송수관설비와 옥내소화전설비, 자동화재탐지는 터널 길이 1,000m 이상에 설치해야 하는 소방시설에 해당한다.

78 소방시설기준 적용 특례에서 대통령령 또는 화재안전기준의 변경으로 강화된 기준을 적용할 수 있는 것으로 옳은 것은? ☆ 18년 소방교

① 자동소화장치 - 비상방송설비 - 자동화재탐지설비 - 간이스프링클러설비
② 소화기구 - 비상조명설비 - 자동화재탐지설비 - 비상방송설비 - 피난구조설비
③ 소화기구 - 비상경보설비 - 자동화재탐지설비 - 자동화재속보설비 - 피난구조설비
④ 간이스프링클러설비 - 자동화재탐지설비 - 자동화재탐지설비 - 스프링클러설비

해설 ③ 맞음, 다음의 어느 하나에 해당하는 소방시설의 경우 강화된 기준을 적용할 수 있다.(법 제13조 제1항)
㉠ 소화기구, 비상경보설비, 자동화재탐지설비, 자동화재속보설비, 피난구조설비 중 대통령령으로 정하는 것
㉡ 공동구에 설치하는 소화기, 자동소화장치, 자동화재탐지설비, 통합감시설비, 유도등 및 연소방지설비
㉢ 전력 또는 통신사업용 지하구에 설치하는 소화기, 자동소화장치, 자동화재탐지설비, 통합감시시설, 유도등 및 연소방지설비
㉣ 노유자(老幼者)시설에 설치하는 간이스프링클러설비, 자동화재탐지설비 및 단독경보형 감지기
㉤ 의료시설에 설치하는 스프링클러설비, 간이스프링클러설비, 자동화재탐지설비 및 자동화재속보설비

정답 76.① 77.③ 78.③

79 중앙소방기술심의회의 심의사항이 아닌 것은? ☆ 18년 소방교

① 소방시설의 설계 및 공사감리의 방법에 관한 사항
② 소방시설에 하자가 있는지의 판단에 관한 사항
③ 신기술 검토·평가에 고도의 기술이 필요한 경우로서 중앙위원회에 심의를 요청한 사항
④ 연면적 10만제곱미터 이상의 특정소방대상물에 설치된 소방시설의 설계·시공·감리의 하자 유무에 관한 사항

해설 ② 틀림, 소방시설에 하자가 있는지의 판단에 관한 사항은 지방소방기술심의위원회의 심의사항이다.
④ 맞음, 연면적 10만제곱미터 이상의 특정소방대상물에 설치된 소방시설의 설계·시공·감리의 하자 유무에 관한 사항이 중앙위원회의 심의사항이며, 연면적 10만제곱미터 미만의 특정소방대상물에 설치된 소방시설의 설계·시공·감리의 하자 유무에 관한 사항이 지방위원회의 심의사항이다.

80 다음 중 수용인원이 많은 순서대로 바르게 나열한 것은? ☆ 19년 소방장

가. 1인용 침대와 2인용 침대 각 20개, 종사자 3명
나. 판매시설 바닥면적 480㎡
다. 강의실 바닥면적 239㎡
라. 종교시설 바닥면적 490㎡
※ 나 ~ 라 각각 바닥면적에 계단 및 화장실 30제곱미터를 포함한다.

① 가, 나, 다, 라
② 나, 라, 라, 가
③ 나, 다, 라, 가
④ 라, 나, 가, 다

해설 가. 20 + 40 + 3 = 63명
나. 480 − 30 = 450 ÷ 3 = 150명
다. 239 − 30 = 209 ÷ 1.9 = 110명
라. 490 − 30 = 460 ÷ 4.6 = 100명

81 간이스프링클러를 설치하여야 하는 특정소방대상물로 틀린 것은? ☆ 19년 소방교

① 의료시설 중 종합병원으로 사용되는 바닥면적의 합계가 600제곱미터 이상인 시설
② 의원, 치과의원, 한의원으로서 입원실이 있는 시설
③ 근린생활시설로 사용하는 바닥면적 합계가 1천㎡ 이상인 것은 모든 층
④ 숙박시설로 사용되는 바닥면적의 합계가 300㎡ 이상 600㎡ 미만인 시설

해설 의료시설 중 종합병원, 병원, 치과병원, 한방병원 및 요양병원으로 사용되는 바닥면적의 합계가 600제곱미터 이상인 시설은 간이스프링클러설비가 아닌 스프링클러설비를 설치하여야 한다.

정답 79.② 80.③ 81.①

82. 비상방송설비를 설치하여야 할 특정소방대상물로 옳지 않은 것은? ☆ 19년 소방교

① 연면적 3천 5백 제곱미터 이상인 것
② 지하층을 제외한 층수가 11층 이상인 것
③ 지하층의 층수가 3층 이상인 것
④ 터널로서 길이가 1,000미터 이상인 것

해설 ④ 틀림, 비상방송설비 설치 대상은 다음과 같다.(위험물 저장 및 처리 시설 중 가스시설, 사람이 거주하지 않는 동물 및 식물 관련 시설, 터널, 축사 및 지하구는 제외)
  ㉠ 연면적 3천5백m² 이상인 것
  ㉡ 지하층을 제외한 층수가 11층 이상인 것, 지하층의 층수가 3층 이상인 것

83. 임시소방시설의 유지·관리에 대한 설명으로 틀린 것은? ☆ 19년 소방교

① 임시소방시설의 종류로는 소화기, 간이소화장치, 비상경보장치, 가스누설경보기, 간이피난유도선, 비상조명등 및 방화포이다.
② 연면적 3천㎡ 이상이거나 해당 층의 바닥면적이 600㎡ 이상인 지하층, 무창층 및 4층 이상의 층 어느 하나에 해당하는 공사의 작업현장에는 간이소화장치를 설치하여야 한다.
③ 간이피난유도선은 바닥면적이 150㎡ 이상인 지하층 또는 무창층의 작업현장에 설치한다.
④ 특정소방대상물의 관계인은 공사 현장에서 화재위험작업을 하기 전에 임시소방시설을 설치하고 관리하여야 한다.

해설 ④ 틀림, 공사시공자는 특정소방대상물의 신축·증축·개축·재축·이전·용도변경·대수선 또는 설비 설치 등을 위한 공사 현장에서 인화성 물품을 취급하는 작업 등 대통령령으로 정하는 작업(화재위험작업)을 하기 전에 설치 및 철거가 쉬운 화재대비시설을 설치하고 관리하여야 한다.(법 제15조 제1항)

84. 성능위주설계를 하여야 하는 특정소방대상물에서 ( )에 적합한 말은? ☆ 19년 소방교

가. 연면적 ( ) 제곱미터 이상인 특정소방대상물. 다만, 공동주택 중 주택으로 쓰이는 층수가 5층 이상인 주택(아파트등)은 제외한다.
나. 지하층 ( ) 층수가 ( ) 이상이거나 지상으로부터 높이가 ( ) 이상인 특정소방대상물 (아파트등은 제외한다)

① 20만, 포함, 30층, 120미터
② 10만, 제외, 20층, 120미터
③ 20만, 포함, 30층, 100미터
④ 10만, 제외, 30층, 100미터

해설 ① 맞음, 성능위주설계의 대상은 가. 연면적 (20만) 제곱미터 이상인 특정소방대상물. 다만, 공동주택 중 주택으로 쓰이는 층수가 5층 이상인 주택(아파트등)은 제외한다. 지하층 (포함) 층수가 (30층) 이상이거나 지상으로부터 높이가 (120) 이상인 특정소방대상물(아파트등은 제외한다)이다.

정답 82.④ 83.④ 84.①

85 소방기술심의위원회에 내용으로 빈칸에 알맞은 것은? ☆ 19년 소방장

> 가. 중앙소방기술심의위원회는 위원장을 포함한 (　)명 이내로 성별을 고려하여 구성하며, 지방소방기술심의위원회는 위원장을 포함하여 (　)명 이상 (　)명 이하의 위원으로 구성한다.
> 나. 중앙위원회의 회의는 위원장과 위원장이 회의마다 지정하는 (　)명 이상 (　)명 이하의 위원으로 구성하고, 중앙위원회는 분야별 소위원회를 구성·운영할 수 있다.

① 60, 5, 9, 6, 12
② 60, 3, 7, 6, 13
③ 50, 5, 7, 8, 12
④ 50, 3, 7, 8, 13

해설 ① 맞음, 중앙소방기술심의위원회는 위원장을 포함한 60명 이내로 성별을 고려하여 구성하며, 지방소방기술심의위원회는 위원장을 포함하여 5명 이상 9명 이하의 위원으로 구성한다. 중앙위원회의 회의는 위원장과 위원장이 회의마다 지정하는 6명 이상 12명 이하의 위원으로 구성하고, 분야별 소위원회를 구성·운영할 수 있다.

86 방염성능기준 이상의 실내장식물을 설치해야 하는 특정소방대상물로 틀린 것은? ☆ 19년 소방교

① 근린생활시설 중 의원, 조산원
② 의료시설
③ 교육연구시설 중 합숙소
④ 층수가 11층 이상(아파트 포함)

해설 ④ 틀림, 방염성능기준 이상의 실내장식물 등을 설치해야 하는 특정소방대상물
　㉠ 근린생활시설 중 의원, 조산원, 산후조리원, 체력단련장, 공연장 및 종교집회장
　㉡ 건축물의 옥내에 있는 문화 및 집회시설, 종교시설, 운동시설(수영장은 제외한다)
　㉢ 의료시설, 교육연구시설 중 합숙소, 노유자시설, 수련시설(숙박 가능), 숙박시설, 방송국 및 촬영소,
　㉣ 다중이용업소, 층수가 11층 이상인 것(아파트는 제외한다)

87 방염성능기준에 대한 내용에서 빈칸에 알맞은 것은? ☆ 19년 소방장

> 가. 버너의 불꽃을 제거한 때부터 불꽃을 올리며 연소하는 상태가 그칠 때까지 시간은 (　)초 이내일 것
> 나. 버너의 불꽃을 제거한 때부터 불꽃을 올리지 않고 연소하는 상태가 그칠 때까지 시간은 (　)초 이내일 것
> 다. 탄화한 면적은 (　)제곱센티미터 이내, 탄화한 길이는 (　)센티미터 이내일 것

① 20초, 30초, 50, 20
② 20초, 30초, 40, 20
③ 30초, 20초, 30, 30
④ 30초, 20초, 50, 30

해설 ① 맞음, 방염성능기준 : 버너의 불꽃을 제거한 때부터 불꽃을 올리며 연소하는 상태가 그칠 때까지 시간은 20초 이내, 버너의 불꽃을 제거한 때부터 불꽃을 올리지 않고 연소하는 상태가 그칠 때까지 시간은 30초 이내여야 하며, 탄화한 면적은 50제곱센티미터 이내, 탄화한 길이는 20센티미터 이내일 것

정답 85.① 86.④ 87.①

88 건축허가 등을 할 때 미리 그 건축물 등의 시공지 또는 소재지를 관할하는 소방본부장 또는 소방서장의 동의를 받아야 하는 사람은? ☆ 20년 소방교

① 건축허가의 권한이 있는 행정기관
② 특정소방대상물의 관계인
③ 건축물의 시공자
④ 소방시설의 설계업자

> 해설 ① 맞음, 건축물 등의 신축·증축·개축·재축(再築)·이전·용도변경 또는 대수선(大修繕)의 허가·협의 및 사용승인(이하 "건축허가등"이라 한다)의 권한이 있는 행정기관은 건축허가등을 할 때 미리 그 건축물 등의 시공지(施工地) 또는 소재지를 관할하는 소방본부장이나 소방서장의 동의를 받아야 한다.(법 제6조 제1항)

89 다음 중 건축허가등의 동의대상에 해당 하는 것을 모두 고르면? ☆ 20년 소방장

> 가. 노유자시설 300제곱미터
> 나. 차고·주차장으로 사용되는 바닥면적이 300제곱미터인 층이 있는 건축물
> 다. 승강기 등 기계장치에 의한 주차시설로서 자동차 30대를 주차할 수 있는 시설
> 라. 항공기격납고, 관망탑, 항공관제탑, 방송용 송수신탑

① 가, 나
② 가, 다, 라
③ 나, 다, 라
④ 가, 나, 다, 라

> 해설 가. 맞음, 노유자시설 및 수련시설 300제곱미터 이상인 건축물이 건축허가등의 동의 대상이다.
> 나,다. 맞음, 차고·주차장으로 사용되는 바닥면적이 200제곱미터 이상인 층이 있는 건축물이나 주차시설, 기계장치에 의한 주차시설로서 자동차 20대 이상을 주차할 수 있는 시설은 건축허가의 동의대상이다.
> 라. 맞음, 항공기격납고, 관망탑, 항공관제탑, 방송용 송수신탑, 위험물 저장 및 처리 시설은 동의대상이다.

90 다음 중 스프링클러설비의 설치대상이 아닌 것은? ☆ 20년 소방교, 소방장

① 영화상영관의 용도로 쓰이는 층의 바닥 면적이 지하층 또는 무창층인 경우에는 400㎡ 이상, 그 밖의 층의 경우에는 1천㎡ 이상인 것
② 판매시설 5천㎡ 이상이거나 수용인원이 500명 이상인 경우에는 모든 층
③ 지하상가로서 연면적 1천㎡ 이상인 것
④ 의료시설 중 정신의료기관으로 바닥면적의 합계가 600㎡ 이상인 것

> 해설 ① 틀림, 영화상영관의 용도로 쓰이는 층의 바닥면적이 지하층 또는 무창층인 경우에는 500㎡ 이상, 그 밖의 층의 경우에는 1천㎡ 이상인 것은 모든 층에 스프링클러설비를 설치하여야 한다.
> ④ 맞음, 의료시설 중 정신의료기관과 병원 등의 경우 바닥면적의 합계가 600㎡ 이상인 것은 설치대상이다.

정답 88.① 89.④ 90.①

91 임시소방시설을 설치하여야 하는 대상이 아닌 것은? ☆ 20년 소방교, 소방장

① 소화기 : 건축허가등의 동의 대상 특정소방대상물의 건축을 위한 공사 중 화재위험작업현장
② 간이소화장치 : 연면적 1천㎡ 이상인 화재위험작업현장
③ 비상경보장치 : 연면적 400㎡ 이상인 화재위험작업현장
④ 간이피난유도선 : 바닥면적이 150㎡ 이상인 지하층 또는 무창층의 화재위험작업현장

해설 ② 틀림, 간이소화장치는 연면적 3천㎡ 이상이거나 해당 층의 바닥면적이 600㎡ 이상인 지하층, 무창층 또는 4층 이상인 층의 어느 하나에 해당하는 공사의 작업현장에 설치한다.
③,④ 맞음, 비상경보장치는 연면적 400㎡ 이상이거나 해당 층 바닥면적이 150㎡ 이상인 지하층·무창층의 화재위험작업현장, 간이피난유도선은 바닥면적이 150㎡ 이상인 지하층·무창층의 화재위험작업현장에 설치한다.

92 용도변경 시의 소방시설기준 적용의 특례로 옳은 것을 모두 고르면? ☆ 20년 소방교

> 가. 특정소방대상물의 구조·설비가 화재연소 확대 요인이 적어지도록 변경되는 경우
> 나. 특정소방대상물의 구조·설비가 피난 또는 화재진압활동이 쉬워지도록 변경되는 경우
> 다. 용도변경으로 천장·바닥·벽 등에 고정되어 있는 인화성 물질의 양이 줄어드는 경우

① 가
② 나
③ 가, 나
④ 가, 나, 다

해설 ③ 맞음, 소방본부장 또는 소방서장은 특정소방대상물이 용도변경되는 경우에는 용도변경되는 부분에 대해서만 용도변경 당시의 소방시설의 설치에 관한 대통령령 또는 화재안전기준을 적용한다. 다음의 어느 하나에 해당하는 경우 특정소방대상물 전체에 대하여 용도변경 전에 적용되던 기준을 적용한다.(영 제15조 제2항)
㉠ 특정소방대상물의 구조·설비가 화재연소 확대 요인이 적어지거나 피난 등이 쉬워지도록 변경되는 경우
㉡ 용도변경으로 인하여 천장·바닥·벽 등에 고정되어 있는 **가연성 물질의 양**이 줄어드는 경우

93 다음 중 방염대상물품이 아닌 것은? ☆ 20년 소방교

① 창문에 설치하는 커튼류
② 두께가 2mm 미만인 종이벽지
③ 전시용 합판 또는 섬유판
④ 암막·무대막

해설 ② 틀림, 두께가 2밀리미터 미만인 종이벽지는 방염대상물품에서 제외한다. 제조 또는 가공 공정에서 방염처리를 한 물품으로서 ①,③,④ 및 다음의 어느 하나에 해당하는 것은 방염대상물품이다.
㉠ 카펫, 벽지류(두께가 2밀리미터 미만인 종이벽지는 제외한다)
㉡ 섬유류 또는 합성수지류 등을 원료로 하여 제작된 소파·의자(단란주점영업, 유흥주점영업 및 노래연습장업의 영업장에 설치하는 것만 해당)

정답 91.② 92.③ 93.②

94. 특정소방대상물에 설치하는 소방시설에 대한 설명으로 틀린 것은? ☆ 21년 소방교

① 의료시설 중 종합병원, 병원, 치과병원, 한방병원 및 요양병원은 바닥면적의 합계가 600㎡ 이상인 것은 모든 층에 스프링클러설비를 설치하여야 한다.
② 주차용 건축물로서 연면적 800㎡ 이상인 것은 물분무등소화설비를 설치하여야 한다.
③ 수련시설(숙박시설이 있는 것만 해당한다)로서 바닥면적이 500㎡ 이상인 층이 있는 것은 자동화재속보설비를 설치하여야 한다.
④ 근린생활시설로 사용하는 부분의 바닥면적 합계가 500제곱미터 이상인 것은 모든 층에 간이스프링클러설비를 설치하여야 한다.

> **해설** ① 맞음, 의료시설 중 정신의료기관, 종합병원, 병원, 치과병원, 한방병원 및 요양병원(정신병원 제외), 근린생활시설 중 조산원 및 산후조리원, 노유자시설, 숙박이 가능한 수련시설은 바닥면적의 합계가 600㎡ 이상인 것은 모든 층에 간이스프링클러설비를 설치하여야 한다.
> ④ 틀림, 근린생활시설로 사용하는 부분의 바닥면적 합계가 1,000제곱미터 이상인 것은 모든 층에 간이스프링클러설비를 설치하여야 한다.

95. 다음 중 건축허가 등의 동의대상물이 아닌 것은? ☆ 21년 소방교

① 차고·주차장으로 사용되는 바닥면적이 100제곱미터 이상인 층이 있는 건축물
② 지하층 또는 무창층이 있는 건축물은 바닥면적 150제곱미터 이상의 층이 있는 것
③ 조산원, 산후조리원, 위험물 저장 및 처리 시설, 발전시설 중 전기저장시설
④ 노유자시설 및 수련시설로서 연면적 200제곱미터 이상

> **해설** ① 틀림, ③의 조산원, 산후조리원, 위험물 저장 및 처리 시설, 발전시설 중 풍력발전소·전기저장시설, 지하구는 건축허가등의 동의 대상이다. 그러나 차고·주차장으로 사용되는 바닥면적이 200제곱미터 이상인 층이 있는 건축물이나 주차시설이 건축허가 등의 동의 대상이다.

96. 다음 중 성능위주설계를 하여야 할 특정소방대상물로 틀린 것은? ☆ 21년 소방교, 소방장

① 아파트를 제외한 연면적 20만 제곱미터인 특정소방대상물
② 지상으로부터 높이가 120미터인 특정소방대상물(아파트등 제외)
③ 지하층을 포함한 28층인 특정소방대상물(아파트등 제외)
④ 연면적 3만 제곱미터인 철도 및 도시철도 시설

> **해설** ③ 틀림, 지하층을 포함한 30층 이상이거나 지상으로부터 높이가 120미터 이상인 특정소방대상물(아파트등은 제외)이 성능위주설계의 대상이다. 아파트등의 경우는 50층 이상(지하층 제외)이거나 지상으로부터 높이가 200미터 이상인 아파트등이 성능위주설계의 대상이다.
> ④ 맞음, 연면적 3만 제곱미터 이상인 철도 및 도시철도 시설, 공항시설, 지하연계 복합건축물에 해당하는 특정소방대상물이 성능위주설계의 대상이다.

정답 94.④ 95.① 96.③

97 특정소방대상물에 설치하는 소방시설에서 연면적이 적은 순으로 옳은 것은? ☆ 21년 소방장

| ㄱ. 복합건축물의 자동화재탐지설비 | ㄴ. 아파트의 비상방송설비 |
| ㄷ. 층수가 5층 이상인 건축물의 비상조명등 | ㄹ. 주차용 건축물의 물분무등소화설비 |

① ㄱ, ㄴ, ㄷ, ㄹ ② ㄱ, ㄹ, ㄷ, ㄴ
③ ㄴ, ㄷ, ㄹ, ㄱ ④ ㄹ, ㄱ, ㄷ, ㄴ

해설 ② 맞음, 연면적이 적은 것부터 순서대로 나열하면 ㄱ(연면적 600제곱미터 이상), ㄹ(연면적 800제곱미터 이상), ㄷ(연면적 3,000제곱미터 이상), ㄴ(연면적 3,500제곱미터 이상)의 순이다.

98 다음 보기의 특정소방대상물의 경우 수용인원을 모두 합산하면? ☆ 21년 소방장

| ㄱ. 강당 460제곱미터 | ㄴ. 강의실 190제곱미터 | ㄷ. 휴게실 190제곱미터 |

① 183명 ② 300명
③ 317명 ④ 442명

해설 ② 맞음, ㉠ 강당 460 제곱미터 ÷ 4.6 = 100명, ㉡ 강의실 190제곱미터 ÷ 1.9 = 100명, ㉢ 휴게실 190제곱미터 ÷ 1.9 = 100명이다. ㉠㉡㉢을 합산하면 100명+100명+100명 = 300명이다.

99 소방시설 설치 및 관리에 관한 법령 상 대통령령 또는 화재안전기준의 변경으로 소방시설의 설치기준이 강화되었을 경우, 기존의 특정소방대상물에 강화된 기준을 적용하여야 하는 소방시설에 해당하지 않는 것은? ☆ 22년 소방장

① 의료시설에 설치하는 스프링클러설비
② 의료시설에 설치하는 자동화재탐지설비
③ 노유자시설에 설치하는 비상방송설비
④ 노유자시설에 설치하는 간이스프링클러설비

해설 ③ 틀림, 대통령령 또는 화재안전기준의 변경되는 경우 강화된 기준을 적용할 수 있는 경우는 다음과 같다.
㉠ 공동구에 설치하는 소화기, 자동소화장치, 자동화재탐지설비, 통합감시시설, 유도등 및 연소방지설비
㉡ 전력 또는 통신사업용 지하구에 설치하는 소화기, 자동소화장치, 자동화재탐지설비, 통합감시시설, 유도등 및 연소방지설비
㉢ 노유자(老幼者)시설에 설치하는 간이스프링클러설비, 자동화재탐지설비 및 단독경보형 감지기
㉣ 의료시설에 설치하는 스프링클러설비, 간이스프링클러설비, 자동화재탐지설비 및 자동화재속보설비

정답 97.② 98.② 99.③

100 소방시설법령상 소방본부장 또는 소방서장의 건축허가등의 동의가 필요한 건축물을 신축하는 경우, 건축허가등의 동의요구서에 첨부하여야 하는 서류가 아닌 것은?   ☆ 22년 소방교

① 소방시설 설치계획표
② 소방시설의 층별 평면도
③ 임시소방시설 설치계획서
④ 소방안전관리자 선임신고서

해설 ④ 틀림, 소방안전관리자 선임신고서는 첨부서류가 아니다. 건축허가등의 동의요구서에 첨부하여야 하는 서류는 건축허가등을 확인할 수 있는 서류의 사본, 설계도서(건축물 설계도서와 소방시설 설계도서), 소방시설 설치계획표, 임시소방시설 설치계획서, 소방시설설계업등록증과 소방시설을 설계한 기술인력자의 기술자격증 사본, 소방시설설계 계약서 사본이 필요하다.

101 소방시설 설치 및 관리에 관한 법령상 소방청장이 정하는 내진설계기준에 맞도록 설치해야 하는 소방시설이 아닌 것은?   ☆ 22년 소방장

① 스프링클러설비
② 옥내소화전설비
③ 연결송수관설비
④ 이산화탄소소화설비

해설 ③ 틀림, 연결송수관설비는 내진설계 대상이 아니다. 내진설계 적용대상이 되는 "대통령령으로 정하는 소방시설"이란 소방시설 중 옥내소화전설비, 스프링클러설비, 물분무등소화설비를 말한다.(영 제8조 제2항)
④ 맞음, 물분무등소화설비는 물 분무 소화설비, 미분무소화설비, 포소화설비, 이산화탄소소화설비, 할론소화설비, 할로겐화합물 및 불활성기체 소화설비, 분말소화설비, 강화액소화설비, 고체에어로졸소화설비가 있다.

102 소방시설 설치 및 관리에 관한 법령상 "연소 우려가 있는 구조"의 기준에 해당하는 것만을 있는 대로 고른 것은?   ☆ 22년 소방장

> ㉠ 건축물대장의 건축물 현황도에 표시된 대지경계선 안에 둘 이상의 건축물이 있는 경우
> ㉡ 개구부(시행령 제2조제1호에 따른 개구부)가 다른 건축물을 향하여 설치되어 있는 경우
> ㉢ 각각의 건축물이 다른 건축물의 외벽으로부터 수평거리가 1층의 경우에는 6미터 이하, 2층 이상의 층의 경우에는 10미터 이하인 경우

① ㉠, ㉡
② ㉠, ㉢
③ ㉡, ㉢
④ ㉠, ㉡, ㉢

해설 ④ 맞음, "연소 우려가 있는 구조"란 다음의 기준에 모두 해당하는 구조를 말한다.(규칙 제7조)
㉠ 건축물대장의 건축물 현황도에 표시된 대지경계선 안에 둘 이상의 건축물이 있는 경우
㉡ 각각의 건축물이 다른 건축물의 외벽으로부터 수평거리가 1층의 경우에는 6미터 이하, 2층 이상의 층의 경우에는 10미터 이하인 경우
㉢ 개구부(영 제2조제1호에 따른 개구부)가 다른 건축물을 향하여 설치되어 있는 경우

정답 100.④ 101.③ 102.④

103 「소방시설 설치 및 관리에 관한 법률 시행령」상 물분무등소화설비를 설치하여야 하는 특정소방 대상물에 해당하지 않는 것은?   ☆ 22년 소방장

① 항공기 및 자동차 관련 시설 중 항공기격납고
② 위험물 저장 및 처리 시설 중 가스시설 또는 지하구
③ 기계장치에 의한 주차시설을 이용하여 20대 이상의 차량을 주차할 수 있는 것
④ 차고, 주차용 건축물 또는 철골 조립식 주차시설. 이 경우 연면적 800 ㎡ 이상인 것

해설 ①,③,④ 맞음, 물분무등소화설비는 항공기 및 자동차 관련 시설 중 항공기 격납고, 기계장치에 의한 주차시설을 이용하여 20대 이상의 차량을 주차할 수 있는 시설, 차고, 주차용 건축물에 설치해야 한다.
② 틀림, 물분무등소화설비 설치대상에서 위험물 저장 및 처리 시설 중 가스시설 또는 지하구는 제외한다.

104 「소방시설 설치 및 관리에 관한 법률 시행령」상 소방시설을 설치하지 아니할 수 있는 특정소방 대상물 및 소방시설의 범위를 옳게 짝지은 것은?   ☆ 22년 소방장

	구분	특정소방대상물	소방시설
①	화재위험도가 낮은 특정소방대상물	불연성 물품을 저장하는 창고	연결살수설비
②	화재안전기준을 적용하기 어려운 특정소방대상물	기계조립공장·주물공장	스프링클러 설비
③	화재안전기준을 달리 적용하여야 하는 특수한 용도 또는 구조를 가진 특정소방대상물	원자력 발전소	옥내소화전 설비
④	「위험물 안전관리법」 제19조에 따른 자체소방대가 설치된 특정소방대상물	자체소방대가 설치된 위험물 제조소 등에 부속된 사무실	자동화재 탐지설비

해설 ① 맞음, 불연성 물품을 저장하는 창고 등은 옥외소화전설비와 연결살수설비를 면제할 수 있다.
②,③,④ 틀림, ② 주물공장 등은 화재위험도가 낮은 특정소방대상물이며, ③ 면제 소방시설은 연결송수관설비 및 연결살수설비이다. ④ 옥내소화전설비, 소화용수설비, 연결송수관설비 및 연결살수설비를 면제할 수 있다.

105 소방시설법령상 소방기술심의위원회에 관한 설명으로 옳지 않은 것은?   ☆ 22년 소방장

① 중앙소방기술심의위원회는 소방시설공사의 하자를 판단하는 기준에 관한 사항을 심의한다.
② 중앙소방기술심의위원회는 성별을 고려하여 위원장을 포함한 60명 이내의 위원으로 구성한다.
③ 지방소방기술심의위원회는 위원장을 포함하여 6명 이상 12명 이하의 위원으로 구성한다.
④ 지방소방기술심의위원회는 연면적 10만제곱미터 미만의 특정소방대상물에 설치된 소방시설의 설계·시공·감리의 하자 유무에 관한 사항을 심의한다.

해설 ①,② 맞음, 중앙위원회는 위원장을 포함하여 60명 이내의 위원으로 성별을 고려하여 구성한다.
③ 틀림, 지방위원회는 위원장을 포함하여 5명 이상 9명 이하의 위원으로 구성한다.

정답   103.②   104.①   105.③

106 「소방시설 설치 및 관리에 관한 법률 시행령」상 성능위주설계를 해야 하는 특정소방대상물로 옳지 않은 것은? ☆ 23년 소방장

① 연면적 20만제곱미터 이상인 특정소방대상물(아파트 등은 제외한다)
② 연면적 3만제곱미터 이상인 철도 및 도시철도 시설
③ 30층 이상(지하층을 포함한다)이거나 지상으로부터 높이가 120미터 이상인 특정소방대상물(아파트등은 제외한다)
④ 터널 중 수저(水底)터널 또는 길이가 3천미터 이상인 것

해설 ④ 틀림, 성능위주설계를 해야 하는 특정소방대상물은 ①,②,③ 및 50층 이상(지하층 제외)이거나 지상으로부터 높이가 200미터 이상인 아파트등, 창고시설 중 연면적 10만제곱미터 이상인 것 또는 지하층의 층수가 2개 층 이상이고 지하층의 바닥면적의 합계가 3만제곱미터 이상인 것, 하나의 건축물에 영화상영관이 10개 이상인 특정소방대상물, 지하연계 복합건축물에 해당하는 특정소방대상물 및 터널 중 수저터널 또는 길이가 5천미터 이상인 것이 대상이다.

107 「소방시설설치 및 관리에 관한 법률 시행령」상 성능위주설계를 해야 하는 특정소방대상물의 범위이다. ( ) 안에 들어갈 숫자의 총 합산(ㄱ+ㄴ+ㄷ)으로 옳은 것은? ☆ 23년 소방교

> 가. 연면적 (ㄱ)만 제곱미터 이상인 특정소방대상물
> 나. 운수시설의 철도 및 도시철도 시설로서 연면적 (ㄴ)만 제곱미터 이상인 특정소방대상물
> 다. 공항시설로서 연면적 (ㄷ)만 제곱미터 이상인 특정소방대상물

① 16
② 26
③ 36
④ 46

해설 ② 맞음, 가. 연면적 (20)만 제곱미터 이상인 특정소방대상물, 나. 운수시설의 철도 및 도시철도 시설로서 연면적 (3)만 제곱미터 이상인 특정소방대상물, 다. 공항시설로서 연면적 (3)만 제곱미터 이상인 특정소방대상물

108 「소방시설 설치 및 관리에 관한 법률 시행령」상 수용인원 산정방법으로 옳지 않은 것은? ☆ 22년 소방교

① 운동시설 : 해당 용도로 사용하는 바닥면적의 합계를 4.6㎡로 나누어 얻은 수로 한다.
② 문화 및 집회시설 : 해당 용도로 사용하는 바닥면적의 합계를 1.9㎡로 나누어 얻은 수로 한다.
③ 침대가 있는 숙박시설 : 해당 특정소방대상물의 종사자 수에 침대 수(2인용 침대는 2개로 산정한다)를 합한 수로 한다.
④ 침대가 없는 숙박시설 : 해당 특정소방대상물의 종사자 수에 숙박시설 바닥면적의 합계를 3㎡로 나누어 얻은 수를 합한 수로 한다.

해설 ② 틀림, 문화 및 집회시설, 강당, 운동시설, 종교시설은 해당 용도로 사용하는 바닥면적의 합계를 4.6㎡로 나누어 얻은 수로 한다. 강의실 등은 해당 용도로 사용하는 바닥면적의 합계를 1.9㎡로 나누어 얻은 수로 한다.

정답 106.④ 107.② 108.②

109 「소방시설 설치 및 관리에 관한 법률 시행령」상 수용인원 산정 방법에 따라 산정한 인원의 수를 적은 순서대로 나열한 것은? ☆ 23년 소방장

> 가. 판매시설 용도로 사용하는 바닥면적의 합이 410m²인 특정소방대상물
> 나. 운동시설 용도로 사용하는 바닥면적의 합계가 510m²인 특정소방대상물
> 다. 강의실 용도로 사용하는 바닥면적의 합계가 259m²인 특정소방대상물
> 라. 1인용 침대와 2인용 침대가 각각 30개씩 설치되어 있으며 종사자가 5명 근무하는 숙박시설
> ※ 가~다 항 모두 계단, 화장실의 바닥면적 합계 50m²를 포함한 면적임

① 라 - 나 - 다 - 가
② 나 - 라 - 다 - 가
③ 나 - 라 - 가 - 다
④ 라 - 나 - 가 - 다

해설 ① 맞음, 가. 판매시설 410 - 50 = 360m² ÷ 3m² = 120명, 나. 운동시설 510-50 = 460m² ÷ 4.6m² = 100명
다. 강의실 259-50 = 209m² ÷ 1.9m² = 110명, 라. 종사자 수 5명 + 침대수 90(1인용 30, 2인용 30개) = 95명

110 「소방시설 설치 및 관리에 관한 법률 시행령」상 특정 소방대상물의 관계인이 특정소방대상물에 설치·관리해야하는 소방시설의 종류 중 스프링클러설비를 설치하여야 하는 특정소방대상물의 기준으로 옳지 않은 것은? ☆ 23년 소방장

① 발전시설 중 전기저장시설
② 창고시설(물류터미널은 제외한다)로서 바닥면적의 합계가 5천m² 이상인 경우에는 모든 층
③ 문화 및 집회시설 중 영화상영관의 용도로 쓰이는 층의 바닥면적이 지하층 또는 무창층인 경우에는 300m² 이상, 그 밖의 층의 경우에는 1천m² 이상인 것은 모든 층
④ 의료시설 중 한방병원에 해당하는 용도로 사용되는 시설의 바닥면적 합계가 600m² 이상인 경우에는 모든 층

해설 ③ 틀림, 문화 및 집회시설 중 영화상영관의 용도로 쓰이는 층의 바닥면적이 지하층 또는 무창층인 경우에는 500m² 이상, 그 밖의 층의 경우에는 1천m² 이상인 것은 모든 층에 스프링클러설비를 설치해야 한다.

111 「소방시설 설치 및 관리에 관한 법률 시행령」상 특정소방대상물의 관계인이 특정소방대상물에 설치·관리해야 하는 소방시설의 종류 중 간이스프링클러설비를 설치하여야 하는 특정소방대상물의 기준으로 옳지 않은 것은? ☆ 23년 소방교

① 근린생활시설 중 한의원으로서 입원실이 있는 시설
② 교육연구시설 중 시설 내에 합숙소로서 연면적 100㎡ 이상인 경우에는 모든 층
③ 숙박시설로 사용되는 바닥면적의 합계가 1천㎡ 이상인 것은 모든 층
④ 근린생활시설로 사용하는 부분의 바닥면적 합계가 1천㎡ 이상인 것은 모든 층

해설 ③ 틀림, 숙박시설로 사용되는 바닥면적의 합계가 300㎡ 이상 600㎡ 미만인 것은 모든 층에 간이스프링클러설비를 설치해야 한다.

정답 109.① 110.③ 111.③

112 「소방시설 설치 및 관리에 관한 법률 시행령」상 특정소방대상물의 관계인이 특정소방대상물에 설치·관리해야 하는 소방시설의 종류 중 자동화재탐지설비를 설치하여야 하는 특정소방대상물의 기준으로 옳지 않은 것은? ☆ 23년 소방교

① 판매시설 중 전통시장
② 숙박시설의 경우에는 모든 층
③ 터널로서 길이가 500m 이상인 것
④ 층수가 6층 이상인 건축물의 경우에는 모든 층

해설 ③ 틀림, 터널 길이가 1,000m 이상에는 자동화재탐지설비, 옥내소화전설비, 연결송수관설비를 설치해야 한다. 터널 길이가 500m 이상은 무선통신보조설비, 비상조명등, 비상콘센트설비, 비상경보설비를 설치해야 한다.

113 「소방시설 설치 및 관리에 관한 법률 시행령」상 소화수조 또는 저수조 설치에 관한 내용이다. ( ) 안에 들어갈 내용으로 옳은 것은? ☆23년 소방교

> 상수도소화용수설비를 설치해야 하는 특정소방대상물의 (ㄱ)으로부터 (ㄴ)m 이내에 지름 (ㄷ)mm 이상인 상수도용 배수관이 설치되지 않은 지역의 경우에는 화재안전기준에 따른 소화수조 또는 저수조를 설치해야 한다.

	ㄱ	ㄴ	ㄷ
①	대지 경계선	180	75
②	수평 투영면	140	75
③	수평 투영면	180	100
④	대지 경계선	140	100

해설 ① 맞음, 상수도소화용수설비를 설치해야 하는 특정소방대상물의 (대지경계선)으로부터 (180)m 이내에 지름 (75)mm 이상인 상수도용 배수관이 설치되지 않은 지역의 경우에는 화재안전기준에 따른 소화수조 또는 저수조를 설치해야 한다.

114 「소방시설 설치 및 관리에 관한 법률 시행령」상 소방청장, 소방본부장 또는 소방서장이 소방시설의 작동정보 등을 실시간으로 수집·분석할 수 있는 소방시설정보관리시스템을 구축·운영하는 경우 그 대상으로 옳지 않은 것은? ☆ 23년 소방장

① 문화 및 집회시설, 종교시설, 의료시설
② 교육연구시설, 운동시설, 발전시설
③ 숙박시설, 공장, 창고시설
④ 위험물 저장 및 처리 시설, 터널, 지하구

해설 ② 틀림, 문화, 종교, 판매, 의료, 노유자, 숙박이 가능한 수련, 숙박, 업무, 공장, 창고시설, 위험물 저장 및 처리 시설, 지하가, 터널, 지하구, 소방관서장이 소방안전관리의 취약성을 고려하여 필요하다고 인정하는 것이 대상이다.

정답 112.③ 113.① 114.②

115 「소방시설 설치 및 관리에 관한 법률」상 특정 소방대상물에 설치하는 소방시설의 관리, 정비 등에 관한 설명으로 옳지 않은 것은?   ☆ 23년 소방장

① 특정소방대상물의 관계인은 대통령령으로 정하는 소방시설을 화재안전기준에 따라 설치·관리하여야 한다.
② 소방본부장이나 소방서장은 소방시설이 화재안전기준에 따라 설치·관리되고 있지 아니할 때에는 해당 특정소방대상물의 관계인에게 필요한 조치를 명할 수 있다.
③ 소방시설 중 비상경보설비를 설치할 경우 근로자의 수는 고려하지 않는다.
④ 소방청장은 건축 환경 및 화재위험특성 변화사항을 효과적으로 반영할 수 있도록 소방시설 규정을 3년에 1회 이상 정비하여야 한다.

해설
① 맞음, 관계인은 대통령령으로 정하는 소방시설을 화재안전기준에 따라 설치·관리하여야 한다.(법 제12조 제1항)
② 맞음, 소방본부장이나 소방서장은 소방시설이 화재안전기준에 따라 설치·관리되고 있지 아니할 때에는 해당 특정소방대상물의 관계인에게 필요한 조치를 명할 수 있다.
③ 틀림, 비상경보설비는 연면적 400㎡ 이상인 것은 모든 층, 지하층 또는 무창층의 바닥면적이 150㎡(공연장은 100㎡) 이상인 것은 모든 층, 터널로서 길이가 500m 이상인 것 및 50명 이상의 근로자가 작업하는 옥내 작업장에 설치해야 한다.
④ 맞음, 소방청장은 건축 환경 및 화재위험특성 변화사항을 효과적으로 반영할 수 있도록 소방시설 규정을 3년에 1회 이상 정비하여야 한다.

116 「소방시설 설치 및 관리에 관한 법률」 및 같은 법 시행령상 건축허가 등의 동의에 대한 설명으로 옳지 않은 것은?   ☆ 24년 소방장

① 건축물 등의 신축·증축·개축·재축·이전·용도변경 또는 대수선의 허가·협의 및 사용승인의 권한이 있는 행정기관은 건축허가등을 할 때 미리 그 건축물 등의 시공지 또는 소재지를 관할하는 소방본부장이나 소방서장의 동의를 받아야 한다.
② 건축물의 증축 또는 용도변경으로 인하여 해당 특정소방대상물에 추가로 소방시설이 설치되지 않는 경우에는 해당 특정소방대상물은 건축허가등의 동의대상물에 해당한다.
③ 신축하는 방송용 송수신탑은 건축허가등의 동의대상물에 해당한다.
④ 소방시설공사의 착공신고 대상에 해당하지 않는 경우의 특정소방대상물은 건축허가등의 동의대상에서 제외한다.

해설
① 맞음, 건축물 등의 신축·증축·개축·재축·이전·용도변경 또는 대수선의 허가·협의 및 사용승인의 권한이 있는 행정기관은 건축허가등을 할 때 미리 그 건축물 등의 시공지 또는 소재지를 관할하는 소방본부장이나 소방서장의 동의를 받아야 한다.(법 제6조 제1항)
② 틀림, 건축물의 증축 또는 용도변경으로 인하여 해당 특정소방대상물에 추가로 소방시설이 설치되지 않는 경우에는 해당 특정소방대상물은 건축허가등의 동의대상물에서 제외된다.
③ 맞음, 신축하는 방송용 송수신탑, 항공기격납고, 항공관제탑 등은 건축허가등의 동의대상물에 해당한다.
④ 맞음, 소방시설공사의 착공신고 대상에 해당하지 않는 경우의 특정소방대상물은 건축허가등의 동의대상에서 제외한다.

정답 115.③ 116.②

117 「소방시설 설치 및 관리에 관한 법률 시행령」상 건축허가등을 할 때 미리 소방본부장 또는 소방서장의 동의를 받아야 하는 건축물 등의 범위에 해당하지 않는 것은? ☆ 24년 소방교

① 방송용 송수신탑
② 가스시설로서 지상에 노출된 탱크의 저장용량의 합계가 150톤인 것
③ 지하층 또는 무창층이 있는 건축물(공연장은 없음)로서 바닥면적이 120제곱미터인 층이 있는 것
④ 지하층을 제외한 층수가 10층인 건축물

> 해설 ①,② 맞음, 방송용 송수신탑, 가스시설로서 지상에 노출된 탱크의 저장용량의 합계가 100톤 이상인 것은 동의 대상이다.
> ③ 틀림, 지하층 또는 무창층이 있는 건축물로서 바닥면적이 150제곱미터(공연장은 100제곱미터) 이상의 층이 있는 것이 건축허가 등의 동의 대상이다.
> ④ 맞음, 층수가 6층 이상인 건축물이 건축허가 등의 동의 대상이다.

118 「소방시설 설치 및 관리에 관한 법률」 및 같은 법 시행령상 성능위주설계에 대한 설명으로 옳지 않은 것은? ☆ 24년 소방장

① 연면적 3만제곱미터의 철도 및 도시철도 시설에 소방시설을 설치하려는 자는 성능위주설계를 해야 한다.
② 지상으로부터 높이가 120미터인 30층 아파트에 소방시설을 설치하려는 자는 성능위주설계를 해야 한다.
③ 소방시설을 설치하려는 자가 성능위주설계를 한 경우에는 건축허가를 신청하기 전에 해당 특정소방대상물의 시공지 또는 소재지를 관할하는 소방서장에게 신고해야 한다.
④ 소방서장은 성능위주설계의 신고, 변경신고 또는 사전검토 신청을 받은 경우에는 소방청 또는 관할 소방본부에 설치된 성능위주설계평가단의 검토·평가를 거쳐야 한다.

> 해설 ② 틀림, 아파트의 경우 50층 이상(지하층 제외)이거나 지상으로부터 높이가 200미터 이상인 것, 아파트가 아닌 경우 30층 이상(지하층 포함)이거나 지상으로부터 높이가 120미터 이상인 특정소방대상물이 성능위주설계의 대상이다.
> ③,④ 맞음, 법 제8조 제2항 및 제5항의 규정이다.

119 「소방시설 설치 및 관리에 관한 법률」 및 같은 법 시행령상 소방청장이 정하는 내진설계기준에 맞게 설치하여야 하는 소방시설로 옳지 않은 것은? ☆ 24년 소방교

① 옥내소화전설비
② 옥외소화전설비
③ 스프링클러설비
④ 이산화탄소 소화설비다.

> 해설 ② 틀림, 내진설계기준의 설정 대상 건축물에 옥내소화전설비, 스프링클러설비, 물분무등소화설비의 소방시설을 설치하려는 자는 지진이 발생할 경우 소방시설이 정상적으로 작동될 수 있도록 소방청장이 정하는 내진설계기준에 맞게 소방시설을 맞게 설치하여야 한다.

정답   117.③   118.②   119.②

120 「소방시설 설치 및 관리에 관한 법률」 및 같은 법 시행령상 소방청장이 정하는 내진설계기준에 맞게 설치하여야 하는 소방시설로 옳지 않은 것은? ☆ 24년 소방장

① 옥내소화전설비
② 스프링클러설비
③ 연결송수관설비
④ 할로겐화합물 및 불활성기체 소화설비

> 해설 ③ 틀림, 연결송수관설비는 내진설계 대상이 아니다. 내진설계 적용대상이 되는 소방시설은 옥내소화전설비, 스프링클러설비, 물분무등소화설비를 말한다.(영 제8조 제2항) ④는 물분무등소화설비에 해당한다.

121 「소방시설 설치 및 관리에 관한 법률 시행령」상 특정소방대상물의 관계인이 특정소방대상물에 설치·관리해야 하는 소방시설의 종류 중 옥내소화전설비를 설치하여야 하는 특정소방대상물의 기준으로 옳은 것은? ☆ 24년 소방교

① 교육연구시설로서 연면적 1천5백 ㎡ 이상인 것
② 터널로서 길이가 500 m 이상인 터널
③ 발전시설이 지하층·무창층으로서 바닥면적이 300 ㎡ 이상인 층이 있는 것
④ 건축물의 옥상에 설치된 차고·주차장으로서 사용되는 면적이 150 ㎡ 이상인 경우 해당 부분

> 해설 ①,②,④ 틀림, ① 연면적 3천 ㎡ 이상인 것, ② 터널로서 길이가 1000 m 이상인 것, ④ 면적이 200 ㎡ 이상인 경우 옥내소화전설비 설치대상이다.
> ③ 맞음, 발전시설, 근린생활시설 등이 지하층·무창층으로서 바닥면적이 300 ㎡ 이상인 층이 있는 것은 설치대상이다.

122 「소방시설 설치 및 관리에 관한 법률 시행령」상 자동화재속보설비를 설치해야 하는 특정소방대상물을 있는대로 모두 고른 것은? (단, 화재 수신기가 설치된 장소에 24시간 화재를 감시할 수 있는 사람이 근무하는 경우는 제외) ☆ 24년 소방장

(가) 노유자 생활시설
(나) 근린생활시설 중 조산원 및 산후조리원
(다) 판매시설 중 전통시장
(라) 종합병원, 치과병원, 한방병원
(마) 교육시설 내에 있는 기숙사 및 합숙소

① (가), (다)
② (나), (라), (마)
③ (가), (나), (다), (라)
④ (나), (다), (라), (마)

> 해설 ③ 맞음, (가),(나),(다),(라) 및 근린생활시설로서 의원, 치과의원, 한의원으로서 입원실이 있는 것, 한방병원 및 요양병원(의료재활시설 제외), 정신병원·의료재활시설로 사용되는 바닥면적의 합계가 5백㎡ 이상인 층이 있는 것, 노유자시설, 수련시설(숙박시설이 있는 것만 해당)로서 바닥면적의 합계가 5백㎡ 이상인 층이 있는 것이 자동화재속보설비 설치대상이다.

정답 120.③ 121.③ 122.③

123 「소방시설 설치 및 관리에 관한 법률」 및 같은 법 시행령상 대통령령 또는 화재안전기준이 변경되어 그 기준이 강화되는 경우 강화된 기준을 적용할 수 있는 소방시설을 모두 고른 것은? ☆24년 소방장

> (가) 판매시설에 설치하는 옥내소화전설비
> (나) 업무시설에 설치하는 비상방송설비
> (다) 의료시설에 설치하는 스프링클러설비
> (라) 통신사업용 지하구에 설치하는 자동화재탐지설비

① (가), (나)   ② (가), (다)
③ (나), (라)   ④ (다), (라)

해설 ○ ④ 맞음, (다) 의료시설에 설치하는 스프링클러설비, 간이스프링클러설비, 자동화재탐지설비, 자동화재속보설비 및 (라) 통신사업용 지하구나 공동구에 설치하는 자동화재탐지설비, 소화기, 자동소화장치, 통합감시시설, 유도등 및 연소방지설비 등은 화재안전기준 등이 변경되어 그 기준이 강화되는 경우 강화된 기준을 적용할 수 있다.

124 「소방시설 설치 및 관리에 관한 법률 시행령」상 임시소방시설의 종류에 해당하지 않는 것은? ☆ 24년 소방교

① 질식소화포   ② 간이소화장치
③ 비상경보장치   ④ 가스누설경보기

해설 ○ ① 틀림, 질식소화포는 임시소방시설에 해당하지 않는다. 「소방시설 설치 및 관리에 관한 법률 시행령」상 임시소방시설은 소화기, 간이소화장치, 비상경보장치, 가스누설경보기, 간이피난유도선, 비상조명등, 방화포 등 7가지이다.

125 「소방시설 설치 및 관리에 관한 법률 시행령」상 임시소방시설의 설치 기준으로 옳지 않은 것은? ☆ 24년 소방장

① 간이소화장치는 연면적 600 ㎡ 이상 3천 ㎡ 미만에 해당하는 공사의 화재위험작업현장에 설치한다.
② 비상경보장치는 연면적 400 ㎡ 이상에 해당하는 공사의 화재위험작업현장에 설치한다.
③ 간이피난유도선은 바닥면적이 150 ㎡ 이상인 지하층 또는 무창층의 화재위험작업현장에 설치한다.
④ 비상조명등은 바닥면적이 150 ㎡ 이상인 지하층 또는 무창층의 화재위험작업현장에 설치한다.

해설 ○ ① 틀림, 간이소화장치는 연면적 3천 ㎡ 이상이거나 해당층의 바닥면적이 600 ㎡ 이상인 지하층, 무창층 또는 4층 이상에 해당하는 공사의 화재위험작업현장에 설치한다.
③,④ 맞음, 해당층 바닥면적이 150 ㎡ 이상인 지하층 또는 무창층의 화재위험작업에 설치한다.

정답 ○ 123.④   124.①   125.①

126 「소방시설 설치 및 관리에 관한 법률」상 중앙소방기술심의위원회의 심의사항에 해당하지 않는 것은?

☆ 24년 소방교

① 화재안전기준에 관한 사항
② 소방시설에 하자가 있는지의 판단에 관한 사항
③ 소방시설의 설계 및 공사감리의 방법에 관한 사항
④ 소방시설의 구조 및 원리 등에서 공법이 특수한 설계 및 시공에 관한 사항

해설 ② 틀림, 소방시설에 하자가 있는지의 판단에 관한 사항은 지방소방기술심의위원회의 심의사항에 해당한다. 중앙소방기술심의위원회는 ①,③,④ 및 소방시설공사의 하자를 판단하는 기준에 관한 사항, 연면적 10만 제곱미터 이상의 특정소방대상물에 설치된 소방시설의 설계·시공·감리의 하자 유무에 관한 사항 등을 심의한다.

127 「소방시설 설치 및 관리에 관한 법률」 및 같은 법 시행령상 방염성능기준 이상의 실내장식물 등을 설치해야 하는 특정소방대상물에 해당하지 않는 것은?

☆ 24년 소방교

① 의료시설
② 숙박이 가능한 수련시설
③ 근린생활시설 중 체력단련장
④ 방송통신시설 중 통신용 시설

해설 ④ 틀림, 방염성능기준 이상의 실내장식물 등을 설치하여야 하는 특정소방대상물은 다음과 같다.
㉠ 근린생활시설 중 의원, 치과의원, 한의원, 조산원, 산후조리원, 체력단련장, 공연장, 종교집회장
㉡ 건축물의 옥내에 있는 문화 및 집회시설, 종교시설, 운동시설(수영장은 제외한다)
㉢ 의료시설, 교육연구시설 중 합숙소
㉣ 숙박시설, 노유자시설 및 숙박이 가능한 수련시설
㉤ 방송통신시설 중 방송국 및 촬영소
㉥ 다중이용업소
㉦ 위의 시설에 해당하지 아니하는 것으로서 층수가 11층 이상인 것(아파트는 제외)

정답 126.② 127.④

CHAPTER 03 소방시설등의 자체점검

> **학습/포/인/트**
>
> 특정소방대상물의 관계인은 그 대상물에 설치되어 있는 소방시설등에 대하여 정기적으로 자체점검을 하여야 하며, 일정 규모 이상의 소방대상물에 대해서는 기술자격자로 하여금 점검하도록 하고 있다. 자체점검을 작동점검과 종합점검으로 구분하여 그 대상과 점검자의 자격, 점검의 횟수, 점검의 시기를 구분하여 명확하게 정리하고, 점검장비 및 점검인력의 배치기준과 자체점검 결과의 조치 등의 기본적인 사항을 점검해야 한다.

제1절 소방시설등의 자체점검

1 자체점검

(1) 의의

"자체점검"이란 특정소방대상물에 설치된 소방시설을 관계인 등이 점검하는 것을 말한다. 「소방시설의 설치 및 관리에 관한 법률」은 일정 규모 이상의 소방대상물에 대해서는 관리업자나 기술자격자로 하여금 정기 점검하도록 하고 있다.

(2) 소방시설의 자체점검(법 제22조)

① 관계인의 의무 : 특정소방대상물의 관계인은 그 대상물에 설치되어 있는 소방시설등이 이 법이나 이 법에 따른 명령 등에 적합하게 설치·관리되고 있는지에 대하여 다음의 구분에 따른 기간 내에 스스로 점검하거나 점검능력 평가를 받은 관리업자 또는 행정안전부령으로 정하는 기술자격자(이하 관리업자등 이라 한다)로 하여금 정기적으로 점검하게 하여야 한다. 이 경우 관리업자등이 점검한 경우에는 그 점검 결과를 행정안전부령으로 정하는 바에 따라 관계인에게 제출하여야 한다.(제1항)
  ㉠ 해당 특정소방대상물의 소방시설등이 신설된 경우 : 「건축법」 제22조에 따라 건축물을 사용할 수 있게 된 날부터 60일
  ㉡ ㉠외의 경우 : 행정안전부령으로 정하는 기간
② 자체점검의 구분 : 자체점검의 구분 및 대상, 점검인력의 배치기준, 점검자의 자격, 점검 장비, 점검 방법 및 횟수 등 자체점검 시 준수하여야 할 사항은 행정안전부령으로 정한다.(제2항)

③ **자체점검의 대가** : 관리업자등으로 하여금 자체점검하게 하는 경우의 점검 대가는「엔지니어링산업 진흥법」제31조에 따른 엔지니어링사업의 대가 기준 가운데 행정안전부령으로 정하는 방식(산업통상자원부장관이 인가한 엔지니어링사업대가의 기준 중 실비정액가산방식)에 따라 산정한다.(법 제22조 제3항 및 규칙 제21조)

④ **표준자체점검비 공표** : 소방청장은 소방시설등 자체점검에 대한 품질확보를 위하여 필요하다고 인정하는 경우에는 특정소방대상물의 규모, 소방시설등의 종류 및 점검인력 등에 따라 관계인이 부담하여야 할 자체점검 비용의 표준이 될 금액을 정하여 공표하거나 관리업자등에게 이를 소방시설등 자체점검에 관한 표준가격으로 활용하도록 권고할 수 있다.

⑤ 표준자체점검비의 공표 방법 등에 관하여 필요한 사항은 소방청장이 정하여 고시한다.

⑥ **자체점검 면제 또는 연기** : 관계인은 천재지변이나 그 밖에 대통령령으로 정하는 사유로 자체점검을 실시하기 곤란한 경우에는 대통령령으로 정하는 바에 따라 소방본부장 또는 소방서장에게 면제 또는 연기 신청을 할 수 있다. 이 경우 소방본부장 또는 소방서장은 그 면제 또는 연기 신청 승인 여부를 결정하고 그 결과를 관계인에게 알려주어야 한다.

(3) 행정안전부령으로 정하는 기술자격자의 범위(규칙 제19조)

"행정안전부령으로 정하는 기술자격자"란「화재의 예방 및 안전관리에 관한 법률」제24조제1항에 따라 소방안전관리자로 선임된 소방시설관리사 및 소방기술사를 말한다.

(4) 자체점검의 구분 및 대상 등(규칙 제20조)

① 소방시설등의 자체점검의 구분 및 대상, 점검자의 자격, 점검장비, 점검방법 및 점검횟수 등 자체점검 시 준수해야 할 사항은 별표 3과 같고, 점검인력의 배치기준은 별표 4와 같다.

② 법 제29조에 따라 소방시설관리업을 등록한 자(관리업자)는 자체점검을 실시하는 경우 점검대상과 점검 인력 배치상황을 점검인력을 배치한 날 이후 자체점검이 끝난 날부터 5일 이내에 법 제50조제5항에 따라 관리업자에 대한 점검능력 평가 등에 관한 업무를 위탁받은 법인 또는 단체(평가기관)에 통보해야 한다.

③ 자체점검 구분에 따른 점검사항, 소방시설등점검표, 점검인원 배치상황 통보 및 세부 점검방법 등 자체점검에 필요한 사항은 소방청장이 정하여 고시한다.

2 작동점검

(1) 의의

① 자체점검은 점검의 방식에 따라 작동점검과 종합점검으로 구분하고 있다.

② 작동점검이란 소방시설등을 인위적으로 조작하여 소방시설이 정상적으로 작동하는지를 소방청장이 정하여 고시하는 소방시설등 작동점검표에 따라 점검하는 것을 말한다.

(2) 작동점검의 대상

작동점검은 영 제5조에 따른 특정소방대상물을 대상으로 한다. 다만, 다음의 어느 하나에 해당하는 특정소방대상물은 제외한다.

① 소방안전관리자를 선임하지 않는 특정소방대상물 : 특정소방대상물 중 「화재의 예방 및 안전관리에 관한 법률」 제24조제1항에 해당하지 않는 특정소방대상물
② 「위험물안전관리법」 제2조제6호에 따른 제조소등
③ 「화재의 예방 및 안전관리에 관한 법률 시행령」 별표 4 제1호가목의 **특급소방안전관리대상물**

(3) 점검자의 자격

작동점검은 다음의 분류에 따른 기술인력이 점검할 수 있다. 이 경우 별표 4에 따른 점검인력 배치기준을 준수해야 한다.

① 간이스프링클러설비(주택전용 간이스프링클러설비는 제외한다) 또는 자동화재탐지설비가 설치된 특정소방대상물
  ㉠ 관계인
  ㉡ 관리업에 등록된 기술인력 중 소방시설관리사
  ㉢ 「소방시설공사업법 시행규칙」 별표 4의2에 따른 특급점검자
  ㉣ 소방안전관리자로 선임된 소방시설관리사 및 소방기술사
② ①에 해당하지 않는 특정소방대상물
  ㉠ 관리업에 등록된 소방시설관리사
  ㉡ 소방안전관리자로 선임된 소방시설관리사 및 소방기술사

(4) 작동점검의 횟수

작동점검은 연 1회 이상 실시한다.

(5) 작동점검의 시기

① 종합점검 대상 : 종합점검(최초점검은 제외한다)을 받은 달부터 6개월이 되는 달에 실시한다.
② 종합점검 대상에 해당하지 않는 특정소방대상물
  ㉠ 특정소방대상물의 사용승인일이 속하는 달의 말일까지 실시한다.
  ㉡ 건축물의 경우에는 건축물관리대장 또는 건물 등기사항증명서에 기재되어 있는 날, 시설물의 경우에는 「시설물의 안전 및 유지관리에 관한 특별법」 제55조제1항에 따른 시설물 통합정보관리체계에 저장·관리되고 있는 날, 건축물관리대장, 건물 등기사항증명서 및 시설물통합정보관리체계를 통해 확인되지 않는 경우에는 소방시설완공검사증명서에 기재된 날이 속하는 달의 말일까지 실시한다.
  ㉢ 건축물관리대장 또는 건물 등기사항증명서 등에 기입된 날이 서로 다른 경우에는 건축물관리대장에 기재되어 있는 날을 기준으로 점검한다.

3 종합점검

(1) 의의

종합점검이란 소방시설등의 작동점검을 포함하여 소방시설등의 설비별 주요 구성 부품의 구조기준이 화재안전기준과 「건축법」등 관련 법령에서 정하는 기준에 적합한지 여부를 소방청장이 정하여 고시하는 소방시설등 종합점검표에 따라 점검하는 것을 말한다.

① **최초점검** : 법 제22조제1항제1호에 따라 소방시설이 신설된 경우 「건축법」 제22조에 따라 건축물을 사용할 수 있게 된 날부터 60일 이내 점검하는 것을 말한다.
② **그 밖의 종합점검** : 최초점검을 제외한 종합점검을 말한다.

(2) 종합점검의 대상 ☆ 20년 소방장, 18년 소방교

① 법 제22조 제1항제1호(소방시설등이 신설된 경우)에 해당하는 특정소방대상물
② 스프링클러설비가 설치된 특정소방대상물
③ 물분무등소화설비[호스릴(Hose Reel) 방식의 물분무등소화설비만을 설치한 경우는 제외한다]가 설치된 연면적 5,000㎡ 이상인 특정소방대상물(위험물 제조소등은 제외한다)
④ 다중이용업소 : 「다중이용업소의 안전관리에 관한 특별법 시행령」 제2조제1호나목(단란주점영업과 유흥주점영업), 제2호(영화상영관·비디오물감상실업 및 복합영상물제공업, 다만 비디오물소극장업 제외)·제6호(노래연습장업)·제7호(산후조리업)·제7호의2(고시원업) 및 제7호의5(안마시술소)의 다중이용업의 영업장이 설치된 특정소방대상물로서 **연면적 2,000㎡ 이상인 것**
⑤ 제연설비가 설치된 터널
⑥ 공공기관 : 「공공기관의 소방안전관리에 관한 규정」 제2조에 따른 공공기관 중 연면적(터널·지하구의 경우 그 길이와 평균 폭을 곱하여 계산된 값을 말한다)이 1,000㎡ 이상인 것으로서 옥내소화전설비 또는 자동화재탐지설비가 설치된 것. 다만, 「소방기본법」 제2조제5호에 따른 소방대가 근무하는 공공기관은 제외한다.

실전연습

Q. 다음 중 소방시설법상 종합점검의 대상으로 틀린 것은?

① 스프링클러설비가 설치된 특정소방대상물
② 물분무등소화설비가 설치된 연면적 5,000㎡ 이상인 위험물제조소등
③ 이산화탄소소화설비가 설치된 연면적 5,000㎡ 이상인 특정소방대상물
④ 연면적 2,000㎡ 이상인 고시원업 및 안마시술소의 영업장

해설 | 분무등소화설비가 설치된 연면적 5,000m² 이상인 특정소방대상물에서 위험물제조소는 제외된다.   ➡ ②

(3) 점검자의 자격

종합점검은 다음 어느 하나에 해당하는 기술인력이 점검할 수 있다. 이 경우 별표 4에 따른 점검인력 배치기준을 준수해야 한다.
① 관리업에 등록된 소방시설관리사
② 소방안전관리자로 선임된 소방시설관리사 및 소방기술사

(4) 종합점검의 횟수

종합점검의 점검 횟수는 다음과 같다.
① 연 1회 이상(「화재의 예방 및 안전에 관한 법률 시행령」 별표 4 제1호가목의 특급 소방안전관리대상물은 반기에 1회 이상) 실시한다.
② 종합점검의 면제 : 소방본부장 또는 소방서장은 소방청장이 소방안전관리가 우수하다고 인정한 특정소방대상물에 대해서는 3년의 범위에서 소방청장이 고시하거나 정한 기간 동안 종합점검을 면제할 수 있다. 다만, 면제기간 중 화재가 발생한 경우는 제외한다.

(5) 종합점검의 시기

① 소방시설이 신설된 경우 : 소방시설등이 신설된 경우에 해당하는 특정소방대상물은 「건축법」 제22조에 따라 건축물을 사용할 수 있게 된 날부터 60일 이내 실시한다.
② ①을 제외한 특정소방대상물 : 건축물의 사용승인일이 속하는 달에 실시한다. 다만, 「공공기관의 안전관리에 관한 규정」 제2조제2호 또는 제5호에 따른 학교의 경우에는 해당 건축물의 사용승인일이 1월에서 6월 사이에 있는 경우에는 6월 30일까지 실시할 수 있다.
③ 건축물 사용승인일 이후 다중이용업의 영업장이 설치된 특정소방대상물로서 연면적 2,000㎡ 이상 특정소방대상물로 종합점검 대상에 해당하게 된 경우 : 그 다음 해부터 실시한다.
④ 하나의 대지경계선 안에 2개 이상의 자체점검 대상 건축물 등이 있는 경우 : 그 건축물 중 사용승인일이 가장 빠른 연도의 건축물의 사용승인일을 기준으로 점검할 수 있다.

4 외관점검 및 아파트등 세대별 점검방법

(1) 공공기관의 외관점검

① 외관점검의 실시 : 「공공기관의 소방안전관리에 관한 규정」 제2조에 따른 공공기관의 장은 공공기관에 설치된 소방시설등의 유지·관리상태를 맨눈 또는 신체감각을 이용하여 점검하는 외관점검을 월 1회 이상 실시(작동점검 또는 종합점검을 실시한 달에는 실시하지 않을 수 있다)하고, 그 점검 결과를 2년간 자체 보관해야 한다.
② 외관점검의 점검자 : 해당 특정소방대상물의 관계인, 소방안전관리자 또는 관리업자(소방시설관리사를 포함하여 등록된 기술인력을 말한다)로 해야 한다.

(2) 공공기관의 전기시설물 및 가스시설에 대한 점검

공공기관의 장은 해당 공공기관의 전기시설물 및 가스시설에 대하여 다음의 구분에 따른 점검 또는 검사를 받아야 한다.

① 전기시설물의 경우 : 「전기사업법」제63조에 따른 사용전검사
② 가스시설의 경우 : 「도시가스사업법」 제17조에 따른 검사, 「고압가스 안전관리법」 제16조의 2 및 제20조제4항에 따른 검사 또는 「액화석유가스의 안전관리 및 사업법」 제37조 및 제44조제2항·제4항에 따른 검사

(3) 공동주택(아파트등으로 한정) 세대별 점검방법

① 2년 주기 점검 : 관리자(관리소장, 입주자대표회의 및 소방안전관리자를 포함한다) 및 입주민(세대 거주자를 말한다)은 2년 주기로 모든 세대에 대하여 점검을 해야 한다.
② 원격 점검 : 아날로그감지기 등 특수감지기가 설치되어 있는 경우에는 수신기에서 원격 점검할 수 있으며, 점검할 때마다 모든 세대를 점검해야 한다. 다만, 자동화재탐지설비의 선로 단선이 확인되는 때에는 단선이 난 세대 또는 그 경계구역에 대하여 현장점검을 해야 한다.
③ 원격 점검이 불가능한 경우 : 관리자는 수신기에서 원격 점검이 불가능한 경우 매년 작동점검만 실시하는 공동주택은 1회 점검 시 마다 전체 세대수의 50퍼센트 이상, 종합점검을 실시하는 공동주택은 1회 점검 시 마다 전체 세대수의 30퍼센트 이상 점검하도록 자체점검 계획을 수립·시행해야 한다.
④ 점검 동영상 : 관리자 또는 해당 공동주택을 점검하는 관리업자는 입주민이 세대 내에 설치된 소방시설등을 스스로 점검할 수 있도록 소방청 또는 사단법인 한국소방시설관리협회의 홈페이지에 게시되어 있는 공동주택 세대별 점검 동영상을 입주민이 시청할 수 있도록 안내하고, 점검서식(별지 제36호서식 소방시설 외관점검표)을 사전에 배부해야 한다.
⑤ 점검서식 : 입주민은 점검서식에 따라 스스로 점검하거나 관리자 또는 관리업자로 하여금 대신 점검하게 할 수 있다. 입주민이 스스로 점검한 경우에는 그 점검 결과를 관리자에게 제출하고 관리자는 그 결과를 관리업자에게 알려주어야 한다.
⑥ 점검일정 사전 통지 : 관리자는 관리업자로 하여금 세대별 점검을 하고자 하는 경우에는 사전에 점검 일정을 입주민에게 사전에 공지하고 세대별 점검 일자를 파악하여 관리업자에게 알려주어야 한다. 관리업자는 사전 파악된 일정에 따라 세대별 점검을 한 후 관리자에게 점검현황을 제출해야 한다.
⑦ 추가 점검 : 관리자는 관리업자가 점검하기로 한 세대에 대하여 입주민의 사정으로 점검을 하지 못한 경우 입주민이 스스로 점검할 수 있도록 다시 안내해야 한다. 이 경우 입주민이 관리업자로 하여금 다시 점검받기를 원하는 경우 관리업자로 하여금 추가로 점검하게 할 수 있다.
⑧ 점검현황 보관 : 관리자는 세대별 점검현황(입주민 부재 등 불가피한 사유로 점검을 하지 못한 세대 현황 포함)을 작성하여 자체점검이 끝난 날부터 2년간 자체 보관해야 한다.

5 점검장비 및 점검인력의 배치기준 등

(1) 자체점검 관련 사항(규칙 별표 3, 비고)

① 신축·증축·개축·재축·이전·용도변경 또는 대수선 등으로 소방시설이 새로 설치된 경우에는 해당 특정소방대상물의 소방시설 전체에 대하여 실시한다.
② 작동점검 및 종합점검(최초점검 제외)은 건축물 사용승인 후 그 다음 해부터 실시한다.
③ 특정소방대상물이 증축·용도변경 또는 대수선 등으로 사용승인일이 달라지는 경우 사용승인일이 빠른 날을 기준으로 자체점검을 실시한다.

(2) 자체점검의 점검장비(규칙 별표 3, 7호)

자체점검은 다음의 점검 장비를 이용하여 점검해야 한다. ☆ 22년 소방교

소방시설	장비	규격
공통시설	방수압력측정계, 절연저항계(절연저항 측정기), 전류전압측정계	
소화기구	저울	
옥내소화전설비 옥외소화전설비	소화전밸브압력계	
스프링클러설비 포소화설비	헤드결합렌치(볼트, 너트, 나사 등을 죄거나 푸는 공구)	
이산화탄소소화설비 분말소화설비, 할론소화설비 할로겐화합물 및 불활성기체 소화설비	검량계, 기동관누설시험기, 그 밖의 소화약제의 저장량을 측정할 수 있는 점검 기구	
자동화재탐지설비 시각경보기	열감지시험기, 연감지시험기, 공기주입시험기, 감지기시험기연결폴대, 음량계	
누전경보기	누전계	누전전류 측정용
무선통신보조설비	무선기	통화시험용
제연설비	풍속풍압계, 폐쇄력측정기, 차압계(압력차 측정기)	
통로유도등 비상조명등	조도계(밝기 측정기)	최소 눈금이 0.1럭스 이하인 것

6 점검인력의 배치기준(규칙 제20조 제1항 관련 별표 4) ☆ 19년 소방교, 19년 소방장

(1) 소방점검인력의 단위

① 소방시설관리업자가 점검하는 경우 : 주된 점검인력인 특급점검자 1명과 보조 점검인력인 영 별표 9에 따른 주된 기술인력 또는 보조 기술인력 2명을 점검인력 1단위로 하되, 점검인력 1단위에 보조 점검인력으로 2명(같은 건축물을 점검할 때는 4명) 이내의 주된 기술인력 또는 보조 기술인력을 추가할 수 있다.

② 소방안전관리자로 선임된 소방시설관리사 및 소방기술사가 점검하는 경우 : 주된 점검인력인 소방시설관리사 또는 소방기술사 중 1명과 보조 점검인력 2명을 점검인력 1단위로 하되, 점검인력 1단위에 2명 이내의 보조인력을 추가할 수 있다. 이 경우 보조 점검인력은 해당 특정소방대상물의 관계인, 소방안전관리보조자 또는 관리업자 소속의 소방기술인력으로 할 수 있다.

③ 관계인 또는 소방안전관리자가 점검하는 경우 : 주된 점검인력인 관계인 1명과 보조 점검인력 2명을 점검인력 1단위로 한다. 이 경우 보조 점검인력은 해당 특정소방대상물의 관계인, 소방안전관리자, 소방안전관리보조자 또는 관리업자 소속의 소방기술인력으로 할 수 있다.

(2) 점검인력의 배치기준

소방시설관리업자가 점검하는 경우 특정소방대상물의 규모 등에 따른 점검인력의 배치기준은 다음과 같다.

구분	주된 기술인력	보조 기술인력
가. 50층 이상 또는 성능위주설계를 한 특정소방대상물	소방시설관리사 경력 5년 이상인 특급점검자 1명 이상	고급점검자 이상 1명 이상 및 중급점검자 이상 1명 이상
나. 「화재예방법 시행령」 별표 4 제1호에 따른 특급 소방안전관리대상물(가목 제외)	소방시설관리사 경력 3년 이상인 특급점검자 1명 이상	고급점검자 이상 1명 이상 및 초급점검자 이상 1명 이상
다. 「화재예방법 시행령」 별표4 제2호·제3호에 따른 1급·2급 소방안전관리대상물	소방시설관리사 경력 1년 이상인 특급점검자 1명 이상	중급점검자 이상 1명 이상 및 초급점검자 이상 1명 이상
라. 「화재예방법 시행령」 별표 4 제4호에 따른 3급 소방안전관리대상물	특급점검자 1명 이상	초급점검자 이상의 기술인력 2명 이상

비고
1. "주된 점검인력"이란 해당 점검 업무 전반을 총괄하는 사람을 말한다.
2. "보조 점검인력"이란 주된 점검인력을 보조하고, 주된 점검인력의 지시를 받아 점검 업무를 수행하는 사람을 말한다.
3. 점검인력의 등급구분(특급점검자, 고급점검자, 중급점검자, 초급점검자)은 「소방시설공사업법 시행규칙」 별표 4의2에서 정하는 기준에 따른다. 보조 기술인력의 등급구 분(특급, 고급, 중급, 초급점검자)은 「소방시설공사업법 시행규칙」 별표 4의2에서 정하는 기준에 따른다.

(3) 점검한도면적

① **점검한도 면적** : 점검인력 1단위가 하루 동안 점검할 수 있는 특정소방대상물의 연면적(점검한도 면적)은 다음과 같다.
  ㉠ 종합점검 : 8,000㎡
  ㉡ 작동점검 : 10,000㎡
② **점검한도 면적의 증가** : 점검인력 1단위에 보조 기술인력을 1명씩 추가할 때마다 종합점검의 경우에는 2,000㎡, 작동점검의 경우에는 2,500㎡씩을 점검한도 면적에 더한다. 다만, 하루에 2개 이상의 특정소방대상물을 배치할 경우 1일 점검한도 면적은 특정소방대상물별로 투입된 점검인력에 따른 점검 한도면적의 평균값으로 적용하여 계산한다.
③ **검검인력 배치의 제한** : 점검인력은 하루에 5개의 특정소방대상물에 한하여 배치할 수 있다. 다만 2개 이상의 특정소방대상물을 2일 이상 연속하여 점검하는 경우에는 배치기한을 초과해서는 안 된다.

(4) 점검면적

① **점검면적** : 관리업자등이 하루 동안 점검한 면적은 실제 점검면적에 다음의 기준을 적용하여 계산한 면적(점검면적)으로 하되, 점검면적은 점검한도 면적을 초과하여서는 안 된다.
  ※ 실제 점검면적의 계산 : 실제 점검면적에서 지하구는 그 길이에 폭의 길이 1.8m를 곱하여 계산된 값을 말하며, 터널은 3차로 이하인 경우에는 그 길이에 폭의 길이 3.5m를 곱하고, 4차로 이상인 경우에는 그 길이에 폭의 길이 7m를 곱한 값을 말한다. 다만, 한쪽 측벽에 소방시설이 설치된 4차로 이상인 터널의 경우에는 그 길이와 폭의 길이 3.5m를 곱한 값을 말한다.
② **점검면적의 계산** : 실제 점검면적에 다음의 가감계수를 곱한다. ☆ 20년 소방장

구분	대상용도	가감계수
1류	문화 및 집회시설, 종교시설, 판매시설, 의료시설, 노유자시설, 수련시설, 숙박시설, 위락시설, 창고시설, 교정시설, 발전시설, 지하상가, 복합건축물	1.1
2류	공동주택, 근린생활시설, 운수시설, 교육연구시설, 운동시설, 업무시설, 방송통신시설, 공장, 항공기 및 자동차 관련 시설, 군사시설, 관광휴게시설, 장례시설, 지하구	1.0
3류	위험물 저장 및 처리시설, 문화재, 동물 및 식물 관련 시설, 자원순환 관련 시설, 묘지 관련 시설	0.9

③ **점검면적의 차감** : 점검한 특정소방대상물이 다음의 어느 하나에 해당할 때에는 다음에 따라 계산된 값을 ②에 따라 계산된 값(점검면적)에서 뺀다.
  ㉠ 스프링클러설비가 설치되지 않은 경우 : ②에 따라 계산된 값에 0.1을 곱한 값
  ㉡ 물분무등소화설비(호스릴 방식의 물분무등소화설비는 제외한다)가 설치되지 않은 경우 : ②에 따라 계산된 값에 0.1를 곱한 값
  ㉢ 제연설비가 설치되지 않은 경우 : ㉠에 따라 계산된 값에 0.1을 곱한 값
④ **2개 이상의 특정소방대상물을 하루에 점검하는 경우** : 특정소방대상물 상호간의 좌표 최단거리 5km마다 점검 한도면적에 0.02를 곱한 값을 점검 한도면적에서 뺀다.

(5) 아파트 점검인력의 배치기준 등

아파트(공용시설, 부대시설 또는 복리시설은 포함하고, 아파트가 포함된 복합건축물의 아파트 외의 부분은 제외한다)를 점검할 때에는 다음의 기준에 따른다.

① **점검한도 세대수** : 점검인력 1단위가 하루 동안 점검할 수 있는 아파트등의 세대수(점검한도 세대수)는 종합점검 및 작동점검에 관계없이 250세대로 한다.
② **점검한도 세대수의 증가** : 점검인력 1단위에 보조 기술인력을 1명씩 추가할 때마다 60세대씩을 점검한도 세대수에 더한다.
③ **점검세대수의 계산** : 관리업자등이 하루 동안 점검한 세대수는 실제 점검 세대수에 다음의 기준을 적용하여 계산한 세대수(점검세대수)로 하되, 점검세대수는 점검한도 세대수를 초과해서는 안 된다.
　㉠ 점검한 아파트등이 다음의 어느 하나에 해당할 때에는 다음에 따라 계산된 값을 실제 점검 세대수에서 뺀다.[스프링클러설비가 설치되지 않은 경우, 물분무등소화설비(호스릴 방식의 물분무등소화설비는 제외한다)가 설치되지 않은 경우 및 제연설비가 설치되지 않은 경우에는 실제 점검 세대수에 0.1을 곱한 값]
　㉡ 2개 이상의 아파트를 하루에 점검하는 경우에는 아파트 상호간의 좌표 최단거리 5km마다 점검 한도세대수에 0.02를 곱한 값을 점검한도 세대수에서 뺀다.
④ 아파트등과 아파트등 외 용도의 건축물을 하루에 점검할 때에는 종합점검의 경우 (5)에 따라 계산된 값에 32, 작동점검의 경우 (5)에 따라 계산된 값에 40을 곱한 값을 점검대상 연면적으로 보고 (2) 및 (3)을 적용한다.

(6) 기타

① **종합점검과 작동점검을 하루에 점검하는 경우** : 작동점검의 점검대상 연면적 또는 점검대상 세대수에 0.8을 곱한 값을 종합점검 점검대상 연면적 또는 점검대상 세대수로 본다.
② **소수점 처리** : 위의 규정에 따라 계산된 값은 소수점 이하 둘째 자리에서 반올림한다.

실전연습

Q. 소방시설의 자체점검에 대한 설명으로 틀린 것은?

① 점검인력 1단위에 보조 기술인력을 1명씩 추가할 때마다 종합점검의 경우에는 2,000㎡, 작동점검의 경우에는 2,500㎡씩을 점검한도 면적에 더한다.
② 종합점검의 경우 점검인력 1단위가 하루 동안 점검할 수 있는 점검한도 면적은 8,000㎡이다.
③ 작동점검의 경우 점검인력 1단위가 하루 동안 점검점검한도 세대수는 250세대이다.
④ 점검인력 1단위에 보조인력을 1명씩 추가할 때마다 아파트 70세대씩을 점검한도 세대수에 더한다.

해설 | 점검인력 1단위에 보조 기술인력을 1명씩 추가할 때마다 60세대씩을 점검한도 세대수에 더한다.. ➡ ④

7 소방시설등의 자체점검 면제 또는 연기

(1) 자체점검 면제 또는 연기의 사유 등(영 제33조)

① 면제 또는 연기의 사유 : 법 제22조 제6항 전단에서 대통령령으로 정하는 자체점검 면제 또는 연기의 사유란 다음의 하나에 해당하는 사유를 말한다.(제1항)
  ㉠ 「재난 및 안전관리 기본법」제3조제1호에 해당하는 **재난이 발생한 경우 : 면제의 사유**
  ㉡ 경매 등의 사유로 소유권이 변동 중이거나 변동된 경우
  ㉢ 관계인의 질병, 사고, 장기출장의 경우
  ㉣ 그 밖에 관계인이 운영하는 사업에 부도 또는 도산 등 중대한 위기가 발생하여 자체점검을 실시하기 곤란한 경우
② 면제 또는 연기의 신청 : 자체점검의 면제 또는 연기를 신청하려는 관계인은 행정안전부령으로 정하는 면제 또는 연기신청서에 면제 또는 연기의 사유 및 기간 등을 적어 소방본부장 또는 소방서장에게 제출해야 한다. 재난이 발생한 경우에만 면제를 신청할 수 있다.(제2항)
③ 신청에 필요한 사항 : 면제 또는 연기의 신청 및 신청서의 처리에 필요한 사항은 행정안전부령으로 정한다.(제3항)

(2) 면제 또는 연기신청의 절차(규칙 제22조)

① 신청 시기 : 자체점검의 면제 또는 연기를 신청하려는 특정소방대상물의 관계인은 자체점검의 실시 만료일 3일 전까지 별지 제7호서식의 소방시설등의 자체점검 면제 또는 연기신청서(전자문서 신청서 포함)에 자체점검을 실시하기 곤란함을 증명할 수 있는 서류를 첨부하여 소방본부장 또는 소방서장에게 제출해야 한다.(제1항)
② 결정 및 통보 : 면제 또는 연기 신청서를 제출받은 소방본부장 또는 소방서장은 면제 또는 연기의 신청을 받은 날부터 3일 이내에 **자체점검의 면제 또는 연기 여부를 결정**하여 자체점검 면제 또는 연기 신청 결과 통지서를 면제 또는 연기 신청을 한 자에게 통보해야 한다.(제2항)

제2절 자체점검 결과의 조치 등

1 자체점검 결과의 조치

(1) 중대위반행위에 대한 조치(법 제23조 제1항 및 제2항)

① **수리 조치** : 특정소방대상물의 관계인은 자체점검 결과 소화펌프 고장 등 대통령령으로 정하는 중대위반사항이 발견된 경우에는 지체 없이 수리 등 필요한 조치를 하여야 한다.
② **관계인에 대한 통지** : 관리업자등은 자체점검 결과 중대위반사항을 발견한 경우 즉시 관계인에게 알려야 한다. 이 경우 관계인은 지체 없이 수리 등 필요한 조치를 하여야 한다.

(2) 대통령령으로 정하는 중대위반사항(영 제34조) ☆ 23년 소방장

① 소화펌프(가압송수장치를 포함한다), 동력·감시 제어반 또는 소방시설용 전원(비상전원을 포함한다)의 고장으로 소방시설이 작동되지 않는 경우
② 화재 수신기의 고장으로 화재경보음이 자동으로 울리지 않거나 화재 수신기와 연동된 소방시설의 작동이 불가능한 경우
③ 소화배관 등이 폐쇄·차단되어 소화수(消火水) 또는 소화약제가 자동 방출되지 않는 경우
④ 방화문 또는 자동방화셔터가 훼손되거나 철거되어 본래의 기능을 못하는 경우

2 점검 결과의 보고 등

(1) 점검 결과의 보고

① **점검결과 및 이행계획의 보고** : 특정소방대상물의 관계인은 자체점검을 한 경우에는 그 점검 결과를 행정안전부령으로 정하는 바에 따라 소방시설등에 대한 수리·교체·정비에 관한 이행계획(중대위반사항에 대한 조치사항 포함)을 첨부하여 소방본부장 또는 소방서장에게 보고하여야 한다.(법 제23조 제3항)
② **보완의 요구** : 소방본부장 또는 소방서장은 점검 결과 및 이행계획이 적합하지 아니하다고 인정되는 경우에는 관계인에게 보완을 요구할 수 있다.(법 제23조 제3항)
③ **관계인에게 보고서 제출** : 관리업자등은 자체점검을 실시한 경우에는 그 점검이 끝난 날부터 10일 이내에 별지 제9호서식의 소방시설등 자체점검 실시결과 보고서에 소방청장이 정하여 고시하는 소방시설등점검표를 첨부하여 관계인에게 제출해야 한다.
④ **자체점검 결과의 보고** : 자체점검 실시결과 보고서를 제출받거나 스스로 자체점검을 실시한 관계인은 자체점검이 끝난 날부터 15일 이내에 소방시설등 자체점검 실시결과 보고서(전자문서보고서 포함)에 다음의 서류를 첨부하여 소방본부장 또는 소방서장에게 서면이나 소방청장이 지정하는 전산망을 통하여 보고해야 한다.(규칙 제23조 제2항) ☆ 24년 소방장, 22년 소방장

　　　　㉠ 점검인력 배치확인서(관리업자가 점검한 경우만 해당한다)
　　　　㉡ 별지 제10호서식의 소방시설등의 자체점검 결과 이행계획서
　　⑤ 공휴일 및 토요일 산입 여부 : 자체점검 실시결과의 보고기간에는 공휴일 및 토요일은 산입하지 않는다.
　　⑥ 점검결과의 보관 : 소방본부장 또는 소방서장에게 자체점검 실시결과 보고를 마친 관계인은 소방시설등 자체점검 실시결과 보고서(소방시설등점검표를 포함한다)를 점검이 끝난 날부터 2년간 자체 보관해야 한다.
　　⑦ 이행계획 완료 기간 통보 : 소방시설등의 자체점검 결과 이행계획서를 보고받은 소방본부장 또는 소방서장은 다음의 구분에 따라 이행계획의 완료 기간을 정하여 관계인에게 통보해야 한다. 다만, 소방시설등에 대한 수리·교체·정비의 규모 또는 절차가 복잡하여 다음의 기간 내에 이행을 완료하기가 어려운 경우에는 그 기간을 달리 정할 수 있다.
　　　　㉠ 소방시설등을 구성하고 있는 기계·기구를 수리하거나 정비하는 경우 : 보고일부터 10일 이내
　　　　㉡ 소방시설등의 전부 또는 일부를 철거하고 새로 교체하는 경우 : 보고일부터 20일 이내

(2) 이행계획 완료 결과의 보고

　　① 완료 결과의 보고 : 특정소방대상물의 관계인은 이행계획을 행정안전부령으로 정하는 바에 따라 기간 내에 완료하고, 소방본부장 또는 소방서장에게 이행계획 완료 결과를 보고하여야 한다. 이 경우 소방본부장 또는 소방서장은 이행계획 완료 결과가 거짓 또는 허위로 작성되었다고 판단되는 경우에는 해당 특정소방대상물을 방문하여 이행계획 완료 여부를 확인할 수 있다.(법 제23조 제4항)
　　② 이행완료 보고서 : 완료기간 내에 이행계획을 완료한 관계인은 이행을 완료한 날부터 10일 이내에 소방시설등의 자체점검 결과 이행완료 보고서에 다음의 서류를 첨부하여 소방본부장 또는 소방서장에게 보고해야 한다.(규칙 제23조 제6항)
　　　　㉠ 이행계획 건별 전·후 사진 증명자료
　　　　㉡ 소방시설공사 계약서
　　③ 이행명령 : 소방본부장 또는 소방서장은 관계인이 이행계획을 완료하지 아니한 경우에는 필요한 조치의 이행을 명할 수 있고, 관계인은 이에 따라야 한다.(법 제23조 제6항)

(3) 이행계획 완료의 연기

　　① 이행계획 완료의 연기 : 특정소방대상물의 관계인은 천재지변이나 그 밖에 대통령령으로 정하는 사유로 이행계획을 완료하기 곤란한 경우에는 소방본부장 또는 소방서장에게 대통령령으로 정하는 바에 따라 이행계획 완료를 연기하여 줄 것을 신청할 수 있다. 이 경우 소방본부장 또는 소방서장은 연기 신청 승인 여부를 결정하고 그 결과를 관계인에게 알려주어야 한다.(법 제23조 제5항)
　　② 대통령령으로 정하는 이행계획 완료 연기의 사유는 다음과 같다.(영 제35조 제1항)

㉠「재난 및 안전관리 기본법」 제3조제1호에 해당하는 재난이 발생한 경우
　　　㉡ 경매 등의 사유로 소유권이 변동 중이거나 변동된 경우
　　　㉢ 관계인의 질병, 사고, 장기출장 등의 경우
　　　㉣ 그 밖에 관계인이 운영하는 사업에 부도 또는 도산 등 중대한 위기가 발생하여 이행계획을 완료하기 곤란한 경우
③ **연기신청서 제출** : 이행계획 완료의 연기를 신청하려는 관계인은 행정안전부령으로 정하는 바에 따라 연기신청서에 연기의 사유 및 기간 등을 적어 소방본부장 또는 소방서장에게 제출해야 하며, 연기의 신청 및 연기신청서의 처리에 필요한 사항은 행정안전부령으로 정한다. (영 제35조 제2항)
④ **기간 만료일 3일 전까지 제출** : 이행계획 완료의 연기를 신청하려는 관계인은 완료기간 만료일 3일 전까지 소방시설등의 자체점검 결과 이행계획 완료 연기신청서에 기간 내에 이행계획을 완료하기 곤란함을 증명할 수 있는 서류를 첨부하여 소방본부장 또는 소방서장에게 제출해야 한다.
⑤ **결과 통지서 통보** : 이행계획 완료의 연기 신청서를 제출받은 소방본부장 또는 소방서장은 연기 신청을 받은 날부터 3일 이내에 완료기간의 연기 여부를 결정하여 소방시설등의 자체점검 결과 이행계획 완료 연기신청 결과 통지서를 연기 신청을 한 자에게 통보해야 한다. (규칙 제24조)

3 점검기록표 게시 등

(1) 점검기록표 게시(법 제24조)

① **점검기록표 게시** : 제23조제3항에 따라 자체점검 결과 보고를 마친 관계인은 관리업자등, 점검일시, 점검자 등 자체점검과 관련된 사항을 점검기록표에 기록하여 특정소방대상물의 출입자가 쉽게 볼 수 있는 장소에 게시하여야 한다. 이 경우 점검기록표의 기록 등에 필요한 사항은 행정안전부령으로 정한다.
② **공개 사항** : 소방본부장 또는 소방서장은 다음의 사항을 제48조에 따른 전산시스템 또는 인터넷 홈페이지 등을 통하여 국민에게 공개할 수 있다. 이 경우 공개 절차, 공개 기간 및 공개 방법 등 필요한 사항은 대통령령으로 정한다.
　　㉠ 자체점검 기간 및 점검자
　　㉡ 특정소방대상물의 정보 및 자체점검 결과
　　㉢ 그 밖에 소방본부장 또는 소방서장이 특정소방대상물을 이용하는 불특정다수인의 안전을 위하여 공개가 필요하다고 인정하는 사항

(2) 자체점검 결과 공개(영 제36조)

① **결과 공개** : 소방본부장 또는 소방서장은 법 제24조제2항에 따라 자체점검 결과를 공개하는 경우 30일 이상 전산시스템 또는 인터넷 홈페이지 등을 통해 공개해야 한다.

② **사전 통지** : 소방본부장 또는 소방서장은 자체점검 결과를 공개하려는 경우 공개 기간, 공개 내용 및 공개 방법을 해당 특정소방대상물의 관계인에게 미리 알려야 한다.
③ **이의신청** : 특정소방대상물의 관계인은 공개 내용 등을 통보받은 날부터 10일 이내에 관할 소방본부장 또는 소방서장에게 이의신청을 할 수 있다.
④ **결과의 통지** : 소방본부장 또는 소방서장은 이의신청을 받은 날부터 10일 이내에 심사·결정 하여 그 결과를 지체 없이 신청인에게 알려야 한다.
⑤ **공개사항의 제한** : 자체점검 결과의 공개가 제3자의 법익을 침해하는 경우에는 제3자와 관련 된 사실을 제외하고 공개해야 한다.

(3) 자체점검 결과의 게시(규칙 제25조)

소방본부장 또는 소방서장에게 자체점검 결과 보고를 마친 관계인은 법 제24조제1항에 따라 보고한 날부터 10일 이내에 별표 5의 소방시설등 자체점검기록표를 작성하여 특정소방대상물 의 출입자가 쉽게 볼 수 있는 장소에 30일 이상 게시해야 한다.

소방시설등 자체점검기록표(제25조 관련 [별표 5])

소방시설등 자체점검기록표

- 대상물명 :
- 주　　소 :
- 점검구분 :　　　　[ ] 작동점검　　　　[ ] 종합점검
- 점 검 자 :
- 점검기간 :　　　년　월　일　~　년　월　일
- 불량사항 : [ ] 소화설비　　[ ] 경보설비　　[ ] 피난구조설비
　　　　　[ ] 소화용수설비 [ ] 소화활동설비 [ ] 기타설비 [ ] 없음
- 정비기간 :　　　년　월　일　~　년　월　일

년　월　일

「소방시설 설치 및 관리에 관한 법률」 제24조제1항 및 같은 법 시행규칙 제25조에 따라 소방시설등 자체점검결과를 게시합니다.

※ 비고 : 점검기록표의 규격은 다음과 같다.
　가. 규격: A4 용지(가로 297mm × 세로 210mm)
　나. 재질: 아트지(스티커) 또는 종이
　다. 외측 테두리: 파랑색(RGB　65, 143, 222)
　라. 내측 테두리: 하늘색(RGB 193, 214, 237)
　마. 글씨체(색상)
　　1) 소방시설 점검기록표: HY헤드라인M, 45포인트(외측 테두리와 동일)
　　2) 본문 제목: 윤고딕230, 20포인트(외측 테두리와 동일)
　　　 본문 내용: 윤고딕230, 20포인트(검정색)
　　3) 하단 내용: 윤고딕240, 20포인트(법명은 파랑색, 그 외 검정색)

CHAPTER 03 소방시설등의 자체점검
핵심요약

소방시설의 자체점검

1) 소방시설의 자체점검
   ① 정기적 점검 : 관계인은 그 대상물에 설치되어 있는 소방시설등이 소방시설법령에 적합하게 설치·관리되고 있는지에 대하여 일정한 기간(신설된 경우 건축물을 사용할 수 있게 된 날부터 60일) 내에 스스로 점검하거나 점검능력 평가를 받은 관리업자 또는 기술자격자로 하여금 정기적으로 점검하게 하여야 한다.
   ② 표준자체점검비 공표 : 소방청장은 특정소방대상물의 규모, 소방시설등의 종류 등에 따라 자체점검 비용의 표준이 될 금액을 정하여 공표할 수 있다.

2) 자체점검 구분 : 점검의 방식에 따라 다음과 같이 구분한다.
   ① 작동점검 : 소방시설등을 인위적으로 조작하여 소방시설이 정상적으로 작동하는지를 소방청장이 정하여 고시하는 소방시설등 작동점검표에 따라 점검하는 것
   ② 종합점검 : 소방시설등의 작동점검을 포함하여 소방시설등의 설비별 주요 구성 부품의 구조기준이 화재안전기준과 「건축법」 등 관련 법령에서 정하는 기준에 적합한 지 여부를 소방청장이 정하여 고시하는 종합점검표에 따라 점검하는 것
      ㉠ 최초점검 : 소방시설 신설시 건축물을 사용할 수 있게 된 날부터 60일 이내
      ㉡ 그 밖의 종합점검 : 최초점검을 제외한 종합점검을 말한다.

작동점검

1) 작동점검점의 대상 : 특정소방대상물. 다음에 해당하는 대상물은 제외한다.
   ① 소방안전관리자를 선임하지 않는 특정소방대상물
   ② 「위험물안전관리법」제2조제6호에 따른 제조소
   ③ 특급소방안전관리대상물

2) 점검자의 자격
   ① 간이스프링클러설비(주택전용 간이스프링클러설비는 제외) 또는 자동화재탐지설비가 설치된 특정소방대상물
      ㉠ 관계인
      ㉡ 「소방시설공사업법 시행규칙」별표 4의2에 따른 특급점검자
      ㉢ 관리업에 등록된 기술인력 중 소방시설관리사
      ㉣ 소방안전관리자로 선임된 소방시설관리사 및 소방기술사
   ② 기타 특정소방대상물
      ㉠ 관리업에 등록된 기술인력 중 소방시설관리사
      ㉡ 소방안전관리자로 선임된 소방시설관리사 및 소방기술사

3) 점검의 횟수 : 작동점검은 연 1회 이상 실시한다.

4) 작동점검의 시기
   ① 종합점검 대상 : 종합점검을 받은 달부터 6개월이 되는 달에 실시한다.

② 기타 : 특정소방대상물의 사용승인일(건축물은 건축물관리대장 또는 건물 등기사항 증명서에 기재되어 있는 날)이 속하는 달의 말일까지 실시한다.

종합정밀

1) **종합점검의 대상**
   ① 소방시설등이 신설된 경우에 해당하는 특정소방대상물
   ② 스프링클러설비가 설치된 특정소방대상물
   ③ 물분무등소화설비[호스릴 방식의 물분무등소화설비만을 설치한 경우는 제외]가 설치된 연면적 5,000㎡ 이상인 특정소방대상물(위험물 제조소등은 제외)
   ④ 다중이용업 : 단란주점 및 유흥주점영업, 영화상영관등(비디오물 소극장업 제외)의 다중이용업의 영업장이 설치된 특정소방대상물로서 연면적이 2,000㎡ 이상
   ⑤ 제연설비가 설치된 터널
   ⑥ 공공기관 중 연면적이 1,000㎡ 이상인 것으로서 옥내소화전설비 또는 자동화재탐지설비가 설치된 것(소방기본법에 따른 소방대가 근무하는 공공기관은 제외)

2) **점검자의 자격** : 이 경우 별표 4에 따른 점검인력 배치기준을 따라야 한다.
   ① 관리업에 등록된 소방시설관리사
   ② 소방안전관리자로 선임된 소방시설관리사 및 소방기술사

3) **점검의 횟수** : 연 1회 이상(특급은 반기에 1회 이상) 실시한다. 소방안전관리가 우수한 특정소방대상물은 3년의 범위에서 종합점검을 면제할 수 있다.

4) **종합점검의 시기**
   ① 소방시설등이 신설 : 건축물을 사용할 수 있게 된 날부터 60일 이내 실시한다.
   ② 기타 특정소방대상물 : 건축물의 사용승인일이 속하는 달에 실시한다.
   ③ 건축물 사용승인일 이후 물분무등소화설비가 설치된 연면적 5,000㎡ 이상인 특정소방대상물로 종합점검 대상에 해당하게 된 경우 그 다음 해부터 실시한다.
   ④ 하나의 대지경계선 안에 2개 이상의 자체점검 대상 건축물 등이 있는 경우 사용승인일이 가장 빠른 연도의 건축물의 사용승인일을 기준으로 점검할 수 있다.

외관점검 등

1) **외관점검** : 공공기관의 장은 공공기관에 설치된 소방시설의 유지·관리상태를 육안 또는 신체감각을 이용하여 외관점검(자체점검을 실시한 달에는 실시하지 않을 수 있다)을 월 1회 이상 실시하고, 점검결과를 2년간 자체 보관하여야 한다.

2) **공공기관의 전기시설물 및 가스시설에 대한 점검**
   ① 전기시설물의 경우 : 전기사업법 제63조에 따른 사용전검사
   ② 가스시설의 경우 : 「도시가스사업법」 「고압가스 안전관리법」등에 따른 검사

3) **공동주택(아파트등으로 한정) 세대별 점검방법**
   ① 관리자(관리소장, 입주자대표회의 및 소방안전관리자 포함) 및 입주민(세대 거주자를 말함)은 2년 주기로 모든 세대에 대하여 점검을 해야 한다.
   ② 특수감지기가 설치되어 있는 경우에는 수신기에서 원격 점검할 수 있으며, 점검할 때마다 모든 세대를 점검해야 한다.
   ③ 원격점검이 불가능한 경우 : 매년 작동점검만 실시하는 경우 1회 점검 시 마다 전체 세대수의 50퍼센트 이상, 종합점검을 실시하는 공동주택은 1회 점검 시 마다 전체 세대수의 30퍼센트 이상 점검하도록 점검 계획을 수립·시행해야 한다.
   ④ 관리자는 세대별 점검현황을 작성하여 점검이 끝난 날부터 2년간 자체 보관해야 한다.

1) 자체점검 관련 사항
   ① 신축·증축·개축·재축·이전·용도변경 또는 대수선 등으로 소방시설이 새로 설치된 경우에는 해당 특정소방대상물의 소방시설 전체에 대하여 실시한다.
   ② 자체점검(최초점검 제외)은 건축물 사용승인 후 그 다음 해부터 실시한다.
   ③ 특정소방대상물이 증축·용도변경 또는 대수선 등으로 사용승인일이 달라지는 경우 사용승인일이 빠른 날을 기준으로 자체점검을 실시한다.

점검장비 등

2) 점검장비 : 자체점검은 다음의 점검 장비를 이용하여 점검해야 한다.
   ① 공통시설 : 방수압력측정계, 절연저항계, 전류전압측정계
   ② 소화기구 : 저울
   ③ 옥내·옥외소화전설비 : 소화전밸브압력계
   ④ 스프링클러설비, 포소화설비 : 헤드결합렌치
   ⑤ 이산화탄소소화설비, 분말, 할론소화설비 등 : 검량계, 기동관누설시험기 등
   ⑥ 자동화재탐지설비, 시각경보기 : 열감지시험기, 연감지시험기, 공기주입시험기 등
   ⑦ 누전경보기 : 누전계
   ⑧ 무선통신보조설비 : 무선기
   ⑨ 제연설비 : 풍속풍압계, 폐쇄력측정기, 차압계
   ⑩ 통로유도등, 비상조명등 : 조도계(최소 눈금이 0.1 럭스 이하인 것)

1) 소방점검인력의 단위
   ① 소방시설관리업자가 점검하는 경우 : 주된 점검인력인 특급점검자 1명과 보조 점검인력인 주된 기술인력 또는 보조 기술인력 2명을 점검인력 1단위로 하되, 점검인력 1단위에 보조 점검인력으로 2명(같은 건축물을 점검할 때는 4명) 이내의 주된 기술인력 또는 보조 기술인력을 추가할 수 있다.
   ② 소방안전관리자로 선임된 소방시설관리사 및 소방기술사가 점검하는 경우 : 소방시설관리사 또는 소방기술사 중 1명과 보조 기술인력 2명을 점검인력 1단위로 하되, 점검인력 1단위에 2명 이내의 보조인력을 추가할 수 있다.(보조 기술인력은 해당 특정소방대상물의 관계인 또는 소방안전관리보조자로 할 수 있다)
   ③ 관계인 또는 소방안전관리자가 점검하는 경우 : 관계인 또는 소방안전관리자 1명과 보조 기술인력 2명을 점검인력 1단위로 하되, 보조 기술인력은 해당 특정소방대상물의 관리자, 점유자 또는 소방안전관리보조자로 할 수 있다.

점검인력의 배치기준

2) 점검인력 배치기준(관리업자가 점검하는 경우)

구분	주된 기술인력	보조 기술인력
가. 50층 이상 또는 성능위주 설계를 한 특정소방대상물	소방시설관리사 경력 5년 이상 특급점검자 1명 이상	고급점검자 이상 1명 이상 및 중급점검자 이상 1명 이상
나. 특급 소방안전관리대상물(가목 제외)	소방시설관리사 경력 3년 이상 특급점검자 1명 이상	고급점검자 이상 1명 이상 및 초급점검자 이상 1명 이상
다. 1급 또는 2급 소방안전관리대상물	소방시설관리사 특급점검자 1명 이상	중급점검자 이상 1명 이상 및 초급점검자 이상 1명 이상
라. 3급 소방안전관리대상물	특급점검자 1명 이상	초급점검자 이상의 기술인력 2명 이상

3) 점검한도면적 등
    ① **점검한도 면적**(점검인력 1단위가 하루 동안 점검할 수 있는 연면적)
        ㉠ 종합점검 : 8,000㎡
        ㉡ 작동점검 : 10,000㎡
    ② **점검한도 면적의 증가** : 점검인력 1단위에 보조인력을 1명씩 추가할 때마다 종합점검의 경우 2,000㎡, 작동점검의 경우 2,500㎡씩을 점검한도 면적에 더한다.
    ③ 점검인력은 하루에 5개의 특정소방대상물에 한하여 배치할 수 있다.

4) 점검면적
    ① **점검면적** : 관리업자등이 하루 동안 점검한 면적은 실제 점검면적에 아래의 기준을 적용하여 계산한 면적으로 하되, 점검한도 면적을 초과하여서는 아니 된다.
    ② **점검면적의 계산** : 실제 점검면적에 가감계수를 곱한다.
        ㉠ 1류(1.1) : 문화 및 집회시설, 종교시설, 판매시설, 의료시설, 노유자시설, 수련시설, 숙박시설, 위락시설, 창고시설, 교정시설, 발전시설, 지하상가, 복합건축물
        ㉡ 2류(1.0) : 공동주택, 근린생활시설, 운수시설, 교육연구시설, 운동시설, 업무시설, 방송통신시설, 공장, 항공기 및 자동차 관련 시설, 군사시설, 관광휴게시설, 장례시설, 지하구
        ㉢ 3류(0.9) : 위험물 저장 및 처리시설, 문화재, 동물 및 식물 관련 시설, 자원순환 관련 시설, 묘지 관련 시설
    ③ **점검면적의 차감** : 점검한 특정소방대상물이 스프링클러설비, 물분무등소화설비, 제연설비가 설치되지 않은 경우 위의 점검면적에서 0.1을 곱한 값을 뺀다.
    ④ **2개 이상 특정소방대상물을 하루에 점검하는 경우** : 특정소방대상물 상호간의 좌표 최단거리 5km마다 점검 한도면적에 0.02를 곱한 값을 점검 한도면적에서 뺀다.

5) **아파트 점검인력 배치기준** : 아파트를 점검할 때에는 다음의 기준에 따른다.
    ① **점검한도 세대수** : 점검인력 1단위가 하루 동안 점검할 수 있는 아파트의 세대수는 종합점검 및 작동점검에 관계없이 250세대로 한다.
    ② **점검한도 세대수의 증가** : 점검인력 1단위에 보조인력을 1명씩 추가할 때마다 60세대씩을 점검한도 세대수에 더한다.
    ③ **점검세대수** : 실제 점검 세대수에 다음의 기준을 적용하여 계산한 세대수로 하되, 점검한도 세대수를 초과하여서는 아니 된다.
        ㉠ 점검한 아파트가 스프링클러, 물분무등소화설비, 제연설비가 설치되지 않은 경우 실제 점검 세대수에서 0.1을 곱한 값을 실제 점검 세대수에서 뺀다.
        ㉡ 2개 이상의 아파트를 하루에 점검하는 경우 아파트 상호간의 좌표 최단거리 5km마다 점검 한도세대수에 0.02를 곱한 값을 점검한도 세대수에서 뺀다.
    ④ 아파트등과 아파트등 외 용도의 건축물을 하루에 점검할 때에는 종합점검의 경우 계산된 값에 32, 작동점검의 경우 40을 곱한 값을 점검대상 연면적으로 본다.

6) 기타
    ① **종합점검 점검대상 연면적** : 종합점검과 작동점검을 하루에 점검하는 경우 작동점검의 점검대상 연면적 또는 점검대상 세대수에 0.8을 곱한 값을 종합점검 점검대상 연면적 또는 세대수로 본다.
    ② 위 규정에 따라 계산된 값은 소수점 이하 둘째 자리에서 반올림한다.

자체점검 면제 또는 연기 등	1) 소방시설등의 자체점검 면제 또는 연기 　① 대통령령으로 정하는 소방시설등의 자체점검 면제 또는 연기의 사유 　　㉠ 「재난 및 안전관리 기본법」제3조제1호의 재난이 발생한 경우 : 면제의 사유 　　㉡ 경매 등의 사유로 소유권이 변동 중이거나 변동된 경우 　　㉢ 관계인의 질병, 사고, 장기출장의 경우 　　㉣ 관계인이 운영하는 사업에 부도 등 중대한 위기가 발생하여 점검이 곤란한 경우 　② 자체점검의 면제 또는 연기를 신청하려는 관계인은 면제 또는 연기신청서에 그 사유 및 기간 등을 적어 소방본부장 또는 소방서장에게 제출해야 한다.
자체점검 결과의 조치	1) 중대위반행위에 대한 조치 　① 특정소방대상물의 관계인은 자체점검 결과 소화펌프 고장 등 대통령령으로 정하는 다음의 중대위반사항이 발견된 경우에는 지체 없이 수리 등 필요한 조치를 하여야 한다.(법 제23조 제1항) 　　㉠ 소화펌프(가압송수장치 포함), 동력·감시 제어반 또는 소방시설용 전원(비상전원 포함)의 고장으로 소방시설이 작동되지 않는 경우 　　㉡ 화재 수신기의 고장으로 화재경보음이 자동으로 울리지 않거나 화재 수신기와 연동된 소방시설의 작동이 불가능한 경우 　　㉢ 소화배관 등이 폐쇄·차단되어 소화수 또는 소화약제가 자동 방출되지 않는 경우 　　㉣ 방화문 또는 자동방화셔터가 훼손되거나 철거되어 본래의 기능을 못하는 경우 　② 관계인에 대한 통지 : 관리업자등은 자체점검 결과 중대위반사항을 발견한 경우 즉시 관계인에게 알려야 하며 관계인은 지체 없이 수리 등 조치를 해야 한다. 2) 점검 결과의 보고 　① 관계인에게 보고서 제출 : 관리업자등은 자체점검을 실시한 경우에는 그 점검이 끝난 날부터 10일 이내에 소방시설등 자체점검 실시결과 보고서에 소방청장이 정하여 고시하는 소방시설등점검표를 첨부하여 관계인에게 제출해야 한다. 　② 점검결과의 보고 : 특정소방대상물의 관계인은 자체점검이 끝난 날부터 15일 이내에 소방시설등 자체점검 실시결과 보고서에 소방시설등에 대한 수리·교체·정비에 관한 이행계획(중대위반사항에 대한 조치사항 포함)을 첨부하여 소방본부장 또는 소방서장에게 보고하여야 한다. 　　㉠ 점검인력 배치확인서(관리업자가 점검한 경우만 해당한다) 　　㉡ 소방시설등의 자체점검 결과 이행계획서 　③ 보완의 요구 : 소방본부장 또는 소방서장은 점검 결과 및 이행계획이 적합하지 아니하다고 인정되는 경우에는 관계인에게 보완을 요구할 수 있다. 　④ 점검결과의 보관 : 관계인은 소방시설등 자체점검 실시결과 보고서(소방시설등점검표 포함)를 점검이 끝난 날부터 2년간 자체 보관해야 한다. 3) 이행계획 완료 기간 통보 : 자체점검 결과 이행계획서를 보고받은 소방본부장 또는 소방서장은 이행계획의 완료 기간을 정하여 관계인에게 통보해야 한다. 　㉠ 소방시설을 구성하고 있는 기계·기구를 수리, 정비하는 경우 : 보고일부터 10일 이내 　㉡ 소방시설등의 전부 또는 일부를 교체하는 경우 : 보고일부터 20일 이내

4) 이행계획 완료 결과의 보고
   ① **이행완료 보고서** : 관계인은 이행을 완료한 날부터 10일 이내에 소방시설등의 자체점검 결과 이행완료 보고서에 이행계획 건별 전·후 사진 증명자료와 소방시설공사 계약서를 첨부하여 소방본부장 또는 소방서장에게 보고해야 한다.
   ② **이행명령** : 소방본부장 또는 소방서장은 관계인이 이행계획을 완료하지 아니한 경우에는 필요한 조치의 이행을 명할 수 있고, 관계인은 이에 따라야 한다.

5) 이행 완료의 연기
   ① 특정소방대상물의 관계인은 천재지변이나 그 밖에 대통령령으로 정하는 사유(자체점검의 연기사유와 동일)로 이행계획을 완료하기 곤란한 경우에는 소방본부장 또는 소방서장에게 대통령령으로 정하는 바에 따라 이행계획 완료를 연기하여 줄 것을 신청할 수 있다.
   ② **연기신청서** : 이행계획 완료의 연기를 신청하려는 관계인은 **완료기간 만료일 3일 전**까지 연기신청서를 소방본부장 또는 소방서장에게 제출해야 한다.
   ③ **결과 통지서 통보** : 소방본부장 또는 소방서장은 연기 신청을 받은 날부터 3일 이내에 완료기간의 연기 여부를 결정하여 소방시설등의 자체점검 결과 이행계획 완료 연기신청 결과 통지서를 연기 신청을 한 자에게 통보해야 한다.

점검기록표 게시 등

1) 점검기록표 게시
   ① **점검기록표 게시** : 자체점검 결과 보고를 마친 관계인은 관리업자등, 점검일시, 점검자 등 자체점검과 관련된 사항을 점검기록표에 기록하여 특정소방대상물의 출입자가 쉽게 볼 수 있는 장소에 게시하여야 한다.
   ② **공개 사항** : 소방본부장 또는 소방서장은 다음의 사항을 전산시스템 또는 인터넷 홈페이지 등을 통하여 국민에게 공개할 수 있다. 이 경우 공개 절차, 공개 기간 및 공개 방법 등 필요한 사항은 대통령령으로 정한다.
      ㉠ 자체점검 기간 및 점검자
      ㉡ 특정소방대상물의 정보 및 자체점검 결과
      ㉢ 그 밖에 소방본부장 또는 소방서장이 특정소방대상물을 이용하는 불특정다수인의 안전을 위하여 공개가 필요하다고 인정하는 사항

2) 자체점검 결과 공개
   ① **결과 공개** : 소방본부장 또는 소방서장은 체점검 결과를 공개하는 경우 30일 이상 전산시스템 또는 인터넷 홈페이지 등을 통해 공개해야 한다.
   ② **사전 통지** : 소방본부장 또는 소방서장은 자체점검 결과를 공개하려는 경우 공개 기간, 공개 내용 및 공개 방법을 해당 특정소방대상물의 관계인에게 미리 알려야 한다.
   ③ **이의신청** : 관계인은 공개 내용 등을 통보받은 날부터 10일 이내에 관할 소방본부장 또는 소방서장에게 이의신청을 할 수 있다. 소방본부장 등은 이의신청을 받은 날부터 10일 이내에 결정하여 그 결과를 지체 없이 신청인에게 알려야 한다.

3) **자체점검 결과의 게시** : 자체점검 결과 보고를 마친 관계인은 보고한 날부터 10일 이내에 소방시설등 자체점검기록표를 작성하여 특정소방대상물의 출입자가 쉽게 볼 수 있는 장소에 30일 이상 게시해야 한다.

CHAPTER 03 소방시설등의 자체점검

적중OX문제

01 특정소방대상물의 관계인은 그 대상물에 설치되어 있는 소방시설등이 법령 등에 적합하게 설치·관리되고 있는지에 대하여 스스로 점검하거나 점검능력 평가를 받은 관리업자 또는 대통령령으로 정하는 기술자격자로 하여금 정기적으로 점검하게 하여야 한다. (   )

02 특정소방대상물의 관계인은 해당 특정소방대상물의 소방시설등이 신설된 경우에는「건축법」제22조에 따라 건축물을 사용할 수 있게 된 날부터 60일 이내 정기적으로 점검하게 하여야 한다. (   )

03 자체점검의 구분과 그 대상, 점검인력의 배치기준 및 점검자의 자격, 점검 장비, 점검 방법 및 횟수 등 필요한 사항은 행정안전부령으로 정한다. (   )

04 소방청장 또는 소방본부장은 소방시설등 자체점검에 대한 품질확보를 위하여 필요하다고 인정하는 경우에는 관계인이 부담하여야 할 자체점검 비용의 표준이 될 금액을 정하여 공표하거나 관리업자등에게 이를 소방시설등 자체점검에 관한 표준가격으로 활용하도록 권고할 수 있다. (   )

05 관리업자는 자체점검을 실시하는 경우 점검 대상과 점검 인력 배치상황을 점검인력을 배치한 날 이후 자체점검이 끝난 날부터 10일 이내에 평가기관에 통보해야 한다. (   )

06 작동점검이란 소방시설등을 인위적으로 조작하여 소방시설이 정상적으로 작동하는지를 소방청장이 정하여 고시하는 소방시설등 작동점검표에 따라 점검하는 것을 말한다. (   )

07 종합점검이란 소방시설등의 작동점검을 제외하고 소방시설등의 설비별 주요 구성 부품의 구조기준이 화재안전기준과 관련 법령에서 정하는 기준에 적합한 지 여부를 점검하는 것을 말한다. (   )

08 종합점검 중 최초점검이란 법 제22조제1항제1호에 따라 소방시설이 새로 설치되는 경우「건축법」제22조에 따라 건축물을 사용할 수 있게 된 날부터 60일 이내 점검하는 것을 말한다. (   )

09 작동점검은 특정소방대상물을 대상으로 한다. 다만, 소방안전관리자를 선임하지 않는 특정소방대상물, 위험물제조소등, 특급 및 1급소방안전관리대상의 어느 하나에 해당하는 것은 제외한다. (   )

10 간이스프링클러설비(주택전용 간이스프링클러설비는 제외한다) 또는 자동화재탐지설비가 설치된 특정소방대상물에 대한 작동점검은 관계인이나「소방시설공사업법 시행규칙」별표 4의2에 따른 특급점검자도 점검할 수 있다. (   )

정답 1.X 2.O 3.O 4.X 5.X 6.O 7.X 8.O 9.X 10.O

11 작동점검의 시기는 종합점검 대상은 종합점검을 받은 달부터 3개월이 되는 달에 실시하며, 그 밖의 작동점검은 특정소방대상물의 사용승인일이 속하는 달의 말일까지 실시한다. ( )

12 건축물에 대한 작동점검은 건축물관리대장 또는 건물 등기사항증명서에 기재되어 있는 날이 속하는 달의 말일까지 실시한다. 다만, 건축물관리대장 또는 건물 등기사항증명서 등에 기입된 날이 서로 다른 경우에는 건축물관리대장에 기재되어 있는 날을 기준으로 점검한다. ( )

13 법 제22조 제1항제1호(해당 소방대상물의 소방시설등이 신설된 경우)에 해당하는 특정소방대상물과 스프링클러설비가 설치된 특정소방대상물은 종합점검의 대상이다. ( )

14 「다중이용업소의 안전관리에 관한 특별법 시행령」 제2조 제2호의 영화상영관, 비디오물감상실업, 비디오물소극장업 및 복합영상물제공업으로서 연면적 2,000㎡ 이상인 것은 종합점검의 대상이다. ( )

15 물분무등소화설비[호스릴(Hose Reel) 방식의 물분무등소화설비만을 설치한 경우는 제외한다]가 설치된 연면적 5,000㎡ 이상인 특정소방대상물(위험물 제조소등은 제외한다)은 종합점검의 대상이다. ( )

16 종합점검은 관리업에 등록된 소방시설관리사나 소방안전관리자로 선임된 소방시설관리사 및 소방기술사가 할 수 있으며, 관계인과 특급점검자는 점검할 수 없다. ( )

17 종합점검은 연 1회 이상(「화재의 예방 및 안전에 관한 법률 시행령」 별표 4 제1호가목의 특급 소방안전관리대상물은 분기에 1회 이상) 실시한다. ( )

18 건축물 사용승인일 이후 물분무등소화설비가 설치된 연면적 5,000㎡ 이상인 특정소방대상물로 종합점검 대상에 해당하게 된 경우에는 그 다음 해부터 실시한다. ( )

19 하나의 대지경계선 안에 2개 이상의 자체점검 대상 건축물 등이 있는 경우에는 그 건축물 중 사용승인일이 가장 빠른 연도의 건축물의 사용승인일을 기준으로 종합점검을 할 수 있다. ( )

20 공공기관의 장은 공공기관에 설치된 소방시설등의 유지·관리상태를 맨눈 또는 신체감각을 이용하여 점검하는 외관점검을 연 1회 이상 실시하고, 그 점검 결과를 2년간 자체 보관해야 한다. ( )

21 공동주택(아파트 등으로 한정)의 관리자(관리소장, 입주자대표회의 및 소방안전관리자를 포함한다) 및 입주민(세대 거주자를 말한다)은 2년 주기로 모든 세대에 대하여 점검을 해야 한다. ( )

22 공동주택의 관리자는 수신기에서 원격 점검이 불가능한 경우 매년 작동점검만 실시하는 공동주택은 1회 점검 시마다 전체 세대수의 50퍼센트 이상 점검하도록 자체점검 계획을 수립·시행해야 한다. ( )

23 공동주택의 관리자는 세대별 점검현황(입주민 부재 등 불가피한 사유로 점검을 하지 못한 세대 현황을 포함한다)을 작성하여 자체점검이 끝난 날부터 1년간 자체 보관해야 한다. ( )

정답 11.X 12.O 13.O 14.X 15.O 16.O 17.X 18.O 19.O 20.X 21.O 22.O 23.X

24 작동점검 및 종합점검(최초점검 제외)은 건축물 사용승인 후 그 다음 해부터 실시하며, 특정소방대상물이 증축 등으로 사용승인일이 달라지는 경우 사용승인일이 빠른 날을 기준으로 자체점검을 한다. (   )

25 이산화탄소소화설비, 분말소화설비, 할론소화설비, 할로겐화합물 및 불활성기체 소화설비는 검량계, 기동관누설시험기, 헤드결합렌치 등의 점검 장비를 이용하여 점검해야한다. (   )

26 자체점검의 점검장비로 옥내소화전설비와 옥외소화전설비는 소화전밸브압력계를 이용하며, 소화기구는 저울을 이용하여 점검해야한다. (   )

27 소방시설관리업자가 점검하는 경우 소방시설관리사 또는 특급점검자 1명과 보조 기술인력 2명을 점검인력 1단위로 하되, 점검인력 1단위에 2명(같은 건축물을 점검할 때에는 4명) 이내의 보조 기술인력을 추가할 수 있다. (   )

28 점검인력 1단위가 하루 동안 점검할 수 있는 특정소방대상물의 연면적은 종합점검 10,000㎡, 작동점검 12,000㎡이다. 점검인력 1단위에 보조 기술인력을 1명씩 추가할 때마다 종합점검의 경우에는 3,000㎡, 작동점검의 경우에는 3,500㎡씩을 점검한도 면적에 더한다. (   )

29 종합점검의 점검면적을 계산할 때 적용되는 가감계수로 항공기 및 자동차 관련 시설은 0.9이며, 공동주택, 근린생활시설은 1.0, 문화 및 집회시설과 노유자시설은 1.1이다. (   )

30 스프링클러설비가 설치되지 않거나 물분무등소화설비(호스릴 방식의 물분무등소화설비는 제외한다)가 설치되지 않은 경우 가감계수에 의해 계산된 값에서 0.1을 곱한 값을 뺀다. (   )

31 점검인력 1단위가 하루 동안 점검할 수 있는 아파트등의 세대수(점검한도 세대수)는 종합점검 및 작동점검에 관계없이 250세대로 한다. (   )

32 종합점검과 작동점검을 하루에 점검하는 경우에는 작동점검의 점검대상 연면적 또는 점검대상 세대수에 0.9을 곱한 값을 종합점검 점검대상 연면적 또는 점검대상 세대수로 본다. (   )

33 관계인은「재난 및 안전관리 기본법」제3조제1호에 해당하는 재난이 발생하거나 경매 등의 사유로 소유권이 변동된 경우 소방본부장 또는 소방서장에 자체점검의 면제를 신청할 수 있다. (   )

34 자체점검의 연기를 신청하려는 특정소방대상물의 관계인은 자체점검의 실시 만료일 3일 전까지 소방시설등의 자체점검 연기신청서를 소방본부장 또는 소방서장에게 제출해야 한다. (   )

35 자체점검의 면제 또는 연기 신청서를 제출받은 소방본부장 또는 소방서장은 신청을 받은 날부터 2일 이내에 자체점검의 면제 또는 연기 여부를 결정하여 신청을 한 자에게 통보해야 한다. (   )

정답 24.○ 25.X 26.○ 27.○ 28.X 29.X 30.○ 31.○ 32.X 33.X 34.○ 35.X

36 특정소방대상물의 관계인은 자체점검 결과 소화펌프 고장 등 행정안전부령으로 정하는 중대위반사항이 발견된 경우에는 지체 없이 수리 등 필요한 조치를 하여야 한다. (　　)

37 관리업자등은 자체점검을 실시한 경우에는 그 점검이 끝난 날부터 10일 이내에 소방시설등 자체점검 실시결과 보고서에 소방시설등점검표를 첨부하여 관계인에게 제출해야 한다. (　　)

38 자체점검 실시결과 보고서를 제출받거나 스스로 자체점검을 실시한 관계인은 자체점검이 끝난 날부터 7일 이내에 소방시설등 자체점검 실시결과 보고서를 소방본부장 또는 소방서장에게 서면이나 소방청장이 지정하는 전산망을 통하여 보고해야 한다. (　　)

39 소방본부장 또는 소방서장에게 자체점검 실시결과 보고를 마친 관계인은 소방시설등 자체점검 실시결과 보고서(소방시설등점검표 포함)를 점검이 끝난 날부터 2년간 자체 보관해야 한다. (　　)

40 소방시설등의 자체점검 결과 이행계획서를 보고받은 소방본부장 또는 소방서장은 기계·기구를 수리하거나 정비하는 경우 보고일부터 7일 이내, 소방시설등의 전부 또는 일부를 철거하고 새로 교체하는 경우 보고일부터 14일 이내의 이행계획의 완료 기간을 정하여 관계인에게 통보해야 한다. (　　)

41 완료기간 내에 이행계획을 완료한 관계인은 이행을 완료한 날부터 20일 이내에 소방시설등의 자체점검 결과 이행완료 보고서(전자문서보고서 포함)에 필요한 서류(전자문서 포함)를 첨부하여 소방본부장 또는 소방서장에게 보고해야 한다. (　　)

42 특정소방대상물의 관계인은 천재지변이나 그 밖에 대통령령으로 정하는 사유로 이행계획을 완료하기 곤란한 경우에는 소방본부장 또는 소방서장에게 대통령령으로 정하는 바에 따라 이행계획 완료를 연기하여 줄 것을 신청할 수 있다. (　　)

43 이행계획 완료의 연기를 신청하려는 관계인은 완료기간 만료일 3일 전까지 소방시설의 자체점검 결과 이행계획 완료 연기신청서에 기간 내에 이행계획을 완료하기 곤란함을 증명할 수 있는 서류를 첨부하여 소방본부장 또는 소방서장에게 제출해야 한다. (　　)

44 자체점검 결과 보고를 마친 관계인은 관리업자등, 점검일시, 점검자 등 자체점검과 관련된 사항을 점검기록표에 기록하여 특정소방대상물의 출입자가 쉽게 볼 수 있는 장소에 게시하여야 한다. (　　)

45 소방본부장 또는 소방서장에게 자체점검 결과 보고를 마친 관계인은 법 제24조제1항에 따라 보고한 날부터 20일 이내에 소방시설등 자체점검기록표를 작성하여 특정소방대상물의 출입자가 쉽게 볼 수 있는 장소에 30일 이상 게시해야 한다. (　　)

정답 36.X 37.O 38.X 39.O 40.X 41.X 42.O 43.O 44.O 45.X

CHAPTER 03 소방시설등의 자체점검 적중예상문제

01 소방시설의 자체점검에 대한 설명으로 적절하지 못한 것은?

① 특정소방대상물의 관계인은 그 대상물에 설치되어 있는 소방시설등이 소방시설법령 등에 적합하게 설치·관리되고 있는지 정기적으로 점검하여야 한다.
② 해당 특정소방대상물의 소방시설등이 신설된 경우에는 「건축법」제22조에 따라 건축물을 사용할 수 있게 된 날부터 90일 이내에 점검하여야 한다.
③ 특정소방대상물의 관계인은 스스로 점검하거나 점검능력 평가를 받은 관리업자 또는 행정안전부령으로 정하는 기술자격자로 하여금 점검하게 하여야 한다.
④ 자체점검의 구분 및 대상, 점검인력의 배치기준, 점검자의 자격, 점검 장비, 점검 방법 및 횟수 등 자체점검 시 준수하여야 할 사항은 행정안전부령으로 정한다.

해설 ①,③ 맞음, 특정소방대상물의 관계인은 그 대상물에 설치되어 있는 소방시설등이 소방시설법령 등에 적합하게 설치·관리되고 있는지 스스로 점검하거나 점검능력 평가를 받은 관리업자 또는 행정안전부령으로 정하는 기술자격자로 하여금 점검하게 하여야 한다.(법 제22조 제1항)
② 틀림, 소방시설의 자체점검은 해당 특정소방대상물의 소방시설등이 신설된 경우에는 「건축법」제22조에 따라 건축물을 사용할 수 있게 된 날부터 60일 이내에 점검하여야 하며, 그 외의 경우에는 행정안전부령으로 정하는 기간 내에 정기적으로 점검하여야 한다.(법 제22조 제1항)

02 소방시설의 자체점검에 대한 설명으로 적절하지 못한 것은?

① 소방시설등에 대하여 자체점검을 할 수 있는 행정안전부령으로 정하는 기술자격자란 소방안전관리자로 선임된 소방시설관리사 및 소방기술사를 말한다.
② 관리업자등으로 하여금 자체점검하게 하는 경우의 점검 대가는 엔지니어링사업의 대가 기준 가운데 행정안전부령으로 정하는 방식에 따라 산정한다.
③ 소방청장은 소방시설등 자체점검에 대한 품질확보를 위하여 필요하다고 인정하는 경우에는 관계인이 부담하여야 할 자체점검 비용의 표준이 될 금액을 정하여 공표할 수 있다.
④ 표준자체점검비의 공표 방법 등에 관하여 필요한 사항은 행정안전부령으로 정한다.

해설 ①,③ 맞음, 규칙 제19조 및 법 제22조 제4항 규정이다.
② 맞음, 관리업자등으로 하여금 자체점검하게 하는 경우의 점검 대가는 「엔지니어링산업 진흥법」제31조에 따른 엔지니어링사업의 대가 기준 가운데 행정안전부령으로 정하는 방식에 따라 산정한다.(법 제22조 제3항)
④ 틀림, 표준자체점검비의 공표 방법 등에 관하여 필요한 사항은 소방청장이 정하여 고시한다.

정답 01.② 02.④

03 특정소방대상물에 설치되어 있는 소방시설 등에 대하여 정기점검을 하여야 하는 의무자에 해당하지 않는 사람은?

① 소방대상물의 관계인
② 소방시설 관리업자
③ 관할 소방서장
④ 안전관리자로 선임된 소방기술사

해설 ③ 틀림, 특정소방대상물의 관계인은 그 대상물에 설치되어 있는 소방시설등이 이 법이나 이 법에 따른 명령 등에 적합하게 설치·관리되고 있는지에 대하여 일정한 기간 내에 스스로 점검하거나 점검능력 평가를 받은 관리업자 또는 행정안전부령으로 정하는 기술자격자(소방안전관리자로 선임된 소방시설관리사 및 소방기술사)로 하여금 정기적으로 점검하게 하여야 한다.(법 제22조 제1항)

04 다음 중 소방시설등의 자체점검에 대한 내용으로 틀린 것은?

① 작동점검이란 소방시설등을 인위적으로 조작하여 소방시설이 정상적으로 작동하는지를 소방청장이 정하여 고시하는 소방시설등 작동점검표에 따라 점검하는 것을 말한다.
② 종합점검이란 소방시설등의 작동점검을 포함하여 소방시설등의 설비별 주요 구성 부품의 구조기준이 화재안전기준 등에 적합한 지 여부를 종합점검표에 따라 점검하는 것을 말한다.
③ 종합점검 중 최초점검은 소방시설이 새로 설치되는 경우 건축물을 사용할 수 있게 된 날부터 60일 이내 점검하는 것을 말한다.
④ 소방시설관리업자는 자체점검을 실시하는 경우 점검 대상과 점검 인력 배치상황을 자체점검이 끝난 날부터 10일 이내에 평가기관에 통보해야 한다.

해설 ④ 틀림, 소방시설관리업을 등록한 자(관리업자)는 자체점검을 실시하는 경우 점검 대상과 점검 인력 배치상황을 점검인력을 배치한 날 이후 자체점검이 끝난 날부터 5일 이내에 관리업자에 대한 점검능력 평가 등에 관한 업무를 위탁받은 법인 또는 단체(평가기관)에 통보해야 한다.(규칙 제20조 제2항)

05 다음 중 작동점검에 대한 설명으로 적절하지 못한 것은?

① 작동점검의 대상은 소방안전관리자를 선임하지 않는 특정소방대상물과 위험물 제조소등 및 특급소방안전관리대상물을 제외한 특정소방대상물을 대상으로 한다
② 간이스프링클러설비(주택전용 간이스프링클러설비를 포함한다) 또는 자동화재탐지설비가 설치된 특정소방대상물은 관계인과 특급점검자가 점검할 수 있다.
③ 연 1회 이상 실시하되, 특정소방대상물의 사용승인일이 속하는 달의 말일까지 실시한다.
④ 종합점검대상은 종합점검을 받은 달부터 6개월이 되는 달에 실시한다.

해설 ② 틀림, 간이스프링클러설비(주택전용 간이스프링클러설비는 제외한다) 또는 자동화재탐지설비가 설치된 특정소방대상물은 관계인과 특급점검자가 점검할 수 있다.
④ 맞음, 종합점검대상은 종합점검을 받은 달부터 6개월이 되는 달에 실시한다.

정답 03.③ 04.④ 05.②

06 다음 중 간이스프링클러설비(주택전용 간이스프링클러설비는 제외한다) 또는 자동화재탐지설비가 설치된 특정소방대상물에 대해 작동점검을 할 수 있는 기술인력은?

> ㉠ 관계인
> ㉡ 관리업에 등록된 기술인력 중 소방시설관리사
> ㉢ 「소방시설공사업법 시행규칙」별표 4의2에 따른 특급점검자
> ㉣ 소방안전관리자로 선임된 소방시설관리사 및 소방기술사

① ㉠, ㉡
② ㉠, ㉡, ㉢
③ ㉠, ㉡, ㉣
④ ㉠, ㉡, ㉢, ㉣

해설 ㉠ 맞음, 간이스프링클러설비(주택전용 간이스프링클러설비는 제외한다) 또는 자동화재탐지설비가 설치된 특정소방대상물에 대해 작동점검을 할 수 있는 기술인력은 ㉠,㉡,㉢,㉣ 모두 해당한다. 그 외 특정소방대상물에 대한 작동기능점검은 ㉡ 또는 ㉣의 기술인력이 점검할 수 있다.

07 다음 중 작동점검의 시기에 대한 설명으로 적절하지 못한 것은?

① 종합점검의 대상은 종합점검을 받은 달부터 6개월이 되는 달에 실시한다.
② 특정소방대상물의 소방시설완공검사증명서에 기재된 날이 속하는 달의 말일까지 실시한다.
③ 건축물은 건축물관리대장 또는 건물 등기사항증명서에 기재되어 있는 날, 시설물의 경우에는 시설물통합정보관리체계에 저장·관리되고 있는 날이 속하는 달의 말일까지 실시한다.
④ 건축물관리대장 또는 건물 등기사항증명서 등에 기입된 날이 서로 다른 경우에는 건축물관리대장에 기재되어 있는 날을 기준으로 점검한다.

해설 ② 틀림, 특정소방대상물의 사용승인일이 속하는 달의 말일까지 실시한다.. 건축물의 경우에는 건축물관리대장 또는 건물 등기사항증명서에 기재되어 있는 날, 시설물의 경우에는 시설물통합정보관리체계에 저장·관리되고 있는 날, 건축물관리대장, 건물 등기사항증명서 및 시설물통합정보관리체계를 통해 확인되지 않는 경우에는 소방시설완공검사증명서에 기재된 날이 속하는 달의 말일까지 실시한다.

08 소방시설등을 인위적으로 조작하여 정상적으로 작동하는지를 점검하는 것은?

① 작동점검
② 종합점검
③ 최초점검
④ 종합정밀진단

해설 ① 맞음, 작동점검이란 소방시설등을 인위적으로 조작하여 소방시설이 정상적으로 작동하는지를 소방청장이 정하여 고시하는 소방시설등 작동점검표에 따라 점검하는 것을 말한다. 종합점검은 소방시설등의 작동점검을 포함하여 소방시설등의 설비별 주요 구성 부품의 구조기준이 화재안전기준과 「건축법」등 관련 법령에서 정하는 기준에 적합한 지 여부를 소방청장이 정하여 고시하는 소방시설등 종합점검표에 따라 점검하는 것을 말하며, 최초점검과 그 밖의 종합점검으로 구분한다.

정답 06.④ 07.② 08.①

09 소방시설등의 자체점검에서 종합점검에 대한 설명으로 틀린 것은?

① 특정소방대상물의 소방시설등이 신설된 특정소방대상물은 종합점검의 대상이다.
② 최초점검은 건축물을 사용할 수 있게 된 날부터 60일 이내 점검을 하여야 한다.
③ 스프링클러설비가 설치된 특정소방대상물은 연면적 5,000㎡ 이상이 종합점검의 대상이다.
④ 단란주점영업과 유흥주점영업 및 안마시술소 등의 다중이용업의 영업장이 설치된 특정소방대상물로서 연면적 2,000㎡ 이상인 것은 종합점검의 대상이다.

> 해설 ①,② 맞음, 종합점검 중 최초점검에 해당하며, 건축물을 사용할 수 있게 된 날부터 60일 이내 점검하여야 한다.
> ③ 틀림, 스프링클러설비가 설치된 특정소방대상물은 연면적과 관계없이 종합정밀의 대상이다.
> ④ 맞음, 다중이용업소 중 단란주점영업과 유흥주점영업, 영화상영관·비디오물감상실업 및 복합영상물제공업(비디오물소극장업 제외)·노래연습장업·산후조리업·고시원업 및 안마시술소의 다중이용업의 영업장이 설치된 특정소방대상물로서 연면적 2,000㎡ 이상인 것은 종합점검의 대상이다.

10 다음 소방시설 등의 자체점검에서 종합점검의 대상이 아닌 것은?

① 물분무등소화설비가 설치된 연면적 5천제곱미터 이상인 위험물제조소
② 스프링클러설비설비가 설치된 특정소방대상물
③ 안마시술소의 영업장이 설치된 특정소방대상물로서 연면적이 2,000㎡ 이상인 것
④ 공공기관(소방대가 근무하는 공공기관 제외) 중 연면적이 1,000㎡ 이상인 것으로서 옥내소화전설비 또는 자동화재탐지설비가 설치된 것

> 해설 ① 틀림, 물분무등소화설비[호스릴(Hose Reel) 방식의 물분무등소화설비만을 설치한 경우는 제외한다]가 설치된 연면적 5,000m^2 이상인 특정소방대상물(위험물 제조소등 제외)은 종합점검의 대상이다.
> ③ 맞음, 안마시술소 등 다중이용업의 영업장이 설치된 것은 연면적이 2,000m^2 이상이 종합점검의 대상이다.
> ④ 맞음, 옥내소화전·자탐설비가 설치된 연면적이 1,000m^2 이상인 공공기관은 종합점검의 대상이다.

11 종합점검의 점검자 자격과 점검 횟수에 대한 설명으로 틀린 것은?

① 종합점검은 관리업에 등록된 소방시설관리사, 특급점검자, 소방안전관리자로 선임된 소방시설관리사 및 소방기술사가 점검할 수 있다.
② 종합점검은 연 1회 이상 실시한다.
③ 특급 소방안전관리대상물은 반기에 1회 이상 실시한다.
④ 소방본부장 또는 소방서장은 소방청장이 소방안전관리가 우수하다고 인정한 특정소방대상물에 대해서는 3년의 범위에서 종합점검을 면제할 수 있다.

> 해설 ① 틀림, 종합점검은 관리업에 등록된 소방시설관리사 또는 소방안전관리자로 선임된 소방시설관리사 및 소방기술사가 점검할 수 있다. 관계인과 특급점검자는 작동점검은 할 수 있으나 종합점검의 자격은 없다.
> ②,③ 맞음, 종합점검은 연 1회 이상 실시하며, 특급 소방안전관리대상물은 반기에 1회 이상 실시한다.

정답 09.③ 10.① 11.①

12 다음 중 종합점검의 시기에 대한 설명으로 적절하지 못한 것은?

① 특정소방대상물의 소방시설등이 신설된 경우에 해당하는 특정소방대상물은 「건축법」제22조에 따라 건축물을 사용할 수 있게 된 날부터 60일 이내 실시한다.
② ①외의 특정소방대상물은 건축물의 사용승인일이 속하는 달에 실시한다. 학교의 경우 해당 건축물의 사용승인일이 1월에서 6월 사이에 있는 경우에는 6월 30일까지 실시할 수 있다.
③ 건축물 사용승인일 이후 물분무등소화설비가 설치된 연면적 5,000㎡ 이상인 특정소방대상물로 종합점검 대상에 해당하게 된 경우에는 그 해부터 실시한다.
④ 하나의 대지경계선 안에 2개 이상의 자체점검 대상 건축물 등이 있는 경우에는 그 건축물 중 사용승인일이 가장 빠른 연도의 건축물의 사용승인일을 기준으로 점검할 수 있다.

해설 ③ 틀림, 건축물 사용승인일 이후 물분무등소화설비가 설치된 연면적 5,000㎡ 이상인 특정소방대상물로 종합점검 대상에 해당하게 된 경우에는 그 다음 해부터 실시한다.
④ 맞음, 하나의 대지경계선 안에 2개 이상의 자체점검 대상 건축물 등이 있는 경우에는 그 건축물 중 사용승인일이 가장 빠른 연도의 건축물의 사용승인일을 기준으로 점검할 수 있다.

13 공공기관에 설치된 소방시설등에 대한 외관점검에서 (   )에 들어갈 말은?

> 공공기관의 장은 공공기관에 설치된 소방시설등의 유지·관리상태를 맨눈 또는 신체감각을 이용하여 점검하는 외관점검을 (   )이상 실시하고, 그 점검 결과를 (   )간 자체 보관해야 한다.

① 월 1회, 1년
② 분기 1회, 1년
③ 월 1회, 2년
④ 분기 1회, 2년

해설 ③ 맞음, 공공기관의 소방안전관리에 관한 규정」제2조에 따른 공공기관의 장은 공공기관에 설치된 소방시설등의 유지·관리상태를 맨눈 또는 신체감각을 이용하여 점검하는 외관점검을 월 1회 이상 실시(작동점검 또는 종합점검을 실시한 달에는 실시하지 않을 수 있다)하고, 그 점검 결과를 2년간 자체 보관해야 한다.

14 공공기관에 설치된 소방시설등의 외관점검 등에 대한 설명으로 옳지 않은 것은?

① 소방시설등의 관리상태를 맨눈 또는 신체감각을 이용하여 월 1회 이상 실시하여야 한다.
② 외관점검은 작동점검 또는 종합점검을 실시한 달에도 실시하여야 한다.
③ 외관점검의 점검자는 해당 특정소방대상물의 관계인, 소방안전관리자 또는 관리업자(소방시설관리사를 포함하여 등록된 기술인력을 말한다)로 해야 한다.
④ 공공기관의 장은 해당 공공기관의 전기시설물에 대하여 사용전검사를 받아야 한다.

해설 ② 맞음, 공공기관에 설치된 소방시설등의 유지·관리상태를 맨눈 또는 신체감각을 이용하여 점검하는 외관점검을 월 1회 이상 실시하여야 한다. 다만 작동점검 또는 종합점검을 실시한 달에는 실시하지 않을 수 있다.

정답 12.③ 13.③ 14.②

15 공동주택(아파트등으로 한정) 세대별 점검방법에 대한 설명으로 틀린 것은?

① 관리자(관리소장, 입주자대표회의 및 소방안전관리자를 포함한다) 및 입주민(세대 거주자를 말한다)은 2년 주기로 모든 세대에 대하여 점검을 해야 한다.
② 아날로그감지기 등 특수감지기가 설치되어 있는 경우에는 수신기에서 원격 점검할 수 있으며, 점검할 때마다 모든 세대를 점검해야 한다. 다만, 자동화재탐지설비의 선로 단선이 확인되는 때에는 단선이 난 세대 또는 그 경계구역에 대하여 현장점검을 해야 한다.
③ 관리자는 세대별 점검현황을 작성하여 자체점검이 끝난 날부터 2년간 자체 보관해야 한다.
④ 관리자는 수신기에서 원격 점검이 불가능한 경우 매년 작동점검만 실시하는 공동주택은 1회 점검 시 마다 전체 세대수의 60퍼센트 이상, 종합점검을 실시하는 공동주택은 1회 점검 시 마다 전체 세대수의 30퍼센트 이상 점검하도록 자체점검 계획을 수립·시행해야 한다.

> **해설** ④ 틀림, 관리자는 수신기에서 원격 점검이 불가능한 경우 매년 작동점검만 실시하는 공동주택은 1회 점검 시 마다 전체 세대수의 50퍼센트 이상, 종합점검을 실시하는 공동주택은 1회 점검 시 마다 전체 세대수의 30퍼센트 이상 점검하도록 자체점검 계획을 수립·시행해야 한다.

16 다음 중 소방시설등의 자체점검의 방법에 대한 설명으로 옳지 않은 것은?

① 자체점검은 소방시설별 점검 장비를 이용하여 점검해야 한다.
② 신축·증축·개축·재축·이전·용도변경 또는 대수선 등으로 소방시설이 새로 설치된 경우에는 해당 특정소방대상물의 신설된 소방시설에 대해서만 실시한다.
③ 작동점검 및 종합점검(최초점검은 제외)은 건축물 사용승인 후 그 다음 해부터 실시한다.
④ 특정소방대상물이 증축·용도변경 또는 대수선 등으로 사용승인일이 달라지는 경우 사용승인일이 빠른 날을 기준으로 자체점검을 실시한다.

> **해설** ② 틀림, 신축·증축·개축·재축·이전·용도변경 또는 대수선 등으로 소방시설이 새로 설치된 경우에는 해당 특정소방대상물의 소방시설 전체에 대하여 실시한다.
> ③ 맞음, 작동점검 및 종합점검(최초점검은 제외한다)은 건축물 사용승인 후 그 다음 해부터 실시한다.

17 소방시설등의 자체점검 시 소방시설별 점검장비로 옳지 않은 것은?

① 공통시설 : 방수압력측정계, 절연저항계
② 옥외소화전설비 : 소화전밸브압력계
③ 이산화탄소소화설비 : 기동관누설시험기
④ 자동화재탐지설비 : 차압계

> **해설** ① 맞음, 공통시설의 장비는 방수압력측정계, 절연저항계(절연저항 측정기), 전류전압측정계이다.
> ④ 틀림, 차압계(압력차 측정기)는 제연설비를 점검할 때의 장비이다. 자동화재탐지설비와 시각경보기는 열감지시험기, 연감지시험기, 공기주입시험기, 감지기시험기연결폴대, 음량계 장비를 이용하여 점검해야 한다.

정답 ⊶ 15.④ 16.② 17.④

18 소방시설관리업자가 자체점검하는 경우 점검인력 1단위의 구성으로 맞는 것은?

① 주된 점검인력인 소방시설관리사 또는 특급점검자 1명과 보조점검인력인 보조 기술인력 2명
② 주된 점검인력인 특급점검자 1명과 보조점검인력인 주된 기술인력 또는 보조 기술인력 2명
③ 소방시설관리사 또는 특급점검자 1명과 보조 기술인력 4명
④ 소방시설관리사 또는 소방기술사 1명과 보조 기술인력 2명

해설 ② 맞음, 소방시설관리업자가 점검하는 경우 주된 점검인력인 특급점검자 1명과 보조 점검인력인 영 별표 9에 따른 주된 기술인력 또는 보조 기술인력 2명을 점검인력 1단위로 하되, 점검인력 1단위에 보조 점검인력으로 2명(같은 건축물을 점검할 때는 4명) 이내의 주된 기술인력 또는 보조 기술인력을 추가할 수 있다.
④ 틀림, 소방안전관리자로 선임된 소방시설관리사 및 소방기술사가 점검하는 경우 점검인력 1단위이다. 이 경우 점검인력 1단위에 2명 이내의 보조인력을 추가할 수 있다.

19 다음 중 점검인력의 배치기준에 대한 설명으로 적절하지 못한 것은?

① 소방시설관리업자가 점검하는 경우 주된 점검인력인 특급점검자 1명과 보조 점검인력인 주된 기술인력 또는 보조 기술인력 2명을 점검인력 1단위로 하되, 점검인력 1단위에 보조 점검인력으로 2명 이내의 주된 기술인력 또는 보조 기술인력을 추가할 수 있다.
② 소방시설관리업자가 점검하는 경우 같은 건축물을 점검할 때에는 점검인력 1단위에 4명 이내의 보조인력을 추가할 수 있다.
③ 관계인이 점검하는 경우 관계인 1명과 보조 기술인력 2명을 점검인력 1단위로 할 수 있다.
④ 관계인 또는 소방안전관리자가 점검하는 경우에는 보조인력은 해당 특정소방대상물의 관계인 또는 소방안전관리보조자로 할 수 있다.

해설 ①,② 맞음, 소방시설관리업자가 점검하는 경우 주된 점검인력인 특급점검자 1명과 보조 점검인력인 영 별표 9에 따른 주된 기술인력 또는 보조 기술인력 2명을 점검인력 1단위로 하되, 점검인력 1단위에 보조 점검인력으로 2명(같은 건축물을 점검할 때는 4명) 이내의 주된 기술인력 또는 보조 기술인력을 추가할 수 있다.
④ 틀림, 관계인 또는 소방안전관리자가 점검하는 경우 관계인 또는 소방안전관리자 1명과 보조인력 2명을 점검인력 1단위로 하되, 보조인력은 해당 특정소방대상물의 관리자, 점유자 또는 소방안전관리보조자로 할 수 있다.

20 점검인력 1단위가 하루 동안 점검할 수 있는 특정소방대상물의 연면적으로 옳은 것은?

① 종합점검 : 6,000㎡, 작동점검 : 8,000㎡
② 종합점검 : 7,000㎡, 작동점검 : 9,000㎡
③ 종합점검 : 8,000㎡, 작동점검 : 10,000㎡
④ 종합점검 : 10,000㎡, 작동점검 : 12,000㎡

해설 ③ 맞음, 점검인력 1단위가 하루 동안 점검할 수 있는 특정소방대상물의 연면적은 다음과 같다.
㉠ 종합점검 : 8,000㎡ ㉡ 작동점검 : 10,000㎡

정답 18.② 19.④ 20.③

21 소방시설등의 자체점검에서 점검인력의 배치기준으로 옳지 못한 것은?

① 점검인력 1단위가 하루 동안 점검할 수 있는 특정소방대상물의 연면적(점검한도 면적)은 종합점검은 8,000㎡, 작동점검은 10,000㎡이다.
② 점검인력 1단위에 보조인력을 1명씩 추가할 때마다 종합점검의 경우에는 3,000㎡, 작동점검의 경우에는 3,500㎡씩을 점검한도 면적에 더한다.
③ 하루에 2개 이상의 특정소방대상물을 배치할 경우 1일 점검 한도면적은 특정소방대상물별로 투입된 점검인력에 따른 점검 한도면적의 평균값으로 적용하여 계산한다.
④ 점검인력은 하루에 5개의 특정소방대상물에 한하여 배치할 수 있다. 다만 2개 이상의 특정소방대상물을 2일 이상 연속하여 점검하는 경우에는 배치기한을 초과해서는 안 된다.

해설 ② 틀림, 점검인력 1단위에 보조 기술인력을 1명씩 추가할 때마다 종합점검의 경우에는 2,000㎡, 작동점검의 경우에는 2,500㎡씩을 점검한도 면적에 더한다. 다만, 하루에 2개 이상의 특정소방대상물을 배치할 경우 1일 점검 한도면적은 특정소방대상물별로 투입된 점검인력에 따른 점검 한도면적의 평균값으로 적용하여 계산한다.

22 소방시설등의 자체점검에서 아파트 점검인력의 배치기준으로 옳지 못한 것은?

① 점검인력 1단위가 하루 동안 점검할 수 있는 아파트등의 세대수(점검한도 세대수)는 종합점검 및 작동점검에 관계없이 250세대로 한다.
② 점검인력 1단위에 보조 기술인력을 1명씩 추가할 때마다 종합정밀의 경우에는 70세대, 작동점검의 경우에는 90세대씩을 점검한도 세대수에 더한다.
③ 점검한 아파트등이 스프링클러설비, 물분무등소화설비 및 제연설비가 설치되지 않은 경우에는 실제 점검 세대수에 0.1을 곱한 값을 실제 점검 세대수에서 뺀다.
④ 종합점검과 작동점검을 하루에 점검하는 경우에는 작동점검의 점검대상 연면적 또는 점검대상 세대수에 0.8을 곱한 값을 종합점검 점검대상 연면적 또는 점검대상 세대수로 본다.

해설 ② 틀림, 점검인력 1단위가 하루 동안 점검할 수 있는 아파트등의 세대수(점검한도 세대수)는 종합점검 및 작동점검에 관계없이 250세대로 하며, 점검인력 1단위에 보조 기술인력을 1명씩 추가할 때마다 60세대씩을 점검한도 세대수에 더한다.

23 점검인력 1단위가 하루 동안 점검할 수 있는 아파트등의 세대수(점검한도 세대수)는?

① 종합점검 : 250세대, 작동점검 : 250세대
② 종합점검 : 250세대, 작동점검 : 300세대
③ 종합점검 : 300세대, 작동점검 : 350세대
④ 종합점검 : 350세대, 작동점검 : 350세대

해설 ① 맞음, 점검인력 1단위가 하루 동안 점검할 수 있는 아파트등의 세대수(점검한도 세대수)는 종합점검 및 작동점검에 관계없이 250세대로 한다.

정답 21.② 22.② 23.①

24 소방시설등의 자체점검 면제 또는 연기에 대한 설명으로 옳지 못한 것은?

① 관계인은 천재지변이나 그 밖에 대통령령으로 정하는 사유로 자체점검을 실시하기 곤란한 경우에는 소방본부장 또는 소방서장에게 면제 또는 연기 신청을 할 수 있다.
② 경매 등의 사유로 소유권이 변동 중이거나 변동된 경우에 자체점검 연기를 신청할 수 있다.
③ 특정소방대상물의 관계인은 자체점검의 실시 만료일 5일 전까지 소방시설등의 자체점검 면제 또는 연기신청서를 소방본부장 또는 소방서장에게 제출해야 한다.
④ 소방본부장 또는 소방서장은 면제 또는 연기의 신청을 받은 날부터 3일 이내에 자체점검의 면제 또는 연기 여부를 결정하여 신청을 한 자에게 통보해야 한다.

해설 ③ 틀림, 자체점검의 면제 또는 연기를 신청하려는 특정소방대상물의 관계인은 자체점검의 실시 만료일 3일 전까지 소방시설등의 자체점검 면제 또는 연기신청서에 자체점검을 실시하기 곤란함을 증명할 수 있는 서류(전자문서 포함)를 첨부하여 소방본부장 또는 소방서장에게 제출해야 한다.(규칙 제22조 제1항)

25 자체점검 결과 및 이행계획의 보고 등에 대한 설명으로 옳지 못한 것은?

① 소방본부장 또는 소방서장은 점검 결과 및 이행계획이 적합하지 아니하다고 인정되는 경우에는 관계인에게 보완을 요구할 수 있다.
② 관리업자등은 자체점검을 실시한 경우에는 그 점검이 끝난 날부터 10일 이내에 소방시설등 자체점검 실시결과 보고서에 소방시설등점검표를 첨부하여 관계인에게 제출해야 한다.
③ 관계인은 자체점검이 끝난 날부터 7일 이내에 소방시설등 자체점검 실시결과 보고서에 점검인력 배치확인서 및 소방시설등의 자체점검 결과 이행계획서를 첨부하여 소방본부장 또는 소방서장에게 서면이나 소방청장이 지정하는 전산망을 통하여 보고해야 한다.
④ 관계인은 소방시설등 자체점검 실시결과 보고서를 점검이 끝난 날부터 2년간 보관해야 한다.

해설 ③ 틀림, 관계인은 자체점검이 끝난 날부터 15일 이내에 소방시설등 자체점검 실시결과 보고서에 점검인력 배치확인서 및 소방시설등의 자체점검 결과 이행계획서를 첨부하여 소방본부장 또는 소방서장에게 서면이나 소방청장이 지정하는 전산망을 통하여 보고해야 한다.

26 관계인은 자체점검이 끝난 날부터 며칠 이내에 소방시설등 자체점검 실시결과 보고서를 소방본부장 또는 소방서장에게 보고해야 하는가?

① 7일 이내
② 15일 이내
③ 10일 이내
④ 20일 이내

해설 ② 맞음, 소자체점검 실시결과 보고서를 제출받거나 스스로 자체점검을 실시한 관계인은 자체점검이 끝난 날부터 15일 이내에 소방시설등 자체점검 실시결과 보고서에 점검인력 배치확인서 및 자체점검 결과 이행계획서를 첨부하여 소방본부장 또는 소방서장에게 서면이나 소방청장이 지정하는 전산망을 통하여 보고해야 한다.

정답 24.③ 25.③ 26.②

27 소방시설등의 자체점검 결과 이행계획에 대한 설명으로 적절하지 못한 것은?

① 소방시설등의 자체점검 결과 이행계획서를 보고받은 소방본부장 또는 소방서장은 이행계획의 완료 기간을 정하여 관계인에게 통보해야 한다.
② 소방시설등에 대한 수리·교체·정비의 규모 또는 절차가 복잡하여 기간 내에 이행을 완료하기가 어려운 경우에는 그 기간을 달리 정할 수 있다.
③ 소방시설등을 구성하고 있는 기계·기구를 수리하거나 정비하는 경우 이행계획의 완료 기간은 보고일부터 20일 이내, 새로 교체하는 경우는 보고일부터 10일 이내이다.
④ 관계인은 천재지변이나 대통령령으로 정하는 사유로 이행계획을 완료하기 곤란한 경우에는 소방본부장 또는 소방서장에게 이행계획 완료를 연기하여 줄 것을 신청할 수 있다.

> **해설** ③ 틀림, 소방시설등을 구성하고 있는 기계·기구를 수리하거나 정비하는 경우 이행계획의 완료 기간은 보고일부터 10일 이내, 새로 교체하는 경우는 보고일부터 20일 이내이다.(규칙 제23조 제5항)
> ④ 맞음, 법 제23조 제6항 규정이다.

28 이행계획 완료 결과의 보고에 대한 설명으로 옳지 못한 것은?

① 관계인은 이행계획을 행정안전부령으로 정하는 바에 따라 기간 내에 완료하고, 소방본부장 또는 소방서장에게 이행계획 완료 결과를 보고하여야 한다.
② 소방본부장 또는 소방서장은 이행계획 완료 결과가 거짓 또는 허위로 작성되었다고 판단되는 경우에는 해당 특정소방대상물을 방문하여 이행계획 완료 여부를 확인할 수 있다.
③ 관계인은 이행을 완료한 날부터 7일 이내에 소방본부장 또는 소방서장에게 보고해야 한다.
④ 소방본부장 또는 소방서장은 관계인이 이행계획을 완료하지 아니한 경우에는 필요한 조치의 이행을 명할 수 있고, 관계인은 이에 따라야 한다.

> **해설** ③ 틀림, 완료기간 내에 이행계획을 완료한 관계인은 이행을 완료한 날부터 10일 이내에 소방시설등의 자체점검 결과 이행 완료 보고서(전자문서보고서 포함)에 다음의 서류(전자문서 포함)를 첨부하여 소방본부장 또는 소방서장에게 보고해야 한다.(규칙 제23조 제6항)

29 관계인은 완료기간 만료일 ( )전까지 연기신청서를 소방본부장 또는 소방서장에게 제출해야 하며, 소방본부장 또는 소방서장은 연기 신청을 받은 날부터 ( ) 이내에 완료기간의 연기 여부를 결정하고 연기신청한 자에게 통보해야 한다. ( )에 들어갈 말은?

① 3일, 3일 ② 5일, 3일
③ 5일, 5일 ④ 7일, 3일

> **해설** ① 맞음, 이행계획 완료의 연기를 신청하려는 관계인은 완료기간 만료일 (3일)전까지 연기신청서를 소방본부장 또는 소방서장에게 제출해야 하며, 소방본부장 또는 소방서장은 연기 신청을 받은 날부터 (3일) 이내에 완료기간의 연기 여부를 결정하고 연기신청한 자에게 통보해야 한다.

정답 27.③ 28.③ 29.①

30 소방시설등에 대한 자체점검 결과 점검기록표에 대한 설명으로 옳지 못한 것은?

① 자체점검 결과 보고를 마친 관계인은 관리업자등, 점검자 등 자체점검과 관련된 사항을 점검기록표에 기록하여 특정소방대상물의 출입자가 쉽게 볼 수 있는 장소에 게시하여야 한다.
② 점검기록표의 기록 등에 필요한 사항은 행정안전부령으로 정한다.
③ 자체점검 기간 및 점검자, 특정소방대상물의 정보 및 자체점검 결과를 전산시스템 또는 인터넷 홈페이지 등을 통하여 국민에게 공개할 수 있다.
④ 공개 절차, 공개 기간 및 공개 방법 등 필요한 사항은 행정안전부령으로 정한다.

해설 ④ 틀림, 소방본부장 또는 소방서장은 다음의 사항을 제48조에 따른 전산시스템 또는 인터넷 홈페이지 등을 통하여 국민에게 공개할 수 있다. 이 경우 공개 절차, 공개 기간 및 공개 방법 등 필요한 사항은 대통령령으로 정한다.(법 제24조 제2항)

31 자체점검 결과 공개 등에 대한 내용으로 적절하지 못한 것은?

① 소방본부장 또는 소방서장은 자체점검 결과를 공개하는 경우 60일 이상 전산시스템 또는 인터넷 홈페이지 등을 통해 공개해야 한다.
② 소방본부장 또는 소방서장은 자체점검 결과를 공개하려는 경우 공개 기간, 공개 내용 및 공개 방법을 해당 특정소방대상물의 관계인에게 미리 알려야 한다.
③ 특정소방대상물의 관계인은 공개 내용 등을 통보받은 날부터 10일 이내에 관할 소방본부장 또는 소방서장에게 이의신청을 할 수 있다. 소방본부장 또는 소방서장은 이의신청을 받은 날부터 10일 이내에 심사·결정하여 그 결과를 지체 없이 신청인에게 알려야 한다.
④ 소방본부장 또는 소방서장에게 자체점검 결과 보고를 마친 관계인은 보고한 날부터 10일 이내에 특정소방대상물의 출입자가 쉽게 볼 수 있는 장소에 30일 이상 게시해야 한다.

해설 ① 틀림, 소방본부장 또는 소방서장은 법 제24조제2항에 따라 자체점검 결과를 공개하는 경우 30일 이상 법 제48조에 따른 전산시스템 또는 인터넷 홈페이지 등을 통해 공개해야 한다.(영 제36조 제1항)
④ 맞음, 규칙 제25조의 규정이다.

32 아파트 점검인력의 배치기준에서 종합점검을 하는 경우 보조인력을 1명 추가할 때 늘어나는 점검한도 세대수는? ☆ 20년 소방장

① 50세대 ② 60세대
③ 70세대 ④ 90세대

해설 ② 맞음, 아파트 점검인력의 배치기준 : 점검인력 1단위가 하루 동안 점검할 수 있는 아파트등의 세대수(점검한도 세대수)는 종합점검 및 작동점검에 관계없이 250세대로 한다. 점검인력 1단위에 보조 기술인력을 1명씩 추가할 때마다 60세대씩을 점검한도 세대수에 더한다.

정답 30.④ 31.① 32.②

33. 다음 중 종합점검의 대상으로 틀린 것은? ☆ 18년 소방교

① 물분무등 소화설비가 설치된 연면적 5,000제곱미터 이상인 위험물제조소
② 연면적 1,000제곱미터 이상의 자동화재탐지설비가 설치된 공공기관
③ 연면적 2,000제곱미터 이상의 노래연습장
④ 스프링클러설비가 설치된 연면적 5,000제곱미터 이상인 11층 아파트

해설 ① 틀림, 물분무등소화설비[호스릴(Hose Reel) 방식의 물분무등소화설비만을 설치한 경우는 제외한다]가 설치된 연면적 5,000m2 이상인 특정소방대상물(위험물 제조소등은 제외한다)은 종합점검의 대상이다.
② 맞음, 공공기관 중 연면적이 1,000m2 이상인 것으로서 자동화재탐지설비가 설치된 것은 종합점검 대상이다.
③ 맞음, 노래연습장 등의 다중이용업소에 설치된 연면적이 2,000m2 이상인 대상물은 종합점검의 대상이다.

34. 소방시설등의 자체점검 시 점검인력 배치기준으로 옳지 못한 것은? ☆ 19년 소방장

① 소방안전관리자로 선임된 소방시설관리사 및 소방기술사가 점검하는 경우 : 주된 점검인력인 소방시설관리사 또는 소방기술사 중 1명과 보조 점검인력 2명을 점검인력 1단위로 하되, 점검인력 1단위에 2명 이내의 보조인력을 추가할 수 있다.
② 점검인력 1단위가 하루 동안 점검할 수 있는 특정소방대상물의 연면적은 종합점검의 경우에는 8,000㎡ 이며, 작동점검의 경우에는 10,000㎡ 이다.
③ 점검인력 1단위가 하루 동안 점검할 수 있는 아파트등의 세대수(점검한도 세대수)는 종합점검의 경우에는 300세대이며, 작동점검의 경우에는 350세대이다.
④ 종합점검과 작동점검을 하루에 점검하는 경우에는 작동점검의 점검대상 연면적 또는 점검대상 세대수에 0.8을 곱한 값을 종합점검 점검대상 연면적 또는 점검대상 세대수로 본다.

해설 ③ 틀림, 점검인력 1단위가 하루 동안 점검할 수 있는 아파트등의 세대수(점검한도 세대수)는 종합점검 및 작동점검에 관계없이 250세대로 한다.

35. 다음 중 종합점검에 대한 내용으로 옳지 못한 것은? ☆ 20년 소방장

① 스프링클러설비가 설치된 특정소방대상물은 종합점검의 대상이다.
② 제연설비가 설치된 터널은 종합점검의 대상이다.
③ 종합점검은 관리업에 등록된 소방시설관리사 또는 소방안전관리자로 선임된 소방시설관리사 및 소방기술사가 실시할 수 있다.
④ 특급 소방안전관리대상물의 경우 점검횟수는 연 1회 이상 실시한다.

해설 ①,② 맞음, 종합점검의 대상은 ①,② 및 물분무등소화설비가 설치된 연면적 5,000m2 이상인 특정소방대상물(제조소등은 제외), 옥내소화전설비 또는 자동화재탐지설비가 설치된 연면적 1,000m2 이상인 공공기관 등이다.
④ 틀림, 종합점검의 점검횟수는 연 1회 이상 실시한다. 다만, 특급 소방안전관리대상물의 경우에는 반기에 1회 이상 실시한다.

정답 33.① 34.③ 35.④

36. 종합점검 점검면적의 가감계수와 관련하여 옳은 것은?
☆ 20년 소방장

① 노유자시설 1.2
② 문화 및 집회시설 1.2
③ 종교시설 1.1
④ 위험물 저장 및 처리시설 1.0

해설
① 틀림, 노유자시설, 숙박시설, 수련시설, 판매시설, 위락시설 등 1류 시설의 가감계수는 1.1이다.
② 틀림, 문화·집회시설 등 1류 시설의 가감계수는 1.10이다.
③ 맞음, 종교시설, 문화 및 집회시설, 판매시설, 의료시설 등 1류 시설의 가감계수는 1.1다.
④ 틀림, 위험물 저장 및 처리시설, 문화재, 동물 및 식물 관련 시설 등 3류 시설의 가감계수는 0.9다.

37. 「소방시설 설치 및 관리에 관한 법률 시행규칙」상 소방시설등의 자체점검 시 소방시설별 점검 장비로 옳지 않은 것은?
☆ 22년 소방교

① 소화기구 : 저울
② 분말소화설비 : 검량계
③ 제연설비 : 기동관누설시험기
④ 옥내소화전설비 : 소화전밸브압력계

해설
① 맞음, 소화기구는 점검 장비로 저울을 이용한다.
③ 틀림, 기동관누설시험기, 검량계 등은 이산화탄소소화설비, 분말소화설비, 할론소화설비, 할로겐화합물 및 불활성기체소화설비에 대한 점검 장비이다. 제연설비는 풍속풍압계, 폐쇄력측정기, 차압계(압력차 측정기)의 점검 장비를 이용하여 점검해야 한다.
④ 맞음, 옥내소화전설비와 옥외소화전설비는 소화전밸브압력계를 이용하여 점검해야 한다.

38. ( ) 안에 들어갈 내용으로 옳은 것은?
☆ 22년 소방장

> 자체점검을 실시한 관계인은 자체점검이 끝난 날부터 ( ) 이내에 소방시설등 자체점검 실시 결과 보고서를 소방본부장 또는 소방서장에게 서면이나 소방청장이 지정하는 전산망을 통하여 보고해야 하며, 점검이 끝난 날부터 ( )간 자체 보관해야 한다.

① 7일, 1년
② 7일, 2년
③ 15일, 1년
④ 15일, 2년

해설
④ 맞음, 자체점검 실시결과 보고서를 제출받거나 스스로 자체점검을 실시한 관계인은 자체점검이 끝난 날부터 15일 이내에 소방시설등 자체점검 실시결과 보고서에 필요한 서류를 첨부하여 소방본부장 또는 소방서장에게 서면이나 소방청장이 지정하는 전산망을 통하여 보고해야 하며, 소방시설등 자체점검 실시결과 보고서를 점검이 끝난 날부터 2년간 자체 보관해야 한다.(규칙 제23조 제2항 및 제4항)

정답 36.③ 37.③ 38.④

39 「소방시설 설치 및 관리에 관한 법률」 및 같은 법 시행령상 특정소방대상물의 관계인은 소화펌프 고장 등 대통령령으로 정하는 중대위반사항이 발견된 경우에는 지체 없이 수리 등 필요한 조치를 하여야 한다. 중대위반사항에 해당하지 않는 것은?　　　　　　　　　　　　　　　　　　　★ 23년 소방장

① 소방시설용 전원(비상전원을 포함한다)의 고장으로 소방시설이 작동되지 않는 경우
② 형식승인을 받지 아니한 소방용품을 사용한 경우
③ 방화문 또는 자동방화셔터가 훼손되거나 철거되어 본래의 기능을 못하는 경우
④ 화재 수신기의 고장으로 화재경보음이 자동으로 울리지 않거나 화재 수신기와 연동된 소방시설의 작동이 불가능한 경우

> **해설** ② 틀림, 법 제23조제1항에서 "소화펌프 고장 등 대통령령으로 정하는 중대위반사항"이란 다음의 어느 하나에 해당하는 경우를 말한다.(영 제34조)
> ㉠ 소화펌프(가압송수장치를 포함한다), 동력·감시 제어반 또는 소방시설용 전원(비상전원을 포함한다)의 고장으로 소방시설이 작동되지 않는 경우
> ㉡ 화재 수신기의 고장으로 화재경보음이 자동으로 울리지 않거나 화재 수신기와 연동된 소방시설의 작동이 불가능한 경우
> ㉢ 소화배관 등이 폐쇄·차단되어 소화수(消火水) 또는 소화약제가 자동 방출되지 않는 경우
> ㉣ 방화문 또는 자동방화셔터가 훼손되거나 철거되어 본래의 기능을 못하는 경우

40 「소방시설 설치 및 관리에 관한 법률」 및 같은 법 시행령과 시행규칙상 소방시설등의 자체점검의 기준에 대한 설명으로 옳은 것은?　　　　　　　　　　　　　　　　　　　★ 24년 소방장

① 특정소방대상물의 소방시설이 신설된 경우 건축물을 사용할 수 있게 된 날부터 90일 이내에 점검을 실시해야 한다.
② 특급 소방안전관리대상물의 종합점검은 연 1회 이상 실시해야 한다.
③ 관계인은 자체점검이 끝난 날부터 15일 이내에 소방시설등 자체점검 실시결과 보고서를 소방본부장 또는 소방서장에게 보고해야 한다.
④ 관계인은 자체점검결과 공개 내용 등을 통보받은 날부터 30일 이내에 관할 소방본부장 또는 소방서장에게 이의신청을 할 수 있다.

> **해설** ① 틀림, 특정소방대상물의 소방시설이 신설된 경우 건축물을 사용할 수 있게 된 날부터 60일 이내에 점검을 실시해야 한다.
> ② 틀림, 특급 소방안전관리대상물의 종합점검은 반기별 1회 이상 실시해야 한다.
> ③ 맞음, 관계인은 자체점검이 끝난 날부터 15일 이내에 소방시설등 자체점검 실시결과 보고서를 소방본부장 또는 소방서장에게 보고해야 한다.
> ④ 틀림, 관계인은 자체점검결과 공개 내용 등을 통보받은 날부터 10일 이내에 관할 소방본부장 또는 소방서장에게 이의신청을 할 수 있다.

정답 39.② 40.③

CHAPTER 04 소방시설관리사 및 소방시설관리업

> **학/습/포/인/트**
>
> 본 장은 소방시설의 유지 및 관리의 업무를 행할 수 있는 자격자인 소방시설관리사 및 소방시설관리업에 대하여 규정하고 있으며, 이와 관련하여 각종 사항들을 규정하고 있다. 자격부여 규정은 국민의 생명·재산·안전과 밀접하게 관련이 있는 업무에 종사하는 자에게 자격요건을 엄격히 요구하여 법의 감독 아래 두어 통제함으로써 법이 추구 하고자 하는 목적을 달성하기 위함이다.

제1절 소방시설관리사

1 소방시설관리사의 의의

(1) 소방시설관리사

소방시설관리사는 소방법령 전반에 걸쳐 인정되는 소방기술자로서 소방시설업·소방시설관리업의 기술인력자 및 소방시설을 관리할 수 있는 일정의 자격을 가진 사람이라 할 수 있다.

(2) 소방시설관리사의 의의

소방시설관리사의 시험 자격과 그 의무에 대하여 규정하여 일정 수준 이상의 소방기술을 관계인에게 제공하도록 함으로서 소방시설 등의 유지·관리의 적정성을 기하고 각종 소방 시설 등이 그 본래의 목적에 부합되게 작동되도록 하려는 것이다.

2 소방시설관리사 자격시험

(1) 소방시설관리사의 자격

① **관리사시험 합격자** : 소방시설관리사(이하 관리사라 한다)가 되려는 사람은 소방청장이 실시하는 관리사시험에 합격하여야 한다.(법 제25조 제1항)
② **응시자격 등** : 관리사시험의 응시자격, 시험방법, 시험과목, 시험위원, 그 밖에 관리사시험에 필요한 사항은 대통령령으로 정한다.(법 제25조 제2항)

(2) 응시자격(영 부칙 제6조 제1항 : 2026.12.31까지 적용)

① 소방기술사·위험물기능장·건축사·건축기계설비기술사·건축전기설비기술사 또는 공조냉동기계기술사
② 소방설비기사 자격을 취득한 후 2년 이상 소방청장이 정하여 고시하는 소방 실무경력이 있는 사람
③ 소방설비산업기사 자격을 취득한 후 3년 이상 소방청장이 정하여 고시하는 소방 실무경력이 있는 사람
④ 이공계 전공자 :「국가과학기술 경쟁력 강화를 위한 이공계지원 특별법」제2조제1호에 따른 이공계 분야를 전공한 사람으로서 다음의 어느 하나에 해당하는 사람
　㉠ 이공계 분야의 박사학위를 취득한 사람
　㉡ 이공계 분야의 석사학위를 취득한 후 2년 이상 소방실무경력이 있는 사람
　㉢ 이공계 분야의 학사학위를 취득한 후 3년 이상 소방실무경력이 있는 사람
⑤ 소방안전공학(소방방재공학, 안전공학 포함) 분야를 전공한 후 다음의 어느 하나에 해당하는 사람
　㉠ 해당 분야의 석사학위 이상을 취득한 사람
　㉡ 2년 이상 소방실무경력이 있는 사람
⑥ 소방안전 관련 학과의 학사학위를 취득한 후 3년 이상 소방실무경력이 있는 사람
⑦ 위험물산업기사 또는 위험물기능사 자격을 취득한 후 3년 이상 소방실무경력이 있는 사람
⑧ 산업안전기사 자격을 취득한 후 3년 이상 소방실무경력이 있는 사람
⑨ 소방공무원으로 5년 이상 근무한 경력이 있는 사람
⑩ 소방안전관리자 자격을 가진 사람
　㉠ 특급 소방안전관리자로 2년 이상 실무경력이 있는 사람
　㉡ 1급 3년 이상 실무경력, 2급 5년 이상 실무경력, 3급 7년 이상 실무경력이 있는 사람
⑪ 10년 이상 소방실무경력이 있는 사람

(3) 시험의 시행방법(영 제38조)

① **시험의 단계** : 제1차시험과 제2차시험으로 구분하여 시행한다. 이 경우 소방청장은 제1차시험과 제2차시험을 같은 날에 시행할 수 있다.
② **시험의 방법** : 제1차시험은 선택형을 원칙으로 하고, 제2차시험은 논문형을 원칙으로 하되, 제2차시험에는 기입형을 포함할 수 있다.
③ **제1차시험의 면제** : 제1차시험에 합격한 사람에 대해서는 다음 회의 관리사시험만 제1차시험을 면제한다. 다만, 면제받으려는 시험의 응시자격을 갖춘 경우로 한정한다.
④ **제2차시험** : 제2차시험은 제1차시험에 합격한 사람만 응시할 수 있다. 다만, 제1항 후단에 따라 제1차시험과 제2차시험을 병행하여 시행하는 경우에 제1차시험에 불합격한 사람의 제2차시험 응시는 무효로 한다.

(4) 시험의 과목(영 부칙 제6조 제2항)

관리사시험의 시험과목은 개정규정에도 불구하고 2026.12.31까지는 다음의 과목으로 한다.

① 제1차시험
  ㉠ 소방안전관리론(연소 및 소화, 화재예방관리, 건축물소방안전기준, 인원수용 및 피난계획에 관한 부분으로 한정) 및 화재역학[화재성상, 화재하중(火災荷重), 열전달, 화염 확산, 연소속도, 구획화재, 연소생성물 및 연기의 생성·이동에 관한 부분으로 한정한다]
  ㉡ 소방수리학, 약제화학 및 소방전기(소방 관련 전기공사재료 및 전기제어에 관한 부분)
  ㉢ 소방 관련 법령
    ⓐ 「소방기본법」, 같은 법 시행령 및 같은 법 시행규칙
    ⓑ 「소방시설공사업법」, 같은 법 시행령 및 같은 법 시행규칙
    ⓒ 「소방시설 설치 및 관리에 관한 법률」, 같은 법 시행령 및 시행규칙
    ⓓ 「화재의 예방 및 안전관리에 관한 법률」, 같은 법 시행령 및 시행규칙
    ⓔ 「위험물안전관리법」, 같은 법 시행령 및 같은 법 시행규칙
    ⓕ 「다중이용업소의 안전관리에 관한 특별법」, 같은 법 시행령 및 같은 법 시행규칙
  ㉣ 위험물의 성상 및 시설기준
  ㉤ 소방시설의 구조 원리(고장진단 및 정비를 포함한다)
② 제2차시험
  ㉠ 소방시설의 점검실무행정(점검절차 및 점검기구 사용법을 포함한다)
  ㉡ 소방시설의 설계 및 시공

(5) 시험위원의 임명·위촉(영 제40조)

① **시험위원의 임명** : 소방청장은 관리사시험의 출제 및 채점을 위하여 다음의 어느 하나에 해당하는 사람 중에서 시험위원을 임명하거나 위촉해야 한다.
  ㉠ 소방 관련 분야의 박사학위를 가진 사람
  ㉡ 대학에서 소방안전 관련 학과 조교수 이상으로 2년 이상 재직한 사람
  ㉢ 소방위 이상의 소방공무원
  ㉣ 소방시설관리사
  ㉤ 소방기술사
② **시험위원의 수** : 시험위원의 수는 다음의 구분에 따른다.
  ㉠ 출제위원 : 시험 과목별 3명
  ㉡ 채점위원 : 시험 과목별 5명 이내(제2차시험의 경우로 한정한다)
③ **준수사항** : 시험위원으로 임명되거나 위촉된 사람은 소방청장이 정하는 시험문제 등의 출제 시 유의사항 및 서약서 등에 따른 준수사항을 성실히 이행해야 한다.
④ **수당과 여비** : 임명되거나 위촉된 시험위원과 시험감독 업무에 종사하는 사람에게는 예산의 범위에서 수당과 여비를 지급할 수 있다.

(6) 시험 과목의 일부 면제(영 부칙 제6조 제2항 및 제3항) ☆ 17년 소방교

① 제1차시험 과목 : 제1차시험 과목 가운데 일부를 면제받을 수 있는 사람과 그 면제과목은 개정규정에도 불구하고 2026년 12월 31일까지는 다음의 구분에 따른다. 다만, ㉠ 및 ㉡에 모두 해당하는 사람은 본인이 선택한 한 과목만 면제받을 수 있다.
  ㉠ 소방기술사 자격을 취득한 후 15년 이상 소방실무경력이 있는 사람 : 소방수리학, 약제화학 및 소방전기
  ㉡ 소방공무원으로 15년 이상 근무한 경력이 있는 사람으로서 5년 이상 소방청장이 정하여 고시하는 소방 관련 업무 경력이 있는 사람 : 소방 관련 법령
② 제2차시험 과목 : 제2차시험 과목 가운데 일부를 면제받을 수 있는 사람과 그 면제과목은 개정규정에도 불구하고 2026년 12월 31일까지는 다음의 구분에 따른다. 다만, ㉠ 및 ㉡에 모두 해당하는 사람은 본인이 선택한 한 과목만 면제받을 수 있다.
  ㉠ 소방기술사·위험물기능장·건축사·건축기계설비기술사·건축전기설비기술사 또는 공조냉동기계기술사 : 소방시설의 설계 및 시공
  ㉡ 소방공무원으로 5년 이상 근무한 경력이 있는 사람 : 소방시설의 점검실무행정

(7) 시험의 시행 및 공고(영 제42조)

① 시험의 시행 : 관리사시험은 매년 1회 시행하는 것을 원칙으로 하되, 소방청장이 필요하다고 인정하는 경우에는 그 횟수를 늘리거나 줄일 수 있다.
② 시험의 공고 : 소방청장은 관리사시험을 시행하려면 응시자격, 시험 과목, 일시·장소 및 응시절차 등을 모든 응시 희망자가 알 수 있도록 관리사시험 시행일 90일 전까지 인터넷 홈페이지에 공고해야 한다.

(8) 응시원서 제출 등(영 제43조)

① 응시원서의 제출 : 소방시설관리사시험에 응시하려는 사람은 행정안전부령으로 정하는 바에 따라 관리사시험 응시원서를 소방청장에게 제출해야 한다.
② 면제과목과 사유 기재 : 제41조에 따라 시험 과목의 일부를 면제받으려는 사람은 응시원서에 면제과목과 그 사유를 적어야 한다.
③ 증명서류의 제출 : 소방시설관리사시험에 응시하는 사람은 제37조에 따른 응시자격에 관한 다음의 증명서류를 소방청장이 정하는 원서 접수기간 내에 제출해야 한다. 다만, 국가·지방자치단체, 「공공기관의 운영에 관한 법률」 제4조에 따른 공공기관, 「지방공기업법」에 따른 지방공사 또는 지방공단이 증명하는 경력증명원은 해당 기관에서 정하는 서식에 따를 수 있다.
  ㉠ 해당 자격증 사본(「국가기술자격법」에 따른 국가기술자격 취득자의 자격증은 제외)
  ㉡ 행정안전부령으로 정하는 경력·재직증명서 또는 「소방시설공사업법 시행령」제20조 제4항에 따른 수탁기관이 발행하는 경력증명서

④ 행정정보 확인사항 : 응시원서를 받은 소방청장은 전자정부법 제36조 제1항에 따른 행정정보의 공동이용을 통하여 다음의 서류를 확인해야 한다. 다만, 응시자가 확인에 동의하지 아니하는 경우에는 그 사본을 첨부하게 해야 한다.
  ㉠ 응시자의 해당 국가기술자격증
  ㉡ 국민연금가입자가입증명 또는 건강보험자격득실확인서

(9) 시험의 합격자 결정 등(영 제44조)

① 제1차시험 : 과목당 100점을 만점으로 하여 모든 과목의 점수가 40점 이상이고, 전 과목 평균 점수가 60점 이상인 사람을 합격자로 한다.
② 제2차시험 : 과목당 100점을 만점으로 하되, 시험위원의 채점점수 중 최고점수와 최저점수를 제외한 점수가 모든 과목에서 40점 이상, 전 과목에서 평균 60점 이상인 사람을 합격자로 한다.
③ 소방청장은 관리사시험 합격자를 결정했을 때에는 이를 인터넷 홈페이지에 공고해야 한다.

3 관리사증의 발급 및 재발급

(1) 소방시설관리사증의 발급

① 관리사증의 발급 : 소방청장은 관리사시험에 합격한 사람에게는 행정안전부령으로 정하는 바에 따라 소방시설관리사증을 발급하여야 한다.(법 제25조 제5항)
② 발급 기한 : 소방시설관리사증의 발급·재발급에 관한 업무를 위탁받은 법인 또는 단체(소방시설관리사증발급자라 한다)는 소방시설관리사 시험에 합격한 사람에게 합격자 공고일부터 1개월 이내에 별지 제14호 서식의 소방시설관리사증을 발급해야 하며, 이를 별지 제15호 서식의 소방시설관리사증 발급대장에 기록하고 관리해야 한다.(규칙 제26조)

(2) 소방시설관리사증의 재발급

① 재발급 사유 : 소방시설관리사증을 발급받은 사람은 관리사증을 잃어버렸거나 못 쓰게 된 경우에는 행정안전부령으로 정하는 바에 따라 소방시설관리사증을 재발급받을 수 있다.(법 제25조 제6항)
② 재발급신청서 제출 : 소방시설관리사가 소방시설관리사증을 잃어버렸거나 못 쓰게 되어 소방시설관리사증의 재발급을 신청하는 경우에는 소방시설관리사증 재발급 신청서(전자문서로 된 신청서를 포함한다)에 다음의 서류를 첨부하여 소방시설관리사증발급자에게 제출해야 한다.(규칙 제27조)
  ㉠ 소방시설관리사증(못 쓰게 된 경우만 해당한다)
  ㉡ 신분증 사본
  ㉢ 사진(3센티미터 × 4센티미터) 1장

③ 관리사증의 재발급 기한 : 소방시설관리사증발급자는 재발급신청서를 제출받은 경우에는 3일 이내에 소방시설관리사증을 재발급해야 한다.

(3) 소방시설관리사의 의무(법 제25조 제7항, 제8항, 제9항)

① 자격증 대여 금지 : 관리사는 제5항 또는 제6항에 따라 발급 또는 재발급받은 소방시설관리사증을 다른 사람에게 빌려주거나 빌려서는 아니 되며, 이를 알선하여서도 아니 된다.
② 이중취업 금지 : 관리사는 동시에 둘 이상의 업체에 취업하여서는 아니 된다.
③ 자체업무의 성실한 수행 : 제22조제1항에 따른 기술자격자 및 제29조제2항에 따라 관리업의 기술인력으로 등록된 관리사는 이 법과 이 법에 따른 명령에 따라 성실하게 자체점검 업무를 수행하여야 한다.

4 부정행위자에 대한 제재 및 결격사유

(1) 부정행위자에 대한 제재(법 제26조)

소방청장은 시험에서 부정한 행위를 한 응시자에 대하여는 그 시험을 정지 또는 무효로 하고, 그 처분이 있은 날부터 2년간 시험 응시자격을 정지한다.

(2) 소방시설관리사의 결격사유(법 제27조)

다음의 어느 하나에 해당하는 사람은 관리사가 될 수 없다.

① 피성년후견인[7]
② 집행이 끝난 날부터 2년이 지나지 아니한 사람 : 이 법(소방시설법), 「소방기본법」, 「화재의 예방 및 안전관리에 관한 법률」, 「소방시설공사업법」 또는 「위험물 안전관리법」을 위반하여 금고 이상의 실형을 선고받고 그 집행이 끝나거나(집행이 끝난 것으로 보는 경우를 포함한다) 집행이 면제된 날부터 2년이 지나지 아니한 사람
③ 집행유예기간 중에 있는 사람 : 이 법(소방시설법), 「소방기본법」, 「화재의 예방 및 안전관리에 관한 법률」, 「소방시설공사업법」 또는 「위험물 안전관리법」을 위반하여 금고 이상의 형의 집행유예를 선고받고 그 유예기간 중에 있는 사람
④ 자격이 취소된 날부터 2년이 지나지 아니한 사람 : 제28조에 따라 자격이 취소(피성년후견인에 해당하여 자격이 취소된 경우는 제외한다)된 날부터 2년이 지나지 아니한 사람

---

[7] 피성년후견인이란 질병, 장애, 노령, 그 밖의 사유로 인한 정신적 제약으로 사무를 처리할 능력이 지속적으로 결여된 사람으로서 가정법원으로부터 성년후견개시의 심판을 받은 사람을 말한다. 피성년후견인을 결격사유로 하는 것은 본인의 보호 및 거래의 안전을 꾀하려는 취지이다.

5 자격의 취소·정지

(1) 자격의 취소 및 정지의 사유(법 제28조)

소방청장은 관리사가 다음의 어느 하나에 해당할 때에는 행정안전부령으로 정하는 바에 따라 그 자격을 취소하거나 1년 이내의 기간을 정하여 그 자격의 정지를 명할 수 있다. 다만, ①, ④, ⑤ 또는 ⑦에 해당하면 그 자격을 취소하여야 한다. ☆ 22년 소방교, 19년 소방교, 18년 소방장

① 거짓이나 그 밖의 부정한 방법으로 시험에 합격한 경우 : 자격취소
② 「화재의 예방 및 안전관리에 관한 법률」 제25조제2항에 따른 대행인력의 배치기준·자격·방법 등 준수사항을 지키지 아니한 경우
③ 제22조에 따른 점검을 하지 아니하거나 거짓으로 한 경우
④ 제25조제7항을 위반하여 소방시설관리사증을 다른 사람에게 빌려준 경우
⑤ 제25조제8항을 위반하여 동시에 둘 이상의 업체에 취업한 경우 : 자격취소
⑥ 제25조제9항을 위반하여 성실하게 자체점검 업무를 수행하지 아니한 경우
⑦ 제27조 각 호의 어느 하나에 따른 결격사유에 해당하게 된 경우 : 자격취소

(2) 행정처분의 일반기준(규칙 제39조, 별표 8)

① 위반행위가 둘 이상인 경우 : 위반행위가 둘 이상이면 그 중 무거운 처분기준(무거운 처분기준이 동일한 경우에는 그 중 하나의 처분기준)에 따른다. 다만, 둘 이상의 처분기준이 모두 영업정지이거나 사용정지인 경우에는 각 처분기준을 합산한 기간을 넘지 않는 범위에서 무거운 처분기준에 각각 나머지 처분기준의 2분의 1 범위에서 가중한다.
② 처분기간 중 위반사항이 있는 경우 : 영업정지 또는 사용정지 처분기간 중 영업정지 또는 사용정지에 해당하는 위반사항이 있는 경우에는 종전의 처분기간 만료일의 다음 날부터 새로운 위반사항에 따른 영업정지 또는 사용정지의 행정처분을 한다.
③ 위반행위의 횟수에 따른 행정처분의 기준 : 최근 1년간 같은 위반행위로 행정처분을 받은 경우에 적용한다. 이 경우 적용일은 위반행위에 대한 행정처분일과 그 처분 후에 한 위반행위가 다시 적발된 날을 기준으로 한다.
④ ③에 따라 가중된 부과처분을 하는 경우 가중처분의 적용 차수는 그 위반행위 전 부과처분 차수(기간 내에 행정처분이 둘 이상 있었던 경우에는 높은 차수를 말한다)의 다음 차수로 한다.
⑤ 가중 및 감경 : 처분권자는 위반행위의 동기·내용·횟수 및 위반 정도 등 다음에 해당하는 사유를 고려하여 그 처분을 가중하거나 감경할 수 있다. 이 경우 그 처분이 자격정지인 경우에는 그 처분기준의 2분의 1의 범위에서 가중하거나 감경할 수 있고, 자격취소인 경우에는 자격취소 전 차수의 행정처분이 자격정지이면 그 처분기준의 2배 이하의 자격정지로 감경(법 제28조제1호·제4호·제5호·제7호 및 법 제35조제1항제1호·제4호·제5호를 위반하여 등록취소 또는 자격취소된 경우는 제외한다)
⑥ 가중사유 : 위반행위가 사소한 부주의나 오류가 아닌 고의나 중대한 과실에 의한 것이거나 위반의 내용·정도가 중대하여 관계인에게 미치는 피해가 크다고 인정되는 경우

⑦ 감경사유
  ㉠ 위반행위가 사소한 부주의나 오류 등 과실로 인한 것으로 인정되는 경우
  ㉡ 위반의 내용·정도가 경미하여 관계인에게 미치는 피해가 적다고 인정되는 경우
  ㉢ 위반 행위자가 처음 해당 위반행위를 한 경우로서 5년 이상 소방시설관리사의 업무, 소방시설관리업 등을 모범적으로 해 온 사실이 인정되는 경우
  ㉣ 경미한 위반사항에 해당되는 경우 : 스프링클러설비 헤드가 살수반경에 미치지 못하는 경우, 자동화재탐지설비 감지기 2개 이하가 설치되지 않은 경우, 유도등이 일시적으로 점등되지 않는 경우, 유도표지가 정해진 위치에 붙어 있지 않은 경우

(3) 행정처분의 개별기준(규칙 제39조, 별표 8)

위반사항	근거 법조문	행정처분기준 1차	행정처분기준 2차	행정처분기준 3차
(1) 거짓, 그 밖의 부정한 방법으로 시험에 합격한 경우	제28조 제1호	자격취소		
(2) 「화재예방법」 제25조제2항에 따른 대행인력의 배치기준·자격·방법 등 준수사항을 지키지 않은 경우	제28조 제2호	경고 (시정명령)	자격정지 6개월	자격 취소
(3) 법 제22조에 따른 가. 점검을 하지 않은 경우 나. 거짓으로 점검한 경우	제28조 제3호	자격정지 1개월 경고(시정명령)	자격정지 6월 자격정지 6월	자격취소 자격취소
(4) 법 제25조제7항을 위반하여 관리사증을 다른 자에게 빌려준 경우	제28조 제4호	자격취소		
(5) 법 제25조제8항을 위반하여 동시에 둘 이상의 업체에 취업한 경우	제28조 제5호	자격취소		
(6) 법 제25조제9항을 위반하여 성실하게 자체점검업무를 수행하지 아니한 경우	제28조 제6호	경고 (시정명령)	자격정지 6개월	자격취소
(7) 법 제27조 각 호의 어느 하나의 결격사유에 해당하게 된 경우	제28조 제7호	자격취소		

제2절 소방시설관리업

1 소방시설관리업의 등록 등

(1) 등록의 의의
관리업의 등록 절차를 두어 일정 요건을 갖추면 누구나 이 업을 할 수 있도록 하는 한편 건전한 경쟁을 유도하여 양질의 업무수행 및 소방 관련 산업의 발전을 도모하려는 것이다.

(2) 소방시설관리업의 등록(법 제29조)
① 관리업의 등록 : 소방시설등의 점검 및 관리를 업으로 하려는 자 또는 「화재의 예방 및 안전관리에 관한 법률」제25조에 따른 소방안전관리업무의 대행을 하려는 자는 대통령령으로 정하는 업종별로 시·도지사에게 소방시설관리업 등록을 하여야 한다.
② 등록기준 및 영업범위 : 업종별 기술인력 등 관리업의 등록기준 및 영업범위 등에 필요한 사항은 대통령령으로 정한다.
③ 등록에 필요한 사항 : 관리업의 등록신청과 등록증·등록수첩의 발급·재발급 신청, 그 밖에 관리업의 등록에 필요한 사항은 행정안전부령으로 정한다.

(3) 소방시설관리업의 등록기준 등(영 제45조)
① 등록기준과 영업범위 : 소방시설관리업의 업종별 등록기준과 영업범위는 별표 9와 같다.

기술인력 등 업종별	기술인력	영업범위

전문
소방시설관리업
	가. 주된 기술인력
	  1) 소방시설관리사 자격을 취득한 후 소방 관련 실무경력이 5년 이상인 사람 1명 이상
	  2) 소방시설관리사 자격을 취득한 후 소방 관련 실무경력이 3년 이상인 사람 1명 이상
	나. 보조 기술인력
	  1) 고급점검자 이상의 기술인력: 2명 이상
	  2) 중급점검자 이상의 기술인력: 2명 이상
	  3) 초급점검자 이상의 기술인력: 2명 이상
		모든
		특정소방대상물

일반
소방시설관리업
	가. 주된 기술인력 : 관리사 자격을 취득한 후 소방 관련 실무경력이 1년 이상인 사람 1명 이상
	나. 보조 기술인력
	  1) 중급점검자 이상의 기술인력: 1명 이상
	  2) 초급점검자 이상의 기술인력: 1명 이상
		「화재예방법 시행령」별표4에 따른 1급, 2급, 3급 소방안전관리대상물

비고
1. "소방 관련 실무경력"이란 「소방시설공사업법」 제28조제3항에 따른 소방기술과 관련된 경력을 말한다.
2. 보조 기술인력의 종류별 자격은 「소방시설공사업법」 제28조제3항에 따라 소방기술과 관련된 자격·학력 및 경력을 가진 사람 중에서 행정안전부령으로 정한다.

② 등록할 수 없는 경우 : 시·도지사는 법 제29조제1항에 따른 등록신청이 다음의 어느 하나에 해당하는 경우를 제외하고는 등록을 해 주어야 한다.
  ㉠ 등록기준에 적합하지 않은 경우
  ㉡ 등록을 신청한 자가 법 제30조의 결격사유 중 어느 하나에 해당하는 경우
  ㉢ 그 밖에 이 법 또는 제39조제1항제1호라목(소방시설관리사 제1차시험 과목)의 소방 관계 법령에 따른 제한에 위배되는 경우

실전연습

Q. 전문 소방시설관리업의 등록기준에서 기술인력으로 틀린 것은?

① 주된 기술인력 : 소방시설관리사 자격을 취득한 후 소방 관련 실무경력이 5년 이상인 사람 1명 이상
② 주된 기술인력 : 소방시설관리사 자격을 취득한 후 소방 관련 실무경력이 3년 이상인 사람 1명 이상
③ 보조 기술인력 : 고급점검자 이상의 기술인력 1명 이상
④ 보조 기술인력 : 중급점검자 이상의 기술인력 2명 이상

해설 | 보조 기술인력으로 고급점검자 이상의 기술인력 2명 이상이 필요하다.   ➡ ③

(4) 소방시설관리업의 등록신청(규칙 제30조)

① 등록신청서 제출 : 소방시설관리업을 하려는 자는 법 제29조제1항에 따라 별지 제20호 서식의 소방시설관리업 등록신청서(전자문서로 된 신청서를 포함한다)에 별지 제21호 서식의 소방기술인력대장 및 기술자격증(경력수첩을 포함한다)을 첨부하여 시·도지사(특별시장·광역시장·특별자치시장·도지사 또는 특별자치도지사)에게 제출(전자문서로 제출하는 경우를 포함한다)해야 한다.

② 행정정보 확인사항 : 신청서를 제출받은 담당 공무원은 「전자정부법」 제36조제1항에 따라 행정정보의 공동이용을 통하여 법인등기부 등본(법인인 경우만 해당)과 소방기술인력대장에 기록된 소방기술인력의 국가기술자격증을 확인해야 한다. 다만, 신청인이 국가기술자격증의 확인에 동의하지 않는 경우에는 그 사본을 제출하도록 해야 한다.

(5) 소방시설관리업의 등록증 및 등록수첩 발급 등(규칙 제31조)

① **등록증 및 등록수첩 발급** : 시·도지사는 제30조에 따른 소방시설관리업의 등록신청 내용이 영 제45조제1항 및 별표 9에 따른 소방시설관리업의 업종별 등록기준에 적합하다고 인정되면 신청인에게 별지 제22호 서식의 소방시설관리업 등록증과 별지 제23호 서식의 소방시설관리업 등록수첩을 발급하고, 별지 제24호 서식의 소방시설관리업 등록대장을 작성하여 관리해야 한다.

② **관리업자 소속 표시** : 이 경우 시·도지사는 제30조 제1항에 따라 제출된 소방기술인력의 기술자격증(경력수첩을 포함한다)에 해당 소방기술인력이 그 관리업자 소속임을 기록하여 내주어야 한다.

③ **서류의 보완** : 시·도지사는 제출된 서류를 심사한 결과 다음의 어느 하나에 해당하는 경우에는 10일 이내의 기간을 정하여 이를 보완하게 할 수 있다. ☆ 19년 소방장
  ㉠ 첨부서류가 미비되어 있는 경우
  ㉡ 신청서 및 첨부서류의 기재내용이 명확하지 않은 경우

④ **공보에 공고** : 시·도지사는 소방시설관리업 등록증을 발급하거나 등록을 취소한 경우에는 이를 시·도의 공보에 공고해야 한다.

⑤ **보조 기술인력의 종류별 자격** : 영 별표 9에 따른 소방시설관리업의 업종별 등록기준 중 보조 기술인력의 종류별 자격은 「소방시설공사업법 시행규칙」 별표 4의2에서 정하는 기준에 따른다.

(6) 소방시설관리업의 등록증·등록수첩의 재발급 및 반납(규칙 제32조)

① **재발급의 사유** : 관리업자는 소방시설관리업등록증 또는 등록수첩을 잃어버렸거나 소방시설관리업등록증 또는 등록수첩이 헐어 못 쓰게 된 경우에는 법 제29조제3항에 따라 시·도지사에게 소방시설관리업 등록증 또는 등록수첩의 재발급을 신청할 수 있다.

② **재발급의 신청** : 관리업자는 재발급을 신청하는 경우에는 별지 제25호 서식의 소방시설관리업 등록증(등록수첩) 재발급 신청서(전자문서로 된 신청서를 포함한다)에 못 쓰게 된 소방시설관리업 등록증 또는 등록수첩(잃어버린 경우는 제외한다)을 첨부하여 시·도지사에게 제출해야 한다.

③ **재발급 기한** : 시·도지사는 재발급 신청서를 제출받은 경우에는 3일 이내에 소방시설관리업 등록증 또는 등록수첩을 재발급해야 한다.

④ **등록증의 반납** : 관리업자는 다음의 어느 하나에 해당하는 경우에는 지체 없이 시·도지사에게 그 소방시설관리업 등록증 및 등록수첩을 반납해야 한다.
  ㉠ 법 제35조에 따라 등록이 취소된 경우
  ㉡ 소방시설관리업을 폐업한 경우
  ㉢ 재발급을 받은 경우. 다만, 등록증 또는 등록수첩을 잃어버리고 재발급을 받은 경우에는 이를 다시 찾은 경우로 한정한다.

(7) 등록의 결격사유(법 제30조)

다음의 어느 하나에 해당하는 자는 관리업의 등록을 할 수 없다.

① 피성년후견인
② 이 법(소방시설법), 「소방기본법」, 「화재의 예방 및 안전관리에 관한 법률」, 「소방시설공사업법」 또는 「위험물 안전관리법」에 따른 금고 이상의 실형을 선고받고 그 집행이 끝나거나(집행이 끝난 것으로 보는 경우 포함) 집행이 면제된 날부터 2년이 지나지 아니한 사람
③ 이 법(소방시설법), 「소방기본법」, 「화재의 예방 및 안전관리에 관한 법률」, 「소방시설공사업법」 또는 「위험물 안전관리법」에 따른 금고 이상의 형의 집행유예를 선고받고 그 유예기간 중에 있는 사람
④ 관리업의 등록이 취소(피성년후견인에 해당하여 등록이 취소된 경우는 제외한다)된 날부터 2년이 지나지 아니한 사람
⑤ 임원 중에 결격사유의 어느 하나에 해당하는 사람이 있는 법인

2 등록사항의 변경신고 등

(1) 변경신고

관리업자(관리업의 등록을 한 자를 말한다)는 제29조에 따라 등록한 사항 중 다음의 행정안전부령(규칙 제33조)으로 정하는 중요 사항이 변경되었을 때에는 행정안전부령으로 정하는 바에 따라 시·도지사에게 변경사항을 신고하여야 한다.(법 제31조) ☆ 21년 소방교

① 명칭·상호 또는 영업소 소재지
② 대표자
③ 기술인력

(2) 등록사항의 변경신고 등(규칙 제34조) ☆ 19년 소방장

① 변경신고서 제출 : 관리업자는 제33조의 등록사항의 변경이 있는 때에는 변경일부터 30일 이내에 소방시설관리업 등록사항 변경신고서를 시·도지사에게 제출하여야 한다.
② 첨부서류 : 변경사항별로 다음의 구분에 따른 서류(전자문서를 포함)를 첨부해야 한다.
  ㉠ 명칭·상호 또는 영업소 소재지가 변경된 경우 : 소방시설관리업 등록증 및 등록수첩
  ㉡ 대표자가 변경된 경우 : 소방시설관리업 등록증 및 등록수첩
  ㉢ 기술인력이 변경된 경우 : 소방시설관리업 등록수첩, 변경된 기술인력의 기술자격증(경력수첩을 포함), 별지 제21호서식의 소방기술인력대장
③ 행정정보 확인사항 : 신고서를 제출받은 담당 공무원은 「전자정부법」 제36조제1항에 따라 법인등기부 등본(법인인 경우), 사업자등록증(개인인 경우) 및 국가기술자격증을 확인해야 한다. 다만, 신고인이 확인에 동의하지 않는 경우에는 이를 첨부하도록 해야 한다.

④ **변경신고의 처리** : 시·도지사는 변경신고를 받은 경우 5일 이내에 소방시설관리업 등록증 및 등록수첩을 새로 발급하거나 제출된 소방시설관리업 등록증 및 등록수첩과 기술인력의 기술자격증(경력수첩을 포함)에 그 변경된 사항을 적은 후 내주어야 한다. 이 경우 별지 제24호 서식의 소방시설관리업 등록대장에 변경사항을 기록하고 관리해야 한다.

실전연습

Q. 관리업 등록사항의 변경이 있는 때 신고하여야 하는 변경사항이 아닌 것은? ☆ 21년 소방교

① 명칭·상호 또는 영업소 소재지   ② 대표자
③ 기술인력   ④ 자본금

해설 | 관리업 등록사항의 변경이 있는 때 신고하여야 하는 변경사항은 ①,②,③이다.   ➜ ④

---

3 관리업자의 지위승계

(1) 지위승계 요건 및 승계자(법 제32조)

① **지위승계자** : 다음의 어느 하나에 해당하는 자는 종전의 관리업자의 지위를 승계한다.
  ㉠ 관리업자가 사망한 경우 그 상속인
  ㉡ 관리업자가 그 영업을 양도한 경우 그 양수인
  ㉢ 법인인 관리업자가 합병한 경우 합병 후 존속하는 법인이나 합병으로 설립되는 법인
② 「민사집행법」에 따른 경매, 「채무자 회생 및 파산에 관한 법률」에 따른 환가, 「국세징수법」, 「관세법」 또는 「지방세징수법」에 따른 압류재산의 매각과 그 밖에 이에 준하는 절차에 따라 **관리업의 시설 및 장비의 전부를 인수한 자**는 종전의 관리업자의 지위를 승계한다.
③ **승계자의 신고 의무** : 종전의 관리업자의 지위를 승계한 자는 행정안전부령으로 정하는 바에 따라 시·도지사에게 신고하여야 한다.
④ **결격사유 규정의 준용** : 지위를 승계한 자의 결격사유에 관하여는 제30조(결격사유)를 준용한다. 다만, 상속인이 결격사유의 어느 하나에 해당하는 경우에는 상속받은 날부터 3개월 동안은 그러하지 아니하다.
  해설) 원칙적으로 지위승계자가 결격사유에 해당하는 경우에는 지위를 승계할 수 없으나 상속인의 경우는 상속받은 날부터 3개월 동안은 결격사유가 있더라도 지위 승계를 인정한다.

(2) 지위승계신고 등(규칙 제35조) ☆ 18년 소방교

① **신고서 제출** : 법 제32조 제1항 제1호·제2호(사망, 양도) 또는 같은 조 제2항(경매, 환가 등)에 따라 관리업자의 지위를 승계한 자는 그 지위를 승계한 날부터 30일 이내에 소방시설관리업 지위승계 신고서에 아래의 서류를 첨부하여 시·도지사에게 제출해야 한다.

② **첨부서류** : 신고서에 다음의 서류(전자문서 포함)를 첨부하여야 한다.
　㉠ 소방시설관리업 등록증 및 등록수첩
　㉡ 계약서사본 등 지위승계를 증명하는 서류
　㉢ 소방기술인력대장 및 기술자격증(경력수첩 포함)
③ **합병에 의한 지위승계** : 합병에 따라 관리업자의 지위를 승계한 자는 그 지위를 승계한 날부터 30일 이내에 소방시설관리업 합병 신고서(전자문서로 된 신고서를 포함)에 위 ②의 서류(전자문서 포함)를 첨부하여 시·도지사에게 제출해야 한다.
④ **행정정보 확인사항** : 신고서를 제출받은 담당 공무원은「전자정부법」제36조제1항에 따라 행정정보의 공동이용을 통하여 다음의 서류를 확인해야 한다. 다만, 신고인이 사업자등록증 및 국가기술자격증의 확인에 동의하지 않는 경우에는 그 사본을 첨부하도록 해야 한다.
　㉠ 법인등기부 등본(지위승계인이 법인인 경우만 해당한다)
　㉡ 사업자등록증(지위승계인이 개인인 경우만 해당한다)
　㉢ 소방기술인력대장에 기록된 소방기술인력의 국가기술자격증
⑤ **신고사항의 처리** : 시·도지사는 신고를 받은 경우에는 소방시설관리업 등록증 및 등록수첩을 새로 발급하고, 기술인력의 자격증 및 경력수첩에 그 변경사항을 적은 후 내주어야 하며, 소방시설관리업 등록대장에 지위승계에 관한 사항을 기록하고 관리해야 한다.

4 소방시설관리업의 운영 등[8]

(1) 관리업자의 의무(법 제33조)

① **법령에 의한 관리** : 관리업자는 이 법(소방시설법)이나 이 법에 따른 명령 등에 맞게 소방시설 등을 점검하거나 관리하여야 한다.
② **등록증 또는 등록수첩 대여 금지** : 관리업자는 관리업의 등록증이나 등록수첩을 다른 자에게 빌려주거나 빌려서는 아니 되며, 이를 알선하여서도 아니 된다.
③ **관계인에게 통지** : 관리업자는 다음의 어느 하나에 해당하는 경우에는「화재의 예방 및 안전관리에 관한 법률」제25조에 따라 소방안전관리업무를 대행하게 하거나 소방시설등의 점검업무를 수행하게 한 특정소방대상물의 관계인에게 지체 없이 그 사실을 알려야 한다.
　㉠ 관리업자의 지위를 승계한 경우
　㉡ 관리업의 등록취소 또는 영업정지 처분을 받은 경우
　㉢ 휴업 또는 폐업을 한 경우
④ **자체검검시 기술인력의 기준** : 자체점검을 하거나「화재의 예방 및 안전관리에 관한 법률」제25조에 따른 소방안전관리업무의 대행을 하는 때에는 행정안전부령으로 정하는 바에 따라 소속 기술인력을 참여시켜야 한다.

---

[8] 관할 행정청의 소방시설관리업에 대한 처분으로 인한 소방시설관리업의 업무수행에의 영향을 최소화하기 위하여 처분을 받은 관리업자가 당해 소방대상물의 관계인에게 처분사실 및 지위승계사실 등을 통지하도록 하고 있다.

⑤ **업무대행 등의 금지자** : 등록취소 또는 영업정지 처분을 받은 관리업자는 그 날부터 소방안전관리업무를 대행하거나 소방시설등에 대한 점검을 하여서는 아니 된다. 다만, 영업정지처분의 경우 도급계약이 해지되지 아니한 때에는 대행 또는 점검 중에 있는 특정소방대상물의 소방안전관리업무 대행과 자체점검은 할 수 있다.

(2) 기술인력 참여기준(규칙 제36조)

법 제33조제4항에 따라 관리업자가 자체점검 또는 소방안전관리업무의 대행을 할 때 참여시켜야 하는 기술인력의 자격 및 배치기준은 다음과 같다.

① **자체점검** : 별표 3 및 별표 4에 따른 점검인력의 자격 및 배치기준
② **소방안전관리업무의 대행** :「화재의 예방 및 안전관리에 관한 법률 시행규칙」별표 1에 따른 대행인력의 자격 및 배치기준

(3) 점검능력 평가 및 공시 등(법 제34조)

① **점검능력 평가 및 공시** : 소방청장은 특정소방대상물의 관계인이 적정한 관리업자를 선정할 수 있도록 하기 위하여 관리업자의 신청이 있는 경우 해당 관리업자의 점검능력을 종합적으로 평가하여 공시하여야 한다.
② **점검능력 평가 신청** : 점검능력 평가를 신청하려는 관리업자는 소방시설등의 점검실적을 증명하는 서류 등을 행정안전부령으로 정하는 바에 따라 소방청장에게 제출하여야 한다.
③ **점검능력 평가 및 공시방법** : 점검능력 평가 및 공시방법, 수수료 등 필요한 사항은 행정안전부령으로 정한다.
④ 소방청장은 점검능력을 평가하기 위하여 관리업자의 기술인력, 장비 보유현황, 점검실적 및 행정처분 이력 등 필요한 사항에 대하여 데이터베이스를 구축·운영할 수 있다.

(4) 점검능력 평가의 신청(규칙 제37조)

① **평가신청서 제출** : 법 제34조제2항에 따라 점검능력을 평가받으려는 관리업자는 별지 제29호서식의 소방시설등 점검능력 평가신청서(전자문서로 된 신청서 포함)에 다음의 서류(전자문서 포함)를 첨부하여 평가기관에 **매년 2월 15일까지 제출해야** 한다.
  ㉠ 소방시설등의 점검실적을 증명하는 서류로서 다음의 구분에 따른 서류
    ⓐ 국내 소방시설등에 대한 점검실적 : 발주자가 발급한 소방시설등의 점검실적 증명서 및 세금계산서(공급자 보관용을 말한다) 사본
    ⓑ 해외 소방시설등에 대한 점검실적 : 외국환은행이 발행한 외화입금증명서 및 재외공관장이 발행한 해외점검실적 증명서 또는 점검계약서 사본
    ⓒ 주한 외국군의 기관으로부터 도급받은 소방시설등에 대한 점검실적 : 외국환은행이 발행한 외화입금증명서 및 도급계약서 사본

ⓒ 소방시설관리업 등록수첩 사본
　　　ⓒ 소방기술인력 보유 현황 및 국가기술자격증 사본 등 이를 증명할 수 있는 서류
　　　ⓔ 신인도평가 가점사항 확인서 및 가점 사항을 확인할 수 있는 다음의 해당 서류
　　　　　ⓐ 품질경영인증서(ISO 9000 시리즈) 사본
　　　　　ⓑ 소방시설등의 점검 관련 표창 사본
　　　　　ⓒ 특허증 사본
　　　　　ⓓ 소방시설관리업 관련 기술 투자를 증명할 수 있는 서류
　② **보완의 요구** : 신청을 받은 평가기관의 장은 서류가 첨부되어 있지 않은 경우에는 신청인으로 하여금 15일 이내의 기간을 정하여 보완하게 할 수 있다.
　③ **상시 평가의 신청** : 다음의 어느 하나에 해당하는 자는 상시 점검능력 평가를 신청할 수 있다. 이 경우 신청서·첨부서류의 제출 및 보완에 관하여는 위의 ① 및 ②에 따른다.
　　　㉠ 법 제29조에 따라 신규로 소방시설관리업의 등록을 한 자
　　　㉡ 법 제32조제1항 또는 제2항에 따라 관리업자의 지위를 승계한 자
　　　㉢ 제38조제3항에 따라 점검능력 평가 공시 후 다시 점검능력 평가를 신청하는 자
　④ 위에서 규정한 사항 외에 점검능력 평가 등 업무수행에 필요한 세부 규정은 평가기관이 정하되, 소방청장의 승인을 받아야 한다.

(5) 점검능력의 평가(규칙 제38조)

　① **평가 항목** : 법 제34조제1항에 따른 점검능력 평가의 항목은 다음과 같고, 점검능력 평가의 세부 기준은 별표 7과 같다
　　　㉠ **점검실적** : 법 제22조 제1항에 따른 소방시설등에 대한 자체점검실적을 말한다. 이 경우 점검실적(해외 소방시설등에 대한 점검실적 및 주한 외국군의 기관으로부터 도급받은 소방시설등에 대한 점검실적은 제외한다)은 점검인력 배치기준에 적합한 것으로 확인된 것만 인정한다.
　　　㉡ **대행실적** : 「화재의 예방 및 안전관리에 관한 법률」제25조제1항에 따라 소방안전관리 업무를 대행하여 수행한 실적을 말한다.
　　　㉢ 기술력
　　　㉣ 경력
　　　㉤ 신인도
　② **평가결과의 통보** : 평가기관은 제1항에 따른 점검능력 평가 결과를 지체 없이 소방청장 및 시·도지사에게 통보해야 한다.
　③ **평가결과의 공시** : 평가기관은 제 37조 제1항에 따른 점검능력 평가 결과는 매년 7월 31일까지 평가기관의 인터넷 홈페이지를 통하여 공시하고, 제3항(상시 점검능력 평가)에 따른 점검능력 평가 결과는 소방청장 및 시·도지사에게 통보한 날부터 3일 이내에 평가기관의 인터넷 홈페이지를 통하여 공시해야 한다.
　④ **점검능력 평가의 유효기간** : 점검능력 평가 결과를 공시한 날부터 1년간으로 한다.

(6) 점검능력 평가의 세부 기준(제38조 제1항 관련 별표 7)
소방시설관리업자의 점검능력 평가의 세부 기준은 별표 7과 같다.

[별표7] 소방시설관리업자의 점검능력 평가의 세부 기준(제38조제1항 관련)

관리업자의 점검능력 평가는 다음 계산식으로 산정하되, 1천원 미만의 숫자는 버린다. 이 경우 산정기준일은 평가를 하는 해의 전년도 말일을 기준으로 한다.

> 점검능력평가액 = 실적평가액 + 기술력평가액 + 경력평가액 ± 신인도평가액

1. 실적평가액은 다음 계산식으로 산정한다.

> 실적평가액 = (연평균점검실적액 + 연평균대행실적액) × 50/100

가. 점검실적액(발주자가 공급하는 자재비를 제외한다) 및 대행실적액은 해당 업체의 수급금액 중 하수급금액은 포함하고 하도급금액은 제외한다.
  1) 종합점검과 작동점검 또는 소방안전관리업무 대행을 일괄하여 수급한 경우에는 그 일괄수급금액에 0.55를 곱하여 계산된 금액을 종합점검 실적액으로, 0.45를 곱하여 계산된 금액을 작동점검 또는 소방안전관리업무 대행 실적액으로 본다. 다만, 다른 입증자료가 있는 경우에는 그 자료에 따라 배분한다.
  2) 작동점검과 소방안전관리업무 대행을 일괄하여 수급한 경우에는 그 일괄수급금액에 0.5를 곱하여 계산된 금액을 각각 작동점검 및 소방안전관리업무 대행 실적액으로 본다. 다만, 다른 입증자료가 있는 경우에는 그 자료에 따라 배분한다.
  3) 종합점검, 작동점검 및 소방안전관리업무 대행을 일괄하여 수급한 경우에는 그 일괄수급금액에 0.38을 곱하여 계산된 금액을 종합점검 실적액으로, 각각 0.31을 곱하여 계산된 금액을 각각 작동점검 및 소방안전관리업무 대행 실적액으로 본다. 다만, 다른 입증자료가 있는 경우에는 그 자료에 따라 배분한다.
나. 소방시설관리업을 경영한 기간이 산정일을 기준으로 3년 이상인 경우에는 최근 3년간의 점검실적액 및 대행실적액을 합산하여 3으로 나눈 금액을 각각 연평균점검실적액 및 연평균대행실적액으로 한다.
다. 소방시설관리업을 경영한 기간이 산정일을 기준으로 1년 이상 3년 미만인 경우에는 그 기간의 점검실적액 및 대행실적액을 합산한 금액을 그 기간의 개월수로 나눈 금액에 12를 곱한 금액을 각각 연평균점검실적액 및 연평균대행실적액으로 한다.
라. 소방시설관리업을 경영한 기간이 산정일을 기준으로 1년 미만인 경우에는 그 기간의 점검실적액 및 대행실적액을 각각 연평균점검실적액 및 연평균대행실적액으로 한다.
마. 법 제32조제1항 각 호 및 제2항에 따라 지위를 승계한 관리업자는 종전 관리업자의 실적액과 관리업을 승계한 자의 실적액을 합산한다.
바. 영 제45조 및 별표 9에 따른 소방시설관리업 업종을 일반소방시설관리업에서 전문소방시설관리업으로 변경하거나 전문소방시설관리업에서 일반소방시설관리업으로 변경한 관리업자의 경우에는 종전 업종의 실적액과 변경된 업종의 실적액을 합산한다.

2. 기술력평가액은 다음 계산식으로 산정한다.

> 기술력평가액 = 전년도 기술인력 가중치 1단위당 평균 점검실적액 × 보유기술인력 가중치합계 × 40/100

가. 전년도 기술인력 가중치 1단위당 평균 점검실적액은 점검능력 평가를 신청한 관리업자의 국내 총 기성액을 해당 관리업자가 보유한 기술인력의 가중치 총합으로 나눈 금액으로 한다. 이 경우 국내 총 기성액 및 기술인력 가중치 총합은 평가기관이 법 제34조제4항에 따라 구축·관리하고 있는 데이터베이스(보유 기술인력의 경력관리를 포함한다)에 등록된 정보를 기준으로 한다(전년도 기술인력 1단위당 평균 점검실적액이 산출되지 않는 경우에는 전전년도 기술인력 1단위당 평균 점검실적액을 적용한다).

나. 보유 기술인력 가중치의 계산은 다음의 방법에 따른다.
  1) 보유 기술인력은 해당 관리업체에 소속되어 6개월 이상 근무한 사람(등록·양도·합병 후 관리업을 한 기간이 6개월 미만인 경우에는 등록신청서·양도신고서·합병신고서에 기재된 기술인력으로 한다)만 해당한다.
  2) 보유 기술인력은 주된 기술인력과 보조 기술인력으로 구분하되, 기술등급 구분의 기준은 「소방시설공사업법 시행규칙」 별표 4의2에 따른다. 이 경우 1인이 둘 이상의 자격, 학력 또는 경력을 가지고 있는 경우 대표되는 하나의 것만 적용한다.
  3) 보유 기술인력의 등급별 가중치는 다음 표와 같다.

보유기술인력	주된 기술인력		보조 기술인력			
	관리사 (경력 5년이상)	관리사	특급 점검자	고급 점검자	중급 점검자	초급 점검자
가중치	3.5	3.0	2.5	2	1.5	1

3. 경력평가액은 다음 계산식으로 산정한다.

> 경력평가액 = 실적평가액 × 관리업 경영기간 평점 × 10/100

가. 소방시설관리업 경영기간은 등록일·양도신고일 또는 합병신고일부터 산정기준일까지로 한다.
나. 종전 관리업자의 관리업 경영기간과 관리업을 승계한 자의 관리업 경영기간의 합산에 관하여는 제1호마목을 준용한다.
다. 관리업 경영기간 평점은 다음 표에 따른다.

관리업 경영기간	2년 미만	2년 이상 4년 미만	4년 이상 6년 미만	6년 이상 8년 미만	8년 이상 10년 미만
평점	0.5	0.55	0.6	0.65	0.7

10년 이상 12년 미만	12년 이상 14년 미만	14년 이상 16년 미만	16년 이상 18년 미만	18년 이상 20년 미만	20년 이상
0.75	0.8	0.85	0.9	0.95	1.0

4. **신인도평가액** : 신인도평가액은 다음 계산식으로 산정하되, 신인도평가액은 실적평가액·기술력평가액·경력평가액을 합친 금액의 ±10%의 범위를 초과할 수 없으며, 가점요소와 감점요소가 있는 경우에는 이를 상계한다.

> 신인도평가액 = (실적평가액 + 기술력평가액 + 경력평가액) × 신인도 반영비율 합계

   가. 신인도 반영비율 가점요소는 다음과 같다.
      1) 최근 3년간 국가기관·지방자치단체 또는 공공기관으로부터 소방 및 화재안전과 관련된 표창을 받은 경우
         - 대통령 표창: +3%
         - 장관 이상 표창, 소방청장 또는 광역자치단체장 표창: +2%
         - 그 밖의 표창: +1%
      2) 소방시설관리에 관한 국제품질경영인증(ISO)을 받은 경우: +2%
      3) 소방에 관한 특허를 보유한 경우: +1%
      4) 전년도 기술개발투자액:「조세특례제한법 시행령」별표 6에 규정된 비용 중 소방시설관리업 분야에 실제로 사용된 금액으로 다음 기준에 따른다.
         - 실적평가액의 1%이상 3%미만: +0.5%
         - 실적평가액의 3%이상 5%미만: +1.0%
         - 실적평가액의 5%이상 10%미만: +1.5%
         - 실적평가액의 10%이상: +2%

   나. 신인도 반영비율 감점요소는 아래와 같다.
      1) 최근 1년간 법 제35조에 따른 영업정지 처분 및 법 제36조에 따른 과징금 처분을 받은 사실이 있는 경우
         - 1개월 이상 3개월 이하: -2%
         - 3개월 초과: -3%
      2) 최근 1년간 국가기관·지방자치단체 또는 공공기관으로부터 부정당업자로 제재처분을 받은 사실이 있는 경우: -2%
      3) 최근 1년간 이 법에 따른 과태료처분을 받은 사실이 있는 경우: -2%
      4) 최근 1년간 이 법에 따라 소방시설관리사가 행정처분을 받은 사실이 있는 경우: -2%
      5) 최근 1년간 부도가 발생한 사실이 있는 경우: -2%

5. **신규업체의 점검능력 평가** : 제1호부터 제4호까지의 규정에도 불구하고 신규업체의 점검능력 평가는 다음 계산식으로 산정한다.

> 점검능력평가액 = (전년도 전체 평가업체의 평균 실적액 × 10/100) +
> (기술인력 가중치 1단위당 평균 점검면적액 × 보유기술인력가중치합계 × 50/100)

비고
"신규업체"란 법 제29조에 따라 신규로 소방시설관리업을 등록한 업체로서 등록한 날부터 1년 이내에 점검능력 평가를 신청한 업체를 말한다.

5 등록의 취소와 영업의 정지

(1) 등록의 취소와 영업의 정지의 사유(법 제35조)

① 시·도지사는 관리업자가 다음의 어느 하나에 해당하는 경우에는 행정안전부령으로 정하는 바에 따라 그 등록을 취소하거나 6개월 이내의 기간을 정하여 이의 시정이나 그 영업의 정지를 명할 수 있다. 다만, ㉠·㉣ 또는 ㉤에 해당할 때에는 등록을 취소하여야 한다.
  ㉠ 거짓이나 그 밖의 부정한 방법으로 등록을 한 경우 : 등록취소
  ㉡ 제22조에 따른 점검을 하지 아니하거나 거짓으로 한 경우
  ㉢ 제29조제2항에 따른 등록기준에 미달하게 된 경우
  ㉣ 제30조의 결격사유에 해당하게 된 경우(다만, 법인으로서 결격사유에 해당하게 된 날부터 2개월 이내에 그 임원을 결격사유가 없는 임원으로 바꾸어 선임한 경우는 제외) : 등록취소
  ㉤ 제33조제2항을 위반하여 등록증이나 등록수첩을 빌려준 경우 : 등록취소
  ㉥ 제34조제1항에 따른 점검능력 평가를 받지 아니하고 자체점검을 한 경우

② 특례 : 관리업자의 지위를 승계한 상속인이 등록의 결격사유의 어느 하나에 해당하는 경우에는 상속을 개시한 날부터 6개월 동안은 위 등록의 결격사유의 규정을 적용하지 아니한다.
해설) 원칙적으로 관리업자가 결격사유에 해당하는 경우에는 관리업의 등록을 취소하여야 하나 상속인의 경우는 상속을 개시한 날부터 6개월 동안은 결격사유가 있더라도 관리업의 등록을 취소할 수 없다.(지위승계자 : 상속받은 날부터 3개월 동안은 결격사유의 규정을 적용하지 아니한다)

(2) 행정처분의 일반기준(규칙 제44조 관련 규칙 별표 8)

① 위반행위가 둘 이상인 경우 : 위반행위가 둘 이상이면 그 중 무거운 처분기준(무거운 처분기준이동일한 경우에는 그 중 하나의 처분기준을 말한다)에 따른다. 다만, 둘 이상의 처분기준이 모두 영업정지이거나 사용정지인 경우에는 각 처분기준을 합산한 기간을 넘지 않는 범위에서 무거운 처분기준에 각각 나머지 처분기준의 2분의 1 범위에서 가중한다.
② 처분기간 중 위반사항 : 영업정지 처분기간 중 영업정지에 해당하는 위반사항이 있는 경우에는 종전의 처분기간 만료일의 다음 날부터 새로운 위반사항에 따른 영업정지의 행정처분을 한다.
③ 위반행위의 횟수에 따른 행정처분의 기준 : 위반행위의 횟수에 따른 행정처분의 기준은 최근 1년간 같은 위반행위로 행정처분을 받은 경우에 적용한다. 이 경우 적용일은 위반행위에 대한 행정처분일과 그 처분 후에 한 위반행위가 다시 적발된 날을 기준으로 한다. 가중된 부과처분을 하는 경우 가중처분의 적용 차수는 그 위반행위 전 부과처분 차수(기간 내에 행정처분이 둘 이상 있었던 경우에는 높은 차수를 말한다)의 다음 차수로 한다.
④ 가중 및 감경 : 처분권자는 위반행위의 동기·내용·횟수 및 위반 정도 등 다음에 해당하는 사유를 고려하여 그 처분을 가중하거나 감경할 수 있다. 이 경우 그 처분이 영업정지인 경우에는 그 처분기준의 2분의 1의 범위에서 가중하거나 감경할 수 있고, 등록취소인 경우에는 등록취소 전 차수의 행정처분이 영업정지이면 그 처분기준의 2배 이하의 영업정지로 감경(법 제35조제1호·제4호·제5호를 위반하여 자격취소된 경우는 제외한다)할 수 있다.

⑤ 가중사유 : 위반행위가 사소한 부주의나 오류가 아닌 고의나 중대한 과실에 의한 것이거나 위반의 내용·정도가 중대하여 관계인에게 미치는 피해가 크다고 인정되는 경우
⑥ 감경사유
  ㉠ 위반행위가 사소한 부주의나 오류 등 과실로 인한 것으로 인정되는 경우
  ㉡ 위반의 내용·정도가 경미하여 관계인에게 미치는 피해가 적다고 인정되는 경우
  ㉢ 위반 행위자가 처음 해당 위반행위를 한 경우로서 5년 이상 소방시설관리사의 업무, 소방시설관리업 등을 모범적으로 해 온 사실이 인정되는 경우
  ㉣ 다음의 경미한 위반사항에 해당되는 경우 : 스프링클러설비 헤드가 살수반경에 미치지 못하는 경우, 자동화재탐지설비 감지기 2개 이하가 설치되지 않은 경우, 유도등이 일시적으로 점등되지 않는 경우, 유도표지가 정해진 위치에 붙어 있지 않은 경우
⑦ 소방시설관리업자가 소상공인의 경우 특례 : 처분권자는 고의 또는 중과실이 없는 위반행위자가 「소상공인기본법」 제2조에 따른 소상공인인 경우에는 다음의 사항을 고려하여 제2호나 목의 개별기준에 따른 처분을 감경할 수 있다. 이 경우 그 처분이 영업정지인 경우에는 그 처분기준의 100분의 70 범위에서 감경할 수 있고, 그 처분이 등록취소(법 제35조제1항제1호·제4호·제5호를 위반하여 등록취소된 경우는 제외한다)인 경우에는 3개월의 영업정지 처분으로 감경할 수 있다. 다만, ④에 따른 감경과 중복하여 적용하지 않는다.
  ㉠ 해당 행정처분으로 위반행위자가 더 이상 영업을 영위하기 어렵다고 객관적으로 인정되는지 여부
  ㉡ 경제위기 등으로 위반행위자가 속한 시장·산업 여건이 현저하게 변동되거나 지속적으로 악화된 상태인지 여부

(3) 행정처분의 개별기준(규칙 제44조 관련 규칙 별표 8)

위반사항	근거 법조문	행정처분기준 1차 위반	2차 위반	3차 위반
(1) 거짓, 그 밖의 부정한 방법으로 등록을 한 경우	법 제35조 제1항제1호	등록취소		
(2) 법 제22조에 따른 점검을 하지 아니하거나 거짓으로 한 경우	법 제35조 제1항제2호			
가) 점검을 하지 아니한 경우		영업정지 1개월	영업정지 3개월	등록 취소
나) 거짓으로 점검한 경우		경고 (시정명령)	영업정지 3개월	등록 취소
(3) 법 제29조제2항에 따른 등록기준에 미달하게 된 경우. 다만, 기술인력이 퇴직하거나 해임되어 30일 이내에 재선임하여 신고하는 경우는 제외한다.	법 제35조 제1항제3호	경고 (시정명령)	영업정지 3개월	등록 취소

(4) 법 제30조 각 호의 어느 하나의 등록의 결격사유에 해당하게 된 경우. 다만, 제30조제5호에 해당하는 법인으로서 결격사유에 해당하게 된 날부터 2개월 이내에 그 임원을 결격사유가 없는 임원으로 바꾸어 선임한 경우는 제외한다.	법 제35조 제1항제4호	등록취소		
(5) 법 제33조제2항을 위반하여 등록증 또는 등록수첩을 빌려준 경우	법 제35조 제1항제5호	등록취소		
(6) 법 제34조제1항에 따른 점검능력 평가를 받지 않고 자체점검을 한 경우	법 제35조 제1항제6호	영업정지 1개월	영업정지 3개월	등록취소

(4) 과징금(법 제36조) ☆ 21년 소방장

① **과징금의 부과** : 시·도지사는 제35조제1항에 따라 영업정지를 명하는 경우로서 그 영업정지가 이용자에게 불편을 주거나 그 밖에 공익을 해칠 우려가 있을 때에는 영업정지처분을 갈음하여 3천만원 이하의 과징금을 부과할 수 있다.

② **과징금 부과기준** : 과징금을 부과하는 위반행위의 종류와 위반 정도 등에 따른 과징금의 금액, 그 밖의 필요한 사항은 행정안전부령으로 정한다.

③ **강제징수** : 시·도지사는 과징금을 내야 하는 자가 납부기한까지 내지 아니하면 「지방행정제재·부과금의 징수 등에 관한 법률」에 따라 징수한다.

④ **과세정보의 제공 요청** : 시·도지사는 과징금의 부과를 위하여 필요한 경우에는 납세자의 인적사항, 과세정보의 사용 목적, 과징금의 부과 기준이 되는 매출액 사항을 적은 문서로 관할 세무관서의 장에게 「국세기본법」제81조의13에 따른 과세정보의 제공을 요청할 수 있다.

(5) 과징금 부과기준(규칙 제40조 제1항 및 제2항) ☆ 22년 소방장, 19년 소방장

법 제36조제1항에 따라 과징금을 부과하는 위반행위의 종별과 그에 대한 과징금의 부과기준은 다음 별표 9와 같으며, 과징금의 징수절차에 관하여는 「국고금관리법 시행규칙」을 준용한다.

① **일반기준**

㉠ 영업정지 1개월은 30일로 계산한다.

㉡ 과징금 산정은 영업정지기간(일)에 영업정지 1일에 해당하는 금액을 곱한 금액으로 한다.

㉢ 위반행위가 둘 이상 발생한 경우 과징금 부과에 의한 영업정지기간(일) 산정은 제2호가목의 개별기준에 따른 각각의 영업정지 처분기간을 합산한 기간으로 한다.

㉣ 영업정지에 해당하는 위반사항으로서 위반행위의 동기·내용·횟수 또는 그 결과를 고려하여 그 처분기준의 2분의 1까지 감경한 경우 과징금 부과에 의한 영업정지기간(일) 산정은 감경한 영업정지기간으로 한다.

㉤ 연간 매출액은 해당 업체에 대한 처분일이 속한 연도의 전년도의 1년간 위반사항이 적발된 업종의 각 매출금액을 기준으로 한다. 다만, 신규사업·휴업 등으로 인하여 1년간

의 위반사항이 적발된 업종의 각 매출금액을 산출할 수 없거나 1년간의 위반사항이 적발된 업종의 각 매출금액을 기준으로 하는 것이 불합리하다고 인정되는 경우에는 분기별·월별 또는 일별 매출금액을 기준으로 산출 또는 조정한다.
  ㈅ 3천만원을 초과하는 경우 : 위의 규정에도 불구하고 과징금 산정금액이 3천만원을 초과하는 경우 3천만원으로 한다.
② 과징금 부과의 개별기준
  ㉠ 과징금을 부과할 수 있는 위반행위의 종별 : 소방시설관리업

위반사항	행정처분기준		
	1차 위반	2차 위반	3차위반
법 제22조에 따른 점검을 하지 않거나 거짓으로 한 경우	영업정지 1개월	영업정지 3개월	
법 제29조제2항에 따른 등록기준에 미달하게 된 경우(기술인력이 퇴직하거나 해임되어 30일 이내에 재선임하여 신고한 경우는 제외)		영업정지3개월	
법 제34조제1항에 따른 점검능력 평가를 받지 않고 자체점검을 한 경우	영업정지 1개월	영업정지 3개월	

  ㉡ 과징금 금액 산정기준

등급	연간매출액(단위 : 백만원)	영업정지 1일에 해당되는 금액(단위 : 원)
1	10 이하(1천만원 이하)	25,000
2	10 초과 ~ 30 이하	30,000
3	30 초과 ~ 50 이하	35,000
4	50 초과 ~ 100 이하	45,000
5	100 초과 ~ 150 이하	50,000
6	150 초과 ~ 200 이하	55,000
7	200 초과 ~ 250 이하	65,000
8	250 초과 ~ 300 이하	80,000
9	300 초과 ~ 350 이하	95,000
10	350 초과 ~ 400 이하	110,000
11	400 초과 ~ 450 이하	125,000
12	450 초과 ~ 500 이하	140,000
13	500 초과 ~ 750 이하	160,000
14	750 초과 ~ 1,000 이하	180,000
15	1,000 초과 ~ 2,500 이하	210,000
16	2,500 초과 ~ 5,000 이하	240,000
17	5,000 초과 ~ 7,500 이하	270,000
18	7,500 초과 ~ 10,000 이하	300,000
19	10,000 초과(100억원 초과)	330,000

CHAPTER 04 소방시설관리사 및 소방시설관리업
핵심요약

소방시설 관리사 자격시험

1) 소방시설관리사
   ① 관리사가 되려는 사람은 소방청장이 실시하는 관리사시험에 합격하여야 한다.
   ② 시험의 응시자격, 시험 방법, 과목, 시험에 필요한 사항은 대통령령으로 정한다.

2) 응시자격
   ① 소방기술사·위험물기능장·건축사·건축기계설비기술사·건축전기설비기술사 또는 공조냉동기계기술사
   ② 소방설비기사 자격을 취득한 후 2년 이상 소방실무경력이 있는 사람
   ③ 소방설비산업기사 자격을 취득한 후 3년 이상 소방실무경력이 있는 사람
   ④ 이공계 분야 전공자 : 박사학위 취득, 석사 2년 이상, 학사 3년 이상 실무경력
   ⑤ 소방안전공학(소방방재공학, 안전공학) 전공한 사람 : 석사학위 이상을 취득한 사람 또는 2년 이상 소방실무경력이 있는 사람
   ⑥ 소방공무원으로 5년 이상 근무한 경력이 있는 사람
   ⑦ 위험물산업기사 또는 위험물기능사 자격을 취득한 후 3년 이상 소방실무경력자
   ⑧ 소방안전 관련 학과의 학사학위를 취득한 후 3년 이상 소방실무경력자
   ⑨ 산업안전기사 자격을 취득한 후 3년 이상 소방실무경력자
   ⑩ 소방안전관리자 : 특급 2년, 1급 3년, 2급 5년, 3급 7년 이상 실무경력
   ⑪ 10년 이상 소방실무경력이 있는 사람

3) 시험의 과목
   ① 제1차시험(선택형)
      ㉠ 소방안전관리론 및 화재역학
      ㉡ 소방수리학, 약제화학 및 소방전기
      ㉢ 소방 관련 법령 : 소방기본법령, 소방시설공사업법령, 소방시설법령, 위험물안전관리법령, 다중이용업소법령
      ㉣ 위험물의 성상 및 시설기준
      ㉤ 소방시설의 구조 원리(고장진단 및 정비를 포함한다)
   ② 제2차시험(논문형, 기입형 포함 가능)
      ㉠ 소방시설의 점검실무행정(점검절차 및 점검기구 사용법을 포함한다)
      ㉡ 소방시설의 설계 및 시공

4) 시험위원
   ① **시험위원의 임명·위촉** : 다음의 자격을 갖춘 사람 중 소방청장이 임명·위촉
      ㉠ 소방 관련 분야의 박사학위, 소방안전 관련 학과 조교수 이상 2년 이상 재직자
      ㉡ 소방위 이상의 소방공무원
      ㉢ 소방시설관리사, 소방기술사

② 위원의 수 : 출제위원은 시험 과목별 3명, 채점위원은 시험 과목별 5명 이내
5) 시험 과목의 일부 면제
　① 제1차 과목의 면제
　　㉠ 소방기술사 자격취득 후 15년 이상 소방실무경력 : 소방수리학, 약제화학 및 소방전기
　　㉡ 소방공무원으로 15년 이상 근무한 경력이 있는 사람으로서 5년 이상 소방청장이 정하여 고시하는 소방 관련 업무 경력이 있는 사람 : 소방 관련 법령
　② 제2차 과목의 면제 : 모두 해당하는 사람은 본인이 선택한 한 과목만 면제
　　㉠ 소방기술사·위험물기능장·건축사등 : 소방시설의 설계 및 시공
　　㉡ 소방공무원으로 5년 이상 근무한 경력이 있는 사람 : 소방시설의 점검실무행정
6) 시험의 시행 및 공고
　① 시험의 시행 : 관리사시험은 매년 1회 시행하는 것을 원칙으로 하되, 소방청장이 필요하다고 인정하는 경우에는 그 횟수를 늘리거나 줄일 수 있다.
　② 시험의 공고 : 시행일 90일 전까지 인터넷 홈페이지에 공고해야 한다.
7) 시험의 합격자 결정
　① 제1차시험 : 과목당 100점 만점, 모든 과목의 점수가 40점 이상이고, 전 과목 평균 점수가 60점 이상
　② 제2차시험 : 과목당 100점 만점, 시험위원의 채점점수 중 최고점수와 최저점수를 제외한 점수가 모든 과목에서 40점 이상, 전 과목에서 평균 60점 이상
　③ 시험 합격자를 결정하였을 때에는 인터넷 홈페이지에 공고하여야 한다.

결격사유 등

1) 부정행위자 : 소방청장은 시험에서 부정한 행위를 한 응시자에 대하여는 그 시험을 정지 또는 무효로 하고, 그 처분이 있은 날부터 2년간 시험 응시자격을 정지한다.
2) 소방시설관리사의 결격사유
　① 피성년후견인
　② 소방시설법, 소방기본법, 화재예방법, 소방시설공사업법 또는 위험물 안전관리법에 따른 금고 이상의 실형을 선고받고 그 집행이 끝나거나 면제된 날부터 2년이 지나지 않거나 금고 이상의 형의 집행유예를 선고받고 유예기간 중에 있는 사람
　③ 자격이 취소(①로 자격 취소된 경우 제외)된 날부터 2년이 지나지 아니한 사람

소방시설 관리사증의 발급

1) 관리사증의 발급 : 소방청장은 관리사시험에 합격한 사람에게는 행정안전부령으로 정하는 바(합격자 공고일부터 1개월 이내)에 따라 관리사증을 발급해야 한다.
2) 관리사증의 재발급 : 관리사증을 발급받은 사람은 관리사증을 잃어버렸거나 못 쓰게 된 경우. 신청서를 제출받은 경우 3일 이내에 관리사증을 재발급해야 한다.
3) 소방시설관리사의 의무
　① 자격증 대여금지 : 관리사는 관리사증을 다른 사람에게 빌려주어서는 아니 된다.
　② 이중취업금지 : 관리사는 동시에 둘 이상의 업체에 취업하여서는 아니 된다.
　③ 자체업무의 성실한 수행 : 기술자격자 및 관리업의 기술 인력으로 등록된 관리사는 성실하게 자체점검 업무를 수행하여야 한다.

관리사 자격의 취소·정지	1) **자격의 취소 및 정지의 사유** : 소방청장은 관리사가 다음의 어느 하나에 해당할 때에는 자격을 취소하거나 1년 이내의 기간을 정하여 자격의 정지를 명할 수 있다. ① **거짓이나 그 밖의 부정한 방법으로 시험에 합격한 경우** : 자격취소 ② **대행인력의 배치기준을 지키지 아니한 경우** : 경고, 자격정지 6월, 자격취소 ③ **자체점검을 하지 아니하거나 거짓으로 한 경우** 　㉠ 점검을 하지 않은 경우 : 자격정지 1월, 자격정지 6월, 자격취소 　㉡ 거짓으로 점검한 경우 : 경고(시정명령), 자격정지 6월, 자격취소 ④ **소방시설관리사증을 다른 자에게 빌려준 경우** : 자격취소 ⑤ **동시에 둘 이상의 업체에 취업한 경우** : 자격취소 ⑥ **관리사가 성실하게 점검업무를 수행하지 아니한 경우** : 경고, 자격정지 6월, 자격취소 ⑦ **결격사유에 해당하게 된 경우** : 자격취소
소방시설 관리업의 등록 등	1) **소방시설관리업의 등록** ① **관리업의 등록** : 업종별로 시·도지사에게 소방시설관리업 등록을 하여야 한다. ② 업종별 관리업의 등록기준 및 영업범위에 필요한 사항은 대통령령으로 정한다. ③ 등록신청과 등록수첩 발급 및 등록에 필요한 사항은 행정안전부령으로 정한다. 2) **관리업의 등록기준** 시·도지사는 등록기준에 적합하지 않거나 결격사유에 해당하는 경우, 그 밖에 소방 관계 법령에 따른 제한에 위배되는 경우를 제외하고는 등록을 해 주어야 한다. ① **전문 소방시설관리업**(영업범위 : 모든 특정소방대상물) 　㉠ 주된 기술인력 : 관리사 실무경력 5년 이상 1명 이상, 3년 이상 1명 이상 　㉡ 보조 기술인력 : 고급·중급·초급점검자 각 2명 이상 ② **일반 소방시설관리업**(영업범위 : 특급, 1급, 2급, 3급 소방안전관리대상물) 　㉠ 주된 기술인력 : 관리사 실무경력 1년 이상 1명 이상 　㉡ 보조 기술인력 : 중급·초급점검자 각 1명 이상 3) **관리업의 등록신청** ① **등록신청서 제출** : 관리업을 하려는 자는 관리업등록신청서에 소방기술인력대장 및 기술자격증(경력수첩 포함)을 첨부하여 시·도지사에게 제출해야 한다. ② **행정정보 확인사항** : 법인등기부 등본(법인)과 소방기술인력의 국가기술자격증 4) **등록증 및 등록수첩 발급 등** ① **등록증 및 등록수첩 발급** : 시·도지사는 관리업의 업종별 등록기준에 적합하다고 인정되면 신청인에게 관리업 등록증과 등록수첩을 발급하여야 한다. ② **서류의 보완** : 시·도지사는 첨부서류가 미비되거나 신청서 등의 기재내용이 명확하지 아니한 때에는 10일 이내의 기간을 정하여 보완하게 할 수 있다. ③ **공고** : 등록증을 발급하거나 취소한 경우에는 시·도의 공보에 공고해야 한다. 5) **등록증·등록수첩의 재발급 및 반납** ① **재발급 사유** : 관리업등록증 또는 등록수첩을 잃어버리거나 헐어 못쓰게 된 경우 ② **재발급 기한** : 3일 이내에 관리업 등록증 또는 등록수첩을 재발급해야 한다. ③ **등록증의 반납** : 관리업자는 등록이 취소된 경우, 소방시설관리업을 폐업한 경우, 재발급을 받은 경우에는 지체없이 시·도지사에게 그 소방시설관리업등록증 및 등록수첩을 반납해야 한다.

6) 등록의 결격사유
① 피성년후견인
② 소방시설법, 소방기본법, 화재예방법, 소방시설공사업법 또는 위험물 안전관리법에 따른 금고 이상의 실형을 선고받고 그 집행이 끝나거나 면제된 날부터 2년이 지나지 않거나 금고 이상의 형의 집행유예를 선고받고 유예기간 중에 있는 사람
③ 등록이 취소(①로 취소된 경우 제외)된 날부터 2년이 지나지 아니한 사람
④ 임원 중에 결격사유의 어느 하나에 해당하는 사람이 있는 법인

등록사항의 변경신고

1) 변경신고
등록사항 중 **행정안전부령으로** 정하는 **중요 사항**이 변경되었을 때에는 행정안전부령으로 정하는 바에 따라 시·도지사에게 변경사항을 신고해야 한다.
① 명칭·상호 또는 영업소 소재지
② 대표자
③ 기술인력

2) 변경신고 절차
변경일부터 30일 이내에 변경신고서를 시·도지사에게 제출
① 첨부서류
  ㉠ 명칭·상호 또는 영업소 소재지 변경 : 소방시설관리업등록증 및 등록수첩
  ㉡ 대표자가 변경되는 경우 : 소방시설관리업등록증 및 등록수첩
  ㉢ 기술인력이 변경된 경우 : 관리업 등록수첩, 변경된 기술인력의 기술자격증(경력수첩 포함), 소방기술인력대장
② 행정정보 확인사항 : 법인등기부 등본(법인) 또는 사업자등록증 사본(개인) 확인
③ 변경신고의 처리 : 시·도지사는 변경신고를 받은 때에는 5일 이내에 관리업 등록증 및 등록수첩을 새로 발급하거나 변경된 사항을 적은 후 내주여야 한다.

소방시설 관리업자의 지위승계

1) 지위승계 요건 및 승계자
① 다음의 어느 하나에 해당하는 자는 관리업자의 지위를 승계한다.
  ㉠ 관리업자가 사망한 경우 그 상속인
  ㉡ 관리업자가 그 영업을 양도한 경우 그 양수인
  ㉢ 법인인 관리업자가 합병한 경우 합병 후 존속하는 법인이나 합병으로 설립되는 법인
② 경매, 환가, 압류재산의 매각과 그 밖에 이에 준하는 절차에 따라 관리업의 시설 및 장비의 전부를 인수한 자는 종전의 관리업자의 지위를 승계한다.
③ 지위승계에 관하여는 결격사유의 규정을 준용하나 상속인이 결격사유의 어느 하나에 해당하는 경우에는 상속받은 날부터 3개월 동안은 그러하지 아니하다.

2) 지위승계신고 등
① 신고서 제출 : 관리업자의 지위를 승계한 자는 그 지위를 승계한 날부터 30일 이내에 다음의 신고서를 시·도지사에게 제출하여야 한다.
  ㉠ 상속인, 양수인 또는 시설 전부를 인수한 자는 관리업 지위승계 신고서
  ㉡ 합병후 존속하는 법인 또는 합병에 의해 설립되는 법인은 관리업 합병신고서
② 첨부서류 : 다음의 서류(전자문서 포함)를 첨부하여야 한다.
  ㉠ 관리업등록증 및 등록수첩
  ㉡ 계약서사본 등 지위승계를 증명하는 서류 1부
  ㉢ 소방기술인력대장 및 기술자격증(경력수첩 포함)

소방시설
관리업의
운영

1) 관리업자의 의무
　① 관리업자는 소방시설법령 등에 맞게 소방시설등을 점검하거나 관리하여야 한다.
　② 등록증 또는 등록수첩 대여 금지
　③ 관계인에게 통지 : 관리업자는 다음에 해당하면 업무를 대행하게 하거나 점검업무를 수행하게 한 대상물의 관계인에게 지체 없이 그 사실을 알려야 한다.
　　㉠ 관리업자의 지위를 승계한 경우
　　㉡ 관리업의 등록취소 또는 영업정지 처분을 받은 경우
　　㉢ 휴업 또는 폐업을 한 경우
　④ 자체검검시 기술인력 : 자체점검을 하거나 소방안전관리업무의 대행을 하는 때에는 행정안전부령으로 정하는 바에 따라 소속 기술인력을 참여시켜야 한다.
　⑤ 등록취소 또는 영업정지 처분을 받은 관리업자는 그 날부터 소방안전관리업무를 대행하거나 소방시설등에 대한 점검을 하여서는 아니 된다.

2) 점검능력 평가 및 공시 등
　① 점검능력 평가 : 소방청장은 관리업자의 신청이 있는 경우 관리업자의 점검능력을 종합적으로 평가·공시하여야 한다.
　② 평가의 신청 : 평가를 신청하려는 관리업자는 소방시설등의 점검실적을 증명하는 서류 등 행정안전부령으로 정하는 서류를 소방청장에게 제출하여야 한다.
　③ 점검능력 평가 및 공시방법, 수수료 등 필요한 사항은 행정안전부령으로 정한다.
　④ 소방청장은 제점검능력을 평가하기 위하여 관리업자의 기술인력 및 장비 보유현황, 점검실적, 행정처분이력 등에 대하여 데이터베이스를 구축할 수 있다.

3) 평가의 신청
　① 신청 : 소방청장은 관리업자의 신청(다음 서류를 첨부하여 평가기관에 매년 2월 15일까지 제출)이 있는 경우 점검능력을 종합적으로 평가하여 공시하여야 한다.
　　㉠ 소방시설등의 점검실적을 증명하는 서류
　　㉡ 소방시설관리업 등록수첩 사본
　　㉢ 소방기술인력 보유 현황 및 국가기술자격증 사본 등 증명할 수 있는 서류
　　㉣ 신인도평가 가점사항 신고서 및 가점 사항을 확인할 수 있는 다음 해당 서류
　② 보완의 요구 : 신청을 받은 평가기관의 장은 서류가 첨부되어 있지 않은 경우에는 신청인으로 하여금 15일 이내의 기간을 정하여 보완하게 할 수 있다.
　③ 상시 평가 : 신규로 관리업의 등록을 한 자, 관리업자의 지위를 승계한 자, 점검능력 평가 공시 후 다시 평가를 신청하는 자는 상시 점검능력 평가를 신청할 수 있다.

4) 점검능력의 평가
　① 평가 항목
　　㉠ 점검실적 : 소방시설등에 대한 자체 점검실적(인력 배치기준에 적합)
　　㉡ 대행실적 : 소방안전관리 업무를 대행하여 수행한 실적
　　㉢ 기타 : 기술력, 경력, 신인도
　② 공시 및 통보 : 평가기관은 점검능력 평가 결과를 매년 7월 31일까지 평가기관의 인터넷 홈페이지에 공시하고, 시·도지사에게 이를 통보해야 한다. 상시 평가에 따른 점검능력 평가 결과는 소방청장 및 시·도지사에게 통보한 날부터 3일 이내에 평가기관의 인터넷 홈페이지를 통하여 공시해야 한다.
　③ 평가의 유효기간 : 평가 결과를 공시한 날부터 1년간으로 한다.

등록의 취소와 영업의 정지

1) **등록 취소와 영업의 정지** : 시·도지사는 관리업자가 다음의 어느 하나에 해당하는 경우에는 행정안전부령으로 정하는 바에 따라 그 등록을 취소하거나 6개월 이내의 기간을 정하여 시정이나 영업의 정지를 명할 수 있다.
   ① 거짓이나 그 밖의 부정한 방법으로 등록을 한 경우 : **등록취소**
   ② 점검을 하지 아니하거나 거짓으로 한 경우
      ㉠ 점검을 하지 아니한 경우 : 영업정지 1개월, 영업정지 3개월, 등록취소
      ㉡ 거짓으로 점검한 경우 : 경고(시정명령), 영업정지 3개월, 등록취소
   ③ 등록기준에 미달하게 된 경우 : 경고, 영업정지 3개월, 등록취소
   ④ 등록의 결격사유에 해당하게 된 경우(다만, 법인의 경우 2개월 이내에 그 임원을 결격사유가 없는 임원으로 바꾸어 선임한 경우는 제외) : **등록취소**
   ⑤ 다른 자에게 등록증이나 등록수첩을 빌려준 경우 : **등록취소**
   ⑥ 점검능력 평가를 받지 아니하고 자체점검을 한 경우 : 영업정지 1개월, 영업정지 3개월, 등록취소
   ※ **특례** : 관리업자의 지위를 승계한 상속인이 결격사유에 해당하는 경우 상속을 개시한 날부터 6개월 동안은 결격사유의 규정을 적용하지 아니한다. 즉, 이 경우 상속인에게는 상속을 개시한 날부터 6개월 동안 결격사유를 이유로 등록을 취소할 수 없다.

2) **과징금**
   ① 과징금의 부과 : 시·도지사는 영업정지를 명하는 경우로서 그 영업정지가 국민에게 심한 불편을 주거나 그 밖에 공익을 해칠 우려가 있을 때에는 영업정지처분을 갈음하여 3천만원 이하의 과징금을 부과할 수 있다.
   ② 부과기준 : 과징금을 부과하는 위반행위의 종류와 금액, 그 밖의 필요한 사항은 행정안전부령으로 정한다. 과징금을 부과할 수 있는 경우는 다음과 같다.
      ㉠ 점검을 하지 아니한 경우 : **1차 위반 1월 정지, 2차 위반 3월 정지**
      ㉡ 평가를 받지 아니하고 자체점검 : **1차 위반 1월 정지, 2차 위반 3월 정지**
      ㉢ 거짓으로 점검한 경우 : **2차 위반 3월 정지**
      ㉣ 등록기준에 미달하게 된 경우 : **2차 위반 3월 정지**
   ③ 징수절차 : 과징금의 징수절차에 관하여는 「국고금관리법 시행규칙」을 준용한다.
   ④ 징수 : 시·도지사는 과징금을 내야 하는 자가 납부기한까지 내지 아니하면 「지방행정제재·부과금의 징수 등에 관한 법률」에 따라 징수한다.

3) **과징금의 일반적 부과기준**
   ① 영업정지 1개월은 30일로 계산한다.
   ② 과징금 산정 : 영업정지기간(일) × 영업정지 1일에 해당하는 금액
   ③ 위반행위가 둘 이상 발생한 경우 과징금 부과에 의한 영업정지기간(일) 산정은 각각의 영업정지 처분기간을 합산한 기간으로 한다.
   ④ 영업정지에 해당하는 위반사항으로서 위반행위의 동기·내용·횟수 또는 그 결과를 고려하여 그 처분기준의 2분의 1까지 감경한 경우 과징금 부과에 의한 영업정지기간(일) 산정은 감경한 영업정지기간으로 한다.
   ⑤ 연간 매출액은 해당 업체에 대한 처분일이 속한 연도의 전년도의 1년간 위반사항이 적발된 업종의 각 매출금액을 기준으로 한다.(영업정지 1일에 해당하는 금액은 매출액 1천만원 미만은 25,000원, 100억 초과하는 경우 330,000원이다.)
   ⑥ 과징금 산정금액이 3천만원을 초과하는 경우 3천만원으로 한다.

CHAPTER 04 소방시설관리사 및 소방시설관리업 적중OX문제

01 소방시설관리사가 되려는 사람은 소방청장이 실시하는 관리사시험에 합격하여야 하며, 관리사시험의 응시자격, 시험 방법, 시험 과목, 그 밖에 관리사시험에 필요한 사항은 대통령령으로 정한다. ( )

02 소방설비기사 및 소방설비산업기사의 자격을 취득한 후 2년 이상 소방청장이 정하여 고시하는 소방에 관한 실무경력(소방실무경력)이 있는 사람은 소방시설관리사시험에 응시할 수 있다. ( )

03 소방안전공학 분야를 전공한 후 해당 분야의 석사학위 이상을 취득한 사람이거나 2년 이상 소방실무경력이 있는 사람은 소방시설관리사시험에 응시할 수 있다. ( )

04 소방공무원으로 3년 이상 근무한 경력이 있는 사람과 소방안전 관련 학과의 학사학위를 취득한 후 3년 이상 소방실무경력이 있는 사람은 소방시설관리사시험에 응시할 수 있다. ( )

05 관리사시험은 제1차시험과 제2차시험으로 구분하여 시행하되, 소방청장은 제1차시험과 제2차시험을 같은 날에 시행할 수 있다. ( )

06 관리사 제2차시험의 과목은 소방시설의 점검실무행정(점검절차 및 점검기구 사용법을 포함한다)와 소방시설의 구조 원리(고장진단 및 정비를 포함한다)이다. ( )

07 소방청장은 관리사시험의 출제 및 채점을 위하여 소방 관련 분야의 석사학위를 가진 사람이거나 대학에서 소방안전 관련 학과 조교수로 2년 재직한 사람을 시험위원으로 위촉할 수 있다. ( )

08 관리사 시험의 출제위원은 시험 과목별 3명, 채점위원은 시험 과목별 5명 이내(제2차시험의 경우로 한정한다)로 한다. ( )

09 소방기술사 자격을 취득한 후 15년 소방실무경력이 있는 사람은 제1차과목은 소방수리학, 약제화학 및 소방전기과목을 제2차과목은 소방시설의 설계 및 시공과목을 면제받을 수 있다. ( )

10 관리사시험은 2년마다 1회 시행하는 것을 원칙으로 하되, 소방청장이 필요하다고 인정하는 경우에는 그 횟수를 늘리거나 줄일 수 있다. ( )

11 소방청장은 관리사시험을 시행하려면 응시자격, 시험 과목, 일시·장소 및 응시절차 등을 모든 응시 희망자가 알 수 있도록 관리사시험 시행일 90일 전까지 인터넷 홈페이지에 공고해야 한다. ( )

정답 01.O 02.X 03.O 04.X 05.O 06.X 07.X 08.O 09.O 10.X 11.O

12 제2차시험은 과목당 100점을 만점으로 하되, 시험위원의 채점점수 중 최고점수와 최저점수를 제외한 점수가 모든 과목에서 40점 이상, 전 과목에서 평균 60점 이상인 사람을 합격자로 한다. ( )

13 소방청장은 시험에서 부정한 행위를 한 응시자에 대하여는 그 시험을 정지 또는 무효로 하고, 그 처분이 있은 날부터 3년간 시험 응시자격을 정지한다. ( )

14 소방청장은 소방시설관리사 시험에 합격한 사람에게 합격자 공고일부터 1개월 이내에 소방시설관리사증을 발급해야 하며, 이를 소방시설관리사증 발급대장에 기록하고 관리해야 한다. ( )

15 관리사는 발급받은 소방시설관리사증을 다른 사람에게 빌려주거나 빌려서는 아니 되며, 이를 알선하여서도 아니 된다. 또한 동시에 둘 이상의 업체에 취업하여서는 아니 된다. ( )

16 「소방시설 설치 및 관리에 관한 법률」, 「소방기본법」 또는 「위험물 안전관리법」 등에 따른 금고 이상의 형의 선고유예를 선고받고 그 유예기간 중에 있는 사람은 관리사가 될 수 없다. ( )

17 소방청장은 관리사가 거짓이나 그 밖의 부정한 방법으로 시험에 합격한 경우와 소방시설의 자체점검을 하지 아니하거나 거짓으로 한 경우에는 그 자격을 취소하여야 한다. ( )

18 위반행위가 둘 이상이면 그 중 무거운 처분기준에 따른다. 둘 이상의 처분기준이 동일한 사용정지인 경우에는 무거운 처분기준에 각각 나머지 처분기준의 2분의 1 범위에서 가중한다. ( )

19 자격정지에 해당하는 위반사항으로서 위반의 내용·정도가 경미하여 관계인에게 미치는 피해가 적다고 인정되는 경우나 처음 해당 위반행위를 한 경우로서 5년 이상 소방시설관리사의 업무, 소방시설관리업 등을 모범적으로 해 온 사실이 인정되는 경우에는 그 처분을 감경할 수 있다. ( )

20 소방시설관리사가 법 제22조에 따른 소방시설의 자체점검을 하지 않거나 거짓으로 한 경우 2차 행정처분의 기준은 자격정지 3월이다. ( )

21 소방시설등의 점검 및 관리를 업으로 하려는 자 또는 소방안전관리업무의 대행을 하려는 자는 대통령령으로 정하는 업종별로 시·도지사에게 소방시설관리업 등록을 하여야 한다. ( )

22 업종별 기술인력 등 관리업 등록기준 및 영업범위에 필요한 사항과 관리업의 등록신청과 등록증·등록수첩의 발급·재발급 신청, 그 밖에 관리업의 등록에 필요한 사항은 행정안전부령으로 정한다. ( )

23 전문소방시설관리업은 관리사 실무경력 5년 이상 1명 이상과 실무경력 3년 이상 1명 이상의 주된 기술인력과 고급·중급·초급점검자 각 2명 이상의 보조 기술인력을 갖추어야 한다. ( )

24 소방시설관리업을 하려는 자는 소방시설관리업 등록신청서에 소방기술인력대장 및 기술자격증(경력수첩 포함)을 첨부하여 시·도지사에게 제출해야 한다. ( )

정답 ◦ 12.○ 13.X 14.○ 15.○ 16.X 17.X 18.○ 19.○ 20.X 21.○ 22.X 23.○ 24.○

25 시·도지사는 제출된 서류를 심사한 결과 첨부서류가 미비되어 있거나 신청서 및 첨부서류의 기재내용이 명확하지 않은 경우에는 7일 이내의 기간을 정하여 이를 보완하게 할 수 있다. ( )

26 관리업자는 소방시설관리업등록증 또는 등록수첩을 잃어버렸거나 관리업등록증 또는 등록수첩이 헐어 못 쓰게 된 경우에는 등록증 또는 등록수첩의 재발급을 신청할 수 있으며, 시·도지사는 재발급 신청서를 제출받은 경우에는 3일 이내에 소방시설관리업 등록증 또는 등록수첩을 재발급해야 한다. ( )

27 관리업의 등록이 취소(피성년후견인에 해당하여 등록이 취소된 경우는 제외한다)된 날부터 3년이 지나지 아니한 사람은 관리업의 등록을 할 수 없다. ( )

28 관리업자는 등록한 사항 중 행정안전부령으로 정하는 중요 사항이 변경되었을 때에는 행정안전부령으로 정하는 바에 따라 시·도지사에게 변경사항을 신고하여야 한다. ( )

29 관리업 등록사항에서 변경신고의 대상이 되는 행정안전부령으로 정하는 중요사항이란 명칭·상호 또는 영업소 소재지, 대표자, 기술 인력을 말한다. ( )

30 소방시설관리업자는 등록사항의 변경이 있는 때에는 변경일부터 20일 이내에 소방시설관리업 등록사항 변경신고서(전자문서 신고서 포함)를 시·도지사에게 제출하여야 한다. ( )

31 대표자가 변경되는 경우에는 소방시설관리업 등록증 및 등록수첩과 소방기술인력대장을 첨부하여 시·도지사에게 제출하여야 한다. ( )

32 시·도지사는 변경신고를 받은 경우 5일 이내에 소방시설관리업 등록증 및 등록수첩을 새로 발급하거나 제출된 소방시설관리업 등록증 및 등록수첩과 기술인력의 기술자격증(경력수첩 포함)에 그 변경된 사항을 적은 후 내주어야 한다. ( )

33 관리업자가 사망한 경우 그 상속인이 관리업자의 지위를 승계하며, 그 영업을 양도한 경우 그 양수인이 관리업자의 지위를 승계한다. ( )

34 지위승계에 관하여는 결격사유의 규정을 준용한다. 다만, 상속인이 결격사유의 어느 하나에 해당하는 경우에는 상속받은 날부터 3개월 동안은 그러하지 아니하다. ( )

35 소방시설관리업자의 지위를 승계한 자는 그 지위를 승계한 날부터 30일 이내 소방시설관리업 지위승계 신고서 등에 법인등기부 등본, 사업자등록증, 소방기술인력대장에 기록된 소방기술인력의 국가기술자격증을 첨부하여 시·도지사에게 제출하여야 한다. ( )

36 관리업자는 영업정지 처분을 받은 경우에는 소방안전관리 업무를 대행하게 하거나 소방시설등의 점검업무를 수행하게 한 특정소방대상물의 관계인에게 지체 없이 그 사실을 알려야 한다. ( )

정답 25.X 26.O 27.X 28.O 29.O 30.X 31.X 32.O 33.O 34.O 35.X 36.O

37 소방청장은 관계인 또는 건축주가 적정한 관리업자를 선정할 수 있도록 하기 위하여 관리업자의 신청이 있는 경우 해당 관리업자의 점검능력을 종합적으로 평가하여 공시하여야 한다. ( )

38 평가기관은 점검실적, 대행실적, 기술력, 경력, 신인도 등의 평가항목에 대한 점검능력 평가 결과를 지체 없이 소방청장 및 시·도지사에게 통보해야 하며, 매년 7월 31일까지 2개 이상의 일간신문 또는 평가기관의 인터넷 홈페이지를 통하여 공시해야 한다. ( )

39 관리업자가 법 제29조제2항에 따른 등록기준에 미달하게 된 경우 행정처분기준은 제1차 영업정지 3개월, 제2차 등록취소이다. ( )

40 시·도지사는 영업정지를 명하는 경우로서 그 영업정지가 이용자에게 불편을 주거나 그 밖에 공익을 해칠 우려가 있을 때에는 영업정지처분을 갈음하여 3천만원 이하의 과징금을 부과할 수 있다. ( )

41 영업정지 1개월은 30일로 계산한다. 과징금 산정은 영업정지기간(일)에 영업정지 1일에 해당하는 금액을 곱한 금액으로 하며, 과징금 산정금액이 3천만원을 초과하는 경우 3천만원으로 한다. ( )

42 위반행위가 둘 이상 발생한 경우 과징금 부과에 의한 영업정지기간(일) 산정은 개별기준에 따른 각각의 영업정지 처분기간을 합산한 기간으로 한다. ( )

43 영업정지에 해당하는 위반사항으로서 위반행위의 동기·내용·횟수 또는 그 결과를 고려하여 그 처분기준의 2분의 1까지 감경한 경우 과징금 부과에 의한 영업정지기간(일) 산정은 감경 전의 영업정지기간으로 한다. ( )

44 연간 매출액이 10백만원(1천만원) 이하인 경우에는 영업정지 1일에 해당하는 금액은 25,000원이며, 10,000백만원(100억원)을 초과하는 경우에는 영업정지 1일에 해당하는 금액은 300,000이다. ( )

정답 ○ 37.○ 38.X 39.X 40.○ 41.○ 42.○ 43.X 44.X

CHAPTER 04 소방시설관리사 및 소방시설관리업 적중예상문제

01 소방시설관리사의 자격시험을 실시하는 자는?

① 시·도지사
② 소방청장
③ 소방본부장
④ 행정안전부장관

해설 ② 맞음, 소방시설관리사(이하 관리사라 한다)가 되려는 사람은 소방청장이 실시하는 관리사시험에 합격하여야 한다.(법 제25조 제1항)

02 다음에서 소방시설관리사 시험의 응시자격에 해당하지 않는 것은?

① 소방기술사·위험물기능장·건축사 또는 공조냉동기계기술사
② 소방설비기사 자격을 취득한 후 2년 이상 소방실무경력이 있는 사람
③ 소방공무원으로 3년 이상 근무한 경력이 있는 자
④ 위험물산업기사 또는 산업안전기사 자격을 취득한 후 3년 이상 소방실무경력이 있는 사람

해설 ③ 틀림, 소방공무원으로 5년 이상 근무해야 한다. 관리사 시험의 응시자격은 ①,②,④ 및 다음과 같다.
  ㉠ 소방설비산업기사 자격을 취득한 후 3년 이상 소방실무경력이 있는 사람
  ㉡ 이공계 분야의 박사학위를 취득(석사학위는 2년 이상, 학사학위는 3년 이상 소방실무경력)한 사람
  ㉢ 소방안전공학(소방방재공학, 안전공학)분야를 전공한 후 해당 분야의 석사학위 이상을 취득하거나 2년 이상 소방실무경력이 있는 사람
  ㉣ 소방안전 관련 학과의 학사학위를 취득한 후 3년 이상 소방실무경력이 있는 사람
  ㉤ 특급 소방안전관리자로 2년(1급 3년, 2급 5년, 3급 7년) 이상 근무한 실무경력이 있는 사람

03 소방시설관리사 시험의 응시자격의 기준으로 틀린 것은?

① 10년 이상 소방실무경력이 있는 사람
② 이공계 분야의 석사학위를 취득한 후 2년 이상 소방실무경력이 있는 사람
③ 소방안전공학 분야를 전공한 후 2년 이상 소방실무경력이 있는 사람
④ 소방안전 관련 학과의 학사학위를 취득한 후 2년 이상 소방실무경력이 있는 사람

해설 ③ 맞음, 소방안전공학(소방방재공학, 안전공학 포함) 분야를 전공한 후 해당 분야의 석사학위 이상을 취득하거나 2년 이상 소방실무경력이 있는 사람은 소방시설관리사 시험의 응시자격이 있다.
  ④ 틀림, 소방안전 관련 학과의 학사학위를 취득한 후 3년 이상 소방실무경력이 있는 사람이어야 한다.

정답 01.② 02.③ 03.④

04 소방시설관리사의 시험방법에 대한 설명으로 틀린 것은?

① 관리사시험은 제1차 시험과 제2차 시험으로 구분하여 시행한다.
② 제1차 시험은 선택형을 원칙으로 하고 제2차 시험은 논문형을 원칙으로 하되, 제2차 시험의 경우에는 기입형을 포함할 수 있다.
③ 제1차 시험에 합격한 사람에 대해서는 다음 2회의 시험에 한정하여 제1차시험을 면제한다.
④ 제2차 시험은 제1차 시험에 합격한 사람만 응시할 수 있다.

해설 ① 맞음, 관리사시험은 제1차시험과 제2차시험으로 구분하여 시행한다. 이 경우 소방청장은 제1차시험과 제2차시험을 같은 날에 시행할 수 있다.
③ 틀림, 제1차 시험에 합격한 사람에 대해서는 다음 회의 관리사시험만 제1차시험을 면제한다. 다만, 면제받으려는 시험의 응시자격을 갖춘 경우로 한정한다.
④ 맞음, 제2차시험은 제1차시험에 합격한 사람만 응시할 수 있다. 다만, 제1항 후단에 따라 제1차시험과 제2차시험을 병행하여 시행하는 경우에 제1차시험에 불합격한 사람의 제2차시험 응시는 무효로 한다.

05 관리사시험에서 제2차 시험과목에 해당하는 것만으로 묶은 것은?

① 소방시설의 점검실무행정, 소방시설의 설계 및 시공
② 소방안전관리론, 소방시설의 설계 및 시공
③ 소방 관련 법령, 소방시설의 점검실무행정
④ 소방시설의 구조 원리, 소방수리학, 약제화학 및 소방전기

해설 ① 맞음, 관리사 시험의 과목은 다음과 같다.
㉠ 제1차 : 소방안전관리론, 소방수리학, 약제화학 및 소방전기, 소방 관련 법령, 위험물의 성상 및 시설기준, 소방시설의 구조 원리(고장진단 및 정비 포함)
㉡ 제2차 : 소방시설의 점검실무행정(점검절차 및 점검기구 사용법 포함), 소방시설의 설계 및 시공

06 관리사시험의 출제 및 채점을 위하 시험위원으로 임명 또는 위촉할 수 없는 사람은?

① 소방시설관리사
② 소방안전 관련 학과의 조교수 이상으로 2년 이상 재직한 사람
③ 소방위 이상의 소방공무원
④ 소방 관련 분야의 박사 또는 석사학위를 가진 사람

해설 ④ 틀림, 소방 관련 분야의 박사학위를 가진 사람이어야 한다. 소방청장은 관리사시험의 출제 및 채점을 위하여 다음의 어느 하나에 해당하는 사람 중에서 시험위원을 임명하거나 위촉하여야 한다.
㉠ 소방 관련 분야의 박사학위를 가진 사람
㉡ 대학에서 소방안전 관련 학과 조교수 이상으로 2년 이상 재직한 사람
㉢ 소방위 이상의 소방공무원
㉣ 소방시설관리사 및 소방기술사

정답 04.③ 05.① 06.④

07 소방시설관리사의 자격시험에 대한 설명으로 틀린 것은?

① 관리사가 되려는 사람은 소방청장이 실시하는 관리사시험에 합격하여야 한다.
② 관리사시험의 응시자격, 시험 방법, 시험 과목, 시험 위원, 그 밖에 관리사시험에 필요한 사항은 행정안전부령으로 정한다.
③ 관리사 시험의 출제위원은 시험 과목별 3명, 채점위원은 시험 과목별 5명 이내로 한다.
④ 임명되거나 위촉된 시험위원에게는 예산의 범위에서 수당과 여비를 지급할 수 있다.

해설 ② 틀림, 관리사시험의 응시자격, 시험 방법, 시험 과목, 시험 위원, 그 밖에 관리사시험에 필요한 사항은 대통령령으로 정한다.(법 제25조 제2항)
④ 맞음, 임명되거나 위촉된 시험위원과 시험감독 업무에 종사하는 사람에게는 예산의 범위에서 수당과 여비를 지급할 수 있다.(영 제40조 제4항)

08 소방공무원으로 5년 이상 근무한 경력이 있는 사람이 면제받을 수 있는 과목은?

① 제1차 시험과목 중 소방 관련 법령
② 제1차 시험과목 중 소방수리학, 약제화학 및 소방전기
③ 제2차 시험과목 중 소방시설의 설계 및 시공 과목
④ 제2차 시험과목 중 소방시설의 점검실무행정

해설 ④ 맞음, 시험 과목 가운데 일부를 면제받을 수 있는 사람과 그 면제과목은 다음의 구분에 따른다. 다만, 다음에 모두 해당하는 사람은 본인이 선택한 한 과목만 면제받을 수 있다.
㉠ 제1차시험 과목의 일부 면제
ⓐ 소방기술사 자격을 취득한 후 15년 이상 소방실무경력자 : 소방수리학, 약제화학 및 소방전기
ⓑ 소방공무원으로 15년 이상 근무한 경력이 있는 사람으로서 5년 이상 소방청장이 정하여 고시하는 소방 관련 업무 경력이 있는 사람 : 소방 관련 법령
㉡ 제2차시험 과목의 일부 면제
ⓐ 소방기술사·위험물기능장·건축사·건축기계설비기술사·건축전기설비기술사 또는 공조냉동기계기술사 : 소방시설의 설계 및 시공
ⓑ 소방공무원으로 5년 이상 근무한 경력이 있는 사람 : 소방시설의 점검실무행정

09 다음 중 소방시설관리사 시험의 원칙적 시행으로 옳은 것은?

① 매년 1회　　　　　　　　　　② 2년마다 2회
③ 2년마다 1회　　　　　　　　　④ 필요시

해설 ① 맞음, 관리사시험은 매년 1회 시행하는 것을 원칙으로 하되, 소방청장이 필요하다고 인정하는 경우에는 그 횟수를 늘리거나 줄일 수 있다.(영 제42조 제1항)

정답 07.② 08.④ 09.①

10 소방시설관리사시험에 대한 설명으로 틀린 것은?

① 관리사시험은 매년 1회 시행하는 것을 원칙으로 하되, 소방청장이 필요하다고 인정하는 경우에는 그 횟수를 늘리거나 줄일 수 있다.
② 소방청장은 관리사시험을 시행하려면 응시자격, 시험 과목, 일시·장소 및 응시절차 등을 관리사시험 시행일 60일 전까지 인터넷 홈페이지에 공고해야 한다.
③ 관리사시험에 응시하려는 사람은 행정안전부령으로 정하는 바에 따라 관리사시험 응시원서를 소방청장에게 제출해야 한다.
④ 소방청장은 시험에서 부정한 행위를 한 응시자에 대하여는 그 시험을 정지 또는 무효로 하고, 그 처분이 있은 날부터 2년간 시험 응시자격을 정지한다.

해설 ① 맞음, 영 제42조 제2항 규정이다.
② 틀림, 소방청장은 관리사시험을 시행하려면 응시자격, 시험 과목, 일시·장소 및 응시절차 등을 모든 응시 희망자가 알 수 있도록 관리사시험 시행일 90일 전까지 인터넷 홈페이지 등에 공고해야 한다.(영 제42조 제2항)

11 소방시설관리사시험의 합격자 결정 등에 대한 설명으로 틀린 것은?

① 제1차시험에서는 과목당 100점을 만점으로 하여 모든 과목의 점수가 40점 이상이고, 전 과목 평균 점수가 60점 이상인 사람을 합격자로 한다.
② 제2차시험에서는 시험위원의 채점점수 중 최고점수와 최저점수를 제외한 점수가 모든 과목에서 40점 이상, 전 과목에서 평균 60점 이상인 사람을 합격자로 한다.
③ 소방청장은 관리사시험 합격자를 결정하였을 때에는 이를 일간신문 또는 소방기관의 게시판 등에 공고하여야 한다.
④ 소방청장은 소방시설관리사 시험 합격자에게 합격자 공고일부터 1개월 이내에 소방시설관리사증을 발급하여야 한다.

해설 ①,② 맞음, 제1차시험은 과목당 100점을 만점으로 하여 모든 과목의 점수가 40점 이상이고, 전 과목 평균 점수가 60점 이상인 사람을 합격자로 한다.(영 제44조 제1항) ②는 영 제44조 제2항 규정이다.
③ 틀림, 소방청장은 관리사시험 합격자를 결정했을 때에는 이를 인터넷 홈페이지에 공고해야 한다.

12 소방시설관리사 시험에서 부정한 행위를 한 응시자에 대해 응시자격을 정지하는 기간은?

① 1년간
② 2년간
③ 3년간
④ 5년간

해설 ② 맞음, 소방청장은 시험에서 부정한 행위를 한 응시자에 대하여는 그 시험을 정지 또는 무효로 하고, 그 처분이 있은 날부터 2년간 시험 응시자격을 정지한다.(법 제26조)

정답 10.② 11.③ 12.②

13 소방시설관리사증의 발급 및 재발급에 대한 설명으로 틀린 것은?

① 소방청장은 관리사시험에 합격한 사람에게는 행정안전부령으로 정하는 바에 따라 소방시설관리사증을 발급하여야 한다.
② 소방청장은 소방시설관리사 시험 합격자에게 합격자 공고일부터 1개월 이내에 소방시설관리사증을 발급해야 하며, 이를 소방시설관리사증 발급대장에 기록하고 관리해야 한다.
③ 소방시설관리사증을 잃어버리거나 못쓰게 된 경우에는 관리사증을 재발급 받을 수 있다.
④ 관리사증발급자는 재발급신청서를 제출받은 경우 5일 이내에 관리사증을 재발급해야 한다.

> 해설 ④ 틀림, 소방시설관리사가 소방시설관리사증을 잃어버리거나 못쓰게 되어 소방시설관리사증의 재발급을 신청하는 경우에는 소방시설관리사증 재발급 신청서를 관리사증발급자에게 제출해야 한다. 관리사증발급자는 재발급신청서를 제출받은 경우에는 3일 이내에 소방시설관리사증을 재발급해야 한다.

14 다음 중 소방시설관리사의 의무사항에 해당하지 않는 것은?

① 소방시설관리사증을 다른 자에게 빌려주어서는 아니 된다.
② 동시에 둘 이상의 업체에 취업하여서는 아니 된다.
③ 관리사시험에 합격한 사람에게는 소방시설관리사증을 내주어야 한다.
④ 관리업의 기술 인력으로 등록된 관리사는 성실하게 자체점검 업무를 수행하여야 한다.

> 해설 ①,②,④ 맞음, 소방시설관리사의 의무는 자격증 대여금지, 이중취업금지, 자체업무의 성실한 수행 등이다.
> ③ 틀림, ③은 소방청장이 수행해야 할 업무이다. 즉, 소방청장은 관리사시험에 합격한 사람에게는 행정안전부령으로 정하는 바에 따라 소방시설관리사증을 발급하여야 한다.(법 제25조 제5항)

15 다음 중 소방시설관리사의 결격사유로 틀린 것은?

① 피성년후견인 또는 피한정후견인
② 소방시설 설치 및 관리에 관한 법률에 따른 금고 이상의 실형을 선고받고 그 집행이 끝나거나 집행이 면제된 날부터 2년이 지나지 아니한 사람
③ 소방기본법에 따른 금고 이상의 형의 집행유예를 선고받고 그 유예기간 중에 있는 사람
④ 자격이 취소된 날부터 2년이 지나지 아니한 사람

> 해설 ① 틀림, 피성년후견인은 관리사의 결격사유에 해당되나 피한정후견인은 결격사유가 아니다.
> ②,③ 맞음, 「소방시설 설치 및 관리에 관한 법률」「소방기본법」, 「소방시설공사업법」 또는 「위험물 안전관리법」에 따른 금고 이상의 실형을 선고받고 그 집행이 끝나거나(집행이 끝난 것으로 보는 경우를 포함한다) 집행이 면제된 날부터 2년이 지나지 아니한 사람과 금고 이상의 형의 집행유예를 선고받고 그 유예기간 중에 있는 사람은 결격사유에 해당된다.
> ④ 맞음, 자격이 취소된 날부터 2년이 지나지 아니한 사람은 관리사의 결격사유에 해당된다.(법 제27조)

정답 13.④ 14.③ 15.①

16 소방시설관리사의 자격을 취소하여야 하는 사유로 틀린 것은?

① 결격사유의 어느 하나에 해당하게 된 경우
② 대행인력의 배치기준·자격·방법 등 준수사항을 지키지 아니한 경우
③ 거짓이나 그 밖의 부정한 방법으로 시험에 합격한 경우
④ 동시에 둘 이상의 업체에 취업한 경우

해설 ② 틀림, ②와 자체점검을 하지 아니하거나 거짓으로 한 경우, 성실하게 자체점검 업무를 수행하지 아니한 경우에는 자격을 취소하거나 그 자격의 정지를 명할 수 있다.
①,③,④ 맞음, 소방시설관리사의 자격을 취소하여야 하는 사유는 ①,③,④ 및 거짓이나 그 밖의 부정한 방법으로 시험에 합격한 경우 등의 4가지이다.

17 소방시설관리사에 대한 행정처분의 일반기준으로 적절하지 못한 것은?

① 위반행위가 둘 이상이면 그 중 무거운 처분기준에 따르되, 둘 이상의 처분기준이 모두 자격정지인 경우에는 무거운 처분기준에 각각 나머지 처분기준의 2분의 1 범위에서 가중한다.
② 자격정지 처분기간 중 자격정지에 해당하는 위반사항이 있는 경우에는 종전의 처분기간 만료일의 다음 날부터 새로운 위반사항에 의한 자격정지의 행정처분을 한다.
③ 위반행위의 횟수에 따른 행정처분의 기준은 최근 2년간 같은 위반행위로 행정처분을 받은 경우에 적용한다.
④ 자격정지 등에 해당하는 위반사항으로서 위반행위가 사소한 부주의나 오류가 아닌 고의나 중대한 과실에 의한 것으로 인정되는 경우에는 처분기준의 2분의 1의 범위에서 가중할 수 있다.

해설 ③ 틀림, 위반행위의 횟수에 따른 행정처분의 기준은 최근 1년간 같은 위반행위로 행정처분을 받은 경우에 적용한다. 이 경우 적용일은 위반행위에 대한 행정처분일과 그 처분 후에 한 위반행위가 다시 적발된 날을 기준으로 한다.(규칙 제39조 관련 별표 8)

18 소방시설관리사에 대한 행정처분의 일반기준에서 감경사유로 틀린 것은?

① 위반행위가 사소한 부주의나 오류 등 과실에 의한 것으로 인정되는 경우
② 위반의 내용·정도가 경미하여 관계인에게 미치는 피해가 적다고 인정되는 경우
③ 스프링클러설비 헤드가 살수(撒水)반경에 미치지 못하는 경우
④ 위반행위를 처음으로 한 경우로서 3년 이상 소방시설관리사의 업무, 소방시설관리업 등을 모범적으로 해 온 사실이 인정되는 경우

해설 ③ 맞음, ③와 자동화재탐지설비 감지기 2개 이하가 설치되지 않은 경우, 유도등이 일시적으로 점등되지 않는 경우, 유도표지가 정해진 위치에 붙어 있지 않은 경우 등 경미한 위반사항은 감경사유이다.
④ 틀림, 5년 이상 소방시설관리사의 업무, 소방시설관리업 등을 모범적으로 해 온 사실이 인정되는 경우이다.

정답 16.② 17.③ 18.④

19 소방시설관리사에 대한 행정처분기준에서 제2차 위반이 자격정지 6월이 아닌 것은?

① 성실하게 자체점검업무를 수행하지 아니한 경우
② 자체점검을 거짓으로 한 경우
③ 소방안전관리 업무를 하지 않거나 거짓으로 한 경우
④ 소방시설관리증을 다른 자에게 빌려준 경우

해설 ④ 소방시설관리증을 다른 자에게 빌려준 경우에는 제1차 위반에서 자격을 취소하여야 한다.
①,②,③의 경우에는 제1차 위반 경고, 제2차 위반 자격정지 6월, 제3차 위반 자격취소이다.

위반행위	행정처분기준		
	1차	2차	3차
거짓, 부정한 방법으로 시험에 합격한 경우	자격취소		
소방시설관리증을 다른 자에게 빌려준 경우	자격취소		
동시에 둘 이상의 업체에 취업한 경우	자격취소		
결격사유에 해당하게 된 경우	자격취소		
대행인력의 배치기준 등을 지키지 않은 경우	경고	자격정지 6개월	자격취소
자체점검을 하지 않은 경우	자격정지 1개월	자격정지 6개월	자격취소
자체점검을 거짓으로 한 경우	경고	자격정지 6개월	자격취소
성실하게 자체점검업무를 수행하지 아니한 경우	경고	자격정지 6개월	자격취소

20 소방안전관리 업무의 대행 또는 소방시설등의 점검 및 관리를 업으로 하려는 자는 누구에게 소방시설관리업의 등록하여야 하는가?

① 시·도지사
② 소방본부장
③ 행정안전부장관
④ 소방청장

해설 ① 맞음, 소방시설등의 점검 및 관리를 업으로 하려는 자 또는「화재의 예방 및 안전관리에 관한 법률」제25조에 따른 소방안전관리업무의 대행을 하려는 자는 대통령령으로 정하는 업종별로 시·도지사에게 소방시설관리업 등록을 하여야 한다.(법 제29조 제1항)

21 전문소방시설관리업의 주된 기술인력의 등록기준으로 옳은 것은?

① 소방시설관리사 실무경력 1년 이상 1명 이상
② 소방시설관리사 실무경력 3년 이상 1명 이상과 실무경력 3년 이상 1명 이상
③ 소방시설관리사 실무경력 5년 이상 1명 이상과 실무경력 3년 이상 1명 이상
④ 소방시설관리사 실무경력 5년 이상 1명 이상과 실무경력 5년 이상 1명 이상

해설 ③ 맞음, 전문소방시설관리업은 주된 기술인력으로 관리사 실무경력 5년 이상 1명 이상과 실무경력 3년 이상 1명 이상이며, 보조 기술인력으로 고급·중급·초급점검자 각 2명 이상의 기술인력이 필요하다. ①은 일반소방시설관리업에서 주된 기술인력의 등록기준이며, 보조 기술인력으로 중급과 초급점검자 각 1명 이상이다.

정답 19.④ 20.① 21.③

22 일반소방시설관리업의 보조 기술인력의 등록기준으로 옳은 것은?

① 고급점검자 및 중급점검자 이상의 기술인력 각 1명 이상
② 중급점검자 및 초급점검자 이상의 기술인력 각 1명 이상
③ 중급점검자 및 초급점검자 이상의 기술인력 각 2명 이상
④ 고급점검자·중급점검자 및 초급점검자 이상의 기술인력 각 2명 이상

> **해설** ② 맞음, 일반소방시설관리업의 경우 주된 기술인력은 소방시설관리사 자격을 취득한 후 소방 관련 실무경력이 1년 이상인 사람 1명 이상이며, 보조 기술인력은 중급점검자 및 초급점검자 이상의 기술인력 각 1명 이상이다. ④ 고급점검자·중급점검자 및 초급점검자 이상의 기술인력 각 2명 이상이 필요한 것은 전문소방시설관리업의 보조 기술인력의 등록기준이다.

23 소방시설관리업의 등록기준에 대한 설명으로 옳지 않은 것은?

① 업종별 기술인력 등 관리업의 등록기준 및 영업범위에 필요한 사항은 대통령령으로 정한다.
② 일반소방시설관리업의 영업범위는 1급, 2급, 3급 소방안전관리대상물이다.
③ 전문소방시설관리업의 영업범위는 특급 소방안전관리대상물만 대상으로 한다.
④ 전문소방시설관리업의 기술인력은 주된 기술인력 2명 이상, 보조 기술인력 6명 이상이다.

> **해설** ③ 틀림, 전문소방시설관리업의 영업범위는 특급 소방안전관리대상물만 대상으로 하는 것이 아니라 모든 특정소방대상물이다. 이에 반해 일반소방시설관리업의 영업범위는 1급, 2급, 3급 소방안전관리대상물이다.
> ④ 맞음, 전문소방시설관리업은 주된 기술인력으로 관리사 실무경력 5년 이상 1명 이상과 실무경력 3년 이상 1명 이상, 보조 기술인력으로 고급·중급·초급점검자 각 2명 이상의 기술인력이 필요하다.

24 소방시설관리업의 등록기준과 등록에 대한 설명으로 옳지 못한 것은?

① 관리업의 등록신청과 등록증·등록수첩의 발급·재발급 신청, 그 밖에 관리업의 등록에 필요한 사항은 행정안전부령으로 정한다.
② 소방시설관리업의 등록기준에서 "소방 관련 실무경력"이란「소방시설공사업법」제28조제3항에 따른 소방기술과 관련된 경력을 말한다.
③ 소방시설관리업을 하려는 자는 소방시설관리업 등록신청서에 소방기술인력대장 및 기술자격증(경력수첩 포함)을 첨부하여 소방청장에게 제출해야 한다.
④ 시·도지사는 소방시설관리업의 등록신청 내용이 소방시설관리업의 업종별 등록기준에 적합하다고 인정되면 신청인에게 소방시설관리업 등록증과 등록수첩을 발급하여야 한다.

> **해설** ①,② 맞음, ① 관리업의 등록신청과 등록증, 관리업의 등록에 필요한 사항은 행정안전부령으로 정한다. ② 영 제45조 제1항 관련 별표 9의 비고의 내용이다.
> ③ 틀림, 소방시설관리업을 하려는 자는 소방시설관리업 등록신청서에 소방기술인력대장 및 기술자격증(경력수첩 포함)을 첨부하여 시·도지사에게 제출해야 한다.

정답 22.② 23.③ 24.③

25 다음 중 시・도지사가 소방시설관리업의 등록을 바로 거부할 수 없는 경우는?

① 등록기준에 적합하지 않은 경우
② 등록을 신청한 자가 등록 결격사유 중 어느 하나에 해당하는 경우
③ 소방시설법 또는 소방 관계 법령에 따른 제한에 위배되는 경우
④ 제출된 첨부서류가 미비되어 있는 경우

해설 ④ 틀림, 시・도지사는 등록신청이 다음의 어느 하나에 해당하는 경우를 제외하고는 등록을 해 주어야 한다.(영 제36조 제2항) 시・도지사는 규정에 의하여 제출된 서류를 심사한 결과 첨부서류가 미비되어 있는 때에는 10일 이내의 기간을 정하여 이를 보완하게 할 수 있다.
㉠ 등록기준에 적합하지 않은 경우
㉡ 등록을 신청한 자가 결격사유 중 어느 하나에 해당하는 경우
㉢ 그 밖에 소방시설법 또는 소방 관계 법령에 따른 제한에 위배되는 경우

26 소방시설관리업의 등록증・등록수첩의 발급 등에 대한 설명으로 틀린 것은?

① 시・도지사는 제출된 서류를 심사한 결과 첨부서류가 미비되어 있거나 신청서 및 첨부서류의 기재 내용이 명확하지 않은 경우 10일 이내의 기간을 정하여 이를 보완하게 할 수 있다.
② 시・도지사는 소방시설관리업 등록증을 발급하거나 등록을 취소한 경우에는 이를 시・도의 공보에 공고해야 한다.
③ 관리업자는 관리업등록증 또는 등록수첩을 잃어버렸거나 헐어 못 쓰게 된 경우에 재발급을 신청할 수 있고 시・도지사는 재발급신청서를 제출받은 경우에는 5일 이내에 소방시설관리업등록증 또는 등록수첩을 재발급해야 한다.
④ 소방시설관리업자는 등록이 취소되거나 소방시설관리업을 폐업한 경우에는 지체없이 시・도지사에게 그 소방시설관리업등록증 또는 등록수첩을 반납하여야 한다.

해설 ③ 틀림, 시・도지사는 재발급신청서를 제출받은 때에는 3일 이내에 소방시설관리업등록증 또는 등록수첩을 재발급해야 한다.(규칙 제32조 제3항)

27 다음 중 소방시설관리업 등록의 결격사유로 틀린 것은?

① 피성년후견인
② 「위험물안전관리법」에 따른 금고 이상의 형의 선고유예를 선고받고 유예기간 중에 있는 사람
③ 관리업의 등록이 취소(피성년후견인에 해당하여 등록이 취소된 경우는 제외)된 날부터 2년이 지나지 아니한 사람
④ 임원 중에 결격사유의 어느 하나에 해당하는 사람이 있는 법인

해설 ② 틀림, 소방시설법, 소방기본법, 화재예방법, 소방시설공사업법, 위험물안전관리법 등에 따른 금고 이상의 형의 집행유예를 선고받고 유예기간 중에 있는 사람이 결격사유이다. 금고 이상의 형의 선고유예를 선고받고 유예기간 중에 있는 사람은 결격사유에 해당하지 않는다.

정답 25.④ 26.③ 27.②

28 등록한 사항이 변경되었을 때 시·도지사에게 신고하여야 하는 중요 변경사항이 아닌 것은?

① 명칭·상호 또는 영업소 소재지
② 대표자
③ 기술인력
④ 법인 등기부 등본

해설 ④ 틀림, 관리업자는 등록한 사항 중 행정안전부령으로 정하는 중요 사항이 변경되었을 때에는 행정안전부령으로 정하는 바에 따라 시·도지사에게 변경사항을 신고하여야 한다.(법 제31조) 법 제31조에서 행정안전부령으로 정하는 중요사항이라 함은 다음의 하나에 해당하는 사항을 말한다.(규칙 제24조)
  ㉠ 명칭·상호 또는 영업소소재지
  ㉡ 대표자
  ㉢ 기술인력

29 소방시설관리업의 등록사항 중 기술인력 변경신고하는 경우 제출서류로 옳은 것은?

① 소방시설관리업 등록증 및 등록수첩
② 소방시설관리업 등록증 및 소방기술인력대장
③ 소방시설관리업 등록증, 변경된 기술인력의 기술자격증(경력수첩), 소방기술인력대장
④ 소방시설관리업 등록수첩, 변경된 기술인력의 기술자격증(경력수첩), 소방기술인력대장

해설 ④ 맞음, 변경사항별로 다음의 구분에 의한 서류(전자문서를 포함)를 첨부하여야 한다. 신고서를 제출받은 담당 공무원은 「전자정부법」에 따라 법인등기부 등본(법인) 또는 사업자등록증 사본(개인)을 확인해야 한다. 다만, 신고인이 확인에 동의하지 아니하는 경우에는 이를 첨부하도록 하여야 한다.
  ㉠ 명칭·상호 또는 영업소 소재지가 변경되는 경우 : 소방시설관리업 등록증 및 등록수첩
  ㉡ 대표자가 변경되는 경우 : 소방시설관리업 등록증 및 등록수첩
  ㉢ 기술인력이 변경된 경우 : 소방시설관리업 등록수첩, 변경된 기술인력의 기술자격증(경력수첩 포함), 소방기술인력대장

30 소방시설관리업 등록사항의 변경이 있는 때 소방시설관리업자의 변경신고서 제출기간과 시·도지사의 변경신고 처리기간이 바르게 연결된 것은?

① 변경일부터 10일 이내 - 변경신고를 받은 때 3일 이내
② 변경일부터 20일 이내 - 변경신고를 받은 때 5일 이내
③ 변경일부터 30일 이내 - 변경신고를 받은 때 5일 이내
④ 변경일부터 30일 이내 - 변경신고를 받은 때 7일 이내

해설 ③ 맞음, 소방시설관리업자는 등록사항의 변경이 있는 때에는 변경일부터 30일 이내에 소방시설관리업등록사항변경신고서를 시·도지사에게 제출하여야 한다. 시·도지사는 변경신고를 받은 경우 5일 이내에 등록증 및 등록수첩을 새로 발급하거나 그 변경된 사항을 적은 후 내주어야 한다.

정답 28.④ 29.④ 30.③

31 다음 중 관리업자의 지위를 승계할 수 있는 사람으로 틀린 것은?

① 관리업자가 사망한 경우 그 상속인
② 관리업자가 그 영업을 양도한 경우 그 양수인
③ 법인인 관리업자가 합병한 경우 합병 후 존속하는 법인이나 합병으로 설립되는 법인
④ 관리업자의 등록이 취소된 경우 관리업의 시설 및 장비의 전부를 인수한 자

해설 ④ 틀림, 다음의 어느 하나에 해당하는 자는 관리업자의 지위를 승계한다.
  ㉠ 관리업자가 사망한 경우 그 상속인
  ㉡ 관리업자가 그 영업을 양도한 경우 그 양수인
  ㉢ 법인인 관리업자가 합병한 경우 합병 후 존속하는 법인이나 합병으로 설립되는 법인
  ㉣ 「민사집행법」에 따른 경매, 「채무자 회생 및 파산에 관한 법률」에 따른 환가, 「국세징수법」, 「관세법」 또는 「지방세징수법」에 따른 압류재산의 매각과 그 밖에 이에 준하는 절차에 따라 관리업의 시설 및 장비의 전부를 인수한 자는 종전의 관리업자의 지위를 승계한다.

32 다음 중 지위승계신고에 대한 설명으로 틀린 것은?

① 관리업자의 지위를 승계한 자는 그 지위를 승계한 날부터 10일 이내에 신고하여야 한다.
② 상속인과 양수인은 소방시설관리업 지위승계신고서를 시·도지사에게 제출해야 한다.
③ 신고서에는 소방시설관리업 등록증 및 등록수첩, 지위승계를 증명하는 서류, 소방기술인력대장 및 기술자격증(경력수첩 포함)을 첨부하여야 한다.
④ 시·도지사는 신고를 받은 경우에는 소방시설관리업 등록증 및 등록수첩을 새로 발급하고, 기술인력의 자격증 및 경력수첩에 그 변경사항을 적은 후 내주어야 한다.

해설 ① 틀림, 소방시설관리업자의 지위를 승계한 자는 그 지위를 승계한 날부터 30일 이내에 상속인, 영업을 양수한 자 또는 시설의 전부를 인수한 자는 소방시설관리업 지위승계신고서(전자문서 신고서 포함)에, 합병후 존속하는 법인 또는 합병에 의하여 설립되는 법인은 소방시설관리업 합병신고서(전자문서 신고서 포함)에 등록증 등 필요한 서류를 첨부하여 시·도지사에게 제출해야 한다.(규칙 제35조 제1항 및 제2항)

33 관리업자가 소방안전관리 업무를 대행하게 한 특정소방대상물의 관계인에게 통지해야 할 사실이 아닌 것은?

① 관리업자의 지위를 승계한 경우
② 등록사항의 변경이 있는 경우
③ 영업정지 처분을 받은 경우
④ 휴업 또는 폐업을 한 경우

해설 ② 틀림, 관리업자는 다음의 하나에 해당하면 소방안전관리 업무를 대행하게 하거나 소방시설등의 점검업무를 수행하게 한 특정소방대상물의 관계인에게 지체 없이 그 사실을 알려야 한다.(법 제33조 제2항)
  ㉠ 관리업자의 지위를 승계한 경우
  ㉡ 관리업의 등록취소 또는 영업정지 처분을 받은 경우
  ㉢ 휴업 또는 폐업을 한 경우

정답 31.④ 32.① 33.②

34 소방시설관리업자의 의무에 대한 설명으로 적절하지 못한 것은?

① 관리업자는 소방시설법령 등에 맞게 소방시설등을 점검하거나 관리하여야 한다.
② 관리업자는 관리업의 등록증이나 등록수첩을 다른 자에게 빌려주거나 빌려서는 아니 되며, 이를 알선하여서도 아니 된다.
③ 관리업자는 자체점검을 할 때 대통령령으로 정하는 바에 따라 기술인력을 참여시켜야 한다.
④ 등록취소 또는 영업정지 처분을 받은 관리업자는 그 날부터 소방안전관리업무를 대행하거나 소방시설등에 대한 점검을 하여서는 아니 된다.

해설 ③ 틀림, 자체점검을 하거나「화재의 예방 및 안전관리에 관한 법률」제25조에 따른 소방안전관리업무의 대행을 하는 때에는 행정안전부령으로 정하는 바에 따라 소속 기술인력을 참여시켜야 한다.
④ 맞음, 등록취소 또는 영업정지 처분을 받은 관리업자는 그 날부터 소방안전관리업무를 대행하거나 소방시설등에 대한 점검을 하여서는 아니 된다. 다만, 영업정지처분의 경우 도급계약이 해지되지 아니한 때에는 대행 또는 점검 중에 있는 특정소방대상물의 소방안전관리업무 대행과 자체점검은 할 수 있다.

35 소방시설관리업의 점검능력 평가 및 공시에 대한 설명으로 틀린 것은?

① 소방청장은 관계인이 적정한 관리업자를 선정할 수 있도록 하기 위하여 관리업자의 신청과 관계없이 해당 관리업자의 점검능력을 종합적으로 평가하여 공시하여야 한다.
② 점검능력 평가를 신청하려는 관리업자는 소방시설등의 점검실적을 증명하는 서류 등 행정안전부령으로 정하는 서류를 소방청장에게 제출하여야 한다.
③ 점검능력 평가 및 공시방법, 수수료 등 필요한 사항은 행정안전부령으로 정한다.
④ 소방청장은 점검능력을 평가하기 위하여 관리업자의 기술인력 및 장비 보유현황, 점검실적, 행정처분이력 등 필요한 사항에 대하여 데이터베이스를 구축·운영할 수 있다.

해설 ① 틀림, 소방청장은 특정소방대상물의 관계인이 적정한 관리업자를 선정할 수 있도록 하기 위하여 관리업자의 신청이 있는 경우 해당 관리업자의 점검능력을 종합적으로 평가하여 공시하여야 한다.(법 제34조 제1항)
②,③,④ 맞음, 법 제34조 제2항, 제3항 및 제4항의 규정이다.

36 관계인이 적정한 관리업자를 선정할 수 있도록 하기 위하여 해당 관리업자의 점검능력을 종합적으로 평가하게 되는데 다음 중 점검능력 평가요소가 아닌 것은?

① 대행실적　　　　　　　　　　　② 기술력
③ 신인도　　　　　　　　　　　　④ 점검장비

해설 ④ 틀림, 점검능력 평가 항목은 i) 대행실적(화재예방법 제25조 제1항에 따라 소방안전관리 업무를 대행하여 수행한 실적을 말한다), ii) 점검실적(소방시설등에 대한 자체점검실적을 말한다. 이 경우 점검실적은 점검인력 배치기준에 적합한 것으로 확인된 것만 인정한다), iii) 기술력, iv) 경력, v) 신인도 등이다.

정답 34.③　35.①　36.④

37 다음 중 소방시설관리업자의 점검능력 평가 등에 대한 설명으로 틀린 것은?

① 점검능력을 평가받으려는 소방시설관리업자는 소방시설등 점검능력 평가신청서에 필요한 서류를 첨부하여 평가기관에 매년 2월 15일까지 제출해야 한다.
② 신청을 받은 평가기관의 장은 서류가 첨부되어 있지 않은 경우에는 신청인으로 하여금 15일 이내의 기간을 정하여 보완하게 할 수 있다.
③ 평가기관은 점검능력 평가 결과를 지체 없이 소방청장 및 시·도지사에게 통보해야 하며, 매년 6월 30일까지 평가기관의 인터넷 홈페이지를 통하여 공시해야 한다.
④ 상시 점검능력 평가에 따른 점검능력 평가 결과는 소방청장 및 시·도지사에게 통보한 날부터 3일 이내에 평가기관의 인터넷 홈페이지를 통하여 공시해야 한다.

해설 ③ 틀림, 평가기관은 평가기관은 점검능력 평가 결과를 지체 없이 소방청장 및 시·도지사에게 통보해야 한다. 제 37조 제1항에 점검능력 평가 결과는 매년 7월 31일까지 평가기관의 인터넷 홈페이지를 통하여 공시하고, 제3항(상시 점검능력 평가)에 따른 점검능력 평가 결과는 소방청장 및 시·도지사에게 통보한 날부터 3일 이내에 평가기관의 인터넷 홈페이지를 통하여 공시해야 한다.(규칙 제38조 제2항 및 제3항)

38 점검능력 평가는 평가 결과를 공시한 날부터 몇 년간 유효한가?

① 1년　　② 2년
③ 3년　　④ 5년

해설 ① 맞음, 점검능력 평가는 특정소방대상물의 관계인이 적정한 관리업자를 선정할 수 있도록 하기 위하여 관리업자의 신청이 있는 경우 해당 관리업자의 점검능력을 종합적으로 평가하여 공시하는 제도로 점검능력 평가의 유효기간은 점검능력 평가 결과를 공시한 날부터 1년간으로 한다.(법 제34조 제항 및 규칙 제38조 제4항)

39 점검능력을 평가받으려는 소방시설관리업자가 소방시설등 점검능력 평가신청서를 평가기관에 제출할 때 첨부하여야 할 서류가 아닌 것은?

① 소방시설등의 점검실적을 증명하는 서류
② 소방시설관리업 등록증 사본
③ 소방기술인력 보유 현황 및 국가기술자격증 사본 등 이를 증명할 수 있는 서류
④ 신인도평가 가점사항 확인서 및 가점 사항을 확인할 수 있는 서류

해설 ① 맞음, 소방시설등의 점검실적을 증명하는 서류로 국내 소방시설등에 대한 점검실적, 해외 소방시설등에 대한 점검실적, 주한 외국군의 기관으로부터 도급받은 소방시설등에 대한 점검실적이 있다.
② 틀림, 점검능력 평가신청서에 소방시설관리업등록증 사본이 아니라 소방시설관리업 등록수첩 사본을 첨부하여야 한다. 즉, 점검능력을 평가받으려는 소방시설관리업자는 소방시설등 점검능력 평가신청서(전자문서로 된 신청서를 포함한다)에 ①,③,④ 및 소방시설관리업 등록수첩 사본을 첨부하여 평가기관에 매년 2월 15일까지 제출해야 한다.

정답　37.③　38.①　39.②

40 다음 중 상시 점검능력 평가를 신청할 수 있는 있는 자가 아닌 것은?

① 신규로 소방시설관리업의 등록을 한 자
② 관리업자의 지위를 승계한 자
③ 점검능력 평가 공시 후 다시 점검능력 평가를 신청하는 자
④ 첨부 서류의 보완 요청을 받은 자

> 해설 ④ 틀림, 다음의 어느 하나에 해당하는 자는 상시 점검능력 평가를 신청할 수 있다.(규칙 제37조 제3항)
> ㉠ 법 제29조에 따라 신규로 소방시설관리업의 등록을 한 자
> ㉡ 법 제32조제1항 또는 제2항에 따라 관리업자의 지위를 승계한 자
> ㉢ 제38조제3항에 따라 점검능력 평가 공시 후 다시 점검능력 평가를 신청하는 자

41 다음 중 소방시설관리업의 당연 취소사유에 해당하지 않는 것은?

① 거짓이나 그 밖의 부정한 방법으로 등록을 한 경우
② 등록기준에 미달하게 된 경우
③ 등록의 결격사유에 해당하게 된 경우
④ 다른 자에게 등록증이나 등록수첩을 빌려준 경우

> 해설 ② 틀림, 등록의 취소와 영업의 정지의 사유
> ㉠ 거짓이나 그 밖의 부정한 방법으로 등록을 한 경우 : 등록취소
> ㉡ 등록의 결격사유에 해당하게 된 경우(다만, 법인으로서 결격사유에 해당하게 된 날부터 2개월 이내에 그 임원을 결격 사유가 없는 임원으로 바꾸어 선임한 경우는 제외) : 등록취소
> ㉢ 다른 자에게 등록증이나 등록수첩을 빌려준 경우 : 등록취소
> ㉣ 자체점검을 하지 아니하거나 거짓으로 자체점검한 경우 : 자체점검을 하지 아니한 경우 1차 영업정지 1개월, 2차 영업정지 3개월, 3차 등록취소이며, 거짓으로 한 경우 1차 경고, 2차 영업정지 3개월, 3차 등록취소
> ㉤ 등록기준에 미달하게 된 경우 : 1차 경고(시정명령), 2차 영업정지 3개월, 3차 등록취소

42 소방시설관리업의 행정처분기준에 대한 설명으로 틀린 것은?

① 다른 자에게 등록증을 빌려준 경우 1차 행정처분은 등록취소이다.
② 등록기준에 미달하게 된 경우 1차 행정처분은 경고(시정명령)이다.
③ 등록기준에 미달하게 된 경우 2차 행정처분은 영업정지 6개월이다.
④ 점검을 하지 아니하거나 거짓으로 한 경우 3차 행정처분은 등록취소이다.

> 해설 ① 맞음, 다른 자에게 등록증을 빌려준 경우, 거짓이나 그 밖의 부정한 방법으로 등록을 한 경우, 등록의 결격사유에 해당하게 된 경우는 모두 1차 행정처분이 등록취소이다.
> ② 맞음, 1차 행정처분은 경고(시정명령), 2차 영업정지 3개월, 3차 등록취소이다.
> ③ 틀림, 등록기준에 미달하게 된 경우 2차 행정처분은 영업정지 3개월이다.
> ④ 맞음, 점검을 하지 아니하거나 거짓으로 한 경우 3차 행정처분은 등록취소이다.

정답 40.④ 41.② 42.③

43 관리업자의 등록 취소처분에서 지위를 승계한 상속인이 등록의 결격사유에 해당하는 때에는 취소처분을 유예하는 기간은?

① 1개월 동안   ② 2개월 동안
③ 3개월 동안   ④ 6개월 동안

해설 ④ 맞음, 관리업자의 지위를 승계한 상속인이 등록의 결격사유의 어느 하나에 해당하는 경우에는 상속을 개시한 날부터 6개월 동안은 위 등록의 결격사유의 규정을 적용하지 아니한다.(법 제35조 제2항)
※ 지위승계의 요건 : 지위승계에 관하여는 결격사유의 규정을 준용한다. 다만, 상속인이 결격사유의 어느 하나에 해당하는 경우에는 상속받은 날부터 3개월 동안은 그러하지 아니하다.

44 소방시설관리업의 영업정지처분에 갈음하여 과징금은 얼마까지 부과할 수 있는가?

① 1천만원 이하   ② 3천만원 이하
③ 4천만원 이하   ④ 5천만원 이하

해설 ② 맞음, 시·도지사는 영업정지를 명하는 경우로서 그 영업정지가 이용자에게 불편을 주거나 그 밖에 공익을 해칠 우려가 있을 때에는 영업정지처분을 갈음하여 3천만원 이하의 과징금을 부과할 수 있다.(법 제36조 제1항) 소방시설관리업에서 과징금을 부과할 수 있는 위반행위는 소방시설등의 자체점검을 하지 않거나 거짓으로 한 경우, 등록기준에 미달하게 된 경우 및 점검능력 평가를 받지 않고 자체점검을 한 경우이다. 이 경우 영업정지 1개월 또는 3개월의 영업정지처분을 갈음하여 3천만원 이하의 과징금을 부과하게 된다.

45 소방시설관리업에 대해 부과하는 과징금에 대한 설명으로 틀린 것은?

① 과징금을 부과하는 위반행위의 종류와 위반 정도 등에 따른 과징금의 금액, 그 밖의 필요한 사항은 행정안전부령으로 정한다.
② 시·도지사는 과징금을 내야 하는 자가 납부기한까지 내지 아니하면 「지방행정제재·부과금의 징수 등에 관한 법률」에 따라 징수한다.
③ 등록기준에 미달하게 되어 1차 행정처분을 받은 경우 과징금을 부과할 수 있다.
④ 영업정지 1개월은 30일로 계산하며, 과징금 산정은 영업정지기간(일)에 영업정지 1일에 해당하는 금액을 곱한 금액으로 한다.

해설 ① 맞음, 과징금을 부과하는 위반행위의 종류와 위반 정도 등에 따른 과징금의 금액, 그 밖의 필요한 사항은 행정안전부령으로 정하며, 과징금의 징수절차에 관하여는 「국고금관리법 시행규칙」을 준용한다.
② 맞음, 시·도지사는 과징금을 내야 하는 자가 납부기한까지 내지 아니하면 「지방행정제재·부과금의 징수 등에 관한 법률」에 따라 징수한다.
③ 틀림, 과징금은 시·도지사가 영업정지처분을 갈음하여 부과할 수 있다. 법 제29조제2항에 따른 등록기준에 미달하게 된 경우 1차 위반은 경고이므로 과징금을 부과할 수 없다. 2차 위반으로 인한 행정처분은 영업정지 3개월이므로 이 경우에는 과징금을 부과할 수 있다.

정답 43.④ 44.② 45.③

46 다음 중 소방공무원으로 15년 이상 근무한 경력이 있는 사람으로서 5년 이상 소방관련 업무 경력이 있는 사람이 소방시설관리사 시험에서 면제받을 수 있는 과목은? ☆ 17년 소방교

① 소방안전관리론
② 소방관련 법령
③ 소방시설의 구조 원리
④ 소방시설의 점검실무행정

해설 ② 맞음, 시험 과목 가운데 일부를 면제받을 수 있는 사람과 그 면제과목은 다음의 구분에 따른다. 다만, 다음에 모두 해당하는 사람은 본인이 선택한 한 과목만 면제받을 수 있다.
㉠ 제1차시험 과목의 일부 면제
ⓐ 소방기술사 자격을 취득한 후 15년 이상 소방실무경력자 : 소방수리학, 약제화학 및 소방전기
ⓑ 소방공무원으로 15년 이상 근무한 경력이 있는 사람으로서 5년 이상 소방청장이 정하여 고시하는 소방 관련 업무 경력이 있는 사람 : 소방 관련 법령
㉡ 제2차시험 과목의 일부 면제
ⓐ 소방기술사·위험물기능장·건축사·건축기계설비기술사·건축전기설비기술사 또는 공조냉동기계기술사 : 소방시설의 설계 및 시공
ⓑ 소방공무원으로 5년 이상 근무한 경력이 있는 사람 : 소방시설의 점검실무행정

47 다음 중 소방시설관리사의 당연 자격취소의 사유가 아닌 것은? ☆ 18년 소방장

① 자체점검을 하지 아니하거나 거짓으로 한 경우
② 소방시설관리사증을 다른 사람에게 빌려준 경우
③ 동시에 둘 이상의 업체에 취업한 경우
④ 거짓이나 부정한 방법으로 시험에 합격한 경우

해설 ① 틀림, 자체점검을 하지 아니하거나 거짓으로 한 경우, 소방안전관리 업무를 하지 아니하거나 거짓으로 한 경우 등은 자격을 취소하거나 그 자격의 정지를 명할 수 있다.
①,③,④ 맞음, 소방시설관리사의 자격을 취소하여야 하는 사유는 ②,③,④과 결격사유의 어느 하나에 해당하게 된 경우 등의 4가지이다.

48 다음 보기의 기간을 모두 더하면 며칠인가? ☆ 18년 소방교

| ㉠ 건축허가 등의 동의기간(1급 대상물) | ㉡ 관리업 등록사항 변경신고기간 |
| ㉢ 소방시설관리사증 재발급기간 | ㉣ 관리업 지위승계신고기간 |

① 68일
② 70일
③ 72일
④ 73일

해설 ㉠ 건축허가 등의 동의기간은 5일, ㉡ 관리업 등록사항 변경신고기간 30일, ㉢ 소방시설관리사증 재발급기간 3일, ㉣ 관리업 지위승계신고기간 30일이다. 따라서 5 + 30 + 3 + 30 = 68일이다.

정답 46.② 47.① 48.①

49 소방시설관리업에 대한 설명으로 틀린 것은? ☆ 19년 소방장

① 소방시설등의 점검 및 관리를 업으로 하려는 자 또는 소방안전관리업무의 대행을 하려는 자는 대통령령으로 정하는 업종별로 시·도지사에게 소방시설관리업 등록을 하여야 한다.
② 업종별 기술인력 등 관리업의 등록기준 및 영업범위 등에 필요한 사항은 대통령령으로 정한다.
③ 시·도지사는 제출된 서류를 검토한 결과 첨부서류가 미비되어 있는 경우에는 15일 이내의 기간을 정하여 이를 보완하게 할 수 있다.
④ 소방시설관리업자는 등록이 취소된 때에는 지체 없이 시·도지사에게 소방시설관리업 등록증 및 등록수첩을 반납하여야 한다.

> 해설 ③ 틀림, 시·도지사는 제출된 서류를 심사한 결과 다음의 어느 하나에 해당하는 경우에는 10일 이내의 기간을 정하여 이를 보완하게 할 수 있다.(시행규칙 제31조 제2항)
> ㉠ 첨부서류가 미비되어 있는 경우
> ㉡ 신청서 및 첨부서류의 기재내용이 명확하지 않은 경우

50 다음 중 소방시설관리업 등록사항의 변경신고에 대한 설명 중 틀린 것은? ☆ 19년 소방장

① 등록사항의 변경이 있는 때에는 변경일부터 30일 이내에 신고하여야 한다.
② 등록사항의 변경신고 사항은 명칭·상호 또는 영업소 소재지, 대표자, 기술인력이다.
③ 변경신고를 받은 때에는 15일 이내에 등록증 및 등록수첩을 새로 교부하거나 제출된 등록증 및 등록수첩과 기술 인력의 기술자격증에 그 변경된 사항을 기재하여 교부하여야 한다.
④ 기술인력을 변경하는 경우 소방시설관리업 등록수첩, 변경된 기술인력의 기술자격증(자격수첩), 소방기술인력대장을 제출하여야 한다.

> 해설 ③ 틀림, 변경신고를 받은 때에는 5일 이내에 등록증 및 등록수첩을 새로 발급하거나 제출된 등록증 및 등록수첩과 기술인력의 기술자격증에 그 변경된 사항을 적은 후 내주어야 한다.

51 「소방시설 설치 및 관리에 관한 법률 시행규칙」상 과징금의 부과기준으로 틀린 것은? ☆ 19년 소방장

① 과징금 산정금액이 3천만원을 초과하는 경우 3천만원으로 한다.
② 영업정지 1개월은 30일로 계산한다.
③ 과징금 산정은 영업정지기간에 영업정지 1일에 해당하는 금액을 곱한 금액으로 한다.
④ 영업정지에 해당하는 위반사항으로서 위반행위의 동기·내용·횟수 또는 그 결과를 고려하여 그 처분기준의 2분의 1까지 감경한 경우 과징금 부과에 의한 영업정지기간(일) 산정은 감경 전 영업정지기간으로 한다.

> 해설 ④ 틀림, 영업정지에 해당하는 위반사항으로서 위반행위의 동기·내용·횟수 또는 그 결과를 고려하여 그 처분기준의 2분의 1까지 감경한 경우 과징금 부과에 의한 영업정지기간(일) 산정은 감경 전 영업정지기간이 아니라 감경한 영업정지기간으로 한다.

정답 49.③ 50.③ 51.④

52 다음 중 소방시설관리업 등록사항의 변경신고에 대한 설명 중 틀린 것은? ☆ 21년 소방장

① 과징금 부과권자는 소방청장, 소방본부장, 소방서장이다
② 영업정지를 명하는 경우로서 그 영업정지가 국민에게 불편을 주거나 그 밖에 공익을 해칠 우려가 있을 때에는 영업정지처분을 갈음하여 3천만원 이하의 과징금을 부과할 수 있다.
③ 과징금을 부과하는 위반행위의 종류와 위반 정도 등에 따른 과징금의 금액, 그 밖의 필요한 사항은 행정안전부령으로 정한다.
④ 과징금을 내야 하는 자가 납부기한까지 내지 아니하면 「지방행정제재·부과금의 징수 등에 관한 법률」에 따라 징수한다.

해설 ① 틀림, 과징금 부과권자는 소방청장, 소방본부장, 소방서장이 아니라 시·도지사이다.
② 맞음, 시·도지사는 제35조제1항에 따라 영업정지를 명하는 경우로서 그 영업정지가 이용자에게 불편을 주거나 그 밖에 공익을 해칠 우려가 있을 때에는 영업정지처분을 갈음하여 3천만원 이하의 과징금을 부과할 수 있다.(법 제36조 제1항)

53 다음은 「화재예방, 소방시설 설치·유지 및 안전관리에 관한 법률 시행규칙」상 과징금의 부과기준이다. ( ) 안에 들어갈 내용으로 옳은 것은? ☆ 22년 소방장

가. 연간 매출액이 10,000백만원을 초과하는 경우에는 영업정지 1일에 해당하는 금액 은 (㉠)이다.
나. 영업정지에 해당하는 위반사항으로서 위반행위의 동기·내용·횟수 또는 그 결과를 고려하여 그 처분기준의 (㉡)까지 감경한 경우 과징금 부과에 의한 영업정지기간(일) 산정은 감경한 영업정지기간으로 한다.
다. 과징금 산정금액이 (㉢)을 초과하는 경우 (㉣) 으로 한다.
라. 영업정지 1개월은 (㉤)로 계산한다.

	㉠	㉡	㉢	㉣	㉤
①	300,000원	3분의 1	5천만원	5천만원	31일
②	330,000원	2분의 1	3천만원	3천만원	30일
③	300,000원	2분의 1	3천만원	3천만원	30일
④	330,000원	3분의 1	5천만원	5천만원	31일

해설 ② 맞음, 과징금 부과의 일반기준
가. 연간 매출액이 100억원을 초과하는 경우에는 영업정지 1일에 해당하는 금액은 (330,000)이다.
나. 영업정지에 해당하는 위반사항으로서 위반행위의 동기·내용·횟수 또는 그 결과를 고려하여 그 처분 기준의 (2분의 1)까지 감경한 경우 과징금 부과에 의한 영업정지기간(일) 산정은 감경한 영업정지기간으로 한다.
다. 과징금 산정금액이 (3천만원)을 초과하는 경우 (3천만원) 으로 한다.
라. 영업정지 1개월은 (30일)로 계산한다.

정답 52.① 53.②

54 「소방시설 설치 및 관리에 관한 법률」상 소방청장이 소방시설관리사에 대하여 자격을 취소하거나 자격의 정지를 명할 수 있다. 1차 위반 시 자격을 취소하여야 하는 경우에 해당하는 것을 있는 대로 고른 것은?

☆ 22년 소방교

> 가. 소방시설관리사증을 다른 자에게 빌려준 경우
> 나. 거짓이나 그 밖의 부정한 방법으로 시험에 합격한 경우
> 다. 소방시설관리사가 동시에 둘 이상의 업체에 취업한 경우
> 라. 소방시설등에 대한 자체점검을 하지 아니하거나 거짓으로 한 경우

① 나, 다
② 가, 나, 다
③ 나, 다, 라
④ 가, 나, 다, 라

해설 ② 맞음. 가.나.다 및 결격사유에 해당하게 된 경우 당연취소로 1차 위반 시 바로 자격취소 처분을 하여야 한다. 라의 자체점검을 하지 아니한 경우 제1차 위반 자격정지 1개월, 제2차 위반 자격정지 6개월, 3차 위반 자격취소이며, 거짓으로 한 경우에는 제1차 위반 경고, 제2차 위반 자격정지 6월, 3차 위반 자격취소이다.

정답 54.②

CHAPTER 05 소방용품의 품질관리

> **학습/포인트**
> 소방용품은 평상시 작동 대기 상태로 있지만 유사 시 적정 정확하게 작동되도록 완벽한 성능이 보장되어야 한다. 소방용품이 국민의 생명과 재산을 보호하기 위하여 필요한 방재용 기계·기구라는 특성이 있기에 일반 공산품과 달리 국가공인 검정이라는 과정을 거치도록 규정하고 있다. 본 장은 소방용품의 형식승인과 소방용 기계·기구 등 판매의 제한, 소방용품의 성능인증 등의 내용을 파악하고 학습하여야 한다.

제1절 소방용품의 형식승인

1 소방용품 형식승인의 의의

(1) 소방용품 형식승인의 의의

① **소방용품 검정제도** : 소방용품은 국민의 생명과 재산을 보호하기 위하여 필요한 방재용 기계·기구가 적정하게 작동되도록 완벽한 성능이 보장되어야 하므로 일반 공산품과 달리 국가 공인 검정이라는 과정을 거치도록 규정하고 있다.

② **검정제도의 필요성**
  ㉠ 성능에 관한 기준 제시 : 소방용품이 기준과 성능에 적합하게 제작하도록 유도함으로서 유사시 적정하게 작동되도록 한다.
  ㉡ 소방용품의 신뢰성 확보 : 소방용품은 전문성이 요구되므로, 검정절차를 거친 소방용품만을 판매·설치하도록 하여 소방용품과 소방행정의 신뢰성을 확보할 수 있다.

(2) 소방청장의 형식승인(법 제37조 제1항)[9]

① **형식승인의 대상** : 대통령령으로 정하는 소방용품을 제조하거나 수입하려는 자는 소방청장의 형식승인을 받아야 한다. 다만, 연구개발 목적으로 제조하거나 수입하는 소방용품은 그러하지 아니하다.

② **대통령령으로 정하는 소방용품** : 영 별표 3의 소방용품(같은 표 제1호나목의 자동소화장치 중 상업용 주방자동소화장치는 제외한다)을 말한다.(영 제46조)

---

[9] "형식승인"이란 소방용품의 설계에 대한 검사를 말하며, 제품이 생산되기 전에 그 견품이 각종 기준 형식 승인 및 검정 기술 기준에 적합한가의 여부를 시험하여 규정하고 있는 기준에 적합한 경우 권한 있는 기관에서 그 적합성을 승인하는 것이다.

(3) 형식승인 대상 소방용품(영 별표 3) ☆ 23년 소방교

① 소화설비를 구성하는 제품 또는 기기
  ㉠ 소화기구(소화약제 외의 것을 이용한 간이소화용구는 제외한다)
  ㉡ 자동소화장치 : 형식승인 대상 소방용품에는 상업용 주방소화장치는 제외한다.
  ㉢ 소화설비를 구성하는 소화전, 관창(菅槍), 소방호스, 스프링클러헤드, 기동용 수압개폐장치, 유수제어밸브 및 가스관선택밸브
② 경보설비를 구성하는 제품 또는 기기
  ㉠ 누전경보기 및 가스누설경보기
  ㉡ 경보설비를 구성하는 발신기, 수신기, 중계기, 감지기 및 음향장치(경종만 해당한다)
③ 피난구조설비를 구성하는 제품 또는 기기
  ㉠ 피난사다리, 구조대, 완강기(지지대를 포함한다) 및 간이완강기(지지대를 포함한다)
  ㉡ 공기호흡기(충전기를 포함한다)
  ㉢ 피난구유도등, 통로유도등, 객석유도등 및 예비 전원이 내장된 비상조명등
④ 소화용으로 사용하는 제품 또는 기기
  ㉠ 소화약제(별표 1 제1호나목2)와 3)의 자동소화장치와 마목 3)부터 9)까지의 소화설비용만 해당)
  ㉡ 방염제(방염액·방염도료 및 방염성물질을 말한다)
⑤ 그 밖에 행정안전부령으로 정하는 소방용품관련 제품 또는 기기

실전연습

Q. 다음 중 형식승인 대상 소방용품이 아닌 것은? ☆ 16년 경기 소방장
  ① 승강식피난기
  ② 소화기구(소화약제 외의 것을 이용한 간이소화용구는 제외한다)
  ③ 누전경보기 및 가스누설경보기
  ④ 방염제(방염액·방염도료 및 방염성물질을 말한다)

해설 | 피난기구로는 피난사다리, 구조대, 완강기가 형식승인 대상 소방용품이다. ➡ ①

---

(4) 소방청장의 심사 등(법 제37조) ☆ 19년 소방장

① **형식승인 심사** : 형식승인을 받으려는 자는 행정안전부령으로 정하는 기준에 따라 형식승인을 위한 시험시설을 갖추고 소방청장의 심사를 받아야 한다. 다만, 소방용품을 수입하는 자가 판매를 목적으로 하지 아니하고 자신의 건축물에 직접 설치하거나 사용하려는 경우 등 행정안전부령으로 정하는 경우에는 시험시설을 갖추지 아니할 수 있다.(제2항)
② **제품검사** : 형식승인을 받은 자는 그 소방용품에 대하여 소방청장이 실시하는 제품검사를 받아야 한다.(제3항)

2 형식승인의 방법 및 절차

(1) 형식승인의 방법과 절차(법 제37조)

① 형식승인의 방법·절차 사항 : 형식승인의 방법·절차 등과 제품검사의 구분·방법·순서·합격표시 등에 관한 사항은 행정안전부령으로 정한다.(제4항)

② 형식승인 등의 기술기준 : 소방용품의 형상·구조·재질·성분·성능 등(형상등)의 형식승인 및 제품검사의 기술기준 등에 관한 사항은 소방청장이 정하여 고시한다.(제5항)

(2) 형식승인 방법 등의 특례 등(법 제37조)

① 신기술이 적용된 제품 : 소방청장은 소방용품의 작동기능, 제조방법, 부품 등이 소방청장이 고시하는 형식승인 및 제품검사의 기술기준에서 정하고 있는 방법이 아닌 새로운 기술이 적용된 제품의 경우에는 관련 전문가의 평가를 거쳐 행정안전부령으로 정하는 바에 따라 제4항에 따른 방법 및 절차와 다른 방법 및 절차로 형식승인을 할 수 있다.(제8항)

② 외국 인정 신기술 제품 : 외국의 공인기관으로부터 인정받은 신기술 제품은 형식승인을 위한 시험 중 일부를 생략하여 형식승인을 할 수 있다.(제8항)

③ 공인기관의 평가 : 다음의 어느 하나에 해당하는 소방용품의 형식승인 내용에 대하여 공인기관의 평가 결과가 있는 경우 형식승인 및 제품검사 시험 중 일부만을 적용하여 형식승인 및 제품검사를 할 수 있다.(제9항)
  ㉠ 「군수품관리법」제2조에 따른 군수품
  ㉡ 주한외국공관 또는 주한외국군 부대에서 사용되는 소방용품
  ㉢ 외국의 차관이나 국가 간의 협약 등에 따라 건설되는 공사에 사용되는 소방용품으로서 사전에 합의된 것
  ㉣ 그 밖에 특수한 목적으로 사용되는 소방용품으로서 소방청장이 인정하는 것

④ 형식승인과 성능인증의 결합 : 하나의 소방용품에 두 가지 이상의 형식승인 사항 또는 형식승인과 성능인증 사항이 결합된 경우에는 두 가지 이상의 형식승인 또는 형식승인과 성능인증 시험을 함께 실시하고 하나의 형식승인을 할 수 있다.(제10항)

⑤ 위 ③ 및 ④에 따른 형식승인의 방법 및 절차 등에 필요한 사항은 행정안전부령으로 정한다.

(3) 관련규정(참고 사항)

소방용품의 품질관리 등에 관한 규칙

제 7조 형식승인의 방법 등

① 형식승인은 소방용품의 형상·구조·재질·성분·성능·부품 등(이하 "형상등"이라 한다)이 법 제36조제5항에 따른 기술기준에 맞는지를 심사하는 형식시험과 제6조제2항에 따라 설치하여야 할 시험시설이 그 시설기준에 맞는지를 심사하는 시험시설심사로 구분하여 실시한다. 다만, 제6조제3항에 따라 시험시설을 직접 갖추지 않아도 되는 경우에는 시험시설심사를 하지 아니한다.

② 형식시험은 신청 당시 제출된 소방용품의 견본품에 대하여 실시하고, 다음 각 호의 어느 하나에 해당하는 경우에는 제1항에 따른 형식시험의 일부를 생략할 수 있다.
　1. 해당 소방용품의 일부 형상등에 대하여 이미 형식시험을 실시하여 형식승인기준(형식승인과 성능인증 사항이 결합된 소방용품인 경우에는 성능인증기준을 포함한다. 이하 같다)에 맞다고 인정된 경우
　2. 형식승인결합소방용품에 대하여 형식시험이 중복되는 경우
③ 기술원은 형식승인을 신청한 자가 제출한 견본품이나 시험시설이 형식승인기준이나 형식승인시험시설기준에 맞지 아니한 경우에는 이를 보완하게 할 수 있다. 이 경우 보완 횟수는 견본품에 대한 보완 횟수와 시험시설에 대한 보완 횟수를 합하여 2회를 넘을 수 없으며 회당 보완기간은 60일 이내로 한다.
④ 기술원은 제1항에 따른 시험시설심사 결과 필요하다고 인정하면 해당 시험시설에 대하여 「국가표준기본법」 제14조제3항에 따른 국가교정업무 전담기관이나 관련 분야 전문기관으로부터 교정이나 검사를 받게 할 수 있다.
⑤ 제1항부터 제4항까지에서 규정한 사항 외에 형식시험 및 시험시설심사에 필요한 세부적인 사항은 소방청장이 정한다.

3　미승인 소방용품 판매 제한 등

(1) 미승인 소방용품 판매의 제한(법 제37조)

누구든지 다음의 어느 하나에 해당하는 소방용품을 판매하거나 판매 목적으로 진열하거나 소방시설공사에 사용할 수 없다.(제6항)

① 형식승인을 받지 아니한 것
② 형상등을 임의로 변경한 것
③ 제품검사를 받지 아니하거나 합격표시를 하지 아니한 것

(2) 수거·폐기 또는 교체 등의 조치명령(법 제37조)

소방청장, 소방본부장 또는 소방서장은 제6항(미승인 소방용품 판매의 제한)을 위반한 소방용품에 대하여는 그 제조자·수입자·판매자 또는 시공자에게 수거·폐기 또는 교체 등 행정안전부령으로 정하는 필요한 조치를 명할 수 있다.(제7항)

> **소방용품의 품질관리 등에 관한 규칙 제39조 소방용품에 대한 수거·폐기 또는 교체명령**
> ① 소방청장, 소방본부장 또는 소방서장은 법 제36조제7항에 따라 법 제36조제6항 각 호의 어느 하나에 해당하는 소방용품(미승인 소방용품등)을 판매하거나 판매 목적으로 진열하거나 소방시설공사에 사용한 경우에는 그 소방용품의 제조자·수입자·판매자 또는 시공자에게 별지 제26호서식의 소방용품 조치명령서에 따라 다음 각 호의 명령(조치명령)을 하여야 한다.
> 　1. 미승인 소방용품등을 판매한 경우 : 수거 및 폐기 명령
> 　2. 미승인 소방용품등을 판매 목적으로 진열한 경우 : 폐기 명령
> 　3. 미승인 소방용품등을 설치하거나 소방용품의 형상등을 변경하여 사용한 경우 : 교체 및 폐기 명령

4 형식승인의 변경

(1) 형식승인의 변경(법 제38조)

① 변경승인 : 제37조제1항 및 제10항에 따른 형식승인을 받은 자가 해당 소방용품에 대하여 형상등의 일부를 변경하려면 소방청장의 변경승인을 받아야 한다.
② 변경승인의 대상·구분·방법 및 절차 등에 필요한 사항은 행정안전부령으로 정한다.

(2) 관련규정(참고 사항)

소방용품의 품질관리 등에 관한 규칙 제9조 형식승인의 변경
① 법 제37조제1항에 따라 형식승인의 변경승인을 받아야 하는 대상 및 구분은 다음 각 호와 같다.
  1. 중요한 변경 사항 : 소방용품의 성능에 영향을 미치는 중요한 부품 및 구조 등으로서 소방청장이 정하는 사항
  2. 경미한 변경 사항 : 소방용품의 성능에 영향을 미치지 아니하는 경미한 부품 및 외관 등으로서 소방청장이 정하는 사항

5 형식승인의 취소

(1) 승인의 취소 또는 제품검사의 중지(법 제39조 제1항)

소방청장은 소방용품의 형식승인을 받았거나 제품검사를 받은 자가 다음의 어느 하나에 해당할 때에는 행정안전부령으로 정하는 바에 따라 그 형식승인을 취소하거나 6개월 이내의 기간을 정하여 제품검사의 중지를 명할 수 있다. 다만, ①,③,⑤의 경우에는 형식승인을 취소하여야 한다.

① 거짓이나 그 밖의 부정한 방법으로 형식승인을 받은 경우 : 승인 취소
② 시험시설의 시설기준에 미달되는 경우
③ 거짓이나 그 밖의 부정한 방법으로 제품검사를 받은 경우 : 승인 취소
④ 제품검사 시 기술기준에 미달되는 경우
⑤ 변경승인을 받지 아니하거나 거짓이나 그 밖의 부정한 방법으로 변경승인을 받은 경우 : 승인 취소

(2) 형식승인 취소의 효과(법 제39조 제2항)

소방용품의 형식승인이 취소된 자는 그 취소된 날부터 2년 이내에는 형식승인이 취소된 소방용품과 동일한 품목에 대하여 형식승인을 받을 수 없다.

제2절 　소방용품의 성능인증 등

1 　소방용품의 성능인증 등

(1) 소방용품의 성능인증 등(법 제40조)

① **요청에 의한 성능인정** : 소방청장은 제조자 또는 수입자 등의 요청이 있는 경우 소방용품에 대하여 성능인증을 할 수 있다.
② **제품검사** : 성능인증을 받은 자는 그 소방용품에 대하여 소방청장의 제품검사를 받아야 한다.
③ **성능인증의 대상** : 성능인증의 대상·신청·방법 및 성능인증서 발급에 관한 사항과 제품검사의 구분·대상·절차·방법·합격표시 및 수수료 등에 관한 사항은 행정안전부령(소방용품의 품질관리 등에 관한 규칙)으로 정한다.
④ **기술기준의 고시** : 제1항에 따른 성능인증 및 제2항에 따른 제품검사의 기술기준 등에 필요한 사항은 소방청장이 정하여 고시한다.
⑤ **성능인증표시의 제한** : 제품검사에 합격하지 아니한 소방용품에는 성능인증을 받았다는 표시를 하거나 제품검사에 합격하였다는 표시를 하여서는 아니 되며, 제품검사를 받지 아니하거나 합격표시를 하지 아니한 소방용품을 판매 또는 판매 목적으로 진열하거나 소방시설공사에 사용하여서는 아니 된다.
⑥ **성능인증이 두 가지 이상 결합** : 하나의 소방용품에 성능인증 사항이 두 가지 이상 결합된 경우에는 해당 성능인증 시험을 모두 실시하고 하나의 성능인증을 할 수 있다.
⑦ **성능인증 방법** : 성능인증의 방법 및 절차 등에 필요한 사항은 행정안전부령으로 정한다.

(2) 관련규정(참고사항)

소방용품의 품질관리 등에 관한 규칙

제16조 성능인증의 방법

① 제15조제3항에 따른 성능인증 신청을 받은 기술원은 성능인증 신청 시 제출된 견본품이 성능인증기준에 맞는지에 대한 성능시험과 시험시설이 성능인증시험시설기준에 맞는지에 대한 시험시설심사로 구분하여 실시한다.
② 제1항에 따라 성능시험을 할 소방용품이 다음 각 호의 어느 하나에 해당하는 경우에는 제1항에 따른 성능시험의 일부를 생략할 수 있다.
　1. 소방용품의 일부 형상등에 대하여 이미 성능시험을 실시하여 성능인증기준에 맞다고 인정된 경우
　2. 성능인증결합소방용품의 성능시험이 중복되는 경우
③ 기술원은 성능인증을 신청한 자가 제출한 견본품이나 시험시설이 성능인증기준이나 성능인증시험시설기준에 맞지 아니한 경우에는 소방청장이 정하는 바에 따라 이를 보완하게 할 수 있다. 이 경우 보완 횟수는 견본품에 대한 보완 횟수와 시험시설에 대한 보완 횟수를 합하여 2회를 넘을 수 없으며 회당 보완기간은 60일 이내로 한다.

2 성능인증의 변경 및 취소

(1) 성능인증의 변경(법 제41조)

① 제40조제1항 및 제6항에 따른 성능인증을 받은 자가 해당 소방용품에 대하여 형상등의 일부를 변경하려면 소방청장의 변경인증을 받아야 한다.
② 제1항에 따른 변경인증의 대상·구분·방법 및 절차 등에 필요한 사항은 행정안전부령으로 정한다.

> **소방용품의 품질관리 등에 관한 규칙 제18조(성능인증의 변경)**
> ② 변경인증을 받으려는 자는 별지 제13호서식의 성능인증 변경 신청서에 변경 부분의 설계도와 명세서, 견본품 등의 서류를 첨부하여 소방청장이 정하여 고시하는 수량의 견본품과 함께 기술원에 제출하여야 한다.
> ③ 기술원은 제2항에 따라 성능인증의 변경인증을 신청한 소방용품이 성능인증기준에 맞는 경우에는 해당 소방용품의 인증번호를 변경하여 부여하고, 변경된 내용을 반영하여 성능인증서를 다시 발급하여야 한다.

(2) 성능인증의 취소 등(법 제42조)

① 소방청장은 소방용품의 성능인증을 받았거나 제품검사를 받은 자가 다음의 어느 하나에 해당되는 때에는 행정안전부령으로 정하는 바에 따라 해당 소방용품의 성능인증을 취소하거나 6개월 이내의 기간을 정하여 해당 소방용품의 제품검사 중지를 명할 수 있다. 다만, ㉠,㉡,㉤에 해당하는 경우에는 해당 소방용품의 성능인증을 취소하여야 한다.
  ㉠ 거짓이나 그 밖의 부정한 방법으로 성능인증을 받은 경우 : 성능인증 취소
  ㉡ 거짓이나 그 밖의 부정한 방법으로 제품검사를 받은 경우 : 성능인증 취소
  ㉢ 제품검사 시 기술기준에 미달되는 경우
  ㉣ 성능인증표시 또는 제품검사의 합격표시 사용금지를 위반한 경우
  ㉤ 변경인증을 받지 아니하고 해당 소방용품에 대하여 형상 등의 일부를 변경하거나 거짓이나 그 밖의 부정한 방법으로 변경인증을 받은 경우 : 성능인증 취소
② 소방용품의 성능인증이 취소된 자는 그 취소된 날부터 2년 이내에는 성능인증이 취소된 소방용품과 동일한 품목에 대하여는 성능인증을 받을 수 없다.

실전연습

Q. 다음 중 소방용품의 성능인증을 취소하여야 하는 것이 아닌 것은?
  ① 거짓이나 그 밖의 부정한 방법으로 성능인증을 받은 경우
  ② 거짓이나 그 밖의 부정한 방법으로 제품검사를 받은 경우
  ③ 제품검사 시 기술기준에 미달되는 경우
  ④ 변경인증을 받지 아니하고 소방용품에 대하여 형상 등의 일부를 변경한 경우

해설 | ③의 경우 성능인증 취소 또는 제품검사 중지를 명할 수 있다.   ➡ ③

제3절 우수품질 제품에 대한 인증 등

1 우수품질 제품에 대한 인증 및 지원

(1) 우수품질 제품에 대한 인증(법 제43조)

① 우수품질인증 : 소방청장은 제37조에 따른 형식승인의 대상이 되는 소방용품 중 품질이 우수하다고 인정하는 소방용품에 대하여 인증(이하 "우수품질인증"이라 한다)을 할 수 있다. (제1항)
② 우수품질인증의 신청 : 우수품질인증을 받으려는 자는 행정안전부령으로 정하는 바에 따라 소방청장에게 신청하여야 한다.(제2항)
③ 인증의 표시 : 우수품질인증을 받은 소방용품에는 우수품질인증 표시를 할 수 있다.
④ 인증의 유효기간 : 우수품질인증의 유효기간은 5년의 범위에서 행정안전부령으로 정한다.(제4항) 행정안전부령으로 정하는 우수품질인증의 유효기간은 3년이다.
⑤ 인증의 취소 : 소방청장은 다음의 어느 하나에 해당하는 경우에는 우수품질인증을 취소할 수 있다. 다만, ㉠에 해당하는 경우에는 우수품질인증을 취소하여야 한다.(제5항)
 ㉠ 거짓이나 그 밖의 부정한 방법으로 우수품질인증을 받은 경우
 ㉡ 우수품질인증을 받은 제품이 「발명진흥법」 제2조제4호에 따른 산업재산권 등 타인의 권리를 침해하였다고 판단되는 경우
⑥ 인증을 위한 기술기준 : 위에서 규정한 사항 외에 우수품질인증을 위한 기술기준, 제품의 품질관리 평가, 우수품질인증의 갱신, 수수료, 인증표시 등 우수품질인증에 관하여 필요한 사항은 행정안전부령으로 정한다.(제6항)

(2) 우수품질인증 소방용품에 대한 지원 등(법 제44조)

다음의 어느 하나에 해당하는 기관 및 단체는 건축물의 신축·증축 및 개축 등으로 소방용품을 변경 또는 신규 비치하여야 하는 경우 우수품질인증 소방용품을 우선 구매·사용하도록 노력하여야 한다.
① 중앙행정기관
② 지방자치단체
③ 「공공기관의 운영에 관한 법률」 제4조에 따른 공공기관
④ 그 밖에 대통령령으로 정하는 기관(제4호) : 법 제44조제4호에서 "대통령령으로 정하는 기관" 이란 다음의 기관을 말한다.(영 제47조)
 ㉠ 지방공사 및 지방공단 : 지방공기업법」 제49조에 따라 설립된 지방공사 및 같은 법 제76조에 따라 설립된 지방공단
 ㉡ 지방자치단체 출자·출연기관 : 「지방자치단체 출자·출연 기관의 운영에 관한 법률」 제2조에 따른 출자·출연 기관

2 소방용품의 수집검사 등

(1) 소방용품의 수집검사(법 제45조)

① **소방용품의 수집검사** : 소방청장은 소방용품의 품질관리를 위하여 필요하다고 인정할 때에는 유통 중인 소방용품을 수집하여 검사할 수 있다.

② **조치명령 등** : 소방청장은 수집검사 결과 행정안전부령으로 정하는 중대한 결함이 있다고 인정되는 소방용품에 대하여는 그 제조자 및 수입자에게 행정안전부령으로 정하는 바에 따라 회수·교환·폐기 또는 판매중지를 명하고, 형식승인 또는 성능인증을 취소할 수 있다.

③ **회수 또는 교환 조치** : 소방용품의 회수·교환·폐기 또는 판매중지 명령을 받은 제조자 및 수입자는 해당 소방용품이 이미 판매되어 사용 중인 경우 행정안전부령으로 정하는 바에 따라 구매자에게 그 사실을 알리고 회수 또는 교환 등 필요한 조치를 하여야 한다.

④ **조치명령 등 공표** : 소방청장은 회수·교환·폐기 또는 판매중지를 명하거나 형식승인 또는 성능인증을 취소한 때에는 행정안전부령으로 정하는 바에 따라 그 사실을 소방청 홈페이지 등에 공표하여야 한다.

(2) 관련규정(참고)

소방용품의 품질관리 등에 관한 규칙 제40조 수집검사 등

① 소방청장은 다음 각 호의 어느 하나에 해당하는 경우에는 법 제40조의3제1항에 따라 유통 중인 소방용품을 수집하여 검사(이하 "수집검사"라 한다)할 수 있다.
  1. 법 제38조제1항에 따라 소방용품에 대한 형식승인을 취소하거나 제품검사의 중지를 명한 경우
  2. 법 제39조의3제1항에 따라 성능인증을 취소하거나 제품검사의 중지를 명한 경우
  3. 제23조제3항에 따라 제품검사기관이 수집검사를 요청한 경우
  4. 그 밖에 품질관리 등을 위하여 소방청장이 필요하다고 인정하는 경우

② 법 제40조의3제2항에서 "행정안전부령으로 정하는 중대한 결함"이란 다음 각 호의 어느 하나에 해당하는 결함을 말한다.
  1. 소방용품의 구조적인 결함이 법 제36조제5항 및 제39조제4항에 따른 기술기준의 세부내용으로서 소방청장이 정하는 결함구분(이하 이 항에서 "결함구분"이라 한다)에 따른 치명적 결함에 해당하는 경우
  2. 소방용품의 비구조적인 결함이 결함구분에 따른 치명적 결함에 2가지 이상 해당하는 경우

③ 소방청장은 제1항에 따른 수집검사 결과 제2항에 따른 중대한 결함이 있다고 인정된 소방용품과 로트번호가 동일한 소방용품에 대하여 지체없이 판매중지를 명하고, 2개월 이내의 기간을 정하여 해당 소방용품을 회수·교환·폐기하도록 그 제조자 또는 수입자에게 명하여야 한다.

④ 소방청장은 법 제40조의3제3항에 따라 소방용품에 대하여 회수·교환·폐기 또는 판매중지를 명하거나 형식승인 또는 성능인증을 취소하였을 때에는 다음 각 호의 사실을 소방청 홈페이지에 공표하여야 한다.
  1. 해당 소방용품의 형식승인 및 성능인증에 관한 사항
  2. 해당 소방용품의 중대한 결함 사실
  3. 제조자 또는 수입자의 명칭, 대표자 및 소재지
  4. 그 밖에 소방청장이 필요하다고 인정하는 사항

CHAPTER 05 소방용품의 품질관리 — 핵심요약

소방용품의 형식승인

1) 소방청장의 형식승인
   대통령령으로 정하는 소방용품을 제조하거나 수입하려는 자는 소방청장의 형식승인을 받아야 한다.(예외 : 연구개발 목적으로 제조하거나 수입하는 소방용품)

2) 형식승인 대상 소방용품
   ① 소화설비를 구성하는 제품 또는 기기
      ㉠ 소화기구(소화약제 외의 것을 이용한 간이소화용구는 제외한다)
      ㉡ 자동소화장치 : 상업용 주방소화장치는 제외한다.
      ㉢ 소화설비를 구성하는 소화전, 관창(管槍), 소방호스, 스프링클러헤드, 기동용 수압개폐장치, 유수제어밸브 및 가스관선택밸브
   ② 경보설비를 구성하는 제품 또는 기기
      ㉠ 누전경보기 및 가스누설경보기
      ㉡ 경보설비를 구성하는 발신기, 수신기, 중계기, 감지기 및 음향장치(경종만 해당)
   ③ 피난구조설비를 구성하는 제품 또는 기기
      ㉠ 피난사다리, 구조대, 완강기(지지대 포함) 및 간이완강기(지지대 포함)
      ㉡ 공기호흡기(충전기를 포함한다)
      ㉢ 피난구유도등, 통로유도등, 객석유도등 및 예비 전원이 내장된 비상조명등
   ④ 소화용으로 사용하는 제품 또는 기기
      ㉠ 소화약제(소화설비용만 해당한다)
      ㉡ 방염제(방염액·방염도료 및 방염성물질을 말한다)
   ⑤ 그 밖에 행정안전부령으로 정하는 소방 관련 제품 또는 기기

3) 소방청장의 심사 등
   ① 승인심사 : 형식승인을 받으려는 자는 행정안전부령으로 정하는 기준에 따라 형식승인을 위한 시험시설을 갖추고 소방청장의 심사를 받아야 한다.
   ② 제품검사 : 형식승인을 받은 자는 그 소방용품에 대하여 소방청장이 실시하는 제품검사를 받아야 한다.

형식승인의 방법 등

1) 형식승인의 방법과 절차
   ① 형식승인의 방법·절차 : 형식승인의 방법·절차와 제품검사의 구분·방법·순서·합격표시에 관한 사항은 행정안전부령(소방용품품질관리 규칙)으로 정한다.
   ② 형식승인 등의 기술기준 : 소방용품의 형상·구조·재질·성분·성능 등의 형식승인 및 제품검사의 기술기준 등에 관한 사항은 소방청장이 정하여 고시한다.

2) 특례
   ① 신기술이 적용된 제품 : 소방청장은 소방용품의 작동기능, 제조방법, 부품 등이 새로운 기술이 적용된 제품의 경우에는 관련 전문가의 평가를 거쳐 행정안전부령으로 정하는 바에 따라 다른 방법 및 절차로 형식승인을 할 수 있다.

② 외국 공인기관 인정받은 신기술 제품 : 시험 중 일부를 생략하여 형식승인을 할 수 있다.
③ 공인기관의 평가 : 군수품, 주한외국공관 등에서 사용하는 소방용품의 형식승인 내용에 대하여 공인기관의 평가 결과가 있는 경우 형식승인 및 제품검사 시험 중 일부만을 적용하여 형식승인 및 제품검사를 할 수 있다.
④ 형식승인과 성능인증의 결합 : 하나의 소방용품에 두 가지 이상의 형식승인 사항 또는 형식승인과 성능인증 사항이 결합된 경우 두 가지 이상의 형식승인 또는 형식승인과 성능인증 시험을 함께 실시하고 하나의 형식승인을 할 수 있다.

3) 미승인 소방용품 판매의 제한
① 누구든지 다음의 어느 하나에 해당하는 소방용품을 판매하거나 판매 목적으로 진열하거나 소방시설공사에 사용할 수 없다.
  ㉠ 형식승인을 받지 아니한 것
  ㉡ 형상등을 임의로 변경한 것
  ㉢ 제품검사를 받지 아니하거나 합격표시를 하지 아니한 것
② 조치명령 : 소방청장, 소방본부장 또는 소방서장은 그 제조자·수입자·판매자 또는 시공자에게 수거·폐기 또는 교체 등 필요한 조치를 명할 수 있다.

형식승인의 변경 및 취소 등

1) 형식승인의 변경
① 소방청장의 변경승인 : 형식승인을 받은 자가 해당 소방용품에 대하여 형상등의 일부를 변경하려면 소방청장의 변경승인을 받아야 한다.
② 변경승인의 대상·구분·방법 등에 관하여 필요한 사항은 행정안전부령으로 정한다.

2) 승인의 취소 또는 제품검사의 중지
① 형식승인의 취소 : 거짓이나 그 밖의 부정한 방법으로 형식승인·제품검사를 받은 경우, 변경승인을 받지 아니하거나 부정한 방법으로 변경승인을 받은 경우
② 제품검사의 중지 또는 형식승인 취소 : 시험시설의 시설기준에 미달되거나 제품검사 시 기술기준에 미달되는 경우

3) 형식승인 취소의 효과 : 소방용품의 형식승인이 취소된 자는 그 취소된 날부터 2년 이내에는 형식승인이 취소된 동일 품목에 대하여 형식승인을 받을 수 없다.

소방용품의 성능인증

1) 소방용품의 성능인증 및 제품검사
① 요청에 의한 성능인정 : 소방청장은 제조자 또는 수입자 등의 요청이 있는 경우 소방용품에 대하여 성능인증을 할 수 있다.
② 제품검사 : 성능인증을 받은 자는 그 소방용품에 대해 제품검사를 받아야 한다.
③ 성능인증의 방법 및 절차 : 행정안전부령으로 정한다.
④ 성능인증 및 제품검사의 기술기준 : 소방청장이 정하여 고시한다.
⑤ 성능인증표시의 제한 : 성능인증 후 제품검사에 합격하지 아니한 소방용품에는 성능인증·제품검사 합격표시를 하여서는 아니 되며, 제품검사를 받지 않거나 합격표시를 하지 아니한 소방용품을 판매 등을 제한한다.

2) 성능인증의 변경
① 성능인증의 변경 : 성능인증을 받은 자가 해당 소방용품에 대하여 등의 일부를 변경하려면 소방청장의 변경인증을 받아야 한다.
② 변경인증의 대상·방법 및 절차 : 행정안전부령으로 정한다.

3) 성능인증의 취소 및 제품검사의 중지
    ① 사유 : ㉠,㉡,㉤에 해당하는 경우 해당 소방용품의 성능인증을 취소하여야 한다.
        ㉠ 거짓이나 그 밖의 부정한 방법으로 성능인증을 받은 경우 : 성능인증 취소
        ㉡ 거짓이나 그 밖의 부정한 방법으로 제품검사를 받은 경우 : 성능인증 취소
        ㉢ 제품검사 시 기술기준에 미달되는 경우
        ㉣ 성능인증표시 또는 제품검사의 합격표시 사용금지를 위반한 경우
        ㉤ 변경인증을 받지 아니하고 해당 소방용품에 대하여 형상 등의 일부를 변경하거나 거짓이나 부정한 방법으로 변경인증을 받은 경우 : 성능인증 취소
    ② 취소의 효과 : 소방용품의 성능인증이 취소된 자는 취소된 날부터 2년 이내에 성능인증이 취소된 소방용품과 동일한 품목에 대하여는 성능인증을 받을 수 없다.

우수 제품에 대한 인증

1) 우수품질 제품에 대한 인증
    ① 우수품질인증 : 소방청장은 형식승인의 대상이 되는 소방용품 중 품질이 우수하다고 인정하는 소방용품에 대하여 인증을 할 수 있다.
    ② 유효기간 : 우수품질인증을 받은 소방용품에는 우수품질인증 표시를 할 수 있다. 우수품질인증의 유효기간은 5년의 범위에서 행정안전부령(3년)으로 정한다.
    ③ 인증의 취소 : 소방청장은 다음의 어느 하나에 해당하는 경우 우수품질인증을 취소할 수 있다. 다만, ㉠에 해당하는 경우에는 우수품질인증을 취소하여야 한다.
        ㉠ 거짓이나 그 밖의 부정한 방법으로 우수품질인증을 받은 경우
        ㉡ 우수품질인증을 받은 제품이 「발명진흥법」 제2조제4호에 따른 산업재산권 등 타인의 권리를 침해하였다고 판단되는 경우

2) 우수품질인증 소방용품 지원 : 다음의 어느 하나에 해당하는 기관 및 단체는 건축물의 신축·증축 및 개축 등으로 소방용품을 변경 또는 신규 비치하여야 하는 경우 우수품질인증 소방용품을 우선 구매·사용하도록 노력하여야 한다.
    ① 중앙행정기관 및 지방자치단체
    ② 「공공기관의 운영에 관한 법률」 제4조에 따른 공공기관
    ③ 대통령령으로 정하는 기관 : 지방공사 및 지방공단, 지자체의 출자·출연 기관

3) 소방용품의 수집검사
    ① 수집검사 : 소방청장은 소방용품의 품질관리를 위하여 필요하다고 인정할 때에는 유통 중인 소방용품을 수집하여 검사할 수 있다.
    ② 형식승인 취소 등 : 소방청장은 수집검사 결과 행정안전부령으로 정하는 중대한 결함이 있다고 인정되는 소방용품에 대하여는 그 제조자 및 수입자에게 행정안전부령으로 정하는 바에 따라 회수·교환·폐기 또는 판매중지를 명하고, 형식승인 또는 성능인증을 취소할 수 있다.
    ③ 회수 또는 교환조치 : 소방용품의 회수·교환·폐기 또는 판매중지 명령을 받은 제조자 및 수입자는 해당 소방용품이 이미 판매되어 사용 중인 경우 행정안전부령으로 정하는 바에 따라 구매자에게 그 사실을 알리고 회수 또는 교환 등 필요한 조치를 하여야 한다.
    ④ 조치명령 등 공표 : 소방청장은 회수·교환·폐기 또는 판매중지를 명하거나 형식승인 또는 성능인증을 취소한 때에는 행정안전부령으로 정하는 바에 따라 그 사실을 소방청 홈페이지 등에 공표하여야 한다.

CHAPTER 05 적중OX문제
소방용품의 품질관리

01 대통령령으로 정하는 소방용품을 제조하거나 수입하려는 자는 소방청장의 형식승인을 받아야 한다. 다만, 연구개발 목적으로 제조하거나 수입하는 소방용품은 그러하지 아니하다. ( )

02 상업용 주방소화장치를 포함하여 자동소화장치를 제조하거나 수입하려는 자는 소방청장의 형식승인을 받아야 한다. ( )

03 피난사다리, 구조대, 완강기(지지대를 포함한다) 및 간이완강기(지지대를 포함한다) 등 피난구조설비를 구성하는 제품 또는 기기를 제조하거나 수입하려는 자는 소방청장의 형식승인을 받아야 한다. ( )

04 형식승인을 받으려는 자는 시험시설을 갖추고 소방청장의 심사를 받아야 하며, 형식승인을 받은 자는 그 소방용품에 대하여 소방청장이 실시하는 제품검사를 받아야 한다. ( )

05 형식승인의 방법·절차 등과 제품검사의 구분·방법·순서·합격표시 등에 관한 사항은 대통령령으로 정하며, 소방용품의 형상·구조·재질 등의 형식승인 및 제품검사의 기술기준 등에 관한 사항은 소방청장이 정하여 고시한다. ( )

06 새로운 기술이 적용된 제품의 경우에는 관련 전문가의 평가를 거쳐 행정안전부령으로 정하는 바에 따라 다른 방법 및 절차로 형식승인을 할 수 있다. ( )

07 하나의 소방용품에 두 가지 이상의 형식승인 사항 또는 형식승인과 성능인증 사항이 결합된 경우에는 두 가지 이상의 형식승인 또는 형식승인과 성능인증 시험을 함께 실시하고 하나의 형식승인을 할 수 있다. ( )

08 형식승인을 받은 자가 해당 소방용품에 대하여 형상등의 일부를 변경하려면 시·도지사의 변경승인을 받아야 한다. ( )

09 변경승인의 대상·구분·방법 및 절차 등에 관하여 필요한 사항은 행정안전부령으로 정한다. ( )

10 거짓이나 그 밖의 부정한 방법으로 형식승인을 받거나 제품검사를 받은 경우, 변경승인을 받지 아니한 경우, 거짓이나 그 밖의 부정한 방법으로 변경승인을 받은 경우에는 형식승인을 취소하여야 한다. ( )

11 소방용품의 형식승인이 취소된 자는 그 취소된 날부터 1년 이내에는 형식승인이 취소된 동일 품목에 대하여 형식승인을 받을 수 없다. ( )

정답 ○ 01.○ 02.X 03.○ 04.○ 05.X 06.○ 07.○ 08.X 09.○ 10.○ 11.X

12 형식승인을 받지 아니하거나 형상등을 임의로 변경한 소방용품, 제품검사를 받지 않거나 합격표시를 하지 않은 소방용품을 판매하거나 판매 목적으로 진열하거나 소방시설공사에 사용할 수 없다. ( )

13 소방청장, 소방본부장 또는 소방서장은 형식승인을 받지 아니하거나 형상등을 임의로 변경한 소방용품, 제품검사를 받지 아니하거나 합격표시를 하지 아니한 소방용품에 대하여는 그 제조자·수입자·판매자 또는 시공자에게 수거·폐기 또는 교체 등 행정안전부령으로 정하는 필요한 조치를 명할 수 있다. ( )

14 소방청장은 제조자 또는 수입자 등의 요청이 있는 경우 소방용품에 대하여 성능인증을 할 수 있으며, 성능인증을 받은 자는 그 소방용품에 대하여 소방청장의 제품검사를 받지 않아도 된다. ( )

15 성능인증의 대상·신청·방법 및 성능인증서 발급에 관한 사항과 제품검사의 구분·대상·절차·방법·합격표시 및 수수료 등에 관한 사항은 행정안전부령으로 정한다. ( )

16 성능인증 및 제품검사의 기술기준 등에 관한 사항은 소방청장이 정하여 고시한다. ( )

17 성능인증을 받은 자가 해당 소방용품에 대하여 형상등의 일부를 변경하려면 소방청장의 변경인증을 받아야 하며, 변경인증의 대상·구분·방법 및 절차 등에 필요한 사항은 행정안전부령으로 정한다. ( )

18 소방청장은 형식승인 및 성능인증의 대상이 되는 소방용품 중 품질이 우수하다고 인정하는 소방용품에 대하여 인증(우수품질인증)을 할 수 있다. ( )

19 우수품질인증을 받은 소방용품에는 우수품질인증 표시를 할 수 있으며, 우수품질인증의 유효기간은 5년의 범위에서 행정안전부령으로 정한다. ( )

20 지방자치단체, 지방공사, 지방공단 및 공동아파트는 건축물의 신축 등으로 소방용품을 변경 또는 신규 비치하여야 하는 경우 우수품질인증 소방용품을 우선 구매하도록 노력하여야 한다. ( )

21 소방청장 또는 시·도지사는 소방용품의 품질관리를 위하여 필요하다고 인정할 때에는 유통 중인 소방용품을 수집하여 검사할 수 있다. ( )

22 소방청장은 소방용품의 수집검사 결과 행정안전부령으로 정하는 중대한 결함이 있다고 인정되는 소방용품에 대하여는 그 제조자 및 수입자에게 행정안전부령으로 정하는 바에 따라 회수·교환·폐기 또는 판매중지를 명하고, 형식승인 또는 성능인증을 취소할 수 있다. ( )

23 소방용품의 회수·교환·폐기 또는 판매중지 명령을 받은 제조자 및 수입자는 해당 소방용품이 이미 판매되어 사용 중인 경우 구매자에게 그 사실을 알리고 회수 또는 교환 등의 조치를 하여야 한다. ( )

24 소방청장은 회수·교환·폐기 또는 판매중지를 명하거나 형식승인 또는 성능인증을 취소한 때에는 행정안전부령으로 정하는 바에 따라 그 사실을 소방청 홈페이지 등에 공표할 수 있다. ( )

정답 12.○ 13.○ 14.X 15.○ 16.○ 17.○ 18.X 19.○ 20.X 21.X 22.○ 23.○ 24.X

CHAPTER 05 소방용품의 품질관리 적중예상문제

01 다음 중 소방용품에 대한 형식승인의 권한이 있는 사람은?

① 시·도지사
② 소방청장
③ 행정안전부장관
④ 소방본부장 또는 소방서장

해설 ② 맞음, 대통령령으로 정하는 소방용품을 제조하거나 수입하려는 자는 소방청장의 형식승인을 받아야 한다. 다만, 연구개발 목적으로 제조하거나 수입하는 소방용품은 그러하지 아니하다.(법 제37조 제1항)

02 다음 중 소방청장의 형식승인 대상 소방용품이 아닌 것은?

① 소화기구(소화약제 외의 것을 이용한 간이소화용구는 제외한다)
② 공기호흡기(충전기를 포함한다)
③ 완강기(지지대를 포함한다) 및 간이완강기(지지대를 포함한다)
④ 자동소화장치(상업용 주방소화장치를 포함한다)

해설 ④ 틀림, 형식승인 대상 소방용품은 다음과 같다.
  ㉠ 소화기구(소화약제 외의 것을 이용한 간이소화용구는 제외한다)
  ㉡ 자동소화장치 : 상업용 주방소화장치는 제외한다.
  ㉢ 경보설비를 구성하는 발신기, 수신기, 중계기, 감지기 및 음향장치(경종만 해당한다)
  ㉣ 피난사다리, 구조대, 완강기(지지대를 포함한다) 및 간이완강기(지지대를 포함한다)
  ㉤ 공기호흡기(충전기를 포함한다)
  ㉥ 소화약제 및 방염제(방염액·방염도료 및 방염성물질)

03 다음 중 소방청장의 형식승인 대상 소방용품이 아닌 것은?

① 소화설비를 구성하는 기동용 수압개폐장치, 유수제어밸브 및 가스관선택밸브
② 소화기구(소화약제 외의 것을 이용한 간이소화용구는 제외한다)
③ 경보설비를 구성하는 발신기, 수신기, 중계기, 감지기 및 음향장치(경종을 제외한다)
④ 방염제(방염액·방염도료 및 방염성물질을 말한다)

해설 ① 맞음, 소화설비를 구성하는 소화전, 관창(管槍), 소방호스, 스프링클러헤드, 기동용 수압개폐장치, 유수제어밸브 및 가스관선택밸브는 형식승인 대상 소방용품이다.
③ 틀림, 경보설비를 구성하는 발신기, 수신기, 중계기, 감지기 및 음향장치(경종만 해당한다)

정답 01.② 02.④ 03.③

04 다음 중 소방용품의 형식승인에 대한 설명으로 틀린 것은?

① 소화약제 외의 것을 이용한 간이소화용구를 제조하려면 형식승인을 받아야 한다.
② 소화약제의 형식승인을 받으려는 자는 행정안전부령으로 정하는 기준에 따라 형식승인을 위한 시험시설을 갖추고 소방청장의 심사를 받아야 한다.
③ 형식승인을 받은 자는 그 소방용품에 대해 소방청장이 실시하는 제품검사를 받아야 한다.
④ 소방용품의 형상·구조·재질·성분·성능 등의 형식승인 및 제품검사의 기술기준 등에 관한 사항은 소방청장이 정하여 고시한다.

> **해설** ① 틀림, 소화기구 중 소화약제 외의 것을 이용한 간이소화용구는 소방용품에서 제외된다. 따라서 소방용품의 형식승인의 대상이 아니다.
> ④ 맞음, 형식승인의 방법·절차 등은 행정안전부령으로 정하며, 소방용품의 형상 등의 형식승인 및 제품검사의 기술기준 등에 관한 사항은 소방청장이 정하여 고시한다.

05 다음 내용 중에서 행정안전부령으로 정하는 것이 아닌 것은?

① 형식승인의 방법·절차 등과 제품검사의 구분·방법·순서·합격표시 등에 관한 사항
② 소방용품의 형상·구조·재질·성분·성능 등의 형식승인 및 제품검사의 기술기준 등에 관한 사항
③ 변경승인의 대상·구분·방법 및 절차 등에 관하여 필요한 사항
④ 형식승인의 취소와 제품검사의 중지에 관한 처분기준

> **해설** ② 틀림, 소방용품의 형상·구조·재질·성분·성능 등의 형식승인 및 제품검사의 기술기준 등에 관한 사항은 소방청장이 정하여 고시한다.(법 제37조 제5항) ①,③,④는 행정안전부령으로 정하지만 ② 소방용품의 형상 등의 형식승인 및 제품검사의 기술기준은 소방청장이 정한다.

06 다음 중 소방용품의 형식승인에 대한 설명으로 적절하지 못한 것은?

① 소방용품을 제조하거나 수입하려는 자는 소방청장의 형식승인을 받아야 한다.
② 하나의 소방용품에 두 가지 이상의 형식승인 사항이 결합된 경우에는 두 가지 이상의 형식승인 시험을 함께 실시하고 하나의 형식승인을 할 수 있다.
③ 소방청장이 고시하는 형식승인에서 정하고 있는 방법이 아닌 새로운 기술이 적용된 제품의 경우에는 관련 전문가의 평가를 거쳐 다른 방법 및 절차로 형식승인을 할 수 있다.
④ 형식승인의 방법·절차 등과 제품검사의 구분·방법 등에 관한 사항은 대통령령으로 정한다.

> **해설** ② 맞음, 하나의 소방용품에 두 가지 이상의 형식승인 사항 또는 형식승인과 성능인증 사항이 결합된 경우에는 두 가지 이상의 형식승인 또는 형식승인과 성능인증 시험을 함께 실시하고 하나의 형식승인을 할 수 있다.
> ③ 맞음, 새로운 기술이 적용된 제품의 경우에는 관련 전문가의 평가를 거쳐 행정안전부령으로 정하는 바에 따라 다른 방법 및 절차로 형식승인을 할 수 있다.
> ④ 틀림, 형식승인의 방법·절차 등과 제품검사의 구분·방법 등에 관한 사항은 행정안전부령으로 정한다.

정답 04.① 05.② 06.④

07 다음 중 반드시 형식승인을 취소하여야 하는 경우에 해당하지 않는 것은?

① 거짓이나 그 밖의 부정한 방법으로 형식승인을 받은 경우
② 거짓이나 그 밖의 부정한 방법으로 제품검사를 받은 경우
③ 제품검사 시 기술기준에 미달되는 경우
④ 변경승인을 받지 아니하거나 거짓이나 그 밖의 부정한 방법으로 변경승인을 받은 경우

> **해설** ③ 틀림, ③의 제품검사 시 기술기준에 미달되는 경우와 시험시설의 시설기준에 미달되는 경우에는 형식승인의 취소하거나 6개월 이내의 기간을 정하여 제품검사의 중지를 명할 수 있다. 형식승인을 취소하여야 하는 당연취소의 사유는 다음과 같다.(법 제39조 제1항)
> ㉠ 거짓이나 그 밖의 부정한 방법으로 형식승인을 받은 경우
> ㉡ 거짓이나 그 밖의 부정한 방법으로 제품검사를 받은 경우
> ㉢ 변경승인을 받지 아니하거나 거짓이나 그 밖의 부정한 방법으로 변경승인을 받은 경우

08 소방용품의 형식승인이 취소된 경우 그 취소된 날부터 몇 년 이내에는 동일 품목에 대한 형식승인을 받을 수 없는가?

① 1년　　　　　　　　　　　② 2년
③ 3년　　　　　　　　　　　④ 4년

> **해설** ② 맞음, 소방용품의 형식승인이 취소된 자는 그 취소된 날부터 2년 이내에는 형식승인이 취소된 동일 품목에 대하여 형식승인을 받을 수 없다.(법 제39조 제2항)

09 다음 중 소방용품을 판매하거나 판매 목적으로 진열하거나 소방시설공사에 사용할 수 없는 경우가 아닌 것은?

① 시험시설을 갖추지 않은 것
② 형식승인을 받지 아니한 것
③ 형상등을 임의로 변경한 것
④ 제품검사를 받지 아니하거나 합격표시를 하지 아니한 것

> **해설** ① 틀림, 누구든지 다음의 어느 하나에 해당하는 소방용품을 판매하거나 판매 목적으로 진열하거나 소방시설공사에 사용할 수 없다.(법 제36조 제6항)
> ㉠ 형식승인을 받지 아니한 것
> ㉡ 형상등을 임의로 변경한 것
> ㉢ 제품검사를 받지 아니하거나 합격표시를 하지 아니한 것

정답　07.③　08.②　09.①

10 미승인 소방용품 판매 등의 제한에 대한 설명으로 틀린 것은?

① 형식승인을 받지 아니한 소방용품을 판매할 수 없다.
② 합격표시를 하지 아니한 소방용품을 소방시설공사에 사용할 수 없다.
③ 제품검사를 받지 아니한 소방용품을 판매하거나 판매 목적으로 진열할 수 없다.
④ 형상등을 임의로 변경한 소방제품은 사후에 소방청장의 변경승인을 받은 경우에는 소방시설공사에 사용할 수 있다.

해설 ④ 틀림, 형상등을 임의로 변경한 소방제품은 소방시설공사에 사용할 수 없다. 누구든지 형식승인을 받지 아니한 것, 형상등을 임의로 변경한 것, 제품검사를 받지 아니하거나 합격표시를 하지 아니한 소방용품을 판매하거나 판매 목적으로 진열하거나 소방시설공사에 사용할 수 없다.(법 제37조 제6항)

11 다음 중 소방용품의 형식승인에 대한 설명으로 틀린 것은?

① 형식승인을 받은 자가 해당 소방용품에 대하여 형상등의 일부를 변경하려면 소방청장의 변경승인을 받아야 한다.
② 시험시설의 시설기준에 미달되는 경우에는 소방용품의 형식승인을 취소하여야 한다.
③ 소방용품의 형식승인이 취소된 자는 그 취소된 날부터 2년 이내에는 형식승인이 취소된 동일 품목에 대하여 형식승인을 받을 수 없다.
④ 소방청장, 소방본부장 또는 소방서장은 법을 위반한 소방용품에 대하여는 그 제조자·수입자·판매자 또는 시공자에게 수거·폐기 또는 교체 등 필요한 조치를 명할 수 있다.

해설 ① 맞음, 제37조제1항 및 제10항에 따른 형식승인을 받은 자가 해당 소방용품에 대하여 형상등의 일부를 변경하려면 소방청장의 변경승인을 받아야 한다.(법 제38조 제1항)
② 틀림, 시험시설의 시설기준에 미달되는 경우에는 소방용품의 형식승인을 취소하거나 6개월 이내의 기간을 정하여 제품검사의 중지를 명할 수 있다.
③ 맞음, 소방용품의 형식승인이 취소된 자는 그 취소된 날부터 2년 이내에는 형식승인이 취소된 동일 품목에 대하여 형식승인을 받을 수 없다.(법 제39조 제2항)
④ 맞음, 소방청장, 소방본부장 또는 소방서장은 미승인소방용품에 대하여는 그 제조자·수입자·판매자 또는 시공자에게 수거·폐기 또는 교체 등 행정안전부령으로 정하는 필요한 조치를 명할 수 있다.(법 제37조)

12 소방용품에 대한 성능인증을 소방청장에게 요청할 수 있는 자는?

① 수입자
② 관계인
③ 소방본부장
④ 관리자

해설 ① 맞음, 요청에 의한 성능인정 : 소방청장은 제조자 또는 수입자 등의 요청이 있는 경우 소방용품에 대하여 성능인증을 할 수 있다. 성능인증을 받은 자는 그 소방용품에 대하여 소방청장의 제품검사를 받아야 한다.(법 제40조 제1항 및 제2항)

정답 10.④ 11.② 12.①

13 소방청장의 소방용품 성능인증에 대한 설명으로 틀린 것은?

① 제조자 또는 수입자 등의 요청이 있는 경우 소방용품에 대하여 성능인증을 할 수 있다.
② 성능인증을 받은 자는 그 소방용품에 대하여 소방청장의 제품검사를 받아야 한다.
③ 성능인증 및 제품검사의 구분·대상·절차·방법·합격표시 및 수수료 등에 관한 사항은 소방청장이 정하여 고시한다.
④ 성능인증 및 제품검사의 기술기준 등에 관한 사항은 소방청장이 정하여 고시한다.

해설 ③ 틀림, 성능인증 및 제품검사의 기술기준 등에 관한 사항은 소방청장이 정하여 고시한다. 그러나 성능인증의 대상·신청·방법 및 성능인증서 발급에 관한 사항과 제품검사의 구분·대상·절차·방법·합격표시 및 수수료 등에 관한 사항은 행정안전부령(소방용품의 품질관리 등에 관한 규칙)으로 정한다.

14 소방용품의 성능인증과 제품검사 등에 대한 설명으로 틀린 것은?

① 제품검사에 합격하지 아니한 소방용품에는 성능인증을 받았다는 표시를 하거나 제품검사에 합격하였다는 표시를 하여서는 아니 된다.
② 제품검사를 받지 아니하거나 합격표시를 하지 아니한 소방용품을 판매 또는 판매 목적으로 진열하거나 소방시설공사에 사용하여서는 아니 된다.
③ 성능인증의 방법 및 절차 등에 관하여는 행정안전부령으로 정한다.
④ 하나의 소방용품에 성능인증 사항이 두 가지 이상 결합된 경우에는 해당 성능인증 시험을 모두 실시하고 각각 별도의 성능인증을 하여야 한다.

해설 ①,② 맞음, 제품검사에 합격하지 아니한 소방용품에는 성능인증을 받았다는 표시를 하거나 제품검사에 합격하였다는 표시를 하여서는 아니 되며, 제품검사를 받지 아니하거나 합격표시를 하지 아니한 소방용품을 판매 또는 판매 목적으로 진열하거나 소방시설공사에 사용하여서는 아니 된다.(법 제39조 제5항)
③ 맞음, 성능인증의 방법 및 절차, 성능인증의 대상·신청·방법 및 성능인증서 발급에 관한 사항과 제품검사의 구분·대상·절차·방법·합격표시 및 수수료 등에 관한 사항은 행정안전부령으로 정한다.
④ 틀림, 하나의 소방용품에 성능인증 사항이 두 가지 이상 결합된 경우에는 해당 성능인증 시험을 모두 실시하고 하나의 성능인증을 할 수 있다.

15 소방용품에 대하여 성능인증을 받은 후 제조자 또는 수입자 등이 소방청장으로부터 받아야 하는 것은?

① 제품검사
② 형식승인
③ 사용승인
④ 성능인증

해설 ① 맞음, 소방청장은 제조자 또는 수입자 등의 요청이 있는 경우 소방용품에 대하여 성능인증을 할 수 있다.(법 제39조 제1항) 제1항에 따라 성능인증을 받은 자는 그 소방용품에 대하여 소방청장의 제품검사를 받아야 한다.(법 제39조 제2항)

정답 13.③ 14.④ 15.①

16 성능인증의 변경 및 취소 등에 대한 설명으로 적절하지 못한 것은?

① 성능인증을 받은 자가 해당 소방용품에 대하여 형상등의 일부를 변경하려면 소방청장의 변경인증을 받아야 한다.
② 변경인증의 대상·구분·방법 및 절차 등에 필요한 사항은 소방청장이 정하여 고시한다.
③ 변경인증을 받지 아니하고 해당 소방용품에 대하여 형상 등의 일부를 변경한 경우에는 해당 소방용품의 성능인증을 취소하여야 한다.
④ 소방용품의 성능인증이 취소된 자는 그 취소된 날부터 2년 이내에 성능인증이 취소된 소방용품과 동일한 품목에 대하여는 성능인증을 받을 수 없다.

> **해설** ① 맞음, 성능인증을 받은 자가 해당 소방용품에 대하여 형상등의 일부를 변경하려면 소방청장의 변경인증을 받아야 한다. (법 제39조의2 제1항)
> ② 틀림, 변경인증의 대상·구분·방법 등에 필요한 사항은 행정안전부령으로 정한다.(법 제39조의2 제2항)
> ③ 맞음, 변경인증을 받지 아니하고 해당 소방용품에 대하여 형상 등의 일부를 변경하거나 거짓이나 그 밖의 부정한 방법으로 변경인증을 받은 경우에는 해당 소방용품의 성능인증을 취소하여야 한다.
> ④ 맞음, 소방용품의 성능인증이 취소된 자는 그 취소된 날부터 2년 이내에 성능인증이 취소된 소방용품과 동일한 품목에 대하여는 성능인증을 받을 수 없다.(법 제39조의3 제2항)

17 다음 중 소방용품에 대한 성능인증의 당연취소 사유가 아닌 것은?

① 거짓이나 그 밖의 부정한 방법으로 성능인증을 받은 경우
② 거짓이나 그 밖의 부정한 방법으로 제품검사를 받은 경우
③ 성능인증표시 또는 제품검사의 합격표시 사용금지를 위반한 경우
④ 변경인증을 받지 아니하고 해당 소방용품에 대하여 형상 등의 일부를 변경하거나 거짓이나 그 밖의 부정한 방법으로 변경인증을 받은 경우

> **해설** ①,②,④ 맞음, 소방청장은 ①,②,④에 해당하는 경우 해당 소방용품의 성능인증을 취소하여야 한다.
> ③ 틀림, 소방청장은 성능인증표시 또는 제품검사의 합격표시 사용금지를 위반한 경우와 제품검사 시 기술기준에 미달되는 경우 해당 소방용품의 성능인증을 취소하거나 6개월 이내의 기간을 정하여 해당 소방용품의 제품검사 중지를 명할 수 있다.(법 제42조 제1항)

18 품질이 우수하다고 인정하는 소방용품에 대하여 우수품질인증을 할 수 있는 자는?

① 한국검정공사 ② 한국소방안전원
③ 소방본부장 ④ 소방청장

> **해설** ④ 맞음, 소방청장은 제37조에 따른 형식승인의 대상이 되는 소방용품 중 품질이 우수하다고 인정하는 소방용품에 대하여 인증(우수품질인증)을 할 수 있다.(법 제43조 제1항) 소방용품의 형식승인, 성능인증, 우수품질인증은 소방청장의 권한이다.

정답 16.② 17.③ 18.④

19 우수품질 제품에 대한 인증을 설명한 것으로 적절하지 못한 것은?

① 소방청장은 형식승인의 대상이 되는 소방용품 중 품질이 우수하다고 인정하는 소방용품에 대하여 인증을 할 수 있다.
② 우수품질인증을 받으려는 자는 소방청장에게 신청하여야 한다.
③ 소방청장은 우수품질인증을 받은 제품이 「발명진흥법」에 따른 산업재산권 등 타인의 권리를 침해하였다고 판단되는 경우에는 우수품질인증을 취소하여야 한다.
④ 우수품질인증을 받은 소방용품에는 우수품질인증 표시를 할 수 있으며, 우수품질인증의 유효기간은 5년의 범위에서 행정안전부령으로 정한다.

> **해설** ③ 틀림, 소방청장은 다음의 어느 하나에 해당하는 경우에는 우수품질인증을 취소할 수 있다. 다만, ⊙에 해당하는 경우에는 우수품질인증을 취소하여야 한다.
> ⊙ 거짓이나 그 밖의 부정한 방법으로 우수품질인증을 받은 경우
> ⊙ 우수품질인증을 받은 제품이 「발명진흥법」 제2조제4호에 따른 산업재산권 등 타인의 권리를 침해하였다고 판단되는 경우.(법 제43조 제5항)

20 우수품질인증의 유효기간은 5년의 범위에서 행정안전부령으로 정하도록 하고 있다. 현재 우수품질인증서의 유효기간은 발급한 날부터 몇 년으로 정하고 있는가?

① 2년   ② 3년
③ 4년   ④ 5년

> **해설** ② 맞음, 우수품질인증의 유효기간은 5년의 범위에서 행정안전부령으로 정한다.(법 제43조 제4항) 행정안전부령인 소방용품 품질관리에 관한 규칙 제28조 제2항에서는 우수품질인증서의 유효기간은 발급한 날부터 3년으로 정하고 있다.

21 건축물의 신축·증축 및 개축 등으로 소방용품을 변경 또는 신규 비치하여야 하는 경우 우수품질인증 소방용품을 우선 구매·사용하도록 노력하여야 하는 기관이 아닌 것은?

① 중앙행정기관
② 지방자치단체
③ 「공공기관의 운영에 관한 법률」 제4조에 따른 공공기관
④ 그 밖에 행정안전부령으로 정하는 기관

> **해설** ④ 틀림, 건축물의 신축·증축 및 개축 등으로 소방용품을 변경 또는 신규 비치하여야 하는 경우 우수품질인증 소방용품을 우선 구매·사용하도록 노력하여야 하는 기관 및 단체는 ① 중앙행정기관, ② 지방자치단체, ③ 「공공기관의 운영에 관한 법률」 제4조에 따른 공공기관 및 그 밖에 대통령령으로 정하는 기관(지방공사 및 지방공단, 지방자치단체의 출자·출연기관)이다.(법 제44조)

정답 19.③ 20.② 21.④

22 소방청장이 소방용품의 품질관리를 위하여 유통 중인 소방용품을 검사할 수 있는 것은?

① 수집검사
② 형식승인
③ 성능인증
④ 우수품질인증

해설 ① 맞음, 소방청장은 소방용품의 품질관리를 위하여 필요하다고 인정할 때에는 유통 중인 소방용품을 수집하여 검사할 수 있고 수집검사 결과 중대한 결함이 있다고 인정되는 소방용품에 대하여는 그 제조자 및 수입자에게 회수·교환·폐기 또는 판매중지를 명하고, 형식승인 또는 성능인증을 취소할 수 있다.(법 제45조)

23 소방용품의 수집검사에 대한 설명으로 틀린 것은?

① 소방청장은 소방용품의 품질관리를 위하여 필요하다고 인정할 때에는 유통 중인 소방용품을 수집하여 검사할 수 있다.
② 소방청장은 수집검사 결과 대통령령으로 정하는 중대한 결함이 있다고 인정되는 소방용품에 대해 그 제조자 및 수입자에게 회수·교환·폐기 또는 판매중지를 명할 수 있다.
③ 소방청장은 행정안전부령으로 정하는 바에 따라 제조자 및 수입자에 대한 형식승인 또는 성능인증을 취소할 수 있다.
④ 소방청장은 회수·교환·폐기 또는 판매중지를 명하거나 형식승인을 취소한 때에는 행정안전부령으로 정하는 바에 따라 그 사실을 소방청 홈페이지 등에 공표하여야 한다.

해설 ② 틀림, 소방청장은 수집검사 결과 행정안전부령으로 정하는 중대한 결함이 있다고 인정되는 소방용품에 대하여는 그 제조자 및 수입자에게 행정안전부령으로 정하는 바에 따라 회수·교환·폐기 또는 판매중지를 명하고, 형식승인 또는 성능인증을 취소할 수 있다.(법 제45조 제2항)
④ 맞음, 소방청장은 회수·교환·폐기 또는 판매중지를 명하거나 형식승인 또는 성능인증을 취소한 때에는 행정안전부령으로 정하는 바에 따라 그 사실을 소방청 홈페이지 등에 공표하여야 한다.

24 다음 중 소방용품의 형식승인에 대한 설명으로 틀린 것은?   ☆ 19년 소방장

① 형식승인을 받으려는 자는 행정안전부령으로 정하는 기준에 따라 형식승인을 위한 시험시설을 갖추고 소방청장의 인가를 받아야 한다.
② 형식승인을 받은 자는 그 소방용품에 대하여 소방청장이 실시하는 제품검사를 받아야 한다.
③ 하나의 소방용품에 두 가지 이상의 형식승인 사항 또는 형식승인과 성능인증 사항이 결합된 경우에는 시험을 함께 실시하고 하나의 형식승인을 할 수 있다.
④ 소방청장, 소방본부장 또는 소방서장은 미승인 소방용품에 대하여는 그 제조자·수입자·판매자 또는 시공자에게 수거·폐기 또는 교체 등 필요한 조치를 명할 수 있다.

해설 ① 틀림, 형식승인을 받으려는 자는 행정안전부령으로 정하는 기준에 따라 형식승인을 위한 시험시설을 갖추고 소방청장의 인가가 아닌 심사를 받아야 한다.(법 제37조 제2항)
② 맞음, 대통령령으로 정하는 소방용품을 제조하거나 수입하려는 자는 소방청장의 형식승인을 받아야 한다.

정답 22.① 23.② 24.①

25 「소방시설 설치 및 관리에 관한 법률 시행령」상 형식승인 대상 소방용품에 해당하지 않는 것은?

☆ 23년 소방교

① 발신기
② 누전경보기
③ 피난구유도등
④ 휴대용비상조명등

해설 ①,② 맞음, 소방용품 중 경보설비를 구성하는 제품 또는 기기로는 누전경보기 및 가스누설경보기와 경보설비를 구성하는 발신기, 수신기, 중계기, 감지기 및 음향장치(경종만 해당한다)가 있다.
④ 틀림, 소방용품 중 피난구조설비설비를 구성하는 제품 또는 기기로는 피난사다리, 구조대, 완강기(지지대를 포함한다) 및 간이완강기(지지대를 포함한다), 공기호흡기(충전기를 포함한다), 피난구유도등, 통로유도등, 객석유도등 및 예비 전원이 내장된 비상조명등이 있다.

정답 25.④

CHAPTER 06 보칙 및 벌칙

> **학습/포/인/트**
>
> 보칙에서는 제품검사 전문기관의 지정과 취소, 소방청장의 권한 또는 업무의 위임·위탁 등을 규정하고 있으며, 벌칙은 소방시설법상 의무위반에 대한 제재에 대한 것이다. 보칙에서는 권한의 위임·위탁의 내용과 조치명령등의 기간연장을 파악하고, 벌칙에서는 행정형벌과 행정질서벌로 나누고 처벌의 경중에 따라 구분하여 정리하여야 한다.

제1절 보칙

1 제품검사 전문기관의 지정 등

(1) 제품검사 전문기관의 지정(법 제46조)

① **지정 요건**: 소방청장은 제품검사를 전문적·효율적으로 실시하기 위하여 다음의 요건을 모두 갖춘 기관을 제품검사 전문기관으로 지정할 수 있다.
  ㉠ 다음의 어느 하나에 해당하는 기관일 것:「과학기술분야 정부출연연구기관 등의 설립·운영 및 육성에 관한 법률」제8조에 따라 설립된 연구기관, 공공기관, 소방용품의 시험·검사 및 연구를 주된 업무로 하는 비영리 법인
  ㉡ 「국가표준기본법」제23조에 따라 인정을 받은 시험·검사기관일 것
  ㉢ 행정안전부령으로 정하는 검사인력 및 검사설비를 갖추고 있을 것
  ㉣ 기관의 대표자가 제27조(관리사 결격사유)의 어느 하나에 해당하지 아니할 것
  ㉤ 전문기관의 지정이 취소된 경우 그 지정이 취소된 날부터 2년이 경과하였을 것
② **지정 방법**: 전문기관 지정의 방법 및 절차 등에 필요한 사항은 행정안전부령으로 정한다.
③ **조건 부과**: 소방청장은 전문기관을 지정하는 경우에는 소방용품의 품질 향상, 제품검사의 기술개발 등에 드는 비용을 부담하게 하는 등 필요한 조건을 붙일 수 있다. 이 경우 조건은 공공의 이익을 증진하기 위하여 필요한 최소한도에 그쳐야 하며, 부당한 의무를 부과하여서는 아니 된다.
④ **제품검사 실시 현황의 보고**: 전문기관은 행정안전부령으로 정하는 바에 따라 제품검사 실시 현황을 소방청장에게 보고하여야 한다.
⑤ **평가 및 확인검사**: 소방청장은 전문기관을 지정한 경우에는 행정안전부령으로 정하는 바에 따라 전문기관의 제품검사 업무에 대한 평가를 실시할 수 있으며, 제품검사를 받은 소방용품에 대하여 확인검사를 할 수 있다.

⑥ 평가결과의 공표 : 소방청장은 전문기관에 대한 평가를 실시하거나 확인검사를 실시한 때에는 평가결과 또는 확인검사 결과를 행정안전부령으로 정하는 바에 따라 공표할 수 있다.
⑦ 확인검사의 비용부담 : 소방청장은 확인검사를 실시하는 때에는 행정안전부령으로 정하는 바에 따라 전문기관에 대하여 확인검사에 드는 비용을 부담하게 할 수 있다.

(2) 전문기관의 지정취소 등(법 제47조)

소방청장은 전문기관이 다음의 어느 하나에 해당할 때에는 그 지정을 취소하거나 6개월 이내의 기간을 정하여 그 업무의 정지를 명할 수 있다. 다만, ①에 해당할 때에는 그 지정을 취소하여야 한다.

① 거짓이나 그 밖의 부정한 방법으로 지정을 받은 경우 : 지정취소
② 정당한 사유 없이 1년 이상 계속하여 제품검사 또는 실무교육 등 지정받은 업무를 수행하지 아니한 경우
③ 전문기관 지정의 요건을 갖추지 못하거나 비용부담에 따른 조건을 위반한 때
④ 제52조제1항제7호(지정을 받은 제품검사 전문기관)에 따른 감독 결과 이 법이나 다른 법령을 위반하여 전문기관으로서의 업무를 수행하는 것이 부적당하다고 인정되는 경우

(3) 전산시스템의 구축 및 운영(법 제48조)

① 소방청장, 소방본부장 또는 소방서장은 특정소방대상물의 체계적인 안전관리를 위하여 다음의 정보가 포함된 전산시스템을 구축·운영하여야 한다.
 ㉠ 제6조제3항에 따라 제출받은 설계도면의 관리 및 활용
 ㉡ 제23조제3항에 따라 보고받은 자체점검 결과의 관리 및 활용
 ㉢ 그 밖에 소방청장, 소방본부장 또는 소방서장이 필요하다고 인정하는 자료의 관리 및 활용
② 소방청장, 소방본부장 또는 소방서장은 제1항에 따른 전산시스템의 구축·운영에 필요한 자료의 제출 또는 정보의 제공을 관계 행정기관의 장에게 요청할 수 있다. 이 경우 자료의 제출이나 정보의 제공을 요청받은 관계 행정기관의 장은 정당한 사유가 없으면 이에 따라야 한다.

(4) 청문(법 제49조) ☆ 17년 인천 소방장

소방청장 또는 시·도지사는 다음의 어느 하나에 해당하는 처분을 하려면 청문을 하여야 한다.

① 제28조에 따른 관리사 자격의 취소 및 정지
② **제35조제1항에 따른 관리업의 등록취소 및 영업정지 : 시·도지사**
③ 제39조에 따른 소방용품의 형식승인 취소 및 제품검사 중지
④ 제42조에 따른 성능인증의 취소
⑤ 제43조제5항에 따른 우수품질인증의 취소
⑥ 제47조에 따른 전문기관의 지정취소 및 업무정지

2 권한 또는 업무의 위임·위탁 등

(1) 권한의 위임 ☆ 18년 소방교

① 소속 기관의 장 등에 위임 : 이 법에 따른 소방청장 또는 시·도지사의 권한은 대통령령으로 정하는 바에 따라 그 일부를 소속 기관의 장, 시·도지사, 소방본부장 또는 소방서장에게 위임할 수 있다.(법 제50조 제1항)

② 국립소방연구원장 : 소방청장은 법 제50조제1항에 따라 화재안전기준 중 기술기준에 대한 법 제19조 각 호에 따른 관리·운영 권한을 국립소방연구원장에게 위임한다.(영 제48조 제1항)

(2) 한국소방산업기술원(기술원)에 위탁

소방청장은 다음의 업무를 「소방산업의 진흥에 관한 법률」제14조에 따른 한국소방산업기술원에 위탁할 수 있다. 이 경우 소방청장은 기술원에 소방시설 및 소방용품에 관한 기술개발·연구 등에 필요한 경비의 일부를 보조할 수 있다.(법 제50조 제2항 및 영 제48조 제2항)

① 제21조에 따른 방염성능검사 중 대통령령으로 정하는 검사 : 방염대상물품에 대한 방염성능검사(설치 현장에서 방염처리를 하는 합판·목재류에 대한 방염성능검사는 제외)를 말한다.
② 제37조제1항·제2항 및 제8항부터 제10항까지의 규정에 따른 소방용품의 형식승인
③ 제38조에 따른 형식승인의 변경승인
④ 제39조제1항에 따른 형식승인의 취소
⑤ 제40조제1항·제6항에 따른 성능인증 및 제42조에 따른 성능인증의 취소
⑥ 제41조에 따른 성능인증의 변경인증
⑦ 제43조에 따른 우수품질인증 및 그 취소

(3) 기술원 또는 전문기관에 위탁(법 제50조)

① 소방청장은 제37조제3항 및 제40조제2항에 따른 제품검사 업무를 기술원 또는 전문기관에 위탁할 수 있다.(제3항)
② 법 제50조 제2항 및 제3항에 따라 위탁받은 업무를 수행하는 기술원 및 전문기관이 갖추어야 하는 시설기준 등에 관하여 필요한 사항은 행정안전부령으로 정한다.(제4항)

(4) 소방기술과 관련된 법인 또는 단체에 위탁

① 소방청장은 다음의 업무를 대통령령으로 정하는 바에 따라 소방기술과 관련된 법인 또는 단체에 위탁할 수 있다.(법 제50조 제5항)
㉠ 표준자체점검비의 산정 및 공표
㉡ 제25조제5항 및 제6항에 따른 소방시설관리사증의 발급·재발급
㉢ 제34조제1항에 따른 점검능력 평가 및 공시
㉣ 제34조제4항에 따른 데이터베이스 구축·운영

② 소방청장은 업무를 소방청장의 허가를 받아 설립한 소방기술과 관련된 법인 또는 단체 중 해당 업무를 처리하는 데 필요한 관련 인력과 장비를 갖춘 법인 또는 단체에 위탁한다. 이 경우 소방청장은 위탁받는 기관의 명칭·주소·대표자 및 위탁 업무의 내용을 고시해야 한다.

(5) 기타 업무의 위탁 및 관련 사항(법 제50조 제6항 및 제7항)

① 화재안전 관련 전문연구기관에 위탁 : 소방청장은 제14조제3항에 따른 건축 환경 및 화재위험 특성 변화 추세 연구에 관한 업무를 대통령령으로 정하는 바에 따라 화재안전 관련 전문연구기관에 위탁할 수 있다. 이 경우 소방청장은 연구에 필요한 경비를 지원할 수 있다.
② 비밀누설금지의 의무 : 위탁받은 업무에 종사하고 있거나 종사하였던 사람은 업무를 수행하면서 알게 된 비밀을 이 법에서 정한 목적 외의 용도로 사용하거나 다른 사람 또는 기관에 제공하거나 누설하여서는 아니 된다.

3 기타 보칙

(1) 벌칙 적용에서 공무원 의제(법 제50조)

다음의 어느 하나에 해당하는 자는「형법」제129조부터 제132조(수뢰, 사전수뢰, 제3자 뇌물제공, 수뢰후부정처사, 사후수뢰, 알선수뢰)까지의 규정을 적용할 때에는 공무원으로 본다.

① 평가단의 구성원 중 공무원이 아닌 사람
② 중앙위원회 및 지방위원회의 위원 중 공무원이 아닌 사람
③ 제50조제2항부터 제6항까지의 규정에 따라 위탁받은 업무를 수행하는 기술원, 전문기관, 법인 또는 단체, 화재안전 관련 전문연구기관의 담당 임직원

(2) 감독(법 제52조)

① 출입·검사 : 소방청장, 시·도지사, 소방본부장 또는 소방서장은 다음의 어느 하나에 해당하는 자, 사업체 또는 소방대상물 등의 감독을 위하여 필요하면 관계인에게 필요한 보고 또는 자료제출을 명할 수 있으며, 관계 공무원으로 하여금 소방대상물·사업소·사무소 또는 사업장에 출입하여 관계 서류·시설 및 제품 등을 검사하게 하거나 관계인에게 질문하게 할 수 있다.

㉠ 제22조에 따라 관리업자등이 점검한 특정소방대상물
㉡ 제25조에 따른 관리사
㉢ 제29조제1항에 따른 등록한 관리업자
㉣ 제37조제1항부터 제3항까지 및 제10항에 따른 소방용품의 형식승인, 제품검사 또는 시험시설의 심사를 받은 자
㉤ 제38조제1항에 따라 변경승인을 받은 자
㉥ 제40조제1항, 제2항 및 제6항에 따라 성능인증 및 제품검사를 받은 자
㉦ 제46조제1항에 따라 지정을 받은 전문기관
㉧ 소방용품을 판매하는 자

② **증표제시의무** : 출입·검사 업무를 수행하는 관계 공무원은 그 권한을 표시하는 증표를 지니고 이를 관계인에게 내보여야 한다.
③ **비밀누설금지** : 출입·검사 업무를 수행하는 관계 공무원은 관계인의 정당한 업무를 방해하거나 출입·검사 업무를 수행하면서 알게 된 비밀을 다른 사람에게 누설하여서는 아니 된다.

(3) 수수료 등(법 제53조)

다음의 어느 하나에 해당하는 자는 행정안전부령으로 정하는 수수료를 내야 한다..
① 제21조에 따른 방염성능검사를 받으려는 자
② 제25조제1항에 따른 관리사시험에 응시하려는 사람
③ 제25조제5항 및 제6항에 따라 소방시설관리사증을 발급받거나 재발급받으려는 자
④ 제29조제1항에 따른 관리업의 등록을 하려는 자
⑤ 제29조제3항에 따라 관리업의 등록증이나 등록수첩을 재발급 받으려는 자
⑥ 제32조제3항에 따라 관리업자의 지위승계를 신고하려는 자
⑦ 제34조제1항에 따라 점검능력 평가를 받으려는 자
⑧ 제37조제1항 및 제10항에 따라 소방용품의 형식승인을 받으려는 자
⑨ 제37조제2항에 따라 시험시설의 심사를 받으려는 자
⑩ 제37조제3항에 따라 형식승인을 받은 소방용품의 제품검사를 받으려는 자
⑪ 제38조제1항에 따라 형식승인의 변경승인을 받으려는 자
⑫ 제40조제1항 및 제6항에 따라 소방용품의 성능인증을 받으려는 자
⑬ 제40조제2항에 따라 성능인증을 받은 소방용품의 제품검사를 받으려는 자
⑭ 제41조제1항에 따른 성능인증의 변경인증을 받으려는 자
⑮ 제43조제1항에 따른 우수품질인증을 받으려는 자
⑯ 제46조에 따라 전문기관으로 지정을 받으려는 자

(4) 수수료 납부방법 등(규칙 제41조)

① 법 제53조에 따른 수수료 및 납부방법은 별표 10과 같다.
② 별표 10의 수수료를 반환하는 경우에는 다음의 구분에 따라 반환해야 한다.
  ㉠ 수수료를 과오납한 경우 : 그 과오납한 금액의 전부
  ㉡ 시험시행기관에 책임이 있는 사유로 시험에 응시하지 못한 경우 : 납입한 수수료의 전부
  ㉢ 직계 가족의 사망, 본인의 사고 또는 질병, 격리가 필요한 감염병이나 예견할 수 없는 기상상황 등으로 시험에 응시하지 못한 경우(해당 사실을 증명하는 서류 등을 제출한 경우로 한정한다): 납입한 수수료의 전부
  ㉣ 원서접수기간에 접수를 철회한 경우: 납입한 수수료의 전부
  ㉤ 시험시행일 20일 전까지 접수를 취소하는 경우: 납입한 수수료의 전부
  ㉥ 시험시행일 10일 전까지 접수를 취소하는 경우: 납입한 수수료의 100분의 50

[규칙 별표10] 수수료(제41조제1항 관련)

1. 수수료 금액

납부 대상자	납부금액
가. 법 제25조제1항에 따라 소방시설관리사시험에 응시하려는 사람 1) 제1차시험 2) 제2차시험	1만8천원 3만3천원
나. 법 제29조제3항에 따라 소방시설관리업의 등록을 하려는 자	4만원
다. 법 제29조제3항에 따라 소방시설관리업의 등록증 또는 등록수첩을 재발급받으려는 자	1만원
라. 법 제32조제3항에 따라 소방시설관리업의 지위승계를 신고하는 자	2만원
마. 제26조에 따라 소방시설관리사증을 발급받으려는 사람	2만원
바. 제27조제1항에 따라 소방시설관리사증을 재발급받으려는 사람	1만원

사. 법 제34조제1항 및 이 규칙 제37조에 따라 점검능력 평가를 받으려는 자의 수수료는 다음과 같다.
 1) 점검능력 평가 신청 수수료: 10만원
 2) 점검능력 평가 관련 제 증명서 발급 수수료: 2천원
 3) 점검실적 중 점검인력의 배치기준 적합 여부 확인 수수료

종류	적용대상	수수료(원)
1종	연면적 5,000㎡ 미만인 특정소방대상물에 대하여 작동점검을 실시한 경우	2,200
2종	연면적 5,000㎡ 이상인 특정소방대상물에 대하여 작동점검을 실시한 경우	2,700
3종	연면적 20,000㎡ 미만인 특정소방대상물에 대하여 종합점검을 실시한 경우	4,400
4종	연면적 20,000㎡ 이상인 특정소방대상물에 대하여 종합점검을 실시한 경우	4,900

2. 납부방법
 가. 제1호가목 및 마목부터 사목까지의 수수료는 계좌입금의 방식 또는 현금으로 납부하거나 신용카드로 결제해야 한다. 다만, 정보통신망을 이용하여 전자화폐·전자결제 등의 방법으로 결제할 수 있다.
 나. 제1호나목부터 라목까지의 수수료는 해당 지방자치단체의 수입증지로 납부해야 한다.

(5) 조치명령등의 기간연장 ☆ 20년 소방장, 19년 소방교

① **조치명령 등의 연기** : 다음에 따른 조치명령등(조치명령 또는 이행명령)을 받은 관계인 등은 천재지변이나 그 밖에 대통령령으로 정하는 사유로 조치명령등을 그 기간 내에 이행할 수 없는 경우에는 조치명령등을 명령한 소방청장, 소방본부장 또는 소방서장에게 대통령령으로 정하는 바에 따라 조치명령등을 연기하여 줄 것을 신청할 수 있다.(법 제54조 제1항)

㉠ 제12조제2항에 따른 소방시설에 대한 조치명령
　　　㉡ 제16조제2항에 따른 피난시설, 방화구획 또는 방화시설에 대한 조치명령
　　　㉢ 제20조제2항에 따른 방염대상물품의 제거 또는 방염성능검사 조치명령
　　　㉣ 제23조제6항에 따른 소방시설에 대한 이행계획 조치명령
　　　㉤ 제37조제7항에 따른 형식승인을 받지 아니한 소방용품의 수거·폐기 또는 교체 등의 조치명령
　　　㉥ 제45조제2항에 따른 중대한 결함이 있는 소방용품의 회수·교환·폐기 조치명령
　② 연기신청을 받은 소방청장, 소방본부장 또는 소방서장은 연기 신청 승인 여부를 결정하고 그 결과를 조치명령등의 이행 기간 내에 관계인 등에게 알려주어야 한다.(법 제54조 제2항)
　③ 조치명령 연기 사유 : 법 제54조제1항에서 "대통령령으로 정하는 사유"란 다음의 어느 하나에 해당하는 사유를 말한다.(영 제49조 제1항)
　　　㉠ 「재난 및 안전관리 기본법」 제3조제1호에 해당하는 재난이 발생한 경우
　　　㉡ 경매 등의 사유로 소유권이 변동 중이거나 변동된 경우
　　　㉢ 관계인의 질병, 사고, 장기출장의 경우
　　　㉣ 시장·상가·복합건축물 등 소방대상물의 관계인이 여러 명으로 구성되어 법 제54조제1에 따른 조치명령 또는 이행명령의 이행에 대한 의견을 조정하기 어려운 경우
　　　㉤ 그 밖에 관계인이 운영하는 사업에 부도 또는 도산 등 중대한 위기가 발생하여 조치명령 등을 그 기간 내에 이행할 수 없는 경우
　④ 조치명령 연기신청서 : 법 제54조 제1항에 따라 조치명령등의 연기를 신청하려는 관계인 등은 행정안전부령으로 정하는 연기신청서에 연기의 사유 및 기간 등을 적어 소방청장, 소방본부장 또는 소방서장에게 제출해야 하며, 연기의 신청 및 연기신청서의 처리에 필요한 사항은 행정안전부령으로 정한다.(영 제49조 제2항 및 제3항)
　⑤ 제출기한 : 조치명령등의 연기를 신청하려는 관계인 등은 조치명령등의 이행기간 만료일 5일 전까지 조치명령등의 연기신청서에 조치명령등을 그 기간 내에 이행할 수 없음을 증명할 수 있는 서류를 첨부하여 소방청장, 소방본부장 또는 소방서장에게 제출해야 한다.
　⑥ 승인 여부의 결정 : 신청서를 제출받은 소방청장, 소방본부장 또는 소방서장은 신청받은 날부터 3일 이내에 조치명령등의 연기 신청 승인 여부를 결정하여 조치명령등의 연기 통지서를 관계인 등에게 통지해야 한다.

(6) 위반행위의 신고 및 신고포상금의 지급(법 제55조)

　① 위반행위의 신고사항 : 누구든지 소방본부장 또는 소방서장에게 다음의 어느 하나에 해당하는 행위를 한 자를 신고할 수 있다.
　　　㉠ 제12조제1항을 위반하여 소방시설을 설치 또는 관리한 자
　　　㉡ 제12조제3항을 위반하여 폐쇄·차단 등의 행위를 한 자
　　　㉢ 제16조제1항 각 호(피난시설, 방화구획 및 방화시설의 폐쇄·훼손·변경 등)의 어느 하나에 해당하는 행위를 한 자

② **신고의 처리 및 결과의 통지** : 소방본부장 또는 소방서장은 신고를 받은 경우 신고 내용을 확인하여 이를 신속하게 처리하고, 그 처리결과를 행정안전부령으로 정하는 방법 및 절차에 따라 신고자에게 통지하여야 한다.
  ㉠ **결과의 통지** : 소방본부장 또는 소방서장은 법 제55조제2항에 따라 위반행위의 신고 내용을 확인하여 이를 처리한 경우에는 처리한 날부터 10일 이내에 별지 제35호서식의 위반행위 신고 내용 처리결과 통지서를 신고자에게 통지해야 한다.(규칙 제43조 제1항)
  ㉡ **통지의 방법** : 통지는 우편, 팩스, 정보통신망, 전자우편 또는 휴대전화 문자메시지 등의 방법으로 할 수 있다.(규칙 제43조 제2항)
③ **신고포상금의 지급** : 소방본부장 또는 소방서장은 신고를 한 사람에게 예산의 범위에서 포상금을 지급할 수 있다. ☆ 19년 소방장
④ **신고포상금의 지급대상 등** : 신고포상금의 지급대상, 지급기준, 지급절차 등에 필요한 사항은 시·도의 조례로 정한다.

(7) 고유식별정보의 처리(영 제50조)

소방청장(소방청장의 업무를 위탁받은 자를 포함), 시·도지사(해당 권한 또는 업무가 위임되거나 위탁된 경우에는 그 권한 또는 업무를 위임받거나 위탁받은 자를 포함), 소방본부장 또는 소방서장은 다음의 사무를 수행하기 위하여 불가피한 경우 「개인정보 보호법 시행령」 제19조에 따른 주민등록번호 또는 외국인등록번호가 포함된 자료를 처리할 수 있다.

① 법 제6조에 따른 건축허가등의 동의에 관한 사무
② 법 제12조에 따른 특정소방대상물에 설치하는 소방시설의 설치·관리 등에 관한 사무
③ 법 제20조에 따른 특정소방대상물의 방염 등에 관한 사무
④ 법 제25조에 따른 소방시설관리사시험 및 소방시설관리사증 발급 등에 관한 사무
⑤ 법 제26조에 따른 부정행위자에 대한 제재에 관한 사무
⑥ 법 제28조에 따른 자격의 취소·정지에 관한 사무
⑦ 법 제29조에 따른 소방시설관리업의 등록 등에 관한 사무
⑧ 법 제31조에 따른 등록사항의 변경신고에 관한 사무
⑨ 법 제32조에 따른 관리업자의 지위승계에 관한 사무
⑩ 법 제34조에 따른 점검능력 평가 및 공시 등에 관한 사무
⑪ 법 제35조에 따른 등록의 취소와 영업정지 등에 관한 사무
⑫ 법 제36조에 따른 과징금처분에 관한 사무
⑬ 법 제39조에 따른 형식승인의 취소 등에 관한 사무
⑭ 법 제46조에 따른 전문기관의 지정 등에 관한 사무
⑮ 법 제47조에 따른 전문기관의 지정취소 등에 관한 사무
⑯ 법 제49조에 따른 청문에 관한 사무
⑰ 법 제52조에 따른 감독에 관한 사무
⑱ 법 제53조에 따른 수수료 등 징수에 관한 사무

(8) 규제의 재검토(영 제51조)

소방청장은 다음의 사항에 대하여 해당 호에서 정하는 날을 기준일로 하여 3년마다(매 3년이 되는 해의 기준일과 같은 날 전까지를 말한다) 그 타당성을 검토하여 개선 등의 조치를 해야 한다.

① 제7조에 따른 건축허가등의 동의대상물의 범위 등 : 2022년 12월 1일
② 제8조에 따른 내진설계기준에 맞게 설치해야 하는 소방시설 : 2023. 3. 7. 삭제
③ 제11조 및 별표 4에 따른 특정소방대상물의 규모, 용도, 수용인원 및 이용자 특성 등을 고려하여 설치·관리해야 하는 소방시설 : 2022년 12월 1일
④ 제13조에 따른 강화된 소방시설기준의 적용대상 : 2022년 12월 1일
⑤ 제15조에 따른 특정소방대상물의 증축 또는 용도변경 시의 소방시설기준 적용의 특례 : 2022년 12월 1일
⑥ 제18조 및 별표 8에 따른 임시소방시설의 종류 및 설치기준 등 : 2022년 12월 1일
⑦ 제30조에 따른 방염성능기준 이상의 실내장식물 등을 설치해야 하는 특정소방대상물 : 2022년 12월 1일
⑧ 제31조에 따른 방염성능기준 : 2022년 12월 1일

제2절 벌칙

1 개요

(1) 벌칙규정

① 벌칙규정이란 법률상의 의무 위반자에게 일정한 형벌 또는 과태료를 과할 것을 정하는 규정을 말하고 징계벌과 같이 특별권력관계의 내부에서 과하는 제재는 벌칙이 아니다.
② 「소방시설 설치 및 관리에 관한 법률」의 벌칙은 「소방시설 설치 및 관리에 관한 법률」에서 부과하고 있는 의무에 대한 위반이 있는 경우에 이에 대한 제재를 가하는 것으로 징역과 벌금, 과태료가 있으며, 이는 행정벌에 해당한다.

(2) 행정벌의 종류

행정벌은 행정법상의 의무위반에 대하여 일반통치권에 근거하여 일반 사인에게 제재로서 과하는 처벌로 행정형벌과 행정질서벌이 있다.
① **행정형벌** : 행정상의 의무위반에 대해 법원이 재판을 통해 형법에 규정되어 있는 형벌(사형·징역·금고·자격상실·자격정지·벌금·구류·과료 및 몰수)을 과하는 것이다. 형법총칙이 적용되며 형사소송절차(예외로 통고처분·즉결심판절차)에 의한다.
② **행정질서벌** : 행정상의 질서에 장애를 줄 우려가 있는 의무(각종 등록이나 신고·보고의무)위반에 대해 행정청이 과태료를 부과하는 것으로 형법총칙이 적용되지 아니한다.

2 행정형벌

(1) 5년 이하의 징역 또는 5천만원 이하의 벌금(제56조)

① 제12조제3항 본문을 위반하여 소방시설에 폐쇄·차단 등의 행위를 한 자는 5년 이하의 징역 또는 5천만원 이하의 벌금에 처한다.
② 제1항의 죄를 범하여 사람을 상해에 이르게 한 때에는 7년 이하의 징역 또는 7천만원 이하의 벌금에 처하며, 사망에 이르게 한 때에는 10년 이하의 징역 또는 1억원 이하의 벌금에 처한다.

(2) 3년 이하의 징역 또는 3천만원 이하의 벌금(법 제57조)

다음의 어느 하나에 해당하는 자는 3년 이하의 징역 또는 3천만원 이하의 벌금에 처한다.
① 제12조제2항, 제15조제3항, 제16조제2항, 제20조제2항, 제23조제6항, 제37조제7항 또는 제45조제2항(소방시설, 임시소방시설, 방화시설, 방염성능검사, 소방시설 이행계획, 소방용품의 수거·폐기 등, 소방용품의 회수·폐기 등)에 따른 조치명령을 정당한 사유 없이 위반한 자

② 제29조제1항을 위반하여 관리업의 등록을 하지 아니하고 영업을 한 자
③ 제37조제1항, 제2항 및 제10항을 위반하여 소방용품의 형식승인을 받지 아니하고 소방용품을 제조하거나 수입한 자 또는 거짓이나 그 밖의 부정한 방법으로 형식승인을 받은 자
④ 제37조제3항을 위반하여 형식승인 후 제품검사를 받지 아니한 자 또는 거짓이나 그 밖의 부정한 방법으로 제품검사를 받은 자
⑤ 제37조제6항을 위반하여 미승인 소방용품을 판매·진열하거나 소방시설공사에 사용한 자
⑥ 제40조제1항 및 제2항을 위반하여 거짓이나 그 밖의 부정한 방법으로 성능인증 또는 제품검사를 받은 자
⑦ 제40조제5항을 위반하여 성능인증 후 제품검사를 받지 아니하거나 합격표시를 하지 아니한 소방용품을 판매·진열하거나 소방시설공사에 사용한 자
⑧ 제45조제3항을 위반하여 구매자에게 명령(수집검사 결과 중대한 결함이 있는 소방용품에 대한 판매중지명령)을 받은 사실을 알리지 아니하거나 필요한 조치를 하지 아니한 자
⑨ 거짓이나 그 밖의 부정한 방법으로 제46조제1항에 따른 전문기관으로 지정을 받은 자

실전연습

Q. 다음 중 5년 이하의 징역 또는 5천만 이하의 벌금에 처할 수 있는 행위로 옳은 것은?

① 관리업의 등록을 하지 아니하고 영업하는 행위
② 소방시설에 폐쇄·차단 등의 행위
③ 부정한 방법으로 전문기관으로 지정을 받은 자
④ 합격표시를 하지 아니한 소방용품을 판매하는 행위

해설 | ①, ③, ④는 3년 이하의 징역 또는 3천만원 이하의 벌금에 처할 수 있다.　　　　↔ ②

---

(3) 1년 이하의 징역 또는 1천만원 이하의 벌금(법 제58조) ☆ 24년 소방교, 소방장

다음의 어느 하나에 해당하는 자는 1년 이하의 징역 또는 1천만원 이하의 벌금에 처한다.
① 제22조제1항을 위반하여 소방시설등에 대하여 스스로 점검을 하지 아니하거나 관리업자등으로 하여금 정기적으로 점검하게 하지 아니한 자
② 제25조제7항을 위반하여 소방시설관리사증을 다른 사람에게 빌려주거나 빌리거나 이를 알선한 자
③ 제25조제8항을 위반하여 동시에 둘 이상의 업체에 취업한 자
④ 제28조에 따라 자격정지처분을 받고 그 자격정지기간 중에 관리사의 업무를 한 자
⑤ 제33조제2항을 위반하여 관리업의 등록증이나 등록수첩을 다른 자에게 빌려주거나 빌리거나 이를 알선한 자
⑥ 제35조제1항에 따라 영업정지처분을 받고 그 영업정지기간 중에 관리업의 업무를 한 자

⑦ 제37조제3항에 따른 형식승인 후 제품검사에 합격하지 아니한 제품에 합격표시를 하거나 합격표시를 위조 또는 변조하여 사용한 자
⑧ 제38조제1항을 위반하여 형식승인의 변경승인을 받지 아니한 자
⑨ 제40조제5항을 위반하여 성능인증 후 제품검사에 합격하지 아니한 소방용품에 성능인증을 받았다는 표시 또는 제품검사에 합격하였다는 표시를 하거나 성능인증을 받았다는 표시 또는 제품검사에 합격하였다는 표시를 위조 또는 변조하여 사용한 자
⑩ 제41조제1항을 위반하여 성능인증의 변경인증을 받지 아니한 자
⑪ 제43조제1항에 따른 우수품질인증을 받지 아니한 제품에 우수품질인증 표시를 하거나 우수품질인증 표시를 위조하거나 변조하여 사용한 자
⑫ 제52조제3항을 위반하여 출입·검사 업무를 수행하는 관계 공무원이 관계인의 정당한 업무를 방해하거나 출입·검사 업무를 수행하면서 알게 된 비밀을 다른 사람에게 누설한 자

(4) 300만원 이하의 벌금(법 제59조) ☆ 21년 소방교, 소방장, 17년 소방교

다음의 어느 하나에 해당하는 자는 300만원 이하의 벌금에 처한다.
① 제9조제2항(성능위주설계평가단에 소속된 사람) 및 제50조제7항(위탁받은 업무종사자)을 위반하여 업무를 수행하면서 알게 된 비밀을 이 법에서 정한 목적 외의 용도로 사용하거나 다른 사람 또는 기관에 제공하거나 누설한 자
② 제21조를 위반하여 방염성능검사에 합격하지 아니한 물품에 합격표시를 하거나 합격표시를 위조하거나 변조하여 사용한 자
③ 제21조제2항을 위반하여 방염성능검사에서 거짓 시료를 제출한 자
④ 제23조제1항 및 제2항을 위반하여 자체점검 결과 필요한 조치를 하지 아니한 관계인 또는 관계인에게 중대위반사항을 알리지 아니한 관리업자등

(5) 양벌규정10)(법 제60조) ☆ 19년 소방장

① 법인의 대표자나 법인 또는 개인의 대리인, 사용인, 그 밖의 종업원이 그 법인 또는 개인의 업무에 관하여 제56조부터 제59조까지(행정형벌)의 어느 하나에 해당하는 위반행위를 하면 그 행위자를 벌하는 외에 그 법인 또는 개인에게도 해당 조문의 벌금형을 과(科)한다.
② 다만, 법인 또는 개인이 그 위반행위를 방지하기 위하여 해당 업무에 관하여 상당한 주의와 감독을 게을리하지 아니한 경우에는 그러하지 아니하다.

┃도움┃ 행정벌과 행정처분 : 행정벌은 행정형벌과 행정질서벌이 있다. 따라서 행정형벌과 행정질서벌은 행정벌이라는 동일한 제재의 성격이므로 동일한 사안에 대하여 행정형벌과 행정질서벌을 병과할 수 없으나 행정형벌과 행정처분, 행정질서벌과 행정처분은 병과 할 수 있다.

---

10) 행정법규에는 법인의 대표자 또는 대리인·사용인 기타 종업원이 법인의 사무에 관하여 행정상 의무를 위반하는 행위를 한 때에는 그 행위자를 처벌하는 외에 법인(개인의 대리인인 경우에 그 개인)에 대하여 재산벌을 과하여 법인에 의한 범죄를 예방하려는 경우가 많다. 이와 같이 직접 행위를 한 자연인 외의 법인 등을 처벌하는 규정을 양벌규정이라 한다.

3 행정질서벌(과태료)

(1) 300만원 이하의 과태료(법 제61조 제1항) ☆ 24년 소방장, 21년 소방교, 소방장

다음의 어느 하나에 해당하는 자에게는 300만원 이하의 과태료를 부과한다.

① 제12조제1항을 위반하여 소방시설을 화재안전기준에 따라 설치·관리하지 아니한 자
② 제15조제1항을 위반하여 공사 현장에 임시소방시설을 설치·관리하지 아니한 자
③ 제16조제1항을 위반하여 피난시설, 방화구획 또는 방화시설의 폐쇄·훼손·변경 등의 행위를 한 자
④ 제20조제1항을 위반하여 방염대상물품을 방염성능기준 이상으로 설치하지 아니한 자
⑤ 제22조제1항 전단을 위반하여 점검능력 평가를 받지 아니하고 점검을 한 관리업자
⑥ 제22조제1항 후단을 위반하여 관계인에게 점검 결과를 제출하지 아니한 관리업자등
⑦ 제22조제2항에 따른 점검인력의 배치기준 등 자체점검 시 준수사항을 위반한 자
⑧ 제23조제3항을 위반하여 점검 결과를 보고하지 아니하거나 거짓으로 보고한 자
⑨ 제23조제4항을 위반하여 이행계획을 기간 내에 완료하지 아니한 자 또는 이행계획 완료 결과를 보고하지 아니하거나 거짓으로 보고한 자
⑩ 제24조제1항을 위반하여 점검기록표를 기록하지 아니하거나 특정소방대상물의 출입자가 쉽게 볼 수 있는 장소에 게시하지 아니한 관계인 ☆ 21년 소방장
⑪ 제31조(등록사항 변경신고) 또는 제32조제3항(지위승계 신고) 을 위반하여 신고를 하지 아니하거나 거짓으로 신고한 자
⑫ 제33조제3항을 위반하여 지위승계, 행정처분 또는 휴업·폐업의 사실을 특정소방대상물의 관계인에게 알리지 아니하거나 거짓으로 알린 관리업자
⑬ 제33조제4항을 위반하여 소속 기술인력의 참여 없이 자체점검을 한 관리업자
⑭ 제34조제2항에 따른 점검실적을 증명하는 서류 등을 거짓으로 제출한 자
⑮ 제52조제1항에 따른 명령을 위반하여 보고 또는 자료제출을 하지 아니하거나 거짓으로 보고 또는 자료제출을 한 자 또는 정당한 사유 없이 관계 공무원의 출입 또는 검사를 거부·방해 또는 기피한 자

(2) 과태료의 부과·징수 및 부과기준(법 제61조 제2항 및 영40조) ☆ 18년 소방교

① **과태료 부과·징수** : 소방시설법 제61조 제1항에 따른 300만원 이하의 과태료는 대통령령으로 정하는 바에 따라 소방청장, 시·도지사, 소방본부장 또는 소방서장이 부과·징수한다.
② **과태료의 부과기준** : 법 제61조제1항에 따른 과태료의 부과기준은 별표 10과 같다.

[영 별표10] 과태료의 부과기준 (영 제52조 관련)

1. 일반기준 ☆ 20년 소방교, 19년 소방교

가. 위반행위의 횟수에 따른 과태료의 가중된 부과기준은 최근 1년간 같은 위반행위로 과태료 부과처분을 받은 경우에 적용한다. 이 경우 기간의 계산은 위반행위에 대하여 과태료 부과처분을 받은 날과 그 처분 후 다시 같은 위반행위를 하여 적발된 날을 기준으로 한다.

나. 가목에 따라 가중된 부과처분을 하는 경우 가중처분의 적용 차수는 그 위반행위 전 부과처분 차수(가목에 따른 기간 내에 과태료 부과처분이 둘 이상 있었던 경우 높은 차수)의 다음 차수로 한다.

다. 부과권자는 다음의 어느 하나에 해당하는 경우에는 제2호의 개별기준에 따른 과태료의 2분의 1 범위에서 그 금액을 줄여 부과할 수 있다. 다만, 과태료를 체납하고 있는 위반행위자에 대해서는 그렇지 않다.
  1) 위반행위가 사소한 부주의나 오류로 인한 것으로 인정되는 경우
  2) 위반행위자가 법 위반상태를 시정하거나 해소하기 위하여 노력한 사실이 인정되는 경우
  3) 위반행위자가 처음 위반행위를 한 경우로서 3년 이상 해당 업종을 모범적으로 영위한 사실이 인정되는 경우
  4) 위반행위자가 화재 등 재난으로 재산에 현저한 손실을 입거나 사업 여건의 악화로 그 사업이 중대한 위기에 처하는 등 사정이 있는 경우
  5) 위반행위자가 같은 위반행위로 다른 법률에 따라 과태료·벌금·영업정지 등의 처분을 받은 경우
  6) 그 밖에 위반행위의 정도, 위반행위의 동기와 그 결과 등을 고려하여 과태료 금액을 줄일 필요가 있다고 인정되는 경우

2. 개별기준 ☆ 23년 소방교, 20년 소방장

위반행위	근거 법조문	과태료 금액(만원)		
		1차 위반	2차 위반	3차 위반
가. 법 제12조제1항을 위반한 경우	법 제61조 제1항제1호			
1) 2) 및 3)의 규정을 제외하고 소방시설을 최근 1년 이내에 2회 이상 화재안전기준에 따라 관리하지 않은 경우			100	
2) 소방시설을 다음에 해당하는 고장 상태 등으로 방치한 경우 가) 소화펌프를 고장 상태로 방치한 경우 나) 화재 수신기, 동력·감시 제어반 또는 소방시설용 전원(비상전원 포함)을 차단하거나, 고장난 상태로 방치하거나, 임의로 조작하여 자동으로 작동이 되지 않도록 한 경우 다) 소방시설이 작동할 때 소화배관을 통하여 소화수가 방수되지 않는 상태 또는 소화약제가 방출되지 않는 상태로 방치한 경우			200	
3) 소방시설을 설치하지 않은 경우			300	
나. 법 제15조제1항을 위반하여 공사 현장에 임시소방시설을 설치·관리하지 않은 경우	법 제61조 제1항제2호		300	
다. 법 제16조제1항을 위반하여 피난시설, 방화구획 또는 방화시설을 폐쇄·훼손·변경하는 등의 행위를 한 경우	법 제61조 제1항제3호	100	200	300

라. 법 제20조제1항을 위반하여 방염대상물품을 방염성능기준 이상으로 설치하지 않은 경우	법 제61조 제1항제4호		200	
마. 법 제22조제1항 전단을 위반하여 점검능력평가를 받지 않고 점검을 한 경우	법 제61조 제1항제5호		300	
바. 법 제22조제1항 후단을 위반하여 관계인에게 점검 결과를 제출하지 않은 경우	법 제61조 제1항제6호		300	
사. 법 제22조제2항에 따른 점검인력의 배치기준 등 자체점검 시 준수사항을 위반한 경우	법 제61조 제1항제7호		300	

아. 법 제23조제3항을 위반하여 점검 결과를 보고하지 않거나 거짓으로 보고한 경우
  1) 지연 보고 기간이 10일 미만인 경우
  2) 지연 보고 기간이 10일 이상 1개월 미만인 경우
  3) 지연 보고 기간이 1개월 이상이거나 보고하지 않은 경우
  4) 점검 결과를 축소·삭제하는 등 거짓으로 보고한 경우
	법 제61조 제1항제8호		50
			100
			200
			300	

자. 법 제23조제4항을 위반하여 이행계획을 기간 내에 완료하지 않은 경우 또는 이행계획 완료 결과를 보고하지 않거나 거짓으로 보고한 경우
  1) 지연 완료 또는 지연 보고기간이 10일 미만인 경우
  2) 지연 완료 또는 지연 보고기간이 10일 이상 1개월 미만인 경우
  3) 지연 완료 또는 보고 기간이 1개월 이상이거나 완료하지 않은 경우
  4) 이행계획 완료 결과를 거짓으로 보고한 경우
	법 제61조 제1항제9호		50
			100
			200
			300	

차. 법 제24조제1항을 위반하여 점검기록표를 기록하지 않거나 특정소방대상물의 출입자가 쉽게 볼 수 있는 장소에 게시하지 않은 경우	법 제61조 제1항제10호	100	200	300

카. 법 제31조 또는 제32조제3항을 위반하여 신고를 하지 않거나 거짓으로 신고한 경우
  1) 지연 신고 기간이 1개월 미만인 경우
  2) 지연 신고 기간이 1개월 이상 3개월 미만인 경우
  3) 지연 보고 기간이 3개월 이상이거나 신고하지 않은 경우
  4) 거짓으로 신고한 경우
	법 제61조 제1항제11호		50
			100
			200
			300	

타. 법 제33조제3항을 위반하여 지위승계, 행정처분 또는 휴업·폐업의 사실을 특정소방대상물의 관계인에게 알리지 않거나 거짓으로 알린 경우	법 제61조 제1항제12호		300	
파. 법 제33조제4항을 위반하여 소속 기술인력의 참여 없이 자체점검을 한 경우	법 제61조 제1항제13호		300	
하. 법 제34조제2항에 따른 점검실적을 증명하는 서류 등을 거짓으로 제출한 경우	법 제61조 제1항제14호		300	
거. 법 제52조제1항에 따른 명령을 위반하여 보고 또는 자료제출을 하지 않거나 거짓으로 보고 또는 자료제출을 한 경우 또는 정당한 사유 없이 관계 공무원의 출입 또는 검사를 거부·방해 또는 기피한 경우	법 제61조 제1항제15호	50	100	300

CHAPTER 06 핵심요약
보칙 및 벌칙

제품검사 전문기관의 지정	1) 제품검사 전문기관의 지정 　① 지정의 요건 　　㉠ 다음 어느 하나에 해당할 것 : 과학기술분야 출연기관법에 따라 설립된 연구기관, 공공기관, 소방용품의 시험·검사 및 연구를 주된 업무로 하는 비영리법인 　　㉡ 「국가표준기본법」 제23조에 따라 인정을 받은 시험·검사기관일 것 　　㉢ 행정안전부령으로 정하는 검사인력 및 검사설비를 갖추고 있을 것 　　㉣ 기관의 대표자가 제27조(관리사 결격사유)의 어느 하나에 해당하지 아니할 것 　　㉤ 전문기관의 지정이 취소된 경우 지정이 취소된 날부터 2년이 경과하였을 것 　② 조건 부과 : 소방청장은 전문기관을 지정하는 경우 소방용품의 품질 향상, 제품검사의 기술개발 등에 드는 비용을 부담하게 하는 등 필요한 조건을 붙일 수 있다. 　③ 제품검사 실시 현황의 보고 : 전문기관은 행정안전부령으로 정하는 바에 따라 제품검사 실시 현황을 소방청장에게 보고하여야 한다. 2) 전문기관의 지정취소 : 다음에 해당할 때에는 그 지정을 취소하거나 6개월 이내의 기간을 정하여 그 업무의 정지를 명할 수 있다. ①의 경우 지정을 취소하여야 한다. 　① 거짓이나 그 밖의 부정한 방법으로 지정을 받은 경우 : 지정취소 　② 정당한 사유 없이 1년 이상 계속하여 제품검사 또는 실무교육 등 지정받은 업무를 수행하지 아니한 경우 　③ 전문기관 지정요건을 갖추지 못하거나 비용부담에 따른 조건을 위반한 때 　④ 감독 결과 법령을 위반하여 전문기관으로서의 업무수행이 부적당하다고 인정되는 경우 3) 청문 : 소방청장(②~⑤) 또는 시·도지사(①)는 다음 처분을 하려면 청문을 해야 한다. 　① 관리업의 등록취소 및 영업정지 　② 관리사 자격의 취소 및 정지 　③ 소방용품의 형식승인 취소 및 제품검사 중지 　④ 전문기관의 지정취소 및 업무정지 　⑤ 성능인증의 취소 및 우수품질인증의 취소
권한 또는 업무의 위임·위탁	1) 권한의 위임 　① 이 법에 따른 소방청장 또는 시·도지사의 권한은 대통령령으로 정하는 바에 따라 그 일부를 시·도지사, 소방본부장 또는 소방서장에게 위임할 수 있다. 　② 소방청장은 화재안전기준 중 기술기준에 대한 관리·운영 권한을 국립소방연구원장에게 위임한다.(영 제48조 제1항) 2) 기술원에 위탁 : 위탁하는 경우 소방청장은 기술원에 소방시설 및 소방용품에 관한 기술개발·연구 등에 필요한 경비의 일부를 보조할 수 있다.

① 대통령령으로 정하는 방염성능검사 : 현장에서 방염처리한 경우는 제외한다
② 소방용품의 형식승인, 형식승인의 변경승인, 형식승인의 취소
③ 성능인증, 성능인증의 변경인증, 성능인증의 취소
④ 우수품질인증 및 그 취소

3) **기술원 또는 전문기관에 위탁** : 제품검사 업무를 기술원 또는 전문기관에 위탁
4) **소방기술 관련 법인에 위탁** : 소방청장은 표준자체점검비의 산정 및 공표, 관리사증의 발급·재발급, 점검능력 평가 및 공시, 데이터베이스 구축·운영에 관한 업무를 대통령령으로 정하는 바에 따라 소방기술과 관련된 법인 또는 단체에 위탁할 수 있다.
5) **화재안전 관련 전문연구기관에 위탁** : 소방청장은 건축 환경 및 화재위험특성 변화 추세 연구에 관한 업무를 화재안전 관련 전문연구기관에 위탁할 수 있다.

기타 보칙

1) **벌칙 적용에서 공무원 의제** : 다음의 어느 하나에 해당하는 자는 「형법」제129조부터 제132조(수뢰관련, 제3자 뇌물제공)의 규정을 적용할 때에는 공무원으로 본다.
   ① 평가단의 구성원 중 공무원이 아닌 사람
   ② 중앙위원회 및 지방위원회의 위원 중 공무원이 아닌 사람
   ③ 위탁받은 업무를 수행하는 기술원 및 전문기관, 전문기관, 법인 또는 단체, 화재안전 관련 전문연구기관의 담당 임직원

2) **감독(출입·검사)**
   ① 소방관서장과 시·도지사는 관리업자·관리사, 관계인 등에게 필요한 보고 또는 자료 제출을 명할 수 있으며, 관계 공무원으로 하여금 소방대상물·사업장 등에 출입하여 관계 서류 및 제품 등을 검사하거나 관계인에게 질문하게 할 수 있다.
   ② **증표제시의무** : 출입·검사 업무를 수행하는 관계 공무원은 그 권한을 표시하는 증표를 지니고 이를 관계인에게 내보여야 한다.

3) **조치명령 등의 기간연장**
   ① 각종 조치명령(선임명령·이행명령)을 받은 관계인 등은 천재지변이나 그 밖에 대통령령으로 정하는 사유로 조치명령 등을 그 기간 내에 이행할 수 없는 경우에는 조치명령 등의 이행기간 만료 5일 전까지 연기하여 줄 것을 신청할 수 있다.
   ② 조치명령 연기 사유
      ㉠ 「재난 및 안전관리 기본법」제3조제1호에 해당하는 재난이 발생한 경우
      ㉡ 경매 등의 사유로 소유권이 변동 중이거나 변동된 경우
      ㉢ 관계인의 질병, 사고, 장기출장의 경우
      ㉣ 시장·상가·복합건축물 등 소방대상물의 관계인이 여러 명으로 구성되어 조치명령 또는 이행명령의 이행에 대한 의견을 조정하기 어려운 경우
      ㉤ 관계인이 운영하는 사업에 중대한 위기가 발생하여 조치명령등을 이행할 수 없는 경우
   ③ 연기신청을 받은 소방관서장은 신청받은 날부터 3일 이내에 연기신청 승인 여부를 결정하고 그 결과를 조치명령의 이행 기간 내에 관계인 등에게 통지해야 한다.

4) **신고포상금의 지급**
   ① 법을 위반하여 소방시설을 설치·관리하거나 소방시설의 폐쇄·차단, 방화시설의 폐쇄·훼손·변경을 한 자를 소방본부장 또는 소방서장에게 신고할 수 있다.

② 소방본부장 또는 소방서장은 처리한 경우에는 처리한 날부터 10일 이내에 위반행위 신고 내용 처리결과 통지서를 신고자에게 통지해야 한다. 통지는 우편, 팩스, 정보통신망, 전자우편 또는 휴대전화 문자메시지 등의 방법으로 할 수 있다
③ 신고를 한 사람에게 예산의 범위에서 포상금을 지급할 수 있다.

벌칙 (행정 형벌)

1) **5년 이하의 징역 또는 5천만원 이하의 벌금(제48조)**
   ① 제12조제3항 본문을 위반하여 소방시설에 폐쇄・차단 등의 행위를 한 자는 5년 이하의 징역 또는 5천만원 이하의 벌금에 처한다.
   ② 위의 죄를 범하여 사람을 상해에 이르게 한 때에는 7년 이하의 징역 또는 7천만원 이하의 벌금, 사망에 이르게 한 때에는 10년 이하의 징역 또는 1억원 이하의 벌금에 처한다.

2) **3년 이하의 징역 또는 3천만원 이하의 벌금**
   ① 각종 조치명령을 정당한 사유 없이 위반한 자
   ② 관리업의 등록을 하지 아니하고 영업을 한 자
   ③ 소방용품의 형식승인을 받지 아니하고 소방용품을 제조하거나 수입한 자
   ④ 제품검사를 받지 아니한 자 또는 거짓이나 부정한 방법으로 제품검사를 받은 자
   ⑤ 미승인 소방용품을 판매・진열하거나 소방시설공사에 사용한 자
   ⑥ 거짓이나 그 밖의 부정한 방법으로 성능인증 또는 제품검사를 받은 자
   ⑦ 제품검사를 받지 않거나 합격표시를 하지 아니한 소방용품을 판매・진열을 한 자
   ⑧ 구매자에게 명령을 받은 사실을 알리지 아니하거나 필요한 조치를 하지 아니한 자
   ⑨ 거짓이나 그 밖의 부정한 방법으로 전문기관으로 지정을 받은 자

3) **1년 이하의 징역 또는 1천만원 이하의 벌금**
   ① 소방시설등에 대한 자체점검을 하지 아니한 자
   ② 관리사증·관리업의 등록증을 다른 자에게 빌려주거나 빌리거나 이를 알선한 자
   ③ 동시에 둘 이상의 업체에 취업한 자
   ④ 자격정지처분을 받고 그 자격정지기간 중에 관리사의 업무를 한 자, 영업정지처분을 받고 그 영업정지기간 중에 관리업의 업무를 한 자
   ⑤ 형식승인 후 제품검사에 합격하지 아니한 제품에 합격표시를 하거나 합격표시를 위조 또는 변조하여 사용한 자, 형식승인의 변경승인을 받지 아니한 자
   ⑥ 제품검사에 합격하지 아니한 소방용품에 성능인증 표시 또는 제품검사 합격 표시를 하거나 성능인증 표시 또는 제품검사 합격 표시를 위조 또는 변조하여 사용한 자, 성능인증의 변경인증을 받지 아니한 자
   ⑦ 우수품질인증을 받지 아니한 제품에 우수품질인증 표시를 하거나 우수품질인증 표시를 위조하거나 변조하여 사용한 자
   ⑧ 관계인의 정당한 업무를 방해한 자, 출입검사 업무를 수행하면서 알게 된 비밀을 누설

4) **300만원 이하의 벌금**
   ① 설계평가단에 소속된 사람 및 위탁받은 업무종사자가 업무를 수행하면서 알게 된 비밀을 목적 외의 용도로 사용하거나 다른 사람 등에 제공하거나 누설한 자
   ② 방염성능검사에 합격하지 아니한 물품에 합격표시를 하거나 합격표시를 위조하거나 변조하여 사용한 자

	③ 거짓 시료를 제출한 자 ④ 자체점검 결과 중대위반사항 별견 시 필요한 조치를 하지 아니한 관계인 또는 관계인에게 중대위반사항을 알리지 아니한 관리업자등
양벌규정	법인의 대표자나 법인 또는 개인의 대리인, 사용인, 그 밖의 종업원이 그 법인 또는 개인의 업무에 관하여 행정형벌에 해당하는 위반행위를 하면 그 행위자를 벌하는 외에 그 법인 또는 개인에게도 해당 조문의 벌금형을 과(科)한다.

행정질서벌
(과태료)
	1) 300만원 이하의 과태료
	① 소방시설을 화재안전기준에 따라 설치·관리하지 아니한 한 자(경미한 사항 2회 이상 위반 100만원, 고장상태 방치 200만원, 소방시설 미설치 300만원)
	② 임시소방시설을 설치·관리하지 아니한 자(300, 300, 300)
	③ 방화시설 등의 폐쇄·훼손·변경 등의 행위를 한 자(100,200,300)
	④ 방염대상물품을 방염성능기준 이상으로 설치하지 아니한 자(200, 200, 200)
	⑤ 점검능력 평가를 받지 아니하고 점검을 한 관리업자(300, 300, 300)
	⑥ 관계인에게 점검 결과를 제출하지 아니한 관리업자등(300, 300, 300)
	⑦ 점검인력의 배치기준 등 자체점검 시 준수사항을 위반한 자(300, 300, 300)
	⑧ 소방시설등의 점검결과를 보고하지 아니하거나 거짓으로 보고한 자
	   ㉠ 지연보고 기간이 10일 미만인 경우 : 50
	   ㉡ 지연보고 기간이 10일 이상 1개월 미만인 경우 : 100
	   ㉢ 지연보고 기간이 1개월 이상이거나 보고하지 않은 경우 : 200
	   ㉣ 점검결과를 축소·삭제하는 등 거짓으로 보고한 경우 : 300
	⑨ 이행계획을 기간 내에 완료하지 아니한 자 또는 이행계획 완료 결과를 보고하지 아니하거나 거짓으로 보고한 자
	   ㉠ 지연완료·보고 기간이 10일 미만인 경우 : 50
	   ㉡ 지연완료·보고 기간이 10일 이상 1개월 미만인 경우 : 100
	   ㉢ 지연완료·보고 기간이 1개월 이상이거나 완료·보고하지 않은 경우 : 200
	   ㉣ 이행계획 완료 결과를 거짓으로 보고한 경우 : 300
	⑩ 점검기록표를 기록하지 아니하거나 특정소방대상물의 출입자가 쉽게 볼 수 있는 장소에 게시하지 아니한 관계인(100, 200, 300)
	⑪ 등록사항 변경신고 또는 지위승계신고를 하지 아니하거나 거짓으로 신고한 자
	   ㉠ 지연 신고 기간이 10일 미만인 경우 : 50
	   ㉡ 지연 신고 기간이 1개월 이상 이상 3개월 미만인 경우 : 100
	   ㉢ 지연 신고 기간이 3개월 이상이거나 신고하지 않은 경우 : 200
	   ㉣ 거짓으로 신고한 경우 : 300
	⑫ 지위승계, 행정처분 또는 휴업·폐업의 사실을 특정소방대상물의 관계인에게 알리지 아니하거나 거짓으로 알린 관리업자(300, 300, 300)
	⑬ 소속 기술인력의 참여 없이 자체점검을 한 관리업자(300, 300, 300)
	⑭ 점검실적을 증명하는 서류 등을 거짓으로 제출한 자(300, 300, 300)
	⑮ 보고 또는 자료제출을 하지 아니하거나 거짓으로 보고·자료제출을 한 자 또는 정당한 사유 없이 관계 공무원의 출입·검사를 거부·방해한 자(50, 100, 300)
	2) 과태료의 부과·징수 : 소방시설법의 과태료는 대통령령으로 정하는 바에 따라 소방청장, 관할 시·도지사, 소방본부장 또는 소방서장이 부과·징수한다.

CHAPTER 06 보칙 및 벌칙

적중OX문제

01 소방청장은 제품검사를 전문적·효율적으로 실시하기 위하여 제품검사 전문기관을 지정할 수 있으며, 전문기관 지정의 방법 및 절차 등에 관하여 필요한 사항은 행정안전부령으로 정한다. ( )

02 제품검사 전문기관은 「과기출연기관법」 제8조에 따라 설립된 연구기관, 공공기관, 소방용품의 시험·검사 및 연구를 주된 업무로 하는 비영리 법인의 요건을 모두 갖추어야 한다. ( )

03 소방청장은 전문기관을 지정하는 경우에는 소방용품의 품질 향상, 제품검사의 기술개발 등에 드는 비용을 부담하게 하는 등 필요한 조건을 붙일 수 있다. ( )

04 소방청장은 전문기관을 지정한 경우에는 행정안전부령으로 정하는 바에 따라 전문기관의 제품검사 업무에 대한 평가를 실시할 수 있으며, 제품검사를 받은 소방용품에 대하여 확인검사를 할 수 있다. ( )

05 거짓이나 그 밖의 부정한 방법으로 전문기관 지정을 받은 경우 소방청장은 전문기관의 지정을 취소하거나 6개월 이내의 기간을 정하여 그 업무의 정지를 명할 수 있다. ( )

06 소방청장, 소방본부장 또는 소방서장은 특정소방대상물의 체계적인 안전관리를 위하여 건축허가등의 동의를 받기 위해 제출받은 설계도면의 관리 및 활용, 보고받은 자체점검 결과의 관리 및 활용의 정보가 포함된 전산시스템을 구축·운영하여야 한다. ( )

07 소방청장이 관리사 자격의 취소 및 정지, 소방용품의 형식승인의 취소 및 제품검사 중지 처분을 하거나 시·도지사가 관리업의 등록취소 및 영업정지의 처분을 하려면 청문을 하여야 한다. ( )

08 소방청장이 소방용품의 형식승인 취소 및 제품검사의 중지처분을 하거나 성능인증의 취소 및 제품검사의 중지처분을 하려면 청문을 하여야 한다. ( )

09 소방시설법에 따른 소방청장 또는 시·도지사의 권한은 대통령령으로 정하는 바에 따라 그 일부 또는 전부를 소속 기관의 장, 시·도지사, 소방본부장 또는 소방서장에게 위임할 수 있다. 소방청장은 이에 따라 화재안전기준 중 기술기준에 대한 관리·운영 권한을 국립소방연구원장에게 위임한다. ( )

10 소방청장은 방염성능검사 업무(합판·목재를 설치하는 현장에서 방염처리한 경우의 방염성능검사는 제외)와 소방용품의 형식승인 및 변경승인의 업무 등을 기술원에 위탁할 수 있다. 이 경우 소방청장은 기술원에 소방시설 및 소방용품에 관한 기술개발·연구 등에 필요한 경비의 일부를 보조할 수 있다. ( )

정답 01.○ 02.X 03.○ 04.○ 05.X 06.○ 07.○ 08.X 09.X 10.○

11 소방청장은 제품검사 업무 및 우수품질인증과 그 취소의 업무를 한국소방산업기술원 또는 제품검사 전문기관에 위탁할 수 있다. ( )

12 소방청장은 표준자체점검비의 산정 업무 및 공표 업무와 소방시설관리사증의 발급·재발급 업무, 사무점검능력 평가 및 공시의 업무를 한국소방안전원에 위탁할 수 있다. ( )

13 소방청장은 건축 환경 및 화재위험특성 변화 추세 연구에 관한 업무를 대통령령으로 정하는 바에 따라 화재안전 관련 전문연구기관에 위탁할 수 있다. 이 경우 소방청장은 연구에 필요한 경비를 지원할 수 있다. ( )

14 평가단의 구성원 중 공무원이 아닌 사람과 위탁받은 업무를 수행하는 안전원·기술원 및 전문기관, 법인 또는 단체의 담당 임직원에 대해서는 「형법」 제129조부터 제132조(수뢰, 사전수뢰, 제3자 뇌물제공, 수뢰후부정처사, 사후수뢰, 알선수뢰)까지의 규정을 적용할 때에는 공무원으로 본다. ( )

15 소방청장, 시·도지사, 소방본부장 또는 소방서장은 관리업자등이 점검한 특정소방대상물, 관리사, 관리업자의 어느 하나에 해당하는 자, 사업체 또는 소방대상물 등의 감독을 위하여 필요하면 관계인에게 필요한 보고 또는 자료제출을 명할 수 있다. ( )

16 소방시설법에 따른 시험시행일 20일 전까지 접수를 취소하는 경우 납입한 수수료의 전부를, 시험시행일 15일 전까지 접수를 취소하는 경우 납입한 수수료의 100분의 50을 반환하여야 한다. ( )

17 조치명령등을 받은 관계인 등은 천재지변이나 그 밖에 대통령령으로 정하는 사유로 조치명령등을 그 기간 내에 이행할 수 없는 경우에는 조치명령등을 명령한 소방청장, 소방본부장 또는 소방서장에게 대통령령으로 정하는 바에 따라 조치명령등을 연기하여 줄 것을 신청할 수 있다. ( )

18 시장·상가·복합건축물 등 소방대상물의 관계인이 여러 명으로 구성되어 조치명령 또는 이행명령의 이행에 대한 의견을 조정하기 어려운 경우에는 조치명령등을 연기하여 줄 것을 신청할 수 있다. ( )

19 조치명령등의 연기를 신청하려는 관계인 등은 조치명령등의 이행기간 만료일 7일 전까지 조치명령등의 연기신청서에 조치명령등을 그 기간 내에 이행할 수 없음을 증명할 수 있는 서류를 첨부하여 소방청장, 소방본부장 또는 소방서장에게 제출해야 한다. ( )

20 조치명령의 연기신청서를 제출받은 소방청장, 소방본부장 또는 소방서장은 신청받은 날부터 3일 이내에 연기 신청 승인 여부를 결정하여 관계인 등에게 통지해야 한다. ( )

21 소방본부장 또는 소방서장은 화재안전기준을 위반하여 소방시설을 설치 또는 관리하거나 방화시설의 폐쇄·훼손·변경 등 위반행위의 신고 내용을 확인하여 이를 처리한 경우에는 신고 받은 날부터 10일 이내에 위반행위 신고 내용 처리결과 통지서를 신고자에게 통지해야 한다. ( )

정답 11.X 12.X 13.O 14.O 15.O 16.X 17.O 18.O 19.X 20.O 21.X

22 방화시설의 폐쇄 등에 대한 위반행위 신고 내용 처리결과를 신고자에게 통지하는 경우 우편, 팩스, 정보통신망, 전자우편 또는 휴대전화 문자메시지 등의 방법으로 할 수 있다. ( )

23 소방청장, 시·도지사, 소방본부장 또는 소방서장은 사무를 수행하기 위하여 불가피한 경우 주민등록번호 또는 외국인등록번호가 포함된 자료를 처리할 수 있다. ( )

24 소방시설에 폐쇄·차단 등의 행위를 한 자와 관리업의 등록을 하지 아니하고 영업을 한 자는 5년 이하의 징역 또는 5천만원 이하의 벌금에 처한다. ( )

25 소방시설법의 조치명령을 정당한 사유 없이 위반한 자와 제품검사를 받지 아니하거나 거짓이나 부정한 방법으로 제품검사를 받은 자는 3년 이하의 징역 또는 3천만원 이하의 벌금에 처한다. ( )

26 관리업의 등록증이나 등록수첩을 다른 자에게 빌려준 자와 영업정지처분을 받고 그 영업정지기간 중에 관리업의 업무를 한 자는 1년 이하의 징역 또는 1천만원 이하의 벌금에 처한다. ( )

27 소방용품의 형식승인을 받지 아니하고 소방용품을 제조하거나 수입한 자 또는 형식승인의 변경승인을 받지 아니한 자는 1년 이하의 징역 또는 1천만원 이하의 벌금에 처한다. ( )

28 제품검사에 합격하지 아니한 소방용품에 성능인증을 받았다는 표시 또는 제품검사에 합격하였다는 표시를 하거나 성능인증을 받았다는 표시 또는 제품검사에 합격하였다는 표시를 위조 또는 변조하여 사용한 자는 300만원 이하의 벌금에 처한다. ( )

29 법인의 대표자나 법인 또는 개인의 대리인, 사용인, 그 밖의 종업원이 그 법인 또는 개인의 업무에 관하여 행정형벌에 해당하는 위반행위를 하면 그 행위자를 벌하는 외에 그 법인 또는 개인에게도 해당 조문의 벌금형을 과(科)한다. ( )

30 위반행위의 횟수에 따른 과태료의 가중된 부과기준은 최근 1년간 같은 위반행위로 과태료 부과처분을 받은 경우에 적용한다. 이 경우 기간의 계산은 위반행위에 대하여 과태료 부과처분을 받은 날과 그 처분 후 다시 같은 위반행위를 하여 적발된 날을 기준으로 한다. ( )

31 점검기록표를 기록하지 아니하거나 특정소방대상물의 출입자가 쉽게 볼 수 있는 장소에 게시하지 아니한 관계인은 300만원 이하의 과태료를 부과한다. ( )

32 명령을 위반하여 보고 또는 자료제출을 하지 아니 한 자 또는 정당한 사유 없이 관계 공무원의 출입 또는 조사·검사를 거부·방해 또는 기피한 자에게 200만원 이하의 과태료를 부과한다. ( )

33 소방시설법에 따른 300만원 이하의 과태료는 대통령령으로 정하는 바에 따라 소방청장, 관할 시·도지사, 소방본부장 또는 소방서장이 부과·징수한다. ( )

정답 22.O 23.O 24.X 25.O 26.O 27.X 28.X 29.O 30.O 31.O 32.X 33.O

CHAPTER 06 보칙 및 벌칙 적중예상문제

01 제품검사를 전문적 · 효율적으로 실시하기 위하여 제품검사를 전문적으로 수행하는 전문기관을 지정할 수 있다. 다음 중 제품검사 전문기관을 지정할 수 있는 사람은?

① 시 · 도지사
② 소방청장
③ 국무총리
④ 소방본부장 또는 소방서장

해설 ② 맞음, 소방청장은 제37조제3항 및 제40조제2항에 따른 제품검사를 전문적 · 효율적으로 실시하기 위하여 일정한 요건(법 제46조 제1항 제1호부터 제5호까지)을 모두 갖춘 기관을 제품검사 전문기관(전문기관)으로 지정할 수 있다.(법 제46조 제1항)

02 다음 중 제품검사를 전문적 · 효율적으로 실시하기 위한 제품검사 전문기관의 지정요건으로 적절하지 못한 것은?

① 「과학기술분야 정부출연연구기관 등의 설립 · 운영 및 육성에 관한 법률」 제8조에 따라 설립된 연구기관, 공공기관, 소방용품의 시험·검사 및 연구를 주된 업무로 하는 비영리 법인의 어느 하나에 해당하는 기관일 것
② 「국가표준기본법」 제23조에 따라 인정을 받은 시험 · 검사기관일 것
③ 행정안전부령으로 정하는 검사인력 및 검사설비를 갖추고 있을 것
④ 전문기관의 지정이 취소된 경우 그 지정이 취소된 날부터 1년이 경과하였을 것

해설 ④ 틀림, 소방청장은 제품검사를 전문적 · 효율적으로 실시하기 위하여 다음의 요건을 모두 갖춘 기관을 제품검사 전문기관으로 지정할 수 있다.(법 제46조 제1항)
  ㉠ 다음의 어느 하나에 해당하는 기관일 것
    ⓐ 「과학기술분야 정부출연연구기관 등의 설립 · 운영 및 육성에 관한 법률」 제8조에 따라 설립된 연구기관
    ⓑ 공공기관
    ⓒ 소방용품의 시험 · 검사 및 연구를 주된 업무로 하는 비영리 법인
  ㉡ 「국가표준기본법」 제23조에 따라 인정을 받은 시험 · 검사기관일 것
  ㉢ 행정안전부령으로 정하는 검사인력 및 검사설비를 갖추고 있을 것
  ㉣ 기관의 대표자가 제27조(관리사 결격사유) 제1호부터 제3호까지의 어느 하나에 해당하지 아니할 것
  ㉤ 전문기관의 지정이 취소된 경우에는 지정이 취소된 날부터 2년이 경과하였을 것

정답 01.② 02.④

03 다음 중 소방청장이 제품검사 전문기관의 지정을 반드시 취소하여야 하는 것은?

① 거짓이나 그 밖의 부정한 방법으로 지정을 받은 경우
② 정당한 사유 없이 1년 이상 계속하여 제품검사 등 지정받은 업무를 수행하지 아니한 경우
③ 지정요건을 갖추지 못하거나 비용부담에 따른 조건을 위반한 때
④ 감독 결과 소방시설 설치 및 관리에 관한 법률이나 다른 법령을 위반하여 전문기관으로서의 업무를 수행하는 것이 부적당하다고 인정되는 경우

> 해설 ① 맞음, ①은 당연취소의 사유이고 나머지는 임의적 취소사유이다. 소방청장은 전문기관이 ①,②,③,④의 어느 하나에 해당할 때에는 그 지정을 취소하거나 6개월 이내의 기간을 정하여 그 업무의 정지를 명할 수 있다. 다만, ①에 해당할 때에는 그 지정을 취소하여야 한다.(법 제43조)

04 전산시스템의 구축 및 운영에 대한 설명으로 적절하지 못한 것은?

① 소방청장, 소방본부장 또는 소방서장은 제출받은 설계도면의 관리의 체계적인 관리를 위하여 전산시스템을 구축·운영하여야 한다.
② 전산시스템은 보고받은 자체점검 결과의 관리 및 활용과 건축허가등의 권한이 있는 행정기관이 필요하다고 인정하는 자료의 관리 및 활용 등의 정보가 포함되어야 한다.
③ 소방청장, 소방본부장 또는 소방서장은 전산시스템의 구축·운영에 필요한 자료의 제출 또는 정보의 제공을 관계 행정기관의 장에게 요청할 수 있다.
④ 자료의 제출 등을 요청받은 관계 행정기관의 장은 정당한 사유가 없으면 이에 따라야 한다.

> 해설 ② 틀림, 소방청장, 소방본부장 또는 소방서장은 특정소방대상물의 체계적인 안전관리를 위하여 다음의 정보가 포함된 전산시스템을 구축·운영하여야 한다.
> ㉠ 제6조제3항에 따라 제출받은 설계도면의 관리 및 활용
> ㉡ 제23조제3항에 따라 보고받은 자체점검 결과의 관리 및 활용
> ㉢ 그 밖에 소방청장, 소방본부장 또는 소방서장이 필요하다고 인정하는 자료의 관리 및 활용

05 시·도지사가 행정처분을 하려고 할 때 청문을 하여야 하는 경우는?

① 소방시설관리사의 자격취소
② 소방시설관리업의 영업정지
③ 소방용품의 형식승인 취소
④ 우수품질 인증의 취소

> 해설 ② 맞음, 소방청장 또는 시·도지사는 다음의 어느 하나에 해당하는 처분을 하려면 청문을 하여야 한다.
> ㉠ 소방청장의 관리사 자격의 취소 및 정지
> ㉡ 시·도지사의 관리업의 등록취소 및 영업정지
> ㉢ 소방청장의 소방용품의 형식승인 취소 및 제품검사 중지
> ㉣ 소방청장의 성능인증의 취소 및 우수품질인증의 취소
> ㉤ 소방청장의 전문기관의 지정취소 및 업무정지

정답 03.① 04.② 05.②

06 소방시설법상의 권한 또는 업무의 위임·위탁 등에 대한 설명으로 옳지 못한 것은?

① 소방청장 또는 시·도지사의 권한은 대통령령으로 정하는 바에 따라 그 일부를 소속 기관의 장, 시·도지사, 소방본부장 또는 소방서장에게 위임할 수 있다.
② 소방청장은 화재안전기준 중 성능기준의 관리·운영 권한을 국립소방연구원장에게 위임한다.
③ 소방청장은 제품검사 업무를 기술원 또는 전문기관에 위탁할 수 있다.
④ 소방청장은 표준자체점검비의 산정 및 공표 업무를 대통령령으로 정하는 바에 따라 소방기술과 관련된 법인 또는 단체에 위탁할 수 있다.

해설 ② 틀림, 소방청장 또는 시·도지사의 권한은 대통령령으로 정하는 바에 따라 그 일부를 소속 기관의 장, 시·도지사, 소방본부장 또는 소방서장에게 위임할 수 있다.(법 제50조 제1항) 소방청장은 법 제50조제1항에 따라 화재안전기준 중 기술기준에 대한 관리·운영 권한을 국립소방연구원장에게 위임한다.(영 제48조 제1항)

07 소방청장의 업무를 「소방산업의 진흥에 관한 법률」 제14조에 따른 한국소방산업기술원에만 위탁할 수 있는 것으로 틀린 것은?

① 소방용품의 형식승인
② 형식승인의 변경승인
③ 우수품질인증
④ 소방용품의 제품검사

해설 ④ 틀림, 소방용품의 제품검사 업무는 기술원 또는 전문기관에 위탁할 수 있다.(법 제50조 제3항) 소방청장이 기술원에 위탁할 수 있는 것은 다음과 같다.(법 제50조 제2항)
㉠ 방염성능검사 업무(합판·목재를 설치하는 현장에서 방염처리한 경우의 방염성능검사는 제외한다)
㉡ 소방용품의 형식승인(시험시설의 심사를 포함한다), 형식승인의 변경승인, 형식승인의 취소
㉢ 성능인증, 성능인증의 변경인증, 성능인증의 취소
㉣ 우수품질인증 및 그 취소

08 소방기술과 관련된 법인 또는 단체에 위탁에 위탁할 수 있는 업무가 아닌 것은?

① 건축 환경 및 화재위험특성 변화 추세 연구
② 소방시설관리사증의 발급·재발급
③ 점검능력 평가 및 공시
④ 데이터베이스 구축·운영

해설 ① 틀림, ①의 업무는 화재안전 관련 전문연구기관에 위탁할 수 있다. 소방청장은 다음의 업무를 대통령령으로 정하는 바에 따라 소방기술과 관련된 법인 또는 단체에 위탁할 수 있다.(법 제50조 제5항)
㉠ 표준자체점검비의 산정 및 공표
㉡ 제25조제5항 및 제6항에 따른 소방시설관리사증의 발급·재발급
㉢ 제34조제1항에 따른 점검능력 평가 및 공시
㉣ 제34조제4항에 따른 데이터베이스 구축·운영

정답 06.② 07.④ 08.①

09 「소방시설법」상 업무의 위임·위탁에 대한 설명으로 옳지 않은 것은?

① 소방청장은 소방용품에 대한 수거·폐기 등의 명령에 대한 권한을 시·도지사에게 위임한다.
② 소방청장은 제품검사 업무를 기술원 또는 전문기관에 위탁할 수 있다.
③ 소방청장은 소방시설관리사증의 발급에 관한 업무, 점검능력 평가 및 공시에 관한 업무, 데이터베이스 구축에 관한 업무를 소방기술과 관련된 법인 또는 단체에 위탁할 수 있다.
④ 소방청장은 건축 환경 및 화재위험특성 변화 추세 연구에 관한 업무를 대통령령이 정하는 바에 따라 화재안전 관련 전문 연구기관에 위탁할 수 있다.

> 해설 ① 틀림, 소방청장, 소방본부장 또는 소방서장은 제6항(미승인 소방용품 판매의 제한)을 위반한 소방용품에 대하여는 그 제조자·수입자·판매자 또는 시공자에게 수거·폐기 또는 교체 등 행정안전부령으로 정하는 필요한 조치를 명할 수 있다.(법 제37조 제7항)
> ③,④ 맞음, 법 제50조 제5항 및 6항의 규정이다.

10 「소방시설 설치 및 관리에 관한 법률」에 대한 다음 설명에서 옳지 않은 것은?

① 소방청장, 시·도지사, 소방본부장 또는 소방서장은 관계인에게 필요한 보고 또는 자료제출을 명할 수 있으며, 관계 공무원으로 하여금 관계인에게 질문하게 할 수 있다.
② 출입·검사 업무를 수행하는 관계 공무원은 그 권한을 표시하는 증표를 지니고 이를 관계인에게 내보여야 한다.
③ 출입·검사 업무를 수행하는 관계 공무원은 관계인의 정당한 업무를 방해하거나 출입·검사 업무를 수행하면서 알게 된 비밀을 다른 사람에게 누설하여서는 아니 된다.
④ 평가단의 구성원 중 공무원이 아닌 사람과 위탁받은 업무를 수행하는 기술원 등의 담당 임직원은 「형법」의 규정을 적용할 때에는 공무원으로 본다.

> 해설 ④ 틀림, 평가단의 구성원 중 공무원이 아닌 사람과 위탁받은 업무를 수행하는 기술원 등의 담당 임직원은 「형법」제129조부터 제132조까지의 규정을 적용할 때에는 공무원으로 본다.

11 소방청장, 시·도지사, 소방본부장 또는 소방서장이 감독할 수 있는 경우가 아닌 것은?

① 변경승인을 받은 자
② 소방용품을 수입하는 자
③ 성능인증 및 제품검사를 받은 자
④ 소방시설관리사

> 해설 ② 틀림, 소방청장, 시·도지사, 소방본부장 또는 소방서장은 다음의 어느 하나에 해당하는 자, 사업체 또는 소방대상물 등의 감독을 위하여 필요하면 관계인에게 필요한 보고 또는 자료제출을 명할 수 있으며, 관계 공무원으로 하여금 출입하여 관계 서류 등을 검사하거나 관계인에게 질문하게 할 수 있다.
> ㉠ 소방시설관리사, 관리업자, 관리업자가 점검한 특정소방대상물
> ㉡ 소방용품의 형식승인, 제품검사 및 시험시설의 심사를 받은 자, 성능인증 및 제품검사를 받은 자
> ㉢ 변경승인을 받은 자, 지정을 받은 전문기관, 소방용품을 판매하는 자

정답 09.① 10.④ 11.②

12 다음에서 시험응시 수수료의 전부를 반환하여야 하는 경우가 아닌 것은?

① 시험시행기관의 귀책사유로 시험에 응시하지 못한 경우
② 예견할 수 없는 기상상황 등으로 시험에 응시하지 못한 경우
③ 원서접수기간에 접수를 철회한 경우
④ 시험시행일 10일 전까지 접수를 취소하는 경우

> 해설 ○ ①,② 맞음, ①의 경우, ② 직계 가족의 사망, 본인의 사고 또는 질병, 격리가 필요한 감염병이나 예견할 수 없는 기상상황 등으로 시험에 응시하지 못한 경우에는 납입한 수수료의 전부 반환하여야 한다.
> ④ 틀림, 시험시행일 20일 전까지 접수를 취소하는 경우 납입한 수수료의 전부를 반환하나 시험시행일 10일 전까지 접수를 취소하는 경우에는 납입한 수수료의 100분의 50을 반환하여야 한다.(규칙 별표 10)

13 조치명령등의 기간연장에 대한 설명으로 옳지 못한 것은?

① 조치명령을 받은 관계인 등은 천재지변이나 그 밖에 대통령령으로 정하는 사유로 조치명령을 그 기간 내에 이행할 수 없는 경우 조치명령을 연기하여 줄 것을 신청할 수 있다.
② 연기신청을 받은 소방청장, 소방본부장 또는 소방서장은 연기 신청 승인 여부를 결정하고 그 결과를 조치명령등의 이행 기간 내에 관계인 등에게 알려주어야 한다.
③ 조치명령등의 연기를 신청하려는 관계인 등은 조치명령등의 이행기간 만료일 7일 전까지 조치명령등의 연기신청서를 소방청장, 소방본부장 또는 소방서장에게 제출해야 한다.
④ 소방청장, 소방본부장 또는 소방서장은 신청받은 날부터 3일 이내에 조치명령등의 연기 신청 승인 여부를 결정하여 조치명령등의 연기 통지서를 관계인 등에게 통지해야 한다.

> 해설 ○ ③ 틀림, 조치명령등의 이행기간 만료일 5일 전까지 조치명령등의 연기신청서를 제출해야 한다.
> ④ 맞음, 소방청장, 소방본부장 또는 소방서장은 신청받은 날부터 3일 이내에 조치명령등의 연기 신청 승인 여부를 결정하여 조치명령등의 연기 통지서를 관계인 등에게 통지해야 한다.

14 소방시설법에서 대통령령으로 정하는 조치명령 등의 연기 사유가 아닌 것은?

① 「재난 및 안전관리 기본법」제3조 제1호에 해당하는 재난이 발생한 경우
② 경매 등의 사유로 물권이 변동 중이거나 변동된 경우
③ 관계인의 질병, 사고, 장기출장의 경우
④ 관계인이 운영하는 사업에 부도 또는 도산 등 중대한 위기가 발생하여 조치명령등을 그 기간 내에 이행할 수 없는 경우

> 해설 ○ ② 틀림, 대통령령으로 정하는 조치명령 등의 연기 사유로는 ①,③,④ 및 경매 등의 사유로 소유권이 변동 중이거나 변동된 경우, 시장·상가·복합건축물 등 소방대상물의 관계인이 여러 명으로 구성되어 법 제54조제1에 따른 조치명령 또는 이행명령의 이행에 대한 의견을 조정하기 어려운 경우이다.

정답 ○ 12.④ 13.③ 14.②

15 위반행위의 신고 및 신고포상금의 지급대상으로 옳지 못한 것은?

① 화재안전기준을 위반하여 소방시설을 설치 또는 관리한 자
② 소방시설의 기능과 성능에 지장을 줄 수 있는 폐쇄·차단 등의 행위를 한 자
③ 법을 위반하여 임시소방시설을 설치·관리하지 아니한 자
④ 방화시설의 폐쇄·훼손·변경 등의 어느 하나에 해당하는 행위를 한 자

해설 ③ 틀림, 누구든지 소방본부장 또는 소방서장에게 다음 어느 하나에 해당하는 행위를 한 자를 신고할 수 있다.
㉠ 제12조제1항을 위반하여 소방시설을 설치 또는 관리한 자
㉡ 제12조제3항을 위반하여 폐쇄·차단 등의 행위를 한 자
㉢ 제16조제1항 각 호(피난시설, 방화구획 및 방화시설의 폐쇄·훼손·변경 등)에 해당하는 행위를 한 자

16 소방시설법의 위반행위의 신고 및 신고포상금의 지급에 대한 설명으로 틀린 것은?

① 누구든지 소방시설을 화재안전기준에 따라 설치 또는 관리하지 하지 아니한 자를 소방본부장 또는 소방서장에게 신고할 수 있다.
② 소방본부장 또는 소방서장은 위반행위의 신고 내용을 확인하여 이를 처리한 경우에는 처리한 날부터 7일 이내에 신고자에게 통지해야 한다.
③ 통지는 우편, 팩스, 정보통신망, 전자우편 또는 휴대전화 문자메시지의 방법으로 할 수 있다.
④ 소방본부장 또는 소방서장은 신고를 한 사람에게 예산의 범위에서 포상금을 지급할 수 있다.

해설 ② 틀림, 소방본부장 또는 소방서장은 법 제55조제2항에 따라 위반행위의 신고 내용을 확인하여 이를 처리한 경우에는 처리한 날부터 10일 이내에 별지 제35호서식의 위반행위 신고 내용 처리결과 통지서를 신고자에게 통지해야 한다.(규칙 제43조 제1항).

17 소방시설법령의 보칙에 대한 내용으로 적절하지 못한 것은?

① 조치명령등의 연기를 신청하려는 관계인 등은 조치명령등의 이행기간 만료일 5일 전까지 조치명령등의 연기신청서 등을 소방청장, 소방본부장 또는 소방서장에게 제출해야 한다.
② 신고포상금의 지급대상, 지급기준, 지급절차 등에 필요한 사항은 행정안전부령으로 정한다.
③ 시·도지사는 관리업 등록의 취소와 영업정지 등에 관한 사무를 수행하기 위하여 불가피한 경우 주민등록번호 또는 외국인등록번호가 포함된 자료를 처리할 수 있다.
④ 소방청장은 건축허가등의 동의대상물의 범위 등에 대하여 22년 12월 1일을 기준일로 하여 3년마다 그 타당성을 검토하여 개선 등의 조치를 해야 한다.

해설 ① 맞음, 관계인 등은 조치명령등의 이행기간 만료일 5일 전까지 연기신청서에 조치명령등을 그 기간 내에 이행할 수 없음을 증명할 수 있는 서류를 첨부하여 소방청장, 소방본부장 또는 소방서장에게 제출해야 한다.
② 틀림, 신고포상금의 지급대상, 지급기준, 지급절차 등에 필요한 사항은 시·도의 조례로 정한다.

정답 15.③ 16.② 17.②

18 소방시설 등의 기능과 성능에 지장을 줄 수 있는 폐쇄·차단 등의 행위를 한 자에 대한 처벌은?

① 5년 이하의 징역 또는 3천만원 이하의 벌금
② 5년 이하의 징역 또는 5천만원 이하의 벌금
③ 3년 이하의 징역 또는 3천만원 이하의 벌금
④ 1년 이하의 징역 또는 1천만원 이하의 벌금

해설 ② 맞음, 제12조제3항 본문(소방시설의 기능과 성능에 지장을 줄 수 있는 폐쇄·차단 등의 행위 금지)을 위반하여 소방시설에 폐쇄·차단 등의 행위를 한 자는 5년 이하의 징역 또는 5천만원 이하의 벌금에 처한다. 제1항의 죄를 범하여 사람을 상해에 이르게 한 때에는 7년 이하의 징역 또는 7천만원 이하의 벌금에 처하며, 사망에 이르게 한 때에는 10년 이하의 징역 또는 1억원 이하의 벌금에 처한다.(법 제56조 제1항 및 제2항)

19 다음 중 3년 이하의 징역 또는 3천만원 이하의 벌금에 해당하는 것은?

① 영업정지처분을 받고 그 영업정지기간 중에 관리업의 업무를 한 자
② 소방시설 등에 대하여 스스로 점검을 하지 아니하거나 관리업자 등으로 하여금 정기적으로 점검하게 하지 아니한 자
③ 소방시설관리사증을 다른 자에게 빌려주거나 빌리거나 이를 알선한 자
④ 소방용품의 형식승인을 받지 아니하고 소방용품을 제조하거나 수입한 자

해설 ④ 맞음, 소방용품의 형식승인을 받지 아니하고 소방용품을 제조하거나 수입한 자 또는 거짓이나 그 밖의 부정한 방법으로 형식승인을 받은 자는 3년 이하의 징역 또는 3천만원 이하의 벌금에 처한다.(법 제57조)
①,②,③은 모두 1년 이하의 징역 또는 1천만원 이하의 벌금에 해당하는 행위이다.

20 다음 중 3년 이하의 징역 또는 3천만원 이하의 벌금에 해당하지 않는 것은?

① 동시에 둘 이상의 업체에 취업한 자
② 관리업의 등록을 하지 아니하고 영업을 한 자
③ 미승인 소방용품을 판매·진열하거나 소방시설공사에 사용한 자
④ 거짓이나 그 밖의 부정한 방법으로 전문기관으로 지정을 받은 자

해설 ① 틀림, 법 제25조제8항을 위반하여 동시에 둘 이상의 업체에 취업한 자는 3년 이하의 징역 또는 3천만원 이하의 벌금에 처한다.
②,③,④ 맞음, ②,③,④ 및 다음은 3년 이하의 징역 또는 3천만원 이하의 벌금에 해당하는 행위이다.
㉠ 소방시설, 임시소방시설 등에 따른 조치명령을 정당한 사유 없이 위반한 자
㉡ 형식승인을 받지 아니하고 소방용품을 제조하거나 수입한 자 또는 거짓이나 부정한 방법으로 형식승인을 받은 자, 제품검사를 받지 아니한 자 또는 거짓이나 부정한 방법으로 제품검사를 받은 자, 제품검사를 받지 아니하거나 합격표시를 하지 아니한 소방용품을 판매·진열하거나 소방시설공사에 사용한 자
㉢ 구매자에게 명령을 받은 사실을 알리지 아니하거나 필요한 조치를 하지 아니한 자

정답 18.② 19.④ 20.①

21 다음 중 1년 이하의 징역 또는 1천만원 이하의 벌금에 해당하지 않는 것은?

① 자격정지처분을 받고 그 자격정지기간 중에 관리사의 업무를 한 자
② 구매자에게 명령을 받은 사실을 알리지 아니하거나 필요한 조치를 하지 아니한 자
③ 제품검사에 합격하지 아니한 제품에 합격표시를 하거나 합격표시를 위조하여 사용한 자
④ 관리업의 등록증이나 등록수첩을 다른 자에게 빌려주거나 빌리거나 이를 알선한 자

해설 ①,③,④ 및 소방시설등에 대하여 스스로 점검을 하지 아니하거나 관리업자등으로 하여금 정기적으로 점검하게 하지 아니한 자, 동시에 둘 이상의 업체에 취업한 자는 1년 이하의 징역 또는 1천만원 이하의 벌금에 해당한다.
② 틀림, 제45조제3항을 위반하여 구매자에게 명령을 받은 사실을 알리지 아니하거나 필요한 조치를 하지 아니한 자는 3년 이하의 징역 또는 3천만원 이하의 벌금에 처한다.

22 「소방시설의 설치 및 관리에 관한 법률」의 벌칙에 대한 내용으로 틀린 것은?

① 소방시설에 폐쇄·차단 등의 행위를 하여 사람을 상해에 이르게 한 때에는 7년 이하의 징역 또는 7천만원 이하의 벌금에 처한다.
② 거짓이나 그 밖의 부정한 방법으로 성능인증 또는 제품검사를 받은 자는 3년 이하의 징역 또는 3천만원 이하의 벌금에 처한다.
③ 출입·검사를 수행하는 관계 공무원이 관계인의 정당한 업무를 방해하거나 출입·검사 업무를 수행하면서 알게 된 비밀을 다른 사람에게 누설하는 경우에는 1년 이하의 징역 또는 1천만원 이하의 벌금에 처한다.
④ 점검기록표를 기록하지 아니하거나 특정소방대상물의 출입자가 쉽게 볼 수 있는 장소에 게시하지 아니한 관계인은 300만원 이하의 벌금에 처한다.

해설 ③ 맞음, 이 경우 3년 이하의 징역 또는 3천만원 이하의 벌금에 처한다.
④ 틀림, 점검기록표를 기록하지 아니하거나 특정소방대상물의 출입자가 쉽게 볼 수 있는 장소에 게시하지 아니한 관계인은 300만원 이하의 과태료를 부과한다.

23 다음 중 300만원 이하의 벌금형에 해당하지 않는 것은?

① 형식승인의 변경승인을 받지 아니한 자
② 방염성능검사에서 거짓 시료를 제출한 자
③ 방염성능검사에 합격하지 아니한 물품에 합격표시를 하는 경우
④ 관계인에게 중대위반사항을 알리지 아니한 관리업자등

해설 ① 틀림, 형식승인의 변경승인을 받지 아니한 자, 성능인증의 변경인증을 받지 아니한 자는 1년 이하의 징역 또는 1천만원 이하의 벌금에 처하는 행위이다.
②,③,④ 및 위탁업무 종사자등이 업무를 수행하면서 알게 된 비밀을 이 법에서 정한 목적 외의 용도로 사용하거나 다른 사람 또는 기관에 제공하거나 누설한 자는 300만원 이하의 벌금형에 해당하는 행위이다.

정답 21.② 22.④ 23.①

24 다음의 위반행위에서 양벌규정을 적용할 수 있는 경우로 틀린 것은?

① 임시소방시설을 설치·유지·관리하지 아니한 자
② 관리업의 등록을 하지 아니하고 영업을 한 자
③ 관리업의 등록증이나 등록수첩을 다른 자에게 빌려준 자
④ 소방시설등에 폐쇄·차단 등의 행위를 한 자

해설 ① 틀림, 법 제15조 제1항을 위반하여 임시소방시설을 설치·유지·관리하지 아니한 자는 300만원 이하의 과태료 부과 대상이므로 양벌규정을 적용할 수 없다.
②,③,④ 맞음, ②는 3년 이하의 징역 또는 3천만원 이하의 벌금, ③은 1년 이하의 징역 또는 1천만원 이하의 벌금, ④는 5년 이하의 징역 또는 5천만원 이하의 벌금에 처할 수 있으므로 양벌규정을 적용할 수 있다.
양벌규정이란 법인의 대표자나 법인 또는 개인의 대리인, 사용인, 그 밖의 종업원이 그 법인 또는 개인의 업무에 관하여 제56조부터 제59조까지의 어느 하나(행정형벌)에 해당하는 위반행위를 하면 그 행위자를 벌하는 외에 그 법인 또는 개인에게도 해당 조문의 벌금형을 과(科)한다는 것을 말한다. 다만, 법인 또는 개인이 그 위반행위를 방지하기 위하여 해당 업무에 관하여 상당한 주의와 감독을 게을리하지 아니한 경우에는 양벌규정을 적용하지 아니한다.

25 다음 중 「소방시설 설치 및 관리에 관한 법률」에서 과태료를 부과·징수할 수 없는 사람은?

① 관할 시·도지사
② 국무총리
③ 소방서장
④ 소방청장

해설 법 제61조 제1항에 따른 과태료는 대통령령으로 정하는 바에 따라 소방청장, 관할 시·도지사, 소방본부장 또는 소방서장이 부과·징수한다.(법 제61조 제1항) 법 제61조 제1항에 따른 과태료의 부과기준은 별표 10과 같다.(영 제40조)

26 소방대상물의 감독에 따른 명령을 위반하여 보고 또는 자료제출을 하지 아니하거나 거짓으로 보고 또는 자료제출을 한 자 또는 정당한 사유 없이 관계 공무원의 출입 또는 조사·검사를 거부·방해 또는 기피한 자에 대한 벌칙은?

① 1년 이하의 징역 또는 1천만원 이하의 벌금
② 300만원 이하의 벌금
③ 300만원 이하의 과태료
④ 200만원 이하의 과태료

해설 ③ 맞음, 제52조제1항에 따른 명령을 위반하여 보고 또는 자료제출을 하지 아니하거나 거짓으로 보고 또는 자료제출을 한 자 또는 정당한 사유 없이 관계 공무원의 출입 또는 검사를 거부·방해 또는 기피한 자는 300만원 이하의 과태료를 부과한다.(법 제61조 제1항)

정답 24.① 25.② 26.③

27 소방시설법 시행령에서 과태료 부과권자가 과태료 금액의 100분의 50의 범위에서 그 금액을 줄여 부과할 수 있는 경우가 아닌 것은?

① 위반행위자가 법 위반상태를 시정하거나 해소하기 위하여 노력한 사실이 인정되는 경우
② 위반행위자가 화재 등 재난으로 재산에 현저한 손실을 입거나 사업 여건의 악화로 그 사업이 중대한 위기에 처하는 등 사정이 있는 경우
③ 위반행위자가 처음 위반행위를 하는 경우로서 5년 이상 해당 업종을 모범적으로 영위한 사실이 인정되는 경우
④ 위반행위가 사소한 부주의나 오류 등 과실로 인한 것으로 인정되는 경우

해설 ③ 틀림, 위반행위자가 처음 위반행위를 하는 경우로서 3년 이상 해당 업종을 모범적으로 영위한 사실이 인정되는 경우이다. 과태료 부과권자가 과태료 금액의 100분의 50의 범위에서 줄여서 부과할 수 있는 사유로는 ①,②,④ 및 위반행위자가 같은 위반행위로 다른 법률에 따라 과태료·벌금·영업정지 등의 처분을 받은 경우, 위반행위의 정도, 위반행위의 동기와 그 결과 등을 고려하여 과태료를 줄일 필요가 있다고 인정되는 경우이다.

28 법 제31조(등록사항 변경신고) 또는 제32조제3항(지위승계 신고)을 위반하여 신고를 하지 않거나 거짓으로 신고한 경우 과태료 부과의 개별기준에서 옳지 않은 것은?

① 지연 신고 기간이 1개월 미만인 경우 : 30만원
② 지연 신고 기간이 1개월 이상 3개월 미만인 경우 : 100만원
③ 지연 신고 기간이 3개월 이상이거나 보고하지 않은 경우 : 200만원
④ 거짓으로 보고한 경우 : 300만원

해설 ① 틀림, 지연 신고 기간이 1개월 미만인 경우인 경우 50만원이다.
② 맞음, 지연 보고 기간이 1개월 이상 3개월 미만인 경우 : 100만원
③ 맞음, 지연 신고 기간이 3개월 이상이거나 신고를 하지 않은 경우 : 200만원
④ 맞음, 거짓으로 신고한 경우 : 300만원

29 「소방시설 설치 및 관리에 관한 법령」에서 과태료부과의 개별기준이 다른 것은?

① 소방시설을 설치하지 않은 경우
② 방염대상물품을 방염성능기준 이상으로 설치하지 않은 경우
③ 임시소방시설을 설치·관리하지 않은 경우
④ 점검 능력평가를 받지 않고 점검을 한 경우

해설 ② 맞음, 법 제20조 제1항을 위반하여 방염대상물품을 방염성능기준 이상으로 설치하지 않은 경우 과태료부과의 개별기준은 위반횟수와 관계없이 200만원이다.
① 소방시설을 설치하지 않은 경우, ③ 임시소방시설을 설치·관리하지 않은 경우, ④ 점검 능력평가를 받지 않고 점검을 한 경우 위반횟수와 관계없이 300만원이다.

정답 27.③ 28.① 29.②

30. 「소방시설 설치 및 관리에 관한 법률」소방청장이 청문할 수 없는 것은? ★ 17년 인천 소방장

① 소방시설관리사의 자격정지
② 소방시설관리업의 등록취소
③ 우수품질 인증의 취소
④ 전문기관의 제품검사 업무정지

해설 ② 틀림, 소방청장 또는 시·도지사는 다음의 어느 하나에 해당하는 처분을 하려면 청문을 하여야 한다.(법 제44조) 관리업의 등록취소 및 영업정지의 처분은 시·도지사가 하므로 시·도지사는 관리업의 등록취소 및 영업정지 등의 처분을 하려면 청문을 하여야 한다. 소방청장은 나머지의 처분을 하는 경우 청문을 하여야 한다.
  ㉠ 소방청장의 청문 : 관리사 자격의 취소 및 정지, 소방용품의 형식승인 취소 및 제품검사 중지, 성능인증의 취소, 우수품질인증의 취소, 전문기관의 지정취소 및 업무정지
  ㉡ 시·도지사의 청문 : 관리업의 등록취소 및 영업정지

31. 다음 중 300만원 이하의 벌금에 해당하지 않는 것은? ★ 17년 소방교 수정

① 방염성능검사에서 거짓 시료를 제출한 자
② 방염성능검사에 합격하지 아니한 물품에 합격표시를 한 자
③ 피난시설, 방화구획 또는 방화시설의 폐쇄·훼손·변경 등의 행위를 한 자
④ 관계인에게 중대위반사항을 알리지 아니한 관리업자등

해설 ③ 틀림, 이 경우 300만원 이하의 과태료를 부과한다. 300만원 이하의 벌금에 처하는 것은 다음과 같다.
  ㉠ 제9조제2항(평가단에 소속된 사람) 및 제50조제7항(위탁받은 업무종사자)을 위반하여 업무를 수행하면서 알게 된 비밀을 이 법에서 정한 목적 외의 용도로 사용하거나 다른 사람 또는 기관에 제공하거나 누설한 자
  ㉡ 방염성능검사에 합격하지 아니한 물품에 합격표시를 하거나 합격표시를 위조하거나 변조하여 사용한 자
  ㉢ 제21조제2항을 위반하여 거짓 시료를 제출한 자
  ㉣ 제23조제1항 및 제2항을 위반하여 필요한 조치를 하지 아니한 관계인 또는 관계인에게 중대위반사항을 알리지 아니한 관리업자등

32. 「소방시설 설치 및 관리에 관한 법령」에서 소속 기술인력의 참여 없이 자체점검을 한 경우로 과태료 부과처분을 하는 경우 1차 위반에 대한 개별기준은?

① 50 만원
② 100 만원
③ 200 만원
④ 300 만원

해설 ④ 맞음, 법 제33조제4항(관리업자는 자체점검을 하거나 소방안전관리업무의 대행을 하는 때에는 행정안전부령으로 정하는 바에 따라 소속 기술인력을 참여시켜야 한다)을 위반하여 소속 기술인력의 참여 없이 자체점검을 한 경우에는 위반횟수와 관계없이 300만원의 과태료를 부과한다.

정답 30.② 31.③ 32.④

33 다음 중 권한의 위임 또는 위탁의 대상이 아닌 것은? ☆ 18년 소방교

① 방염성능검사 업무
② 표준자체점검비의 산정 및 공표
③ 소방용품의 성능인증
④ 미승인 소방용품에 대한 수거·폐기 또는 교체 등의 명령

해설 ④ 틀림, ①,③은 기술원에, ②의 표준자체점검비의 산정 및 공표 업무는 소방기술과 관련된 법인 또는 단체에 위탁할 수 있다. 미승인 소방용품에 대한 수거·폐기 등의 명령은 소방청장, 소방본부장 또는 소방서장의 권한이며, 위탁의 대상이 아니다.(법 제37조 제7항)

34 「소방시설 설치 및 관리에 관한 법률」에서 과태료에 대한 설명으로 맞는 것은? ☆ 18년 소방교

> ㄱ. 소방청장, 시·도지사, 소방본부장 또는 소방서장이 부과·징수한다.
> ㄴ. 대통령령으로 정하는 바에 따라 500만원 이하의 과태료를 부과한다.
> ㄷ. 위반행위가 사소한 부주의나 오류 등 과실로 인정되는 경우 과태료를 부과하지 않는다.
> ㄹ. 위반행위의 횟수에 따른 과태료의 가중된 부과기준은 최근 1년간 같은 위반행위로 과태료 부과처분을 받은 경우에 적용한다.

① ㄱ, ㄴ
② ㄱ, ㄹ
③ ㄴ, ㄷ
④ ㄷ, ㄹ

해설 ㄱ.ㄹ 맞음, 법 제61조 제1항에 따른 과태료는 대통령령으로 정하는 바에 따라 소방청장, 관할 시·도지사, 소방본부장 또는 소방서장이 부과·징수한다.(법 제61조 제2항)
ㄴ. 틀림, 대통령령으로 정하는 바에 따라 300만원 이하의 과태료를 부과한다.
ㄷ. 틀림, 이 경우 개별기준에 따른 과태료 금액의 2분의 1까지 그 금액을 줄여 부과할 수 있다.

35 조치명령의 연기를 신청하려는 관계인 등은 조치명령 등의 이행기간 만료 며칠 전까지 연기신청서를 제출하여야 하며, 연기신청을 받은 소방청장, 소방본부장 또는 소방서장은 신청받은 날부터 며칠 이내에 연기신청 승인 여부를 결정하여야 하는가? ☆ 19년 소방교

① 5일, 3일
② 5일, 5일
③ 7일, 3일
④ 7일, 5일

해설 ① 맞음, 조치명령 등을 받은 관계인 등은 대통령령으로 정하는 사유로 조치명령을 기간 내에 이행할 수 없는 경우에는 조치명령 등의 이행기간 만료 5일 전까지 조치명령 등을 명령한 소방청장, 소방본부장 또는 소방서장에게 조치명령 등을 연기하여 줄 것을 신청할 수 있다. 연기신청을 받은 소방청장 등은 신청받은 날부터 3일 이내에 승인여부를 결정하여 조치명령 등의 연기 통지서를 관계인 등에게 통지해야 한다.

정답 33.④ 34.② 35.①

36 위반행위의 신고 및 신고포상금의 지급에 대한 설명으로 틀린 것은? ☆ 19년 소방장

① 피난시설, 방화구획 또는 방화시설의 폐쇄·훼손 등의 행위를 한 자는 신고의 대상이다.
② 소방본부장 또는 소방서장은 위반행위의 신고내용을 이를 처리한 경우에는 신고한 날부터 10일 이내에 신고자에게 통지하여야 한다.
③ 소방시설의 점검·정비를 위한 폐쇄·차단이 아닌 소방시설의 기능과 성능에 지장을 줄 수 있는 폐쇄(잠금을 포함한다)·차단 등의 행위를 하는 경우에도 신고의 대상이다.
④ 통지는 휴대전화 문자 메시지 등의 방법으로 할 수 있다.

해설 ② 틀림, 소방본부장 또는 소방서장은 위반행위의 신고내용을 이를 처리한 경우에는 처리한 날부터 10일 이내에 위반행위 신고 내용 처리결과 통지서를 신고자에게 통지하여야 한다.(시행규칙 제43조 제1항)
④ 맞음, 통지는 우편, 팩스, 정보통신망, 전자우편 또는 휴대전화 문자메시지 등의 방법으로 할 수 있다.(2항)

37 소방시설법의 양벌규정에 대한 내용이다. 다음 중 양벌규정에 해당하는 것은? ☆ 19년 소방장

> 법인의 대표자나 법인 또는 개인의 대리인, 사용인, 그 밖의 종업원이 그 법인 또는 개인의 업무에 관하여 제56조부터 제59조까지의 어느 하나에 해당하는 위반행위를 하면 그 행위자를 벌하는 외에 그 법인 또는 개인에게도 해당조문의 벌금형을 과(科)한다.

① 피난시설, 방화구획 또는 방화시설을 폐쇄·훼손·변경하는 등의 행위를 한 경우
② 휴업·폐업의 사실을 특정소방대상물의 관계인에게 알리지 아니한 관리업자
③ 방염성능검사에서 거짓 시료를 제출한 자
④ 점검기록표를 기록하지 아니하거나 출입자가 쉽게 볼 수 있는 장소에 게시하지 아니한 관계인

해설 ③ 맞음, 300만원 이하의 벌금에 해당하는 행위로서 양벌규정이 적용된다.
①,②,④ 틀림, 300만원 이하 과태료의 부과대상이므로 양벌규정이 적용되지 아니한다.

38 소방시설 설치 및 관리에 관한 법령의 과태료에 대한 설명으로 틀린 것은? ☆ 19년 소방교

① 화재안전기준을 위반하여 소방시설을 설치한 자는 300만원 이하의 과태료를 부과한다.
② 300만원 이하의 과태료는 대통령령으로 정하는 바에 따라 소방청장, 시·도지사, 소방본부장 또는 소방서장이 부과·징수한다.
③ 점검기록표를 기록하지 아니하지 아니한 경우 2차 위반은 200만원의 과태료를 부과한다.
④ 위반행위의 횟수에 따른 과태료의 가중된 부과기준은 최근 2년간 같은 위반행위로 과태료 부과처분을 받은 경우에 적용한다.

해설 ④ 틀림, 위반행위의 횟수에 따른 과태료의 가중된 부과기준은 최근 1년간 같은 위반행위로 과태료 부과처분을 받은 경우에 적용한다. 이 경우 기간의 계산은 위반행위에 대하여 과태료 부과처분을 받은 날과 그 처분 후 다시 같은 위반행위를 하여 적발된 날을 기준으로 한다.

정답 36.② 37.③ 38.④

39 소방시설법의 과태료의 부과의 일반기준에 대한 설명으로 틀린 것은? ☆ 20년 소방교

① 위반행위의 횟수에 따른 과태료의 가중된 부과기준은 최근 1년간 같은 위반행위로 과태료 부과처분을 받은 경우에 적용한다.
② 위의 경우 기간의 계산은 위반행위에 대하여 적발된 날과 적발 후 다시 같은 위반행위를 하여 처분받은 날을 기준으로 한다.
③ 위반행위자가 처음 위반행위를 하는 경우로서 3년 이상 해당 업종을 모범적으로 영위한 사실이 인정되는 경우 과태료 금액의 2분의 1까지 그 금액을 줄여 부과할 수 있다.
④ 과태료를 체납하고 있는 위반행위자에 대해서는 감경하지 아니하다.

> 해설 ② 틀림, 위반행위의 횟수에 따른 과태료의 가중된 부과기준은 최근 1년간 같은 위반행위로 과태료 부과처분을 받은 경우에 적용한다. 이 경우 기간의 계산은 위반행위에 대하여 과태료 부과처분을 받은 날과 그 처분 후 다시 같은 위반행위를 하여 적발된 날을 기준으로 한다.(영 별표 10)

40 「소방시설법」에서 과태료 부과의 개별기준이 다른 것은? ☆ 21년 소방교, 소방장

① 임시소방시설을 설치·관리하지 않은 경우
② 관계인에게 점검 결과를 제출하지 않은 경우
③ 점검인력의 배치기준 등 자체점검 시 준수사항을 위반한 경우
④ 출입·검사에 따른 명령을 위반하여 보고 또는 자료제출을 하지 않은 경우

> 해설 ④ 맞음, 법 제52조제1항에 따른 명령을 위반하여 보고 또는 자료제출을 하지 않거나 거짓으로 보고 또는 자료제출을 한 경우 또는 정당한 사유 없이 관계 공무원의 출입 또는 검사를 거부·방해 또는 기피한 경우의 과태료 부과의 개별기준은 1차 위반 50만원, 2차 위반 100만원, 3차 위반 300만원이다.
> ①,②,③의 경우 과태료 부과의 개별기준은 위반횟수와 관계없이 모두 300만원이다.

41 「소방시설 설치 및 관리에 관한 법률」상 벌칙에 대한 설명으로 틀린 것은? ☆ 21년 소방장

① 점검기록표를 기록하지 아니하거나 특정소방대상물의 출입자가 쉽게 볼 수 있는 장소에 게시하지 아니한 관계인은 300만원 이하의 벌금에 처한다.
② 영업정지처분을 받고 그 영업기간 중에 관리사의 업무를 한 자는 1년 이하 징역 또는 1천만원 이하의 벌금에 처한다.
③ 미승인 소방용품을 판매·진열하거나 소방시설공사에 사용한 자는 3년 이하 징역 또는 3천만원 이하의 벌금에 처한다.
④ 소방시설에 차단 등의 행위를 한 자는 5년 이하의 징역 또는 5천만원 이하의 벌금에 처한다.

> 해설 ① 틀림, 점검기록표를 기록하지 아니하거나 특정소방대상물의 출입자가 쉽게 볼 수 있는 장소에 게시하지 아니한 관계인은 300만원 이하의 과태료 부과의 대상이다.
> ④ 맞음, 소방시설에 폐쇄·차단 등의 행위를 한 자는 5년 이하의 징역 또는 5천만원 이하의 벌금에 처한다.

정답 39.② 40.④ 41.①

42 「소방시설 설치 및 관리에 관한 법률 시행령」상 과태료 부과 개별기준으로 옳지 않은 것은?
☆ 23년 소방교

① 자체점검 이행계획 완료 결과를 거짓으로 보고한 경우 : 과태료 300만원
② 자체점검 결과를 축소·삭제하는 등 거짓으로 보고한 경우 : 과태료 300만원
③ 관리업자등이 관계인에게 점검 결과를 제출하지 않은 경우 : 과태료 300만원
④ 방염대상물품을 방염성능기준 이상으로 설치하지 않은 경우 : 과태료 300만원

해설 ① 맞음, 법 제23조제4항을 위반하여 이행계획을 기간 내에 완료하지 않은 경우 또는 이행계획 완료 결과를 보고하지 않거나 거짓으로 보고한 경우 지연 완료 또는 지연 보고기간이 10일 미만인 경우 50만원, 10일 이상 1개월 미만인 경우 100만원, 1개월 이상이거나 완료하지 않은 경우 200만원, 이행계획 완료 결과를 거짓으로 보고한 경우 300만원의 과태료를 부과한다.
② 맞음, 자체점검 결과를 축소·삭제하는 등 거짓으로 보고한 경우 : 과태료 300만원
③ 맞음, 관리업자등이 관계인에게 점검 결과를 제출하지 않은 경우 : 과태료 300만원
④ 틀림, 방염대상물품을 방염성능기준 이상으로 설치하지 않은 경우 과태료는 200만원이다.

43 「소방시설 설치 및 관리에 관한 법률」상 1년 이하의 징역 또는 1천만원 이하의 벌금에 처해지는 경우로 옳지 않은 것은?
☆ 24년 소방교

① 동시에 둘 이상의 업체에 취업한 소방시설관리사
② 자격정지처분을 받고 그 자격정지기간 중에 관리사의 업무를 한 자
③ 방염성능검사에 합격하지 아니한 물품에 합격표시를 하거나 합격표시를 위조하거나 변조하여 사용한 자
④ 우수품질인증을 받지 아니한 제품에 우수품질인증 표시를 하거나 우수품질인증 표시를 위조하거나 변조하여 사용한 자

해설 ③ 틀림, ①,②,④는 1년 이하의 징역 또는 1천만원 이하의 벌금에 처하나 ③ 방염성능검사에 합격하지 아니한 물품에 합격표시를 하거나 합격표시를 위조하거나 변조하여 사용한 자는 300만원 이하의 벌금에 처한다.

44 「소방시설 설치 및 관리에 관한 법률」 및 같은 법 시행령상 특정소방대상물에 실내장식 등의 목적으로 설치 또는 부착하는 물품과 관련하여 과태료 부과대상에 해당하는 것은?
☆ 24년 소방장

① 층수가 11층인 업무시설 내의 창문에 방염처리하지 않은 블라인드를 설치한 경우
② 종교시설 내부에 방염처리하지 않은 두께가 2 mm 미만인 종이벽지를 부착한 경우
③ 숙박시설 내부에 방염처리하지 않은 가구류를 천장이나 벽에 부착하거나 설치한 경우
④ 의료시설에 방염처리하지 않은 침구류·소파 및 의자를 설치·비치한 경우

해설 ① 맞음, 층수가 11층인 업무시설은 방염성능기준 이상의 실내장식물 등을 설치해야 하는 특정소방대상물에 해당하며, 창문에 설치하는 커튼류(블라인드 포함)는 방염대상물품이므로 이를 위반하는 경우 과태료 부과대상이다.
② 틀림, 두께가 2 mm 미만인 종이벽지는 방염대상물품에서 제외된다.
③,④ 틀림, 가구류는 실내장식물에서 제외하며, ④는 방염제품의 권장 대상에 해당한다.

정답 42.④ 43.③ 44.①

45 「소방시설 설치 및 관리에 관한 법률」상 벌칙이나 과태료 규정에 대한 설명으로 옳지 않은 것은?

☆ 24년 소방장

① 소방시설등에 대하여 스스로 점검을 하지 아니하거나 관리업자등으로 하여금 정기적으로 점검하게 하지 아니한 관계인은 1년 이하의 징역 또는 1천만원 이하의 벌금에 처한다.
② 소방시설등의 자체점검 결과 중대위반사항에 대하여 필요한 조치를 하지 아니한 관계인 또는 관계인에게 중대위반사항을 알리지 아니한 관리업자등은 300만원 이하의 벌금에 처한다.
③ 소속 기술인력의 참여 없이 자체점검을 한 관리업자는 300만원 이하의 과태료를 부과한다.
④ 관리업의 등록증이나 등록수첩을 다른 자에게 빌려주거나 빌리거나 이를 알선한 자는 300만원 이하의 과태료를 부과한다.

해설 ④ 틀림, 관리업의 등록증이나 등록수첩을 다른 자에게 빌려주거나 빌리거나 이를 알선한 자, 소방시설관리사증을 다른 사람에게 빌려주거나 빌리거나 이를 알선한 자, 소방시설등에 대하여 스스로 점검을 하지 아니하거나 관리업자등으로 하여금 정기적으로 점검하게 하지 아니한 관계인 등은 1년 이하의 징역 또는 1천만원 이하의 벌금에 처한다.

정답 45.④

인내할 수 있는 사람은 그가 바라는 것은 무엇이든지 손에 넣을 수 있다.
- 벤자민 프랭클린 -

제2편

화재예방법

chapter 1 | 총칙 및 안전관리 기본계획
chapter 2 | 화재안전조사
chapter 3 | 화재의 예방조치 등
chapter 4 | 소방대상물의 소방안전관리
chapter 5 | 특별관리시설물의 소방안전관리
chapter 6 | 보칙 및 벌칙

CHAPTER 01 총칙 및 안전관리 기본계획

> **학/습/포/인/트**
>
> 총칙은 화재예방법 전체에 관한 원칙적 사항으로 법의 목적, 법 해석의 일관성을 확보하기 위한 용어의 정의, 연혁 및 구성, 국가 및 지방자치단체의 책무 등을 규정하고 있다. 총칙에서는 정의를 명확하게 정리하여야 한다. 안전관리 계획은 화재의 예방 및 안전관리를 위하여 소방청장이 수립하는 안전관리 기본계획과 시행계획, 관계 중앙행정기관의 장과 시·도지사가 수립하는 세부 시행계획을 구분하고 수립시기와 그 내용을 파악한다.

제1절 법의 목적 및 용어 정의

1 화재예방법의 목적

(1) 법의 목적(법 제1조)

이 법(화재의 예방 및 안전관리에 관한 법률; 약칭 화재예방법)은 화재의 예방과 안전관리에 필요한 사항을 규정함으로써 화재로부터 국민의 생명·신체 및 재산을 보호하고 공공의 안전과 복리 증진에 이바지함을 목적으로 한다.

(2) 목적과 수단의 구조

① 법 제1조는 화재예방법이 달성하고자 하는 궁극의 목적과 그 목적을 달성하고자 하는 수단에 대하여 단계별로 언급을 하고 있다.
② 화재의 예방 및 안전관리에 관한 법률은 화재의 예방과 안전관리에 필요한 사항을 규정하는 것을 수단으로 하여 화재로부터 국민의 생명·신체 및 재산을 보호하고 궁극적으로는 공공의 안전과 복리 증진에 이바지하는 것을 목적으로 한다.

(3) 목적 규정의 의의와 기능

① 목적 규정의 의의 : 법 제1조 목적규정은 법률의 입법목적을 간명하게 요약한 문장으로서, 그 법률의 입법취지를 명확히 하며, 법률규정의 의미와 존재이유 등을 표현하고 있다.
② 목적 규정의 기능 : 목적규정은 법이 규정하고 있는 핵심 내용과 법의 존재이유를 명확하게 규정함으로써 법을 운용·해석하는데 지침을 제시하는 법규해석의 기능을 수행하며, 법률의 합헌성 확보 및 기본권 제한의 정당성 근거 등의 역할을 수행한다.

2 용어의 정의 및 적용범위

(1) 용어의 정의(법 제2조 제1항) ☆ 24년 소방장

① "예방"이란 화재의 위험으로부터 사람의 생명·신체 및 재산을 보호하기 위하여 화재발생을 사전에 제거하거나 방지하기 위한 모든 활동을 말한다.
② "안전관리"란 화재로 인한 피해를 최소화하기 위한 예방, 대비, 대응 등의 활동을 말한다.
③ "화재안전조사"란 소방청장, 소방본부장 또는 소방서장(이하 "소방관서장")이 소방대상물, 관계지역 또는 관계인에 대하여 소방시설등이 소방 관계 법령에 적합하게 설치·관리되고 있는지, 소방대상물에 화재의 발생 위험이 있는지 등을 확인하기 위하여 실시하는 현장조사·문서열람·보고요구 등을 하는 활동을 말한다.
④ "화재예방강화지구"란 특별시장·광역시장·특별자치시장·도지사 또는 특별자치도지사(시·도지사)가 화재발생 우려가 크거나 화재가 발생할 경우 피해가 클 것으로 예상되는 지역에 대하여 화재의 예방 및 안전관리를 강화하기 위해 지정·관리하는 지역을 말한다.
⑤ "화재예방안전진단"이란 화재가 발생할 경우 사회·경제적으로 피해 규모가 클 것으로 예상되는 소방대상물에 대하여 화재위험요인을 조사하고 그 위험성을 평가하여 개선대책을 수립하는 것을 말한다.

실전연습

Q. 「화재의 예방 및 안전관리에 관한 법률」의 용어로 옳지 못한 것은?

① "예방"이란 화재의 위험으로부터 사람의 생명·신체 및 재산을 보호하기 위하여 화재발생을 사전에 제거하거나 방지하기 위한 모든 활동을 말한다.
② "안전관리"란 화재로 인한 피해를 최소화하기 위한 예방, 대비, 대응 등의 활동을 말한다.
③ "화재예방강화지구"란 시·도지사가 화재발생 우려가 크거나 화재가 발생할 경우 피해가 클 것으로 예상되는 지역에 대하여 화재의 예방 및 안전관리를 강화하기 위해 지정하는 지역을 말한다.
④ "화재안전조사"란 화재가 발생할 경우 피해 규모가 클 것으로 예상되는 소방대상물에 대하여 화재위험요인을 조사하고 그 위험성을 평가하여 개선대책을 수립하는 것을 말한다.

해설 | ④ 화재안전조사가 아니라 화재예방안전진단에 대한 설명이다. ➡ ④

---

(2) 적용범위(법 제2조 제2항)

이 법에서 사용하는 용어의 뜻은 제1항에서 규정하는 것을 제외하고는 「소방기본법」, 「소방시설 설치 및 관리에 관한 법률」, 「소방시설공사업법」, 「위험물안전관리법」 및 「건축법」에서 정하는 바에 따른다.

제2절 법의 연혁 및 구성

1 화재예방법의 연혁

(1) 제정 배경 및 변천

① 종전 법령의 문제점 : 종전의 화재 예방과 관련된 제도와 법률 규정이 「소방기본법」과 「화재예방, 소방시설 설치·유지 및 안전관리에 관한 법률」에 분산되어 있고, 화재 예방과 안전관리가 체계적이고 일관되지 않은 문제가 있었다.
② 화재예방법의 제정 : 화재 예방과 안전관리에 관련된 법률 규정을 하나로 통합하여 「화재의 예방 및 안전관리에 관한 법률」을 별도로 제정·시행하게 되었다.(시행, 22.12.1)

2 화재예방법의 구성

(1) 화재예방법의 구성

화재예방법은 종전 소방기본법 제3장 화재의 예방과 경계, 소방시설법 제4장 소방대상물의 안전관리를 근간으로 하여 제정되었으며, 총 8장 52조로 구성되어 있다.

제1장 총칙	제1조 (목적) 제2조 (정의) 제3조 (국가 및 지방자치단체 등의 책무)
제2장 화재의 예방 및 안전관리 기본계획의 수립·시행	제4조 (화재의 예방 및 안전관리 기본계획 등의 수립·시행) 제5조 (실태조사) 제6조 (통계의 작성 및 관리)
제3장 화재안전조사	제7조 (화재안전조사) 제8조 (화재안전조사의 방법·절차 등) 제9조 (화재안전조사단 편성·운영) 제10조 (화재안전조사위원회 구성·운영) 제11조 (화재안전조사 전문가 참여) 제12조 (증표의 제시 및 비밀유지 의무 등) 제13조 (화재안전조사 결과 통보) 제14조 (화재안전조사 결과에 따른 조치명령) 제15조 (손실보상) 제16조 (화재안전조사 결과 공개)
제4장 화재의 예방조치 등	제17조 (화재의 예방조치 등) 제18조 (화재예방강화지구의 지정 등) 제19조 (화재의 예방 등에 대한 지원) 제20조 (화재 위험경보)

	제21조 (화재안전영향평가) 제22조 (화재안전영향평가심의회) 제23조 (화재안전취약자에 대한 지원)
제5장 소방대상물의 소방안전관리	제24조 (특정소방대상물의 소방안전관리) 제25조 (소방안전관리업무의 대행) 제26조 (소방안전관리자 선임신고 등) 제27조 (관계인 등의 의무) 제28조 (소방안전관리자 선임명령 등) 제29조 (건설현장 소방안전관리) 제30조 (소방안전관리자 자격 및 자격증의 발급 등) 제31조 (소방안전관리자 자격의 정지 및 취소) 제32조 (소방안전관리자 자격시험) 제33조 (소방안전관리자 등 종합정보망의 구축·운영) 제34조 (소방안전관리자 등에 대한 교육) 제35조 (관리의 권원이 분리된 특정소방대상물의 소방안전관리) 제36조 (피난계획의 수립 및 시행) 제37조 (소방안전관리대상물 근무자 및 거주자 등에 대한 소방훈련 등) 제38조 (특정소방대상물의 관계인에 대한 소방안전교육) 제39조 (공공기관의 소방안전관리)
제6장 특별관리시설물의 소방안전관리	제40조 (소방안전 특별관리시설물의 안전관리) 제41조 (화재예방안전진단) 제42조 (진단기관의 지정 및 취소)
제7장 보칙	제43조 (화재의 예방과 안전문화 진흥을 위한 시책의 추진) 제44조 (우수 소방대상물 관계인에 대한 포상 등) 제45조 (조치명령 등의 기간연장) 제46조 (청문) 제47조 (수수료 등) 제48조 (권한의 위임·위탁 등) 제49조 (벌칙 적용에서 공무원 의제)
제8장 벌칙	제50조 (벌칙) 제51조 (양벌규정) 제52조 (과태료)
부칙	제1조 (시행일) 제2조 내지 제15조 (다른 법령과의 관계)

(2) 화재예방법의 범위

화재의 예방 및 안전관리에 관한 법률을 기본으로 하며, 하위법령으로는 대통령령인 동법 시행령, 그리고 행정안전부령인 동법 시행규칙이 있다.

(3) 다른 법률과의 관계(부칙 제15조)

이 법 시행 당시 다른 법령에서 종전의 「소방기본법」, 「화재예방, 소방시설 설치·유지 및 안전관리에 관한 법률」 또는 그 규정을 인용한 경우에 이 법 가운데 그에 해당하는 규정이 있으면 종전의 「소방기본법」, 「화재예방, 소방시설 설치·유지 및 안전관리에 관한 법률」 또는 그 규정을 갈음하여 이 법 또는 이 법의 해당 조항을 인용한 것으로 본다.

제3절 국가 및 지방자치단체의 책무

1 의의

(1) 종전 화재안전관리의 문제점
기존의 법에서는 화재안전에 관한 각종 사항들이 여러 법령에 흩어져 있어 법제도적으로 화재안전 관리가 체계적이고 일관되지 못하는 문제가 있었다.

(2) 화재안전관리의 체계화
기존 법의 미비점을 보완하기 위하여 국가 및 지방자치단체의 화재안전에 관한 책무를 명확히 하고 화재안전정책 수립 의무를 부과하여 화재 및 재난 그 밖의 위급한 상황으로부터 국민의 생명과 재산을 보호하고자 하고 있다.

2 국가 및 지방자치단체의 책무(법 제3조)

(1) 국가의 책무
국가는 화재로부터 국민의 생명과 재산을 보호할 수 있도록 종합적인 화재안전정책을 수립·시행하여야 한다.(제1항)

(2) 지방자치단체의 책무
지방자치단체는 국가의 화재안전정책에 맞추어 지역의 실정에 부합하는 화재안전정책을 수립·시행하여야 한다.(제2항)

(3) 관계인의 책무
관계인은 국가와 지방자치단체의 화재예방정책에 적극적으로 협조하여야 한다.(제3항)

제4절 화재의 예방 및 안전관리 기본계획의 수립·시행

1 기본계획 및 시행계획

(1) 기본계획의 수립(법 제4조 및 영 제2조) ☆ 24년 소방장

① **기본계획의 수립** : 소방청장은 화재예방정책을 체계적·효율적으로 추진하고 이에 필요한 기반 확충을 위하여 화재의 예방 및 안전관리에 관한 기본계획을 5년마다 수립·시행하여야 한다. 기본계획은 대통령령으로 정하는 바에 따라 소방청장이 관계 중앙행정기관의 장과 협의하여 수립한다.(제1항 및 제2항)

② **수립시기** : 소방청장은 기본계획을 계획 시행 전년도 8월 31일까지 관계 중앙행정기관의 장과 협의한 후 계획 시행 전년도 9월 30일까지 수립해야 한다.(영 제2조)

(2) 기본계획의 내용(법 제4조 제3항, 영 제3조) ☆ 24년 소방교

① 화재예방정책의 기본목표 및 추진방향
② 화재의 예방과 안전관리를 위한 법령·제도의 마련 등 기반 조성
③ 화재의 예방과 안전관리를 위한 대국민 교육·홍보
④ 화재의 예방과 안전관리 관련 기술의 개발·보급
⑤ 화재의 예방과 안전관리 관련 전문인력의 육성·지원 및 관리
⑥ 화재의 예방과 안전관리 관련 산업의 국제경쟁력 향상
⑦ 그 밖에 대통령령으로 정하는 화재의 예방과 안전관리에 필요한 다음의 사항(영 제3조)
  ㉠ 화재발생 현황
  ㉡ 소방대상물의 환경 및 화재위험특성 변화 추세 등 화재예방정책의 여건 변화에 관한 사항
  ㉢ 소방시설의 설치·관리 및 화재안전기준의 개선에 관한 사항
  ㉣ 계절별·시기별·소방대상물별 화재예방대책의 추진 및 평가 등에 관한 사항
  ㉤ 그 밖에 화재의 예방 및 안전관리와 관련하여 소방청장이 필요하다고 인정하는 사항

(3) 시행계획의 수립(법 제4조 제4항 내지 제8항) ☆ 19년 소방교, 17년 소방교

① **시행계획의 수립 및 포함사항** : 소방청장은 기본계획을 시행하기 위하여 매년 시행계획을 수립·시행하여야 한다.(제4항) 소방청장은 시행계획을 계획 시행 전년도 10월 31일까지 수립해야 하며, 시행계획은 다음의 사항이 포함되어야 한다.(영 제4조)
  ㉠ 기본계획의 시행을 위하여 필요한 사항
  ㉡ 그 밖에 화재의 예방 및 안전관리와 관련하여 소방청장이 필요하다고 인정하는 사항
② **기본계획과 시행계획의 통보** : 소방청장은 제1항 및 제4항에 따라 수립된 기본계획과 시행계획을 관계 중앙행정기관의 장과 시·도지사에게 통보하여야 한다.(제5항)

③ 자료제출의 요청 : 소방청장은 기본계획 및 시행계획을 수립하기 위하여 필요한 경우 관계 중앙행정기관의 장 또는 시·도지사에게 관련 자료의 제출을 요청할 수 있다. 이 경우 자료 제출을 요청받은 관계 중앙행정기관의 장 또는 시·도지사는 특별한 사유가 없으면 이에 따라야 한다.(제7항)
④ 계획의 수립 등에 필요한 사항 : 위에서 규정한 사항 외에 기본계획, 시행계획 및 세부시행계획의 수립·시행에 필요한 사항은 대통령령으로 정한다.(제8항)

2 세부시행계획

(1) 세부시행계획의 수립(법 제4조 제6항)

① 수립 : 기본계획과 시행계획을 통보받은 관계 중앙행정기관의 장과 시·도지사는 소관 사무의 특성을 반영한 세부시행계획을 수립·시행하고 그 결과를 소방청장에게 통보해야 한다.
② 포함사항 : 세부시행계획에는 다음의 사항이 포함되어야 한다.
  ㉠ 기본계획 및 시행계획에 대한 관계 중앙행정기관 또는 시·도의 세부 집행계획
  ㉡ 직전 세부시행계획의 시행 결과
  ㉢ 화재안전과 관련하여 관계 중앙행정기관의 장 또는 시·도지사가 필요하다고 결정한 사항

(2) 세부시행계획의 수립시기 등(영 제5조)

① 기본계획 등의 통보시기 : 소방청장은 법 제4조 제5항에 따라 관계 중앙행정기관의 장과 시·도지사(특별시장·광역시장·특별자치시장·도지사 또는 특별자치도지사)에게 기본계획 및 시행계획을 각각 계획 시행 전년도 10월 31일까지 통보해야 한다.
② 세부시행계획의 수립시기 : 통보를 받은 관계 중앙행정기관의 장 및 시·도지사는 세부시행계획을 수립하여 계획 시행 전년도 12월 31일까지 소방청장에게 통보해야 한다.

실전연습

Q. 화재예방법상 화재의 예방 및 안전관리에 관한 기본계획에 대한 설명으로 틀린 것은?

① 소방청장은 화재예방정책을 효율적으로 추진하고 이에 필요한 기반 확충을 위하여 화재의 예방 및 안전관리에 관한 기본계획을 3년마다 계획 시행 전년도 9월 30일까지 수립해야 한다.
② 기본계획은 화재예방정책의 기본목표 및 추진방향과 대통령령으로 정하는 화재의 예방과 안전관리에 필요한 사항이 포함되어야 한다.
③ 관계 중앙행정기관의 장과 시·도지사는 세부시행계획을 수립하여 소방청장에게 통보해야 한다.
④ 기본계획, 시행계획 및 세부시행계획의 수립·시행에 필요한 사항은 대통령령으로 정한다.

해설 | 화재의 예방 및 안전관리에 관한 기본계획은 5년마다 수립·시행하여야 한다.   ↦ ①

3 실태조사와 통계의 작성 및 관리

(1) 실태조사(법 제5조)

① **실태조사 사항** : 소방청장은 기본계획 및 시행계획의 수립·시행에 필요한 기초자료를 확보하기 위하여 다음의 사항에 대하여 실태조사를 할 수 있다. 이 경우 관계 중앙행정기관의 장의 요청이 있는 때에는 합동으로 실태조사를 할 수 있다.
　㉠ 소방대상물의 용도별·규모별 현황
　㉡ 소방대상물의 화재의 예방 및 안전관리 현황
　㉢ 소방대상물의 소방시설등 설치·관리 현황
　㉣ 그 밖에 기본계획 및 시행계획의 수립·시행을 위하여 필요한 사항
② **자료제출의 요청** : 소방청장은 소방대상물의 현황 등 관련 정보를 보유·운용하고 있는 관계 중앙행정기관의 장, 지방자치단체의 장,「공공기관의 운영에 관한 법률」제4조에 따른 공공기관의 장 또는 관계인 등에게 실태조사에 필요한 자료의 제출을 요청할 수 있다. 이 경우 자료 제출을 요청받은 자는 특별한 사유가 없으면 이에 따라야 한다.
③ 실태조사의 방법 및 절차 등에 필요한 사항은 행정안전부령으로 정한다.

(2) 실태조사의 방법 및 절차 등(규칙 제2조)

① **조사 방법** :「화재의 예방 및 안전관리에 관한 법률」제5조제1항에 따른 실태조사는 통계조사, 문헌조사 또는 현장조사의 방법으로 하며, 정보통신망 또는 전자적인 방식을 사용할 수 있다.
② **조사계획의 사전 통지** : 소방청장은 실태조사를 실시하려는 경우 실태조사 시작 7일 전까지 조사 일시, 조사 사유 및 조사 내용 등을 포함한 조사계획을 조사대상자에게 서면 또는 전자우편 등의 방법으로 미리 알려야 한다.
③ **증표제시의 의무** : 관계 공무원 및 실태조사를 의뢰받은 관계 전문가 등이 실태조사를 위하여 소방대상물에 출입할 때에는 그 권한 또는 자격을 표시하는 증표를 지니고 이를 관계인에게 내보여야 한다.
④ **실태조사의 의뢰** : 소방청장은 실태조사를 전문연구기관·단체나 관계 전문가에게 의뢰하여 실시할 수 있으며, 실태조사의 결과를 인터넷 홈페이지 등에 공표할 수 있다.
⑤ **세부적인 실태조사 방법 등에 필요한 사항** : 위 시행규칙에서 규정한 사항 외에 실태조사 방법 및 절차 등에 관하여 필요한 사항은 소방청장이 정한다.

(3) 통계의 작성 및 관리(법 제6조)

① **통계의 작성** : 소방청장은 화재의 예방 및 안전관리에 관한 통계를 매년 작성·관리하여야 한다.
② **정보 제공 요청** : 소방청장은 통계자료를 작성·관리하기 위하여 관계 중앙행정기관의 장, 지방자치단체의 장, 공공기관의 장 또는 관계인 등에게 필요한 자료와 정보의 제공을 요청할 수 있다. 자료와 정보의 제공을 요청받은 자는 특별한 사정이 없으면 이에 따라야 한다.

③ 통계업무의 수행 : 소방청장은 통계자료의 작성·관리에 관한 업무의 전부 또는 일부를 행정안전부령으로 정하는 바에 따라 전문성이 있는 기관을 지정하여 수행하게 할 수 있다.
④ 통계의 작성·관리 등에 필요한 사항은 대통령령으로 정한다.

(4) 통계의 작성·관리 항목 등(영 제6조)

① 통계의 작성·관리 항목 : 법 제6조제1항에 따른 통계의 작성·관리 항목은 다음과 같다.
  ㉠ 소방대상물의 현황 및 안전관리에 관한 사항
  ㉡ 소방시설등의 설치 및 관리에 관한 사항
  ㉢ 「다중이용업소의 안전관리에 관한 특별법」 제2조제1항제1호에 따른 다중이용업 현황 및 안전관리에 관한 사항
  ㉣ 「위험물안전관리법」 제2조제1항제6호에 따른 제조소등 현황
  ㉤ 화재발생 이력 및 화재안전조사 등 화재예방 활동에 관한 사항
  ㉥ 법 제5조에 따른 실태조사 결과
  ㉦ 화재예방강화지구의 현황 및 안전관리에 관한 사항
  ㉧ 법 제23조에 따른 어린이, 노인, 장애인 등 화재의 예방 및 안전관리에 취약한 자에 대한 지역별·성별·연령별 지원 현황
  ㉨ 법 제24조제1항에 따른 소방안전관리자 자격증 발급 및 선임 관련 지역별·성별·연령별 현황
  ㉩ 화재예방안전진단 대상의 현황 및 그 실시 결과
  ㉪ 소방시설업자, 소방기술자 및 「소방시설 설치 및 관리에 관한 법률」 제29조에 따른 소방시설관리업 등록을 한 자의 지역별·성별·연령별 현황
  ㉫ 그 밖에 화재의 예방 및 안전관리에 관한 자료로서 소방청장이 작성·관리가 필요하다고 인정하는 사항
② 전산시스템의 구축·운영 : 소방청장은 법 제6조제1항에 따라 통계를 체계적으로 작성·관리하고 분석하기 위하여 전산시스템을 구축·운영할 수 있다.
③ 빅데이터의 활용 : 소방청장은 전산시스템을 구축·운영하는 경우 빅데이터(대용량의 정형 또는 비정형의 데이터 세트)를 활용하여 화재발생 동향 분석 및 전망 등을 할 수 있으며, 빅데이터를 활용하기 위한 방법·절차 등에 관하여 필요한 사항은 소방청장이 정한다.

(5) 통계의 작성·관리업무의 수행기관(규칙 제3조)

소방청장은 다음의 기관으로 하여금 통계자료의 작성·관리에 관한 업무를 수행하게 할 수 있다.
① 「소방기본법」 제40조제1항에 따라 설립된 한국소방안전원
② 「정부출연연구기관 등의 설립·운영 및 육성에 관한 법률」 제8조에 따라 설립된 정부출연연구기관
③ 「통계법」 제15조에 따라 지정된 통계작성지정기관

CHAPTER 01 핵심요약

화재예방법의 총칙 및 안전관리 기본계획

법의 목적	이 법은 화재의 예방과 안전관리에 필요한 사항을 규정함으로써 화재로부터 국민의 생명·신체 및 재산을 보호하고 공공의 안전과 복리 증진에 이바지함을 목적으로 한다.
용어의 정의	1) 화재예방법에서 정의(법 제2조) ① 예방 : 화재의 위험으로부터 사람의 생명·신체 및 재산을 보호하기 위하여 화재발생을 사전에 제거하거나 방지하기 위한 모든 활동 ② 안전관리 : 화재로 인한 피해를 최소화하기 위한 예방, 대비, 대응 등의 활동 ③ 화재안전조사 : 소방관서장이 소방대상물, 관계지역 또는 관계인에 대하여 소방시설 등이 소방 관계 법령에 적합하게 설치·관리되고 있는지, 소방대상물에 화재의 발생 위험이 있는지 등을 확인하기 위하여 실시하는 현장조사·문서열람·보고요구 등을 하는 활동을 말한다. ④ 화재예방강화지구 : 시·도지사가 화재발생 우려가 크거나 화재가 발생할 경우 피해가 클 것으로 예상되는 지역에 대하여 화재의 예방 및 안전관리를 강화하기 위해 지정·관리하는 지역을 말한다. ⑤ 화재예방안전진단 : 화재가 발생할 경우 사회·경제적으로 피해 규모가 클 것으로 예상되는 소방대상물에 대하여 화재위험요인을 조사하고 그 위험성을 평가하여 개선대책을 수립하는 것을 말한다. 2) 적용 : 이 법에서 사용하는 용어의 뜻은 위에서 규정하는 것을 제외하고는 소방기본법, 소방시설법, 소방시설공사업법, 위험물안전관리법 및 건축법에서 정하는 바에 따른다.
국가 및 지방자치단체의 책무	1) 국가와 지방자치단체의 책무 ① 국가는 화재로부터 국민의 생명과 재산을 보호할 수 있도록 종합적인 화재안전정책을 수립·시행하여야 한다. ② 지방자치단체는 국가의 화재안전정책에 맞추어 지역의 실정에 부합하는 화재안전정책을 수립·시행하여야 한다. 2) 관계인의 책무 관계인은 국가와 지방자치단체의 화재예방정책에 적극적으로 협조하여야 한다.
화재안전정책 기본계획 등	1) 기본계획 ① 5년 주기 : 소방청장은 화재예방정책을 체계적·효율적으로 추진하고 이에 필요한 기반 확충을 위하여 화재의 예방 및 안전관리에 관한 기본계획을 5년마다 수립·시행하여야 한다. ② 수립시기(9월 30일) : 소방청장은 기본계획을 계획 시행 전년도 8월 31일까지 관계 중앙행정기관의 장과 협의한 후 계획 시행 전년도 9월 30일까지 수립해야 한다. ③ 위에서 규정한 사항 외에 기본계획, 시행계획 및 세부시행계획의 수립·시행에 필요한 사항은 대통령령으로 정한다.(법 제4조 제8항)

2) **기본계획의 내용** : 다음의 사항이 포함되어야 한다.
   ① 화재예방정책의 기본목표 및 추진방향
   ② 화재의 예방과 안전관리를 위한 법령·제도의 마련 등 기반 조성
   ③ 화재의 예방과 안전관리를 위한 대국민 교육·홍보
   ④ 화재의 예방과 안전관리 관련 기술의 개발·보급
   ⑤ 화재의 예방과 안전관리 관련 전문인력의 육성·지원 및 관리
   ⑥ 화재의 예방과 안전관리 관련 산업의 국제경쟁력 향상
   ⑦ 그 밖에 대통령령으로 정하는 화재예방과 안전관리에 필요한 사항
      ㉠ 화재발생 현황
      ㉡ 소방대상물의 환경 및 화재위험특성 변화 추세 등 화재예방정책의 여건 변화에 관한 사항
      ㉢ 소방시설의 설치·관리 및 화재안전기준의 개선에 관한 사항
      ㉣ 계절별·시기별·소방대상물별 화재예방대책의 추진 및 평가 등에 관한 사항
      ㉤ 화재의 예방 및 안전관리와 관련하여 소방청장이 필요하다고 인정하는 사항

2) **시행계획**
   ① **수립시기 및 포함사항** : 소방청장은 기본계획을 시행하기 위한 시행계획을 계획 시행 전년도 10월 31일까지 수립해야 한다.
      ㉠ 기본계획의 시행을 위하여 필요한 사항
      ㉡ 그 밖에 화재안전과 관련하여 소방청장이 필요하다고 인정하는 사항
   ② **기본계획과 시행계획의 통보** : 소방청장은 수립된 기본계획과 시행계획을 관계 중앙행정기관의 장과 시·도지사에게 통보하여야 한다.
   ③ **자료제출의 요청** : 소방청장은 기본계획 및 시행계획을 수립하기 위하여 필요한 경우에는 관계 중앙행정기관의 장 또는 시·도지사에게 관련 자료의 제출을 요청할 수 있다.

3) **세부시행계획**
   ① **수립시기 및 포함사항** : 관계 중앙행정기관의 장 또는 시·도지사는 소관 사무의 특성을 반영한 세부시행계획을 계획 시행 전년도 12월 31일까지 수립(시행결과 소방청장에게 통보)하여야 한다.
      ㉠ 기본계획 및 시행계획에 대한 관계 중앙행정기관 또는 시·도의 세부 집행계획
      ㉡ 직전 세부시행계획의 시행 결과
      ㉢ 화재안전과 관련하여 관계 중앙행정기관의 장 또는 시·도지사가 필요하다고 결정한 사항

실태조사와 통계의 작성 및 관리	1) **실태조사** ① **실태조사 사항** : 소방청장은 기본계획 및 시행계획의 수립·시행에 필요한 기초자료를 확보하기 위하여 다음의 사항에 대하여 실태조사를 할 수 있다. 이 경우 관계 중앙행정기관의 장의 요청이 있는 때에는 합동으로 실태조사를 할 수 있다. ㉠ 소방대상물의 용도별·규모별 현황 ㉡ 소방대상물의 화재의 예방 및 안전관리 현황 ㉢ 소방대상물의 소방시설등 설치·관리 현황 ㉣ 그 밖에 기본계획 및 시행계획의 수립·시행을 위하여 필요한 사항

② **자료제출의 요청** : 소방청장은 소방대상물의 현황 등 관련 정보를 보유·운용하고 있는 관계 중앙행정기관의 장, 지방자치단체의 장, 공공기관의 장 또는 관계인 등에게 실태조사에 필요한 자료의 제출을 요청할 수 있다.
③ 실태조사의 방법 및 절차 등에 필요한 사항은 행정안전부령으로 정한다.

2) 실태조사의 방법 및 절차
　① **조사 방법** : 실태조사는 통계조사, 문헌조사 또는 현장조사의 방법으로 하며, 정보통신망 또는 전자적인 방식을 사용할 수 있다.
　② **사전 통지** : 청장은 실태조사 시작 7일 전까지 조사 일시, 조사 사유 및 조사 내용 등을 포함한 조사계획을 조사대상자에게 서면 또는 전자우편 등의 방법으로 미리 알려야 한다.
　③ **조사 의뢰** : 소방청장은 실태조사를 전문연구기관·단체나 관계 전문가에게 의뢰하여 실시할 수 있으며, 실태조사의 결과를 인터넷 홈페이지 등에 공표할 수 있다.

3) 통계의 작성 및 관리
　① 소방청장은 화재의 예방 및 안전관리에 관한 통계를 매년 작성·관리하여야 한다.
　② **정보제공 요청** : 통계자료를 작성·관리하기 위해 관계 중앙행정기관의 장, 지방자치단체의 장, 공공기관의 장 또는 관계인 등에게 필요한 자료와 정보제공을 요청할 수 있다.
　③ **통계업무 수행** : 소방청장은 통계자료의 작성·관리에 관한 업무의 전부 또는 일부를 행안부령으로 정하는 바에 따라 전문성이 있는 기관을 지정하여 수행하게 할 수 있다.
　④ 통계의 작성·관리 등에 필요한 사항은 대통령령으로 정한다.

4) 통계의 작성·관리 항목
　① **통계의 작성·관리 항목** : 다음과 같다.
　　㉠ 소방대상물·다중이용업·화재예방강화지구의 현황 및 안전관리에 관한 사항
　　㉡ 소방시설등의 설치 및 관리에 관한 사항, 화재발생 이력 및 화재안전조사 등 화재예방 활동에 관한 사항, 제조소등 현황, 실태조사 결과
　　㉢ **지역별·성별·연령별 현황** : 화재 예방 및 안전관리 취약자, 소방안전관리자 자격증 발급 및 선임, 소방시설업자, 소방기술자 및 관리업 등록자
　　㉣ 화재예방안전진단 대상의 현황 및 그 실시 결과, 그 밖에 화재의 예방 및 안전관리에 관한 자료로서 소방청장이 작성·관리가 필요하다고 인정하는 사항
　② **전산시스템의 구축·운영** : 소방청장은 법 제6조제1항에 따라 통계를 체계적으로 작성·관리하고 분석하기 위하여 전산시스템을 구축·운영할 수 있다.
　③ **빅데이터의 활용** : 소방청장은 전산시스템을 구축·운영하는 경우 빅데이터를 활용하여 화재발생 동향 분석 및 전망 등을 할 수 있으며, 빅데이터를 활용하기 위한 방법·절차 등에 관하여 필요한 사항은 소방청장이 정한다.

5) 통계의 작성·관리업무의 수행기관
　① 「소방기본법」 제40조제1항에 따라 설립된 한국소방안전원
　② 정부출연연구기관
　③ 「통계법」 제15조에 따라 지정된 통계작성지정기관

CHAPTER 01 화재예방법의 총칙 및 안전관리 기본계획
적중OX문제

01 화재예방법은 화재의 예방과 안전관리에 필요한 사항을 규정함으로써 화재로부터 국민의 생명·신체 및 재산을 보호하고 공공의 안전과 복리 증진에 이바지함을 목적으로 한다. ( )

02 화재예방법의 정의에서 "안전관리"란 화재의 위험으로부터 사람의 생명·신체 및 재산을 보호하기 위하여 화재발생을 사전에 제거하거나 방지하기 위한 모든 활동을 말한다. ( )

03 "화재안전조사"란 소방청장, 소방본부장 또는 소방서장이 소방대상물, 관계지역 또는 관계인에 대하여 소방시설등이 소방 관계 법령에 적합하게 설치·관리되고 있는지, 소방대상물에 화재의 발생 위험이 있는지 등을 확인하기 위하여 실시하는 현장조사에 한정하는 활동을 말한다. ( )

04 "화재예방안전진단"이란 화재가 발생할 경우 사회경제적으로 피해 규모가 클 것으로 예상되는 소방대상물에 대하여 화재위험요인을 조사하고 그 위험성을 평가하여 개선대책을 수립하는 것을 말한다. ( )

05 "화재예방강화지구"란 소방청장이 화재발생 우려가 크거나 화재가 발생할 경우 피해가 클 것으로 예상되는 지역에 대하여 화재의 예방 및 안전관리를 강화하기 위해 지정·관리하는 지역을 말한다. ( )

06 이 법(화재예방법)에서 사용하는 용어의 뜻은 법 제2조 제1항에서 규정하는 것을 제외하고는 「소방기본법」, 「소방시설 설치 및 관리에 관한 법률」, 「소방시설공사업법」, 「위험물안전관리법」 및 「건축법」에서 정하는 바에 따른다. ( )

07 국가는 화재로부터 국민의 생명과 재산을 보호할 수 있도록 종합적인 화재안전정책을 수립·시행하여야 하며, 지방자치단체는 국가의 화재안전정책에 맞추어 지역의 실정에 부합하는 화재안전정책을 수립·시행하여야 한다. ( )

08 관계인은 국가와 지방자치단체의 화재예방정책에 적극적으로 협조하여야 한다. ( )

09 소방청장은 화재예방정책을 체계적·효율적으로 추진하고 이에 필요한 기반 확충을 위하여 화재의 예방 및 안전관리에 관한 기본계획을 3년마다 수립·시행하여야 한다. ( )

10 소방청장은 화재의 예방 및 안전관리에 관한 기본계획을 계획 시행 전년도 9월 30일까지 관계 중앙행정기관의 장과 협의한 후 계획 시행 전년도 10월 31일까지 수립해야 한다. ( )

정답 ◦— 01.O 02.X 03.X 04.O 05.X 06.O 07.O 08.O 09.X 10.X

11 화재의 예방 및 안전관리에 관한 기본계획은 화재예방정책의 기본목표 및 추진방향과 화재의 예방과 안전관리를 위한 법령·제도의 마련 등 기반 조성 사항이 포함되어야 한다. (   )

12 화재의 예방 및 안전관리에 관한 기본계획은 화재의 예방과 안전관리 관련 산업의 국제경쟁력 향상과 화재의 예방 및 안전관리와 관련하여 소방청장이 필요하다고 인정하는 사항이 포함되어야 한다. (   )

13 화재의 예방 및 안전관리에 관한 기본계획의 포함 내용에서 대통령령으로 정하는 화재의 예방과 안전관리에 필요한 사항은 화재발생 현황과 소방대상물의 환경 및 화재위험특성 변화 추세 등 화재예방정책의 여건 변화에 관한 사항 등이다. (   )

14 법에서 규정한 사항 외에 기본계획, 시행계획 및 세부시행계획의 수립·시행에 필요한 사항은 행정안전부령으로 정한다. (   )

15 중앙행정기관의 장과 시·도지사는 기본계획을 시행하기 위하여 매년 화재의 예방 및 안전관리에 관한 시행계획을 수립·시행하여야 한다. (   )

16 기본계획과 시행계획을 통보받은 관계 중앙행정기관의 장과 시·도지사는 소관 사무의 특성을 반영한 세부시행계획을 수립·시행하고 그 결과를 소방청장에게 통보하여야 한다. (   )

17 소방청장은 기본계획 및 시행계획을 수립하기 위하여 필요한 경우에는 관계 중앙행정기관의 장 또는 시·도지사에게 관련 자료의 제출을 요청할 수 있다. 이 경우 자료 제출을 요청받은 관계 중앙행정기관의 장 또는 시·도지사는 특별한 사유가 없으면 이에 따라야 한다. (   )

18 소방청장은 기본계획을 시행하기 위한 계획을 계획 시행 전년도 10월 31일까지 수립해야 하며, 시행계획에는 기본계획의 시행을 위하여 필요한 사항과 그 밖에 화재의 예방 및 안전관리와 관련하여 소방청장이 필요하다고 인정하는 사항이 포함되어야 한다. (   )

19 소방청장은 관계 중앙행정기관의 장과 시·도지사에게 기본계획 및 시행계획을 각각 계획 시행 전년도 10월 31일까지 통보해야 하며, 통보를 받은 관계 중앙행정기관의 장 및 시·도지사는 세부시행계획을 수립하여 계획 시행 전년도 11월 30일까지 소방청장에게 통보해야 한다. (   )

20 세부 시행계획은 기본계획 및 시행계획에 대한 관계 중앙행정기관 또는 시·도의 세부 집행계획과 직전 세부시행계획의 시행 결과 및 화재안전과 관련하여 관계 중앙행정기관의 장 또는 시·도지사가 필요하다고 결정한 사항이 포함되어야 한다. (   )

21 소방청장은 기본계획 및 시행계획의 수립·시행에 필요한 기초자료를 확보하기 위하여 실태조사를 할 수 있다. 이 경우 관계 중앙행정기관의 장 또는 시·도지사의 요청이 있는 때에는 합동으로 실태조사를 할 수 있다. (   )

정답 ○─ 11.○ 12.○ 13.○ 14.X 15.X 16.○ 17.○ 18.○ 19.X 20.○ 21.X

22 소방청장 또는 소방본부장은 소방대상물의 용도별·규모별 현황과 소방대상물의 화재의 예방 및 안전관리 현황, 소방대상물의 소방시설등 설치·관리 현황, 그 밖에 기본계획 및 시행계획의 수립·시행을 위하여 필요한 사항에 대하여 실태조사를 할 수 있다. ( )

23 소방청장은 소방대상물의 현황 등 관련 정보를 보유·운용하고 있는 관계 중앙행정기관의 장, 지방자치단체의 장, 공공기관의 장 또는 관계인에게 실태조사에 필요한 자료의 제출을 요청할 수 있다. ( )

24 실태조사는 통계조사, 문헌조사 또는 현장조사의 방법으로 하며, 정보통신망 또는 전자적인 방식을 사용할 수 없다. ( )

25 실태조사를 실시하려는 경우 실태조사 시작 5일 전까지 조사 일시, 조사 사유 및 조사 내용 등을 포함한 조사계획을 조사대상자에게 서면 또는 전자우편 등의 방법으로 미리 알려야 한다. ( )

26 소방청장은 실태조사를 전문연구기관·단체나 관계 전문가에게 의뢰하여 실시할 수 있으며, 실태조사의 결과를 인터넷 홈페이지 등에 공표할 수 있다. ( )

27 소방청장은 화재의 예방 및 안전관리에 관한 통계를 매년 작성·관리하여야 하며, 통계자료를 작성·관리하기 위하여 관계 중앙행정기관의 장, 지방자치단체의 장, 공공기관의 장 또는 관계인 등에게 필요한 자료와 정보의 제공을 요청할 수 있다. ( )

28 소방청장은 통계자료의 작성·관리에 관한 업무의 일부에 한정하여 행정안전부령으로 정하는 바에 따라 전문성이 있는 기관을 지정하여 수행하게 할 수 있다. ( )

29 소방청장은 전산시스템을 구축·운영하는 경우 빅데이터(대용량의 정형 또는 비정형의 데이터 세트를 말한다)를 활용하여 화재발생 동향 분석 및 전망 등을 할 수 있으며, 빅데이터를 활용하기 위한 방법·절차 등에 관하여 필요한 사항은 소방청장이 정한다. ( )

30 소방청장은 한국소방산업기술원, 정부출연연구기관 및 「통계법」제15조에 따라 지정된 통계작성지정기관으로 하여금 통계자료의 작성·관리에 관한 업무를 수행하게 할 수 있다. ( )

정답 22.X 23.O 24.X 25.X 26.O 27.O 28.X 29.O 30.X

CHAPTER 01 화재예방법의 총칙 및 안전관리 기본계획 적중예상문제

01 「화재예방 및 안전관리에 관한 법률」의 목적이 아닌 것은?

① 화재, 재난·재해, 그 밖의 위급한 상황에서의 구조·구급 활동을 규정
② 화재의 예방과 안전관리에 필요한 사항을 규정
③ 화재로부터 국민의 생명·신체 및 재산을 보호
④ 공공의 안전과 복리 증진에 이바지함을 목적으로 함

> **해설** ① 틀림, ①은 소방기본법의 목적이다. 화재의 예방 및 안전관리에 관한 법률은 화재의 예방과 안전관리에 필요한 사항을 규정함으로써 화재로부터 국민의 생명·신체 및 재산을 보호하고 공공의 안전과 복리 증진에 이바지함을 목적으로 한다. (법 제1조)

02 「화재예방 및 안전관리에 관한 법률」에서 정의하지 않은 용어의 뜻을 적용할 수 있는 법률에 해당하지 않는 것은?

① 건축법
② 소방시설공사업법
③ 소방시설 설치 및 관리에 관한 법률
④ 다중이용업소의 안전관리에 관한 특별법

> **해설** ④ 틀림, 이 법에서 사용하는 용어의 뜻은 제1항에서 규정하는 것을 제외하고는 「소방기본법」, 「소방시설 설치 및 관리에 관한 법률」, 「소방시설공사업법」, 「위험물안전관리법」및 「건축법」에서 정하는 바에 따른다. (법 제2조 제2항)

03 소방관서장이 소방대상물, 관계인 등에 대하여 소방시설등이 소방 관계 법령에 적합하게 설치·관리되고 있는 등을 확인하기 위하여 실시하는 현장조사 등의 활동은 무엇인가?

① 예방 및 안전관리
② 화재안전조사
③ 화재예방강화지구
④ 화재예방안전진단

> **해설** ② 맞음, "화재안전조사"란 소방청장, 소방본부장 또는 소방서장이 소방대상물, 관계지역 또는 관계인에 대하여 소방시설등이 소방 관계 법령에 적합하게 설치·관리되고 있는지, 소방대상물에 화재의 발생 위험이 있는지 등을 확인하기 위하여 실시하는 현장조사·문서열람·보고요구 등을 하는 활동을 말한다.

정답 01.① 02.④ 03.②

04 「화재의 예방 및 안전관리에 관한 법률」의 용어의 정의로 옳지 못한 것은?

① "안전관리"란 화재의 위험으로부터 사람의 생명·신체 및 재산을 보호하기 위하여 화재발생을 사전에 제거하거나 방지하기 위한 모든 활동을 말한다.
② "화재안전조사"란 소방청장, 소방본부장 또는 소방서장이 소방대상물, 관계지역 또는 관계인에 대하여 소방시설등이 소방 관계 법령에 적합하게 설치·관리되고 있는지, 소방대상에 화재의 발생 위험이 있는지 등을 확인하기 위하여 실시하는 현장조사·문서열람·보고요구 등을 하는 활동을 말한다.
③ "화재예방강화지구"란 특별시장·광역시장·특별자치시장·도지사 또는 특별자치도지사(시·도지사) 화재발생 우려가 크거나 화재가 발생할 경우 피해가 클 것으로 예상되는 지역에 대하여 화재의 예방 및 안전관리를 강화하기 위해 지정·관리하는 지역을 말한다.
④ "화재예방안전진단"이란 화재가 발생할 경우 사회·경제적으로 피해 규모가 클 것으로 예상되는 소방대상물에 대하여 화재위험요인을 조사하고 그 위험성을 평가하여 개선대책을 수립하는 것을 말한다.

> 해설 ① 틀림, 화재의 위험으로부터 사람의 생명·신체 및 재산을 보호하기 위하여 화재발생을 사전에 제거하거나 방지하기 위한 모든 활동은 안전관리가 아니라 예방에 해당한다. "안전관리"란 화재로 인한 피해를 최소화하기 위한 예방, 대비, 대응 등의 활동을 말한다.(법 제2조 제2호)

05 다음 중 화재예방강화지구를 지정할 수 없는 사람은?

① 서울특별시장
② 세종특별자치시장
③ 제주특별자치도지사
④ 소방청장

> 해설 ④ 틀림, "화재예방강화지구"란 특별시장·광역시장·특별자치시장·도지사 또는 특별자치도지사(이하 "시·도지사"라 한다)가 화재발생 우려가 크거나 화재가 발생할 경우 피해가 클 것으로 예상되는 지역에 대하여 화재의 예방 및 안전관리를 강화하기 위해 지정·관리하는 지역을 말하며, 시·도지사가 지정한다.

06 「화재의 예방 및 안전관리에 관한 법률」의 총칙에 포함되는 것이 아닌 것은?

① 목적
② 정의
③ 화재의 예방 및 안전관리 기본계획
④ 국가 및 지방자치단체 등의 책무

> 해설 ③ 맞음, 「화재의 예방 및 안전관리에 관한 법률」의 총칙에 포함되는 것은 제1조(목적), 제2조(정의), 제3조 (국가 및 지방자치단체 등의 책무)이다. 제4조(화재의 예방 및 안전관리 기본계획 등의 수립·시행), 제5조(실태조사), 제6조(통계의 작성 및 관리)는 제2장 화재의 예방 및 안전관리 기본계획의 수립·시행에 해당한다.

정답 04.① 05.④ 06.③

07 「화재의 예방 및 안전관리에 관한 법률」상 국가 등의 책무에 대한 설명으로 틀린 것은?

① 국가는 화재로부터 국민의 생명과 재산을 보호할 수 있도록 종합적인 화재안전정책을 수립·시행하여야 한다.
② 지방자치단체는 국가의 화재안전정책에 맞추어 지역의 실정에 부합하는 화재안전정책을 수립·시행하여야 한다.
③ 관계인은 국가와 지방자치단체의 화재예방정책에 적극적으로 협조하여야 한다.
④ 관계인은 국가와 지방자치단체의 화재예방정책에 맞추어 자체적인 화재예방계획을 수립하고 시행하여야 한다.

> **해설** ①,② 맞음, 국가는 화재로부터 국민의 생명과 재산을 보호할 수 있도록 종합적인 화재안전정책을 수립·시행하여야 하며, 지방자치단체는 국가의 화재안전정책에 맞추어 지역의 실정에 부합하는 화재안전정책을 수립·시행하여야 한다.(법 제3조 제1항 및 제2항)
> ④ 틀림, 관계인은 국가와 지방자치단체의 화재예방정책에 적극적으로 협조하여야 한다. 자체적인 화재예방계획을 수립할 필요는 없다.

08 소방청장은 화재예방정책을 체계적·효율적으로 추진하고 이에 필요한 기반 확충을 위하여 화재의 예방 및 안전관리에 관한 기본계획을 몇 년마다 수립·시행하여야 하는가?

① 매년
② 3년
③ 5년
④ 10년

> **해설** ③ 맞음, 소방청장은 화재예방정책을 체계적·효율적으로 추진하고 이에 필요한 기반 확충을 위하여 화재의 예방 및 안전관리에 관한 기본계획을 5년마다 수립·시행하여야 한다. 기본계획은 대통령령으로 정하는 바에 따라 소방청장이 관계 중앙행정기관의 장과 협의하여 수립한다.

09 화재의 예방 및 안전관리에 관한 기본계획에 포함되어야 할 내용으로 틀린 것은?

① 화재안전정책의 기본목표 및 추진방향
② 화재의 예방과 안전관리 관련 기술의 개발·보급
③ 화재의 예방과 안전관리 관련 전문인력의 육성·지원 및 관리
④ 화재안전과 관련하여 관계 중앙행정기관의 장이 필요하다고 결정한 사항

> **해설** ④ 틀림, ④는 세부시행계획에 포함되어야 할 사항이다. 기본계획에는 다음의 사항이 포함되어야 한다.
> ㉠ 화재안전정책의 기본목표 및 추진방향
> ㉡ 화재의 예방과 안전관리를 위한 법령·제도의 마련 등 기반 조성과 대국민 교육·홍보
> ㉢ 화재의 예방과 안전관리 관련 기술의 개발·보급, 전문인력의 육성·지원 및 관리, 산업의 국제경쟁력 향상
> ㉣ 그 밖에 대통령령으로 정하는 화재의 예방과 안전관리에 필요한 사항 : 화재발생 현황, 소방시설의 설치·관리 및 화재안전기준의 개선에 관한 사항, 계절별·시기별·소방대상물별 화재예방대책의 추진 및 평가 등에 관한 사항, 그 밖에 화재의 예방 및 안전관리와 관련하여 소방청장이 필요하다고 인정하는 사항

정답 07.④ 08.③ 09.④

10 화재의 예방 및 안전관리에 관한 기본계획 및 시행계획 등에 대한 설명으로 틀린 것은?

① 소방청장은 기본계획을 관계 중앙행정기관의 장과 협의한 후 계획 시행 전년도 8월 31일까지, 시행계획을 계획 시행 전년도 10월 31일까지 수립하여야 한다.
② 시행계획에는 기본계획의 시행을 위하여 필요한 사항과 그 밖에 화재의 예방 및 안전관리와 관련하여 소방청장이 필요하다고 인정하는 사항이 포함되어야 한다.
③ 관계 중앙행정기관의 장 및 시·도지사는 세부시행계획을 수립하여 계획 시행 전년도 12월 31일까지 소방청장에게 통보해야 한다.
④ 화재의 예방 및 안전관리에 관한 기본계획, 시행계획 및 세부 시행계획 등의 수립·시행에 관하여 필요한 사항은 대통령령으로 정한다.

> 해설 ① 틀림, 소방청장은 기본계획을 계획 시행 전년도 8월 31일까지 관계 중앙행정기관의 장과 협의한 후 계획 시행 전년도 9월 30일까지 수립해야 하며, 시행계획을 계획 시행 전년도 10월 31일까지 수립해야 한다.

11 화재의 예방 및 안전관리에 관한 기본계획에 포함될 내용에서 대통령령으로 정해지는 것은?

> ㄱ. 화재발생 현황
> ㄴ. 화재의 예방과 안전관리 관련 산업의 국제경쟁력 향상
> ㄷ. 소방시설의 설치·관리 및 화재안전기준의 개선에 관한 사항
> ㄹ. 소방대상물의 환경 및 화재위험특성 변화 추세 등 화재예방정책의 여건 변화에 관한 사항
> ㅁ. 화재의 예방과 안전관리를 위한 대국민 교육·홍보

① ㄱ, ㄴ, ㄷ
② ㄴ, ㄷ, ㄹ
③ ㄱ, ㄷ, ㄹ
④ ㄷ, ㄹ, ㅁ

> 해설 ③ 맞음, 화재의 예방 및 안전관리에 관한 기본계획에 포함될 내용에서 대통령령으로 정해지는 것은 ㄱ,ㄷ,ㄹ과 계절별·시기별·소방대상물별 화재예방대책의 추진 및 평가 등에 관한 사항, 그 밖에 화재의 예방 및 안전관리와 관련하여 소방청장이 필요하다고 인정하는 사항이다. ㄴ과 ㅁ은 법률로 규정하고 있다.

12 화재의 예방 및 안전관리에 관한 기본계획을 시행하기 위하여 매년 시행계획을 수립·시행하여야 하는 사람은?

① 소방청장
② 중앙행정기관의 장
③ 시·도지사
④ 중앙행정기관의 장과 시·도지사

> 해설 ① 맞음, 소방청장은 기본계획을 시행하기 위하여 매년 시행계획을 수립·시행하여야 한다.(법 제4조 제4항) 소방청장은 제1항 및 제4항에 따라 수립된 기본계획과 시행계획을 관계 중앙행정기관의 장과 시·도지사에게 통보하여야 한다.

정답 10.① 11.③ 12.①

13 화재의 예방 및 안전관리에 관한 시행계획에 대한 설명으로 옳지 못한 것은?

① 소방청장은 기본계획을 시행하기 위하여 매년 시행계획을 수립·시행하여야 하며, 계획 시행 전년도 10월 31일까지 수립해야 한다.
② 소방청장은 수립된 기본계획과 시행계획을 관계 중앙행정기관의 장과 시·도지사에게 통보하여야 한다.
③ 소방청장은 기본계획 및 시행계획을 수립하기 위하여 필요한 경우에는 관계 중앙행정기관의 장 또는 소방본부장에게 관련 자료의 제출을 요청할 수 있다.
④ 시행계획에는 기본계획의 시행을 위하여 필요한 사항 등이 포함되어야 한다.

> 해설 ③ 틀림, 소방청장은 기본계획 및 시행계획을 수립하기 위하여 필요한 경우에는 관계 중앙행정기관의 장 또는 시·도지사에게 관련 자료의 제출을 요청할 수 있다. 이 경우 자료 제출을 요청받은 관계 중앙행정기관의 장 또는 시·도지사는 특별한 사유가 없으면 이에 따라야 한다.(법 제4조 제7항)

14 화재의 예방 및 안전관리에 관한 계획에 대한 설명으로 옳지 못한 것은?

① 소방청장은 화재예방정책을 체계적·효율적으로 추진하고 이에 필요한 기반 확충을 위하여 화재의 예방 및 안전관리에 관한 기본계획을 5년마다 수립·시행하여야 한다.
② 소방청장은 시행계획을 계획 시행 전년도 10월 31일까지 수립해야 한다.
③ 소방청장은 관계 중앙행정기관의 장과 시·도지사에게 기본계획 및 시행계획을 각각 계획 시행 전년도 11월 30일까지 통보해야 한다.
④ 통보를 받은 관계 중앙행정기관의 장 및 시·도지사는 세부시행계획을 수립하여 계획 시행 전년도 12월 31일까지 소방청장에게 통보해야 한다.

> 해설 ③ 틀림, 소방청장은 법 제4조제5항에 따라 관계 중앙행정기관의 장과 특별시장·광역시장·특별자치시장·도지사 또는 특별자치도지사(이하 "시·도지사"라 한다)에게 기본계획 및 시행계획을 각각 계획 시행 전년도 10월 31일까지 통보해야 한다. (영 제5조 제1항)

15 화재의 예방 및 안전관리에 관한 ㉠ 기본계획 및 ㉡ 시행계획의 수립 시기는?

	㉠ 기본계획	㉡ 시행계획
①	시행 전년도 8월 31일	시행 전년도 9월 30일
②	시행 전년도 9월 30일	시행 전년도 10월 31일
③	시행 전년도 9월 30일	시행 전년도 11월 30일
④	시행 전년도 8월 31일	시행 전년도 10월 31일

> 해설 ② 맞음, 소방청장은 화재의 예방 및 안전관리에 관한 기본계획을 계획 시행 전년도 8월 31일까지 관계 중앙행정기관의 장과 협의한 후 계획 시행 전년도 9월 30일까지 수립해야 하며, 기본계획을 시행하기 위한 시행계획을 계획 시행 전년도 10월 31일까지 수립해야 한다.

정답 13.③ 14.③ 15.②

16 화재의 예방 등에 관한 계획수립을 위한 실태조사에 대한 설명으로 틀린 것은?

① 소방청장은 기본계획 및 시행계획의 수립·시행에 필요한 기초자료를 확보하기 위하여 소방대상물의 용도별·규모별 현황 등에 대하여 실태조사를 할 수 있다.
② 관계 중앙행정기관의 장의 요청이 있는 때에는 합동으로 실태조사를 할 수 있다.
③ 소방청장은 관계 중앙행정기관의 장, 지방자치단체의 장, 공공기관의 장 또는 관계인 등에게 실태조사에 필요한 자료의 제출을 요청할 수 있다
④ 실태조사의 방법 및 절차 등에 필요한 사항은 대통령령으로 정한다.

> **해설** ①,② 맞음, 소방청장은 기본계획 및 시행계획의 수립·시행에 필요한 기초자료를 확보하기 위하여 소방대상물의 용도별·규모별 현황 등에 대하여 실태조사를 할 수 있다. 이 경우 관계 중앙행정기관의 장의 요청이 있는 때에는 합동으로 실태조사를 할 수 있다.
> ④ 틀림, 실태조사의 방법 및 절차 등에 필요한 사항은 행정안전부령으로 정한다.

17 화재의 예방 등에 관한 계획수립을 위한 실태조사의 사항으로 옳지 못한 것은?

① 기본계획, 시행계획 및 시행계획의 수립을 위하여 필요한 사항
② 소방대상물의 용도별·규모별 현황
③ 소방대상물의 화재의 예방 및 안전관리 현황
④ 소방대상물의 소방시설등 설치·관리 현황

> **해설** ① 틀림, 소방청장은 기본계획 및 시행계획의 수립·시행에 필요한 기초자료를 확보하기 위하여 소방대상물의 용도별·규모별 현황 등에 대하여 실태조사를 하는 것이므로 중앙행정기관의 장 또는 시·도지사가 수립·시행하는 세부 시행계획 수립을 위한 실태조사는 할 수 없다.

18 다음 중 실태조사의 방법 및 절차에 대한 설명으로 적절하지 못한 것은?

① 실태조사는 통계조사, 문헌조사 또는 현장조사의 방법으로 하며, 정보통신망 또는 전자적인 방식을 사용할 수 있다.
② 소방청장은 실태조사 시작 7일 전까지 조사 일시, 조사 사유 및 조사 내용 등을 포함한 조사계획을 조사대상자에게 서면 또는 전화 등의 방법으로 미리 알려야 한다.
③ 관계 공무원 및 실태조사를 의뢰받은 관계 전문가 등이 실태조사를 위하여 소방대상물에 출입할 때에는 그 권한 또는 자격을 표시하는 증표를 지니고 이를 관계인에게 내보여야 한다.
④ 소방청장은 실태조사를 전문연구기관·단체나 관계 전문가에게 의뢰하여 실시할 수 있으며, 실태조사의 결과를 인터넷 홈페이지 등에 공표할 수 있다.

> **해설** ② 틀림, 소방청장은 실태조사 시작 7일 전까지 조사 일시, 조사 사유 및 조사 내용 등을 포함한 조사계획을 조사대상자에게 서면 또는 전자우편 등의 방법으로 미리 알려야 한다.(규칙 제2조 제2항)
> ①,③,④ 맞음, 규칙 제2조 제1항, 제3항 및 제4항·제5항 규정이다.

정답 16.④ 17.① 18.②

19 화재의 예방 및 안전관리에 관한 통계의 작성 및 관리에 대한 설명으로 틀린 것은?

① 소방본부장은 화재의 예방 및 안전관리에 관한 통계를 매년 작성·관리하여야 한다.
② 통계자료를 작성·관리하기 위하여 관계 중앙행정기관의 장, 지방자치단체의 장, 공공기관의 장 또는 관계인 등에게 필요한 자료와 정보의 제공을 요청할 수 있다.
③ 통계자료의 작성·관리에 관한 업무의 전부 또는 일부를 행정안전부령으로 정하는 바에 따라 전문성이 있는 기관을 지정하여 수행하게 할 수 있다.
④ 통계의 작성·관리 등에 필요한 사항은 대통령령으로 정한다.

해설 ① 틀림, 소방청장은 화재의 예방 및 안전관리에 관한 통계를 매년 작성·관리하여야 한다.(법 제6조 제1항)
② 맞음, 소방청장은 통계자료를 작성·관리하기 위하여 관계 중앙행정기관의 장, 지방자치단체의 장, 공공기관의 장 또는 관계인 등에게 필요한 자료와 정보의 제공을 요청할 수 있다. 이 경우 자료와 정보의 제공을 요청받은 자는 특별한 사정이 없으면 이에 따라야 한다.(법 제6조 제2항) ③,④ 맞음, 법 제6조 제3항 및 제4항 규정이다.

20 화재의 예방 및 안전관리에 관한 계획의 수립 등에 대한 설명으로 틀린 것은?   ☆ 17년 소방교

① 소방청장은 화재예방정책을 체계적·효율적으로 추진하고 이에 필요한 기반 확충을 위하여 화재의 예방 및 안전관리에 관한 기본계획을 5년마다 수립·시행하여야 한다.
② 소방청장은 화재안전정책에 관한 기본계획을 계획 시행 전년도 8월 31일까지 관계 중앙행정기관의 장과 협의한 후 계획 시행 전년도 9월 30일까지 수립해야 한다.
③ 소방청장은 시행계획을 계획 시행 전년도 11월 31일까지 수립하여야 한다.
④ 관계 중앙행정기관의 장 및 시·도지사는 세부시행계획을 수립하여 계획 시행 전년도 12월 31일까지 소방청장에게 통보해야 한다.

해설 ③ 틀림, 소방청장은 기본계획을 시행하기 위한 시행계획을 계획 시행 전년도 10월 31일까지 수립해야 하며, 수립된 시행계획을 시행 전년도 10월 31일까지 관계 중앙행정기관의 장과 시·도지사에게 통보해야 한다.
④ 맞음, 통보를 받은 관계 중앙행정기관의 장 및 시·도지사는 세부시행계획을 수립하여 계획 시행 전년도 12월 31일까지 소방청장에게 통보해야 한다.(영 제5조 제2항)

21 화재의 예방 및 안전관리에 관한 기본계획 등에 대한 설명으로 틀린 것은?   ☆ 19년 소방교

① 소방청장은 화재의 예방 및 안전관리에 관한 기본계획을 5년마다 수립·시행하여야 한다.
② 소방청장은 기본계획을 계획 시행 전년도 9월 30일까지 수립해야 한다.
③ 기본계획, 시행계획, 세부시행계획의 수립·시행에 관하여 필요한 사항은 대통령령으로 정한다.
④ 관계 중앙행정기관의 장 또는 시·도지사는 시행계획을 매년 수립하여야 한다.

해설 ④ 틀림, 화재의 예방 및 안전관리에 관한 기본계획과 시행계획은 소방청장이 수립한다. 소방청장은 기본계획을 시행하기 위하여 매년 시행계획을 수립·시행하여야 하고, 관계 중앙행정기관의 장 또는 시·도지사는 소관 사무의 특성을 반영한 세부 시행계획을 수립하고 시행하여야 한다.(법 제4조)

정답 19.① 20.③ 21.④

22 「화재예방 및 안전관리에 관한 법률 시행령」상 화재의 예방 및 안전관리 세부시행계획의 수립권자와 계획을 수립하여 소방청장에게 통보해야 하는 시기를 옳게 짝지은 것은? ☆ 22년 소방장

① 소방청장 - 계획 시행 전년도 8월 31일까지
② 시·도지사 - 계획 시행 전년도 9월 30일까지
③ 소방청장 - 계획 시행 전년도 10월 31일까지
④ 시·도지사 - 계획 시행 전년도 12월 31일까지

해설 ④ 맞음. 1. **기본계획 및 시행계획** : 소방청장은 기본계획을 계획 시행 전년도 8월 31일까지 관계 중앙행정기관의 장과 협의한 후 계획 시행 전년도 9월 30일까지 수립해야 한다. 소방청장은 기본계획을 시행하기 위하여 매년 시행계획을 수립·시행하여야 한다. 소방청장은 시행계획을 계획 시행 전년도 10월 31일까지 수립해야 하며, 시행계획은 다음의 사항이 포함되어야 한다. 소방청장은 법 제4조제5항에 따라 관계 중앙행정기관의 장과 특별시장·광역시장·특별자치시장·도지사 또는 특별자치도지사(이하 "시·도지사"라 한다)에게 기본계획 및 시행계획을 각각 계획 시행 전년도 10월 31일까지 통보해야 한다.(영 제5조 제1항)
2. **세부시행계획** : 통보를 받은 관계 중앙행정기관의 장 및 시·도지사는 세부시행계획을 수립하여 계획 시행 전년도 12월 31일까지 소방청장에게 통보해야 한다.(영 제5조 제2항)

23 다음은 「화재예방 및 안전관리에 관한 법률」상 국가 및 지방자치단체의 책무이다. ( ) 안에 들어갈 내용으로 옳은 것은? ☆ 22년 소방장

가. 국가는 (㉠)을 보호할 수 있도록 종합적인 화재안전정책을 수립·시행하여야 한다.
나. 지방자치단체는 국가의 (㉡)에 맞추어 지역의 실정에 부합하는 화재안전정책을 수립·시행하여야 한다.
다. (㉢)은 국가와 지방자치단체의 화재예방정책에 적극적으로 협조하여야 한다.

	㉠	㉡	㉢
①	화재로부터 국민의 생명과 재산	화재안전정책	관계인
②	재난으로부터 국민의 생명과 재산	화재안전정책	소방안전관리자
③	재난으로부터 국민의 생명과 재산	화재예방정책	관계인
④	화재로부터 국민의 생명과 재산	화재경계정책	소방기술자

해설 ① 맞음. 가. 국가는 (화재로부터 국민의 생명과 재산)을 보호할 수 있도록 종합적인 화재안전정책을 수립·시행하여야 한다.(법 제3조 제1항)
나. 지방자치단체는 국가의 (화재안전정책)에 맞추어 지역의 실정에 부합하는 화재안전정책을 수립·시행하여야 한다. (법 제3조 제2항)
다. (관계인)은 국가와 지방자치단체의 화재예방정책에 적극적으로 협조하여야 한다.(법 제3조 제3항)

정답 22.④ 23.①

24 「화재의 예방 및 안전관리에 관한 법률」상 정의하는 용어의 뜻으로 옳지 않은 것은? ☆ 24년 소방장

① "안전관리"란 화재로 인한 피해를 최소화하기 위한 예방, 대비, 대응 등의 활동을 말한다.
② "예방"이란 화재의 위험으로부터 사람의 생명·신체 및 재산을 보호하기 위하여 화재발생을 사전에 제거하거나 방지하기 위한 모든 활동을 말한다.
③ "화재예방안전진단"이란 화재가 발생할 경우 사회·경제적으로 피해 규모가 클 것으로 예상되는 소방대상물에 대하여 화재위험요인을 조사하고 그 위험성을 평가하여 개선대책을 수립하는 것을 말한다.
④ "화재예방강화지구"란 소방청장, 소방본부장 또는 소방서장이 화재발생 우려가 크거나 화재가 발생할 경우 피해가 클 것으로 예상되는 지역에 대하여 화재의 예방 및 안전관리를 강화하기 위해 지정·관리하는 지역을 말한다.

해설 ① 맞음, "안전관리"란 화재로 인한 피해를 최소화하기 위한 예방, 대비, 대응 등의 활동을 말한다.
② 맞음, "예방"이란 화재의 위험으로부터 사람의 생명·신체 및 재산을 보호하기 위하여 화재발생을 사전에 제거하거나 방지하기 위한 모든 활동을 말한다.
③ 맞음, "화재예방안전진단"이란 화재가 발생할 경우 사회·경제적으로 피해 규모가 클 것으로 예상되는 소방대상물에 대하여 화재위험요인을 조사하고 그 위험성을 평가하여 개선대책을 수립하는 것을 말한다.
④ 틀림, "화재예방강화지구"란 시·도지사가 화재발생 우려가 크거나 화재가 발생할 경우 피해가 클 것으로 예상되는 지역에 대하여 화재의 예방 및 안전관리를 강화하기 위해 지정·관리하는 지역을 말한다.

25 「화재의 예방 및 안전관리에 관한 법률」 및 같은 법 시행령상 화재의 예방 및 안전관리 기본계획 등의 수립·시행에 관한 설명 중 ⊙과 ⓒ에 들어갈 말로 옳은 것은? ☆ 24년 소방장

(가) 소방청장은 화재예방정책을 체계적·효율적으로 추진하고 이에 필요한 기반 확충을 위하여 화재의 예방 및 안전관리에 관한 기본계획을 (⊙)와/과 협의하여 수립한다.
(나) 소방청장은 기본계획을 시행하기 위한 계획을 계획 시행 전년도 (ⓒ)까지 수립해야 한다.

	⊙	ⓒ
①	시·도지사	10월 31일
②	시·도지사	12월 31일
③	관계 중앙행정기관의 장	10월 31일
④	관계 중앙행정기관의 장	12월 31일

해설 ③ 맞음, (가) 소방청장은 화재예방정책을 체계적·효율적으로 추진하고 이에 필요한 기반 확충을 위하여 화재의 예방 및 안전관리에 관한 기본계획을 (관계 중앙행정기관의 장)과 협의하여 수립한다.
(나) 소방청장은 기본계획을 시행하기 위한 계획을 계획 시행 전년도 (10월 31일)까지 수립해야 한다.

정답 24.④ 25.③

26 「화재의 예방 및 안전관리에 관한 법률」 및 같은 법 시행령상 화재의 예방 및 안전관리에 관한 기본계획에 포함되어야 할 사항으로 옳지 않은 것은?

☆ 24년 소방교

① 화재의 예방과 안전관리 관련 전문인력의 육성·지원 및 관리
② 화재의 예방과 안전관리를 위한 법령·제도의 마련 등 기반 조성
③ 계절별·시기별·소방대상물별 화재예방대책의 추진 및 평가 등에 관한 사항
④ 그 밖에 화재의 예방 및 안전관리와 관련하여 소방서장이 필요하다고 인정하는 사항

해설 ①,② 맞음, 화재의 예방과 안전관리 관련 전문인력의 육성·지원 및 관리, 화재의 예방과 안전관리를 위한 법령·제도의 마련 등 기반 조성, 화재의 예방과 안전관리 관련 기술의 개발·보급, 전문인력의 육성·지원 및 관리, 산업의 국제경쟁력 향상 등은 화재의 예방 및 안전관리에 관한 기본계획에 포함된다.
③ 맞음, 계절별·시기별·소방대상물별 화재예방대책의 추진 및 평가 등에 관한 사항은 대통령령으로 정하는 화재의 예방 및 안전관리에 필요한 사항이다.
④ 틀림, 그 밖에 화재의 예방 및 안전관리와 관련하여 소방청장이 필요하다고 인정하는 사항이 포함된다.

정답 26.④

CHAPTER 02 화재안전조사

> **학/습/포/인/트**
> 본 장은 소방대상물 관계인에게 부과된 각종 의무이행의 실효성 확보를 위하여 소방안전관리에 관해 종합적인 조사를 할 수 있는 화재안전조사의 의의와 사유, 화재안전조사의 주체 및 방법, 조사결과에 따른 조치 및 손실보상에 대해 규정하고 있다. 화재안전조사의 사유 및 화재안전조사선정위원회를 정확하게 정리해야 하며, 화재안전조사에 따른 조치명령과 손실보상 등을 파악해야 한다.

제1절 화재안전조사

1 화재안전조사의 대상

(1) 화재안전조사[11]의 대상(법 제7조 제1항)☆ 20년 소방교

소방관서장은 다음의 어느 하나에 해당하는 경우 화재안전조사를 실시할 수 있다.

① 「소방시설 설치 및 관리에 관한 법률」 제22조에 따른 자체점검이 불성실하거나 불완전하다고 인정되는 경우
② 화재예방강화지구 등 법령에서 화재안전조사를 하도록 규정되어 있는 경우
③ 화재예방안전진단이 불성실하거나 불완전하다고 인정되는 경우
④ 국가적 행사 등 주요 행사가 개최되는 장소 및 그 주변의 관계 지역에 대하여 소방안전관리 실태를 조사할 필요가 있는 경우
⑤ 화재가 자주 발생하였거나 발생할 우려가 뚜렷한 곳에 대한 조사가 필요한 경우
⑥ 재난예측정보, 기상예보 등을 분석한 결과 소방대상물에 화재의 발생 위험이 크다고 판단되는 경우
⑦ ①부터 ⑥까지에서 규정한 경우 외에 화재, 그 밖의 긴급한 상황이 발생할 경우 인명 또는 재산 피해의 우려가 현저하다고 판단되는 경우

---

[11] 화재안전조사란 소방관서장(소방청장, 소방본부장 또는 소방서장)이 소방대상물, 관계지역 또는 관계인에 대하여 소방시설등이 소방 관계 법령에 적합하게 설치·관리되고 있는지, 소방대상물에 화재의 발생 위험이 있는지 등을 확인하기 위하여 공무원으로 하여금 실시하는 현장조사·문서열람·보고요구 등을 하는 활동을 말한다.(법 제2조 제1항 제3호)

실전연습

Q. 다음 중 화재안전조사를 실시할 수 있는 경우로 옳지 못한 것은? ☆ 20년 소방교

① 소방청장 또는 시도지사가 필요하다고 인정하는 경우
② 국가적 행사 등 주요 행사가 개최되는 장소 및 그 주변의 관계 지역에 대하여 소방안전관리 실태를 조사할 필요가 있는 경우
③ 화재가 자주 발생하였거나 발생할 우려가 뚜렷한 곳에 대한 조사가 필요한 경우
④ 재난예측정보 등을 분석한 결과 소방대상물에 화재의 발생 위험이 크다고 판단되는 경우

해설 | ① 틀림, 이 경우에는 화재안전조사를 실시할 수 없다. ➡ ①

(2) 출입검사의 제한 등(법 제7조 제1항 단서 및 제3항)

① **출입검사의 제한** : 개인의 주거(실제 주거용도로 사용되는 경우에 한정)에 대한 화재안전조사는 관계인의 승낙이 있거나 화재발생의 우려가 뚜렷하여 긴급한 필요가 있는 때에 한정한다.
② **조사권 남용 금지** : 소방관서장은 화재안전조사를 실시하는 경우 다른 목적을 위하여 조사권을 남용하여서는 아니 된다.

2 화재안전조사의 항목

(1) 화재안전조사의 포함 사항(법 제7조 제2항)

① 화재안전조사의 항목은 대통령령으로 정한다.
② **포함 사항** : 화재안전조사의 항목에는 화재의 예방조치 상황, 소방시설등의 관리 상황 및 소방대상물의 화재 등의 발생 위험과 관련된 사항이 포함되어야 한다.

(2) 화재안전조사의 항목(영 제7조)

소방청장, 소방본부장 또는 소방서장(이하 "소방관서장"이라 한다)은 법 제7조제1항에 따라 다음의 항목에 대하여 화재안전조사를 실시한다.

① 법 제17조에 따른 화재의 예방조치 등에 관한 사항
② 법 제24조, 제25조, 제27조 및 제29조에 따른 소방안전관리 업무 수행에 관한 사항
③ 법 제36조에 따른 피난계획의 수립 및 시행에 관한 사항
④ 법 제37조에 따른 소화·통보·피난 등의 훈련 및 소방안전관리에 필요한 교육(이하 "소방훈련·교육"이라 한다)에 관한 사항
⑤ 「소방기본법」 제21조의2에 따른 소방자동차 전용구역의 설치에 관한 사항

⑥ 「소방시설공사업법」제12조에 따른 시공, 같은 법 제16조에 따른 감리 및 같은 법 제18조에 따른 감리원의 배치에 관한 사항
⑦ 「소방시설 설치 및 관리에 관한 법률」제12조에 따른 소방시설의 설치 및 관리에 관한 사항 및 제15조에 따른 건설현장 임시소방시설의 설치 및 관리에 관한 사항
⑧ 「소방시설 설치 및 관리에 관한 법률」제16조에 따른 피난시설, 방화구획(防火區劃) 및 방화시설의 관리에 관한 사항
⑨ 「소방시설 설치 및 관리에 관한 법률」제20조에 따른 방염(防炎)에 관한 사항
⑩ 「소방시설 설치 및 관리에 관한 법률」제22조에 따른 소방시설등의 자체점검에 관한 사항
⑪ 「다중이용업소의 안전관리에 관한 특별법」제8조, 제9조, 제9조의2, 제10조, 제10조의2 및 제11조부터 제13조까지의 규정에 따른 안전관리에 관한 사항
⑫ 「위험물안전관리법」제5조, 제6조, 제14조, 제15조 및 제18조에 따른 위험물 안전관리에 관한 사항
⑬ 「초고층 및 지하연계 복합건축물 재난관리에 관한 특별법」제9조, 제11조, 제12조, 제14조, 제16조 및 제22조에 따른 초고층 및 지하연계 복합건축물의 안전관리에 관한 사항
⑭ 그 밖에 소방대상물에 화재의 발생 위험이 있는지 등을 확인하기 위해 소방관서장이 화재안전조사가 필요하다고 인정하는 사항

3 화재안전조사의 방법과 절차

(1) 화재안전조사의 구분(법 제8조 제1항)

① **화재안전조사** : 소방관서장은 화재안전조사를 조사의 목적에 따라 화재안전조사의 항목 전체에 대하여 종합적으로 실시하거나 특정 항목에 한정하여 실시할 수 있다.
② **목적에 따른 구분** : 소방관서장은 화재안전조사의 목적에 따라 다음의 어느 하나에 해당하는 방법으로 화재안전조사를 실시할 수 있다.(영 제8조 제1항)
   ㉠ 종합조사 : 제7조의 화재안전조사 항목 전부를 확인하는 조사
   ㉡ 부분조사 : 제7조의 화재안전조사 항목 중 일부를 확인하는 조사

(2) 화재안전조사의 사전 통지(법 제8조 제2항) ☆ 17년 인천 소방장

① **사전 통지** : 소방관서장은 화재안전조사를 실시하려는 경우 사전에 관계인에게 조사대상, 조사기간 및 조사사유 등을 우편, 전화, 전자메일 또는 문자전송 등을 통하여 통지하고 이를 대통령령으로 정하는 바에 따라 인터넷 홈페이지나 전산시스템 등을 통하여 공개하여야 한다.
② **사전 통지의 예외** : 다만, 다음의 어느 하나에 해당하는 경우에는 그러하지 아니하다.
   ㉠ 화재가 발생할 우려가 뚜렷하여 긴급하게 조사할 필요가 있는 경우(제1호)
   ㉡ ㉠ 외에 화재안전조사의 실시를 사전에 통지하거나 공개하면 조사목적을 달성할 수 없다고 인정되는 경우(제2호)

(3) 시기의 제한 등(법 제8조 제3항 및 제5항)

① 시기의 제한 : 화재안전조사는 관계인의 승낙 없이 소방대상물의 공개시간 또는 근무시간 이외에는 할 수 없다. 다만, 제2항제1호(화재가 발생할 우려가 뚜렷하여 긴급하게 조사할 필요가 있는 경우)에 해당하는 경우에는 그러하지 아니하다.
② 화재안전조사의 방법 등에 필요한 사항 : 법률에서 규정한 사항 외에 화재안전조사의 방법 및 절차 등에 필요한 사항은 대통령령으로 정한다.

실전연습

Q. 다음 중 화재안전조사에 대한 설명으로 틀린 것은?

① 관계인의 승낙 없이 소방대상물의 공개시간 또는 근무시간 이외에는 할 수 없다.
② 소방관서장은 화재안전조사를 실시하려는 경우 사전에 조사대상 등 조사계획을 소방관서의 인터넷 홈페이지나 전산시스템을 통해 7일 이상 공개해야 한다.
③ 개인의 주거에 대하여는 거주인의 동의가 있어야만 화재안전조사가 가능하다.
④ 소방관서장은 화재안전조사를 실시하려는 경우 사전에 관계인에게 조사대상, 조사기간 및 조사사유 등을 우편, 전화, 전자메일 또는 문자전송 등을 통하여 통지하여야 한다.

해설 | 개인의 주거는 관계인의 승낙이 있거나 화재발생의 우려가 뚜렷하여 긴급한 필요가 있는 때에 한정한다. ➜ ③

---

(4) 조사계획의 공개 등(영 제8조)

① 조사계획의 공개 : 소방관서장은 화재안전조사를 실시하려는 경우 사전에 법 제8조제2항 각 호 외의 부분 본문에 따라 조사대상, 조사기간 및 조사사유 등 조사계획을 소방관서(소방청, 소방본부 또는 소방서)의 인터넷 홈페이지나 법 제16조제3항에 따른 전산시스템을 통해 7일 이상 공개해야 한다.
② 조사사유의 설명 : 소방관서장은 사전 통지 없이 화재안전조사를 실시하는 경우에는 화재안전조사를 실시하기 전에 관계인에게 조사사유 및 조사범위 등을 현장에서 설명해야 한다.

(5) 화재안전조사의 방법(영 제8조)

① 보고 또는 자료 제출의 요구 : 소방관서장은 화재안전조사를 위하여 소속 공무원으로 하여금 관계인에게 보고 또는 자료의 제출을 요구하거나 소방대상물의 위치·구조·설비 또는 관리 상황에 대한 조사·질문을 하게 할 수 있다.
② 합동조사반 편성 : 소방관서장은 화재안전조사를 효율적으로 실시하기 위하여 필요한 경우 다음의 기관의 장과 합동으로 조사반을 편성하여 화재안전조사를 할 수 있다.
  ㉠ 관계 중앙행정기관 또는 지방자치단체
  ㉡ 「소방기본법」제40조에 따른 한국소방안전원
  ㉢ 「소방산업의 진흥에 관한 법률」제14조에 따른 한국소방산업기술원(기술원)

ⓔ 「화재로 인한 재해보상과 보험가입에 관한 법률」제11조에 따른 한국화재보험협회(이하 "화재보험협회"라 한다)
　　　ⓜ 「고압가스 안전관리법」제28조에 따른 한국가스안전공사
　　　ⓑ 「전기안전관리법」제30조에 따른 한국전기안전공사)
　　　ⓢ 그 밖에 소방청장이 정하여 고시하는 소방 관련 법인 또는 단체
　　③ **기타 필요한 사항** : 시행령에서 규정한 사항 외에 화재안전조사 계획의 수립 등 화재안전조사에 필요한 사항은 소방청장이 정한다.

(6) 화재안전조사단 편성·운영(법 제9조)

① **화재안전조사단** : 소방관서장은 화재안전조사를 효율적으로 수행하기 위하여 대통령령으로 정하는 바에 따라 소방청에는 중앙화재안전조사단을, 소방본부 및 소방서에는 지방화재안전조사단을 편성하여 운영할 수 있다.
② **파견의 요청** : 소방관서장은 제1항에 따른 중앙화재안전조사단 및 지방화재안전조사단의 업무 수행을 위하여 필요한 경우에는 관계 기관의 장에게 그 소속 공무원 또는 직원의 파견을 요청할 수 있다. 이 경우 공무원 또는 직원의 파견 요청을 받은 관계 기관의 장은 특별한 사유가 없으면 이에 협조하여야 한다.
③ **조사단의 구성** : 중앙·지방화재안전조사단은 각각 단장을 포함하여 50명 이내의 단원으로 성별을 고려하여 구성한다. 조사단의 단원은 다음의 어느 하나에 해당하는 사람 중에서 소방관서장이 임명하거나 위촉하고, 단장은 단원 중에서 소방관서장이 임명하거나 위촉한다.
　㉠ 소방공무원
　㉡ 소방업무와 관련된 단체 또는 연구기관 등의 임직원
　㉢ 소방 관련 분야에서 전문적인 지식이나 경험이 풍부한 사람

(7) 화재안전조사위원회 구성·운영(법 제10조)

① 소방관서장은 화재안전조사의 대상을 객관적이고 공정하게 선정하기 위하여 필요한 경우 화재안전조사위원회를 구성하여 화재안전조사의 대상을 선정할 수 있다.
② 화재안전조사위원회의 구성·운영 등에 필요한 사항은 대통령령으로 정한다.

(8) 화재안전조사 전문가 참여(법 제11조)

① **전문가 참여** : 소방관서장은 필요한 경우에는 소방기술사, 소방시설관리사, 그 밖에 화재안전 분야에 전문지식을 갖춘 사람을 화재안전조사에 참여하게 할 수 있다.
② **경비의 지급** : 조사에 참여하는 외부 전문가에게는 예산의 범위에서 수당, 여비, 그 밖에 필요한 경비를 지급할 수 있다.

4 화재안전조사의 연기

(1) 화재안전조사의 연기(법 제8조 제4항)

① 화재안전조사의 통지를 받은 관계인은 천재지변이나 그 밖에 대통령령으로 정하는 사유로 화재안전조사를 받기 곤란한 경우에는 화재안전조사를 통지한 소방관서장에게 대통령령으로 정하는 바에 따라 화재안전조사를 연기하여 줄 것을 신청할 수 있다.
② 이 경우 소방관서장은 연기신청 승인 여부를 결정하고 그 결과를 조사 시작 전까지 관계인에게 알려 주어야 한다.

(2) 대통령령으로 정하는 연기의 사유

화재안전조사 연기의 사유란 다음의 어느 하나에 해당하는 사유를 말한다.
① 「재난 및 안전관리 기본법」제3조제1호에 해당하는 재난이 발생한 경우
② 관계인의 질병, 사고, 장기출장의 경우
③ 권한 있는 기관에 자체점검기록부, 교육·훈련일지 등 화재안전조사에 필요한 장부·서류 등이 압수되거나 영치(領置)되어 있는 경우
④ 소방대상물의 증축·용도변경 또는 대수선 등의 공사로 화재안전조사를 실시하기 어려운 경우

> **재난 및 안전관리기본법 제3조 제1호**
> 1. "재난"이란 국민의 생명·신체·재산과 국가에 피해를 주거나 줄 수 있는 것으로서 다음 각 목의 것을 말한다.
>   가. 자연재난 : 태풍, 홍수, 호우, 강풍, 풍랑, 해일, 대설, 낙뢰, 가뭄, 지진, 황사, 조류 대발생, 조수(潮水), 화산활동, 소행성·유성체 등 자연우주물체의 추락·충돌, 그 밖에 이에 준하는 자연현상으로 인하여 발생하는 재해
>   나. 사회재난 : 화재·붕괴·폭발·교통사고(항공사고 및 해상사고를 포함)·화생방사고·환경오염사고 등으로 인하여 발생하는 대통령령으로 정하는 규모 이상의 피해와 에너지·통신·교통·금융·의료·수도 등 국가기반체계의 마비, 감염병 또는 가축전염병의 확산, 미세먼지 등으로 인한 피해

(3) 화재안전조사의 연기 신청

① 연기신청서 제출 : 법 제8조제4항 전단에 따라 화재안전조사의 연기를 신청하려는 관계인은 행정안전부령으로 정하는 바에 따라 연기신청서에 연기의 사유 및 기간 등을 적어 소방관서장에게 제출해야 한다.(영 제9조 제2항)
② 조사 시작 3일 전까지 제출 : 영 제9조제2항에 따라 화재안전조사의 연기를 신청하려는 관계인은 화재안전조사 시작 3일 전까지 화재안전조사 연기신청서(전자문서를 포함한다)에 화재안전조사를 받기 곤란함을 증명할 수 있는 서류(전자문서를 포함한다)를 첨부하여 소방관서장에게 제출해야 한다.(규칙 제4조 제1항)

③ 승인 여부 통지 : 신청서를 제출받은 소방관서장은 3일 이내에 연기신청의 승인 여부를 결정하여 화재안전조사 연기신청 결과 통지서를 연기신청을 한 자에게 통지해야 하며 연기기간이 종료되면 지체 없이 화재안전조사를 시작해야 한다.(규칙 제4조 제2항)
④ 연기사유의 소멸 : 소방관서장은 화재안전조사의 연기를 승인한 경우라도 연기기간이 끝나기 전에 연기사유가 없어졌거나 긴급히 조사를 해야 할 사유가 발생하였을 때는 관계인에게 미리 알리고 화재안전조사를 할 수 있다.(영 제9조 제3항)

5 화재안전조사위원회(영 제11조)

(1) 위원회의 구성

법 제10조제1항에 따른 화재안전조사위원회는 위원장 1명을 포함하여 7명 이내의 위원으로 성별을 고려하여 구성한다. 위원회의 위원장은 소방관서장이 된다.

(2) 위원의 자격 등

위원회의 위원은 다음의 어느 하나에 해당하는 사람 중에서 소방관서장이 임명하거나 위촉한다.

① 과장급 직위 이상의 소방공무원
② 소방기술사
③ 소방시설관리사
④ 소방 관련 분야의 석사학위 이상을 취득한 사람
⑤ 소방 관련 법인 또는 단체에서 소방 관련 업무에 5년 이상 종사한 사람
⑥ 소방공무원 교육기관, 「고등교육법」 제2조의 학교 또는 연구소에서 소방과 관련한 교육 또는 연구에 5년 이상 종사한 사람

(3) 위원의 임기

위촉위원의 임기는 2년으로 하고, 한 차례만 연임할 수 있다.(영 제11조 제4항)

(4) 위원의 해임·해촉

소방관서장은 위원회의 위원이 다음의 어느 하나에 해당하는 경우에는 해당 위원을 해임하거나 해촉(解囑)할 수 있다.(영 제11조 제5항)

① 심신장애로 인하여 직무를 수행할 수 없게 된 경우
② 직무와 관련된 비위사실이 있는 경우
③ 직무태만, 품위손상이나 그 밖의 사유로 위원으로 적합하지 않다고 인정되는 경우
④ 제12조제1항 각 호(제척사유)의 어느 하나에 해당함에도 불구하고 회피하지 않은 경우
⑤ 위원 스스로 직무를 수행하기 어렵다는 의사를 밝히는 경우

(5) 경비의 지급

① 경비의 지급 : 위원회에 출석한 위원에게는 예산의 범위에서 수당, 여비, 그 밖에 필요한 경비를 지급할 수 있다.
② 공무원인 위원이 그 소관 업무와 직접 관련하여 위원회에 출석하는 경우는 그렇지 않다.

(6) 위원의 제척·기피·회피

① 위원의 제척 : 화재안전조사위원회의 위원이 다음의 어느 하나에 해당하는 경우에는 위원회의 심의·의결에서 제척(除斥)된다.
　㉠ 위원, 배우자, 친족 : 위원, 그 배우자나 배우자였던 사람 또는 위원의 친족이거나 친족이었던 사람이 다음의 어느 하나에 해당하는 경우
　　ⓐ 해당 소방대상물의 관계인이거나 그 관계인과 공동권리자 또는 공동의무자인 경우
　　ⓑ 해당 소방대상물의 설계, 공사, 감리 또는 자체점검 등을 수행한 경우
　　ⓒ 해당 소방대상물에 대하여 제7조 각 호(화재안전조사의 항목)의 업무를 수행한 경우 등 소방대상물과 직접적인 이해관계가 있는 경우
　㉡ 위원 : 위원이 소방대상물등에 관하여 자문, 연구, 용역(하도급을 포함한다), 감정 또는 조사를 한 경우
　㉢ 위원의 재직 기업 : 위원이 임원 또는 직원으로 재직하고 있거나 최근 3년 내에 재직하였던 기업 등이 소방대상물에 관하여 자문, 연구, 용역, 감정 또는 조사를 한 경우
② 위원의 기피 : 당사자는 제척사유가 있거나 위원에게 공정한 심의·의결을 기대하기 어려운 사정이 있는 경우에는 위원회에 기피 신청을 할 수 있고, 위원회는 의결로 기피 여부를 결정한다. 이 경우 기피 신청의 대상인 위원은 그 의결에 참여하지 못한다.
③ 위원의 회피 : 위원이 제1항(제척) 또는 제2항(기피)의 사유에 해당하는 경우에는 스스로 해당 안건의 심의·의결에서 회피(回避)해야 한다.

(7) 운영세칙

위 시행령에서 규정한 사항 외에 위원회의 구성 및 운영에 필요한 사항은 소방청장이 정한다.

6 조사자의 의무 및 화재안전조사 결과 공개

(1) 조사자의 의무(법 제12조)

① 증표의 제시 : 화재안전조사 업무를 수행하는 관계 공무원 및 관계 전문가는 그 권한 또는 자격을 표시하는 증표를 지니고 이를 관계인에게 내보여야 한다.
② 비밀 유지 : 화재안전조사 업무를 수행하는 관계 공무원 및 관계 전문가는 관계인의 정당한 업무를 방해하여서는 아니 되며, 조사업무를 수행하면서 취득한 자료나 알게 된 비밀을 다른 사람 또는 기관에 제공 또는 누설하거나 목적 외의 용도로 사용하여서는 아니 된다.

(2) 화재안전조사 결과 통보(법 제13조) ☆ 18년 소방교

소방관서장은 화재안전조사를 마친 때에는 그 조사 결과를 관계인에게 **서면으로 통지**하여야 한다. 다만, 화재안전조사의 현장에서 관계인에게 조사의 결과를 설명하고 화재안전조사 결과서의 부본을 교부한 경우에는 그러하지 아니하다.

(3) 화재안전조사 결과 공개(법 제16조)

① 공개 사항 : 소방관서장은 화재안전조사를 실시한 경우 다음의 전부 또는 일부를 인터넷 홈페이지나 전산시스템 등을 통하여 공개할 수 있다. ☆ 23년 소방교·소방장
  ㉠ 소방대상물의 위치, 연면적, 용도 등 현황
  ㉡ 소방시설등의 설치 및 관리 현황
  ㉢ 피난시설, 방화구획 및 방화시설의 설치 및 관리 현황
  ㉣ 그 밖에 대통령령으로 정하는 사항 : 제조소등 설치 현황, 소방안전관리자 선임 현황, 화재예방안전진단 실시 결과(영 제15조 제1항)
② 공개 절차 등에 필요한 사항 : 화재안전조사 결과를 공개하는 경우 공개 절차, 공개 기간 및 공개 방법 등에 필요한 사항은 대통령령으로 정한다.
③ 전산시스템의 구축·운영 : 소방청장은 화재안전조사 결과를 체계적으로 관리하고 활용하기 위하여 전산시스템을 구축·운영하여야 한다.
④ 전산시스템 연계 구축 : 소방청장은 건축, 전기 및 가스 등 화재안전과 관련된 정보를 소방활동 등에 활용하기 위하여 전산시스템과 관계 중앙행정기관, 지방자치단체 및 공공기관 등에서 구축·운용하고 있는 전산시스템을 연계하여 구축할 수 있다.

(4) 공개 방법(영 제15조)

① 공개 매체 : 소방관서장은 화재안전조사 결과를 공개하는 경우 30일 이상 해당 소방관서 인터넷 홈페이지나 전산시스템을 통해 공개해야 한다.
② 사전 통보 : 소방관서장은 화재안전조사 결과를 공개하려는 경우 공개 기간, 공개 내용 및 공개 방법을 해당 소방대상물의 관계인에게 미리 알려야 한다.
③ 이의신청 : 소방대상물의 관계인은 공개 내용 등을 통보받은 날부터 10일 이내에 소방관서장에게 이의신청을 할 수 있다.
④ 이의신청 결과 통보 : 소방관서장은 이의신청을 받은 날부터 10일 이내에 심사·결정하여 그 결과를 지체 없이 신청인에게 알려야 한다.
⑤ 공개사항의 제한 : 화재안전조사 결과의 공개가 제3자의 법익을 침해하는 경우에는 제3자와 관련된 사실을 제외하고 공개해야 한다.

제2절 화재안전조사 결과에 따른 조치명령

1 소방대상물 조치명령의 의의

(1) 조치명령의 의의
소방대상물에 대한 조치명령은 해당 소방대상물에 내재하고 있는 소방상의 장애를 소방관서장이 작위 또는 부작위 하명의 형식을 통하여 배제하도록 함으로서 화재의 예방 및 인명의 위험요인으로부터의 안전이라는 목적을 달성하고자 하고 있다.

(2) 조치명령의 특징
① 요건에 있어 불확정 개념(필요하거나, 피해가 클 것으로 예상되는 때)을 사용하고 있다. 불확정 개념에 대한 판단여부는 소방관서장에게 있지만 재량의 한계가 있다.
② 법률효과를 결정, 선택함에 있어서 법령의 문구의 의미를 넘어서 행정법 및 헌법의 일반원칙(비례의 원칙, 평등의 원칙, 신뢰보호의 원칙, 신의성실의 원칙)에 부합되어야 한다.
③ 법령에 위법한 소방대상물 뿐만 아니라 적법한 소방대상물에 대해서도 적용할 수 있다.

2 소방대상물 조치명령

(1) 화재 예방 등을 위한 조치명령(법 제14조 제1항)
① **법 규정** : 소방관서장은 화재안전조사 결과에 따른 소방대상물의 위치·구조·설비 또는 관리의 상황이 화재예방을 위하여 보완될 필요가 있거나 화재가 발생하면 인명 또는 재산의 피해가 클 것으로 예상되는 때에는 행정안전부령으로 정하는 바에 따라 관계인에게 그 소방대상물의 개수(改修)·이전·제거, 사용의 금지 또는 제한, 사용폐쇄, 공사의 정지 또는 중지, 그 밖에 필요한 조치를 명할 수 있다.
② **조치명령권자** : 소방관서장(소방청장, 소방본부장 또는 소방서장)
③ **조치명령의 요건** : 화재안전조사 결과에 따른 소방대상물의 위치·구조·설비 또는 관리의 상황이 화재예방을 위하여 보완될 필요가 있거나 화재가 발생하면 인명 또는 재산의 피해가 클 것으로 예상되는 때이다.
④ **조치명령의 내용** : 소방대상물의 관계인에게 다음의 조치명령을 할 수 있다. ★ 17년 소방교
  ㉠ 소방대상물의 개수(改修)·이전·제거
  ㉡ 사용의 금지 또는 제한, 사용폐쇄
  ㉢ 공사의 정지 또는 중지
  ㉣ 그 밖의 필요한 조치

(2) 법령을 위반하여 건축 또는 설비된 소방대상물 등에 대한 조치명령(법 제14조 제2항)

① **법 규정** : 소방관서장은 화재안전조사 결과 소방대상물이 법령을 위반하여 건축 또는 설비되었거나 소방시설등, 피난시설·방화구획, 방화시설 등이 법령에 적합하게 설치 또는 관리되고 있지 아니한 경우에는 관계인에게 제1항에 따른 조치를 명하거나 관계 행정기관의 장에게 필요한 조치를 하여 줄 것을 요청할 수 있다.

② **조치명령권자** : 소방관서장(소방청장, 소방본부장 또는 소방서장)

③ **조치명령의 요건** : 화재안전조사 결과 소방대상물이 법령을 위반하여 건축 또는 설비되었거나 소방시설 등, 피난시설·방화구획, 방화시설 등이 법령에 적합하게 설치 또는 관리되고 있지 아니한 경우에 조치명령을 할 수 있다.

④ **조치명령의 내용**
  ㉠ 조치명령 : 관계인에게 그 소방대상물의 개수(改修)·이전·제거, 사용의 금지 또는 제한, 사용폐쇄, 공사의 정지 또는 중지, 그 밖의 필요한 조치를 명할 수 있다. 법령을 위반한 경우의 조치명령에 대해서는 손실보상의 대상이 아니다.
  ㉡ 관계 행정기관의 장에게 필요한 조치를 하여 줄 것을 요청할 수 있다.

실전연습

Q. 소방대상물의 화재안전조사 조치명령 등에 대한 설명으로 틀린 것은?

① 조치명령권자는 소방관서장 또는 시·도지사이다.
② 조치명령의 요건은 화재안전조사 결과에 따른 소방대상물의 위치·구조·설비 또는 관리의 상황이 화재예방을 위하여 보완될 필요가 있는 때이다.
③ 조치명령의 내용은 소방대상물의 개수·이전·제거, 사용의 금지 또는 제한, 사용폐쇄, 공사의 정지 또는 중지 등이다.
④ 법령에 위반한 소방대상물의 개수·명령·처분에 대한 손실보상은 하지 아니한다.

해설 | 조치명령권자는 소방관서장인 소방청장, 소방본부장 또는 소방서장이다.   ▶ ①

---

(3) 화재안전조사에 따른 조치명령 등의 절차(규칙 제5조)

① **조치명령서 발급** : 소방관서장은 법 제14조에 따라 소방대상물의 개수(改修)·이전·제거, 사용의 금지 또는 제한, 사용폐쇄, 공사의 정지 또는 중지, 그 밖에 필요한 조치를 명할 때에는 화재안전조사 조치명령서를 해당 소방대상물의 관계인에게 발급하고, 별지 제4호서식의 화재안전조사 조치명령 대장에 이를 기록하여 관리해야 한다.(제1항)

② **조치명령으로 손실을 입은 자가 있는 경우** : 소방관서장은 법 제14조에 따른 명령으로 인하여 손실을 입은 자가 있는 경우에는 화재안전조사 조치명령 손실확인서를 작성하여 관련 사진 및 그 밖의 증명자료와 함께 보관해야 한다.(제2항)

제3절 조치명령과 손실보상

1 손실보상의 의의 및 요건

(1) 손실보상의 의의

① 손실보상은 국가 등 행정주체의 활동으로 인하여 타인이 손해를 입은 경우에 행정주체가 그 손해를 전보해 주는 것으로 일명 국가배상이라고도 하며 행정구제의 일종이다.
② 소방대상물 조치명령이라는 적법한 권한 행사로 인한 국민의 재산상의 특별한 희생에 의하여 발생되는 손실에 대하여 보상 규정을 두고 있다. 법 제14조 제2항의 법령을 위반하여 건축 또는 설비된 소방대상물에 대한 조치명령으로 인해 발생한 손실은 손실보상의 대상이 아니다.

(2) 손실보상의 요건

① **적법한 공권력의 행사에 의한 것** : 적법한 행정처분(예, 조치명령)이 있어야 한다.
② **재산상의 특별한 희생** : 사회적 제약을 넘어서는 손실이 발생해야 한다.
③ **인과관계** : 공권력의 행사와 재산상의 특별한 희생과는 인과 관계가 성립되어야 한다.

2 소방대상물 조치명령과 손실보상

(1) 손실보상 규정

① 소방청장 또는 시·도지사는 제14조제1항에 따른 명령으로 인하여 손실을 입은 자가 있는 경우에는 대통령령으로 정하는 바에 따라 보상하여야 한다.(법 제15조)
② 손실보상의 기준 : 법 제15조에 따라 소방청장 또는 시·도지사가 손실을 보상하는 경우에는 시가(時價)로 보상해야 한다.(영 제14조 제1항)

(2) 손실보상 청구자가 제출해야 하는 서류 등(규칙 제6조)

① **청구인** : 법 제14조 제1항(화재예방을 위한 조치명령)에 따른 명령으로 손실을 받은 자
② **제출 서류** : 조치명령으로 인하여 손실을 입은 자가 손실보상을 청구하려는 경우에는 손실보상 청구서(전자문서 포함)에 다음의 서류(전자문서 포함)를 첨부하여 소방청장, 특별시장·광역시장·특별자치시장·도지사 또는 특별자치도지사에게 제출해야 한다. 이 경우 담당 공무원은 「전자정부법」 제36조제1항에 따른 행정정보의 공동이용을 통하여 건축물대장(소방대상물의 관계인임을 증명할 수 있는 서류가 건축물대장인 경우만 해당)을 확인해야 한다.
  ㉠ 소방대상물의 관계인임을 증명할 수 있는 서류(건축물대장은 제외한다)
  ㉡ 손실을 증명할 수 있는 사진 및 그 밖의 증빙자료

(3) 손실보상의 협의

① 협의 대상 : 제1항에 따른 손실보상에 관하여는 소방청장 또는 시·도지사와 손실을 입은 자가 협의해야 한다.(영 제14조 제2항)
② 손실보상합의서 작성 : 소방청장 또는 시·도지사는 영 제14조제2항에 따라 손실보상에 관하여 협의가 이루어진 경우에는 손실보상을 청구한 자와 연명으로 별지 제7호서식의 손실보상 합의서를 작성하고 이를 보관해야 한다.(규칙 제6조 제2항)
③ 협의 불성립 시 : 소방청장 또는 시·도지사는 보상금액에 관한 협의가 성립되지 않은 경우에는 그 보상금액을 지급하거나 공탁하고 이를 상대방에게 알려야 한다.(영 제14조 제3항)

(4) 신청인의 재결신청(영 제14조 제4항)

보상금의 지급 또는 공탁의 통지에 불복하는 자는 지급 또는 공탁의 통지를 받은 날부터 30일 이내에 「공익사업을 위한 토지 등의 취득 및 보상에 관한 법률」제49조에 따른 중앙토지수용위원회 또는 관할 지방토지수용위원회에 재결(裁決)12)을 신청할 수 있다.

실전연습

Q. 화재안전조사 결과 조치명령으로 인한 손실보상에 대한 설명으로 틀린 것은?

① 손실보상은 공권력의 정상적인 집행여부의 타당성을 살펴보아야 한다.
② 시·도지사는 조치명령으로 인하여 손실을 입은 자가 있는 경우에는 화재안전조사 조치명령 손실확인서를 작성하여 관련 사진 및 그 밖의 증빙자료와 함께 보관하여야 한다.
③ 소방청장 또는 시·도지사가 손실을 보상하는 경우에는 시가(時價)로 보상하여야 한다.
④ 보상금의 지급 또는 공탁의 통지에 불복하는 자는 지급 또는 공탁의 통지를 받은 날부터 30일 이내에 중앙토지수용위원회 또는 관할 지방토지수용위원회에 재결(裁決)을 신청할 수 있다.

해설 | ② 틀림, 시·도지사가 아니라 소방청장, 소방본부장 또는 소방서장이다. ➔ ②

---

12) 행정청의 이의신청(異議申請), 재결(裁決)의 신청 또는 행정심판(行政審判)의 청구 등에 대하여 행정심판위원회가 쟁송절차에 따라 판단을 하는 처분이다. 재결은 보통 문서로써 행하고 그 이유를 첨부하여야 한다(행정심판법 제35조) 재결에 불복이 있을 때에는 다시 심판청구를 제기할 수 없으며(행정심판법 제39조), 재결이 위법일 경우에는 법원에 제소할 수 있다(행정소송법 제19조단). 취소소송은 법령의 규정에 의하여 당해 처분에 대한 행정심판을 제기할 수 있는 경우에도 이를 거치지 아니하고 제기할 수 있다. 다만, 다른 법률에 당해 처분에 대한 행정심판의 재결을 거치지 아니하면 취소소송을 제기할 수 없다는 규정이 있는 때에는 그러하지 아니하다(행정소송법 제18조 1항) 재결은 판결에 준하여 재판적 행위로서의 효력 즉 기속력(羈束力). 확정력(確定力)을 가지며, 당사자 및 관계자분만이 아니라 하급행정청을 기속한다.

CHAPTER 02 화재안전조사 등 핵심요약

화재안전조사의 대상

1) **의미** : 화재안전조사란 소방관서장이 소방대상물, 관계지역 또는 관계인에 대하여 소방시설 등이 소방 관계 법령에 적합하게 설치·관리되고 있는지, 소방대상물에 화재의 발생 위험이 있는지 등을 확인하기 위하여 공무원으로 하여금 실시하는 현장조사·문서열람·보고요구 등을 하는 활동을 말한다.

2) **사유** : 소방관서장은 다음의 하나에 해당하는 경우 화재안전조사를 실시할 수 있다.
   ① 소방시설 등에 대한 자체점검 또는 화재예방안전진단이 불성실하거나 불완전하다고 인정되는 경우
   ② 화재예방강화지구 등 법령에서 화재안전조사를 하도록 규정되어 있는 경우
   ③ 국가적 행사 등 주요 행사가 개최되는 장소 및 그 주변의 관계 지역에 대하여 소방안전관리 실태를 조사할 필요가 있는 경우
   ④ 화재가 자주 발생하였거나 발생할 우려가 뚜렷한 곳에 대한 조사가 필요한 경우
   ⑤ 재난예측정보, 기상예보 등을 분석한 결과 소방대상물에 화재의 발생 위험이 크다고 판단되거나 긴급한 상황이 발생할 경우 피해의 우려가 현저하다고 판단되는 경우

3) **조사의 제한**
   ① 개인의 주거(실제 주거용도)에 대한 화재안전조사는 관계인의 승낙이 있거나 화재발생의 우려가 뚜렷하여 긴급한 필요가 있는 때에 한정한다.
   ② 소방관서장은 다른 목적을 위하여 조사권을 남용하여서는 아니 된다.

화재안전조사의 항목

1) **조사의 포함 사항** : 화재안전조사의 항목은 대통령령으로 정한다. 이 경우 화재안전조사의 항목에는 화재의 예방조치 상황, 소방시설등의 관리 상황 및 소방대상물의 화재 등의 발생 위험과 관련된 사항이 포함되어야 한다.

2) **화재안전조사의 항목**
   ① 「화재예방법」에 따른 화재의 예방조치, 소방안전관리 업무 수행, 피난계획의 수립 및 시행, 소방훈련·교육에 관한 사항
   ② 「소방기본법」에 따른 소방자동차 전용구역의 설치에 관한 사항
   ③ 「소방시설공사업법」에 따른 시공, 감리 및 감리원의 배치에 관한 사항
   ④ 「소방시설법」에 따른 소방시설의 설치 및 관리, 건설현장 임시소방시설의 설치 및 관리, 방화시설의 관리, 방염에 관한 사항, 소방시설등의 자체점검에 관한 사항
   ⑤ 「다중이용업소의 안전관리에 관한 특별법」에 따른 안전관리에 관한 사항
   ⑥ 「위험물안전관리법」에 따른 위험물 안전관리에 관한 사항
   ⑦ 초고층 및 지하연계 복합건축물의 안전관리에 관한 사항
   ⑧ 그 밖에 소방관서장이 화재안전조사가 필요하다고 인정하는 사항

	1) **화재안전조사의 방법** : 소방관서장은 화재안전조사를 조사의 목적에 따라 화재안전조사의 항목 전체에 대하여 종합적으로 실시하거나 특정 항목에 한정하여 실시할 수 있다.

1) **화재안전조사의 방법** : 소방관서장은 화재안전조사를 조사의 목적에 따라 화재안전조사의 항목 전체에 대하여 종합적으로 실시하거나 특정 항목에 한정하여 실시할 수 있다.

2) **사전 통지**
   ① **사전 통지** : 소방관서장은 사전에 관계인에게 조사대상, 조사기간 및 조사사유 등을 우편, 전화, 전자메일 또는 문자전송 등을 통하여 통지하고 대통령령으로 정하는 바에 따라 인터넷 홈페이지나 전산시스템 등을 통하여 공개해야 한다.
   ② **사전 통지의 예외** : 화재가 발생할 우려가 뚜렷하여 긴급하게 조사할 필요가 있거나 사전에 통지하거나 공개하면 조사목적을 달성할 수 없다고 인정되는 경우

3) **시기의 제한 등**
   ① 화재안전조사는 관계인의 승낙 없이 소방대상물의 공개시간 또는 근무시간 이외에는 할 수 없다. 다만, 긴급하게 조사할 필요가 있는 경우에는 그렇지 않다.
   ② 위 규정 외 화재안전조사의 방법 및 절차 등에 필요한 사항은 대통령령으로 정한다.

4) **조사계획의 공개**
   ① 소방관서장은 조사를 실시하려는 경우 사전에 조사대상, 조사기간 및 조사사유 등 조사계획을 소방관서의 인터넷 홈페이지나 전산시스템을 통해 7일 이상 공개해야 한다.
   ② **조사사유 등의 설명** : 사전 통지 없이 화재안전조사를 실시하는 경우에는 조사를 실시하기 전에 관계인에게 조사사유 및 조사범위 등을 현장에서 설명해야 한다.

5) **화재안전조사의 방법**
   ① **보고 또는 자료제출의 요구 등** : 소방관서장은 화재안전조사를 위하여 소속 공무원으로 하여금 관계인에게 보고 또는 자료의 제출을 요구하거나 소방대상물의 위치·구조·설비 또는 관리 상황에 대한 조사·질문을 하게 할 수 있다.
   ② **합동조사반 편성** : 소방관서장은 화재안전조사를 효율적으로 실시하기 위하여 필요한 경우 다음의 기관의 장과 합동으로 조사반을 편성하여 조사를 할 수 있다.
      ㉠ 관계 중앙행정기관 또는 지방자치단체
      ㉡ 한국소방안전원, 한국소방산업기술원
      ㉢ 한국화재보험협회, 한국가스안전공사, 한국전기안전공사
      ㉣ 그 밖에 소방청장이 정하여 고시하는 소방 관련 법인 또는 단체

6) **화재안전조사단 편성·운영**
   ① **화재안전조사단** : 소방청에는 중앙화재안전조사단을, 소방본부 및 소방서에는 지방화재안전조사단을 편성하여 운영할 수 있다.
   ② **파견의 요청** : 소방관서장은 화재안전조사단의 업무 수행을 위하여 필요한 경우에는 관계기관의 장에게 그 소속 공무원 또는 직원의 파견을 요청할 수 있다.
   ③ **조사단의 구성** : 단장을 포함하여 50명 이내의 단원으로 성별을 고려하여 구성한다. 단원은 소방공무원, 소방업무와 관련된 단체 또는 연구기관 등의 임직원, 소방 관련 분야에서 전문적인 지식이나 경험이 풍부한 사람 중에서 소방관서장이 임명하거나 위촉하고, 단장은 단원 중에서 소방관서장이 임명하거나 위촉한다.

7) **화재안전조사위원회 구성·운영**
   ① 소방관서장은 화재안전조사의 대상을 객관적이고 공정하게 선정하기 위하여 필요한 경우 화재안전조사위원회를 구성하여 화재안전조사의 대상을 선정할 수 있다.
   ② 화재안전조사위원회의 구성·운영 등에 필요한 사항은 대통령령으로 정한다.

(좌측 라벨: **화재조사의 방법과 절차**)

8) 전문가 참여
   ① 전문가 참여 : 소방관서장은 필요한 경우에는 소방기술사, 소방시설관리사, 그 밖에 화재안전 분야에 전문지식을 갖춘 사람을 화재안전조사에 참여하게 할 수 있다.
   ② 경비의 지급 : 조사에 참여하는 외부 전문가에게는 예산의 범위에서 수당, 여비, 그 밖에 필요한 경비를 지급할 수 있다.

9) 화재안전조사의 연기
   ① 조사의 연기 : 관계인은 천재지변이나 조사를 받기 곤란한 경우에는 조사를 통지한 소방관서장에게 대통령령으로 정하는 바에 따라 조사의 연기를 신청할 수 있다.
   ② 대통령령으로 정하는 화재안전조사 연기의 사유
      ㉠ 재난이 발생한 경우
      ㉡ 관계인의 질병, 사고, 장기출장의 경우
      ㉢ 권한 있는 기관에 자체점검기록부, 교육·훈련일지 등 화재안전조사에 필요한 장부·서류 등이 압수되거나 영치(領置)되어 있는 경우
      ㉣ 소방대상물의 증축·용도변경 등의 공사로 화재안전조사를 실시하기 어려운 경우
   ③ 신청서 제출 : 관계인은 행정안전부령으로 정하는 바에 따라 연기신청서에 연기의 사유 및 기간 등을 적어 조사 시작 3일 전까지 소방관서장에게 제출해야 한다.
   ④ 승인 여부 통지 : 신청서를 제출받은 소방관서장은 3일 이내에 연기신청의 승인 여부를 결정하여 연기신청 결과 통지서를 연기신청을 한 자에게 통지해야 한다.

화재안전조사 위원회

1) 구성 : 위원회는 위원장 1명을 포함하여 7명 이내의 위원으로 성별을 고려하여 구성한다. 위원회의 위원장은 소방관서장이 된다.

2) 위원의 자격 : 다음의 하나에 해당하는 사람 중에서 소방관서장이 임명하거나 위촉한다.
   ① 과장급 직위 이상의 소방공무원
   ② 소방기술사, 소방시설관리사
   ③ 소방 관련 분야의 석사학위 이상을 취득한 사람
   ④ 소방 관련 법인 또는 단체에서 소방 관련 업무에 5년 이상 종사한 사람
   ⑤ 소방공무원 교육기관, 대학교 등에서 소방 관련 교육 또는 연구에 5년 이상 종사한 사람

3) 위원의 임기 : 위촉위원의 임기는 2년으로 하고, 한 차례만 연임할 수 있다.

4) 위원의 해임·해촉 : 소방관서장은 위원회의 위원이 다음의 어느 하나에 해당하는 경우에는 해당 위원을 해임하거나 해촉(解囑)할 수 있다.
   ① 심신장애로 인하여 직무를 수행할 수 없게 된 경우
   ② 직무와 관련된 비위사실이 있는 경우
   ③ 직무태만, 품위손상이나 그 밖의 사유로 위원으로 적합하지 않다고 인정된 경우
   ④ 제척사유에 해당함에도 불구하고 회피하지 않은 경우
   ⑤ 위원 스스로 직무를 수행하기 어렵다고 의사를 밝히는 경우

5) 경비의 지급 : 위원회에 출석한 위원에게는 예산의 범위에서 수당, 여비, 그 밖에 필요한 경비를 지급할 수 있다.(공무원인 위원이 소관 업무와 직접 관련 출석하는 경우는 제외)

6) 위원의 제척·기피·회피
   ① 위원의 제척
      ㉠ 위원, 배우자 또는 위원의 친족이 다음에 해당하는 경우 : 해당 소방대상물의 관계인, 관계

인과 공동권리자 또는 공동의무자인 경우, 소방대상물의 설계, 공사, 감리 또는 자체점검 등을 수행하거나 소방대상물과 직접적인 이해관계가 있는 경우
ⓒ 위원이 또는 위원이 임직원으로 재직하고 있거나 최근 3년 내에 재직하였던 기업 이 소방대상물에 관하여 자문, 연구, 용역(하도급), 감정 또는 조사를 한 경우
② 기피 : 당사자는 제척사유가 있거나 위원에게 공정한 심의·의결을 기대하기 어려운 사정이 있는 경우에는 위원회에 기피 신청을 할 수 있고, 위원회는 의결로 기피 여부를 결정한다. 이 경우 기피 신청의 대상인 위원은 그 의결에 참여하지 못한다.
③ 회피 : 위원이 제척 또는 기피의 사유에 해당하는 경우에는 스스로 해당 안건의 심의·의결에서 회피해야 한다.

조사자의 의무 및 조사 결과의 공개

1) 화재안전조사자의 의무
   ① **증표의 제시의무** : 화재안전조사 업무를 수행하는 관계 공무원 및 관계 전문가는 그 권한 또는 자격을 표시하는 증표를 지니고 이를 관계인에게 내보여야 한다.
   ② **비밀 유지** : 조사 업무를 수행하는 관계 공무원(전문가)은 관계인의 정당한 업무를 방해해서는 아니 되며, 업무를 수행하면서 알게 된 비밀을 누설하여서는 아니 된다.

2) 화재안전조사 결과 통보
   소방관서장은 화재안전조사를 마친 때에는 그 조사 결과를 관계인에게 서면으로 통지하여야 한다. 다만, 화재안전조사의 현장에서 관계인에게 조사의 결과를 설명하고 화재안전조사 결과서의 부본을 교부한 경우에는 그러하지 아니하다.

3) 화재안전조사자의 결과 공개
   ① **공개 사항** : 소방관서장은 화재안전조사를 실시한 경우 다음의 전부 또는 일부를 인터넷 홈페이지나 전산시스템 등을 통하여 공개할 수 있다.
      ㉠ 소방대상물의 위치, 연면적, 용도 등 현황
      ㉡ 소방시설등의 설치 및 관리 현황
      ㉢ 피난시설, 방화구획 및 방화시설의 설치 및 관리 현황
      ㉣ 그 밖에 대통령령으로 정하는 사항
   ② **공개 절차, 공개 기간 및 공개 방법 등에 필요한 사항** : 대통령령으로 정한다.
   ③ **전산시스템의 구축·운영** : 소방청장은 화재안전조사 결과를 체계적으로 관리하고 활용하기 위하여 전산시스템을 구축·운영하여야 한다.

4) 공개 사항 및 공개 방법
   ① **공개 사항** : 제조소등 설치 현황, 소방안전관리자 선임 현황, 안전진단 실시 결과
   ② **공개 매체** : 소방관서장은 화재안전조사 결과를 공개하는 경우 30일 이상 해당 소방관서 인터넷 홈페이지나 전산시스템을 통해 공개해야 한다.
   ③ **사전 통보** : 소방관서장은 화재안전조사 결과를 공개하려는 경우 공개 기간, 공개 내용 및 공개 방법을 해당 소방대상물의 관계인에게 미리 알려야 한다.
   ④ **이의신청** : 소방대상물의 관계인은 공개 내용 등을 통보받은 날부터 10일 이내에 소방관서장에게 이의신청을 할 수 있으며, 소방관서장은 이의신청을 받은 날부터 10일 이내에 심사·결정하여 그 결과를 지체 없이 신청인에게 알려야 한다.
   ⑤ **공개사항의 제한** : 화재안전조사 결과의 공개가 제3자의 법익을 침해하는 경우에는 제3자와 관련된 사실을 제외하고 공개해야 한다.

조치 명령	1) 화재 예방 등을 위한 조치명령 　① 법 제14조 제1항 : 소방관서장은 화재안전조사 결과에 따른 소방대상물의 위치·구조·설비 또는 관리의 상황이 화재예방을 위하여 보완될 필요가 있거나 화재가 발생하면 인명 또는 재산의 피해가 클 것으로 예상되는 때에는 행정안전부령으로 정하는 바에 따라 관계인에게 필요한 조치를 명할 수 있다. 　② 조치명령의 내용 　　㉠ 소방대상물의 개수(改修)·이전·제거 　　㉡ 사용의 금지 또는 제한, 사용폐쇄 　　㉢ 공사의 정지 또는 중지 및 그 밖의 필요한 조치 2) 법령을 위반하여 건축 또는 설비된 소방대상물이나 시설 등에 대한 조치명령 　① 법 제14조 제2항 : 소방관서장은 화재안전조사 결과 소방대상물이 법령을 위반하여 건축 또는 설비되었거나 소방시설등, 피난시설·방화구획, 방화시설 등이 법령에 적합하게 설치 또는 관리되고 있지 아니한 경우에는 관계인에게 제1항에 따른 조치를 명하거나 관계 행정기관의 장에게 필요한 조치를 하여 줄 것을 요청할 수 있다. 　② 조치명령 등 : 관계인에 대한 조치명령과 관계 행정기관의 장에게 필요한 조치를 하여 줄 것을 요청할 수 있다. 3) 조치명령의 절차 　① 조치명령서 발급 : 소방관서장은 조치를 명할 때에는 화재안전조사 조치명령서를 해당 소방대상물의 관계인에게 발급하고, 조치명령대장에 기록하여 관리하여야 한다. 　② 손실확인서 작성 : 소방관서장은 조치명령으로 인하여 손실을 입은 자가 있는 경우 조치명령 손실확인서를 작성하여 관련 사진 및 증빙자료와 함께 보관하여야 한다.
손실 보상	1) 손실보상 규정 　① 소방청장 또는 시·도지사는 제14조 제1항(화재예방)에 따른 조치명령으로 인하여 손실을 입은 자가 있는 경우에는 대통령령으로 정하는 바에 따라 보상하여야 한다. 　② 소방청장 또는 시·도지사가 손실을 보상하는 경우에는 시가로 보상해야 한다. 2) 손실보상의 청구 : 조치명령으로 손실을 받은 자가 손실보상청구서에 다음의 서류를 첨부하여 소방청장, 시·도지사에게 제출하여야 한다. 　① 소방대상물의 관계인임을 증명할 수 있는 서류(건축물대장은 제외) 　② 손실을 증명할 수 있는 사진 그 밖의 증빙자료 3) 손실보상의 협의 　① 손실보상에 관해 소방청장 또는 시·도지사와 손실을 입은 자가 협의해야 한다. 　② 손실보상합의서 : 소방청장 또는 시·도지사는 손실보상에 관하여 협의가 이루어진 경우 손실보상을 청구한 자와 연명으로 손실보상 합의서를 작성하고 보관해야 한다. 　③ 협의 불성립시 : 소방청장 또는 시·도지사는 보상금액에 관한 협의가 성립되지 않은 경우에는 그 보상금액을 지급하거나 공탁하고 이를 상대방에게 알려야 한다. 4) 신청인의 재결 신청 　보상금의 지급 또는 공탁의 통지에 불복하는 자는 지급 또는 공탁의 통지를 받은 날부터 30일 이내에 「공익사업을 위한 토지 등의 취득 및 보상에 관한 법률」제49조에 따른 **중앙토지수용위원회** 또는 관할 지방토지수용위원회에 재결을 신청할 수 있다.

CHAPTER 02 화재안전조사 등 적중OX문제

01 화재안전조사란 소방관서장이 소방대상물, 관계지역 또는 관계인에 대하여 소방시설등이 소방 관계 법령에 적합하게 설치·관리되고 있는지 등을 확인하기 위하여 공무원으로 하여금 실시하는 현장조사·문서열람·보고요구 등을 하는 활동을 말한다. ( )

02 소방시설법에 따른 자체점검이 불성실하거나 불완전하다고 인정되는 경우나 소방안전관리 업무 수행이 불성실하거나 불완전하다고 인정되는 경우 화재안전조사를 실시할 수 있다. ( )

03 소방관서장은 화재, 그 밖의 긴급한 상황이 발생할 경우 인명 또는 재산 피해의 우려가 현저하다고 판단되는 경우 화재안전조사를 실시할 수 있다. ( )

04 소방청장, 소방본부장 또는 소방서장은 화재안전조사를 실시하는 경우 범죄수사의 목적을 위하여 화재안전조사를 할 수 있다. ( )

05 개인의 주거(실제 주거용도로 사용되는 경우에 한정한다)에 대한 화재안전조사는 관계인의 승낙이 있거나 화재발생의 우려가 뚜렷하여 긴급한 필요가 있는 때에 한정한다. ( )

06 화재안전조사의 항목은 행정안전부령으로 정하며, 조사의 항목에는 화재의 예방조치 상황, 소방시설등의 관리 상황 및 소방대상물의 화재 등의 발생 위험과 관련된 사항이 포함되어야 한다. ( )

07 화재안전조사는 화재의 예방조치 등에 관한 사항, 소방안전관리 업무 수행에 관한 사항, 피난계획의 수립 및 시행에 관한 사항, 소방자동차 전용구역의 설치에 관한 사항 등에 대하여 실시하며, 소방시설, 피난시설·방화구획 등에 관한 사항을 조사할 수 없다. ( )

08 소방관서장은 화재안전조사를 조사의 목적에 따라 화재안전조사의 항목 전체에 대하여 종합적으로 실시하거나 특정 항목에 한정하여 실시할 수 있다. ( )

09 소방관서장은 화재안전조사를 실시하려는 경우 사전에 관계인에게 조사대상, 조사기간 및 조사사유 등을 우편, 전화, 전자메일 또는 문자전송 등을 통하여 통지하고 이를 대통령령으로 정하는 바에 따라 인터넷 홈페이지나 전산시스템 등을 통해 5일 이상 공개해야 한다. ( )

10 화재안전조사는 관계인의 승낙 없이 소방대상물의 공개시간 또는 근무시간 이외에는 할 수 없다. 다만, 화재가 발생할 우려가 뚜렷하여 긴급하게 조사할 필요가 있는 경우에는 그러하지 아니하다. ( )

정답 ○ 01.○ 02.X 03.○ 04.X 05.○ 06.X 07.X 08.○ 09.X 10.○

11 소방관서장은 화재안전조사를 위해 소속 공무원으로 하여금 관계인에게 보고 또는 자료의 제출을 요구하거나 소방대상물의 위치·구조·설비 또는 관리 상황에 대한 조사·질문을 하게 할 수 있다. ( )

12 소방관서장은 필요하면 관계 중앙행정기관 또는 지방자치단체, 한국소방안전원, 한국소방산업기술원의 장과 합동조사반을 편성하여 화재안전조사를 할 수 있다. ( )

13 소방관서장은 화재안전조사를 효율적으로 수행하기 위하여 대통령령으로 정하는 바에 따라 소방청에는 중앙화재안전조사단을, 소방본부 및 소방서에는 지방화재안전조사단을 편성하여 운영할 수 있으며, 조사단은 각각 단장을 포함하여 30명 이내의 단원으로 성별을 고려하여 구성한다. ( )

14 소방관서장은 화재안전조사의 대상을 객관적이고 공정하게 선정하기 위하여 필요한 경우 화재안전조사위원회를 구성하여 화재안전조사의 대상을 선정할 수 있다. ( )

15 화재안전조사의 통지를 받은 관계인은 천재지변이나 재난이 발생한 경우 화재안전조사를 통지한 소방관서장에게 행정안전부령으로 정하는 바에 따라 화재안전조사를 연기해 줄 것을 신청할 수 있다. ( )

16 화재안전조사의 연기를 신청하려는 관계인은 화재안전조사 시작 3일 전까지 연기신청서를 제출해야 하며, 신청서를 제출받은 소방관서장은 3일 이내에 연기신청의 승인 여부를 결정하여 화재안전조사 연기신청 결과 통지서를 연기신청을 한 자에게 통지해야 한다. ( )

17 화재안전조사위원회는 위원장 1명을 포함하여 9명 이내의 위원으로 성별을 고려하여 구성한다. 위원회의 위원장은 소방관서장이 된다. ( )

18 화재안전조사위원회의 위원은 과장급 직위 이상의 소방공무원, 소방기술사, 소방시설관리사 및 소방 관련 분야의 석사학위 이상을 취득한 사람 중에서 소방관서장이 임명하거나 위촉한다. ( )

19 위촉위원의 임기는 3년으로 하고, 한 차례만 연임할 수 있다. ( )

20 당사자는 제척사유가 있거나 위원에게 공정한 심의·의결을 기대하기 어려운 사정이 있는 경우에는 위원회에 기피신청을 할 수 있고, 위원회는 의결로 기피 여부를 결정한다. ( )

21 소방관서장은 화재안전조사를 마친 때에는 그 조사 결과를 관계인에게 서면 또는 휴대폰 문자메시지 등으로 통지해야 한다. ( )

22 소방관서장은 화재안전조사를 실시한 경우 소방대상물의 위치, 연면적 등 현황과 소방시설등의 설치 및 관리 현황의 전부 또는 일부를 인터넷 홈페이지나 전산시스템 등을 통하여 공개할 수 있다. ( )

23 소방관서장은 화재안전조사 결과를 공개하는 경우 15일 이상 해당 소방관서 인터넷 홈페이지나 전산시스템을 통해 공개해야 한다. ( )

정답 11.○ 12.○ 13.X 14.○ 15.X 16.○ 17.X 18.○ 19.X 20.○ 21.X 22.○ 23.X

24 화재안전조사 업무를 수행하는 관계 공무원 및 관계 전문가는 그 권한 또는 자격을 표시하는 증표를 지니고 이를 관계인에게 내보여야 한다. ( )

25 소방관서장은 화재안전조사를 마친 때에는 그 조사 결과를 관계인에게 서면으로 통지하여야 한다. 다만, 화재안전조사의 현장에서 관계인에게 조사의 결과를 설명하고 화재안전조사 결과서의 부본을 교부한 경우에는 그러하지 아니하다. ( )

26 소방대상물의 관계인에 대한 조치명령의 내용으로는 소방대상물의 개수(改修)·이전·제거, 사용의 금지 또는 제한, 사용폐쇄, 공사의 정지 또는 중지, 그 밖의 필요한 조치가 있다. ( )

27 소방관서장은 화재안전조사 결과 소방대상물이 법령을 위반하여 건축 또는 설비되었거나 소방시설등, 피난시설·방화구획, 방화시설 등이 법령에 적합하게 설치 또는 관리되고 있지 아니한 경우에는 관계 행정기관의 장에게 필요한 조치를 하여 줄 것을 요청할 수 있다. ( )

28 화재예방 등을 위한 조치명령의 요건은 화재안전조사 결과 소방대상물의 위치·구조·설비 또는 관리의 상황이 화재나 재난·재해 예방을 위하여 보완될 필요가 있거나 화재가 발생하면 인명 또는 재산의 피해가 클 것으로 예상되는 때이다. ( )

29 소방청장 또는 시·도지사는 화재 예방 등을 위한 조치명령으로 인하여 손실을 입은 자가 있는 경우에는 행정안전부령으로 정하는 바에 따라 보상하여야 한다. ( )

30 소방청장은 건축, 전기 및 가스 등 화재안전과 관련된 정보를 소방활동에 활용하기 위해 전산시스템과 관계 중앙행정기관, 지방자치단체에서 구축·운용하고 있는 전산시스템을 연계하여 구축할 수 있다. ( )

31 소방청장 또는 시·도지사는 조치명령으로 인하여 손실을 입은 자가 있는 경우에는 화재안전조사 조치명령 손실확인서를 작성하여 관련 사진 및 그 밖의 증빙자료와 함께 보관해야 한다. ( )

32 소방청장 또는 시·도지사가 손실을 보상하는 경우에는 시가(時價)로 보상해야 하며 손실보상에 관하여는 조치명령권자인 소방관서장과 손실을 입은 자가 협의해야 한다. ( )

33 조치명령으로 인하여 손실을 입은 자가 손실보상을 청구하려는 경우에는 손실보상 청구서에 소방대상물의 관계인임을 증명할 수 있는 서류 등을 첨부하여 소방청장, 시·도지사에게 제출해야 한다. ( )

34 소방청장 또는 시·도지사는 보상금액에 관한 협의가 성립되지 않은 경우에는 그 보상금액을 지급하거나 공탁하고 이를 상대방에게 알려야 한다. ( )

35 보상금의 지급 또는 공탁의 통지에 불복하는 자는 지급 또는 공탁의 통지를 받은 날부터 15일 이내에 중앙토지수용위원회 또는 관할 지방토지수용위원회에 재결(裁決)을 신청할 수 있다. ( )

정답 24.O 25.O 26.O 27.O 28.O 29.X 30.O 31.X 32.X 33.O 34.O 35.X

CHAPTER 02 화재안전조사 등 적중예상문제

01 소방대상물, 관계 지역 또는 관계인에 대하여 소방시설 등이 소방 관계 법령에 적합하게 설치·유지·관리되고 있는지를 관계 공무원으로 하여금 조사하게 하는 것은?

① 작동점검 ② 소방검사
③ 화재안전조사 ④ 종합점검

해설 ③ 맞음, "화재안전조사"란 소방관서장이 소방대상물, 관계지역 또는 관계인에 대하여 소방시설등이 소방 관계 법령에 적합하게 설치·관리되고 있는지, 소방대상물에 화재의 발생 위험이 있는지 등을 확인하기 위하여 공무원으로 하여금 실시하는 현장조사·문서열람·보고요구 등을 하는 활동을 말한다.(법 제2조 제1항 3호)

02 다음 중 화재안전조사를 실시하는 경우가 아닌 것은?

① 화재의 발생우려가 큰 지역으로서 그 지역에 의용소방대가 구성되어 있지 아니한 경우
② 소방시설등, 방화시설 등에 대한 자체점검 등이 불성실하거나 불완전하다고 인정되는 경우
③ 화재가 자주 발생하였거나 발생할 우려가 뚜렷한 곳에 대한 점검이 필요한 경우
④ 재난예측정보 등을 분석한 결과 소방대상물에 화재 발생 위험이 높다고 판단되는 경우

해설 ① 틀림, 화재안전조사를 실시하는 경우는 ②,③,④ 및 다음과 같다.(법 제4조 제2항)
㉠ 화재예방강화지구에 대한 화재안전조사 등 다른 법률에서 화재안전조사를 실시하도록 한 경우
㉡ 국가적 행사 등 주요 행사가 개최되는 장소 및 그 주변의 관계 지역에 대하여 소방안전관리 실태를 점검할 필요가 있거나 긴급한 상황이 발생할 경우 인명 또는 재산 피해의 우려가 현저하다고 판단되는 경우

03 다음 중 화재안전조사를 실시하는 경우가 아닌 것은?

① 소방시설법 제22조에 따른 자체점검이 불성실하거나 불완전하다고 인정되는 경우
② 주요 행사가 개최되는 장소에 대하여 소방안전관리 실태를 조사할 필요가 있는 경우
③ 화재예방강화지구 등 법령에서 화재안전조사를 하도록 규정되어 있는 경우
④ 그 밖에 소방청장이 화재예방상 화재안전조사가 필요하다고 정하고 있는 경우

해설 ① 맞음, 자체점검과 화재예방안전진단이 불성실·불완전한 경우 화재안전조사를 실시할 수 있다.
④ 틀림, ④는 화재안전조사를 실시하는 경우에 해당하지 아니 한다. 그 밖에 화재, 그 밖의 긴급한 상황이 발생할 경우 인명 또는 재산 피해의 우려가 현저하다고 판단되는 경우에 화재안전조사를 실시한다.

정답 01.③ 02.① 03.④

04 화재예방과 진압대책을 위하여 필요한 화재안전조사의 권한이 없는 사람은?

① 소방청장
② 시·도지사
③ 소방본부장
④ 소방서장

해설 ② 틀림, 화재안전조사는 화재예방과 진압대책을 위하여 소방청장, 소방본부장 또는 소방서장이 소방대상물의 위치·구조·설비 및 소방시설의 관리, 유지상태 등을 점검·파악하여 화재위험요인의 제거 또는 보완대책을 수립함으로서 지속적으로 화재의 발생요인 및 피해를 최소화하기 위한 소방활동이다.

05 다음 중 화재예방법령의 화재안전조사에 대한 설명으로 틀린 것은?

① 재난예측정보, 기상예보 등을 분석한 결과 소방대상물에 화재의 발생 위험이 크다고 판단되는 경우 화재안전조사를 실시할 수 있다.
② 개인의 주거(실제 주거용도가 아닌 경우도 포함한다)에 대한 화재안전조사는 관계인의 승낙이 있거나 화재발생의 우려가 뚜렷하여 긴급한 필요가 있는 때에 한정한다.
③ 화재안전조사를 실시하는 경우 다른 목적을 위하여 조사권을 남용하여서는 아니 된다.
④ 화재안전조사의 항목에는 화재의 예방조치 상황, 소방시설등의 관리 상황 및 소방대상물의 화재 등의 발생 위험과 관련된 사항이 포함되어야 한다.

해설 ① 맞음, 재난예측정보, 기상예보 등을 분석한 결과 소방대상물에 화재의 발생 위험이 크다고 판단되는 경우, 화재가 자주 발생하였거나 발생할 우려가 뚜렷한 곳에 대한 조사가 필요한 경우, 화재, 그 밖의 긴급한 상황이 발생할 경우 인명 또는 재산 피해의 우려가 현저하다고 판단되는 경우 화재안전조사를 실시할 수 있다.
② 틀림, 개인의 주거(실제 주거용도로 사용되는 경우에 한정한다)에 대한 화재안전조사는 관계인의 승낙이 있거나 화재발생의 우려가 뚜렷하여 긴급한 필요가 있는 때에 한정한다.
④ 맞음, 화재안전조사의 항목은 대통령령으로 정한다. 이 경우 화재안전조사의 항목에는 화재의 예방조치 상황, 소방시설등의 관리 상황 및 소방대상물의 화재 등의 발생 위험과 관련된 사항이 포함되어야 한다.

06 다음 중 화재예방법의 화재안전조사의 항목에 해당하지 않는 것은?

① 법 제17조에 따른 화재의 예방조치 등에 관한 사항
② 법 제24조, 제25조, 제27조 및 제29조에 따른 소방안전관리 업무 수행에 관한 사항
③ 법 제40조에 따른 소방안전 특별관리시설물의 안전관리에 관한 사항
④ 법 제36조에 따른 피난계획의 수립 및 시행에 관한 사항

해설 ③ 틀림, 소방관서장은 법 제7조제1항에 따라 다음 의 항목에 대하여 화재안전조사를 실시한다.
㉠ 법 제17조에 따른 화재의 예방조치 등에 관한 사항
㉡ 법 제24조(특정소방대상물의 소방안전관리), 제25조(소방안전관리업무의 대행), 제27조(관계인 등의 의무) 및 제29조(건설현장 소방안전관리)에 따른 소방안전관리 업무 수행에 관한 사항
㉢ 법 제36조에 따른 피난계획의 수립 및 시행에 관한 사항
㉣ 법 제37조에 따른 소화·통보·피난 등의 훈련 및 소방안전관리에 필요한 교육에 관한 사항

정답 04.② 05.② 06.③

07 다음 중 화재안전조사의 항목에 해당하지 않는 것은?

① 「소방기본법」제23조에 따른 소방활동구역의 설정에 관한 사항
② 법 제17조에 따른 화재의 예방조치 등에 관한 사항
③ 「다중이용업소의 안전관리에 관한 특별법」에 따른 안전관리에 관한 사항
④ 「위험물안전관리법」에 따른 위험물 안전관리에 관한 사항

> 해설 ① 틀림, 소방기본법 제23조에 따른 소방활동구역의 설정에 관한 사항은 화재안전조사의 항목에 해당하지 않는다. 「소방기본법」에서 화재안조사의 항목은 소방기본법 제21조의2에 따른 소방자동차 전용구역의 설치에 관한 사항이다.

08 다음 중 화재안전조사의 실시에 대한 설명으로 옳지 못한 것은?

① 소방관서장은 화재안전조사를 조사의 목적에 따라 화재안전조사의 항목 전체에 대하여 종합적으로 실시하거나 특정 항목에 한정하여 실시할 수 있다.
② 소방관서장은 화재안전조사를 실시하려는 경우 사전에 관계인에게 조사대상, 조사기간 및 조사사유 등을 서면으로 통지하여야 한다.
③ 화재안전조사를 실시하려는 경우 조사대상, 조사기간 등 조사계획을 소방청, 소방본부 또는 소방서의 인터넷 홈페이지나 전산시스템을 통해 7일 이상 공개해야 한다.
④ 화재가 발생할 우려가 뚜렷하여 긴급하게 조사할 필요가 있거나 사전에 통지하거나 공개하면 조사목적을 달성할 수 없다고 인정되는 경우에는 사전 통지 없이 실시할 수 있다.

> 해설 ② 틀림, 소방관서장은 화재안전조사를 실시하려는 경우 사전에 관계인에게 조사대상, 조사기간 및 조사사유 등을 우편, 전화, 전자메일 또는 문자전송 등을 통하여 통지하고 이를 대통령령으로 정하는 바에 따라 인터넷 홈페이지나 제16조제3항의 전산시스템 등을 통하여 공개하여야 한다.(법 제8조 제2항)

09 화재안전조사의 시기제한 및 사전통지와 관련한 내용으로 틀린 것은?

① 관계인의 승낙 없이 소방대상물의 공개시간 또는 근무시간 이외에는 할 수 없다. 다만, 화재가 발생할 우려가 뚜렷하여 긴급하게 조사할 필요가 있는 경우에는 그러하지 아니하다.
② 화재안전조사를 실시하려는 경우 사전에 관계인에게 조사대상, 조사기간 및 조사사유를 우편, 전화, 전자메일 또는 문자전송 등을 통하여 통지하여야 한다.
③ 화재안전조사를 실시하려는 경우 사전에 조사대상, 조사기간 및 조사사유 등 조사계획을 소방관서의 인터넷 홈페이지나 전산시스템을 통해 5일 이상 공개해야 한다.
④ 소방관서장은 사전 통지 없이 화재안전조사를 실시하는 경우에는 화재안전조사를 실시하기 전에 관계인에게 조사사유 및 조사범위 등을 현장에서 설명해야 한다.

> 해설 ③ 틀림, 소방관서장은 화재안전조사를 실시하려는 경우 사전에 조사대상, 조사기간 및 조사사유 등 조사계획을 소방관서의 인터넷 홈페이지나 전산시스템을 통해 7일 이상 공개해야 한다.(영 제8조 제1항)

정답 07.① 08.② 09.③

10 소속 공무원에 의한 화재안전조사의 방법으로 옳지 못한 것은?

① 관계인에게 보고 또는 자료의 제출을 요구하는 것
② 관계인으로 하여금 소방대상물의 자체점검을 실시하게 하는 것
③ 소방대상물의 위치·구조·설비 또는 관리 상황을 조사하는 것
④ 소방대상물의 위치·구조·설비 또는 관리 상황에 대하여 관계인에게 질문하는 것

> **해설** ② 틀림, 자체점검을 실시하는 것은 화재안전조사와는 관련이 없다. 소방청장, 소방본부장 또는 소방서장은 화재안전조사를 위하여 필요하면 관계 공무원으로 하여금 다음의 행위를 하게 할 수 있다.
> ㉠ 관계인에게 보고 또는 자료의 제출을 요구하는 것
> ㉡ 소방대상물의 위치·구조·설비 또는 관리 상황을 조사하는 것
> ㉢ 소방대상물의 위치·구조·설비 또는 관리 상황에 대하여 관계인에게 질문하는 것

11 소방관서장이 합동조사반을 편성하여 화재안전조사를 할 수 없는 기관은?

① 관계 중앙행정기관 또는 지방자치단체
② 소방기본법 제40조에 따른 한국소방안전원
③ 소방산업의 진흥에 관한 법률 제14조에 따른 한국소방산업기술원
④ 시설물의 안전관리에 관한 특별법 제25조에 따른 한국시설안전공단

> **해설** ④ 틀림, 한국시설안전공단은 합동조사반을 편성할 수 있는 기관이 아니다. 소방청장, 소방본부장 또는 소방서장은 필요하면 다음의 기관의 장과 합동조사반을 편성하여 화재안전조사를 할 수 있다.
> ㉠ 관계 중앙행정기관 또는 지방자치단체
> ㉡ 소방기본법 제40조에 따른 한국소방안전원
> ㉢ 소방산업의 진흥에 관한 법률 제14조에 따른 한국소방산업기술원
> ㉣ 화재로 인한 재해보상과 보험가입에 관한 법률 제11조에 따른 한국화재보험협회
> ㉤ 고압가스 안전관리법 제28조에 따른 한국가스안전공사
> ㉥ 전기안전관리법 제30조에 따른 한국전기안전공사
> ㉦ 그 밖에 소방청장이 정하여 고시하는 소방 관련 법인 또는 단체

12 화재안전조사단의 단원으로 임명 또는 위촉될 수 있는 자격으로 틀린 것은?

① 소방공무원
② 소방업무와 관련된 단체 또는 연구기관 등의 임직원
③ 소방 관련 분야에서 전문적인 지식이나 경험이 풍부한 사람
④ 방재 관련 분야에서 전문적인 지식이나 경험이 풍부한 사람

> **해설** ④ 틀림, 법 제9조제1항에 따른 중앙화재안전조사단 및 지방화재안전조사단은 각각 단장을 포함하여 50명 이내의 단원으로 성별을 고려하여 구성한다. 조사단의 단원은 ①,②,③의 어느 하나에 해당하는 사람 중에서 소방관서장이 임명하거나 위촉하고, 단장은 단원 중에서 소방관서장이 임명하거나 위촉한다.(법 제9조)

정답 10.② 11.④ 12.④

13 다음 중 화재안전조사단에 대한 설명으로 옳지 못한 것은?

① 소방관서장은 화재안전조사를 효율적으로 수행하기 위하여 대통령령으로 정하는 바에 따라 화재안전조사단을 편성하여 운영할 수 있다.
② 소방관서장은 소방청에는 중앙화재안전조사단을, 소방본부 및 소방서에는 지방화재안전조사단을 편성하여 운영할 수 있다.
③ 소방관서장은 중앙화재안전조사단 및 지방화재안전조사단의 업무 수행을 위하여 필요한 경우에는 관계 기관의 장에게 그 소속 공무원 또는 직원의 파견을 요청할 수 있다.
④ 중앙화재안전조사단 및 지방화재안전조사단은 각각 단장을 포함하여 21명 이내의 단원으로 성별을 고려하여 구성한다.

해설 ①,② 맞음, 소방관서장은 화재안전조사를 효율적으로 수행하기 위하여 대통령령으로 정하는 바에 따라 소방청에는 중앙화재안전조사단을, 소방본부 및 소방서에는 지방화재안전조사단을 편성하여 운영할 수 있다.
④ 틀림, 법 제9조제1항에 따른 중앙화재안전조사단 및 지방화재안전조사단(이하 "조사단"이라 한다)은 각각 단장을 포함하여 50명 이내의 단원으로 성별을 고려하여 구성한다.

14 다음 중 화재안전조사에 참여할 수 있는 전문가를 모두 고르면?

ㄱ. 소방기술사	ㄴ. 소방시설관리사
ㄷ. 소방안전관리자	ㄹ. 소방 분야에 전문지식을 갖춘 사람
ㅁ. 소방 분야에 전문지식을 갖춘 사람	ㅂ. 화재안전 분야에 전문지식을 갖춘 사람

① ㄱ, ㄴ, ㄷ
② ㄱ, ㄴ, ㄹ, ㅁ
③ ㄱ, ㄴ, ㅂ
④ ㄴ, ㄹ, ㅁ, ㅂ

해설 ③ 맞음, 소방청장, 소방본부장 또는 소방서장은 필요하면 소방기술사, 소방시설관리사, 그 밖에 화재안전 분야에 관한 전문지식을 갖춘 사람을 화재안전조사에 참여하게 할 수 있다.(법 제11조) 화재안전조사에 참여할 수 있는 전문가를 모두 고르면 ㄱ, ㄴ, ㅂ이다.

15 화재안전조사의 대상을 객관적이고 공정하게 선정하기 위하여 필요한 경우 화재안전조사위원회를 구성하여 화재안전조사의 대상을 선정할 수 있는 사람을 모두 고르면?

① 소방본부장
② 소방본부장 또는 소방서장
③ 소방청장, 소방본부장 또는 소방서장
④ 소방청장 또는 소방본부장

해설 ③ 맞음, 소방관서장은 화재안전조사의 대상을 객관적이고 공정하게 선정하기 위하여 필요한 경우 화재안전조사위원회를 구성하여 화재안전조사의 대상을 선정할 수 있다. 화재안전조사위원회의 구성·운영 등에 필요한 사항은 대통령령으로 정한다.(법 제10조 제1항 및 제2항)

정답 13.④ 14.③ 15.③

16 다음 중 화재안전조사를 연기할 수 있는 사유에 해당하지 않는 것은?

① 조치명령을 이행할 수 없는 부득이한 경우
② 「재난 및 안전관리 기본법」제3조제1호에 해당하는 재난이 발생한 경우
③ 권한 있는 기관에 화재안전조사에 필요한 장부·서류 등이 압수되거나 영치되어 있는 경우
④ 소방대상물의 증축·용도변경 또는 대수선 공사로 화재안전조사를 실시하기 어려운 경우

해설 ① 틀림, 화재안전조사 통지를 받은 관계인은 천재지변이나 다음의 대통령령으로 정하는 사유로 화재안전조사를 받기 곤란한 경우에는 화재안전조사를 연기할 수 있다.(법 제8조 제4항 및 영 제9조 제1항)
㉠ 「재난 및 안전관리 기본법」제3조제1호에 해당하는 재난이 발생한 경우
㉡ 관계인의 질병, 사고, 장기출장의 경우
㉢ 권한 있는 기관에 자체점검기록부, 교육·훈련일지 등 화재안전조사에 필요한 장부·서류 등이 압수되거나 영치(領置)되어 있는 경우
㉣ 소방대상물의 증축·용도변경 또는 대수선 등의 공사로 화재안전조사를 실시하기 어려운 경우

17 화재안전조사의 연기에 대한 설명으로 틀린 것은?

① 화재안전조사 통지를 받은 관계인은 천재지변이나 관계인이 소방업무와 관련하여 수사기관의 조사를 받고 있는 경우 화재안전조사를 연기할 수 있다.
② 조사의 연기를 신청하려는 관계인은 화재안전조사 시작 3일 전까지 연기신청서에 화재안전조사를 받기 곤란함을 증명할 수 있는 서류를 첨부하여 소방관서장에게 제출해야 한다.
③ 신청서를 제출받은 소방관서장은 3일 이내에 연기신청 승인 여부를 결정하여 화재안전조사 연기신청 결과 통지서를 연기신청을 한 자에게 통지해야 한다.
④ 소방관서장은 연기를 승인한 경우라도 연기기간이 끝나기 전에 연기사유가 없어졌거나 긴급히 조사할 사유가 발생하였을 때는 관계인에게 미리 알리고 화재안전조사를 할 수 있다.

해설 ① 틀림, 소방업무와 관련하여 수사기관의 조사를 받고 있는 경우는 연기사유에 해당하지 아니 한다.
④ 맞음, 소방관서장은 연기를 승인한 경우라도 연기기간이 끝나기 전에 연기사유가 없어졌거나 긴급히 조사를 해야 할 사유가 발생하였을 때는 관계인에게 미리 알리고 화재안전조사를 할 수 있다(영 제9조 제3항)

18 다음 중 화재안전조사위원회의 위원의 자격이 없는 사람은?

① 과장급 직위 이상의 소방공무원
② 소방기술사
③ 소방안전교육사
④ 소방 관련 분야의 석사학위 이상을 취득한 사람

해설 ③ 틀림, 위원회의 위원은 ①,②,④ 및 소방시설관리사, 소방 관련 법인 또는 단체에서 소방 관련 업무에 5년 이상 종사한 사람, 소방공무원 교육기관, 「고등교육법」제2조의 학교 또는 연구소에서 소방과 관련한 교육 또는 연구에 5년 이상 종사한 사람의 어느 하나에 해당하는 사람 중에서 소방관서장이 임명하거나 위촉한다.

정답 16.① 17.① 18.③

19 화재안전조사위원회에 대한 설명으로 틀린 것은?

① 위원회는 위원장 1명을 포함한 7명 이내의 위원으로 성별을 고려하여 구성하고, 위원장은 소방본부장이 된다.
② 위원회의 위원은 일정한 자격을 가진 사람 중에서 소방관서장이 임명하거나 위촉한다.
③ 위촉위원의 임기는 2년으로 하고, 한 차례만 연임할 수 있다.
④ 위원회에 출석한 위원에게는 예산의 범위에서 수당, 여비 등 필요한 경비를 지급할 수 있다.

해설 ① 틀림, 위원회의 위원장은 소방관서장(소방청장, 소방본부장 또는 소방서장)이 된다.(영 제11조 제2항)
④ 맞음, 위원회에 출석한 위원에게는 예산의 범위에서 수당, 여비 등 필요한 경비를 지급할 수 있다. 다만, 공무원인 위원이 그 소관 업무와 직접 관련하여 출석하는 경우는 그렇지 않다.

20 화재안전조사위원회 위원의 제척사유로 틀린 것은?

① 위원이 해당 안건의 소방대상물의 관계인이거나 관계인과 공동권리자 또는 공동의무자인 경우
② 위원의 배우자가 소방대상물등의 설계, 공사, 감리 등을 수행한 경우
③ 위원의 친족이 소방대상물등에 대하여 화재안전조사의 항목의 업무를 수행한 경우 등 소방대상물등과 직접적인 이해관계가 있는 경우
④ 위원이 소방대상물에 관하여 자문, 연구, 용역(하도급 포함) 등과 관계가 있는 경우

해설 ④ 틀림, 자문, 연구, 용역 등을 직접 한 경우에 제척사유가 된다. 위원의 제척사유는 다음과 같다.
㉠ 위원, 그 배우자나 배우자였던 사람 또는 위원의 친족이거나 친족이었던 사람이 ⅰ) 해당 안건의 소방대상물 등의 관계인이거나 그 관계인과 공동권리자 또는 공동의무자인 경우, ⅱ) 소방대상물등의 설계, 공사, 감리 등을 수행한 경우, ⅲ) 소방대상물등에 대하여 화재안전조사의 항목의 업무를 수행한 경우 등 소방대상물등과 직접적인 이해관계가 있는 경우의 하나에 해당
㉡ 위원이 소방대상물등에 관하여 자문, 연구, 용역(하도급 포함), 감정 또는 조사를 한 경우
㉢ 위원이 임원 또는 직원으로 재직하고 있거나 최근 3년 내에 재직하였던 기업 등이 소방대상물등에 관하여 자문, 연구, 용역(하도급 포함), 감정 또는 조사를 한 경우

21 화재안전조사위원회에 대한 내용에서 ( )에 들어갈 말로 옳은 것은?

> 당사자는 제척사유가 있거나 위원에게 공정한 심의·의결을 기대하기 어려운 사정이 있는 경우에는 위원회에 ( ) 신청을 할 수 있고, 위원회는 의결로 이를 결정한다.

① 제척
② 회피
③ 해임
④ 기피

해설 ④ 맞음, 당사자는 제척사유가 있거나 위원에게 공정한 심의·의결을 기대하기 어려운 사정이 있는 경우에는 위원회에 기피 신청을 할 수 있고, 위원회는 의결로 이를 결정한다. 이 경우 기피 신청의 대상인 위원은 그 의결에 참여하지 못한다.

정답 19.① 20.④ 21.④

22 화재안전조사위원회의 위원이 제척사유에 해당하는 경우 스스로 해당 안건의 심의·의결에서 취하여야 할 조치는?

① 기피 신청을 할 수 있고 회피해야 한다.
② 기피 신청을 해야 하고 회피해야 한다.
③ 기피 신청을 해야 하고 회피할 수 있다.
④ 해임 또는 해촉을 요구한다.

> 해설 ① 맞음, 당사자는 제척사유가 있거나 위원에게 공정한 심의·의결을 기대하기 어려운 사정이 있는 경우에는 위원회에 기피 신청을 할 수 있다. 위원이 제1항(제척) 또는 제2항(기피)의 사유에 해당하는 경우에는 스스로 해당 안건의 심의·의결에서 회피(回避)해야 한다.(영 제12조 제1항 제2항 및 제3항)

23 소방본부장이 화재안전조사위원회의 위원을 해임·해촉할 수 있는 경우가 아닌 것은?

① 심신장애로 인하여 직무를 수행할 수 없게 된 경우
② 직무와 직접 관련이 없는 비위사실이 있는 경우
③ 제척사유에 해당함에도 불구하고 회피하지 않은 경우
④ 직무태만, 품위손상이나 그 밖의 사유로 위원으로 적합하지 않다고 인정된 경우

> 해설 ② 틀림, 직무와 관련된 비위사실이 있는 경우에 해임·해촉할 수 있다. 소방본부장은 위원회의 위원이 ①,③,④ 및 다음의 어느 하나에 해당하는 경우에는 해당 위원을 해임하거나 해촉(解囑)할 수 있다.
> ㉠ 직무와 관련된 비위사실이 있는 경우
> ㉡ 위원 스스로 직무를 수행하기 어렵다는 의사를 밝히는 경우

24 다음 중 화재안전조사에 대한 설명으로 틀린 것은?

① 화재안전조사의 실시권자는 소방청장, 소방본부장 또는 소방서장이다.
② 개인의 주거에 대하여는 관계인의 승낙이 있거나 화재발생의 우려가 뚜렷하여 긴급한 필요가 있는 때에 한정하여 실시할 수 있다
③ 국가적 행사 등 주요 행사가 개최되는 장소 및 그 주변의 관계 지역에 대하여 소방안전관리 실태를 조사할 필요가 있는 경우 화재안전조사를 연1회 이상 실시하여야 한다.
④ 소방관서장은 화재안전조사의 대상을 객관적이고 공정하게 선정하기 위하여 필요한 경우 화재안전조사위원회를 구성하여 화재안전조사의 대상을 선정할 수 있다.

> 해설 ③ 틀림, 국가적 행사 등 주요 행사가 개최되는 장소 및 그 주변의 관계 지역에 대하여 소방안전관리 실태를 조사할 필요가 있는 경우 화재안전조사를 실시할 수 있다. 화재안전조사는 조사 대상에 해당하는 경우 정기적으로 정하지 않고 실시할 수 있다. 다만 화재예방강화지구에 대한 화재안전조사는 연1회 이상 실시해야 한다.
> ④ 맞음, 소방관서장은 화재안전조사의 대상을 객관적이고 공정하게 선정하기 위하여 필요한 경우 화재안전조사위원회를 구성하여 화재안전조사의 대상을 선정할 수 있다.(법 제10조 제1항)

정답 22.① 23.② 24.③

25 다음 중 화재안전조사자의 의무 등에 대한 설명으로 틀린 것은?

① 화재안전조사 업무를 수행하는 관계 공무원 및 관계 전문가는 그 권한 또는 자격을 표시하는 증표를 지니고 이를 관계인에게 내보여야 한다.
② 화재안전조사 업무를 수행하는 관계 공무원 및 관계 전문가는 관계인의 정당한 업무를 방해하여서는 아니 된다.
③ 화재안전조사 업무를 수행하는 관계 공무원 및 관계 전문가는 조사업무를 수행하면서 취득한 자료나 알게 된 비밀을 다른 자에게 제공 또는 누설하여서는 아니 된다.
④ 화재안전조사의 현장에서 관계인에게 조사의 결과를 설명하고 화재안전조사 결과서의 부본을 교부한 경우 조사를 마친 때에는 조사 결과를 관계인에게 서면으로 통지해야 한다.

해설 ④ 틀림, 소방관서장은 화재안전조사를 마친 때에는 그 조사 결과를 관계인에게 서면으로 통지하여야 한다. 다만, 화재안전조사의 현장에서 관계인에게 조사의 결과를 설명하고 화재안전조사 결과서의 부본을 교부한 경우에는 그러하지 아니하다.(법 제13조)

26 다음 중 화재안전조사에 관한 설명으로 틀린 것은?

① 화재안전조사위원회는 위원장 1명 포함 5명 이내의 위원으로 성별을 고려하여 구성한다.
② 소방관서장은 화재안전조사를 실시하려는 경우 사전에 조사계획을 소방관서의 인터넷 홈페이지나 전산시스템을 통해 7일 이상 공개해야 한다.
③ 화재예방강화지구 내의 화재안전조사는 연 1회 이상 실시해야 한다.
④ 소방관서장은 화재안전조사의 대상을 객관적이고 공정하게 선정하기 위하여 필요한 경우 화재안전조사위원회를 구성하여 화재안전조사의 대상을 선정할 수 있다.

해설 ① 틀림, 화재안전조사위원회는 위원장 1명을 포함하여 7명 이내의 위원으로 성별을 고려하여 구성한다. 위원회의 위원장은 소방관서장(소방청장, 소방본부장 또는 소방서장)이 된다.(영 제11조 제1항)
② 맞음, 소방관서장은 화재안전조사를 실시하려는 경우 사전에 에 따라 조사계획을 소방관서의 인터넷 홈페이지나 전산시스템 등을 통하여 7일 이상 공개하여야 한다.

27 화재안전조사의 연기를 신청하려는 경우 관계인은 화재안전조사 시작 ( ) 전까지 소방관서장에게 제출하여야 하며, 신청서를 제출받은 소방관서장은 ( ) 이내에 연기신청의 승인 여부를 결정하여 신청을 한 자에게 통지해야 하는가?

① 7일, 7일
② 5일, 5일
③ 3일, 3일
④ 7일, 3일

해설 ③ 맞음, 화재안전조사의 연기를 신청하려는 관계인은 화재안전조사 시작 3일 전까지 화재안전조사 연기신청서에 화재안전조사를 받기 곤란함을 증명할 수 있는 서류를 첨부하여 소방관서장에게 제출해야 한다. 신청서를 제출받은 소방관서장은 3일 이내에 연기신청의 승인 여부를 결정하여 연기신청을 한 자에게 통지해야 한다.

정답 25.④ 26.① 27.③

28 화재안전조사의 결과에 대하여 인터넷 홈페이지나 전산시스템 등을 통하여 공개할 수 있는 사항으로 틀린 것은?

① 소방대상물의 위치, 연면적, 용도 등 현황
② 소방시설등의 설치 및 관리 현황
③ 피난시설, 방화구획 및 방화시설의 설치 및 관리 현황
④ 대통령령으로 정하는 사항으로 소방시설관리사 선임현황

해설 ④ 틀림, 소방관서장은 화재안전조사를 실시한 경우 ①,②,③ 및 대통령령으로 정하는 사항의 전부 또는 일부를 인터넷 홈페이지나 전산시스템 등을 통하여 공개할 수 있다. 대통령령으로 정하는 공개사항은 ㉠ 제조소등 설치 현황, ㉡ 소방안전관리자 선임 현황, ㉢ 화재예방안전진단 실시 결과이다.(영 제15조)

29 화재안전조사의 결과 공개에 대한 설명으로 옳지 못한 것은?

① 소방관서장은 화재안전조사를 실시한 경우 소방대상물의 위치, 연면적, 용도 등 현황 등의 전부 또는 일부를 인터넷 홈페이지나 전산시스템 등을 통하여 공개할 수 있다.
② 공개 절차, 공개 기간 및 공개 방법 등에 필요한 사항은 대통령령으로 정한다.
③ 소방청장, 소방본부장 또는 소방서장은 화재안전조사 결과를 체계적으로 관리하고 활용하기 위하여 전산시스템을 구축·운영하여야 한다.
④ 소방청장은 화재안전과 관련된 정보를 소방활동 등에 활용하기 위하여 전산시스템과 관계 중앙행정기관 등에서 구축하고 있는 전산시스템을 연계하여 구축할 수 있다.

해설 ③ 틀림, 소방청장은 화재안전조사 결과를 체계적으로 관리하고 활용하기 위하여 전산시스템을 구축·운영하여야 한다. 소방청장은 건축, 전기 및 가스 등 화재안전과 관련된 정보를 소방활동 등에 활용하기 위하여 전산시스템과 관계 중앙행정기관, 지방자치단체 및 공공기관 등에서 구축·운용하고 있는 전산시스템을 연계하여 구축할 수 있다.(법 제16조 제3항 및 제4항)

30 화재안전조사 결과 공개에 대한 설명으로 옳지 못한 것은?

① 제조소등 설치현황과 소방안전관리자 선임 현황은 대통령령으로 정하는 공개사항이다.
② 결과를 공개하는 경우 20일 이상 해당 소방관서 인터넷 홈페이지나 전산시스템을 통해 공개해야 하며, 이 경우 공개 기간, 공개 내용 및 공개 방법을 관계인에게 미리 알려야 한다.
③ 관계인은 공개 내용을 통보받은 날부터 10일 이내에 소방관서장에게 이의신청을 할 수 있다.
④ 소방관서장은 이의신청을 받은 날부터 10일 이내에 심사·결정하여 그 결과를 지체 없이 신청인에게 알려야 한다.

해설 ② 틀림, 소방관서장은 화재안전조사 결과를 공개하는 경우 30일 이상 해당 소방관서 인터넷 홈페이지나 전산시스템을 통해 공개해야 한다. 소방관서장은 화재안전조사 결과를 공개하려는 경우 공개 기간, 공개 내용 및 공개 방법을 해당 소방대상물의 관계인에게 미리 알려야 한다.(영 제15조 제2항 및 제3항)

정답 28.④ 29.③ 30.②

31 화재 예방 등을 위한 조치명령에 대한 설명으로 틀린 것은?

① 명령권자는 소방청장, 소방본부장 또는 소방서장이다.
② 화재안전조사 결과 소방대상물의 위치·구조·설비 또는 관리의 상황이 화재예방을 위하여 보완될 필요가 있는 경우에 할 수 있다.
③ 화재가 발생하면 인명 또는 재산의 피해가 클 것으로 예상되는 때에는 명할 수 없다.
④ 행정안전부령으로 정하는 바에 따라 관계인에게 그 소방대상물의 개수·이전·제거, 사용의 금지 또는 제한, 사용폐쇄, 공사의 정지 또는 중지, 그 밖의 필요한 조치를 명할 수 있다.

해설 ③ 틀림, 소방관서장은 화재안전조사 결과에 따른 소방대상물의 위치·구조·설비 또는 관리의 상황이 화재예방을 위하여 보완될 필요가 있거나 화재가 발생하면 인명 또는 재산의 피해가 클 것으로 예상되는 때에는 행정안전부령으로 정하는 바에 따라 관계인에게 그 소방대상물의 개수(改修)·이전·제거, 사용의 금지 또는 제한, 사용폐쇄, 공사의 정지 또는 중지, 그 밖에 필요한 조치를 명할 수 있다.(법 제14조 제1항)

32 법령을 위반하여 건축된 소방대상물 등에 대한 조치명령으로 틀린 것은?

① 조치명령권자는 소방청장, 소방본부장 또는 소방서장이다.
② 요건은 화재안전조사 결과 소방대상물이 법령을 위반하여 건축 또는 설비되었거나 소방시설 등, 피난시설, 방화시설 등이 법령에 적합하게 설치·유지·관리되고 있지 아니한 경우이다.
③ 조치명령의 내용은 소방대상물의 개수·이전·제거, 사용의 금지 또는 제한, 사용폐쇄, 공사의 정지 또는 중지 등이다.
④ 관계 행정기관의 장에게 필요한 조치를 하여 줄 것을 요청할 수는 없다.

해설 ④ 틀림, 소방관서장은 화재안전조사 결과 소방대상물이 법령을 위반하여 건축 또는 설비되었거나 소방시설등, 피난시설·방화구획, 방화시설 등이 법령에 적합하게 설치·유지·관리되고 있지 아니한 경우에는 관계인에게 제1항에 따른 조치를 명하거나 관계 행정기관의 장에게 필요한 조치를 하여 줄 것을 요청할 수 있다.(법 제14조 제2항)

33 화재 예방 등을 위한 조치명령의 내용으로 틀린 것은?

① 소방대상물의 개수·이전·제거
② 관계 행정기관의 장에게 대하여 필요한 조치의 요청
③ 공사의 정지 또는 중지
④ 사용의 금지 또는 제한, 사용 폐쇄

해설 ② 틀림, 화재 예방 등을 위한 조치명령의 내용은 관계인에게 ①,③,④ 및 그 밖의 필요한 조치를 명할 수 있다. 그러나 관계 행정기관의 장에게 대하여 필요한 조치의 요청할 수는 없다. 관계 행정기관의 장에게 필요한 조치를 하여 줄 것을 요청할 수 있는 것은 법령을 위반하여 건축 또는 설비된 소방대상물이나 시설 등에 대한 조치명령의 내용이다.

정답 31.③ 32.④ 33.②

34 화재안전조사에 따른 조치명령에 대한 설명으로 틀린 것은?

① 화재안전조사 결과 소방대상물의 위치·구조·설비 또는 관리의 상황이 화재가 발생하면 인명 또는 재산의 피해가 클 것으로 예상되는 때에는 필요한 조치를 명할 수 있다.
② 조치를 명할 때에는 화재안전조사 조치명령서를 해당 소방대상물의 관계인에게 발급한다.
③ 조치를 명할 때에는 화재안전조사 조치명령대장에 이를 기록하여 관리해야 한다.
④ 소방청장, 시·도지사는 조치명령으로 인하여 손실을 입은 자가 있는 경우 화재안전조사 조치명령 손실확인서를 작성하여 관련 사진 및 그 밖의 증빙자료와 함께 보관해야 한다.

> 해설 ④ 틀림, 소방관서장(소방청장, 소방본부장 또는 소방서장)은 법 제14조에 따른 명령으로 인하여 손실을 입은 자가 있는 경우에는 화재안전조사 조치명령 손실확인서를 작성하여 관련 사진 및 그 밖의 증명자료와 함께 보관해야 한다.(시행규칙 제5조 제1항)

35 화재안전조사 결과 소방대상물에 대하여 조치명령을 할 수 있는 권한이 있는 사람은?

① 소방청장, 소방본부장 또는 소방서장
② 소방청장, 시·도지사 또는 소방본부장
③ 소방청장, 행정안전부장관
④ 소방청장, 소방대장 또는 소방서장

> 해설 ① 맞음, 화재안전조사 결과 소방대상물에 대하여 소방대상물 조치명령을 할 수 있는 사람은 소방관서장인 소방청장, 소방본부장 또는 소방서장이다. 이들은 화재 예방 등을 위한 조치명령이나 법령을 위반하여 건축 또는 설비된 소방대상물이나 시설 등에 대한 조치명령을 할 수 있다.

36 소방대상물 조치명령으로 인한 손실보상에 대한 내용에서 ( )에 들어갈 말은?

> (㉠)는 조치 명령으로 인하여 손실을 입은 자가 있는 경우에는 대통령령으로 정하는 바에 따라 보상하여야 한다. (㉡)가 손실을 보상하는 경우에는 시가로 보상해야 한다.

① 시·도지사 또는 시장 등 - 시·도지사
② 소방청장 또는 시·도지사 - 시·도지사
③ 소방청장 또는 시·도지사 - 소방청장 또는 시·도지사
④ 소방청장 또는 소방본부장 - 소방청장 또는 시·도지사

> 해설 ③ 맞음, 소방청장 또는 시·도지사는 제14조제1항에 따른 명령으로 인하여 손실을 입은 자가 있는 경우에는 대통령령으로 정하는 바에 따라 보상하여야 한다.(법 제15조) 법 제15조에 따라 소방청장 또는 시·도지사가 손실을 보상하는 경우에는 시가(時價)로 보상해야 한다.(영 제14조 제1항)

정답 34.④ 35.① 36.③

37 조치명령 등으로 인하여 손실을 받은 자가 있는 경우 손실보상을 할 수 없는 자는?

① 소방청장
② 소방본부장
③ 특별자치도지사
④ 특별자치시장

해설 ② 틀림, 소방청장 또는 시·도지사(특별시장·광역시장·특별자치시장·도지사 또는 특별자치도지사)는 제14조제1항에 따른 명령으로 인하여 손실을 입은 자가 있는 경우에는 대통령령으로 정하는 바에 따라 보상하여야 한다.(법 제15조) 법 제15조에 따라 소방청장 또는 시·도지사가 손실을 보상하는 경우에는 시가(時價)로 보상해야 한다.(영 제14조 제1항)

38 소방대상물 조치명령에서 손실보상의 대상이 되는 조치명령이 아닌 것은?

① 법령을 위반하여 건축된 소방대상물의 개수(改修)·이전·제거 등의 조치명령
② 화재예방을 위하여 보완될 필요가 있는 소방대상물의 사용의 금지 또는 제한 조치명령
③ 화재가 발생하면 인명의 피해가 클 것으로 예상되는 소방대상물의 공사 정지 조치명령
④ 화재가 발생하면 재산의 피해가 클 것으로 예상되는 소방대상물의 공사 중지 조치명령

해설 ① 틀림, 소방청장 또는 시·도지사는 법 제14조제1항에 따른 명령으로 인하여 손실을 입은 자가 있는 경우에는 대통령령으로 정하는 바에 따라 보상하여야 한다. 화재 예방 등을 위한 조치명령은 손실보상의 대상이 되지만 법 제14조제2항에 따른 명령(법령을 위반하여 건축 또는 설비된 소방대상물이나 시설 등에 대한 조치명령)으로 인하여 손실을 입은 자가 있는 경우는 손실보상의 대상이 아니다.

39 소방대상물에 대한 조치명령으로 인한 손실보상으로 틀린 것은?

① 소방청장 또는 시·도지사는 화재안전조사 결과 조치명령으로 인하여 손실을 입은 자가 있는 경우에는 대통령령으로 정하는 바에 따라 보상하여야 한다.
② 소방청장 또는 시·도지사가 손실을 보상하는 경우에는 시가로 보상하여야 한다.
③ 조치명령으로 손실을 받은 자가 손실보상을 청구하고자 하는 때에는 손실보상청구서를 소방청장, 특별시장·광역시장·도지사 또는 특별자치도지사에게 제출하여야 한다.
④ 손실보상청구서에 소방대상물의 관계인임을 증명할 수 있는 서류(건축물대장을 포함한다)와 손실을 증명할 수 있는 사진 그 밖의 증빙자료를 첨부하여 제출해야 한다.

해설 ④ 틀림, 건축물대장은 행정정보의 공동이용을 통하여 확인해야 할 서류이다. 조치명령으로 손실을 받은 자가 손실보상을 청구하려는 경우에는 손실보상청구서에 다음의 서류를 첨부하여 소방청장, 특별시장·광역시장·도지사 또는 특별자치도지사에게 제출해야 한다.
  ㉠ 소방대상물의 관계인임을 증명할 수 있는 서류(건축물대장은 제외한다)
  ㉡ 손실을 증명할 수 있는 사진 그 밖의 증빙자료

정답 37.② 38.① 39.④

40 화재안전조사에 따른 조치명령과 손실보상절차에 대한 설명으로 틀린 것은?

① 손실 보상에 관하여는 조치명령을 한 자와 손실을 입은 자가 협의해야 한다.
② 소방청장 또는 시·도지사는 손실보상에 관하여 협의가 이루어진 경우에는 손실보상을 청구한 자와 연명으로 손실보상합의서를 작성하고 이를 보관해야 한다.
③ 보상금액에 관한 협의가 성립되지 않은 경우에는 그 보상금액을 지급하거나 공탁하고 이를 상대방에게 알려야 한다.
④ 보상금의 지급 또는 공탁의 통지에 불복하는 자는 지급 또는 공탁의 통지를 받은 날부터 30일 이내에 중앙토지수용위원회 또는 관할 지방토지수용위원회에 재결을 신청할 수 있다.

> 해설 ① 틀림, 손실보상에 관하여는 조치명령을 한 자와 손실을 입은 자가 협의하는 것이 아니라 소방청장 또는 시·도지사와 손실을 입은 자가 협의해야 한다.(영 제14조 제2항)
> ② 맞음, 시행규칙 제6조 제2항 규정이다.
> ③,④ 맞음, 영 제14조 제3항 및 제4항 규정이다.

41 보상금의 지급 또는 공탁의 통지에 불복이 있는 자가 중앙토지수용위원회 또는 관할 지방토지수용위원회에 재결을 신청할 수 있는 기한은?

① 협의를 한 날부터 30일 이내
② 협의를 한 날부터 14일 이내
③ 통지를 받은 날부터 30일 이내
④ 통지를 받은 날부터 14일 이내

> 해설 ③ 맞음, 보상금의 지급 또는 공탁의 통지에 불복하는 자는 지급 또는 공탁의 통지를 받은 날부터 30일 이내에「공익사업을 위한 토지 등의 취득 및 보상에 관한 법률」제49조에 따른 중앙토지수용위원회 또는 관할 지방토지수용위원회에 재결(裁決)을 신청할 수 있다.(영 제14조 제4항)

42 화재안전조사 결과 조치명령으로 인한 손실보상에 대한 설명으로 틀린 것은?

① 소방청장 또는 시·도지사가 손실을 보상하는 경우에는 시가로 보상해야 한다.
② 손실 보상에 관하여는 소방청장 또는 시·도지사와 손실을 입은 자가 협의해야 한다.
③ 손실보상합의서는 소방본부장 또는 소방서장이 보관해야 한다.
④ 보상금의 지급 또는 공탁의 통지에 불복하는 자는 지급 또는 공탁의 통지를 받은 날부터 30일 이내에 관할 토지수용위원회에 재결을 신청할 수 있다.

> 해설 ③ 틀림, 소방청장 또는 시·도지사는 영 제14조제2항에 따라 손실보상에 관하여 협의가 이루어진 경우에는 손실보상을 청구한 자와 연명으로 별지 제7호서식의 손실보상 합의서를 작성하고 이를 보관해야 한다.(시행규칙 제6조 제2항)

정답 40.① 41.③ 42.③

43 화재안전조사의 실시통지를 받은 관계인이 천재지변 등의 사유로 화재안전조사 연기를 신청하려는 경우 화재안전조사 시작 며칠 전까지 연기를 신청하여야 하는가? ☆ 16년 경북 소방교

① 3일 전까지 ② 5일 전까지
③ 7일 전까지 ④ 10일 전까지

해설 ① 맞음, 영 제9조제2항에 따라 화재안전조사의 연기를 신청하려는 관계인은 화재안전조사 시작 3일 전까지 별지 제1호서식의 화재안전조사 연기신청서(전자문서를 포함한다)에 화재안전조사를 받기 곤란함을 증명할 수 있는 서류(전자문서를 포함한다)를 첨부하여 소방관서장에게 제출해야 한다.(규칙 제4조 제1항)

44 다음 중 화재안전조사에 대한 설명으로 옳은 것은? ☆ 18년 소방교

① 소방관서장은 화재안전조사를 실시하려는 경우 사전에 관계인에게 조사대상, 조사기간 및 조사사유 등을 우편, 전화, 전자메일 또는 문자전송 등을 통하여 통지하고 사전에 조사계획을 소방관서의 인터넷 홈페이지나 전산시스템을 통해 14일 이상 공개해야 한다.
② 화재안전조사의 연기를 신청하려는 자는 화재안전조사 시작 5일 전까지 연기신청을 할 수 있다.
③ 소방본부장만 화재안전조사의 대상을 객관적이고 공정하게 선정하기 위하여 필요하면 화재안전조사위원회를 구성하여 화재안전조사의 대상을 선정할 수 있다
④ 화재안전조사를 마친 때에는 그 조사결과를 관계인에서 서면으로 통지하여야 한다.

해설 ①,② 틀림, ① 7일 이상 공개해야 하며, ② 화재안전조사 시작 3일 전까지 연기신청을 할 수 있다.
③ 틀림, 화재안전조사위원회를 구성하여 화재안전조사의 대상을 선정할 수 있는 것은 소방관서장이다.
④ 맞음, 소방관서장은 화재안전조사를 마친 때에는 그 조사 결과를 관계인에게 서면으로 통지하여야 한다.

45 「화재의 예방 및 안전관리에 관한 법률」상 화재안전조사 결과에 따른 조치명령에 관한 설명으로 옳지 않은 것은? ☆ 22년 소방장

① 명령권자는 시·도지사, 소방본부장 또는 소방서장이 된다.
② 정당한 사유 없이 조치명령을 위반한 자는 3년 이하의 징역 또는 3천만원 이하의 벌금에 처한다.
③ 조치명령은 소방대상물의 개수(改修)·이전·제거, 사용의 금지 또는 제한, 사용폐쇄, 공사의 정지 또는 중지, 그 밖의 필요한 조치를 명할 수 있다.
④ 화재안전조사 결과에 따른 소방대상물의 위치·구조·설비 또는 관리의 상황이 화재예방을 위하여 보완될 필요가 있거나 화재가 발생하면 인명 또는 재산의 피해가 클 것으로 예상되는 때에 조치명령을 할 수 있다.

해설 ① 틀림, 명령권자는 소방청장, 소방본부장 또는 소방서장이 된다. 소방관서장은 화재안전조사 결과에 따른 소방대상물의 위치·구조·설비 또는 관리의 상황이 화재예방을 위하여 보완될 필요가 있거나 화재가 발생하면 인명 또는 재산의 피해가 클 것으로 예상되는 때에는 관계인에게 필요한 조치를 명할 수 있다.(법 제14조 제1항)

정답 43.① 44.④ 45.①

46 「화재의 예방 및 안전관리에 관한 법률」상 화재안전조사 결과 공개할 수 있는 사항으로 옳지 않은 것은? ☆ 23년 소방교

① 화재발생 및 행정처분 현황
② 소방시설등의 설치 및 관리 현황
③ 소방대상물의 위치, 연면적, 용도 등 현황
④ 피난시설, 방화구획 및 방화시설의 설치 및 관리 현황

해설 ① 틀림, 소방관서장은 화재안전조사를 실시한 경우 다음의 전부 또는 일부를 인터넷 홈페이지나 전산시스템 등을 통하여 공개할 수 있다.(법 제16조 제1항, 영 제15조 제1항)
  ㉠ 소방대상물의 위치, 연면적, 용도 등 현황
  ㉡ 소방시설등의 설치 및 관리 현황
  ㉢ 피난시설, 방화구획 및 방화시설의 설치 및 관리 현황
  ㉣ 대통령령으로 정하는 사항 : 제조소등 설치 현황, 소방안전관리자 선임 현황, 화재예방안전진단 실시 결과

47 「화재의 예방 및 안전관리에 관한 법률」및 같은 시행령상 소방관서장이 화재안전조사를 실시한 경우 인터넷 홈페이지나 전산시스템 등을 통하여 공개할 수 있는 사항으로 옳지 않은 것은? ☆ 23년 소방장

① 소방대상물의 위치, 연면적, 용도 등 현황
② 소방안전관리자 해임 현황
③ 화재예방안전진단 실시 결과
④ 피난시설, 방화구획 및 방화시설의 설치 및 관리 현황

해설 ② 틀림, 화재안전조사 결과 공개할 수 있는 사항으로 대통령령으로 정하는 사항으로는 제조소등 설치 현황, 소방안전관리자 선임 현황, 화재예방안전진단 실시 결과 등이다.(영 제15조 제1항)

정답 46.① 47.②

CHAPTER 03 화재의 예방조치 등

> **학/습/포/인/트**
>
> 3장은 화재예방을 위한 경보의 발령, 화재 위해 요소를 제거하기 위한 예방조치, 소방상 특히 위험성이 있는 지역에 대한 예방업무를 실행할 수 있도록 하는 화재예방강화지구의 지정, 불을 사용하는 설비 등 화재예방과 경계에 관한 기본적인 사항을 다룬다. 화재예방강화지구의 지정권자와 지정대상지역, 특수가연물의 저장 및 취급기준과 특수가연물의 품명 등에 대해 정확하게 암기하는 학습이 필요하다.

제1절 화재의 예방

1 화재예방의 의의

(1) 화재예방(豫防)과 경계

① **화재의 예방(Prevention)** : 화재현상이 일어나기 전에 원인을 찾아내어 원인을 제거 또는 제어를 하여 화재현상이 나타나지 않도록 하는 제반조치를 의미한다. 화재는 그 속성상 화재현상이 발생한 후에 그로 인한 피해의 저감보다는 예방이 중요시되고 있다.

② **화재의 경계(Watching, Precaution)** : 화재의 경계(警戒)란 미리 예의주시하고 조심한다는 개념으로 화재발생의 개연성이 농후하거나 화재가 임박하였을 때 취하는 제반조치를 말한다.

③ **개념의 구분** : 예방의 개념을 화재가 발생하기 전까지의 모든 조치라고 확장할 때에는 경계의 개념까지 포함한다 할 수 있으나, 일반적으로 화재발생의 임박성과 그에 따른 조치의 급박성에 비추어 예방보다는 강화된 조치를 경계의 범주에 넣을 수 있다.

(2) 화재예방업무의 공공성

① 화재의 예방은 관계인 즉 민간자율에 의하여 행하여지도록 함이 가장 바람직하나 화재는 발생 메커니즘의 복잡성·불가예측성·불확실성 등으로 인하여 어느 정도의 전문성이 요구되는 분야이며, 민간자율에 의한 화재예방은 투자의 소홀과 인식의 부족 등 현실적 제약이 많다.

② 화재예방은 공공성의 성격이 있어 소방업무를 수행하는 책임기관에서 예방을 위한 각종 사항을 규율할 필요성이 있으며, 화재예방에 대한 제반 조치는 국민의 기본적인 권리에 관한 사항과 연관이 있을 경우에는 반드시 법률에 근거를 두어야 한다.

2 화재의 예방조치 등

(1) 화재예방 조치명령(법 제17조) ☆ 21년 소방장, 14년 서울 소방장

① 행위의 금지 등 : 누구든지 화재예방강화지구 및 이에 준하는 대통령령으로 정하는 장소에서는 다음의 어느 하나에 해당하는 행위를 하여서는 아니 된다. 다만, 행정안전부령으로 정하는 바에 따라 안전조치를 한 경우에는 그러하지 아니한다.(제1항)
  ㉠ 모닥불, 흡연 등 화기의 취급
  ㉡ 풍등 등 소형열기구 날리기
  ㉢ 용접·용단 등 불꽃을 발생시키는 행위
  ㉣ 그 밖에 대통령령으로 정하는 화재 발생 위험이 있는 행위 :「위험물안전관리법」제2조제1항 제1호에 따른 위험물(인화성 또는 발화성 등의 성질을 가지는 것으로서 대통령령으로 정하는 것)을 방치하는 행위를 말한다.(영 제16조 제2항)

② 대통령령으로 정하는 행위의 금지 장소 : 법 제17조제1항에서 대통령령으로 정하는 장소란 다음의 장소를 말한다.(영 제16조 제1항)
  ㉠ 제조소등
  ㉡ 「고압가스 안전관리법」제3조제1호에 따른 저장소
  ㉢ 「액화석유가스의 안전관리 및 사업법」제2조제1호에 따른 액화석유가스의 저장소·판매소
  ㉣ 「수소경제 육성 및 수소 안전관리에 관한 법률」제2조제7호에 따른 수소연료공급시설 및 같은 조 제9호에 따른 수소연료사용시설
  ㉤ 「총포·도검·화약류 등의 안전관리에 관한 법률」제2조제3항에 따른 화약류를 저장하는 장소

③ 화재예방 조치명령[13] : 소방관서장은 화재 발생 위험이 크거나 소화 활동에 지장을 줄 수 있다고 인정되는 행위나 물건에 대하여 행위 당사자나 그 물건의 소유자, 관리자 또는 점유자에게 다음의 명령을 할 수 있다.(법 제17조 제2항)
  ㉠ 위 ①의 어느 하나에 해당하는 행위의 금지 또는 제한
  ㉡ 목재, 플라스틱 등 가연성이 큰 물건의 제거, 이격, 적재 금지 등
  ㉢ 소방차량의 통행이나 소화 활동에 지장을 줄 수 있는 물건의 이동

④ 화재예방 조치명령의 성격 : 화재예방 조치명령은 소방행정주체인 소방본부장 또는 소방서장이 화재예방상 위험한 행위 또는 소방활동상 지장이 있는 상태를 배제하기 위하여 소방행정의 객체인 관계인에 대하여 특정의 의무(작위 또는 부작위)를 부과하는 명령(하명[14])을 통한 화재예방조치를 함으로써 소방행정의 목적을 달성할 수 있도록 하고 있다.

---

[13] 명령의 요건은 「화재예방상 위험 또는 소화활동상 지장」이 있다고 인정되는 경우로서 추상적·포괄적으로 규정되어 있어 판단은 소방관서장에게 맡겨져 있다. 여기에서 문제가 되는 것은 과연 어느 정도의 위험이 인정되는 경우 명령할 수 있느냐 하는 것인데 구체적 명령요건을 법령으로 규정하는 것은 어려운 일이며 소방관서장의 경험, 주변상황을 토대로 합리적(구체적)으로 판단할 수밖에 없다. 또한 명령의 내용에 따라서는 개인의 자유 또는 권리에 대한 침해가 강하므로 명령을 할 때에는 명령으로 얻게되는 이익과 개인의 권리 등에 대한 침해를 교량하여 명령을 해야 할 것이다.

[14] 하명이란 행정주체가 일반통치권에 근거한 우월적 지위에서 일반국민에게 작위·부작위·급부·수인을 명하는 행정행위를 말한다.

(2) 화재예방 안전조치 등(규칙 제7조)

① 화재예방 안전조치 : 화재예방강화지구 및 영 제16조제1항의 장소(대통령령으로 정하는 행위의 금지 장소)에서는 다음의 안전조치를 한 경우에 법 제17조제1항 각 호(모닥불, 흡연 등 화기의 취급 등)의 행위를 할 수 있다.
　㉠ 「국민건강증진법」 제9조제4항 각 호 외의 부분 후단에 따라 설치한 흡연실 등 법령에 따라 지정된 장소에서 화기 등을 취급하는 경우
　㉡ 소화기 등 소방시설을 비치 또는 설치한 장소에서 화기 등을 취급하는 경우
　㉢ 「산업안전보건기준에 관한 규칙」 제241조의2제1항에 따른 화재감시자 등 안전요원이 배치된 장소에서 화기 등을 취급하는 경우
　㉣ 그 밖에 소방관서장과 사전 협의하여 안전조치를 한 경우
② 협의 신청서 제출 : 소방관서장과 사전 협의하여 안전조치를 하려는 자는 별지 제8호서식의 화재예방 안전조치 협의 신청서를 작성하여 소방관서장에게 제출해야 한다.
③ 협의 결과 통보 : 소방관서장은 협의 신청서를 받은 경우에는 화재예방 안전조치의 적절성을 검토하고 5일 이내에 별지 제9호서식의 화재예방 안전조치 협의 결과 통보서를 협의를 신청한 자에게 통보해야 한다.
④ 화재예방 조치명령서 발급 : 소방관서장은 법 제17조제2항 각 호의 명령(화재예방 조치명령)을 할 때에는 별지 제10호서식의 화재예방 조치명령서를 해당 관계인에게 발급해야 한다.

(3) 소유자 등을 알 수 없는 물건 등에 대한 조치 ☆ 20년 소방교, 18년 소방교, 16년 경기 소방장

① 방치된 물건 등의 이동·보관
　㉠ 소방관서장은 제2호 및 제3호(목재, 플라스틱 등 가연성이 큰 물건의 제거, 이격, 적재 금지 등, 소방차량의 통행이나 소화 활동에 지장을 줄 수 있는 물건)에 해당하는 물건의 소유자, 관리자 또는 점유자를 알 수 없는 경우 소속 공무원으로 하여금 그 물건을 옮기거나 보관하는 등 필요한 조치를 하게 할 수 있다.15)(법 제17조 제2항 단서)
　㉡ 물건의 관계인이 확실하게 파악되지 않아 화재예방명령을 할 수 없는 경우에 소방기관이 관계인을 대신해서 위험물 또는 물건을 옮기거나 보관하는 조치를 통해 화재 발생 위험 또는 소화활동의 지장을 배제함으로써 소방행정의 목적을 달성하려는 것이다.
② 물건 등의 보관 : 제2항 단서에 따라 옮긴 물건 등에 대한 보관기간 및 보관기간 경과 후 처리 등에 필요한 사항은 대통령령으로 정한다.(법 제17조 제3항)
③ 옮긴 물건 등의 보관기간 및 기간 경과 후 처리(영 제17조) ☆ 22년 소방교, 21년 소방교, 17년 소방교
　㉠ 인터넷 홈페이지 공고 : 소방관서장은 옮긴 물건 등을 보관하는 경우에는 그날부터 14일 동안 해당 소방관서의 인터넷 홈페이지에 그 사실을 공고해야 한다.
　㉡ 옮긴 물건등의 보관기간 : 공고기간의 종료일 다음 날부터 7일까지로 한다.

---

15) 소유자 등을 알 수 없는 위험물 또는 물건을 옮기거나 치우게 하는 조치는 법령상의 의무 또는 행정처분에 의한 의무를 대신 하는 것이 아니기 때문에 대집행이 되지는 않으며 화재예방이라는 공공의 목적을 달성하기 위하여 개인의 소유물건에 대하여 직접 실력행사를 하여 화재위험요소를 제거하는 행위로 행정상 즉시강제(대물적 강제)에 속한다.

ⓒ 매각 또는 폐기 : 소방관서장은 보관기간이 종료된 때에는 보관하고 있는 옮긴 물건등을 매각해야 한다. 다만, 보관하고 있는 옮긴 물건등이 부패·파손 또는 이와 유사한 사유로 정해진 용도로 계속 사용할 수 없는 경우에는 폐기할 수 있다.

ⓔ 세입조치 : 소방관서장은 보관하던 옮긴 물건등을 매각한 경우에는 지체 없이 「국가재정법」에 따라 세입조치를 해야 한다.

ⓜ 협의보상 : 소방관서장은 매각되거나 폐기된 옮긴 물건등의 소유자가 보상을 요구하는 경우에는 보상금액에 대하여 소유자와의 협의를 거쳐 이를 보상해야 한다.

ⓗ 손실보상의 방법 및 절차 : 위 ⓜ의 손실보상의 방법 및 절차 등에 관하여는 제14조(화재안전조사 조치명령에 대한 손실보상 규정)를 준용한다.

> **실전연습**
>
> Q. 「화재의 예방 및 안전관리에 관한 법률」 및 같은 법 시행령상 화재의 예방조치 등에 관한 내용으로 옳지 않은 것은? ☆ 22년 소방교
>
> ① 옮긴 물건 등에 대한 보관기간은 소방관서의 인터넷 홈페이지 공고기간의 종료일 다음 날부터 7일까지로 한다.
> ② 소방관서장은 보관기간이 종료된 때에는 보관하고 있는 옮긴 물건 등을 매각해야 한다.
> ③ 소방관서장은 매각되거나 폐기된 옮긴 물건등의 소유자가 보상을 요구하는 경우에는 보상금액에 대하여 소유자와의 협의를 거쳐 이를 보상해야 한다.
> ④ 소방관서장은 옮긴 물건 등을 보관하는 경우에는 그날부터 10일 동안 해당 소방관서의 인터넷 홈페이지에 그 사실을 공고해야 한다.
>
> 해설 | 소방관서장은 14일 동안 해당 소방관서의 인터넷 홈페이지에 그 사실을 공고해야 한다. ➡ ④

제2절 불을 사용하는 설비 등의 관리

1 불을 사용하는 설비의 관리

(1) 불을 사용하는 설비의 관리기준

① 불을 사용하는 설비란 보일러, 난로 등 화재발생의 우려가 있는 설비 또는 기구 등을 말한다.
② 보일러, 난로, 건조설비, 가스·전기시설, 그 밖에 화재 발생 우려가 있는 대통령령으로 정하는 설비 또는 기구 등의 위치·구조 및 관리와 화재 예방을 위하여 불을 사용할 때 지켜야 하는 사항은 대통령령으로 정한다.(법 제17조 제4항)

③ 대통령령으로 정하는 설비 또는 기구 등 : 다음의 설비 또는 기구를 말하며, 이에 따른 설비 또는 기구의 위치·구조 및 관리와 화재 예방을 위하여 불을 사용할 때 지켜야 하는 사항은 별표 1과 같다.(영 제18조 제1항 및 제2항)
  ㉠ 보일러
  ㉡ 난로
  ㉢ 건조설비
  ㉣ 가스·전기시설
  ㉤ 불꽃을 사용하는 용접·용단 기구
  ㉥ 노(爐)·화덕설비
  ㉦ 음식조리를 위하여 설치하는 설비
④ 기타 설비의 관리기준 : 위 ③에서 규정한 사항 외에 화재 발생 우려가 있는 설비 또는 기구의 종류, 해당 설비 또는 기구의 위치·구조 및 관리와 화재 예방을 위하여 불을 사용할 때 지켜야 하는 사항은 시·도의 조례로 정한다.

(2) 보일러의 설치 및 관리기준 ☆ 24년 소방교, 21년 소방교, 20년 소방장, 19년 소방교, 16년 경기 소방장, 15년 소방교

"보일러"란 사업장 또는 영업장 등에서 사용하는 것을 말하며, 가정용 보일러는 제외한다.
① **증기기관 또는 연통의 부분** : 가연성 벽·바닥 또는 천장과 접촉하는 증기기관 또는 연통의 부분은 규조토 등 난연성 또는 불연성의 단열재로 덮어씌워야 한다.
② **보일러와 벽의 거리** : 보일러와 벽·천장 사이의 거리는 0.6미터 이상이어야 한다.
③ **보일러의 위치** : 보일러를 실내에 설치하는 경우에는 콘크리트바닥 또는 금속 외의 불연재료로 된 바닥 위에 설치하여야 한다.
④ **액체연료 보일러** : 경유·등유 등 액체연료를 사용할 때에는 다음의 사항을 지켜야 한다.
  ㉠ 연료탱크는 보일러 본체로부터 수평거리 1미터 이상의 간격을 두어 설치할 것
  ㉡ 연료탱크에는 화재 등 긴급상황이 발생하는 경우 연료를 차단할 수 있는 개폐밸브를 연료탱크로부터 0.5미터 이내에 설치할 것
  ㉢ 연료탱크 또는 연료를 공급하는 배관에는 여과장치를 설치할 것
  ㉣ 사용이 허용된 연료 외의 것을 사용하지 않을 것
  ㉤ 연료탱크가 넘어지지 않도록 받침대를 설치하고, 연료탱크 및 연료탱크 받침대는 「건축법 시행령」 제2조제10호에 따른 불연재료로 할 것
⑤ **기체연료 보일러** : 기체연료를 사용할 때에는 다음 사항을 지켜야 한다.
  ㉠ 보일러를 설치하는 장소에는 환기구를 설치하는 등 가연성가스가 머무르지 않도록 할 것
  ㉡ 연료를 공급하는 배관은 금속관으로 할 것
  ㉢ 화재 등 긴급 시 연료를 차단할 수 있는 개폐밸브를 연료용기 등으로부터 0.5미터 이내에 설치할 것
  ㉣ 보일러가 설치된 장소에는 가스누설경보기를 설치할 것

⑥ 고체연료 보일러 : 화목(火木) 등 고체연료를 사용할 때에는 다음 사항을 지켜야 한다.
  ㉠ 고체연료는 보일러 본체와 수평거리 2미터 이상 간격을 두어 보관하거나 불연재료로 된 별도의 구획된 공간에 보관할 것
  ㉡ 연통은 천장으로부터 0.6미터 떨어지고, 연통의 배출구는 건물 밖으로 0.6미터 이상 나오도록 설치할 것
  ㉢ 연통의 배출구는 보일러 본체보다 2미터 이상 높게 설치할 것
  ㉣ 연통이 관통하는 벽면, 지붕 등은 불연재료로 처리할 것
  ㉤ 연통재질은 불연재료로 사용하고 연결부에 청소구를 설치할 것

(3) 난로의 설치 및 관리기준 ☆ 22년 소방교

① **연통의 부분** : 가연성 벽·바닥 또는 천장과 접촉하는 연통의 부분은 규조토 등 난연성 또는 불연성의 단열재로 덮어씌워야 한다.
② **연통과 천장의 거리** : 난로의 연통은 천장으로부터 0.6미터 이상 떨어지고, 연통의 배출구는 건물 밖으로 0.6미터 이상 나오게 설치해야 한다.
③ **이동식 난로의 설치 금지** : 이동식 난로는 다음의 장소에서 사용해서는 안 된다. 다만, 난로가 쓰러지지 않도록 받침대를 두어 고정시키거나 쓰러지는 경우 즉시 소화되고 연료의 누출을 차단할 수 있는 장치가 부착된 경우에는 그렇지 않다.
  ㉠ 「다중이용업소의 안전관리에 관한 특별법」 제2조 제1항 제4호에 따른 다중이용업소
  ㉡ 「학원의 설립·운영 및 과외교습에 관한 법률」 제2조 제1호에 따른 학원
  ㉢ 「학원의 설립·운영 및 과외교습에 관한 법률 시행령」 제2조 제1항 제4호에 따른 독서실
  ㉣ 「공중위생관리법」 제2조제1항제2호에 따른 숙박업, 같은 항 3호에 따른 목욕장업, 같은 항 6호에 따른 세탁업의 영업장
  ㉤ 「의료법」 제3조 제2항제1호에 따른 의원·치과의원·한의원, 같은 항 제2호에 따른 조산원 및 같은 항 제3호에 따른 병원·치과병원·한방병원·요양병원·정신병원·종합병원
  ㉥ 「식품위생법 시행령」 제7조 제8호에 따른 식품접객업의 영업장
  ㉦ 「영화 및 비디오물의 진흥에 관한 법률」 제2조 제10호에 따른 영화상영관
  ㉧ 「박물관 및 미술관 진흥법」 제2조제1호에 따른 박물관 및 같은 조 제2호에 따른 미술관
  ㉨ 「공연법」 제2조 제4호에 따른 공연장, 「유통산업발전법」 제2조 제7호에 따른 상점가, 「건축법」 제20조에 따른 가설건축물, 역·터미널

(4) 건조설비 ☆ 15년 인천 소방장, 13년 경북 소방교

"건조설비"란 산업용 건조설비를 말하며, 주택에서 사용하는 건조설비는 제외한다.
① **건조설비와 천장 거리** : 건조설비와 벽·천장 사이의 거리는 0.5미터 이상이어야 한다.
② 건조물품이 열원과 직접 접촉하지 않도록 해야 한다.
③ **벽·천장의 재질** : 실내에 설치하는 경우에 벽·천장 및 바닥은 불연재료로 해야 한다.

(5) 가스·전기시설

① 가스시설 : 「고압가스 안전관리법」, 「도시가스사업법」 및 「액화석유가스의 안전관리 및 사업법」에서 정하는 바에 따른다.
② 전기시설 : 「전기사업법」 및 「전기안전관리법」에서 정하는 바에 따른다.

(6) 불꽃을 사용하는 용접·용단기구 ☆ 15년 소방교

용접 또는 용단 작업장에서는 다음의 사항을 지켜야 한다. 다만, 「산업안전보건법」 제38조의 적용을 받는 사업장의 경우에는 적용하지 않는다.

① 소화기의 비치 : 용접 또는 용단 작업장 주변 반경 5미터 이내에 소화기를 갖추어 둘 것
② 가연물 적재 금지 : 용접 또는 용단 작업장 주변 반경 10미터 이내에는 가연물을 쌓아두거나 놓아두지 말 것. 다만, 가연물의 제거가 곤란하여 방지포 등으로 방호조치를 한 경우는 제외한다.

(7) 노·화덕설비

제조업·가공업에서 사용되는 것을 말하며, 주택에서 조리용도로 사용되는 화덕은 제외한다.

① 설치장소 : 실내에 설치하는 경우에는 흙바닥 또는 금속 외의 불연재료로 된 바닥에 설치해야 한다.
② 벽·천장 : 노 또는 화덕을 설치하는 장소의 벽·천장은 불연재료로 된 것이어야 한다.
③ 턱의 설치 : 노 또는 화덕의 주위에는 녹는 물질이 확산되지 않도록 높이 0.1미터 이상의 턱을 설치해야 한다.
④ 30만 킬로칼로리 이상의 노를 설치하는 경우 : 시간당 열량이 30만 킬로칼로리 이상인 노를 설치하는 경우에는 다음의 사항을 지켜야 한다.
  ㉠ 주요구조부(「건축법」 제2조 제1항 제7호에 따른 것)는 불연재료 이상으로 할 것
  ㉡ 창문과 출입구는 「건축법 시행령」 제64조에 따른 60분+ 방화문 또는 60분 방화문으로 설치할 것
  ㉢ 노 주위에는 1미터 이상 공간을 확보할 것

(8) 음식조리를 위하여 설치하는 설비 ☆ 22년 소방장, 21년 소방장, 17년 소방교, 15년 서울 소방장

「식품위생법 시행령」 제21조제8호에 따른 식품접객업 중 일반음식점 주방에서 조리를 위하여 불을 사용하는 설비를 설치하는 경우에는 다음의 사항을 지켜야 한다.

① 주방설비에 부속된 배출덕트(공기 배출통로)는 0.5밀리미터 이상의 아연도금강판 또는 이와 같거나 그 이상의 내식성 불연재료로 설치할 것
② 주방시설에는 동물 또는 식물의 기름을 제거할 수 있는 필터 등을 설치할 것
③ 열을 발생하는 조리기구는 반자 또는 선반으로부터 0.6미터 이상 떨어지게 할 것

④ 열을 발생하는 조리기구로부터 0.15미터 이내의 거리에 있는 가연성 주요구조부는 단열성이 있는 불연재료로 덮어 씌울 것

비고
1. "보일러"란 사업장 또는 영업장 등에서 사용하는 것을 말하며, 주택에서 사용하는 가정용 보일러는 제외한다.
2. "건조설비"란 산업용 건조설비를 말하며, 주택에서 사용하는 건조설비는 제외한다.
3. "노·화덕설비"란 제조업·가공업에서 사용되는 것을 말하며, 주택에서 조리용도로 사용되는 화덕은 제외한다.
4. 보일러, 난로, 건조설비, 불꽃을 사용하는 용접·용단기구 및 노·화덕설비가 설치된 장소에는 소화기 1개 이상을 갖추어 두어야 한다.

> **실전연습**
>
> Q. 「화재의 예방 및 안전관리에 관한 법률 시행령」상 보일러 등의 위치·구조 및 관리와 화재예방을 위하여 불의 사용에 있어서 지켜야 하는 사항으로 옳지 않은 것은? ☆ 22년 소방장
>
> ① 음식조리를 위하여 설치하는 설비 : 열을 발생하는 조리기구는 반자 또는 선반으로부터 0.5미터 이상 떨어지게 할 것
> ② 보일러 : 기체연료를 사용하는 경우에는 화재 등 긴급 시 연료를 차단할 수 있는 개폐밸브를 연료용기 등으로 부터 0.5미터 이내에 설치할 것
> ③ 보일러 : 경유·등유 등 액체연료를 사용하는 경우 연료탱크에는 화재 등 긴급상황이 발생하는 경우 연료를 차단할 수 있는 개폐밸브를 연료탱크로부터 0.5미터 이내에 설치할 것
> ④ 건조설비 : 건조설비와 벽·천장 사이의 거리는 0.5미터 이상일 것
>
> 해설 | 열을 발생하는 조리기구는 반자 또는 선반으로부터 0.6미터 이상 떨어지게 하여야 한다. ➔ ①

2 특수가연물

(1) 특수가연물 ☆ 21년 소방교

① 특수가연물(特殊可燃物)이란 화재발생 시 다른 가연물 보다는 연소 확대가 빨라 그 위험성이 급격하게 증대되는 물질을 따로 분류해 놓은 것을 말한다.
② 화재가 발생하는 경우 불길이 빠르게 번지는 고무류·플라스틱류·석탄 및 목탄 등 대통령령으로 정하는 특수가연물의 저장 및 취급 기준은 대통령령으로 정한다.(법 제17조 제5항)
③ 대통령령으로 정하는 특수가연물 : 법 제17조제5항에서 대통령령으로 정하는 특수가연물"이란 아래의 별표 2에서 정하는 품명별 수량 이상의 가연물을 말한다.(영 제19조 제1항) [별표2])
  ㉠ 면화류 200킬로그램 이상

ⓒ 나무껍질 및 대팻밥 400킬로그램 이상
ⓒ 넝마 및 종이부스러기, 사류, 볏짚류 1,000킬로그램 이상
ⓔ 가연성고체류, 발포시킨 것 외의 고무류·플라스틱류 3,000킬로그램 이상
ⓜ 석탄·목탄류 10,000킬로그램 이상
ⓑ 가연성 액체류 2세제곱미터 이상
ⓢ 목재가공품 10세제곱미터 이상
ⓞ 고무류·플라스틱류(발포시킨 것) 20세제곱미터이상

[별표2] 특수가연물(영 제19조제1항 관련) ☆ 18년 소방교, 16년 서울 소방교, 15년 소방교

품명		수량
면화류		200킬로그램 이상
나무껍질 및 대팻밥		400킬로그램 이상
넝마 및 종이부스러기		1,000킬로그램 이상
사류(絲類)		1,000킬로그램 이상
볏짚류		1,000킬로그램 이상
가연성고체류		3,000킬로그램 이상
석탄·목탄류		10,000킬로그램 이상
가연성액체류		2세제곱미터 이상
목재가공품 및 나무부스러기		10세제곱미터 이상
고무류·플라스틱류 (합성수지류)	발포시킨 것	20세제곱미터 이상
	그 밖의 것	3,000킬로그램 이상

실전연습

Q. 특수가연물이 되기 위한 품명별 수량이 큰 것 순으로 바른 것은?

> ㉠ 석탄 ㉡ 볏짚류
> ㉢ 나무껍질 ㉣ 가연성고체류

① ㉠ - ㉡ - ㉢ - ㉣
② ㉠ - ㉣ - ㉡ - ㉢
③ ㉣ - ㉠ - ㉢ - ㉡
④ ㉣ - ㉠ - ㉡ - ㉢

해설 | 특수가연물이 되기 위한 품명별 수량은 석탄(10,000킬로그램 이상) - 가연성고체류(3,000킬로그램 이상) - 볏짚류(1,000킬로그램 이상) - 나무껍질 및 대팻밥(400킬로그램 이상)의 순이다.
▸ ②

(2) 특수가연물의 종류 ☆ 22년 소방교

① **면화류** : 불연성 또는 난연성이 아닌 면상 또는 팽이모양의 섬유와 마사(麻絲) 원료를 말한다.
② **넝마 및 종이 부스러기** : 넝마 및 종이부스러기는 불연성 또는 난연성이 아닌 것(동식물유가 깊이 스며들어 있는 옷감·종이 및 이들의 제품을 포함한다)으로 한정한다.
③ **사류** : 불연성 또는 난연성이 아닌 실(실부스러기와 솜털을 포함)과 누에고치를 말한다.
④ **볏짚류** : 마른 볏짚·북더기와 이들의 제품 및 건초를 말한다. 다만, 축산용도로 사용하는 것은 제외한다.
⑤ **가연성 고체류** : 고체로서 다음에 해당하는 것을 말한다. ☆ 21년 소방장, 15년 서울 소방장
   ㉠ 인화점이 섭씨 40도 이상 100도 미만인 것
   ㉡ 인화점이 100도 이상 200도 미만이고, 연소열량이 1그램당 8킬로칼로리 이상인 것
   ㉢ 인화점이 200도 이상이고 연소열량이 1그램당 8킬로칼로리 이상인 것으로서 녹는점(융점)이 100도 미만인 것
   ㉣ 1기압과 섭씨 20도 초과 40도 이하에서 액상인 것으로서 인화점이 섭씨 70도 이상 200도 미만이거나 ㉡ 또는 ㉢에 해당하는 것
⑥ **석탄·목탄류** : 코크스, 석탄가루를 물에 갠 것, 마세크탄(조개탄), 연탄, 석유코크스, 활성탄 및 이와 유사한 것을 포함한다.
⑦ **가연성 액체류** : 가연성 액체류란 다음의 것을 말한다. ☆ 20년 소방장
   ㉠ 1기압과 섭씨 20도 이하에서 액상인 것으로서 가연성 액체량이 40중량퍼센트(wt%) 이하이면서 인화점이 섭씨 40도 이상 70도 미만이고 연소점이 60도 이상인 것
   ㉡ 1기압과 섭씨 20도에서 액상인 것으로서 가연성 액체량이 40중량퍼센트 이하이고 인화점이 섭씨 70도 이상 250도 미만인 것
   ㉢ 동물의 기름과 살코기 또는 식물의 씨나 과일의 살에서 추출한 것으로서 다음의 어느 하나에 해당하는 것
      ⓐ 1기압과 섭씨 20도에서 액상이고 인화점이 섭씨 250도 미만인 것으로서「위험물안전관리법」제20조제1항에 따른 용기기준과 수납·저장기준에 적합하고 용기외부에 물품명·수량 및 "화기엄금" 등의 표시를 한 것
      ⓑ 1기압과 섭씨 20도에서 액상이고 인화점이 섭씨 250도 이상인 것
⑧ **고무류·플라스틱류(합성수지류)** : 불연성 또는 난연성이 아닌 고체의 합성수지제품, 합성수지 반제품, 원료합성수지 및 합성수지 부스러기(불연성 또는 난연성이 아닌 고무제품, 고무반제품, 원료고무 및 고무 부스러기를 포함)를 말한다. 다만, 합성수지의 섬유·옷감·종이 및 실과 이들의 넝마와 부스러기를 제외한다.

(3) 특수가연물의 저장 및 취급 기준 ☆ 24년 소방장, 22년 소방장, 19년 소방교

법 제17조제5항에 따른 특수가연물의 저장 및 취급 기준은 별표 3과 같다.(영 제19조 제2항)
① **특수가연물의 저장·취급 기준** : 다음의 기준에 따라 쌓아 저장해야 한다. 다만, 석탄·목탄류를 발전용으로 저장하는 경우에는 제외한다.

㉠ 품명별로 구분하여 쌓을 것
㉡ 다음의 기준에 맞게 쌓을 것 : 쌓는 높이는 10미터 이하가 되도록 하고, 쌓는 부분의 바닥면적은 50제곱미터(석탄·목탄류의 경우에는 200제곱미터) 이하가 되도록 할 것. 다만, 살수설비를 설치하거나, 방사능력 범위에 해당 특수가연물이 포함되도록 대형수동식소화기를 설치하는 경우에는 쌓는 높이를 15미터 이하, 쌓는 부분의 바닥면적을 200제곱미터(석탄·목탄류의 경우에는 300제곱미터) 이하로 할 수 있다.

구분	살수설비를 설치하거나 방사능력 범위에 해당 특수가연물이 포함되도록 대형수동식소화기를 설치하는 경우	그 밖의 경우
높이	15미터 이하	10미터 이하
쌓는 부분의 바닥면적	200제곱미터(석탄·목탄류의 경우에는 300제곱미터) 이하	50제곱미터(석탄·목탄류의 경우에는 200제곱미터) 이하

㉢ 실외에 쌓아 저장하는 경우 쌓는 부분이 대지경계선, 도로 및 인접 건축물과 최소 6미터 이상 간격을 둘 것. 다만, 쌓는 높이보다 0.9미터 이상 높은 「건축법 시행령」 제2조제7호에 따른 내화구조 벽체를 설치한 경우는 그렇지 않다.
㉣ 실내에 쌓아 저장하는 경우 주요구조부는 내화구조이면서 불연재료여야 하고, 다른 종류의 특수가연물과 같은 공간에 보관하지 않을 것. 다만, 내화구조의 벽으로 분리하는 경우는 그렇지 않다.
㉤ 쌓는 부분 바닥면적의 사이는 실내의 경우 1.2미터 또는 쌓는 높이의 1/2 중 큰 값 이상으로 간격을 두어야 하며, 실외의 경우 3미터 또는 쌓는 높이 중 큰 값 이상으로 간격을 둘 것

② 특수가연물 표지
㉠ 화기취급의 금지 등 표지 : 특수가연물을 저장 또는 취급하는 장소에는 품명, 최대저장수량, 단위부피당 질량 또는 단위체적당 질량, 관리책임자 성명·직책, 연락처 및 화기취급의 금지표시가 포함된 특수가연물 표지를 설치해야 한다.
㉡ 규격 및 설치 장소 : 특수가연물 표지의 규격은 다음과 같으며, 특수가연물 표지는 특수가연물을 저장하거나 취급하는 장소 중 보기 쉬운 곳에 설치해야 한다.

특수가연물	
화기엄금	
품 명	합성수지류
최대저장수량(배수)	000톤(00배)
단위부피당 질량 (단위체적당 질량)	000kg/㎥
관리책임자(직책)	홍길동 팀장
연락처	02-000-0000

※ 특수가연물 표지의 규격
1) 특수가연물 표지는 한 변의 길이가 0.3미터 이상, 다른 한 변의 길이가 0.6미터 이상인 직사각형으로 할 것
2) 특수가연물 표지의 바탕은 흰색으로, 문자는 검은색으로 할 것. 다만, "화기엄금" 표시 부분은 제외한다.
3) 특수가연물 표지 중 화기엄금 표시 부분의 바탕은 붉은색으로, 문자는 백색으로 할 것

제3절 화재예방강화지구

1. 화재예방강화지구제

(1) 화재예방강화지구제의 도입

「화재의 예방 및 안전관리에 관한 법률」은 화재발생 우려가 크거나 화재가 발생할 경우 피해가 클 것으로 예상되는 지역에 대하여 화재의 예방 및 안전관리를 강화함으로써 피해발생을 최소화하기 위하여 화재예방강화지구의 개념을 도입하고 있다.

(2) 화재예방강화지구 지정의 한계

① 화재예방강화지구는 화재의 예방과 그 피해의 최소화라는 화재예방법의 목적에 비추어 볼 때 그 특성상 화재예방강화지구 내 주민의 권리를 제한할 수 있다.
② 따라서 화재예방강화지구 지정 목적에 비추어 지구 내 주민의 권리에 대한 제한은 필요 최소한이어야 하며, 법률에서 근거를 명확하게 규정하여야 한다.

2. 화재예방강화지구의 지정

(1) 화재예방강화지구의 지정(법 제18조) ☆ 16년 부산 소방교, 전북 소방장 / 15년 소방교

① 지정 대상지역 : 시·도지사는 다음의 어느 하나에 해당하는 지역을 화재예방강화지구로 지정하여 관리할 수 있다.(제1항)
  ㉠ 시장지역
  ㉡ 공장·창고가 밀집한 지역
  ㉢ 목조건물이 밀집한 지역
  ㉣ 노후·불량건축물이 밀집한 지역
  ㉤ 위험물의 저장 및 처리시설이 밀집한 지역
  ㉥ 석유화학제품을 생산하는 공장이 있는 지역
  ㉦ 「산업입지 및 개발에 관한 법률」제2조제8호에 따른 산업단지
  ㉧ 소방시설·소방용수시설 또는 소방출동로가 없는 지역
  ㉨ 「물류시설의 개발 및 운영에 관한 법률」제2조제6호에 따른 물류단지
  ㉩ 그 밖에 ㉠ 내지 ㉨에 준하는 지역으로서 소방관서장이 화재예방강화지구로 지정할 필요가 있다고 인정하는 지역
② 화재예방강화지구 지정의 요청 : 시·도지사가 화재예방강화지구로 지정할 필요가 있는 지역을 화재예방강화지구로 지정하지 아니하는 경우 소방청장은 해당 시·도지사에게 해당 지역의 화재예방강화지구 지정을 요청할 수 있다.(제2항)

> **실전연습**
>
> Q. 다음에서 화재예방강화지구의 지정 대상지역이 아닌 것은?
>
> ① 시장지역 ② 불량건축물이 밀집한 지역
> ③ 위험물 처리 시설이 있는 지역 ④ 소방시설이 없는 지역
>
> 해설 | 위험물 처리·저장 시설이 밀집한 지역이 화재예방강화지구의 지정대상이다.　　➡ ③

(2) 화재예방강화지구 지정의 효과 ★ 23년 소방장, 22년 소방장, 21년 소방장, 20년 소방교, 18년 소방장, 16년 서울 소방교

① **화재안전조사의 실시**
　㉠ 소방관서장은 대통령령으로 정하는 바에 따라 화재예방강화지구 안의 소방대상물의 위치·구조 및 설비 등에 대하여 화재안전조사를 하여야 한다.(법 제18조 제3항)
　㉡ 소방관서장은 법 제18조제3항에 따라 화재예방강화지구 안의 소방대상물의 위치·구조 및 설비 등에 대한 화재안전조사를 연 1회 이상 실시해야 한다.(영 제20조 제1항)

② **소방설비등의 설치명령** : 소방관서장은 화재안전조사를 한 결과 화재의 예방강화를 위하여 필요하다고 인정할 때에는 관계인에게 소화기구, 소방용수시설 또는 그 밖에 소방에 필요한 설비의 설치(보수, 보강을 포함한다)를 명할 수 있다.(법 제18조 제4항)

③ **소방교육·훈련의 실시**(법 제18조 제5항, 영 제20조 제2항 및 제3항) ★ 17년 소방교
　㉠ 소방관서장은 화재예방강화지구 안의 관계인에 대하여 대통령령으로 정하는 바에 따라 소방에 필요한 훈련 및 교육을 실시할 수 있다.
　㉡ 소방관서장은 화재예방강화지구 안의 관계인에 대하여 소방에 필요한 훈련 및 교육을 **연 1회 이상** 실시할 수 있으며, 훈련 및 교육을 실시하려는 경우에는 화재예방강화지구 안의 관계인에게 훈련 또는 교육 **10일 전까지** 그 사실을 통보해야 한다.

④ **화재예방 자료 작성** : 시·도지사는 대통령령으로 정하는 바에 따라 제1항에 따른 화재예방강화지구의 지정 현황, 제3항에 따른 화재안전조사의 결과, 제4항에 따른 소방설비등의 설치명령 현황, 제5항에 따른 소방훈련 및 교육 현황 등이 포함된 화재예방강화지구에서의 화재예방에 필요한 자료를 매년 작성·관리하여야 한다.(법 제18조 제6항) ★ 21년 소방장

⑤ **작성·관리 자료** : 시·도지사는 법 제18조제6항에 따라 다음의 사항을 행정안전부령으로 정하는 화재예방강화지구 관리대장에 작성하고 관리해야 한다.(영 제20조 제4항)
　㉠ 화재예방강화지구의 지정 현황
　㉡ 화재안전조사의 결과
　㉢ 법 제18조제4항에 따른 소방설비등의 설치(보수, 보강을 포함한다) 명령 현황
　㉣ 법 제18조제5항에 따른 소방훈련 및 교육의 실시 현황
　㉤ 그 밖에 화재예방 강화를 위하여 필요한 사항

⑥ **관리대장** : 화재예방강화지구 관리대장은 별지 제11호서식에 따른다.(규칙 제8조)

(3) 화재의 예방 등에 대한 지원(법 제19조)

① **소방설비등의 설치 지원** : 소방청장은 제18조제4항에 따라 소방설비등의 설치를 명하는 경우 해당 관계인에게 소방설비등의 설치에 필요한 지원을 할 수 있다.
② **지원 협조 요청** : 소방청장은 관계 중앙행정기관의 장 및 시·도지사에게 지원에 필요한 협조를 요청할 수 있다.
③ **비용의 지원** : 시·도지사는 소방청장의 요청이 있거나 화재예방강화지구 안의 소방대상물의 화재안전성능 향상을 위하여 필요한 경우 시·도(특별시·광역시·특별자치시·도 또는 특별자치도)의 조례로 정하는 바에 따라 소방설비등의 설치에 필요한 비용을 지원할 수 있다.

제4절 화재에 관한 위험경보

1 화재에 관한 위험경보

(1) 화재와 기상상태

① 가연물에 있어서 날씨의 조건은 연소현상에 큰 영향을 미치며 바람 등은 주변의 소방대상물로의 연소확대 등을 유발할 수 있다. "기상법"은 이상기상으로 인한 중대한 재해발생이 예상될 때 주의를 환기하거나 경고를 하는 예보를 발하도록 하고 있다.
② 화재예방법은 소방관서장이 이상기상의 예보나 특보 시 화재에 관한 경보를 발하여 국민의 관심을 유도하고 경계활동의 강화 등 화재예방 조치를 할 수 있는 근거를 두고 있다.

(2) 화재 위험경보(법 제20조) ☆ 20년 소방장, 19년 소방교, 17년 인천 소방장

① **화재 위험경보** : 소방관서장은「기상법」제13조, 제13조의2 및 제13조의4에 따른 기상현상 및 기상영향에 대한 예보·특보·태풍예보16)에 따라 화재의 발생 위험이 높다고 분석·판단되는 경우에는 행정안전부령으로 정하는 바에 따라 화재에 관한 위험경보를 발령하고 그에 따른 필요한 조치를 할 수 있다.
② **보도기관의 이용** : 소방관서장은「기상법」제13조에 따른 기상현상 및 기상영향에 대한 예보·특보에 따라 화재의 발생 위험이 높다고 분석·판단되는 경우에는 법 제20조에 따라 화재 위험경보를 발령하고, 보도기관을 이용하거나 정보통신망에 게재하는 등 적절한 방법을 통하여 이를 일반인에게 알려야 한다.(규칙 제9조 제1항)
③ 화재 위험경보 발령 절차 및 조치사항에 관하여 필요한 사항은 소방청장이 정한다.

---

16) 기상법에서 언급하고 있는 예보라 함은 기상현상에 관하여 관측된 결과를 기초로 한 예상을 발표하는 것을 말하며, 특보라 함은 기상현상으로 중대한 재해발생이 예상될 때 이에 대하여 주의를 환기하거나 경고를 하는 예보를 말한다.

2 이상기상의 예보

(1) 일반인을 위한 예보 및 특보(기상법 제13조)

① 기상청장은 기상현상에 대해 일반인이 이용할 수 있도록 필요한 예보 및 특보를 해야 한다.
② 기상청장은 기상현상으로 인하여 발생한 재해가 특정한 시기 또는 지역에서 국민의 생명·신체·재산 및 생활에 미치는 영향(기상영향)에 대하여 일반인이 이용할 수 있도록 관계 중앙행정기관의 장과 협의하여 필요한 예보를 할 수 있다.
③ 기상청장은 기상현상 및 기상영향에 대한 예보·특보를 하는 경우에는 보도기관을 이용하거나 정보통신망에 게재하는 등 적절한 방법을 통하여 이를 일반인에게 알려야 한다.
④ 예보 및 특보의 종류·내용에 필요한 사항은 대통령령으로 정한다.

(2) 기상현상에 관한 예보 및 특보의 종류 · 내용(기상법 시행령 제8조)

① **예보** : 기상현상에 관한 예보는 기온·강수 등에 관하여 정시 또는 수시로 하며, 다음의 예보로 구분하여 발표한다.
  ㉠ 초단기예보 : 예보대상기간 6시간 이내
  ㉡ 단기예보 : 예보대상기간 5일 이내
  ㉢ 중기예보 : 예보대상기간 10일 이내
  ㉣ 장기예보 : 예보대상기간 11일 이상
② **특보** : 기상현상에 대한 특보는 다음의 어느 하나(1. 호우 2. 대설 3. 폭풍해일 4. 삭제 5. 태풍 6. 강풍 7. 풍랑 8. 황사 9. 건조 10. 한파 11. 폭염 12. 삭제)에 해당하는 기상현상으로 인하여 중대한 재해발생이 예상될 때 해당 지역에 대하여 그 정도에 따라 주의보 및 경보로 구분하여 발표한다. 이 경우 특보의 발표기준에 관한 사항은 기상청장이 정한다.

특보(주요 주의보 및 경보)
1. 건조주의보 : 실효습도 35% 이하가 2일 이상 지속될 것이 예상될 때
2. 건조경보 : 실효습도 25% 이하가 2일 이상 지속될 것이 예상될 때
3. 호우주의보 : 6(12)시간 강우량이 70(110)mm 이상 예상될 때
4. 호우경보 : 6(12)시간 강우량이 110(180)mm 이상 예상될 때
5. 태풍주의보 : 태풍으로 인하여 강풍, 풍랑, 호우 현상 등이 주의보 기준에 도달할 것으로 예상될 때
6. 태풍경보 : 태풍으로 인하여 풍속이 17m/s 이상 또는 강우량이 100mm 이상 예상될 때, 다만 예상되는 바람과 비의 정도에 따라 아래와 같이 세분한다.

	3급	2급	1급
바람(m/s)	17~24	25~32	33 이상
비(mm)	100~249	250~399	400 이상

제5절 화재안전영향평가

1 화재안전영향평가

(1) 화재안전영향평가(법 제21조)
  ① 화재안전영향평가의 실시 : 소방청장은 화재발생 원인 및 연소과정을 조사·분석하는 등의 과정에서 법령이나 정책의 개선이 필요하다고 인정되는 경우 그 법령이나 정책에 대한 화재위험성의 유발요인 및 완화 방안에 대한 평가를 실시할 수 있다.
  ② 평가 결과의 통보 : 소방청장은 화재안전영향평가를 실시한 경우 그 결과를 해당 법령이나 정책의 소관 기관의 장에게 통보하여야 한다.
  ③ 정책 반영 등 : 결과를 통보받은 소관 기관의 장은 특별한 사정이 없는 한 이를 해당 법령이나 정책에 반영하도록 노력하여야 한다.
  ④ 화재안전영향평가의 방법·절차·기준 등에 필요한 사항은 대통령령으로 정한다.

(2) 화재안전영향평가의 방법·절차·기준 등(영 제21조)
  ① 과학적 예측·분석 : 소방청장은 화재안전영향평가를 하는 경우 화재현장 및 자료 조사 등을 기초로 화재·피난 모의실험 등 과학적인 예측·분석 방법으로 실시할 수 있다.
  ② 자료 제출 요청 : 소방청장은 화재안전영향평가를 위하여 필요한 경우 해당 법령이나 정책의 소관 기관의 장에게 관련 자료의 제출을 요청할 수 있다. 이 경우 자료 제출을 요청받은 소관 기관의 장은 특별한 사유가 없으면 이에 따라야 한다.
  ③ 평가의 기준 결정 : 소방청장은 다음의 사항이 포함된 화재안전영향평가의 기준을 법 제22조에 따른 화재안전영향평가심의회의 심의를 거쳐 정한다.
    ㉠ 법령이나 정책의 화재위험 유발요인
    ㉡ 법령이나 정책이 소방대상물의 재료, 공간, 이용자 특성 및 화재 확산 경로에 미치는 영향
    ㉢ 법령이나 정책이 화재피해에 미치는 영향 등 사회경제적 파급 효과
    ㉣ 화재위험 유발요인을 제어 또는 관리할 수 있는 법령이나 정책의 개선 방안
  ④ 화재예방법 시행령에서 규정한 사항 외에 화재안전영향평가의 방법·절차·기준 등에 관하여 필요한 사항은 소방청장이 정한다.

2 화재안전영향평가심의회

(1) 화재안전영향평가심의회(법 제22조)
  ① 심의회의 구성 : 소방청장은 화재안전영향평가에 관한 업무를 수행하기 위하여 화재안전영향평가심의회를 구성·운영할 수 있다.

② **구성 인원** : 심의회는 위원장 1명을 포함한 12명 이내의 위원으로 구성한다.
③ **위원장 및 위원** : 위원장은 위원 중에서 호선하고, 위원은 다음의 사람으로 한다.
　㉠ 화재안전과 관련되는 법령이나 정책을 담당하는 관계 기관의 소속 직원으로서 대통령령으로 정하는 사람
　㉡ 소방기술사 등 대통령령으로 정하는 화재안전과 관련된 분야의 학식과 경험이 풍부한 전문가로서 소방청장이 위촉한 사람
④ 위 법에서 규정한 사항 외에 심의회의 구성·운영 등에 필요한 사항은 대통령령으로 정한다.

(2) 심의회의 구성(영 제22조)

① **대통령령으로 정하는 사람** : 법 제22조제3항제1호에서 화재안전과 관련되는 정책 등을 담당하는 관계 기관의 소속 직원으로서 "대통령령으로 정하는 사람"이란 다음의 사람을 말한다.
　㉠ 다음의 중앙행정기관에서 화재안전 관련 법령이나 정책을 담당하는 고위공무원단에 속하는 일반직공무원(이에 상당하는 특정직공무원 및 별정직공무원을 포함한다) 중에서 해당 중앙행정기관의 장이 지명하는 사람 각 1명
　　ⓐ 행정안전부·산업통상자원부·보건복지부·고용노동부·국토교통부
　　ⓑ 그 밖에 심의회의 심의에 부치는 안건과 관련된 중앙행정기관
　㉡ 소방청에서 화재안전 관련 업무를 수행하는 소방준감 이상의 소방공무원 중에서 소방청장이 지명하는 사람
② **대통령령으로 정하는 화재안전 전문가** : 소방기술사 등 대통령령으로 정하는 화재안전과 관련된 분야의 학식과 경험이 풍부한 전문가"란 다음의 어느 하나에 해당하는 사람을 말한다.
　㉠ 소방기술사
　㉡ 다음의 기관이나 법인 또는 단체에서 화재안전 관련 업무를 수행하는 사람으로서 해당 기관이나 법인 또는 단체의 장이 추천하는 사람 : 안전원, 기술원, 화재보험협회, 가스안전공사, 전기안전공사
　㉢ 「고등교육법」제2조에 따른 학교 또는 이에 준하는 학교(대학교)나 공인된 연구기관에서 부교수 이상의 직(職) 또는 이에 상당하는 직에 있거나 있었던 사람으로서 화재안전 또는 관련 법령이나 정책에 전문성이 있는 사람
③ **위촉위원의 임기** : 2년으로 하며 한 차례만 연임할 수 있다.
④ **위원장** : 심의회의 위원장은 심의회를 대표하고 심의회 업무를 총괄한다. 위원장이 부득이한 사유로 직무를 수행할 수 없을 때에는 위원장이 지명한 위원이 그 직무를 대행한다.
⑤ **위원의 해촉** : 소방청장은 심의회의 위원이 다음의 어느 하나에 해당하는 경우에는 해당 위원을 해촉할 수 있다.
　㉠ 심신장애로 직무를 수행할 수 없게 된 경우
　㉡ 직무와 관련된 비위사실이 있는 경우
　㉢ 직무태만, 품위손상이나 그 밖의 사유로 위원으로 적합하지 않다고 인정되는 경우
　㉣ 위원 스스로 직무를 수행하기 어렵다는 의사를 밝히는 경우

(3) 심의회의 운영(영 제23조)

① **분야별 전문위원회** : 심의회의 업무를 효율적으로 수행하기 위하여 심의회에 분야별로 전문위원회를 둘 수 있다.
② **경비의 지급** : 심의회 및 전문위원회에 출석한 위원 및 전문위원회의 위원에게는 예산의 범위에서 수당, 여비, 그 밖에 필요한 경비를 지급할 수 있다. 다만, 공무원인 위원 또는 전문위원회의 위원이 소관 업무와 직접 관련하여 심의회에 출석하는 경우는 그렇지 않다.
③ 시행령에서 규정한 사항 외에 심의회의 운영 등에 필요한 사항은 소방청장이 정한다.

3 화재안전취약자 지원

(1) 화재안전취약자에 대한 지원(법 제23조)

① **화재안전취약자 지원** : 소방관서장은 어린이, 노인, 장애인 등 화재의 예방 및 안전관리에 취약한 자의 안전한 생활환경을 조성하기 위하여 소방용품의 제공 및 소방시설의 개선 등 필요한 사항을 지원하기 위하여 노력하여야 한다.
② **취약자 지원의 대상 등** : 화재안전취약자에 대한 지원의 대상·범위·방법 및 절차 등에 필요한 사항은 대통령령으로 정한다.
③ **협력의 요청** : 소방관서장은 관계 행정기관의 장에게 지원이 원활히 수행되는 데 필요한 협력을 요청할 수 있다. 이 경우 요청받은 관계 행정기관의 장은 특별한 사정이 없으면 요청에 따라야 한다.

(2) 화재안전취약자 지원 대상 및 방법 등(영 제24조)

① **지원의 대상** : 법 제23조제1항에 따른 어린이, 노인, 장애인 등 화재의 예방 및 안전관리에 취약한 자(화재안전취약자)에 대한 지원의 대상은 다음과 같다. ☆ 24년 소방장
　㉠ 「국민기초생활 보장법」제2조제2호에 따른 수급자
　㉡ 「장애인복지법」제6조에 따른 중증장애인
　㉢ 「한부모가족지원법」제5조에 따른 지원대상자
　㉣ 「노인복지법」제27조의2에 따른 홀로 사는 노인
　㉤ 「다문화가족지원법」제2조제1호에 따른 다문화가족의 구성원
　㉥ 그 밖에 화재안전에 취약하다고 소방관서장이 인정하는 사람
② **지원 사항** : 소방관서장은 지원대상이 되는 사람에게 다음을 지원할 수 있으며, 시행령에서 규정한 사항 외에 지원의 방법 및 절차 등에 관하여 필요한 사항은 소방청장이 정한다.
　㉠ 소방시설등의 설치 및 개선, 소방시설등의 안전점검
　㉡ 소방용품의 제공
　㉢ 전기·가스 등 화재위험 설비의 점검 및 개선
　㉣ 그 밖에 화재안전을 위하여 필요하다고 인정되는 사항

CHAPTER 03 화재의 예방조치 등 핵심요약

화재의 예방조치

1) 화재예방강화지구 및 제조소등에서 행위금지
   ① 행위의 금지 등 : 화재예방강화지구 및 대통령령으로 정하는 장소에서는 다음의 어느 하나에 해당하는 행위를 하여서는 아니 된다.
      ㉠ 모닥불, 흡연 등 화기의 취급
      ㉡ 풍등 등 소형열기구 날리기
      ㉢ 용접·용단 등 불꽃을 발생시키는 행위
      ㉣ 대통령령으로 정하는 화재 발생 위험이 있는 행위 : 위험물을 방치하는 행위
   ② 대통령령으로 정하는 행위금지 장소 : 위험물 제조소등, 고압가스 안전관리법에 따른 저장소, 액화석유가스 저장소·판매소, 수소연료사용시설, 화약류 저장 장소

2) 화재예방 조치명령 : 소방관서장은 화재 발생 위험이 크거나 소화 활동에 지장을 줄 수 있다고 인정되는 행위나 물건에 대해 행위자나 관계인에게 다음의 명령을 할 수 있다.
   ① 행위의 금지 또는 제한
   ② 목재, 플라스틱 등 가연성이 큰 물건의 제거, 이격, 적재 금지 등
   ③ 소방차량의 통행이나 소화 활동에 지장을 줄 수 있는 물건의 이동

3) 화재예방 안전조치
   ① 금지행위의 허용 : 다음의 안전조치를 한 경우
      ㉠ 흡연실 등 법령에 따라 지정된 장소에서 화기 등을 취급하는 경우
      ㉡ 소화기 등 소방시설을 비치 또는 설치한 장소에서 화기 등을 취급하는 경우
      ㉢ 화재감시자 등 안전요원이 배치된 장소에서 화기 등을 취급하는 경우
      ㉣ 그 밖에 소방관서장과 사전 협의하여 안전조치를 한 경우
   ② 협의 신청서 제출 : 소방관서장과 사전 협의하여 안전조치를 하려는 자는 화재예방 안전조치 협의 신청서를 작성하여 소방관서장에게 제출해야 한다.
   ③ 협의 결과 통보 : 소방관서장은 협의 신청서를 받은 경우 화재예방 안전조치의 적절성을 검토하고 5일 이내 협의 결과 통보서를 신청한 자에게 통보해야 한다.
   ④ 화재예방 조치명령을 할 때에는 화재예방조치명령서를 관계인에게 발급해야 한다.

4) 소유자 등을 알 수 없는 물건 등에 대한 조치
   ① 방치된 물건 이동 : 조치명령의 ②,③에 해당하는 물건의 관계인을 알 수 없는 경우 소속 공무원으로 하여금 그 물건을 옮기거나 보관 등 필요한 조치를 하게 할 수 있다. 옮긴 물건의 보관기간 등에 필요한 사항은 대통령령으로 정한다.
   ② 옮긴 물건 등의 보관기간 및 보관기간 경과 후 처리(영 제17조)
      ㉠ 홈페이지 공고 : 소방관서장은 옮긴 물건 등을 보관하는 경우에는 그날부터 14일 동안 해당 소방관서의 인터넷 홈페이지에 그 사실을 공고해야 한다.
      ㉡ 옮긴 물건의 보관기간 : 공고기간의 종료일 다음 날부터 7일까지로 한다.

ⓒ 매각 또는 폐기 : 소방관서장은 보관기간이 종료된 때에는 보관하고 있는 옮긴 물건등을 매각해야 한다. 다만, 보관하고 있는 옮긴 물건등이 부패·파손 등의 사유로 정해진 용도로 계속 사용할 수 없는 경우에는 폐기할 수 있다.
② 세입조치 : 매각한 경우 지체 없이 국가재정법에 따라 세입조치를 해야 함
⑩ 협의보상 : 소방관서장은 매각되거나 폐기된 옮긴 물건등의 소유자가 보상을 요구하는 경우 보상금액에 대하여 소유자와의 협의를 거쳐 보상해야 한다.
ⓗ 손실보상의 방법 : 화재안전조사 조치명령의 손실보상 규정을 준용한다.

불을 사용하는 설비 등의 관리	1) 불을 사용하는 설비
	① 보일러, 난로, 건조설비, 가스·전기시설, 그 밖에 화재 발생 우려가 있는 대통령령으로 정하는 설비 또는 기구 등의 위치·구조 및 관리와 화재 예방을 위하여 불을 사용할 때 지켜야 하는 사항은 대통령령으로 정한다.
	② 대통령령으로 정하는 설비 또는 기구의 준수사항은 아래 별표 1과 같으며, 이 규정 외 설비의 관리기준은 시·도의 조례로 정한다.
	2) 보일러의 설치 및 관리기준
	① 증기기관 또는 연통 : 가연성 벽·바닥 또는 천장과 접촉하는 증기기관 또는 연통의 부분은 규조토 등 난연성 또는 불연성의 단열재로 덮어씌워야 한다.
	② 보일러와 벽·천장 사이의 거리 : 0.6미터 이상이어야 한다.
	③ 보일러의 위치 : 보일러를 실내에 설치하는 경우에는 콘크리트바닥 또는 금속 외의 불연재료로 된 바닥 위에 설치하여야 한다.
	④ 액체연료 보일러 : 경유·등유 등 액체연료를 사용할 때 준수사항
	  ㉠ 연료탱크는 보일러 본체로부터 수평거리 1미터 이상 간격을 두어 설치할 것
	  ㉡ 연료탱크에는 화재 등 긴급상황이 발생하는 경우 연료를 차단할 수 있는 개폐밸브를 연료탱크로부터 0.5미터 이내에 설치할 것
	  ㉢ 연료탱크 또는 연료를 공급하는 배관에는 여과장치를 설치할 것
	  ㉣ 사용이 허용된 연료 외의 것을 사용하지 않을 것
	  ㉤ 연료탱크가 넘어지지 않도록 받침대를 설치하고, 연료탱크에는 및 연료탱크 받침대는 「건축법 시행령」제2조제10호에 따른 불연재료로 할 것
	⑤ 기체연료 보일러 : 기체연료를 사용할 때 준수사항
	  ㉠ 설치장소에는 환기구를 설치하는 등 가연성가스가 머무르지 않도록 할 것
	  ㉡ 연료를 공급하는 배관은 금속관으로 할 것
	  ㉢ 긴급 시 연료를 차단할 수 있는 개폐밸브를 연료용기로부터 0.5미터 이내 설치할 것
	  ㉣ 보일러가 설치된 장소에는 가스누설경보기를 설치할 것
	⑥ 고체연료 보일러 : 고체연료를 사용할 때 준수사항
	  ㉠ 고체연료는 보일러 본체로부터 수평거리 2미터 이상 간격을 두어 보관하거나 불연재료로 된 별도의 구획된 공간에 보관할 것
	  ㉡ 연통은 천장으로부터 0.6미터 떨어지고, 연통의 배출구는 건물 밖으로 0.6미터 이상 나오도록 설치할 것
	  ㉢ 연통의 배출구는 보일러 본체보다 2미터 이상 높게 설치할 것
	  ㉣ 연통이 관통하는 벽면, 지붕 등은 불연재료로 처리할 것
	  ㉤ 연통재질은 불연재료로 사용하고 연결부에 청소구를 설치할 것

3) 난로의 설치 및 관리기준
　① 연통의 부분 : 가연성 벽·바닥 또는 천장과 접촉하는 연통의 부분은 규조토 등 난연성 또는 불연성의 단열재로 덮어씌워야 한다.
　② 연통과 천장의 거리 : 난로의 연통은 천장으로부터 0.6미터 이상 떨어지고, 연통의 배출구는 건물 밖으로 0.6미터 이상 나오게 설치해야 한다.
　③ 이동식 난로의 설치 금지 : 이동식 난로는 다음의 장소에서 사용해서는 안 된다. 다만, 안전장치가 부착된 경우에는 그렇지 않다.
　　㉠ 다중이용업소, 학원, 독서실, 영화상영관, 조산원, 식품접객업의 영업장
　　㉡ 목욕장업 및 세탁업의 영업장, 공연장, 미술관, 상점가, 가설건축물, 역·터미널, 의원·치과의원·한의원, 병원·치과병원·한방병원·요양병원·정신병원·종합병원

4) 건조설비 : 산업용 건조설비를 말하며, 주택에서 사용하는 건조설비는 제외한다.
　① 건조설비와 벽·천장 사이의 거리는 0.5미터 이상이어야 한다.
　② 건조물품이 열원과 직접 접촉하지 않도록 해야 한다.
　③ 실내에 설치하는 경우에 벽·천장 및 바닥은 불연재료로 해야 한다.

5) 가스·전기시설
　① 가스시설 : 「고압가스 안전관리법」,「도시가스사업법」및「액화석유가스의 안전관리 및 사업법」에서 정하는 바에 따른다.
　② 전기시설 : 「전기사업법」및「전기안전관리법」에서 정하는 바에 따른다.

6) 불꽃을 사용하는 용접·용단기구(산업안전보건법 제38조의 적용 사업장 제외)
　① 소화기 : 용접 또는 용단 작업장 주변 반경 5미터 이내에 소화기를 갖추어 둘 것
　② 가연물 적재 금지 : 용접 또는 용단 작업장 주변 반경 10미터 이내에는 가연물을 쌓아두거나 놓아두지 말 것. 다만, 방지포 등으로 방호조치를 한 경우는 제외한다.

7) 노·화덕설비(제조업·가공업에서 사용되는 것으로, 주택의 조리용 화덕은 제외)
　① 실내에 설치하는 경우 흙바닥 또는 금속 외의 불연재료로 된 바닥에 설치해야 한다.
　② 노 또는 화덕을 설치하는 장소의 벽·천장은 불연재료로 된 것이어야 한다.
　③ 주위 : 녹는 물질이 확산되지 않도록 높이 0.1미터 이상의 턱을 설치해야 한다.
　④ 시간당 열량 30만 킬로칼로리 이상의 노를 설치하는 경우 준수사항
　　㉠ 주요구조부는 불연재료 이상으로 할 것
　　㉡ 창문과 출입구는 60분+ 방화문 또는 60분 방화문으로 설치할 것
　　㉢ 노 주위에는 1미터 이상 공간을 확보할 것

8) 음식조리를 위하여 설치하는 설비(식품접객업 중 일반음식점 주방에서 사용)
　① 주방설비에 부속된 배출덕트(공기 배출통로)는 0.5밀리미터 이상의 아연도금강판 또는 이와 같거나 그 이상의 내식성 불연재료로 설치할 것
　② 주방시설에는 동물 또는 식물의 기름을 제거할 수 있는 필터 등을 설치할 것
　③ 열을 발생하는 조리기구는 반자 또는 선반으로부터 0.6미터 이상 떨어지게 할 것
　④ 열을 발생하는 조리기구로부터 0.15미터 이내의 거리에 있는 가연성 주요구조부는 단열성이 있는 불연재료로 덮어 씌울 것

1) **특수가연물**: 화재가 발생하는 경우 불길이 빠르게 번지는 고무류·플라스틱류 등 대통령령으로 정하는 특수가연물의 저장 및 취급 기준은 대통령령으로 정한다.
2) **대통령령이 정하는 특수가연물**(영 제19조 별표2)

특수가연물

품명		수량
면화류(불연성이 아닌 면상 또는 팽이모양의 섬유, 마사원료)		200킬로그램 이상
나무껍질 및 대팻밥		400킬로그램 이상
넝마 및 종이부스러기(동식물유가 깊이 스며든 제품 포함)		1,000킬로그램 이상
사류(絲類 : 실(실부스러기와 솜털 포함)과 누에고치		1,000킬로그램 이상
볏짚류(마른 볏집·마른 북더기와 이들의 제품 및 건초)		1,000킬로그램 이상
가연성고체류(인화점이 섭씨 40도 이상 100도 미만인 것, 기타)		3,000킬로그램 이상
석탄·목탄류[코크스, 석탄가루를 물에 갠 것, 마세크탄(조개탄), 연탄, 석유코크스, 활성탄 및 이와 유사한 것을 포함]		10,000킬로그램 이상
가연성액체류(가연성 액체량이 40중량퍼센트이하이면서 인화점이 썹시 40도 이상 70도 미만이고, 연소점이 60도 이상인 물품)		2세제곱미터 이상
목재가공품 및 나무부스러기		10세제곱미터 이상
고무류·플라스틱류(고무제품, 고무부스러기 포함, 그러나 합성수지의 섬유·옷감·종이 및 실과 이들의 넝마와 부스러기는 제외)	발포시킨 것	20세제곱미터 이상
	그 밖의 것	3,000킬로그램 이상

① **가연성 고체류**: 고체로서 다음에 해당하는 것을 말한다.
  ㉠ 인화점이 섭씨 40도 이상 100도 미만인 것
  ㉡ 인화점이 100도 이상 200도 미만이고, 연소열량이 1그램당 8킬로칼로리 이상인 것
  ㉢ 인화점이 200도 이상이고 연소열량이 1그램당 8킬로칼로리 이상인 것으로서 녹는점(융점)이 100도 미만인 것
  ㉣ 1기압과 섭씨 20도 초과 40도 이하에서 액상인 것으로서 인화점이 섭씨 70도 이상 200도 미만이거나 ㉡ 또는 ㉢에 해당하는 것
② **가연성 액체류**: 고체로서 다음에 해당하는 것을 말한다.
  ㉠ 1기압과 섭씨 20도 이하에서 액상인 것으로서 가연성 액체량이 40중량퍼센트(wt%) 이하이면서 인화점이 섭씨 40도 이상 70도 미만이고 연소점이 60도 이상인 것
  ㉡ 1기압과 섭씨 20도에서 액상인 것으로서 가연성 액체량이 40중량퍼센트 이하이고 인화점이 섭씨 70도 이상 250도 미만인 것
  ㉢ 동물의 기름과 살코기 또는 식물의 씨나 과일의 살에서 추출한 것으로서 다음의 어느 하나에 해당하는 것
    ⓐ 1기압과 섭씨 20도에서 액상이고 인화점이 섭씨 250도 미만인 것으로서 「위험물안전관리법」 제20조제1항에 따른 용기기준과 수납·저장기준에 적합하고 용기외부에 물품명·수량 및 "화기엄금"등의 표시를 한 것
    ⓑ 1기압과 섭씨 20도에서 액상이고 인화점이 섭씨 250도 이상인 것

3) 특수가연물의 저장 및 취급 기준
  ① 특수가연물의 저장 : 다음의 기준에 따라 쌓아 저장할 것. 다만, 석탄·목탄류를 발전용으로 저장하는 경우에는 제외한다.
    ㉠ 품명별로 구분하여 쌓을 것
    ㉡ 쌓는 높이는 10미터 이하가 되도록 하고, 쌓는 부분의 바닥면적은 50제곱미터(석탄·목탄류은 200제곱미터) 이하가 되도록 할 것. 다만, 살수설비를 설치하거나, 방사능력 범위에 해당 특수가연물이 포함되도록 대형수동식소화기를 설치하는 경우에는 쌓는 높이를 15미터 이하, 쌓는 부분의 바닥면적을 200제곱미터[석탄·목탄류의 경우 300제곱미터] 이하로 할 수 있다).
    ㉢ 실외에 쌓아 저장하는 경우 쌓는 부분이 대지경계선, 도로 및 인접 건축물과 최소 6미터 이상 간격을 둘 것. 다만, 쌓는 높이보다 0.9미터 이상 높은 내화구조 벽체를 설치한 경우는 그렇지 않다.
    ㉣ 실내에 쌓아 저장하는 경우 주요구조부는 내화구조이면서 불연재료여야 하고, 다른 종류의 특수가연물과 같은 공간에 보관하지 않을 것. 다만, 내화구조의 벽으로 분리하는 경우는 그렇지 않다.
    ㉤ 쌓는 부분 바닥면적의 사이는 실내는 1.2미터 또는 쌓는 높이의 1/2 중 큰 값 이상 간격을, 실외는 3미터 또는 쌓는 높이 중 큰 값 이상으로 간격을 둘 것
  ② 특수가연물의 표지
    ㉠ 표지 : 특수가연물을 저장 또는 취급하는 장소에는 품명, 최대저장수량, 단위부피당 질량 또는 단위체적당 질량, 관리책임자 성명·직책, 연락처 및 화기취급의 금지표시가 포함된 특수가연물 표지를 설치해야 한다.
    ㉡ 설치 장소 : 특수가연물을 저장·취급하는 장소 중 보기 쉬운 곳에 설치한다.
  ③ 특수가연물의 표지의 규격
    ㉠ 특수가연물 표지는 한 변의 길이가 0.3미터 이상, 다른 한 변의 길이가 0.6미터 이상인 직사각형으로 할 것
    ㉡ 특수가연물 표지의 바탕은 흰색으로, 문자는 검은색으로 할 것. 다만, "화기엄금" 표시 부분은 제외한다.
    ㉢ 화기엄금 표시 부분의 바탕은 붉은색, 문자는 백색으로 할 것

화재예방 강화지구

1) 화재예방강화지구의 지정
  ① 지정 : 시·도지사는 화재가 발생할 우려가 높거나 화재가 발생할 경우 피해가 클 것으로 예상되는 다음의 지역을 화재예방강화지구로 지정하여 관리할 수 있다.
    ㉠ 시장지역
    ㉡ 공장·창고가 밀집한 지역
    ㉢ 목조건물이 밀집한 지역
    ㉣ 노후·불량건축물이 밀집한 지역
    ㉤ 위험물의 저장 및 처리시설이 밀집한 지역
    ㉥ 석유화학제품을 생산하는 공장이 있는 지역
    ㉦ 산업단지, 물류단지
    ㉧ 소방시설·소방용수시설 또는 소방출동로가 없는 지역
    ㉨ 그 밖에 ㉠ ~ ㉧에 준하는 지역으로서 소방관서장이 화재예방강화지구로 지정할 필요가 있다고 인정하는 지역

② 화재예방강화지구 지정의 요청 : 시·도지사가 화재예방강화지구로 지정할 필요가 있는 지역을 화재예방강화지구로 지정하지 아니하는 경우 소방청장은 해당 시·도지사에게 해당 지역의 화재예방강화지구 지정을 요청할 수 있다.

2) 화재예방강화지구 지정의 효과
① 화재안전조사 : 소방관서장은 연 1회 이상 화재예방강화지구 안의 소방대상물의 위치·구조 및 설비 등에 대하여 화재안전조사를 하여야 한다.
② 소방설비등의 설치명령 : 소방관서장은 화재안전조사를 한 결과 화재의 예방강화를 위하여 필요하다고 인정할 때에는 관계인에게 소화기구, 소방용수시설 또는 그 밖에 소방에 필요한 설비(보수, 보강을 포함)의 설치를 명할 수 있다.
③ 소방교육·훈련의 실시 : 소방관서장은 화재예방강화지구안의 관계인에 대하여 소방에 필요한 훈련 및 교육을 연 1회 이상 실시(10일 전까지 통보)할 수 있다.
④ 화재예방 자료 작성 : 시·도지사는 대통령령으로 정하는 바에 따라 화재예방강화지구의 지정 현황, 화재안전조사의 결과, 소방설비 설치 명령 현황, 소방교육의 현황 등이 포함된 화재예방에 필요한 자료를 매년 작성·관리하여야 한다.

3) 화재의 예방등에 대한 지원
① 소방설비등의 설치 지원 : 소방청장은 소방설비등의 설치를 명하는 경우 해당 관계인에게 소방설비등의 설치에 필요한 지원을 할 수 있다.
② 비용의 지원 : 시·도지사는 소방청장의 요청이 있거나 시·도의 조례로 정하는 바에 따라 소방설비등의 설치에 필요한 비용을 지원할 수 있다.

화재에 관한 위험경보

1) 일반인을 위한 예보 및 특보 : 기상청장은 기상현상에 대하여 일반인이 이용할 수 있도록 필요한 예보 및 특보를 하여야 한다.(기상법 제13조)
2) 화재 위험경보 발령
① 화재 위험경보 : 소방관서장은 기상현상 및 기상영향에 대한 예보·특보에 따라 화재의 발생 위험이 높다고 분석·판단되는 경우에는 행정안전부령으로 정하는 바에 따라 화재에 관한 위험경보를 발령하고 그에 따른 필요한 조치를 할 수 있다.(법 제20조)
② 소방관서장은 보도기관을 이용하거나 정보통신망에 게재하는 등 적절한 방법을 통하여 이를 일반인에게 알려야 한다.

화재안전 영향평가

1) 화재안전영향평가의 실시
① 소방청장은 화재발생 원인 및 연소과정을 조사·분석하는 등의 과정에서 법령이나 정책의 개선이 필요하다고 인정되는 경우 그 법령이나 정책에 대한 화재 위험성의 유발요인 및 완화 방안에 대한 평가를 실시할 수 있다.
② 평가 결과의 통보 : 소방청장은 화재안전영향평가를 실시한 경우 그 결과를 해당 법령이나 정책의 소관 기관의 장에게 통보하여야 한다.

2) 화재안전영향평가의 방법·절차·기준 등
① 과학적 예측·분석 : 소방청장은 화재현장 및 자료 조사 등을 기초로 화재·피난 모의실험 등 과학적인 예측·분석 방법으로 실시할 수 있다.
② 자료 제출 요청 : 소방청장은 화재안전영향평가를 위하여 필요한 경우 해당 법령이나 정책의 소관 기관의 장에게 관련 자료의 제출을 요청할 수 있다.

③ 평가의 기준 결정 : 소방청장은 화재안전영향평가의 기준을 화재안전영향평가심의회의 심의를 거쳐 정한다.

3) 화재안전영향평가심의회
① 구성 : 소방청장은 화재안전영향평가에 관한 업무를 수행하기 위하여 화재안전영향평가심의회를 구성·운영할 수 있다.
② 위원장 및 위원 : 심의회는 위원장 1명을 포함한 12명 이내의 위원으로 구성한다. 위원장은 위원 중에서 호선하고, 위원은 다음의 사람으로 한다.
   ㉠ 관련 정책담당자 : 화재안전과 관련되는 법령이나 정책을 담당하는 관계 기관의 소속 직원으로서 대통령령으로 정하는 사람(관련된 중앙행정기관에서 화재안전 관련 법령이나 정책을 담당하는 고위공무원단에 속하는 일반직공무원 또는 소방준감 이상의 소방공무원 중에서 소방청장이 지명하는 사람)
   ㉡ 전문가 : 소방기술사 등 대통령령으로 정하는 화재안전과 관련된 분야의 학식과 경험이 풍부한 전문가로서 소방청장이 위촉한 사람(안전원, 기술원 등에서 화재안전 관련 업무를 수행하는 사람으로서 해당 기관장이 추천하는 사람, 대학교나 공인된 연구기관에서 부교수 이상의 직이 있거나 있었던 사람)
③ 위촉위원의 임기 : 2년으로 하며 한 차례만 연임할 수 있다.
④ 위원장 : 심의회를 대표하고 심의회 업무를 총괄한다. 위원장이 부득이한 사유로 직무를 수행할 수 없을 때에는 위원장이 지명한 위원이 그 직무를 대행한다.

4) 심의회의 운영
① 분야별 전문위원회 : 심의회에 분야별로 전문위원회를 둘 수 있다.
② 경비의 지급 : 심의회 및 전문위원회에 출석한 위원 및 전문위원회의 위원에게는 예산의 범위에서 수당, 여비, 그 밖에 필요한 경비를 지급할 수 있다.

화재안전 취약자 지원

1) 화재안전취약자에 대한 지원
① 화재안전취약자 지원 : 소방관서장은 어린이, 노인, 장애인 등 화재의 예방 및 안전관리에 취약한 자의 안전한 생활환경을 조성하기 위하여 소방용품의 제공 및 소방시설의 개선 등 필요한 사항을 지원하기 위하여 노력하여야 한다.
② 취약자 지원의 대상 등 : 화재안전취약자에 대한 지원의 대상·범위·방법 및 절차 등에 필요한 사항은 대통령령으로 정한다.

2) 화재안전취약자 지원 대상 및 방법
① 지원의 대상
   ㉠ 「국민기초생활 보장법」제2조제2호에 따른 수급자
   ㉡ 「장애인복지법」제6조에 따른 중증장애인
   ㉢ 「한부모가족지원법」제5조에 따른 지원대상자
   ㉣ 「노인복지법」제27조의2에 따른 홀로 사는 노인
   ㉤ 「다문화가족지원법」제2조제1호에 따른 다문화가족의 구성원
   ㉥ 그 밖에 화재안전에 취약하다고 소방관서장이 인정하는 사람
② 지원 사항
   ㉠ 소방시설등의 설치 및 개선, 소방시설등의 안전점검, 소방용품의 제공
   ㉡ 전기·가스 등 화재위험 설비의 점검 및 개선
   ㉢ 그 밖에 화재안전을 위하여 필요하다고 인정되는 사항

CHAPTER 03 화재의 예방조치 등
적중 OX 문제

01 누구든지 화재예방강화지구 및 이에 준하는 위험물 제조소등 대통령령으로 정하는 장소에서는 모닥불, 흡연 등 화기의 취급, 풍등 등 소형열기구 날리기 및 위험물을 방치하는 행위를 하여서는 아니 된다. 다만, 대통령령으로 정하는 바에 따라 안전조치를 한 경우에는 그러하지 아니한다. ( )

02 소방관서장은 화재 발생 위험이 크거나 소화 활동에 지장을 줄 수 있다고 인정되는 물건의 관계인에게 소방차량의 통행이나 소화 활동에 지장을 줄 수 있는 물건의 이동 명령을 할 수 있다. ( )

03 소화기 등 소방시설을 비치 또는 설치한 장소에서 화기 등을 취급하는 경우에는 모닥불, 흡연 등 화기의 취급이나 용접·용단 등 불꽃을 발생시키는 행위를 할 수 있다. ( )

04 소방관서장과 사전 협의하여 안전조치를 하려는 자는 별지 제8호서식의 화재예방 안전조치 협의 신청서를 작성하여 소방청장 또는 소방본부장에게 제출해야 한다. ( )

05 소방관서장은 화재예방 안전조치 협의 신청서를 받은 경우에는 화재예방 안전조치의 적절성을 검토하고 3일 이내에 화재예방 안전조치 협의 결과 통보서를 협의를 신청한 자에게 통보해야 한다. ( )

06 소방관서장은 목재, 플라스틱 등 가연성이 큰 물건의 제거 등에 해당하는 물건, 소방차량의 통행이나 소화 활동에 지장을 줄 수 있는 물건의 소유자, 관리자 또는 점유자를 알 수 없는 경우 소속 공무원으로 하여금 그 물건을 옮기거나 보관하는 등 필요한 조치를 하게 할 수 있다. ( )

07 소방관서장이 소방차량의 통행이나 소화 활동에 지장을 줄 수 있는 물건을 소속 공무원으로 하여금 옮긴 경우 그 물건의 보관기간 및 보관기간 경과 후 처리 등에 필요한 사항은 소방청장이 정한다. ( )

08 소방관서장은 옮긴 물건 등을 보관하는 경우에는 그 날부터 14일 동안 해당 소방관서의 인터넷 홈페이지에 그 사실을 공고해야 한다. 물건 등의 보관기간은 소방관서의 인터넷 홈페이지에 공고하는 기간의 종료일 다음 날부터 7일까지로 한다. ( )

09 소방관서장은 보관기간이 종료되는 때에는 보관하고 있는 옮긴 물건등을 매각하여야 하며, 매각한 경우에는 지체 없이 「지방재정법」에 의하여 세입조치를 하여야 한다. ( )

10 보관하고 있는 옮긴 물건등이 부패·파손 또는 이와 유사한 사유로 정해진 용도로 계속 사용할 수 없는 경우에는 폐기할 수 있다. ( )

정답 ◦— 01.X 02.○ 03.○ 04.X 05.X 06.○ 07.X 08.○ 09.X 10.○

11 소방청장 또는 시·도지사는 매각되거나 폐기된 위험물 또는 물건의 소유자가 보상을 요구하는 경우에는 보상금액에 대하여 소유자와 협의를 거쳐 보상해야 한다. ( )

12 소방관서장은 매각되거나 폐기된 옮긴 물건등의 손실보상의 방법 및 절차 등에 관하여는 제14조(화재안전조사 조치명령에 대한 손실보상 규정)를 준용한다. ( )

13 보일러, 난로, 건조설비, 그 밖에 화재 발생 우려가 있는 설비 또는 기구 등의 위치·구조 및 관리와 화재 예방을 위하여 불을 사용할 때 지켜야 하는 사항은 행정안전부령으로 정한다. ( )

14 화재 예방을 위하여 불을 사용할 때 지켜야 하는 사항은 대통령령으로 정하며 여기서 규정한 사항 외에 화재 발생 우려가 있는 설비 또는 기구의 종류, 해당 설비 또는 기구의 위치·구조 및 관리와 화재 예방을 위하여 불을 사용할 때 지켜야 하는 사항은 시·도의 조례로 정한다. ( )

15 보일러와 벽·천장 사이의 거리는 0.5미터 이상이어야 하며, 건조설비와 벽·천장 사이의 거리는 0.6미터 이상이어야 한다. ( )

16 액체연료 보일러의 연료탱크는 보일러 본체로부터 수평거리 1미터 이상의 간격을 두어 설치하고 연료탱크에는 화재 등 긴급상황이 발생하는 경우 연료를 차단할 수 있는 개폐밸브를 연료탱크로부터 0.5미터 이내에 설치하여야 한다. ( )

17 기체연료 보일러를 설치하는 장소에는 환기구를 설치하는 등 가연성가스가 머무르지 않도록 하며, 가스누설경보기를 설치하여야 한다. 그리고 연료를 공급하는 배관은 금속관 또는 금속 수지관으로 하여야 한다. ( )

18 난로의 연통은 천장으로부터 0.6미터 이상 떨어지고, 연통의 배출구는 건물 밖으로 0.6미터 이상 나오게 설치해야 한다. ( )

19 불꽃을 사용하는 용접 또는 용단 작업장 주변 반경 5미터 이내에 소화기를 갖추어 두어야 하며, 용접 또는 용단 작업장 주변 반경 10미터 이내에는 가연물을 쌓아두지 말아야 한다. ( )

20 시간당 열량이 30만 킬로칼로리 이상의 노를 설치하는 경우 주요구조부는 불연재료 이상으로 하고 창문과 출입구는 60분+ 방화문 또는 30분 방화문으로 설치하여야 한다. ( )

21 식품접객업 중 일반음식점 주방의 열을 발생하는 조리기구는 반자 또는 선반으로부터 0.6미터 이상 떨어지게 하고 조리기구로부터 0.5미터 이내의 거리에 있는 가연성 주요구조부는 단열성이 있는 불연재료로 덮어 씌워야 한다. ( )

정답 11.X 12.O 13.X 14.O 15.X 16.O 17.X 18.O 19.O 20.X 21.X

22 화재가 발생하는 경우 불길이 빠르게 번지는 고무류·플라스틱류·석탄 및 목탄 등 대통령령으로 정하는 특수가연물 (特殊可燃物)의 저장 및 취급 기준은 대통령령으로 정한다. ( )

23 면화류는 200킬로그램 이상이어야 특수가연물이고 대팻밥, 넝마 및 종이부스러기, 사류, 볏짚류는 1000킬로그램 이상이어야 특수가연물이다. ( )

24 나무껍질 및 대팻밥은 400킬로그램 이상이어야 특수가연물이며, 목재가공품 및 나무부스러기는 20세제곱미터 이상이어야 특수가연물이다. ( )

25 가연성고체류와 발포시킨 것 외의 합성수지류는 3,000킬로그램 이상, 가연성 액체류는 2세제곱미터 이상이어야 특수가연물이다. ( )

26 면화류란 불연성 또는 난연성이 아닌 면상 또는 팽이모양의 섬유와 마사(麻絲) 원료를 말하며, 사류란 불연성 또는 난연성이 아닌 실(실부스러기와 솜털을 포함)과 누에고치를 말한다. ( )

27 인화점이 섭씨 40도 이상 100도 미만인 것과 인화점이 200도 이상이고 연소열량이 1그램당 8킬로칼로리 이상인 것으로서 녹는점(융점)이 100도 이상인 것은 가연성 고체류이다. ( )

28 가연성 액체류는 1기압과 섭씨 20도 이하에서 액상인 것으로서 가연성 액체량이 40중량퍼센트(wt%) 이하이면서 인화점이 섭씨 40도 이상 70도 미만이고 연소점이 60도 이상인 것이다. ( )

29 고무류·플라스틱류(합성수지류)란 불연성 또는 난연성이 아닌 고체의 합성수지제품, 합성수지반제품, 원료합성수지 및 합성수지 부스러기(불연성 또는 난연성이 아닌 고무제품, 고무반제품, 원료고무 및 고무 부스러기를 포함)를 말한다. ( )

30 특수가연물은 품명별로 구분하여 쌓아야 하며, 쌓는 높이는 10미터 이하, 쌓는 부분의 바닥면적은 50제곱미터(석탄·목탄류의 경우에는 200제곱미터) 이하가 되도록 하며, 쌓는 부분의 바닥면적 사이는 실내의 경우 1미터 또는 쌓는 높이의 1/2 중 큰 값 이상으로 간격을 두어야 한다. ( )

31 특수가연물의 저장 기준에서 살수설비를 설치하거나, 방사능력 범위에 해당 특수가연물이 포함되도록 대형수동식소화기를 설치하는 경우에는 쌓는 높이를 15미터 이하, 쌓는 부분의 바닥면적을 200제곱미터(석탄·목탄류의 경우에는 300제곱미터) 이하로 할 수 있다. ( )

32 특수가연물을 저장 또는 취급하는 장소에는 품명, 최대저장수량, 단위부피당 질량 또는 단위체적당 질량, 관리책임자 성명·직책, 연락처 및 화기취급의 금지표시가 포함된 특수가연물 표지를 설치해야 한다. ( )

정답 ◦ 22.○ 23.X 24.X 25.○ 26.○ 27.X 28.○ 29.○ 30.X 31.○ 32.○

33 특수가연물 표지는 한 변의 길이가 0.3미터 이상, 다른 한 변의 길이가 0.6미터 이상인 직사각형으로 하고 특수가연물 표지 중 화기엄금 표시 부분의 바탕은 흰색으로, 문자는 붉은색으로 하여야 한다. ( )

34 시·도지사는 화재발생 우려가 크거나 화재가 발생할 경우 피해가 클 것으로 예상되는 시장지역이나 노후·불량건축물이 밀집한 지역을 화재예방강화지구로 지정할 수 있다. ( )

35 공장·창고가 밀집한 지역, 목조건물이 밀집한 지역, 위험물의 저장 및 처리시설이 밀집한 지역, 소방시설·소방용수시설 또는 소방출동로가 없는 지역 등은 화재예방강화지구의 지정 대상지역이다. ( )

36 시·도지사가 화재예방강화지구로 지정할 필요가 있는 지역을 화재예방강화지구로 지정하지 아니하는 경우 소방청장은 해당 시·도지사에게 해당 지역의 화재예방강화지구 지정을 명할 수 있다. ( )

37 소방관서장은 화재예방강화지구 안의 소방대상물의 위치·구조 및 설비 등에 대한 화재안전조사를 연 1회 이상 실시할 수 있으며, 화재예방강화지구 안의 관계인에 대하여 소방에 필요한 훈련 및 교육을 연 1회 이상 실시해야 한다. ( )

38 소방관서장은 화재안전조사를 한 결과 화재의 예방강화를 위하여 필요하다고 인정할 때에는 관계인에게 소화기구, 소방용수시설 또는 그 밖에 소방에 필요한 설비의 설치를 명할 수 있다. ( )

39 훈련 및 교육을 실시하려는 경우에는 화재예방강화지구 안의 관계인에게 훈련 또는 교육 7일 전까지 그 사실을 통보해야 한다. ( )

40 소방관서장은 대통령령으로 정하는 바에 따라 화재예방강화지구의 지정 현황, 화재안전조사의 결과, 소방설비등의 설치 명령 현황, 소방교육의 현황 등이 포함된 화재예방강화지구에서의 화재예방에 필요한 자료를 매년 작성·관리하여야 한다. ( )

41 소방청장, 소방본부장 또는 소방서장은 소방설비등의 설치를 명하는 경우 해당 관계인에게 소방설비등의 설치에 필요한 지원을 할 수 있다. ( )

42 소방관서장은 기상현상 및 기상영향에 대한 예보·특보에 따라 화재의 발생 위험이 높다고 분석·판단되는 경우에는 화재 위험경보를 발령하고, 보도기관 이용 등으로 일반인에게 알려야 한다. ( )

43 소방청장은 화재발생 원인 및 연소과정을 조사·분석하는 등의 과정에서 법령이나 정책의 개선이 필요하다고 인정되는 경우 화재안전영향평가를 실시할 수 있다. ( )

44 소방청장은 화재안전영향평가에 관한 업무를 수행하기 위하여 화재안전영향평가심의회를 구성·운영할 수 있으며, 심의회는 위원장 1명을 포함한 10명 이내의 위원으로 구성한다. ( )

정답 33.X 34.O 35.O 36.X 37.X 38.O 39.X 40.X 41.X 42.O 43.O 44.X

45 화재안전영향평가심의회의 위원장은 위원 중에서 호선하고 위원은 화재안전과 관련되는 법령이나 정책을 담당하는 관계 기관의 소속 직원으로서 대통령령으로 정하는 사람과 소방기술사 등 대통령령으로 정하는 화재안전과 관련된 분야의 전문가로 한다. ( )

46 소방관서장은 어린이, 노인, 장애인 등 화재안전취약자의 안전한 생활환경을 조성하기 위하여 소방용품의 제공 및 소방시설의 개선 등 필요한 사항을 지원하기 위하여 노력하여야 한다. ( )

정답 45.○ 46.○

CHAPTER 03 화재의 예방조치 등
적중예상문제

01 다음 중 화재의 예방조치에 대한 설명으로 틀린 것은?

① 화재예방 조치명령권자는 소방청장, 소방본부장 또는 소방서장인 소방관서장이다.
② 소화활동에 지장이 있다고 인정되는 행위자나 물건의 신고자에게 예방조치를 할 수 있다.
③ 화재 발생 위험이 크다고 인정되는 사람에게 예방조치를 할 수 있다.
④ 소방관서장의 화재예방 조치명령은 하명에 해당하는 행정행위이다.

> **해설** 소방관서장은 화재 발생 위험이 크거나 소화 활동에 지장을 줄 수 있다고 인정되는 행위나 물건에 대하여 행위 당사자나 그 물건의 소유자, 관리자 또는 점유자에게 화재예방 조치명령을 할 수 있다.(법 제17조 제2항)

02 소방관서장은 화재 발생 위험이 크거나 소화 활동에 지장을 줄 수 있다고 인정되는 행위 당사자에게 화재예방명령을 할 수 있다. 그 명령의 내용이 아닌 것은?

① 모닥불, 흡연 등 화기취급 등의 금지 또는 제한
② 용접·용단 등 불꽃을 발생시키는 행위의 금지 또는 제한
③ 목재, 플라스틱 등 가연성이 큰 물건의 제거, 이격, 적재 금지 등
④ 물건의 소유자 등을 알 수 없는 소화 활동에 지장을 줄 수 있는 물건의 이동 조치

> **해설** ④ 틀림, 화재예방 조치명령은 소방관서장이 화재예방을 위하여 위험 행위 당사자나 물건의 관계인에게 특정의 의무를 부과하는 명령을 내리는 것이다. 관계자를 알 수 없는 물건에 대해서는 화재예방명령을 할 수 없다. 이러한 경우에는 소속 공무원으로 하여금 물건을 옮기거나 보관하는 등 즉시강제를 통해 화재를 예방한다.

03 다음 중 화재의 예방조치에 대한 설명으로 옳지 않은 것은?

① 소방관서장과 사전 협의하여 안전조치를 한 경우 모닥불 등 화기의 취급이 가능하다.
② 안전조치를 하려는 자는 화재예방 안전조치 협의 신청서를 소방관서장에게 제출해야 한다.
③ 소방관서장은 협의 신청서를 받은 경우에는 화재예방 안전조치의 적절성을 검토하고 3일 이내에 화재예방 안전조치 협의 결과 통보서를 협의를 신청한 자에게 통보해야 한다.
④ 소방서장이 위험하다고 인정할 경우 그 장소에서의 흡연 등 화기취급을 금지할 수 있다.

> **해설** ③ 틀림, 소방관서장은 협의 신청서를 받은 경우에는 화재예방 안전조치의 적절성을 검토하고 5일 이내에 화재예방 안전조치 협의 결과 통보서를 협의를 신청한 자에게 통보해야 한다.(규칙 제7조 제3항)

정답 01.② 02.④ 03.③

04 화재의 예방조치에 대한 내용에서 ( )에 들어갈 말로 바른 것은?

> ( )는(은) 화재 발생 위험이 크거나 소화 활동에 지장을 줄 수 있다고 인정되는 행위나 물건에 대하여 행위 당사자나 그 물건의( ) 또는 점유자에게 화재예방 조치명령을 할 수 있다

① 소방본부장 또는 소방서장 - 소유자·관리자
② 소방청장 또는 소방본부장 - 소유자
③ 소방청장 또는 시·도지사 - 관리자
④ 소방관서장(소방청장, 소방본부장 또는 소방서장) - 소유자·관리자

해설 ④ 맞음, 소방관서장은 화재 발생 위험이 크거나 소화 활동에 지장을 줄 수 있다고 인정되는 행위나 물건에 대하여 행위 당사자나 그 물건의 소유자, 관리자 또는 점유자에게 다음의 명령을 할 수 있다.(법 제17조 제2항)
㉠ 모닥불, 흡연 등 화기의 취급, 풍등 등 소형열기구 날리기, 용접·용단 등 불꽃을 발생시키는 행위, 그 밖에 대통령령으로 정하는 화재 발생 위험이 있는 행위(위험물을 방치하는 행위)의 금지 또는 제한
㉡ 목재, 플라스틱 등 가연성이 큰 물건의 제거, 이격, 적재 금지 등
㉢ 소방차량의 통행이나 소화 활동에 지장을 줄 수 있는 물건의 이동

05 다음 중 화재의 예방조치를 할 수 있는 권한이 있는 사람으로 틀린 것은?

① 소방청장　　② 소방대장
③ 소방서장　　④ 소방본부장

해설 ② 틀림, 소방관서장(소방청장, 소방본부장 또는 소방서장)은 화재 발생 위험이 크거나 소화 활동에 지장을 줄 수 있다고 인정되는 행위나 물건에 대하여 행위 당사자나 그 물건의 소유자, 관리자 또는 점유자에게 화재예방 조치명령을 할 수 있다.(법 제17조 제2항)

06 다음 화재의 예방조치 등에 관한 내용에서 옳지 않은 것은?

① 소방관서장은 방치된 물건의 관계인을 알 수 없는 경우 소속 공무원으로 하여금 그 물건을 옮기거나 보관하는 등 필요한 조치를 하게 할 수 있다
② 옮긴 물건에 대한 보관기간 및 보관기간 경과 후 처리에 필요한 사항은 대통령령으로 정한다.
③ 소방관서장은 옮기거나 보관하고 있는 위험물은 지체 없이 폐기하여야 한다.
④ 소방관서장은 옮긴 물건 등을 보관하는 경우에는 그날부터 14일 동안 해당 소방관서의 인터넷 홈페이지에 그 사실을 공고해야 한다.

해설 ③ 틀림, 소방관서장은 옮긴 물건을 일정기간 보관하여야 한다. 소방관서장은 보관기간이 종료된 때에는 보관하고 있는 옮긴 물건등을 매각해야 한다. 다만, 보관하고 있는 옮긴 물건등이 부패·파손 또는 이와 유사한 사유로 정해진 용도로 계속 사용할 수 없는 경우에는 폐기할 수 있다.(영 제17조 제3항)

정답　04.④　05.②　06.③

07 옮긴 물건등의 보관기간 및 보관기간 경과후 처리 등에 대한 설명으로 맞는 것은?

① 소방관서장은 옮긴 물건 등을 보관하는 경우에는 그날부터 7일 동안 해당 소방관서의 인터넷 홈페이지에 그 사실을 공고해야 한다.
② 옮긴 물건등의 보관기간은 공고기간의 종료일 다음 날부터 14일까지로 한다.
③ 보관기간이 종료되는 때에는 보관하고 있는 옮긴 물건등을 반드시 매각해야 한다.
④ 소방본부장 또는 소방서장은 보관하던 옮긴 물건등을 매각한 경우에는 지체 없이 「국가재정법」에 따라 세입조치를 하여야 한다.

해설 ① 틀림, 그날부터 14일 동안 해당 소방관서의 인터넷 홈페이지에 그 사실을 공고해야 한다.
② 틀림, 옮긴 물건등의 보관기간은 공고기간의 종료일 다음 날부터 7일까지로 한다.
③ 틀림, 소방관서장은 보관기간이 종료된 때에는 보관하고 있는 옮긴 물건등을 매각해야 한다. 다만, 보관하고 있는 옮긴 물건등이 부패·파손 등의 사유로 정해진 용도로 계속 사용할 수 없는 경우에는 폐기할 수 있다.

08 옮긴 물건의 보관 및 보관기간 경과후 처리에 관한 설명으로 틀린 것은?

① 옮긴 물건의 보관기간은 공고하는 기간의 종료일 다음 날부터 7일까지로 한다.
② 소방관서장은 보관기간이 종료되는 때에는 보관하고 있는 옮긴 물건을 매각해야 하며 부패 등의 사유로 정해진 용도로 계속 사용할 수 없는 경우에는 폐기할 수 있다.
③ 소방관서장은 보관하던 옮긴 물건등을 매각한 경우에는 지체 없이 「지방재정법」에 따라 세입조치를 해야 한다.
④ 소방관서장은 매각되거나 폐기된 옮긴 물건등의 소유자가 보상을 요구하는 경우에는 보상금액에 대하여 소유자와의 협의를 거쳐 이를 보상해야 한다. 손실보상의 방법 및 절차 등에 관하여는 화재안전조사 결과 조치명령에 대한 손실보상 규정을 준용한다.

해설 ③ 틀림, 보관하던 옮긴 물건등을 매각한 경우에는 지체 없이 「국가재정법」에 따라 세입조치를 해야 한다.
④ 맞음, 소방관서장은 매각되거나 폐기된 옮긴 물건등의 소유자가 보상을 요구하는 경우에는 보상금액에 대하여 소유자와의 협의를 거쳐 이를 보상해야 한다. 손실보상의 방법 및 절차 등에 관하여는 제14조(화재안전조사 결과 조치명령에 대한 손실보상 규정)를 준용한다.(영 제17조 제5항 및 제6항)

09 옮긴 물건을 보관하는 경우에는 그 날부터 며칠 동안 소방관서의 인터넷 홈페이지에 그 사실을 공고해야 하며, 공고기간의 종료일부터 며칠까지 보관하여야 하는가?

① 14일, 7일
② 7일, 14일
③ 7일, 5일
④ 14일, 10일

해설 ① 맞음, 소방관서장(소방청장, 소방본부장 또는 소방서장)은 옮긴 물건 등을 보관하는 경우에는 그날부터 14일 동안 해당 소방관서의 인터넷 홈페이지에 그 사실을 공고해야 한다. 옮긴 물건등의 보관기간은 공고기간의 종료일 다음 날부터 7일까지로 한다.

정답 07.④ 08.③ 09.①

10 소방관서장이 보관하던 옮긴 물건등을 매각한 경우 이에 따른 조치로 옳은 것은?

① 지체 없이 「국가재정법」에 의하여 세입조치를 하여야 한다.
② 지체 없이 「지방재정법」에 의하여 세입조치를 하여야 한다.
③ 14일 이내 「국가재정법」에 의하여 세입조치를 하여야 한다.
④ 14일 이내 「국고금관리법」에 의하여 세입조치를 하여야 한다.

해설 ① 맞음, 소방관서장은 보관하던 옮긴 물건등을 매각한 경우에는 지체 없이 「국가재정법」에 따라 세입조치를 해야 한다.(영 제17조 제4항)

11 보일러, 난로, 건조설비, 가스・전기시설, 화재발생의 우려가 있는 설비 또는 기구 등의 위치・구조 및 관리와 화재예방을 위하여 불을 사용할 때 지켜야 하는 사항을 정하고 있는 것은?

① 행정안전부령
② 대통령령
③ 시・도의 조례
④ 시・도의 규칙

해설 ② 맞음, 보일러, 난로, 건조설비, 가스・전기시설, 그 밖에 화재 발생 우려가 있는 대통령령으로 정하는 설비 또는 기구 등의 위치・구조 및 관리와 화재 예방을 위하여 불을 사용할 때 지켜야 하는 사항은 대통령령으로 정한다.(법 제17조 제4항) 대통령령으로 규정한 사항 외에 화재 발생 우려가 있는 설비 또는 기구의 종류, 해당 설비 또는 기구의 위치・구조 및 관리와 화재 예방을 위하여 불을 사용할 때 지켜야 하는 사항은 시・도의 조례로 정한다.(영 제18조 제3항)

12 보일러의 위치・구조 및 관리와 화재예방을 위하여 불의 사용에 있어서 지켜야 하는 사항으로 적절하지 못한 것은?

① 가연성 벽・바닥 또는 천장과 접촉하는 증기기관 또는 연통의 부분은 규조토 등 난연성 또는 불연성의 단열재로 덮어씌워야 한다.
② 경유・등유 등 액체연료를 사용하는 경우 연료탱크는 보일러 본체로부터 수평거리 1미터 이상의 간격을 두어 설치하여야 한다.
③ 액체연료 보일러의 연료탱크에는 화재 등 긴급상황이 발생할 경우 연료를 차단할 수 있는 개폐밸브를 연료탱크로부터 1미터 이내에 설치하여야 한다.
④ 액체연료 보일러의 연료탱크 또는 연료를 공급하는 배관에는 여과장치를 설치하여야 한다.

해설 ① 맞음, 보일러의 가연성 벽・바닥 또는 천장과 접촉하는 증기기관 또는 연통의 부분은 규조토 등 난연성 또는 불연성의 단열재로 덮어씌워야 하며, 보일러와 벽・천장 사이의 거리는 0.6미터 이상이어야 한다.
③ 틀림, 연료탱크에는 화재 등 긴급상황이 발생하는 경우 연료를 차단할 수 있는 개폐밸브를 연료탱크로부터 0.5미터 이내에 설치하여야 한다.

정답 10.① 11.② 12.③

13 기체연료를 사용하는 보일러의 경우 화재예방을 위해 지켜야 할 사항으로 틀린 것은?

① 환기구를 설치하는 등 가연성가스가 머무르지 아니하도록 할 것
② 연료를 공급하는 배관은 금속관 또는 고무관으로 할 것
③ 화재 등 긴급 시 연료를 차단할 수 있는 개폐밸브를 연료용기 등으로부터 0.5미터 이내에 설치할 것
④ 보일러가 설치된 장소에는 가스누설경보기를 설치할 것

> **해설** ①,③,④ 맞음, 기체연료 보일러를 설치하는 장소에는 환기구를 설치하는 등 가연성가스가 머무르지 않도록 하고 가스누설경보기를 설치하여야 한다. 그리고 화재 등 긴급 시 연료를 차단할 수 있는 개폐밸브를 연료용기 등으로부터 0.5미터 이내에 설치하여야 한다.
> ② 틀림, 기체연료를 사용하는 보일러의 경우 연료를 공급하는 배관은 금속관으로 하여야 한다. 연료공급배관에는 고무관을 사용할 수 없다.

14 화목(火木) 등 고체연료를 사용하는 보일러 설비의 관리기준으로 옳지 않은 것은?

① 고체연료는 보일러 본체와 수평거리 1미터 이상 간격을 두어 보관하거나 불연재료로 된 별도의 구획된 공간에 보관할 것
② 연통은 천장으로부터 0.6미터 떨어지고, 연통의 배출구는 건물 밖으로 0.6미터 이상 나오도록 설치할 것
③ 연통의 배출구는 보일러 본체보다 2미터 이상 높게 설치할 것
④ 연통이 관통하는 벽면, 지붕 등은 불연재료로 처리할 것

> **해설** ① 틀림, 고체연료는 보일러 본체와 수평거리 2미터 이상 간격을 두어 보관하거나 불연재료로 된 별도의 구획된 공간에 보관하여야 한다.
> ② 맞음, 연통은 천장으로부터 0.6미터 떨어지고, 연통 배출구는 건물 밖으로 0.6미터 이상 나오도록 설치한다.
> ③,④ 맞음, ③,④ 및 연통재질은 불연재료로 사용하고 연결부에 청소구를 설치하여야 한다.

15 불을 사용하는 설비의 관리기준에서 화재예방을 위하여 보일러와 벽·천장 사이의 거리는 몇 미터 이상이어야 하는가?

① 0.1 미터
② 0.5 미터
③ 0.6 미터
④ 1 미터

> **해설** ③ 맞음, 보일러의 설치 및 관리의 공통기준
> ㉠ 증기기관 또는 연통의 부분 : 가연성 벽·바닥 또는 천장과 접촉하는 증기기관 또는 연통의 부분은 규조토등 난연성 또는 불연성의 단열재로 덮어씌워야 한다.
> ㉡ 보일러와 벽·천장 사이의 거리는 0.6미터 이상이어야 한다.
> ㉢ 보일러의 위치 : 보일러를 실내에 설치하는 경우에는 콘크리트바닥 또는 금속 외의 불연재료로 된 바닥 위에 설치하여야 한다.

정답 13.② 14.① 15.③

16 난로를 사용하는 경우 지켜야 할 사항으로 옳지 않은 것은?

① 연통은 천장으로부터 0.6미터 이상 떨어지고, 연통의 배출구는 건물 밖으로 0.6미터 이상 나오게 설치해야 한다.
② 가연성의 벽·바닥 또는 천장과 접촉하는 연통의 부분은 규조토 등 난연성 또는 불연성의 단열재로 덮어씌워야 한다.
③ 일반음식점과 역·터미널 등에서는 이동식 난로를 사용할 수 있다.
④ 다중이용업소, 학원, 독서실, 병원에서도 난로가 쓰러지지 않도록 받침대를 두어 고정시키는 경우에는 이동식 난로를 사용할 수 있다.

해설 ③ 틀림, 일반음식점과 역·터미널 등은 이동식 난로를 사용할 수 없다. 이동식난로 사용 금지장소로는 다중이용업소, 학원 및 독서실, 숙박업·목욕장업, 병원·의원 및 조산원, 박물관 및 미술관, 가설건축물 및 역·터미널 등이 있다. 이동식 난로의 사용이 금지되는 장소에서도 난로가 쓰러지지 아니하도록 받침대를 두어 고정시키거나 쓰러지는 경우 즉시 소화되고 연료의 누출을 차단할 수 있는 장치가 부착된 경우에는 그렇지 않다.

17 불을 사용하는 설비의 관리에서 건조설비의 기준으로 틀린 것은?

① 건조설비와 벽·천장 사이의 거리는 0.5미터 이상이어야 한다.
② 건조물품이 열원과 직접 접촉하지 않도록 해야 한다.
③ 실내에 설치하는 경우에 벽·천장 및 바닥은 불연재료로 해야 한다.
④ 가연성 벽·바닥 또는 천장과 접촉하는 연통의 부분은 규조 등 난연성 또는 불연성의 단열재로 덮어씌워야 한다.

해설 ④ 틀림, 건조설비의 기준은 ①, ②, ③ 의 3가지이다. 가연성 벽·바닥 또는 천장과 접촉하는 연통의 부분은 규조 등 난연성 또는 불연성의 단열재로 덮어씌워야 하는 것은 건조설비의 설치 및 관리 기준이 아니라 보일러 및 난로의 설치 및 관리 기준이다.

18 불꽃을 사용하는 용접·용단기구를 사용할 때에는 용접 또는 용단 작업장 주변 반경 몇 미터이내에는 가연물을 쌓아두거나 놓아둘 수 없는가?

① 5미터
② 10미터
③ 15미터
④ 20미터

해설 ④ 틀림, 용접 또는 용단 작업장에서는 다음의 사항을 지켜야 한다. 다만, 「산업안전보건법」 제38조의 적용을 받는 사업장의 경우에는 적용하지 않는다.
㉠ 소화기의 비치 : 용접 또는 용단 작업장 주변 반경 5미터 이내에 소화기를 갖추어 둘 것
㉡ 용접 또는 용단 작업장 주변 반경 10미터 이내에는 가연물을 쌓아두거나 놓아두지 말 것. 다만, 가연물의 제거가 곤란하여 방지포 등으로 방호조치를 한 경우는 제외한다.

정답 16.③ 17.④ 18.②

19 보기에서 불꽃을 사용하는 용접·용단기구의 설치·관리기준으로 맞는 것을 고르면?

> ㉠ 용접 또는 용단 작업장 주변 반경 5미터 이내에 소화기를 갖추어 둘 것
> ㉡ 용접 또는 용단 작업장 주변 반경 10미터 이내에 소화기를 갖추어 둘 것
> ㉢ 용접 또는 용단 작업장 주변 반경 5미터 이내에는 가연물을 쌓아두거나 놓아두지 말 것
> ㉣ 용접 또는 용단 작업장 주변 반경 10미터 이내에는 가연물을 쌓아두거나 놓아두지 말 것
> ㉤ 불의 사용에 있어서 지켜야 하는 사항을 위반한 경우 300만원 이하의 과태료
> ㉥ 불의 사용에 있어서 지켜야 하는 사항을 위반한 경우 200만원 이하의 과태료

① ㉠, ㉣, ㉥
② ㉠, ㉢, ㉤
③ ㉡, ㉢, ㉤
④ ㉡, ㉢, ㉥

> **해설** ① 맞음, 용접 또는 용단 작업장에서는 다음의 사항을 지켜야 한다. 다만, 「산업안전보건법」 제38조의 적용을 받는 사업장의 경우에는 적용하지 않는다. 이를 위반한 경우 200만원 이하의 과태료를 부과한다.
> ㉠ 용접 또는 용단 작업장 주변 반경 5미터 이내에 소화기를 갖추어 둘 것
> ㉡ 용접 또는 용단 작업장 주변 반경 10미터 이내에는 가연물을 쌓아두거나 놓아두지 말 것. 다만, 가연물의 제거가 곤란하여 방지포 등으로 방호조치를 한 경우는 제외한다.

20 다음 중 노·화덕설비의 설치 및 관리 기준으로 옳지 않은 것은?

① 노 또는 화덕의 주위에는 높이 0.1미터 이상의 턱을 설치해야 한다.
② 노 또는 화덕을 설치하는 장소의 벽·천장은 불연재료로 된 것이어야 한다.
③ 「전기사업법」및 「전기안전관리법」에서 정하는 바에 따른다.
④ 실내에 설치하는 경우 흙바닥 또는 금속 외의 불연재료로 된 바닥에 설치해야 한다.

> **해설** ③ 틀림, ③은 전기시설의 설치 기준이다.
> ①,② 맞음, 노 또는 화덕의 주위에는 녹는 물질이 확산되지 아니하도록 높이 0.1미터 이상의 턱을 설치하여야 한다. 노 또는 화덕을 설치하는 장소의 벽·천장은 불연재료로 된 것이어야 한다.

21 시간당 열량이 30만킬로칼로리 이상인 노를 설치하는 경우 설치 기준으로 틀린 것은?

① 주요구조부는 불연재료 이상으로 할 것
② 창문과 출입구는 60분 방화문 또는 30분 방화문으로 설치할 것
③ 노 주위에는 1미터 이상 공간을 확보할 것
④ 노 주위에는 높이 0.1미터 이상의 턱을 설치할 것

> **해설** ② 틀림, 시간당 열량이 30만 킬로칼로리 이상의 노를 설치하는 경우 주요구조부는 불연재료 이상으로 하고 창문과 출입구는 「건축법 시행령」 제64조에 따른 60분+ 방화문 또는 60분 방화문으로 설치하여야 한다.
> ④ 맞음, 노·화덕설비의 설치 및 관리 기준에 해당한다.

정답 19.① 20.③ 21.②

22 불을 사용하는 설비의 설치 및 관리기준에 대한 설명으로 틀린 것은?

① "보일러"란 사업장 또는 영업장 등에서 사용하는 것을 말하며, 주택에서 사용하는 가정용 보일러는 제외한다.
② "건조설비"란 산업용 건조설비를 말하며, 주택에서 사용하는 건조설비는 제외한다.
③ "노·화덕설비"란 제조업·가공업에서 사용되는 것을 말하며, 주택에서 조리용도로 사용되는 화덕은 제외한다.
④ 보일러, 난로, 건조설비, 불꽃을 사용하는 용접·용단기구 및 노·화덕설비가 설치된 장소에는 소화기 2개 이상을 갖추어 두어야 한다.

> **해설** ①,②,③ 맞음, 영 제18조 제2항 관련 별표 1 비고의 내용이다.
> ④ 틀림, 보일러, 난로, 건조설비, 불꽃을 사용하는 용접·용단기구 및 노·화덕설비가 설치된 장소에는 소화기 1개 이상을 갖추어 두어야 한다.(영 제18조 제2항 관련 별표 1 비고)

23 식품접객업 중 일반음식점에서 조리를 위하여 불을 사용하는 설비를 설치하는 경우 지켜야 할 사항으로 틀린 것은?

① 주방설비에 부속된 배기덕트는 0.5밀리미터 이상의 아연도금강판 또는 이와 동등 이상의 내식성 불연재료로 설치할 것
② 주방시설에는 동물 또는 식물의 기름을 제거할 수 있는 필터 등을 설치할 것
③ 열을 발생시키는 조리기구는 반자 또는 선반으로부터 0.5미터 이상 떨어지게 할 것
④ 열을 발생시키는 조리기구로부터 0.15미터 이내의 거리에 있는 가연성 주요구조부는 단열성이 있는 불연재료로 덮어 씌울 것

> **해설** ③ 틀림, 이 경우 0.6미터 이상 떨어지게 하여야 한다. 식품접객업 중 일반음식점에서 조리를 위하여 불을 사용하는 설비를 설치하는 경우 지켜야 할 사항은 ①,②,④ 및 열을 발생시키는 조리기구는 반자 또는 선반으로부터 0.5미터 이상 떨어지게 할 것을 요구한다.

24 목재가공품 및 나무부스러기의 경우 특수가연물의 기준은?

① 2세제곱미터 이상
② 5세제곱미터 이상
③ 10세제곱미터 이상
④ 20세제곱미터 이상

> **해설** ③ 맞음, 목재가공품 및 나무부스러기의 경우 10세제곱미터 이상이 되면 특수가연물이다. 가연성액체류는 2세제곱미터 이상이며, 합성수지류 중 발포시킨 것은 20세제곱미터 이상이 되면 특수가연물이다. 합성수지류 중 발포시킨 것 외의 것은 3,00킬로그램 이상일 때 특수가연물이다.

정답 ○— 22.④ 23.③ 24.③

25 대통령령으로 정하는 특수가연물이 되기 위한 품명별 수량으로 옳지 않은 것은?

① 가연성고체 - 3000킬로그램 이상
② 가연성액체 - 2세제곱미터 이상
③ 면화류 - 400킬로그램 이상
④ 나무부스러기 - 10세제곱미터 이상

해설 ③ 틀림, 면화류는 200킬로그램 이상이 특수가연물이다.

품 명	수 량
면화류	200킬로그램 이상
나무껍질 및 대팻밥	400킬로그램 이상
넝마 및 종이부스러기, 사류(絲類), 볏짚류	1,000킬로그램 이상
가연성고체류, 합성수지류 중 발포시킨 것이 아닌 것	3,000킬로그램 이상
석탄·목탄류	10,000킬로그램 이상
가연성액체류	2세제곱미터 이상
목재가공품 및 나무부스러기	10세제곱미터 이상
합성수지류(발포시킨 것)	20세제곱미터 이상

26 특수가연물에 대한 설명에서 불연성 또는 난연성이 아닌 면상 또는 팽이모양의 섬유와 마사원료에 해당하는 것은?

① 면화류
② 넝마 및 종이부스러기
③ 사류
④ 합성수지류

해설 ① 맞음, 면화류에 대한 설명이다. ② 넝마 및 종이부스러기는 불연성 또는 난연성이 아닌 것에 한하며 동식물유가 깊이 스며들어 있는 옷감·종이 및 이들의 제품을 포함한다. ③ 사류란 불연성 또는 난연성이 아닌 실(실부스러기와 솜털 포함)과 누에고치를 말한다.

27 특수가연물에서 가연성고체의 기준에 적합하지 않는 것은?

① 고체로서 인화점이 섭씨 40도 이상 200도 미만인 것
② 고체로서 인화점이 섭씨 100도 이상 200도 미만이고, 연소열량이 1그램당 8킬로칼로리 이상인 것
③ 고체로서 인화점이 섭씨 200도 이상이고, 연소열량이 1그램당 8킬로칼로리 이상인 것으로서 융점이 100도 미만인 것
④ 1기압과 섭씨 20도 초과 40도 이하에서 액상인 것으로서 인화점이 섭씨 70도 이상 200도 미만인 것

해설 ① 틀림, 고체로서 인화점이 섭씨 40도 이상 100도 미만인 것이다. "가연성고체류"라 함은 고체로서 ②,③ 및 인화점이 섭씨 40도 이상 100도 미만인 것, 1기압과 섭씨 20도 초과 40도 이하에서 액상인 것으로서 인화점이 섭씨 70도 이상 200도 미만이거나 ⓒ 또는 ⓒ에 해당하는 것이다.

정답 25.③ 26.① 27.①

28. 특수가연물의 가연성액체류에 대한 내용으로 옳지 않은것은?
☆ 20년 소방장

① 1기압과 섭씨 20도 이하에서 액상인 것으로서 가연성 액체량이 40중량퍼센트 이하이면서 인화점이 섭씨 40도 이상 섭씨 70도 미만이고 연소점이 섭씨 60도 이상인 물품
② 1기압과 섭씨 20도에서 액상인 것으로서 가연성 액체량이 40중량퍼센트 이하이고 인화점이 섭씨 70도 이상 섭씨 250도 미만인 물품
③ 동물의 기름기와 살코기 또는 식물의 씨나 과일의 살로부터 추출한 것으로서 1기압과 섭씨 20도에서 액상이고 인화점이 250도 미만인 것으로서「위험물안전관리법」의 규정에 의한 용기기준과 수납·저장기준에 적합하고 용기외부에 물품명·수량 및 "물기엄금" 등의 표시를 한 것
④ 동물의 기름기와 살코기 또는 식물의 씨나 과일의 살로부터 추출한 것으로서 1기압과 섭씨 20도에서 액상이고 인화점이 섭씨 250도 이상인 것

해설 ③ 틀림, 가연성액체류는 ①,②,④ 및 동물의 기름기와 살코기 또는 식물의 씨나 과일의 살로부터 추출한 것으로서 1기압과 섭씨 20도에서 액상이고 인화점이 250도 미만인 것으로서「위험물안전관리법」제20조제1항의 규정에 의한 용기기준과 수납·저장기준에 적합하고 용기외부에 물품명·수량 및 "화기엄금" 등의 표시를 한 것이다.

29. 특수가연물에서 고무류·플라스틱류(합성수지류)에 해당하지 않는 것은?

① 불연성 또는 난연성이 아닌 고체의 합성수지제품, 합성수지반제품
② 불연성 또는 난연성이 아닌 원료합성수지 및 합성수지 부스러기
③ 불연성 또는 난연성이 아닌 고무제품, 고무반제품, 고무부스러기
④ 합성수지의 섬유·옷감·종이 및 실과 이들의 넝마와 부스러기

해설 "합성수지류"라 함은 불연성 또는 난연성이 아닌 고체의 합성수지제품, 합성수지반제품, 원료합성수지 및 합성수지 부스러기(불연성 또는 난연성이 아닌 고무제품, 고무반제품, 원료고무 및 고무 부스러기를 포함)를 말한다. 다만, 합성수지의 섬유·옷감·종이 및 실과 이들의 넝마와 부스러기를 제외한다.

30. 다음 특수가연물에 대한 설명으로 맞는 것은?

① 볏짚류란 마른 볏짚·북더기와 이들의 제품 및 건초를 말하며, 축산용을 포함한다.
② 사류란 불연성·난연성이 아닌 실(실부스러기와 솜털 포함)과 누에고치를 말한다.
③ 석탄·목탄류에는 코크스, 마세크린(조개탄), 연탄, 석유코크스, 활성탄 및 이와 유사한 것을 포함하며 석탄가루를 물에 갠 것은 제외한다.
④ 고무류·플라스틱류란 불연성 또는 난연성이 아닌 고체의 합성수지제품, 합성수지반제품 등으로 합성수지의 섬유·옷감·종이 및 실과 이들의 넝마와 부스러기를 포함한다.

해설 ① 틀림, 볏짚류에 속하는 것은 마른 볏집·북더기와 이들의 제품 및 건초를 말하며, 축산용은 제외한다.
③ 틀림, 석탄·목탄류에는 석탄가루를 물에 갠 것을 포함한다.
④ 틀림, 합성수지류에서는 합성수지의 섬유·옷감·종이 및 실과 이들의 넝마와 부스러기를 제외한다.

정답 28.③ 29.④ 30.②

31 특수가연물의 저장 및 취급기준으로 옳지 않은 것은?

① 품명별로 구분하여 쌓을 것
② 쌓는 높이는 15미터 이하가 되도록 하고 쌓는 부분의 바닥면적은 50제곱미터(석탄·목탄류의 경우에는 200제곱미터) 이하가 되도록 하여야 한다.
③ 실외에 쌓아 저장하는 경우 쌓는 부분이 대지경계선, 도로 및 인접 건축물과 최소 6미터 이상 간격을 둘 것
④ 쌓는 부분 바닥면적의 사이는 실내의 경우 1.2미터 또는 쌓는 높이의 1/2 중 큰 값 이상으로 간격을 두어야 하며, 실외의 경우 3미터 또는 쌓는 높이 중 큰 값 이상으로 간격을 둘 것

> 해설 ② 틀림, 쌓는 높이는 10미터 이하가 되도록 하여야 한다.
> ③ 맞음, 실외에 쌓아 저장하는 경우 쌓는 부분이 대지경계선, 도로 및 인접 건축물과 최소 6미터 이상 간격을 두고, 실내에 쌓아 저장하는 경우 주요구조부는 내화구조이면서 불연재료여야 하고, 다른 종류의 특수가연물과 같은 공간에 보관하지 않을 것. 다만, 내화구조의 벽으로 분리하는 경우는 그렇지 않다.

32 특수가연물의 저장 및 취급기준에 대한 설명으로 옳지 않은 것은?

① 쌓는 높이는 10미터 이하가 되도록 하고, 쌓는 부분의 바닥면적은 50제곱미터(석탄·목탄류를 발전용으로 저장하는 경우에는 200제곱미터) 이하가 되도록 하여야 한다.
② 살수설비를 설치하는 경우 쌓는 높이는 15미터 이하로 할 수 있다.
③ 방사능력 범위에 해당 특수가연물이 포함되도록 대형수동식소화기를 설치하는 경우에는 쌓는 부분의 바닥면적을 200제곱미터(석탄·목탄류의 경우 300제곱미터) 이하로 할 수 있다.
④ 쌓는 부분 바닥면적의 사이는 실내의 경우 1.2미터 또는 쌓는 높이의 1/2 중 큰 값 이상으로 간격을 두어야 한다.

> 해설 ① 틀림, 쌓는 높이는 10미터 이하가 되도록 하고, 쌓는 부분의 바닥면적은 50제곱미터(석탄·목탄류의 경우에는 200제곱미터) 이하가 되도록 하여야 한다. 다만, 석탄·목탄류를 발전용으로 저장하는 경우에는 특수가연물의 저장 및 취급기준을 적용하지 아니한다.

33 특수가연물을 저장·취급하는 장소에 설치하는 표지의 내용이 아닌 것은?

① 품명과 최소저량수량 및 최대저장수량
② 단위부피당 질량 또는 단위체적당 질량
③ 관리책임자 성명·직책, 연락처
④ 화기취급의 금지표시

> 해설 ① 틀림, 최소저량수량은 특수가연물을 저장·취급하는 장소에 설치하는 표지의 내용이 아니다. 특수가연물을 저장 또는 취급하는 장소에는 품명, 최대저장수량, 단위부피당 질량 또는 단위체적당 질량, 관리책임자 성명·직책, 연락처 및 화기취급의 금지표시가 포함된 특수가연물 표지를 설치해야 한다.

정답 31.② 32.① 33.①

34 특수가연물 표지에 대한 설명으로 옳지 않은 것은?

① 특수가연물을 저장 또는 취급하는 장소에는 품명, 최대저장수량, 단위부피당 질량 또는 단위체적당 질량, 관리책임자 성명·직책 등이 포함된 특수가연물 표지를 설치해야 한다.
② 특수가연물 표지는 특수가연물을 저장하거나 취급하는 장소 중 보기 쉬운 곳에 설치해야 한다.
③ 특수가연물 표지는 한 변의 길이가 0.3미터 이상, 다른 한 변의 길이가 0.6미터 이상인 직사각형으로 하여야 한다.
④ 특수가연물 표지의 바탕은 검은색으로, 문자는 흰색으로 하며, 표지 중 화기엄금 표시 부분의 바탕은 붉은색으로, 문자는 백색으로 한다.

> **해설** ③ 맞음, 특수가연물 표지는 한 변의 길이가 0.3미터 이상, 다른 한 변의 길이가 0.6미터 이상인 직사각형으로 하여야 한다.(영 19조 제2항 관련 별표 3, 제2호)
> ④ 틀림, 특수가연물 표지의 바탕은 흰색으로, 문자는 검은색으로 할 것. 다만, "화기엄금" 표시 부분은 제외한다. 특수가연물 표지 중 화기엄금 표시 부분의 바탕은 붉은색으로, 문자는 백색으로 한다.

35 특수가연물에 대한 설명으로 적절하지 못한 것은?

① 화재가 발생하는 경우 불길이 빠르게 번지는 고무류·플라스틱류 등을 말한다.
② 석탄·목탄류는 10,000킬로그램 이상이어야 특수가연물이다.
③ 특수가연물을 저장할 때에는 품명별로 구분하여 쌓아야 한다.
④ 대통령령으로 정하는 특수가연물의 저장 및 취급 기준은 행정안전부령으로 정한다.

> **해설** ④ 틀림, 화재가 발생하는 경우 불길이 빠르게 번지는 고무류·플라스틱류·석탄 및 목탄 등 대통령령으로 정하는 특수가연물의 저장 및 취급 기준은 대통령령으로 정한다.(법 제17조 제5항) 특수가연물의 기준과 특수가연물의 저장 및 취급 기준 모두 대통령령(화재의 예방 및 안전관리에 관한 법률 시행령)으로 정한다.

36 「화재의 예방 및 안전관리에 관한 법률」에서 화재발생 우려가 크거나 화재가 발생할 경우 피해가 클 것으로 예상되는 일정한 지역 중에서 시·도지사가 지정할 수 있는 것은?

① 방화경계지구
② 소방활동구역
③ 화재예방강화지구
④ 화재경계지구

> **해설** ③ 맞음, "화재예방강화지구"란 특별시장·광역시장·특별자치시장·도지사 또는 특별자치도지사(이하 "시·도지사"라 한다)가 화재발생 우려가 크거나 화재가 발생할 경우 피해가 클 것으로 예상되는 지역에 대하여 화재의 예방 및 안전관리를 강화하기 위해 지정·관리하는 지역을 말한다.(법 제2조 제1항 제4호) 시·도지사는 법 제18조 제1항 각 호에 해당하는 지역을 화재예방강화지구로 지정하여 관리할 수 있다.(법 제18조 제1항)

정답 34.④ 35.④ 36.③

37 화재예방강화지구에 관한 내용에서 ( )에 들어갈 말이 바르게 연결된 것은?

> ( )는(은) ( )으로 정하는 지역 중 화재발생 우려가 크거나 화재가 발생할 경우 피해가 클 것으로 예상되는 지역에 대하여 화재의 예방 및 안전관리를 강화하기 위하여 화재예방강화지구로 지정하여 관리할 수 있다.

① 시·도지사 - 화재예방법
② 시·도지사 - 행정안전부령
③ 소방청장 - 대통령령
④ 시·도지사 - 시·도의 조례

해설 ① 맞음, 시·도지사는 법 제18조 제1항 각 호의 어느 하나에 해당하는 지역을 화재예방강화지구로 지정하여 관리할 수 있다.(법 제18조 제1항) "화재예방강화지구"란 시·도지사가 화재발생 우려가 크거나 화재가 발생할 경우 피해가 클 것으로 예상되는 지역에 대하여 화재의 예방 및 안전관리를 강화하기 위해 지정·관리하는 지역을 말한다.(법 제2조 제1항 제4호)

38 다음에서 화재예방강화지구의 지정 대상이 아닌 것은?

① 소방시설·소방용수시설이 없는 지역
② 석유화학제품을 생산하는 공장이 있는 지역
③ 노후·불량건축물이 밀집한 지역
④ 내화구조물로 소방통로가 왕복 4차로인 경우

해설 ④ 틀림, 화재예방강화지구의 지정대상은 다음과 같다.(법 제18조 제1항)
  ㉠ 시장지역
  ㉡ 공장·창고가 밀집한 지역, 목조건물이 밀집한 지역, 노후·불량건축물이 밀집한 지역, 위험물의 저장 및 처리시설이 밀집한 지역
  ㉢ 석유화학제품을 생산하는 공장이 있는 지역
  ㉣ 산업입지 및 개발에 관한 법률 제2조 제8호에 따른 산업단지, 물류단지
  ㉤ 소방시설·소방용수시설 또는 소방출동로가 없는 지역
  ㉥ 그 밖에 위에 준하는 지역으로서 소방청장·소방본부장 또는 소방서장이 화재예방강화지구로 지정할 필요가 있다고 인정하는 지역

39 다음에서 화재예방강화지구의 지정대상지역에 해당하는 것은?

① 공장·창고가 있는 지역
② 시장지역
③ 목조건물이 있는 지역
④ 소방출동로가 미흡한 지역

해설 ① 틀림, 공장·창고가 밀집한 지역이 지정대상지역이다.
  ② 맞음, 시장지역, 석유화학제품을 생산하는 공장이 있는 지역, 산업단지는 지정대상지역이다.
  ③ 틀림, 목조건물이 밀집한 지역이 지정대상지역이다.
  ④ 틀림, 소방시설·소방용수시설 또는 소방출동로가 없는 지역이 지정대상지역이다.

정답 37.① 38.④ 39.②

40 다음에서 화재예방강화지구의 지정 대상지역이 아닌 것은?

① 고층건물이 밀집하거나 위험물의 저장 및 처리 시설이 밀집한 지역
② 석유화학제품을 생산하는 공장이 있는 지역
③ 소방시설·소방용수시설 또는 소방출동로가 없는 지역
④ 소방관서장이 화재예방강화지구로 지정할 필요가 있다고 인정하는 지역

해설 ① 틀림, 고층건물이 밀집이 밀집한 지역은 화재예방강화지구의 지정대상지역이 아니다.

있는 지역	시장지역, 석유화학제품을 생산하는 공장이 있는 지역, 산업단지, 물류단지
밀집 지역	공장·창고가 밀집한 지역, 목조건물이 밀집한 지역 노후·불량건축물이 밀집한 지역, 위험물의 저장 및 처리시설이 밀집한 지역
없는 지역	소방시설·소방용수시설 또는 소방출동로가 없는 지역
기타 지역	소방관서장이 화재예방강화지구로 지정할 필요가 있다고 인정하는 지역

41 시·도지사가 화재예방강화지구로 지정할 필요가 있는 지역을 지정하지 아니하는 경우 해당 시·도지사에게 화재예방강화지구의 지정을 요청할 수 있는 사람은?

① 소방본부장
② 소방서장
③ 소방청장
④ 소방관서장

해설 ③ 맞음, 소방관서장 중에서 소방청장만 화재예방강화지구 지정을 요청할 수 있다. 시·도지사가 화재예방강화지구로 지정할 필요가 있는 지역을 화재예방강화지구로 지정하지 아니하는 경우 소방청장은 해당 시·도지사에게 해당 지역의 화재예방강화지구 지정을 요청할 수 있다.(법 제18조 제2항)

42 화재예방강화지구 지정에 따른 화재안전조사에 대한 설명으로 틀린 것은?

① 소방관서장은 화재예방강화지구 안의 소방대상물의 위치·구조 및 설비 등에 대한 화재안전조사를 연 1회 이상 실시해야 한다.
② 화재안전조사를 한 결과 화재의 예방강화를 위하여 관계인에게 소화기구, 소방용수시설 또는 그 밖에 소방에 필요한 설비의 설치(보수, 보강을 포함한다)를 명할 수 있다.
③ 소방관서장은 화재예방강화지구 안의 관계인에 대하여 대통령령으로 정하는 바에 따라 소방에 필요한 훈련 및 교육을 실시할 수 있다.
④ 기상현상 및 기상영향에 대한 예보 또는 특보가 있을 때 화재안전조사를 하여야 한다.

해설 ④ 틀림, 소방관서장은 「기상법」 제13조 제1항의 규정에 따른 이상기상의 예보 또는 특보에 따라 화재의 발생 위험이 높다고 분석·판단되는 경우에는 행정안전부령으로 정하는 바에 따라 화재에 관한 위험경보를 발령하고 그에 따른 필요한 조치를 할 수 있다.(법 제20조)

정답 40.① 41.③ 42.④

43 다음에서 소방관서장의 권한에 속하는 것은 모두 몇 개인가?

| ㄱ. 화재안전조사의 실시 | ㄴ. 화재예방강화지구의 지정 |
| ㄷ. 소방설비등의 설치명령 | ㄹ. 소방훈련·교육의 실시 |

① 1개　　　　　　　　　　　② 2개
③ 3개　　　　　　　　　　　④ 4개

해설 ③ 맞음, 소방관서장의 권한에 속하는 것은 3개이다. ㄴ. 화재예방강화지구의 지정은 시·도지사의 권한이며, ㄱ. 화재안전조사의 실시, ㄷ. 소방설비의 설치명령, ㄹ. 소방훈련·교육의 실시는 모두 소방관서장(소방청장, 소방본부장 또는 소방서장)의 권한이다.

44 화재예방강화지구의 지정 효과에 대한 다음의 설명이 틀린 것은?

① 시·도지사는 화재발생 우려가 크거나 화재가 발생할 경우 피해가 클 것으로 예상되는 지역에 대하여 화재의 예방 및 안전관리를 강화하기 위하여 화재예방강화지구로 지정할 수 있다.
② 소방관서장은 화재예방강화지구 안의 소방대상물의 위치·구조 및 설비 등에 대한 화재안전조사를 연 1회 이상 실시해야 한다.
③ 소방관서장은 화재예방강화지구 안의 관계인에 대하여 소방에 필요한 훈련 및 교육을 연 1회 이상 실시해야 한다.
④ 시·도지사는 대통령령으로 정하는 바에 따라 화재예방강화지구의 지정 현황, 화재안전조사의 결과, 소방설비등의 설치 명령 현황, 소방교육의 현황 등이 포함된 화재예방강화지구에서의 화재예방에 필요한 자료를 매년 작성·관리하여야 한다.

해설 ③ 틀림, 소방관서장은 법 제18조제5항에 따라 화재예방강화지구 안의 관계인에 대하여 소방에 필요한 훈련 및 교육을 연 1회 이상 실시할 수 있으며, 훈련 및 교육을 실시하려는 경우에는 화재예방강화지구 안의 관계인에게 훈련 또는 교육 10일 전까지 그 사실을 통보해야 한다.(영 제20조 제2항 및 제3항)

45 소방설비의 설치명령에 대한 설명에서 ( )에 들어갈 말은?

| 소방관서장은 ( )를 한 결과 화재의 예방강화를 위하여 필요하다고 인정할 때에는 ( )에게 소화기구, 소방용수시설 또는 그 밖에 소방에 필요한 설비의 설치(보수, 보강 포함)를 명할 수 있다. |

① 소방훈련 - 소유자　　　　② 소방검사 - 소유자
③ 지리조사 - 관계인　　　　④ 화재안전조사 - 관계인

해설 ④ 맞음, 소방관서장은 화재안전조사를 한 결과 화재의 예방강화를 위하여 필요하다고 인정할 때에는 관계인에게 소화기구, 소방용수시설, 그 밖에 소방에 필요한 설비의 설치를 명할 수 있다.(법 제18조 제4항)

정답 43.③　44.③　45.④

46 소방본부장 또는 소방서장이 소방상 필요한 훈련 및 교육을 실시하고자 하는 때에는 관계인에게 훈련 또는 교육 며칠 전까지 그 사실을 통보하여야 하는가?

① 5일
② 7일
③ 10일
④ 14일

해설 ③ 맞음, 소방관서장은 화재예방강화지구안의 관계인에 대하여 연 1회 이상 소방에 필요한 훈련 및 교육을 실시할 수 있다. 소방관서장은 소방에 필요한 훈련 및 교육을 실시하려는 경우에는 화재예방강화지구 안의 관계인에게 훈련 또는 교육 10일 전까지 그 사실을 통보해야 한다.(영 제20조 제3항)

47 화재예방강화지구 지정의 효과에 대한 설명으로 틀린 것은? ☆ 20년 소방교

① 소방관서장은 화재예방강화지구 안의 관계인에 대하여 소방에 필요한 훈련 및 교육을 연 2회 이상 실시할 수 있다.
② 소방에 필요한 훈련 및 교육을 실시하려는 경우에는 화재예방강화지구 안의 관계인에게 훈련 또는 교육 10일 전까지 그 사실을 통보해야 한다.
③ 소방관서장은 화재예방강화지구 안의 소방대상물의 위치·구조 및 설비 등에 대한 화재안전조사를 연 1회 이상 실시해야 한다.
④ 소방관서장은 화재안전조사를 한 결과 화재의 예방강화를 위하여 필요하다고 인정할 때에는 관계인에게 소방에 필요한 설비의 설치를 명할 수 있다.

해설 ① 틀림, 소방관서장은 화재예방강화지구 안의 관계인에 대하여 소방에 필요한 훈련 및 교육을 연 1회 이상 실시할 수 있다.(법 제18조 제3항, 영 제20조 제1항)
③ 맞음, 소방관서장은 화재안전조사를 한 결과 화재의 예방강화를 위하여 필요하다고 인정할 때에는 관계인에게 소화기구, 소방용수시설, 그 밖에 소방에 필요한 설비의 설치를 명할 수 있다.(법 제18조 제4항)

48 화재예방강화지구의 지정 등에 대한 설명으로 옳지 않은 것은?

① 시·도지사는 화재예방강화지구의 지정 현황, 화재안전조사의 결과 등이 포함된 화재예방강화지구에서의 화재예방에 필요한 자료를 분기별로 작성·관리하여야 한다.
② 화재예방을 위하여 작성하고 관리해야 할 자료로는 화재예방강화지구의 지정 현황, 화재안전조사의 결과, 소방설비등의 설치(보수, 보강을 포함) 명령 현황 등이다.
③ 소방청장은 소방설비의 설치를 명하는 경우 관계인에게 설치에 필요한 지원을 할 수 있다.
④ 시·도지사는 소방청장의 요청이 있는 경우 시·도의 조례로 정하는 바에 따라 소방설비등의 설치에 필요한 비용을 지원할 수 있다.

해설 ① 틀림, 시·도지사는 대통령령으로 정하는 바에 따라 화재예방강화지구의 지정 현황, 화재안전조사의 결과, 소방설비등의 설치 명령 현황, 소방훈련 및 교육 현황 등이 포함된 화재예방강화지구에서의 화재예방에 필요한 자료를 매년 작성·관리하여야 한다.(법 제18조 제6항)

정답 46.③ 47.① 48.①

49 기상현상 및 기상영향에 대한 예보·특보에 따라 화재의 발생 위험이 높다고 분석·판단되는 경우 화재에 관한 위험경보를 발령하고 그에 따른 필요한 조치를 할 수 있는 사람은?

① 기상청장
② 소방청장, 시·도지사
③ 소방본부장 또는 소방서장
④ 소방청장, 소방본부장 또는 소방서장

> 해설 ④ 맞음, 소방관서장은「기상법」제13조에 따른 기상현상 및 기상영향에 대한 예보·특보에 따라 화재의 발생 위험이 높다고 분석·판단되는 경우에는 행정안전부령으로 정하는 바에 따라 화재에 관한 위험경보를 발령하고 그에 따른 필요한 조치를 할 수 있다.(법 제20조)

50 다음 중 화재안전영향평가에 대한 설명으로 적절하지 못한 것은?

① 소방관서장은 화재발생 원인 및 연소과정을 조사·분석하는 등의 과정에서 법령이나 정책의 개선이 필요하다고 인정되는 경우에 실시할 수 있다.
② 법령이나 정책에 대한 화재 위험성의 유발요인 및 완화 방안에 대한 평가를 한다.
③ 화재안전영향평가를 실시한 경우 그 결과를 통보하여야 하며, 결과를 통보받은 소관 기관의 장은 해당 법령이나 정책에 반영하도록 노력하여야 한다.
④ 화재안전영향평가의 방법·절차·기준 등에 필요한 사항은 대통령령으로 정한다.

> 해설 ① 틀림, 소방청장은 화재발생 원인 및 연소과정을 조사·분석하는 등의 과정에서 법령이나 정책의 개선이 필요하다고 인정되는 경우 그 법령이나 정책에 대한 화재 위험성의 유발요인 및 완화 방안에 대한 평가(이하 "화재안전영향평가"라 한다)를 실시할 수 있다.(법 제21조 제1항)

51 화재안전취약자에 대한 지원으로 적절하지 못한 것은?

① 소방관서장은 어린이, 노인 등 화재안전취약자의 안전한 생활환경을 조성하기 위하여 소방용품의 제공 및 소방시설의 개선 등 필요한 사항을 지원하기 위하여 노력하여야 한다.
② 화재안전취약자에 대한 지원 대상·범위·방법 등에 필요한 사항은 대통령령으로 정한다.
③ 지원의 대상은 국민기초생활 보장법에 따른 수급자, 장애인복지법에 따른 모든 장애인, 다문화가족의 구성원 및 화재안전에 취약하다고 소방관서장이 인정하는 사람 등이다.
④ 소방관서장은 지원대상이 되는 사람에게 소방시설등의 설치 및 개선, 소방시설등의 안전점검, 소방용품의 제공 등을 지원할 수 있다.

> 해설 ③ 틀림, 법 제23조제1항에 따른 어린이, 노인, 장애인 등 화재의 예방 및 안전관리에 취약한 자(화재안전취약자)에 대한 지원의 대상은「국민기초생활 보장법」제2조제2호에 따른 수급자,「장애인복지법」제6조에 따른 중증장애인,「한부모가족지원법」제5조에 따른 지원대상자, 다문화가족의 구성원 등이다.

정답 49.④ 50.① 51.③

52 소유자 등을 알 수 없는 물건 등에 대한 조치에서 소방관서장은 옮긴 물건등을 보관하는 경우에는 그 날부터 (　　)동안 소방서의 인터넷 홈페이지에 그 사실을 공고 공고기간의 종료일 다음 날부터 (　　) 간 보관하여야 한다. (　　)속에 들어갈 말은? ☆ 18년 소방교

① 5일 - 7일
② 7일 - 14일
③ 14일 - 7일
④ 15일 - 7일

해설 ③ 맞음, 소유자 등을 알 수 없는 물건 등에 대한 조치에서 소방관서장은 옮긴 물건 등을 보관하는 경우에는 그날부터 14일 동안 해당 소방서의 인터넷 홈페이지에 그 사실을 공고해야 한다. 옮긴 물건등의 보관기간은 공고기간의 종료일 다음 날부터 7일까지로 한다.

53 화재예방강화지구와 관련하여 소방관서장의 권한이 아닌 것은? ☆ 18년 소방장

① 화재예방강화지구의 지정
② 화재안전조사의 실시
③ 소방설비등의 설치명령
④ 소방훈련·교육의 실시

해설 ① 틀림, 화재예방강화지구의 지정은 시·도지사의 권한에 속한다.
②,③,④ 맞음, 화재예방강화지구가 지정되면 소방관서장은 화재예방강화지구 안의 소방대상물의 위치·구조 및 설비 등에 대하여 화재안전조사를 연 1회 이상 실시해야 하며, 화재안전조사를 한 결과 화재의 예방강화를 위하여 필요하다고 인정할 때에는 관계인에게 소방설비등의 설치명령을 할 수 있다. 또한 화재예방강화지구 안의 관계인에 대하여 소방에 필요한 훈련 및 교육을 연 1회 이상 실시할 수 있다.

54 특수가연물이 되기 위한 품명별 수량으로 틀린 것은? ☆ 18년 소방장

① 나무껍질 및 대팻밥 - 200킬로그램 이상
② 넝마 및 종이 부스러기 - 1,000킬로그램 이상
③ 가연성 고체류 - 3,000킬로그램 이상
④ 목재가공품 및 나무부스러기 - 10세제곱미터 이상

해설 ① 틀림, 나무껍질 및 대팻밥은 400킬로그램 이상이어야 특수가연물이다. 200킬로그램 이상 되면 특수가연물이 되는 것은 면화이다.
② 맞음, 넝마 및 종이 부스러기, 사류, 볏짚류는 1,000킬로그램 이상이어야 특수가연물이다.
③ 맞음, 가연성 고체류와 합성수지류 중 발포된 것 외의 것은 3,000킬로그램 이상이어야 한다.
④ 맞음, 가연성 액체류는 2세제곱미터 이상, 목재가공품 및 나무부스러기는 10세제곱미터 이상, 고무류·플라스틱류(합성수지류) 중 발포시킨 것은 20세제곱미터 이상이면 특수가연물이다.

정답 52.③ 53.① 54.①

55 기체 연료를 사용하는 보일러의 설치 및 관리기준으로 올바르지 않은 것은? ☆ 19년 소방교

① 보일러가 설치된 장소에는 가스누설경보기와 비상경보설비를 설치할 것
② 연료를 공급하는 배관은 금속관으로 할 것
③ 화재 등 긴급 시 연료를 차단할 수 있는 개폐밸브를 연료용기 등으로부터 0.5미터 이내 설치할 것
④ 환기구를 설치하는 등 가연성가스가 머무르지 아니하도록 할 것

> 해설 ① 틀림, 틀림, 기체연료를 사용하는 보일러가 설치된 장소에는 가스누설경보기를 설치해야 한다. 그러나 비상경보설비는 설치 대상이 아니다.

56 다음 중 특수가연물의 저장·취급의 기준에 대한 설명 중 틀린 것은? ☆ 19년 소방장

① 쌓는 높이는 10미터 이하가 되도록 할 것
② 쌓는 부분의 바닥면적은 50제곱미터 이하가 되도록 할 것
③ 석탄·목탄류를 발전용으로 저장하는 경우에는 쌓는 부분의 바닥면적 사이는 실내의 경우 1.2미터 또는 쌓는 높이의 1/2 중 큰 값 이상으로 간격을 둘 것
④ 특수가연물을 저장 또는 취급하는 장소에는 품명, 최대저장수량, 단위부피당 질량, 관리책임자 성명·직책, 연락처 및 화기취급의 금지표시가 포함된 특수가연물 표지를 설치할 것

> 해설 ①,② 맞음, 쌓는 높이는 10미터 이하가 되도록 하고, 쌓는 부분의 바닥면적은 50제곱미터(석탄·목탄류의 경우에는 200제곱미터) 이하가 되도록 할 것.
> ③ 틀림, 석탄·목탄류를 발전용으로 저장하는 경우 특수가연물의 저장 및 취급기준을 적용하지 아니한다.
> ④ 맞음, 특수가연물을 저장 또는 취급하는 장소에는 품명, 최대저장수량, 단위부피당 질량, 관리책임자 성명·직책, 연락처 및 화기취급의 금지표시가 포함된 특수가연물 표지를 설치해야 한다.

57 소방서장의 화재의 예방조치에 대한 설명으로 틀린 것은? ☆ 20년 소방교

① 모닥불, 흡연 등 화기의 취급이나 풍등 등 소형열기구 날리기 등의 행위를 금지할 수 있다.
② 화재 발생 위험이 크다고 인정되는 목재, 플라스틱 등 가연성이 큰 물건의 제거, 이격, 적재 금지를 물건의 소유자, 관리자 또는 점유자에게 명령할 수 있다.
③ 소방관서장은 화재 발생 위험이 크거나 소화 활동에 지장을 줄 수 있다고 인정되는 물건의 관계인에게 물건의 이동을 명령할 수 있다.
④ 화재 발생 위험이 크다고 인정되는 물건의 소유자, 관리자 또는 점유자를 알 수 없는 경우 신고자로 하여금 그 물건을 옮기게 할 수 있다.

> 해설 ④ 틀림, 소방관서장은 목재, 플라스틱 등 가연성이 큰 물건의 제거, 이격, 적재 금지의 대상이 되는 물건이나, 소방차량의 통행이나 소화 활동에 지장을 줄 수 있는 물건의 소유자, 관리자 또는 점유자를 알 수 없는 경우 소속 공무원으로 하여금 그 물건을 옮기거나 보관하는 등 필요한 조치를 하게 할 수 있다.

정답 55.① 56.③ 57.④

58 기상현상 및 기상영향에 대한 예보·특보에 따라 화재의 발생 위험이 높다고 분석·판단되는 경우 화재위험경보를 발령하고 그에 조치를 할 수 없는 사람은?   ☆ 20년 소방장

① 소방청장
② 기상청장
③ 소방본부장
④ 소방서장

해설 ② 맞음, 소방관서장(소방청장, 소방본부장 또는 소방서장)은「기상법」제13조에 따른 기상현상 및 기상영향에 대한 예보·특보에 따라 화재의 발생 위험이 높다고 분석·판단되는 경우에는 행정안전부령으로 정하는 바에 따라 화재에 관한 위험경보를 발령하고 그에 따른 필요한 조치를 할 수 있다.(법 제20조)

59 불을 사용하는 설비의 관리에 관한 설명으로 맞는 것은?   ☆ 20년 소방장

① 기체연료를 사용하는 보일러의 경우 연료를 공급하는 배관은 금속수지관으로 하여야 한다.
② 액체연료를 사용하는 보일러의 경우 화재 등 긴급 시 연료를 차단할 수 있는 개폐밸브를 연료탱크 등으로부터 0.5미터 이내에 설치하여야 한다.
③ 보일러와 벽·천장 사이의 거리는 0.5미터 이상 되도록 하여야 한다.
④ 보일러를 실내에 설치하는 경우에는 콘크리트바닥 또는 금속등의 불연재료로 된 바닥 위에 설치하여야 한다.

해설 ① 틀림, 기체연료를 사용하는 보일러의 경우 연료를 공급하는 배관은 금속관으로 하여야 한다.
② 맞음, 연료를 차단할 수 있는 개폐밸브를 연료탱크 등으로부터 0.5미터 이내에 설치하여야 한다.
③ 틀림, 보일러와 벽·천장 사이의 거리는 0.6미터 이상이어야 하며, 건조설비와 벽·천장 사이의 거리는 0.5미터 이상이어야 한다.
④ 틀림, 보일러를 실내에 설치하는 경우에는 콘크리트바닥 또는 금속 외의 불연재료로 된 바닥 위에 설치하여야 한다.

60 액체연료를 사용하는 보일러의 설치 및 관리에 대한 설명으로 틀린 것은?   ☆ 21년 소방교

① 연료탱크는 보일러 본체로부터 수평거리 0.5미터 이상의 간격을 두어 설치할 것
② 연료탱크에는 연료를 차단할 수 있는 개폐밸브를 연료탱크로부터 0.5미터 이내에 설치할 것
③ 연료탱크 또는 연료를 공급하는 배관에는 여과장치를 설치할 것
④ 사용이 허용된 연료 외의 것을 사용하지 아니할 것

해설 ① 틀림, 연료탱크는 보일러 본체로부터 수평거리 1미터 이상의 간격을 두어 설치하여야 한다.
②,③,④ 맞음, ②,③,④ 및 연료탱크가 넘어지지 않도록 받침대를 설치하고, 연료탱크 및 연료탱크 받침대는 불연재료로 하여야 한다.

정답   58.② 59.② 60.①

61 다음 중 특수가연물이 되기 위한 수량의 기준으로 틀린 것은? ☆ 21년 소방교

① 볏짚류 1,000킬로그램 이상
② 가연성고체류 3,000킬로그램 이상
③ 가연성액체류 1세제곱미터 이상
④ 넝마 및 종이부스러기 1,000킬로그램 이상

해설 ①,④ 맞음, 넝마 및 종이 부스러기, 사류 및 볏짚류는 1,000킬로그램 이상이 특수가연물이다.
② 맞음, 가연성고체류와 발포시킨 것 외의 합성수지류는 3,000킬로그램 이상이 특수가연물이다.
③ 틀림, 가연성액체류는 2세제곱미터 이상이 특수가연물이다. 목재가공품 및 나무부스러기는 10세제곱미터 이상, 합성수지류로 발포시킨 것은 20세제곱미터 이상이 특수가연물이다.

62 다음 중 화재예방 조치명령의 내용으로 옳지 않은 것은? ☆ 21년 소방장

① 고장 소방시설의 교체 정비
② 모닥불, 흡연 등 화기의 취급 등 위험하다고 인정되는 행위의 금지
③ 목재, 플라스틱 등 가연성이 큰 물건의 제거, 이격, 적재 금지 등
④ 소방차량의 통행이나 소화 활동에 지장을 줄 수 있는 물건의 이동

해설 ① 틀림, 소방관서장은 화재 발생 위험이 크거나 소화 활동에 지장을 줄 수 있다고 인정되는 행위나 물건에 대하여 행위 당사자나 그 물건의 소유자, 관리자 또는 점유자에게 다음의 명령을 할 수 있다.(법 제17조 제2항)
㉠ 위 ①의 어느 하나에 해당하는 행위(모닥불, 흡연 등 화기의 취급의 금지 또는 제한, 풍등 등 소형열기구 날리기, 용접·용단 등 불꽃을 발생시키는 행위, 위험물을 방치하는 행위)의 금지 또는 제한
㉡ 목재, 플라스틱 등 가연성이 큰 물건의 제거, 이격, 적재 금지 등
㉢ 소방차량의 통행이나 소화 활동에 지장을 줄 수 있는 물건의 이동

63 「화재의 예방 및 안전관리에 관한 법률 및 시행령」에서 화재예방강화지구를 지정하는 경우 화재안전조사 및 소방교육·훈련의 실시권자와 횟수로 옳은 것은? ☆ 21년 소방장

	㉠ 화재안전조사의 실시권자와 횟수	㉡ 소방교육·훈련의 실시권자와 횟수
①	소방관서장, 연 1회	소방관서장, 연 1회
②	소방관서장, 연 2회	소방관서장, 연 2회
③	소방청장이나 소방본부장, 연 1회	소방청장이나 소방본부장, 연 1회
④	소방본부장이나 소방서장, 연 2회	소방본부장이나 소방서장, 연 2회

해설 ① 맞음, ㉠ 소방관서장은 법 제18조제3항에 따라 화재예방강화지구 안의 소방대상물의 위치·구조 및 설비 등에 대한 화재안전조사를 연 1회 이상 실시해야 한다.(영 제20조 제1항)
㉡ 소방관서장은 법 제18조제5항에 따라 화재예방강화지구 안의 관계인에 대하여 소방에 필요한 훈련 및 교육을 연 1회 이상 실시할 수 있다.(영 제20조 제2항)

정답 61.③ 62.① 63.①

64 「화재의 예방 및 안전관리에 관한 법률 시행령」상 시·도지사가 화재예방강화지구 관리대장에 작성하고 관리해야 할 사항으로 옳지 않은 것은? ☆ 22년 소방장

① 화재안전조사의 계획
② 소방훈련의 실시 현황
③ 소방설비의 설치 명령 현황
④ 화재경계지구의 지정 현황

해설 ① 틀림, 계획이 아니라 결과로 고쳐야 한다. 시·도지사는 법 제18조제6항에 따라 ②,③,④ 및 다음의 사항을 행정안전부령으로 정하는 화재예방강화지구 관리대장에 작성하고 관리해야 한다.(영 제20조 제4항)
㉠ 화재안전조사의 결과
㉡ 소방교육의 실시 현황 및 그 밖에 화재예방 강화를 위하여 필요한 사항

65 불을 사용하는 설비의 관리기준 중 난로의 기준에 해당하지 않는 것은? ☆ 22년 소방교

① 난로와 벽 사이의 거리는 0.5미터 이상 되도록 하여야 한다.
② 연통은 천장으로부터 0.6미터 이상 떨어지고, 연통의 배출구는 건물 밖으로 0.6미터 이상 나오게 설치해야 한다.
③ 가연성 벽·바닥 또는 천장과 접촉하는 연통의 부분은 규조토 등 난연성 또는 불연성의 단열재로 덮어씌워야 한다.
④ 이동식난로는 종합병원·병원에 사용하여서는 아니 된다. 다만, 난로가 쓰러지지 아니하도록 받침대를 두어 고정시키거나 쓰러지는 경우 즉시 소화되고 연료의 누출을 차단할 수 있는 장치가 부착된 경우에는 그렇지 않다.

해설 ① 틀림, 난로와 벽 사이의 거리에 대한 법 규정은 없다.
②,④ 맞음, 연통은 천장으로부터 0.6미터 이상 떨어지고, 연통의 배출구는 건물 밖으로 0.6미터 이상 나오게 설치해야 하며, 이동식 난로의 설치 금지 장소라도 안전장치가 부착된 경우는 설치가 가능하다.

66 「화재예방법 시행령」상 특수가연물에 관한 내용으로 옳은 것은? ☆ 22년 소방교

① 면화류는 불연성 또는 난연성인 면상 또는 팽이모양의 섬유와 마사 원료를 말한다.
② 사류는 불연성 또는 난연성인 실(실부스러기와 솜털을 포함한다)과 누에고치를 말한다.
③ 가연성고체가 특수가연물이 되기 위한 조건은 1,000 킬로그램 이상이다.
④ 석탄·목탄류에는 코크스, 석탄가루를 물에 갠 것, 마세크탄(조개탄), 연탄, 석유코크스, 활성탄 및 이와 유사한 것을 포함한다.

해설 ①,② 틀림, 면화류 및 사류는 모두 불연성 또는 난연성이 아니어야 한다.
③ 틀림, 가연성고체가 특수가연물이 되기 위한 조건은 3,000 킬로그램 이상이다.
④ 맞음, 석탄·목탄류에는 코크스, 석탄가루를 물에 갠 것, 마세크탄(조개탄), 연탄, 석유코크스, 활성탄 및 이와 유사한 것을 포함한다.

정답 64.① 65.① 66.④

67 「화재의 예방 및 안전관리에 관한 법률」및 같은 법 시행령상 화재예방강화지구에 관한 설명이다. ( ) 안에 들어갈 숫자로 옳은 것은?   ☆ 23년 소방장

> 가. 소방관서장은 화재예방강화지구 안의 소방대상물의 위치·구조 설비 등에 대한 화재안전조사를 연 (ㄱ)회 이상 실시해야 한다.
> 나. 소방관서장은 화재예방강화지구 안의 관계인에 대하여 필요한 훈련 및 교육을 연 (ㄴ)회 이상 실시할 수 있다.
> 다. 소방관서장은 훈련 및 교육을 실시하려는 경우에는 화재예방강화지구 안의 관계인에게 훈련 또는 교육 (ㄷ)일 전까지 그 사실을 통보해야 한다.

	ㄱ	ㄴ	ㄷ
①	1	1	10
②	1	2	30
③	2	1	10
④	2	1	30

해설 ① 맞음, 소방관서장은 화재예방강화지구 안의 소방대상물의 위치·구조 설비 등에 대한 화재안전조사를 연 (1)회 이상 실시해야 한다. 소방관서장은 화재예방강화지구 안의 관계인에 대하여 필요한 훈련 및 교육을 연 (1)회 이상 실시할 수 있다. 소방관서장은 훈련 및 교육을 실시하려는 경우에는 화재예방강화지구 안의 관계인에게 훈련 또는 교육 (10)일 전까지 그 사실을 통보해야 한다.

68 「화재의 예방 및 안전관리에 관한 법률 시행령」상 보일러 등의 설비 또는 기구 등의 위치·구조 및 관리와 화재예방을 위하여 불을 사용할 때 지켜야 하는 사항으로 옳지 않은 것은? (단, 주택에서 사용하는 가정용은 제외)   ☆ 24년 소방교

① 건조설비와 벽·천장 사이의 거리는 0.5미터 이상이어야 한다.
② 보일러 본체와 벽·천장 사이의 거리는 0.5미터 이상이어야 한다.
③ 노 또는 화덕의 주위에는 녹는 물질이 확산되지 않도록 높이 0.1미터 이상의 턱을 설치해야 한다.
④ 일반음식점 주방에서 음식조리를 위하여 설치하는 주방설비에 부속된 배출덕트(공기 배출통로)는 0.5밀리미터 이상의 아연도금강판 또는 이와 같거나 그 이상의 내식성불연재료로 설치해야 한다.

해설 ① 맞음, 건조설비와 벽·천장 사이의 거리는 0.5미터 이상이어야 한다.
② 틀림, 보일러 본체와 벽·천장 사이의 거리, 난로 연통과 천장 사이의 거리, 열을 발생시키는 조리기구와 반자 또는 선반과의 거리는 0.6미터 이상이어야 한다.
③ 맞음, 노 또는 화덕의 주위에는 녹는 물질이 확산되지 않도록 높이 0.1미터 이상의 턱을 설치해야 한다.

정답 67.① 68.②

69 「화재의 예방 및 안전관리에 관한 법률 시행령」상 특수가연물의 저장 및 취급 기준에 관한 설명으로 옳은 것은? ☆ 24년 소방장

① 특수가연물을 실외에 쌓아 저장하는 경우 쌓는 부분이 대지경계선, 도로 및 인접 건축물과 최소 3미터 이상 간격을 두어야 한다.
② 특수가연물 표지의 바탕은 흰색으로 문자는 검은색으로 하고, 화기엄금 표시 부분의 바탕은 흰색으로 문자는 붉은색으로 해야 한다.
③ 특수가연물을 쌓는 부분 바닥면적의 사이는 실내의 경우 1.2미터 또는 쌓는 높이의 1/2 중 큰 값 이상으로 간격을 두어야 하며, 실외의 경우 2.4미터 또는 쌓는 높이 중 큰 값 이상으로 간격을 두어야 한다.
④ 특수가연물을 저장 또는 취급하는 장소에는 품명, 최대저장수량, 단위부피당 질량 또는 단위체적당 질량, 관리책임자 성명·직책, 연락처 및 화기취급의 금지표시가 포함된 특수가연물 표지를 설치해야 한다.

해설 ① 틀림, 특수가연물을 실외에 쌓아 저장하는 경우 쌓는 부분이 대지경계선, 도로 및 인접 건축물과 최소 6미터 이상 간격을 두어야 한다.
② 틀림, 특수가연물 표지의 바탕은 흰색으로 문자는 검은색으로 하고, 화기엄금 표시 부분의 바탕은 붉은색으로 문자는 백색으로 해야 한다.
③ 틀림, 특수가연물을 쌓는 부분 바닥면적의 사이는 실내의 경우 1.2미터 또는 쌓는 높이의 1/2 중 큰 값 이상으로 간격을 두어야 하며, 실외의 경우 3미터 또는 쌓는 높이 중 큰 값 이상으로 간격을 두어야 한다.
④ 맞음, 특수가연물을 저장 또는 취급하는 장소에는 품명, 최대저장수량, 단위부피당 질량 또는 단위체적당 질량, 관리책임자 성명·직책, 연락처 및 화기취급의 금지표시가 포함된 특수가연물 표지를 설치해야 한다.

70 「화재의 예방 및 안전관리에 관한 법률 시행령」상 화재안전취약자에 대한 지원 대상으로 옳지 않은 것은? ☆ 24년 소방장

① 「아동복지법」에 따른 피해아동
② 「장애인복지법」에 따른 중증장애인
③ 「국민기초생활 보장법」에 따른 수급자
④ 「다문화가족지원법」에 따른 다문화가족의 구성원

해설 ① 틀림, 법 제23조제1항에 따른 어린이, 노인, 장애인 등 화재의 예방 및 안전관리에 취약한 자(화재안전취약자)에 대한 지원의 대상은 다음과 같다.(영 제24조 제1항)
㉠ 「국민기초생활 보장법」제2조제2호에 따른 수급자
㉡ 「장애인복지법」제6조에 따른 중증장애인
㉢ 「한부모가족지원법」제5조에 따른 지원대상자
㉣ 「노인복지법」제27조의2에 따른 홀로 사는 노인
㉤ 「다문화가족지원법」제2조제1호에 따른 다문화가족의 구성원
㉥ 그 밖에 화재안전에 취약하다고 소방관서장이 인정하는 사람

정답 69.④ 70.①

CHAPTER 04 소방대상물의 소방안전관리

> **학/습/포/인/트**
>
> 소방시설법 제3장이 소방시설과 관련된 물(物)적인 사항인 특정소방대상물과 그에 대한 소방시설 등이 중점적인 규율사항이었다면, 화재예방법의 이 장은 특정소방대상물의 시설물에 대한 안전관리에 관한 인(人)적인 요소를 중점적으로 규율하고 있다. 특정 소방대상물의 안전관리를 위하여 관계인에게 각종 의무를 부과하고 있다. 소방안전관리에 관한 사항, 소방훈련 및 교육에 관한 사항 등을 규정하고 있다.

제1절 소방안전관리

1 특정소방대상물의 소방안전관리

(1) 소방안전관리제도의 의의

① 특정소방대상물에 있어서 화재로부터의 자기재산과 생명의 보호는 일차적으로 관계인의 책임에 그 근간을 두고 있다. 하지만 화재예방이라는 소방의 목적은 공공의 복리증진이라는 공공재의 성격도 동시에 갖고 있는 것이 소방업무의 특징이라 할 수 있다.
② 화재예방법은 특정소방대상물의 관계인에게 소방안전관리의 의무를 부여하며, 일정규모 이상의 소방대상물은 소방안전관리자가 소방안전관리업무를 담당하도록 하고 있다.

(2) 특정소방대상물 관계인의 의무(법 제24조 제1항 및 제2항)

① **소방안전관리자의 선임** : 특정소방대상물 중 전문적인 안전관리가 요구되는 대통령령으로 정하는 특정소방대상물(소방안전관리대상물)의 관계인은 소방안전관리업무를 수행하기 위하여 소방안전관리자 자격증을 발급받은 사람을 소방안전관리자로 선임하여야 한다.
② **소방안전관리보조자의 선임** : 소방안전관리자의 업무에 대하여 보조가 필요한 대통령령으로 정하는 소방안전관리대상물의 경우에는 소방안전관리자 외에 소방안전관리보조자를 추가로 선임하여야 한다.
③ **소방안전관리업무 전담 대상물** : 다른 안전관리자(다른 법령에 따라 전기·가스·위험물 등의 안전관리 업무에 종사하는 자)는 소방안전관리대상물 중 소방안전관리업무의 전담이 필요한 대통령령으로 정하는 소방안전관리대상물(특급 및 1급 대상물)의 소방안전관리자를 겸할 수 없다. 다만, 다른 법령에 특별한 규정이 있는 경우에는 그러하지 아니하다.

④ 대행자 감독 소방안전관리자 : 소방안전관리대상물의 관계인은 소방안전관리업무를 대행하는 관리업자를 감독할 수 있는 사람을 지정하여 소방안전관리자로 선임할 수 있다. 이 경우 소방안전관리자로 선임된 자는 선임된 날부터 3개월 이내에 제34조에 따른 교육을 받아야 한다.
⑤ 소방안전관리자의 자격 등에 필요한 사항 : 소방안전관리자 및 소방안전관리보조자의 선임 대상별 자격 및 인원기준은 대통령령으로 정하고, 선임 절차 등 그 밖에 필요한 사항은 행정안전부령으로 정한다.

(3) 소방안전관리업무(법 제24조 제5항)

특정소방대상물의 관계인(소방안전관리대상물은 제외)과 소방안전관리대상물의 소방안전관리자는 다음의 소방안전관리 업무를 수행한다. 다만, ①·②·⑤ 및 ⑦의 업무는 소방안전관리대상물의 경우에만 해당한다.
① 피난계획에 관한 사항과 대통령령으로 정하는 사항이 포함된 소방계획서의 작성 및 시행
② **자위소방대 및 초기대응체계의 구성, 운영 및 교육** : 자위소방대 및 초기대응체계의 구성, 운영 및 교육에 필요한 사항은 행정안전부령으로 정한다.(법 제24조 제6항)
③ 「소방시설 설치 및 관리에 관한 법률」 제16조에 따른 피난시설, 방화구획 및 방화시설의 관리
④ 소방시설이나 그 밖의 소방 관련 시설의 관리
⑤ 제37조에 따른 소방훈련 및 교육
⑥ 화기(火氣) 취급의 감독
⑦ 행정안전부령으로 정하는 바에 따른 소방안전관리에 관한 업무수행에 관한 기록·유지(제3호·제4호 및 제6호의 업무를 말한다) : 방화시설의 관리, 소방시설이나 소방 관련 시설의 관리, 화기 취급의 감독 업무
⑧ 화재발생 시 초기대응
⑨ 그 밖에 소방안전관리에 필요한 업무
※ 관계인은 ㉠,㉡,㉢,㉣,㉤의 업무를 수행하며, 소방안전관리자는 모든 업무를 수행한다.

특정소방대상물의 관계인과 소방안전관리대상물의 소방안전관리자의 공통 업무	㉠ 피난시설, 방화구획 및 방화시설의 관리 ㉡ 소방시설이나 그 밖의 소방 관련 시설의 관리 ㉢ 화기(火氣) 취급의 감독 ㉣ 화재발생 시 초기대응 ㉤ 그 밖에 소방안전관리에 필요한 업무
소방안전관리대상물의 소방안전관리자의 추가업무	㉥ 소방계획서의 작성 및 시행 ㉦ 자위소방대 및 초기대응체계의 구성, 운영 및 교육 ㉧ 소방훈련 및 교육 ㉨ 행안부령으로 정하는 소방안전관리에 관한 업무수행(방화시설·소방시설의 관리 및 화기취급의 감독)에 관한 기록·유지

(4) 소방안전관리대상물의 소방계획서 작성(영 제27조)

소방계획서에는 다음의 사항이 포함되어야 한다. 소방본부장 또는 소방서장은 소방안전관리대상물의 소방계획서의 작성 및 그 실시에 관하여 지도·감독한다.

① **일반현황** : 소방안전관리대상물의 위치·구조·연면적(「건축법 시행령」제119조제1항제4호에 따라 산정된 면적을 말한다)·용도 및 수용인원 등 일반 현황
② **시설현황** : 소방안전관리대상물에 설치한 소방시설·방화시설(防火施設), 전기시설·가스시설 및 위험물시설의 현황
③ 화재 예방을 위한 자체점검계획 및 대응대책
④ 소방시설·피난시설 및 방화시설의 점검·정비계획
⑤ 피난층 및 피난시설의 위치와 피난경로의 설정, 화재안전취약자의 피난계획 등을 포함한 피난계획
⑥ 방화구획, 제연구획(除煙區劃), 건축물의 내부 마감재료 및 방염대상물품의 사용현황과 그 밖의 방화구조 및 설비의 유지·관리계획
⑦ 법 제35조제1항에 따른 관리의 권원이 분리된 특정소방대상물의 소방안전관리에 관한 사항
⑧ 소방훈련·교육에 관한 계획
⑨ 법 제37조를 적용받는 특정소방대상물의 근무자 및 거주자의 자위소방대 조직과 대원의 임무(화재안전취약자의 피난 보조 임무를 포함한다)에 관한 사항
⑩ 화기 취급 작업에 대한 사전 안전조치 및 감독 등 공사 중 소방안전관리에 관한 사항
⑪ 소화에 관한 사항과 연소 방지에 관한 사항
⑫ 위험물의 저장·취급에 관한 사항(「위험물안전관리법」제17조에 따라 예방규정을 정하는 제조소등은 제외한다)
⑬ 소방안전관리에 대한 업무수행에 관한 기록 및 유지에 관한 사항
⑭ 화재발생 시 화재경보, 초기소화 및 피난유도 등 초기대응에 관한 사항
⑮ 그 밖에 소방본부장 또는 소방서장이 소방안전관리대상물의 위치·구조·설비 또는 관리상황 등을 고려하여 소방안전관리에 필요하여 요청하는 사항

(5) 소방안전관리업무의 대행(법 제25조)

① **업무대행** : 소방안전관리대상물 중 연면적 등이 일정규모 미만인 대통령령으로 정하는 소방안전관리대상물의 관계인은 관리업자로 하여금 소방안전관리업무 중 대통령령으로 정하는 업무를 대행하게 할 수 있다. 이 경우 선임된 소방안전관리자는 관리업자의 대행업무 수행을 감독하고 대행업무 외의 소방안전관리업무는 직접 수행하여야 한다.(제1항)
② **대행인력의 배치기준 등** : 소방안전관리업무를 대행하는 자는 대행인력의 배치기준·자격·방법 등 행정안전부령으로 정하는 준수사항을 지켜야 한다.
③ **업무대행 대가의 산정** : 소방안전관리업무를 관리업자에게 대행하게 하는 경우의 대가(代價)는「엔지니어링산업 진흥법」제31조에 따른 엔지니어링사업의 대가 기준 가운데 행정안전부령으로 정하는 방식에 따라 산정한다.

(6) 소방안전관리 업무의 대행 대상 및 업무(영 제28조)

① 대행할 수 있는 소방안전관리대상물 : 법 제25조제1항 전단에서 "대통령령으로 정하는 소방안전관리대상물"이란 다음의 소방안전관리대상물을 말한다. ☆ 20년 소방교
  ㉠ 지상층의 층수가 11층 이상인 1급 소방안전관리대상물(연면적 1만5천제곱미터 이상인 특정소방대상물과 아파트는 제외한다)
  ㉡ 2급 소방안전관리대상물
  ㉢ 3급 소방안전관리대상물

② 관리업자가 대행할 수 있는 소방안전관리업무 : 법 제25조제1항 전단에서 "대통령령으로 정하는 업무"란 다음의 업무를 말한다. ☆ 20년 소방교
  ㉠ 법 제24조제5항제3호에 따른 피난시설, 방화구획 및 방화시설의 관리
  ㉡ 법 제24조제5항제4호에 따른 소방시설이나 그 밖의 소방 관련 시설의 관리

실전연습

Q. 다음 중 소방안전관리를 대행할 수 있는 특정소방대상물은? ☆ 20년 소방교

① 연면적 15,000m^2 제곱미터 미만이고 지상층의 층수가 11층 이상인 복합건축물
② 30층(지하층 제외) 이상이거나 지상으로부터 높이가 120m 이상인 아파트
③ 30층(지하층 포함) 이상이거나 지상으로부터 높이가 120m 이상인 것(아파트 제외)
④ 가연성 가스를 1천 톤 이상 저장·취급하는 시설

해설 | ②,④는 1급 소방안전관리대상물, ③은 특급 소방안전관리대상물로 대행 대상이 아니다. ➡ ①

---

(7) 소방안전관리업무 대행 기준(규칙 제12조)

법 제25조제2항에 따른 소방안전관리업무 대행인력의 배치기준·자격·방법 등 준수사항은 다음 별표 1과 같다.

[규칙 별표 1] 소방안전관리업무 대행인력의 배치기준·자격 및 방법 등 준수사항(규칙 제12조 관련)

1. 업무대행 인력의 배치기준

「소방시설 설치 및 관리에 관한 법률」 제29조에 따라 소방시설관리업을 등록한 소방시설관리업자가 법 제25조제1항에 따라 영 제28조제2항 각 호의 소방안전관리업무를 대행하는 경우에는 다음 각 목에 따른 소방안전관리업무 대행인력(이하 "대행인력"이라 한다)을 배치해야 한다.

가. 소방안전관리대상물의 등급 및 소방시설의 종류에 따른 대행인력의 배치기준

[표 1] 소방안전관리등급 및 설치된 소방시설에 따른 대행인력의 배치 등급

소방안전관리대상물의 등급	설치된 소방시설의 종류	대행인력의 기술등급
1급 또는 2급	스프링클러설비, 물분무등소화설비 또는 제연설비	중급점검자 이상 1명 이상
	옥내소화전설비 또는 옥외소화전설비	초급점검자 이상 1명 이상
3급	자동화재탐지설비 또는 간이스프링클러설비	초급점검자 이상 1명 이상

1. 소방안전관리대상물의 등급은 영 별표 4에 따른 소방안전관리대상물의 등급을 말한다.
2. 대행인력의 기술등급은「소방시설공사업법 시행규칙」별표 4의2에 따른 소방기술자의 자격 등급에 따른다.
3. 연면적 5천제곱미터 미만으로서 스프링클러설비가 설치된 1급 또는 2급 소방안전관리대상물의 경우에는 초급점검자를 배치할 수 있다. 다만, 스프링클러설비 외에 제연설비 또는 물분무등소화설비가 설치된 경우에는 그렇지 않다
4. 스프링클러설비에는 화재조기진압용 스프링클러설비를 포함하고, 물분무등소화설비에는 호스릴(hose reel)방식은 제외한다.

나. 대행인력 1명의 1일 소방안전관리업무 대행 업무량은 [표 2] 및 [표 3]에 따라 산정한 배점을 합산하여 산정하며, 이 합산점수는 8점(이하 "1일 한도점수"라 한다)을 초과할 수 없다.

[표 2] 하나의 소방안전관리대상물의 면적별 배점기준표(아파트는 제외한다)

소방안전관리 대상물의 등급	연면적	대행인력 등급별 배점		
		초급점검자	중급점검자	고급점검자 이상
3급	전체	0.7		
1급 또는 2급	1,500㎡ 미만	0.8	0.7	0.6
	1,500㎡ 이상 3,000㎡ 미만	1.0	0.8	0.7
	3,000㎡ 이상 5,000㎡ 미만	1.2	1.0	0.8
	5,000㎡ 이상 10,000㎡ 이하	1.9	1.3	1.1
	10,000㎡ 초과 15,000㎡ 이하	-	1.6	1.4

비고 주상복합아파트의 경우 세대부를 제외한 연면적과 세대수에「소방시설 설치 및 관리에 관한 법률 시행규칙」별표 3의 종합점검 대상의 경우 32, 작동점검 대상의 경우 40을 곱하여 계산된 값을 더하여 연면적을 산정한다. 다만, 환산한 연면적이 1만5천제곱미터를 초과한 경우에는 1만5천제곱미터로 본다.

[표 3] 하나의 소방안전관리대상물 중 아파트 배점기준표

소방안전관리 대상물의 등급	세대구분	대행인력 등급별 배점		
		초급점검자	중급점검자	고급점검자 이상
3급	전체	0.7		
1급 또는 2급	30세대 미만	0.8	0.7	0.6
	30세대 이상 50세대 미만	1.0	0.8	0.7
	50세대 이상 150세대 미만	1.2	1.0	0.8
	150세대 이상 300세대 미만	1.9	1.3	1.1
	300세대 이상 500세대 미만	-	1.6	1.4
	500세대 이상 1천세대 미만	-	2.0	1.8
	1,000세대 초과	-	2.3	2.1

다. 하루에 2개 이상의 대행 업무를 수행하는 경우에는 소방안전관리대상물 간의 이동거리(좌표거리를 말한다) 5킬로미터 마다 1일 한도점수에 0.01를 곱하여 계산된 값을 1일 한도점수에서 뺀다. 다만, 육지와 도서지역 간에 차량 출입이 가능한 교량으로 연결되지 않은 지역 또는 소방시설관리업자가 없는 시·군 지역은 제외한다.
라. 2명 이상의 대행인력이 함께 대행업무를 수행하는 경우 [표 2] 및 [표 3]의 배점을 인원수로 나누어 적용하되, 소수점 둘째자리에서 절사한다.
마. 영 별표 4 제2호가목3)에 해당하는 1급 소방안전관리대상물은 [표 2]의 배점에 10%를 할증하여 적용한다.

2. 대행인력의 자격기준 및 점검표
    가. 대행인력은 「소방시설 설치 및 관리에 관한 법률」 제29조에 따라 소방시설관리업에 등록된 기술인력을 말한다.
    나. 대행인력의 기술등급은 「소방시설공사업법 시행규칙」 별표 4의2 제3호다목의 소방시설 자체점검 점검자의 기술등급 자격에 따른다.
    다. 대행인력은 소방안전관리업무 대행 시 [표 4]에 따른 소방안전관리업무 대행 점검표를 작성하고 관계인에게 제출해야 한다.

[표 4] 소방안전관리업무 대행 점검표

건물명		점검일	년 월 일(요일)	
주 소				
점검업체명		건물등급	급	
설비명	점검결과 세부 내용			
소방시설				
피난시설				
방화시설				
방화구획				
기타				

확인자	관계인 (서명)
기술인력	대행인력의 기술등급: 대행인력: (서명)

비고
1. 소방시설 점검 시 공용부 점검을 원칙으로 한다. 다만, 단독경보형 감지기 등이 동작(오동작)한 경우에는 단독경보형 감지기 등이 동작한 장소도 점검을 실시한다.
2. 방문 시 리모델링 또는 내부 구획변경 등이 있는 경우에는 해당 부분을 점검하여 점검표에 그 결과를 기재한다.
3. 계단, 통로 등 피난통로 상에 피난에 장애가 되는 물건 등이 쌓여 있는 경우에는 즉시 이동조치 하도록 관계인에게 설명한다.
4. 방화문은 항시 닫힘 상태를 유지하거나 정상 작동될 수 있도록 관계인에게 설명한다.
5. 점검 완료 시 해당 소방안전관리자(또는 관계인)에게 점검결과를 설명하고 점검표에 기재한다.

2 소방안전관리대상물

(1) 소방안전관리자를 두어야 하는 특정소방대상물(영 제25조 제1항) ☆ 21년 소방교, 소방장

특정소방대상물 중 전문적인 안전관리가 요구되는 특정소방대상물(소방안전관리대상물)의 범위와 소방안전관리자의 선임 대상별 자격 및 인원기준은 별표 4와 같다.

① 특급 소방안전관리대상물 : 「소방시설 설치 및 관리에 관한 법률 시행령」별표 2의 특정소방대상물 중 다음의 어느 하나에 해당하는 특급 소방안전관리대상물은 1명 이상의 특급 소방안전관리자를 두어야 한다. 다만, 동·식물원, 철강 등 불연성 물품을 저장·취급하는 창고, 위험물 저장 및 처리 시설 중 위험물 제조소등과 지하구는 제외한다.
  ㉠ 50층 이상(지하층 제외)이거나 지상으로부터 높이가 200미터 이상인 아파트
  ㉡ 30층 이상(지하층 포함)이거나 지상으로부터 높이가 120미터 이상인 특정소방대상물(아파트는 제외한다)
  ㉢ ㉡에 해당하지 아니하는 연면적이 10만제곱미터 이상인 특정소방대상물(아파트 제외)

② 1급 소방안전관리대상물 : 특정소방대상물 중 다음의 어느 하나에 해당하는 것(특급 소방안전관리대상물은 제외한다)은 1명 이상의 1급 소방안전관리자를 두어야 한다. 다만, 동·식물원, 철강 등 불연성 물품을 저장·취급하는 창고, 위험물 저장 및 처리 시설 중 위험물 제조소등과 지하구는 제외한다. ☆ 23년 소방장
  ㉠ 30층 이상(지하층 제외)이거나 지상으로부터 높이가 120미터 이상인 아파트
  ㉡ 연면적 1만5천제곱미터 이상인 특정소방대상물(아파트 및 연립주택은 제외한다)
  ㉢ ㉡에 해당하지 아니하는 특정소방대상물로서 지상층의 층수가 11층 이상인 특정소방대상물(아파트는 제외한다)
  ㉣ 가연성 가스를 1천톤 이상 저장·취급하는 시설

③ 2급 소방안전관리대상물 : 특정소방대상물 중 다음의 어느 하나에 해당하는 것(특급 및 1급 소방안전관리대상물은 제외)은 1명 이상의 2급 소방안전관리자를 두어야 한다. ☆ 23년 소방장
  ㉠ 옥내소화전설비, 스프링클러설비, 물분무등소화설비[화재안전기준에 따라 호스릴(hose reel) 방식의 물분무등소화설비만을 설치할 수 있는 특정소방대상물은 제외한다]를 설치해야 하는 특정소방대상물
  ㉡ 가스 제조설비를 갖추고 도시가스사업의 허가를 받아야 하는 시설 또는 가연성 가스를 100톤 이상 1천톤 미만 저장·취급하는 시설
  ㉢ 지하구
  ㉣ 「공동주택관리법」제2조제1항제2호의 어느 하나에 해당하는 의무관리대상 공동주택[17] (「소방시설 설치 및 관리에 관한 법률 시행령」 별표 4 제1호다목 또는 라목에 따른 옥내소화전설비 또는 스프링클러설비가 설치된 공동주택으로 한정한다)
  ㉤ 「문화유산의 보존 및 활용에 관한 법률」 제23조에 따라 보물 또는 국보로 지정된 목조건축물

---

17) 300세대 이상의 공동주택, 150세대 이상으로서 승강기가 설치된 공동주택, 150세대 이상으로서 중앙집중식 난방방식(지역난방방식을 포함)의 공동주택 등

④ 3급 소방안전관리대상물 : 특정소방대상물 중 다음의 어느 하나에 해당하는 것(특급·1급·2급 소방안전관리대상물은 제외한다)은 1명 이상의 3급 소방안전관리자를 두어야 한다.
  ㉠ 간이스프링클러설비(주택전용 간이스프링클러설비는 제외한다)를 설치해야 하는 특정소방대상물
  ㉡ 자동화재탐지설비를 설치해야 하는 특정소방대상물
⑤ 소방안전관리대상물의 범위의 특례 : 건축물대장의 건축물현황도에 표시된 대지경계선 안의 지역 또는 인접한 2개 이상의 대지에 제1항에 따라 소방안전관리자를 두어야 하는 특정소방대상물이 둘 이상 있고, 그 관리에 관한 권원(權原)을 가진 자가 동일인인 경우에는 이를 하나의 특정소방대상물로 본다. 이 경우 해당 특정소방대상물이 별표 4에 따른 등급 중 둘 이상에 해당하면 그중에서 등급이 높은 특정소방대상물로 본다.

실전연습

Q. 다음 중 소방안전관리대상물에 관한 설명으로 틀린 것은?

① 지하층 포함 30층 이상인 특정소방대상물은 특급 소방안전관리대상물이다.
② 가연성 가스를 1천톤 이상 저장·취급하는 시설은 1급 소방안전관리대상물이다.
③ 지하구 및 연면적 1만 5천 제곱미터 이상인 동·식물원과 철강 등 불연성 물품을 저장·취급하는 창고는 1급 소방안전관리대상물이다.
④ 150세대 이상으로서 승강기가 설치된 공동주택은 2급 소방안전관리대상물이다.

해설 | 지하구는 2급 소방안전관리대상물이며, 동·식물원과 철강 등 불연성 물품을 저장·취급하는 창고는 특급 및 1급 소방안전관리대상물에서 제외된다. ▶ ③

(2) 소방안전관리보조자를 두어야 하는 특정소방대상물(영 제25조 제2항)

법 제24조제1항 후단에 따라 소방안전관리보조자를 추가로 선임해야 하는 소방안전관리대상물의 범위와 같은 조 제4항에 따른 소방안전관리보조자의 선임 대상별 자격 및 인원기준은 별표 5와 같다. 다음의 어느 하나에 해당하는 소방안전관리대상물은 소방안전관리보조자를 두어야 한다. ☆ 23년 소방교

① 「건축법 시행령」 별표 1 제2호가목에 따른 아파트 중 300세대 이상의 아파트 : 1명을 선임하며, 초과되는 300세대마다 1명 이상을 추가로 선임해야 한다.
② 아파트 및 연립주택을 제외한 연면적이 1만5천제곱미터 이상인 특정소방대상물 : 1명을 선임하며, 초과되는 연면적 1만5천제곱미터(특정소방대상물의 방재실에 자위소방대가 24시간 상시 근무하고 「소방장비관리법 시행령」 별표 1 제1호가목에 따른 소방자동차 중 소방펌프차, 소방물탱크차, 소방화학차 또는 무인방수차를 운용하는 경우에는 3만제곱미터로 한다)마다 1명 이상을 추가로 선임해야 한다.

③ **기타 특정소방대상물** : ① 및 ②에 따른 특정소방대상물을 제외한 특정소방대상물 중 다음의 어느 하나에 해당하는 특정소방대상물은 1명을 선임한다. 다만, 해당 특정소방대상물이 소재하는 지역을 관할하는 소방서장이 야간이나 휴일에 해당 특정소방대상물이 이용되지 아니한다는 것을 확인한 경우에는 소방안전관리보조자를 선임하지 않을 수 있다. ☆ 24년 소방교
  ㉠ 공동주택 중 기숙사
  ㉡ 의료시설
  ㉢ 노유자시설
  ㉣ 수련시설
  ㉤ 숙박시설(숙박시설로 사용되는 바닥면적의 합계가 1천500제곱미터 미만이고 관계인이 24시간 상시 근무하고 있는 숙박시설은 제외한다)

3 소방안전관리자 등의 자격

(1) 특급 소방안전관리대상물의 소방안전관리자

특급 소방안전관리대상물에 선임해야 하는 소방안전관리자의 자격은 다음의 어느 하나에 해당하는 사람으로서 특급 소방안전관리자 자격증을 발급받은 사람이다. ☆ 17년 인천 소방장

① 소방기술사 또는 소방시설관리사의 자격이 있는 사람
② 소방설비기사의 자격을 취득한 후 5년 이상 1급 소방안전관리대상물의 소방안전관리자로 근무한 실무경력(소방안전관리업무 대행자를 감독하는 소방안전관리자 근무경력 제외)이 있는 사람
③ 소방설비산업기사의 자격을 취득한 후 7년 이상 1급 소방안전관리대상물의 소방안전관리자로 근무한 실무경력이 있는 사람
④ 소방공무원으로 20년 이상 근무한 경력이 있는 사람
⑤ 소방청장이 실시하는 특급 소방안전관리대상물의 소방안전관리에 관한 시험에 합격한 사람

실전연습

Q. 특급 소방안전관리대상물의 소방안전관리자 자격으로 틀린 것은?

① 소방기술사 또는 소방시설관리사의 자격이 있는 사람
② 소방설비산업기사 자격을 가지고 5년 이상 1급 소방안전관리자로 근무한 경력이 있는 사람
③ 소방공무원으로 20년 이상 근무한 경력이 있는 사람
④ 특급 소방안전관리대상물의 소방안전관리에 대한 강습교육을 수료하고 소방청장이 실시하는 특급 소방안전관리대상물의 소방안전관리에 관한 시험에 합격한 사람

해설 | 이 경우 7년 이상 1급 소방안전관리자로 근무한 실무경력이 있는 사람이어야 한다. ↦ ②

(2) 1급 소방안전관리대상물의 소방안전관리자

1급 소방안전관리대상물에 선임해야 하는 소방안전관리자의 자격은 다음의 어느 하나에 해당하는 사람으로서 1급 소방안전관리자 자격증을 발급받은 사람 또는 특급 소방안전관리대상물의 소방안전관리자 자격증을 발급받은 사람이다.

① 소방설비기사 또는 소방설비산업기사의 자격이 있는 사람
② 소방공무원으로 7년 이상 근무한 경력이 있는 사람
③ 소방청장이 실시하는 1급 소방안전관리대상물의 소방안전관리에 관한 시험에 합격한 사람

(3) 2급 소방안전관리대상물의 소방안전관리자

2급 소방안전관리대상물에 선임해야 하는 소방안전관리자의 자격은 다음의 어느 하나에 해당하는 사람으로서 2급 소방안전관리자 자격증을 발급받은 사람, 특급 소방안전관리대상물 또는 1급 소방안전관리대상물의 소방안전관리자 자격증을 발급받은 사람이다.

① 위험물기능장·위험물산업기사 또는 위험물기능사 자격이 있는 사람
② 소방공무원으로 3년 이상 근무한 경력이 있는 사람
③ 소방청장이 실시하는 2급 소방안전관리대상물의 소방안전관리에 관한 시험에 합격한 사람
④ 「기업활동 규제완화에 관한 특별조치법」제29조, 제30조 및 제32조에 따라 소방안전관리자로 선임된 사람(소방안전관리자로 선임된 기간으로 한정한다)

(4) 3급 소방안전관리대상물의 소방안전관리자

다음의 어느 하나에 해당하는 사람으로서 3급 소방안전관리자 자격증을 발급받은 사람 또는 특급·1급·2급 소방안전관리대상물의 소방안전관리자 자격증을 발급받은 사람이다.

① 소방공무원으로 1년 이상 근무한 경력이 있는 사람
② 소방청장이 실시하는 3급 소방안전관리대상물의 소방안전관리에 관한 시험에 합격한 사람
③ 「기업활동 규제완화에 관한 특별조치법」제29조, 제30조 및 제32조에 따라 소방안전관리자로 선임된 사람(소방안전관리자로 선임된 기간으로 한정한다)

(5) 소방안전관리보조자의 자격

① **소방안전관리자** : 각급 소방안전관리대상물의 소방안전관리자 자격이 있는 사람
② 「국가기술자격법」제2조제3호에 따른 국가기술자격의 직무분야 중 건축, 기계제작, 기계장비 설비·설치, 화공, 위험물, 전기, 전자 및 안전관리에 해당하는 국가기술자격이 있는 사람
③ **공공기관 강습교육을 수료한 사람** : 「공공기관의 소방안전관리에 관한 규정」제5조제1항제2호에 따른 강습교육을 수료한 사람
④ **각급 강습교육을 수료한 사람** : 강습교육 중 특급·1급·2급 및 3급 소방안전관리자가 되려는 사람을 대상으로 하는 각급 강습교육을 수료한 사람
⑤ 소방안전관리대상물에서 **소방안전 관련 업무에 2년 이상** 근무한 경력이 있는 사람

4 소방안전관리자 등의 선임

(1) 소방안전관리자의 선임시기(규칙 제14조 제1항) ☆ 18년 소방교, 16년 경기 소방교

소방안전관리대상물의 관계인은 법 제24조 및 제35조에 따라 소방안전관리자를 다음의 구분에 따라 다음에서 정하는 날(사유발생일)부터 30일 이내에 선임해야 한다.

① 신규 선임 : 신축·증축·개축·재축·대수선 또는 용도변경으로 해당 특정소방대상물의 소방안전관리자를 신규로 선임해야 하는 경우 해당 특정소방대상물의 사용승인일(건축물의 경우에는 「건축법」제22조에 따라 건축물을 사용할 수 있게 된 날을 말한다)

② 등급 변경 : 증축 또는 용도변경으로 인하여 특정소방대상물이 영 제25조제1항에 따른 소방안전관리대상물로 된 경우 또는 특정소방대상물의 소방안전관리 등급이 변경된 경우 증축공사의 사용승인일 또는 용도변경 사실을 건축물관리대장에 기재한 날

③ 권리 취득 : 특정소방대상물을 양수하거나 「민사집행법」에 따른 경매, 「채무자 회생 및 파산에 관한 법률」에 따른 환가(換價), 「국세징수법」등에 따른 압류재산의 매각이나 그 밖에 이에 준하는 절차에 따라 관계인의 권리를 취득한 경우에는 해당 권리를 취득한 날 또는 관할 소방서장으로부터 소방안전관리자 선임 안내를 받은 날. 다만, 새로 권리를 취득한 관계인이 종전의 특정소방대상물의 관계인이 선임신고한 소방안전관리자를 해임하지 않는 경우는 제외한다.

④ 법 제35조(권원이 분리된 특정소방대상물)에 따른 특정소방대상물의 경우: 관리의 권원이 분리되거나 소방본부장 또는 소방서장이 관리의 권원을 조정한 날

⑤ 소방안전관리자의 해임, 퇴직 등으로 해당 **소방안전관리자의 업무가 종료된 경우** : 소방안전관리자가 해임된 날, 퇴직한 날 등 근무를 종료한 날

⑥ 소방안전관리업무를 대행하는 자를 감독할 수 있는 사람을 소방안전관리자로 선임한 경우로서 그 업무대행 계약이 해지 또는 종료된 경우 : 소방안전관리업무 대행이 끝난 날

⑦ 소방안전관리자 자격이 정지 또는 취소된 경우 : 자격이 정지 또는 취소된 날

(2) 2급 또는 3급 소방안전관리자의 선임연기(규칙 제14조)

① 연기 사유 : 2급 또는 3급 소방안전관리대상물의 관계인은 소방안전관리자 자격시험이나 소방안전관리자에 대한 강습교육이 소방안전관리자 선임기간 내에 있지 않아 소방안전관리자를 선임할 수 없는 경우에는 소방안전관리자 선임의 연기를 신청할 수 있다.(제2항)

② 연기 신청 : 소방안전관리자 선임의 연기를 신청하려는 2급 또는 3급 소방안전관리대상물의 관계인은 소방안전관리자 선임 연기 신청서를 작성하여 소방본부장 또는 소방서장에게 제출해야 한다. 이 경우 소방본부장 또는 소방서장은 법 제33조에 따른 종합정보망에서 강습교육의 접수 또는 시험응시 여부를 확인해야 하며, 관계인은 소방안전관리자가 선임될 때까지 법 제24조제5항의 소방안전관리업무를 수행해야 한다.(제3항)

③ 선임기간 지정 통보 : 소방본부장 또는 소방서장은 선임 연기 신청서를 제출받은 경우에는 3일 이내에 소방안전관리자 선임기간을 정하여 2급 또는 3급 소방안전관리대상물의 관계인에게 통보해야 한다.(제4항)

(3) 소방안전관리자의 선임신고(법 제26조) ☆ 24년 소방장

① **선임신고** : 소방안전관리대상물의 관계인이 제24조에 따라 소방안전관리자 또는 소방안전관리보조자를 선임한 경우에는 행정안전부령으로 정하는 바에 따라 선임한 날부터 14일 이내에 소방본부장 또는 소방서장에게 신고하여야 한다.
② **해임 사실의 확인** : 소방안전관리대상물의 관계인이 소방안전관리자 또는 소방안전관리보조자를 해임한 경우에는 그 관계인 또는 해임된 소방안전관리자 또는 소방안전관리보조자는 소방본부장이나 소방서장에게 그 사실을 알려 해임한 사실의 확인을 받을 수 있다.

(4) 선임신고 절차

① **선임신고서 제출** : 소방안전관리대상물의 관계인은 법 제24조 또는 제35조에 따라 소방안전관리자 또는 총괄소방안전관리자(소방안전관리자를 겸임하거나 공동으로 선임되는 사람을 포함)를 선임한 경우에는 소방안전관리자 선임신고서에 다음의 어느 하나에 해당하는 서류(전자문서 포함)를 첨부하여 소방본부장 또는 소방서장에게 제출해야 한다. 이 경우 소방안전관리대상물의 관계인은 종합정보망을 이용하여 선임신고를 할 수 있다.
　㉠ 제18조에 따른 소방안전관리자 자격증
　㉡ 소방안전관리대상물의 소방안전관리에 관한 업무를 감독할 수 있는 직위에 있는 사람임을 증명하는 서류 및 소방안전관리업무의 대행 계약서 사본(법 제24조제3항에 따라 소방안전관리대상물의 관계인이 소방안전관리업무를 대행하게 하는 경우만 해당한다)
　㉢ 「기업활동 규제완화에 관한 특별조치법」에 따라 해당 소방안전관리대상물의 소방안전관리자를 겸임할 수 있는 안전관리자로 선임된 사실을 증명할 수 있는 서류 또는 선임사항이 기록된 자격증(자격수첩을 포함한다)
　㉣ 계약서 또는 권원이 분리됨을 증명하는 관련 서류(권원별 소방안전관리자를 선임한 경우)
② **선임증의 발급** : 소방본부장 또는 소방서장은 소방안전관리대상물의 관계인이 소방안전관리자 등을 선임하여 신고하는 경우에는 신고인에게 선임증을 발급해야 한다. 이 경우 소방본부장 또는 소방서장은 신고인이 종전의 선임이력에 관한 확인을 신청하는 경우에는 소방안전관리자 선임 이력 확인서를 발급해야 한다.
③ **선임신고 사실 등 입력** : 소방본부장 또는 소방서장은 소방안전관리자의 선임신고를 접수하거나 해임 사실을 확인한 경우에는 지체 없이 관련 사실을 종합정보망에 입력해야 하며, 선임신고의 효율적 처리를 위하여 소방안전관리대상물이 완공된 경우에는 지체 없이 해당 소방안전관리대상물의 위치, 연면적 등의 정보를 종합정보망에 입력해야 한다.

(5) 소방안전관리자 정보의 게시(규칙 제15조)

① **게시사항** : 소방안전관리대상물의 관계인이 소방안전관리자 등을 선임한 경우 소방안전관리대상물의 출입자가 쉽게 알 수 있도록 소방안전관리자의 성명과 행정안전부령으로 정하는 다음의 사항을 게시하여야 한다.(법 제26조 제1항 및 규칙 제15조 제1항) ☆ 24년 소방교

㉠ 소방안전관리대상물의 명칭 및 등급
　　　㉡ 소방안전관리자의 성명 및 선임일자
　　　㉢ 소방안전관리자의 연락처
　　　㉣ 소방안전관리자의 근무 위치(화재 수신기 또는 종합방재실을 말한다)
　② **성명 및 점검기록표의 게시** : 소방안전관리자 성명 등의 게시는 별표 2의 소방안전관리자 현황표에 따른다. 이 경우 「소방시설 설치 및 관리에 관한 법률 시행규칙」별표 5에 따른 소방시설등 자체점검기록표를 함께 게시할 수 있다.

실전연습

Q. 관계인이 소방안전관리자를 선임한 경우 정보의 게시사항으로 틀린 것은? ☆ 20년 소방교, 소방장

① 소방안전관리대상물의 명칭
② 소방안전관리자의 선임일자
③ 소방안전관리대상물의 등급
④ 소방대상물에 설치된 수신기의 위치

해설 | 소방대상물에 설치된 수신기의 위치가 소방안전관리자의 근무 위치가 정보의 게시사항이다.　　➡ ④

---

(6) 소방안전관리보조자의 선임신고(규칙 제16조)

① **선임시기** : 소방안전관리대상물의 관계인은 법 제24조제1항 후단에 따라 소방안전관리자보조자를 다음에서 정하는 날(사유발생일)부터 30일 이내에 선임해야 한다.
　㉠ 신축·증축·개축·재축·대수선 또는 용도변경으로 해당 소방안전관리대상물의 소방안전관리보조자를 신규로 선임하는 경우 : 해당 소방안전관리대상물의 사용승인일
　㉡ 소방안전관리대상물을 양수하거나 경매, 환가, 「국세징수법」등에 따른 압류재산의 매각이나 그 밖에 이에 준하는 절차에 따라 관계인의 권리를 취득한 경우 : 해당 권리를 취득한 날 또는 관할 소방서장으로부터 소방안전관리보조자 선임 안내를 받은 날. 다만, 새로 권리를 취득한 관계인이 종전의 소방안전관리대상물의 관계인이 선임신고한 소방안전관리보조자를 해임하지 않는 경우는 제외한다.
　㉢ 소방안전관리보조자의 해임, 퇴직 등으로 해당 소방안전관리보조자의 업무가 종료된 경우 : 소방안전관리보조자가 해임된 날, 퇴직한 날 등 근무를 종료한 날
② **선임연기** : 소방안전관리보조자를 선임해야 하는 소방안전관리대상물(보조자선임대상 소방안전관리대상물)의 관계인은 강습교육이 소방안전관리보조자 선임기간 내에 있지 않아 소방안전관리보조자를 선임할 수 없는 경우에는 소방안전관리보조자 선임의 연기를 신청할 수 있다. 이 경우 선임 연기 신청서를 작성하여 소방본부장 또는 소방서장에게 제출해야 하며 소방본부장 또는 소방서장은 종합정보망에서 강습교육의 접수 여부를 확인해야 한다.

③ 선임기간 지정 통보 : 소방본부장 또는 소방서장은 선임 연기 신청서를 제출받은 경우에는 3일 이내에 소방안전관리보조자 선임기간을 정하여 보조자선임대상 소방안전관리대상물의 관계인에게 통보해야 한다.
④ 신고서 제출 : 보조자선임대상 소방안전관리대상물의 관계인은 소방안전관리보조자를 선임한 경우에는 소방안전관리보조자 선임신고서(전자문서 포함)에 다음의 어느 하나에 해당하는 서류를 첨부하여 소방본부장 또는 소방서장에게 제출해야 한다. 이 경우 보조자선임대상 소방안전관리대상물의 관계인은 종합정보망을 이용하여 선임신고를 할 수 있다.
　㉠ 제18조에 따른 소방안전관리자 자격증
　㉡ 영 별표 4에 따른 특급, 1급, 2급 또는 3급 소방안전관리대상물의 소방안전관리자가 되려는 사람에 대한 강습교육 수료증
　㉢ 소방안전관리대상물의 소방안전 관련 업무에 2년 이상 근무한 경력이 있는 사람임을 증명할 수 있는 서류
⑤ 국가기술자격증 확인 : 소방본부장 또는 소방서장은 제5항에 따라 보조자선임대상 소방안전관리대상물의 관계인이 선임신고를 하는 경우「전자정부법」제36조제1항에 따른 행정정보의 공동이용을 통하여 선임된 소방안전관리보조자의 국가기술자격증(영 별표 5 제2호나목에 해당하는 사람만 해당)을 확인해야 한다. 이 경우 선임된 소방안전관리보조자가 확인에 동의하지 않으면 국가기술자격증의 사본을 제출하도록 해야 한다.
⑥ 선임증 발급 : 소방본부장 또는 소방서장은 보조자선임대상 소방안전관리대상물의 관계인이 소방안전관리보조자를 선임하고 신고하는 경우에는 신고인에게 소방안전관리보조자 선임증을 발급해야 한다. 이 경우 소방본부장 또는 소방서장은 신고인이 종전의 선임이력에 관한 확인을 신청하는 경우에는 소방안전관리보조자 선임 이력 확인서를 발급해야 한다.
⑦ 해임사실의 입력 : 소방본부장 또는 소방서장은 소방안전관리보조자의 선임신고를 접수하거나 해임 사실을 확인한 경우에는 지체 없이 관련 사실을 종합정보망에 입력해야 한다.

(7) 관계인 등의 의무(법 제27조)

① **소방안전관리 업무 수행** : 특정소방대상물의 관계인은 그 특정소방대상물에 대하여 제24조제5항에 따른 소방안전관리업무를 수행하여야 한다.
② **관계인의 지도·감독** : 소방안전관리대상물의 관계인은 소방안전관리자가 소방안전관리업무를 성실하게 수행할 수 있도록 지도·감독하여야 한다.
③ **관계인에게 조치 요구** : 소방안전관리자는 인명과 재산을 보호하기 위하여 소방시설·피난시설·방화시설 및 방화구획 등이 법령에 위반된 것을 발견한 때에는 지체 없이 소방안전관리대상물의 관계인에게 소방대상물의 개수·이전·제거·수리 등 필요한 조치를 할 것을 요구하여야 한다.
④ **조치 요구 사실의 통지** : 소방안전관리자는 관계인이 시정하지 아니하는 경우 소방본부장 또는 소방서장에게 그 사실을 알려야 한다. 이 경우 소방안전관리자는 공정하고 객관적으로 그 업무를 수행하여야 한다.

⑤ 불이익 처우 금지 : 소방안전관리자로부터 조치요구 등을 받은 소방안전관리대상물의 관계인은 지체 없이 이에 따라야 하며, 이를 이유로 소방안전관리자를 해임하거나 보수(報酬)의 지급을 거부하는 등 불이익한 처우를 하여서는 아니 된다.

(8) 소방안전관리업무 수행에 관한 기록·유지(규칙 제10조)

① 업무 수행에 관한 기록 : 소방안전관리대상물의 소방안전관리자는 법 제24조제5항제7호에 따른 소방안전관리업무 수행에 관한 기록을 월 1회 이상 작성·관리해야 한다.
② 보수 또는 정비 사항의 통지 : 소방안전관리자는 소방안전관리업무 수행 중 보수 또는 정비가 필요한 사항을 발견한 경우에는 이를 지체 없이 관계인에게 알리고, 기록해야 한다.
③ 기록의 보관 : 소방안전관리자는 업무 수행에 관한 기록을 작성한 날부터 2년간 보관해야 한다.

(9) 소방안전관리자 선임명령 등(법 제28조)

① 소방안전관리자 선임명령 : 소방본부장 또는 소방서장은 제24조제1항에 따른 소방안전관리자 또는 소방안전관리보조자를 선임하지 아니한 소방안전관리대상물의 관계인에게 소방안전관리자 또는 소방안전관리보조자를 선임하도록 명할 수 있다.
② 소방안전관리업무 이행명령 : 소방본부장 또는 소방서장은 제24조제5항에 따른 업무를 다하지 아니하는 특정소방대상물의 관계인 또는 소방안전관리자에게 그 업무의 이행을 명할 수 있다.

5 건설현장 소방안전관리

(1) 건설현장 소방안전관리(법 제29조) ☆ 24년 소방장

① 건설현장 소방안전관리자 선임 : 「소방시설 설치 및 관리에 관한 법률」제15조제1항에 따른 공사시공자가 화재발생 및 화재피해의 우려가 큰 대통령령으로 정하는 특정소방대상물(건설현장 소방안전관리대상물)을 신축·증축·개축·재축·이전·용도변경 또는 대수선 하는 경우에는 소방안전관리자로서 제34조에 따른 교육을 받은 사람을 **소방시설공사 착공 신고일부터 건축물 사용승인일**(「건축법」제22조에 따라 건축물을 사용할 수 있게 된 날)까지 소방안전관리자로 선임하고 행정안전부령으로 정하는 바에 따라 소방본부장 또는 소방서장에게 신고하여야 한다.
② 건설현장 소방안전관리대상물의 소방안전관리자의 업무는 다음과 같다.
　㉠ 건설현장의 소방계획서의 작성
　㉡ 「소방시설 설치 및 관리에 관한 법률」제15조제1항에 따른 임시소방시설의 설치 및 관리에 대한 감독
　㉢ 공사진행 단계별 피난안전구역, 피난로 등의 확보와 관리
　㉣ 건설현장의 작업자에 대한 소방안전 교육 및 훈련

ⓜ 초기대응체계의 구성·운영 및 교육
ⓗ 화기취급의 감독, 화재위험작업의 허가 및 관리
ⓢ 그 밖에 건설현장의 소방안전관리와 관련하여 소방청장이 고시하는 업무
③ **소방안전관리자 규정 준용**: 건설현장 소방안전관리대상물의 소방안전관리에 관하여는 제26조부터 제28조까지의 규정(소방안전관리자 선임신고, 관계인 등의 의무, 소방안전관리자 선임명령 등)을 준용한다. 이 경우 "소방안전관리대상물의 관계인" 또는 "특정소방대상물의 관계인"은 "공사시공자"로 본다.

(2) 건설현장 소방안전관리대상물(영 제29조)

법 제29조제1항에서 "대통령령으로 정하는 특정소방대상물"이란 다음의 어느 하나에 해당하는 특정소방대상물을 말한다.

① 신축·증축·개축·재축·이전·용도변경 또는 대수선을 하려는 부분의 연면적의 합계가 1만5천제곱미터 이상인 것
② 신축·증축·개축·재축·이전·용도변경 또는 대수선을 하려는 부분의 연면적이 5천제곱미터 이상인 것으로서 다음의 어느 하나에 해당하는 것
  ㉠ 지하층의 층수가 2개 층 이상인 것
  ㉡ 지상층의 층수가 11층 이상인 것
  ㉢ 냉동창고, 냉장창고 또는 냉동·냉장창고

(3) 건설현장 소방안전관리자의 선임신고(규칙 제17조)

① **선임신고**: 건설현장 소방안전관리대상물의 공사시공자는 같은 항에 따라 소방안전관리자를 선임한 경우에는 선임한 날부터 14일 이내에 건설현장 소방안전관리자 선임신고서에 다음의 서류를 첨부하여 소방본부장 또는 소방서장에게 신고해야 한다. 이 경우 건설현장 소방안전관리대상물의 공사시공자는 종합정보망을 이용하여 선임신고를 할 수 있다.
② **선임증의 발급**: 소방본부장 또는 소방서장은 건설현장 소방안전관리대상물의 공사시공자가 소방안전관리자를 선임하고 신고하는 경우에는 신고인에게 건설현장 소방안전관리자 선임증을 발급해야 한다. 이 경우 소방본부장 또는 소방서장은 신고인이 종전의 선임이력에 관한 확인을 신청하는 경우 건설현장 소방안전관리자 선임 이력 확인서를 발급해야 한다.
③ **선임신고 사실의 입력**: 소방본부장 또는 소방서장은 건설현장 소방안전관리자의 선임신고를 접수하거나 해임 사실을 확인한 경우에는 지체 없이 관련 사실을 종합정보망에 입력해야 한다.
④ **소방대상물의 정보 입력**: 소방본부장 또는 소방서장은 건설현장 소방안전관리대상물 선임신고의 효율적 처리를 위하여 「소방시설 설치 및 안전관리에 관한 법률」제6조제1항에 따라 건축허가등의 동의를 하는 경우에는 지체 없이 해당 소방안전관리대상물의 위치, 연면적 등의 정보를 종합정보망에 입력해야 한다.

6 관리의 권원이 분리된 특정소방대상물의 소방안전관리

(1) 의의
① 소방대상물의 관리의 권원 또는 소유권이 여러 사람에게 분리되어 있는 경우 책임소재가 불분명하고 효율적인 소방안전관리가 이루어지기 어려워진다.
② 따라서 관리의 권원이 분리된 특정소방대상물 중 일정 규모 이상에 대해 총괄소방안전관리자를 선임하여 체계적이고 통일적인 소방안전관리업무를 확보할 수 있도록 하고 있다.

(2) 관리의 권원이 분리된 특정소방대상물(법 제35조) ☆ 23소방교, 20년 소방교, 18년 소방장, 17년 소방장

다음의 어느 하나에 해당하는 특정소방대상물로서 그 관리의 권원(權原)이 분리되어 있는 특정소방대상물의 경우 그 관리의 권원별 관계인은 대통령령으로 정하는 바에 따라 소방안전관리자를 선임하여야 한다. 다만, 소방본부장 또는 소방서장은 관리의 권원이 많아 효율적인 소방안전관리가 이루어지지 아니한다고 판단되는 경우 대통령령으로 정하는 바에 따라 관리의 권원을 조정하여 소방안전관리자를 선임하도록 할 수 있다.(제1항)

① **복합건축물**(지하층을 제외한 **층수가 11층 이상** 또는 **연면적 3만제곱미터 이상인** 건축물)
② **지하상가**(지하의 인공구조물 안에 설치된 상점 및 사무실, 그 밖에 이와 비슷한 시설이 연속하여 지하도에 접하여 설치된 것과 그 지하도를 합한 것을 말한다)
③ 그 밖에 대통령령으로 정하는 특정소방대상물 :「소방시설 설치 및 관리에 관한 법률 시행령」별표 2에 따른 판매시설 중 도매시장, 소매시장 및 전통시장을 말한다.(영 제35조)

실전연습

Q. 다음 중 관리의 권원이 분리된 특정소방대상물이 아닌 것은?

① 지하층을 제외한 층수가 11층 이상의 복합건축물
② 지하상가
③ 판매시설 중 도매시장, 소매시장 및 전통시장
④ 복합건축물로서 연면적이 2천제곱미터 이상인 것

해설 | 복합건축물로서 연면적이 3만제곱미터 이상인 것이 공동 소방안전관리 선임대상이다.   ↪ ④

---

(3) 총괄소방안전관리자 등(법 제35조 제2항 내지 제4항)
① **총괄소방안전관리자 선임** : 관리의 권원별 관계인은 상호 협의하여 특정소방대상물의 전체에 걸쳐 소방안전관리상 필요한 업무를 총괄하는 소방안전관리자를 선임된 소방안전관리자 중에서 선임하거나 별도로 선임하여야 한다. 이 경우 총괄소방안전관리자의 자격은 대통령령으로 정하고 업무수행 등에 필요한 사항은 행정안전부령으로 정한다.

② **준용 규정** : 총괄소방안전관리자에 대하여는 제24조(특정소방대상물의 소방안전관리), 제26조부터 제28조까지(선임신고, 관계인의 의무, 선임명령) 및 제30조부터 제34조까지(자격 및 자격증 발급, 자격정지 및 취소, 관리자 자격시험, 종합정보망의 구축, 소방안전관리자 교육)에서 규정한 사항 중 소방안전관리자에 관한 사항을 준용한다.

③ **소방안전관리의 공동 수행** : 선임된 소방안전관리자 및 총괄소방안전관리자는 해당 특정소방대상물의 소방안전관리를 효율적으로 수행하기 위하여 공동소방안전관리협의회를 구성하고, 해당 특정소방대상물에 대한 소방안전관리를 공동으로 수행하여야 한다. 이 경우 공동소방안전관리협의회의 구성·운영 및 공동소방안전관리의 수행 등에 필요한 사항은 대통령령으로 정한다.

(4) 권원별 소방안전관리자 선임 및 조정 기준(영 제34조)

① **권원별 소방안전관리자 선임** : 법 제35조제1항 본문에 따라 관리의 권원이 분리되어 있는 특정소방대상물의 관계인은 소유권, 관리권 및 점유권에 따라 각각 소방안전관리자를 선임해야 한다. 다만, 둘 이상의 소유권, 관리권 또는 점유권이 동일인에게 귀속된 경우에는 하나의 관리 권원으로 보아 소방안전관리자를 선임할 수 있다.(제1항)

② **선임 기준** : 위 규정에도 불구하고 다음의 어느 하나에 해당하는 경우에는 해당 호에서 정하는 바에 따라 소방안전관리자를 선임할 수 있다.(제2항)
  ㉠ 법령 또는 계약 등에 따라 공동으로 관리하는 경우 : 하나의 관리 권원으로 보아 소방안전관리자 1명 선임
  ㉡ 화재 수신기 또는 소화펌프(가압송수장치를 포함한다)가 별도로 설치되어 있는 경우 : 설치된 화재 수신기 또는 소화펌프가 화재를 감지·소화 또는 경보할 수 있는 부분을 각각 하나의 관리 권원으로 보아 각각 소방안전관리자 선임
  ㉢ 하나의 화재 수신기 및 소화펌프가 설치된 경우 : 하나의 관리 권원으로 보아 소방안전관리자 1명 선임

③ **관리의 권원 조정** : 소방본부장 또는 소방서장은 관리의 권원이 많아 효율적인 소방안전관리가 이루어지지 않는다고 판단되는 경우 제1항 각 호의 기준 및 해당 특정소방대상물의 화재 위험성 등을 고려하여 관리의 권원이 분리되어 있는 특정소방대상물의 관리의 권원을 조정하여 소방안전관리자를 선임하도록 할 수 있다.(제3항)

(5) 총괄소방안전관리자 선임자격(영 제36조)

법 제35조제2항에 따른 특정소방대상물의 전체에 걸쳐 소방안전관리상 필요한 업무를 총괄하는 소방안전관리자는 별표 4에 따른 소방안전관리대상물의 등급별 선임자격을 갖춰야 한다. 이 경우 관리의 권원이 분리되어 있는 특정소방대상물에 대하여 소방안전관리대상물의 등급을 결정할 때에는 해당 특정소방대상물 전체를 기준으로 한다.

(6) 공동소방안전관리협의회의 구성·운영 등(영 제37조)

① **총괄소방안전관리자등으로 구성** : 법 제35조제4항에 따른 공동소방안전관리협의회는 선임된 소방안전관리자 및 총괄소방안전관리자(총괄소방안전관리자등)로 구성한다.
② **공동소방안전관리 업무 수행** : 총괄소방안전관리자등은 법 제35조제4항에 따라 다음의 공동소방안전관리 업무를 협의회의 협의를 거쳐 공동으로 수행한다.
  ㉠ 특정소방대상물 전체의 소방계획 수립 및 시행에 관한 사항
  ㉡ 특정소방대상물 전체의 소방훈련·교육의 실시에 관한 사항
  ㉢ 공용 부분의 소방시설 및 피난·방화시설의 유지·관리에 관한 사항
  ㉣ 그 밖에 공동으로 소방안전관리를 할 필요가 있는 사항
③ 협의회는 공동소방안전관리 업무의 수행에 필요한 기준을 정하여 운영할 수 있다.

7 공공기관의 소방안전관리

(1) 의의

① 공공기관에 대한 소방안전 관리는 "소방안전규정"이 있었으나, 소방시설법에 공공기관의 건축물 등을 화재로부터 보호하기 위한 규정이 신설되면서 법률적인 근거를 마련하였다.
② 본 규정은 대구지하철역사[18]·천안초등학교 합숙소[19] 등 공공기관에서 잇따른 화재로 인한 대형인명피해가 발생함에 따라 공공기관을 화재로부터 보호하기 위하여 신설되었으며, 이에 따라 공공기관의 방화관리에 관한 규정(2005.8.19.)이 제정[20]되었다.

(2) 공공기관의 소방안전관리(법 제39조)

① 국가, 지방자치단체, 국공립학교, 대통령령으로 정하는 공공기관(공공기관, 지방공사, 사립학교)의 장은 소관 기관의 근무자 등의 생명·신체와 건축물·인공구조물 및 물품 등을 화재로부터 보호하기 위하여 화재 예방, 자위소방대의 조직 및 편성, 소방시설의 자체점검과 소방훈련 등의 소방안전관리를 하여야 한다.(제1항)
② 공공기관에 대한 다음의 사항에 관하여는 제24조부터 제38조까지의 규정에도 불구하고 대통령령(공공기관의 소방안전관리에 관한 규정)으로 정하는 바에 따른다.(제2항)
  ㉠ 소방안전관리자의 자격, 책임 및 선임 등
  ㉡ 소방안전관리의 업무대행
  ㉢ 자위소방대의 구성, 운영 및 교육
  ㉣ 근무자 등에 대한 소방훈련 및 교육
  ㉤ 그 밖에 소방안전관리에 필요한 사항

---
18) 대구지하철화재(발생일시 : 2003년 2월 18일, 인명피해 : 사망 182, 부상 106)
19) 천안초등학교합숙소 화재사건(발생일시 : 2003년 3월 20일, 인명피해 : 사망 8, 부상 17)
20) 현재 공공기관의 소방안전관리에 관한 규정

공공기관의 소방안전관리에 관한 규정

1. 소방안전관리 대상인 공공기관(제2조)
   ① 국가 및 지방자치단체 : 중앙행정기관, 특별지방행정기관, 지방자치단체, 특별자치단체, 단위기관(경찰지구대 및 치안센터, 119안전센터, 보건소, 우체국 등)
   ② 국공립학교 : 전체
   ③ 공공기관의 운영에 관한 법률 제4조에 따른 공공기관 및 제5조제3항제1호에 따른 공기업 : 기획재정부장관이 고시하는 공기업. 다만 방송법 에 따른 한국방송공사와 한국교육방송공사법에 따른 한국교육방송공사의 어느 하나에 해당하는 경우에는 적용하지 아니한다
   ④ 지방공기업법에 의하여 설립된 지방공사 또는 지방공단
   ⑤ 사립학교법 제2조 제1항의 규정에 의하여 설립된 교육기관으로 다음에 해당하는 학교
      ㉠ 유아교육법 제2조의2 및 초·중등교육법 제2조에 따른 학교 : 유치원, 초등학교·공민학교, 중학교·고등공민학교, 고등학교·고등기술학교, 특수학교, 각종 학교
      ㉡ 고등교육법 제2조에 규정된 학교 : 대학, 산업대학, 교육대학, 전문대학, 방송대학·통신대학 및 방송통신대학, 기술대학, 각종학교

8 소방안전관리자 등 종합정보망의 구축

(1) 소방안전관리자 등 종합정보망의 구축·운영(법 제33조)

① 소방청장은 소방안전관리자 및 소방안전관리보조자에 대한 다음의 정보를 효율적으로 관리하기 위하여 종합정보망을 구축·운영할 수 있다.
   ㉠ 제26조제1항에 따른 소방안전관리자 및 소방안전관리보조자의 선임신고 현황
   ㉡ 제26조제2항에 따른 소방안전관리자 및 소방안전관리보조자의 해임 사실의 확인 현황
   ㉢ 제29조제1항에 따른 건설현장 소방안전관리자 선임신고 현황
   ㉣ 제30조제1항 및 제2항에 따른 소방안전관리자 자격시험 합격자 및 자격증의 발급 현황
   ㉤ 제31조제1항에 따른 소방안전관리자 자격증의 정지·취소 처분 현황
   ㉥ 제34조에 따른 소방안전관리자 및 소방안전관리보조자의 교육 실시현황
② 종합정보망의 구축·운영 등에 필요한 사항은 대통령령으로 정한다.

(2) 정보시스템의 구축·운영(영 제32조)

소방청장은 법 제33조제1항에 따른 종합정보망(이하 "종합정보망"이라 한다)의 효율적인 운영을 위해 필요한 경우 다음의 업무를 수행할 수 있다.
① 종합정보망과 유관 정보시스템의 연계·운영
② 법 제33조제1항 각 호의 정보를 저장·가공 및 제공하기 위한 시스템의 구축·운영

제2절 소방안전관리자의 관리

1 소방안전관리자 자격 등

(1) 소방안전관리자 자격(법 제30조 제1항)

제24조제1항에 따른 소방안전관리자의 자격은 다음의 어느 하나에 해당하는 사람으로서 소방청장으로부터 소방안전관리자 자격증을 발급받은 사람으로 한다.
① 소방청장이 실시하는 소방안전관리자 자격시험에 합격한 사람(법 제30조 제1항 제1호)
② 다음에 해당하는 사람으로서 대통령령으로 정하는 사람(법 제30조 제1항 제2호)
  ㉠ 소방안전과 관련한 국가기술자격증을 소지한 사람
  ㉡ ㉠에 해당하는 국가기술자격증 중 일정 자격증을 소지한 사람으로서 소방안전관리자로 근무한 실무경력이 있는 사람
  ㉢ 소방공무원 경력자
  ㉣ 「기업활동 규제완화에 관한 특별조치법」에 따라 소방안전관리자로 선임된 사람(소방안전관리자로 선임된 기간에 한정한다)
③ 법 제30조 제1항에서 "대통령령으로 정하는 사람"이란 별표 4 각 호의 소방안전관리대상물별로 선임해야 하는 소방안전관리자의 자격을 갖춘 사람(①은 제외)을 말한다.(영 제30조)

(2) 자격증의 발급(법 제30조 제2항 내지 제4항)

① **자격증의 발급** : 소방청장은 법 제30조 제1항에 따른 자격을 갖춘 사람이 소방안전관리자 자격증 발급을 신청하는 경우 행정안전부령으로 정하는 바에 따라 자격증을 발급하여야 한다.
② **자격증의 재발급** : 소방안전관리자 자격증을 발급받은 사람이 소방안전관리자 자격증을 잃어버렸거나 못 쓰게 된 경우에는 행정안전부령으로 정하는 바에 따라 소방안전관리자 자격증을 재발급 받을 수 있다.
③ **자격증 대여 등의 금지** : 발급 또는 재발급 받은 소방안전관리자 자격증을 다른 사람에게 빌려 주거나 빌려서는 아니 되며, 이를 알선하여서도 아니 된다.

(3) 자격증의 발급 절차(규칙 제18조)

① **자격증 발급 신청서 제출** : 소방안전관리자 자격증을 발급받으려는 사람은 소방안전관리자 자격증 발급 신청서에 다음의 서류를 첨부하여 소방청장에게 제출해야 한다. 이 경우 소방청장은 「전자정부법」제36조제1항에 따른 행정정보의 공동이용을 통하여 소방안전관리자 자격증의 발급 요건인 국가기술자격증을 확인할 수 있으며, 신청인이 확인에 동의하지 않는 경우에는 그 사본을 제출하도록 해야 한다.

㉠ 법 제30조제1항 각 호의 어느 하나에 해당하는 사람임을 증명하는 서류
㉡ 신분증 사본
㉢ 사진(가로 3.5센티미터 × 세로 4.5센티미터)

② **자격증 발급** : 소방안전관리자 자격증의 발급을 신청받은 소방청장은 3일 이내에 자격을 갖춘 사람에게 소방안전관리자 자격증을 발급해야 한다. 이 경우 소방청장은 소방안전관리자 자격증 발급대장에 등급별로 기록하고 관리해야 한다.

③ **자격증 재발급** : 소방안전관리자 자격증을 발급받은 사람이 그 자격증을 잃어버렸거나 자격증이 못 쓰게 된 경우에는 소방안전관리자 자격증 재발급 신청서를 작성하여 소방청장에게 자격증의 재발급을 신청할 수 있다. 이 경우 소방청장은 신청자에게 자격증을 3일 이내에 재발급하고 소방안전관리자 자격증 재발급대장에 재발급 사항을 기록하고 관리해야 한다.

④ **발급대장 작성** : 소방청장은 소방안전관리자 자격증 (재)발급대장을 종합정보망에서 전자적 처리가 가능한 방법으로 작성·관리해야 한다.

(4) 소방안전관리자 자격시험(법 제32조)

① 제30조제1항제1호에 따른 소방안전관리자 자격시험에 응시할 수 있는 사람의 자격은 대통령령으로 정한다.(법 제32조 제1항)
② 소방안전관리자 자격의 시험방법, 시험의 공고 및 합격자 결정 등 소방안전관리자의 자격시험에 필요한 사항은 행정안전부령으로 정한다.(법 제32조 제2항)
③ **자격시험 응시자격** : 법 제32조제1항에 따라 소방안전관리자 자격시험에 응시할 수 있는 사람의 자격은 별표 6과 같다.(영 제31조)

2 소방안전관리자 응시 자격 등

(1) 특급 소방안전관리자 응시 자격(영 제31조 관련 별표 6)

① 1급 소방안전관리대상물의 소방안전관리자로 5년(소방설비기사의 자격 취득 후 2년, 소방설비산업기사의 자격 취득 후 3년) 이상 근무한 실무경력(법 제24조제3항에 따라 소방안전관리자로 선임되어 근무한 경력은 제외)이 있는 사람
② 1급 소방안전관리대상물의 소방안전관리자로 선임될 수 있는 자격을 갖춘 후 특급 또는 1급 소방안전관리대상물의 소방안전관리보조자로 7년 이상 근무한 실무경력이 있는 사람
③ 소방공무원으로 10년 이상 근무한 경력이 있는 사람
④ 「고등교육법」제2조제1호부터 제6호까지 규정 중 어느 하나에 해당하는 학교(대학) 또는 「초·중등교육법 시행령」제90조제1항제10호 및 제91조에 따른 고등학교에서 소방안전관리학과(소방청장이 정하여 고시하는 학과)를 전공하고 졸업한 사람(법령에 따라 이와 같은 수준의 학력이 있다고 인정되는 사람을 포함)으로서 해당 학과를 졸업한 후 2년 이상 1급 소방안전관리대상물의 소방안전관리자로 근무한 실무경력이 있는 사람

⑤ 다음의 어느 하나에 해당하는 요건을 갖춘 후 3년 이상 1급 소방안전관리대상물의 소방안전관리자로 근무한 실무경력이 있는 사람
  ㉠ 대학 또는 고등학교에서 소방안전 관련 교과목(소방청장이 정하여 고시하는 교과목을 말한다. 이하 이 표에서 같다)을 12학점 이상 이수하고 졸업한 사람
  ㉡ 법령에 따라 1)에 해당하는 사람과 같은 수준의 학력이 있다고 인정되는 사람으로서 해당 학력 취득 과정에서 소방안전 관련 교과목을 12학점 이상 이수한 사람
  ㉢ 대학 또는 고등학교에서 소방안전 관련 학과(소방청장이 정하여 고시하는 학과)를 전공하고 졸업한 사람(법령에 따라 같은 수준의 학력이 있다고 인정되는 사람 포함)
⑥ 소방행정학(소방학 및 소방방재학을 포함한다) 또는 소방안전공학(소방방재공학 및 안전공학을 포함한다) 분야에서 석사 이상 학위를 취득한 후 2년 이상 1급 소방안전관리대상물의 소방안전관리자로 근무한 실무경력이 있는 사람
⑦ 특급 소방안전관리대상물의 소방안전관리보조자로 10년 이상 근무한 실무경력이 있는 사람
⑧ 법 제34조제1항제1호에 따른 강습교육 중 이 영 제33조제1호에 해당하는 사람을 대상으로 하는 강습교육을 수료한 사람
⑨ 「초고층 및 지하연계 복합건축물 재난관리에 관한 특별법」 제12조제1항 각 호 외의 부분 본문에 따라 총괄재난관리자로 지정되어 1년 이상 근무한 경력이 있는 사람

(2) 1급 소방안전관리자 응시 자격(영 제31조 관련 별표 6)

① 대학 또는 고등학교에서 소방안전관리학과를 전공하고 졸업한 사람(법령에 따라 이와 같은 수준의 학력이 있다고 인정되는 사람 포함)으로서 해당 학과를 졸업한 후 2년 이상 2급 소방안전관리대상물 또는 3급 소방안전관리대상물의 소방안전관리자로 근무한 실무경력이 있는 사람
② 다음의 어느 하나에 해당하는 요건을 갖춘 후 3년 이상 2급 소방안전관리대상물 또는 3급 소방안전관리대상물의 소방안전관리자로 근무한 실무경력이 있는 사람
  ㉠ 대학 또는 고등학교에서 소방안전 관련 교과목을 12학점 이상 이수하고 졸업한 사람
  ㉡ 법령에 따라 ㉠에 해당하는 사람과 같은 수준의 학력이 있다고 인정되는 사람으로서 해당 학력 취득 과정에서 소방안전 관련 교과목을 12학점 이상 이수한 사람
  ㉢ 대학 또는 고등학교에서 소방안전 관련 학과를 전공하고 졸업한 사람(법령에 따라 이와 같은 수준의 학력이 있다고 인정되는 사람을 포함한다)
③ 소방행정학(소방학 및 소방방재학을 포함한다) 또는 소방안전공학(소방방재공학 및 안전공학을 포함한다) 분야에서 석사 이상 학위를 취득한 사람
④ 5년 이상 2급 소방안전관리대상물의 소방안전관리자로 근무한 실무경력이 있는 사람
⑤ 법 제34조제1항제1호에 따른 강습교육 중 이 영 제33조제1호 및 제2호에 해당하는 사람을 대상으로 하는 강습교육을 수료한 사람
⑥ 2급 소방안전관리대상물의 소방안전관리자로 선임될 수 있는 자격을 갖춘 후 특급 또는 1급 소방안전관리대상물의 소방안전관리보조자로 5년 이상 근무한 실무경력이 있는 사람

⑦ 2급 소방안전관리대상물의 소방안전관리자로 선임될 수 있는 자격을 갖춘 후 2급 소방안전관리대상물의 소방안전관리보조자로 7년 이상 근무한 실무경력(특급 또는 1급 소방안전관리대상물의 소방안전관리보조자로 근무한 실무경력이 있는 경우에는 이를 포함하여 합산한다)이 있는 사람
⑧ 산업안전기사 또는 산업안전산업기사의 자격을 취득한 후 2년 이상 2급 소방안전관리대상물 또는 3급 소방안전관리대상물의 소방안전관리자로 근무한 실무경력이 있는 사람

(3) 2급 소방안전관리자 응시 자격(영 제31조 관련 별표 6)

① 대학 또는 고등학교에서 소방안전관리학과를 전공하고 졸업한 사람(법령에 따라 이와 같은 수준의 학력이 있다고 인정되는 사람을 포함한다)
② 다음의 어느 하나에 해당하는 사람
  ㉠ 대학 또는 고등학교에서 소방안전 관련 교과목을 6학점 이상 이수하고 졸업한 사람
  ㉡ 법령에 따라 ㉠에 해당하는 사람과 같은 수준의 학력이 있다고 인정되는 사람으로서 해당 학력 취득 과정에서 소방안전 관련 교과목을 6학점 이상 이수한 사람
  ㉢ 대학 또는 고등학교에서 소방안전 관련 학과를 전공하고 졸업한 사람(법령에 따라 이와 같은 수준의 학력이 있다고 인정되는 사람을 포함한다)
③ 소방본부 또는 소방서에서 1년 이상 화재진압 또는 그 보조 업무에 종사한 경력이 있는 사람
④ 「의용소방대 설치 및 운영에 관한 법률」 제3조에 따라 의용소방대원으로 임명되어 3년 이상 근무한 경력이 있는 사람
⑤ 군부대(주한 외국군부대) 및 의무소방대의 소방대원으로 1년 이상 근무한 경력이 있는 사람
⑥ 「위험물안전관리법」 제19조에 따른 자체소방대의 소방대원으로 3년 이상 근무한 경력이 있는 사람
⑦ 「대통령 등의 경호에 관한 법률」에 따른 경호공무원 또는 별정직공무원으로서 2년 이상 안전검측 업무에 종사한 경력이 있는 사람
⑧ 경찰공무원으로 3년 이상 근무한 경력이 있는 사람
⑨ 법 제34조제1항제1호에 따른 강습교육 중 이 영 제33조제1호부터 제3호까지에 해당하는 사람을 대상으로 하는 강습교육을 수료한 사람
⑩ 「공공기관의 소방안전관리에 관한 규정」에 따른 강습교육을 수료한 사람
⑪ 특급 소방안전관리대상물, 1급 소방안전관리대상물, 2급 소방안전관리대상물 또는 3급 소방안전관리대상물의 소방안전관리보조자로 3년 이상 근무한 실무경력이 있는 사람
⑫ 3급 소방안전관리대상물의 소방안전관리자로 2년 이상 근무한 실무경력이 있는 사람
⑬ 건축사·산업안전기사·산업안전산업기사·건축기사·건축산업기사·일반기계기사·전기기능장·전기기사·전기산업기사·전기공사기사·전기공사산업기사·건설안전기사 또는 건설안전산업기사 자격을 가진 사람
⑭ 제1호 및 제2호에 따라 특급 또는 1급 소방안전관리대상물의 소방안전관리자 시험응시 자격이 인정되는 사람

(4) 3급 소방안전관리자 응시 자격(영 제31조 관련 별표 6)

① 「의용소방대 설치 및 운영에 관한 법률」 제3조에 따라 의용소방대원으로 임명되어 의용소방대원으로 2년 이상 근무한 경력이 있는 사람
② 「위험물안전관리법」 제19조에 따른 자체소방대의 소방대원으로 1년 이상 근무한 경력이 있는 사람
③ 「대통령 등의 경호에 관한 법률」에 따른 경호공무원 또는 별정직공무원으로 1년 이상 안전검측 업무에 종사한 경력이 있는 사람
④ 경찰공무원으로 2년 이상 근무한 경력이 있는 사람
⑤ 법 제34조제1항제1호에 따른 강습교육 중 이 영 제33조제1호부터 제4호까지에 해당하는 사람을 대상으로 하는 강습교육을 수료한 사람
⑥ 「공공기관의 소방안전관리에 관한 규정」에 따른 강습교육을 수료한 사람
⑦ 특급 소방안전관리대상물, 1급 소방안전관리대상물, 2급 소방안전관리대상물 또는 3급 소방안전관리대상물의 소방안전관리보조자로 2년 이상 근무한 실무경력이 있는 사람
⑧ 특급 소방안전관리대상물, 1급 소방안전관리대상물 또는 2급 소방안전관리대상물의 소방안전관리자 시험응시 자격이 인정되는 사람

실전연습

Q. 2급 소방안전관리에 관한 시험에 응시할 수 있는 경력으로 틀린 것은?

① 경찰공무원으로 3년 이상 근무한 경력이 있는 사람
② 자체소방대의 소방대원으로 3년 이상 근무한 경력이 있는 사람
③ 경호공무원으로서 1년 이상 안전검측 업무에 종사한 경력이 있는 사람
④ 소방본부 또는 소방서에서 1년 이상 화재진압 보조 업무에 종사한 경력이 있는 사람

해설 | 경호공무원으로서 2년 이상 안전검측 업무에 종사한 경력이 있는 사람이어야 한다. ↔ ③

3 소방안전관리자 자격시험

(1) 자격시험의 방법(규칙 제20조)

① 자격시험의 방법 : 소방청장은 법 제30조제1항제1호에 따른 소방안전관리자 자격시험을 다음과 같이 실시한다. 이 경우 특급 소방안전관리자 자격시험은 제1차시험과 제2차시험으로 나누어 실시한다.
  ㉠ 특급 소방안전관리자 자격시험 : 연 2회 이상
  ㉡ 1급·2급·3급 소방안전관리자 자격시험 : 월 1회 이상
② 응시원서 제출 : 소방안전관리자 자격시험에 응시하려는 사람은 별지 제23호서식의 소방안전관리자 자격시험 응시원서(전자문서를 포함한다)에 다음의 서류(전자문서를 포함한다)를 첨부하여 소방청장에게 제출해야 한다.
  ㉠ 사진(가로 3.5센티미터 × 세로 4.5센티미터)
  ㉡ 응시자격 증명서류
③ 시험응시표의 발급 : 소방청장은 소방안전관리자 자격시험 응시원서를 접수한 경우에는 시험응시표를 발급해야 한다.

(2) 소방안전관리자 자격시험의 공고(규칙 제21조)

소방청장은 특급, 1급, 2급 또는 3급 소방안전관리자 자격시험을 실시하려는 경우에는 응시자격·시험과목·일시·장소 및 응시절차를 모든 응시 희망자가 알 수 있도록 시험 시행일 30일 전에 인터넷 홈페이지에 공고해야 한다.

(3) 소방안전관리자 자격시험의 합격자 결정 등(규칙 제22조)

① 합격 기준 : 특급, 1급, 2급 및 3급 소방안전관리자 자격시험은 매과목을 100점 만점으로 하여 매과목 40점 이상, 전과목 평균 70점 이상 득점한 사람을 합격자로 한다.
② 채점 방법 : 소방안전관리자 자격시험은 다음의 방법으로 채점한다. 이 경우 특급 소방안전관리자 자격시험의 제2차시험 채점은 제1차시험 합격자의 답안지에 대해서만 실시한다.
  ㉠ 선택형 문제 : 답안지 기재사항을 전산으로 판독하여 채점
  ㉡ 주관식 서술형 문제 : 제23조제2항에 따라 임명·위촉된 시험위원이 채점. 이 경우 3명 이상의 채점자가 문항별 배점과 채점 기준표에 따라 별도로 채점하고 그 평균 점수를 해당 문제의 점수로 한다.
③ 1차 시험의 면제 : 특급 소방안전관리자 자격시험의 제1차시험에 합격한 사람은 제1차시험에 합격한 날부터 2년간 제1차시험을 면제한다.
④ 합격자 공고 : 소방청장은 소방안전관리자 자격시험을 종료한 날부터 30일(특급 소방안전관리 자격시험의 경우에는 60일) 이내에 인터넷 홈페이지에 합격자를 공고하고, 응시자에게 휴대전화 문자 메시지로 합격 여부를 알려 줄 수 있다.

(4) 소방안전관리자 자격시험 과목 및 시험위원 위촉 등(규칙 제23조)

① **시험과목 및 방법** : 소방안전관리자 자격시험 과목 및 시험방법은 별표 4와 같다.
② **시험위원의 임명·위촉** : 소방청장은 소방안전관리자 자격시험의 시험문제 출제, 검토 및 채점을 위하여 다음의 어느 하나에 해당하는 사람 중에서 시험 위원을 임명 또는 위촉해야 한다.
　㉠ 소방 관련 분야에서 석사 이상의 학위를 취득한 사람
　㉡ 「고등교육법」제2조제1호부터 제6호까지에 해당하는 학교에서 소방안전 관련 학과의 조교수 이상으로 2년 이상 재직한 사람
　㉢ 소방위 이상의 소방공무원
　㉣ 소방기술사, 소방시설관리사
　㉤ 그 밖에 화재안전 또는 소방 관련 법령이나 정책에 전문성이 있는 사람
③ **경비의 지급** : 위촉된 시험위원에게는 예산의 범위에서 수당, 여비 및 그 밖에 필요한 경비를 지급할 수 있다.
④ **운영의 세부 사항** : 위 규칙에서 규정한 사항 외에 소방안전관리자 자격시험의 운영 등에 필요한 세부적인 사항은 소방청장이 정한다.

[규칙 별표 4] 소방안전관리자 자격시험 과목 및 시험방법(규칙 제23조제1항 관련)

1. 특급 소방안전관리자

구분	과목	시험 내용	문항수	시험 방법	시험 시간
제1차 시험	제1과목	소방안전관리자 제도 화재통계 및 피해분석 위험물안전관리 법령 및 안전관리 직업윤리 및 리더십 소방 관계 법령 건축·전기·가스 관계 법령 및 안전관리 재난관리 일반 및 관련 법령 초고층재난관리 법령 화재예방 사례 및 홍보	50문항	선택형	120분
	제2과목	소방기초이론 연소·방화·방폭공학 고층건축물 소방시설 적용기준 공사장 안전관리 계획 및 감독 화기취급감독 및 화재위험작업 허가·관리 종합방재실 운용	50문항		

		시험 내용	문항수	시험방법	시험시간
		고층건축물 화재 등 재난사례 및 대응방법			
		화재원인 조사실무			
		소방시설의 종류 및 기준			
		피난안전구역 운영			
		위험성 평가기법 및 성능위주 설계			
		화재피해 복구			
제2차 시험	제1과목	소방시설(소화·경보·피난구조·소화용수·소화활동설비)의 구조 점검·실습·평가	10문항	주관식 서술형 (단답형, 기입형 또는 계산형 문제를 포함할 수 있다)	90분
	제2과목	피난시설, 방화구획 및 방화시설의 관리	10문항		
		통합안전점검 실시(가스, 전기, 승강기 등)			
		소방계획 수립 이론·실습·평가(피난약자의 피난계획 등 포함)			
		방재계획 수립 이론·실습·평가			
		자체점검서식의 작성 실습·평가			
		구조 및 응급처치 이론·실습·평가			
		소방안전 교육 및 훈련 이론·실습·평가			
		화재 시 초기대응 및 피난 실습·평가			
		재난예방 및 피해경감계획 수립 이론·실습·평가			
		자위소방대 및 초기대응체계 구성 등 이론·실습·평가			
		업무 수행기록의 작성·유지 및 실습·평가			

2. 1급 소방안전관리자

구분	시험 내용	문항수	시험방법	시험시간
제1과목	소방안전관리자 제도	25문항	선택형 (기입형을 포함할 수 있다)	60분
	소방 관계 법령			
	건축 관계 법령			
	소방학개론			
	화기취급감독 및 화재위험작업 허가·관리			
	공사장 안전관리 계획 및 감독			
	위험물·전기·가스 안전관리			
	종합방재실 운영			
	피난시설, 방화구획 및 방화시설의 관리			

	소방시설의 종류 및 기준			
	소방시설(소화·경보·피난구조·소화용수·소화활동설비)의 구조			
제2과목	소방시설(소화·경보·피난구조·소화용수·소화활동설비)의 점검·실습·평가	25문항		
	소방계획 수립 이론·실습·평가(피난약자의 피난계획 등 포함)			
	자위소방대 및 초기대응체계 구성 등 이론·실습·평가			
	작동기능점검표 작성 실습·평가			
	업무 수행기록의 작성·유지 및 실습·평가			
	구조 및 응급처치 이론·실습·평가			
	소방안전 교육 및 훈련 이론·실습·평가			
	화재 시 초기대응 및 피난 실습·평가			

3. 2급 소방안전관리자

구분	시험 내용	문항수	시험방법	시험시간
제1과목	소방안전관리자 제도	25문항	선택형 (기입형 을 포함할 수 있다)	60분
	소방 관계 법령(건축 관계 법령 포함)			
	소방학개론			
	화기취급감독 및 화재위험작업 허가·관리			
	위험물·전기·가스 안전관리			
	피난시설, 방화구획 및 방화시설의 관리			
	소방시설의 종류 및 기준			
	소방시설(소화설비, 경보설비, 피난구조설비)의 구조			
제2과목	소방시설(소화설비, 경보설비, 피난구조설비)의 점검·실습·평가	25문항		
	소방계획 수립 이론·실습·평가(피난약자의 피난계획 등 포함)			
	자위소방대 및 초기대응체계 구성 등 이론·실습·평가			
	작동기능점검표 작성 실습·평가			
	응급처치 이론·실습·평가			
	소방안전 교육 및 훈련 이론·실습·평가			
	화재 시 초기대응 및 피난 실습·평가			
	업무 수행기록의 작성·유지 실습·평가			

4. 3급 소방안전관리자

구분	시험 내용	문항수	시험방법	시험시간
제1과목	소방 관계 법령	25문항	선택형 (기입형 을 포함할 수 있다)	60분
	화재일반			
	화기취급감독 및 화재위험작업 허가·관리			
	위험물·전기·가스 안전관리			
	소방시설(소화설비, 경보설비, 피난구조설비)의 구조			
제2과목	소방시설(소화설비, 경보설비, 피난구조설비)의 점검·실습·평가	25문항		
	소방계획 수립 이론·실습·평가(업무 수행기록의 작성·유지 실습·평가, 피난약자의 피난계획 등 포함)			
	작동기능점검표 작성 실습·평가			
	응급처치 이론·실습·평가			
	소방안전 교육 및 훈련 이론·실습·평가			
	화재 시 초기대응 및 피난 실습·평가			

(5) 부정행위의 기준 등(규칙 제24조)

① 소방안전관리자 자격시험에서의 부정행위는 다음과 같다.
  ㉠ 대리시험을 의뢰하거나 대리로 시험에 응시한 행위
  ㉡ 다른 수험자의 답안지 또는 문제지를 엿보거나, 다른 수험자에게 이를 알려주는 행위
  ㉢ 다른 수험자와 답안지 또는 문제지를 교환하는 행위
  ㉣ 시험 중 다른 수험자와 시험과 관련된 대화를 하는 행위
  ㉤ 시험 중 시험문제 내용과 관련된 물건을 휴대하여 사용하거나 이를 주고받는 행위(해당 물건의 휴대 여부를 확인하기 위한 검색 요구에 따르지 않는 행위를 포함한다)
  ㉥ 시험장 안이나 밖의 사람으로부터 도움을 받아 답안지를 작성하는 행위
  ㉦ 다른 수험자와 성명 또는 수험번호를 바꾸어 제출하는 행위
  ㉧ 수험자가 시험시간에 통신기기 및 전자기기 등을 사용하여 답안지를 작성하거나 다른 수험자를 위하여 답안을 송신하는 행위(해당 물건의 휴대 여부를 확인하기 위한 검색 요구에 따르지 않는 행위를 포함한다)
  ㉨ 감독관의 본인 확인 요구에 따르지 않는 행위
  ㉩ 시험 종료 후에도 계속해서 답안을 작성하거나 수정하는 행위
  ㉪ 그 밖의 부정 또는 불공정한 방법으로 시험을 치르는 행위
② 부정행위를 하는 응시자를 적발한 경우에는 해당 시험을 정지하고 무효로 처리한다.

4 소방안전관리자에 대한 행정처분

(1) 소방안전관리자 자격의 정지 및 취소(법 제31조)

① 자격의 정지 및 취소의 사유 : 소방청장은 제30조제2항에 따라 소방안전관리자 자격증을 발급받은 사람이 다음의 어느 하나에 해당하는 경우에는 행정안전부령으로 정하는 바에 따라 그 자격을 취소하거나 1년 이하의 기간을 정하여 그 자격을 정지시킬 수 있다. 다만, ⊙ 또는 ⓒ에 해당하는 경우에는 그 자격을 취소하여야 한다.
  ⊙ 거짓이나 그 밖의 부정한 방법으로 소방안전관리자 자격증을 발급받은 경우 : 자격 취소
  ⓒ 제24조제5항에 따른 소방안전관리업무를 게을리한 경우
  ⓒ 제30조제4항을 위반하여 소방안전관리자 자격증을 다른 사람에게 빌려준 경우 : 자격 취소
  ⓔ 제34조에 따른 실무교육을 받지 아니한 경우
  ⓟ 이 법 또는 이 법에 따른 명령을 위반한 경우

② 자격증 발급의 제한 : 제1항에 따라 소방안전관리자 자격이 취소된 사람은 취소된 날부터 2년간 소방안전관리자 자격증을 발급받을 수 없다.

(2) 소방안전관리자 자격의 정지 및 취소 기준(규칙 제19조 관련, 별표 3)

법 제31조제1항에 따른 소방안전관리자 자격의 정지 및 취소 기준은 별표 3과 같다.
① 일반기준
  ⊙ 위반행위가 둘 이상인 경우로서 그에 해당하는 각각의 처분기준이 다른 경우에는 그 중 무거운 처분기준에 따른다.
  ⓒ 위반행위의 횟수에 따른 행정처분 기준은 최근 3년간 같은 위반행위로 행정처분을 받은 경우에 적용한다. 이 경우 기준 적용일은 위반행위에 대한 행정처분일과 그 처분 후에 한 위반행위가 다시 적발된 날을 기준으로 한다.
  ⓒ ⓒ에 따라 가중된 부과처분을 하는 경우 가중처분의 적용 차수는 그 위반행위 전 부과처분 차수(나목에 따른 기간 내에 처분이 둘 이상 있었던 경우에는 높은 차수를 말한다)의 다음 차수로 한다.
  ⓔ 처분권자는 위반행위의 동기·내용·횟수 및 위반 정도 등 다음의 감경 사유에 해당하는 경우 그 처분기준의 2분의 1의 범위에서 감경할 수 있다.
   ⓐ 위반행위가 사소한 부주의나 오류 등으로 인한 것으로 인정되는 경우
   ⓑ 위반행위를 바로 정정하거나 시정하여 해소한 경우
   ⓒ 그 밖에 위반행위의 정도, 위반행위의 동기와 그 결과 등을 고려하여 처분을 줄일 필요가 있다고 인정되는 경우

② 개별기준

위반행위	근거 법령	행정처분기준 1차 위반	2차 위반	3차 위반
가. 거짓이나 그 밖의 부정한 방법으로 소방안전관리자 자격증을 발급받은 경우	법 제31조 제1항제1호	자격취소		
나. 법 제24조제5항에 따른 소방안전관리업무를 게을리한 경우	법 제31조 제1항제2호	경고 (시정명령)	자격정지 (3개월)	자격정지 (6개월)
다. 법 제30조제4항을 위반하여 소방안전관리자 자격증을 다른 사람에게 빌려준 경우	법 제31조 제1항제3호	자격취소		
라. 제34조에 따른 실무교육을 받지 않는 경우	법 제31조 제1항제4호	경고 (시정명령)	자격정지 (3개월)	자격정지 (6개월)

제3절 소방안전관리자 등에 대한 교육

1 소방안전관리자 교육

(1) 강습교육 및 실무교육의 대상(법 제34조 제1항)

소방안전관리자가 되려고 하는 사람 또는 소방안전관리자(소방안전관리보조자를 포함한다)로 선임된 사람은 소방안전관리업무에 관한 능력의 습득 또는 향상을 위하여 행정안전부령으로 정하는 바에 따라 소방청장이 실시하는 다음의 강습교육 또는 실무교육을 받아야 한다.

① 강습교육
  ㉠ 소방안전관리자의 자격을 인정받으려는 사람으로서 대통령령으로 정하는 사람 : 특급·1급·2급·3급 또는 공공기관의 소방안전관리자가 되려는 사람을 말한다.(영 제33조)
  ㉡ 제24조제3항에 따른 소방안전관리자로 선임되고자 하는 사람(대행 관리업자를 감독)
  ㉢ 제29조에 따른 소방안전관리자(건설현장 소방안전관리자)로 선임되고자 하는 사람
② 실무교육
  ㉠ 제24조제1항에 따라 선임된 소방안전관리자 및 소방안전관리보조자
  ㉡ 제24조제3항에 따라 선임된 소방안전관리자(대행 관리업자를 감독)

(2) 교육실시방법

① 교육실시방법 : 다음과 같다. 다만,「감염병의 예방 및 관리에 관한 법률」제2조에 따른 감염병 등 불가피한 사유가 있는 경우에는 행정안전부령으로 정하는 바에 따라 1호 집합교육 또는 3호 혼합교육을 원격교육으로 실시할 수 있다.(법 제34조 제2항)
  ㉠ 1호 집합교육
  ㉡ 2호 정보통신매체를 이용한 원격교육
  ㉢ 3호 집합교육 및 원격교육을 혼용한 교육
② 원격교육 실시방법 : 법 제34조제2항제2호에 따른 원격교육은 실시간 양방향 교육, 인터넷을 통한 영상강의 등 정보통신매체를 이용하여 실시한다.(규칙 제33조)

(3) 강습교육의 실시(규칙 제25조)

① 강습교육 실시계획 : 소방청장은 법 제34조제1항제1호에 따른 강습교육의 대상·일정·횟수 등을 포함한 강습교육의 실시계획을 매년 수립·시행해야 한다.
② 교육의 공고 : 소방청장은 강습교육을 실시하려는 경우에는 강습교육 실시 20일 전까지 일시·장소, 그 밖에 강습교육 실시에 필요한 사항을 인터넷 홈페이지에 공고해야 한다.
③ 수료증 발급 : 소방청장은 강습교육을 실시한 경우에는 수료자에게 별지 제24호서식의 수료증을 발급하고 강습교육의 과정별로 별지 제25호서식의 강습교육수료자 명부대장을 작성·보관해야 한다.

(4) 강습교육의 운영(규칙 제26조 ~ 제28조)

① **수강 신청** : 강습교육을 받으려는 사람은 강습교육의 과정별로 강습교육 수강신청서(전자문서를 포함)에 다음의 서류(전자문서를 포함)를 첨부하여 소방청장에게 제출해야 한다. 소방청장은 강습교육 수강신청서를 접수한 경우에는 수강증을 발급해야 한다.
 ㉠ 사진(가로 3.5센티미터 × 세로 4.5센티미터)
 ㉡ 재직증명서(법 제39조제1항에 따른 공공기관에 재직하는 사람만 해당한다)

② **교육의 강사** : 강습교육을 담당할 강사는 과목별로 다음의 어느 하나에 해당하는 사람 중에서 소방에 관한 학식·경험·능력 등을 고려하여 소방청장이 임명 또는 위촉한다.(규칙 제26조)
 ㉠ 안전원 직원
 ㉡ 소방기술사
 ㉢ 소방시설관리사
 ㉣ 소방안전 관련 학과에서 부교수 이상의 직(職)에 재직 중이거나 재직한 사람
 ㉤ 소방안전 관련 분야에서 석사 이상의 학위를 취득한 사람
 ㉥ 소방공무원으로 5년 이상 근무한 사람

③ **교육의 과목 등** : 강습교육의 과목, 시간 및 운영방법은 별표 5와 같다.(규칙 제28조)

[별표 5] 강습교육의 과목, 시간 및 운영방법(규칙 제28조 관련)

1. 교육과정별 과목 및 시간

구분	교육과목	교육시간
가. 영 별표 4의 특급 소방안전관리대상물에 소방안전관리자가 되려는 사람	소방안전관리자 제도 화재통계 및 피해분석 직업윤리 및 리더십 소방 관계 법령 건축·전기·가스 관계 법령 및 안전관리 위험물안전관계 법령 및 안전관리 재난관리 일반 및 관련 법령 초고층재난관리 법령 소방기초이론 연소·방화·방폭공학 화재예방 사례 및 홍보 고층건축물 소방시설 적용기준 소방시설의 종류 및 기준 소방시설(소화설비, 경보설비, 피난구조설비, 소화용수설비, 소화활동설비)의 구조·점검·실습·평가 공사장 안전관리 계획 및 감독 화기취급감독 및 화재위험작업 허가·관리 종합방재실 운용	160시간

	피난안전구역 운영	
	고층건축물 화재 등 재난사례 및 대응방법	
	화재원인 조사실무	
	위험성 평가기법 및 성능위주 설계	
	소방계획의 수립 이론·실습·평가(피난약자의 피난계획 등 포함)	
	자위소방대 및 초기대응체계 구성 등 이론·실습·평가	
	방재계획 수립 이론·실습·평가	
	재난예방 및 피해경감계획 수립 이론·실습·평가	
	자체점검 서식의 작성 실습·평가	
	통합안전점검 실시(가스, 전기, 승강기 등)	
	피난시설, 방화구획 및 방화시설의 관리	
	구조 및 응급처치 이론·실습·평가	
	소방안전 교육 및 훈련 이론·실습·평가	
	화재 시 초기대응 및 피난 실습·평가	
	업무 수행기록의 작성·유지 실습·평가	
	화재피해 복구	
	초고층 건축물 안전관리 우수사례 토의	
	소방신기술 동향	
	시청각 교육	
나. 영 별표 4의 1급 소방안전관리대상물에 소방안전관리자가 되려는 사람	소방안전관리자 제도	80시간
	소방 관계 법령	
	건축 관계 법령	
	소방학개론	
	화기취급감독 및 화재위험작업 허가·관리	
	공사장 안전관리 계획 및 감독	
	위험물·전기·가스 안전관리	
	종합방재실 운영	
	소방시설의 종류 및 기준	
	소방시설(소화설비, 경보설비, 피난구조설비, 소화용수설비, 소화활동설비)의 구조·점검·실습·평가	
	소방계획의 수립 이론·실습·평가(피난약자의 피난계획 등 포함)	
	자위소방대 및 초기대응체계 구성 등 이론·실습·평가	
	작동기능점검표 작성 실습·평가	
	피난시설, 방화구획 및 방화시설의 관리	
	구조 및 응급처치 이론·실습·평가	
	소방안전 교육 및 훈련 이론·실습·평가	
	화재 시 초기대응 및 피난 실습·평가	
	업무 수행기록의 작성·유지 실습·평가	
	형성평가(시험)	
다. 영 별표 4의 2급 소방안전관리대상물에 소방안전관리자	소방안전관리자 제도	40시간
	소방 관계 법령(건축 관계 법령 포함)	
	소방학개론	

	화기취급감독 및 화재위험작업 허가·관리	
가 되려는 사람	위험물·전기·가스 안전관리	
	소방시설의 종류 및 기준	
	소방시설(소화설비, 경보설비, 피난구조설비)의 구조·점검·실습·평가	
	소방계획의 수립 이론·실습·평가(피난약자의 피난계획 등 포함)	
	자위소방대 및 초기대응체계 구성 등 이론·실습·평가	
	작동기능점검표 작성 실습·평가	
	피난시설, 방화구획 및 방화시설의 관리	
	응급처치 이론·실습·평가	
	소방안전 교육 및 훈련 이론·실습·평가	
	화재 시 초기대응 및 피난 실습·평가	
	업무 수행기록의 작성·유지 실습·평가	
	형성평가(시험)	
라. 영 별표 4의 3급소방안전관리대상물에 소방안전관리자가 되려는 사람	소방관계법령	24시간
	화재일반	
	화기취급감독 및 화재위험작업 허가·관리	
	위험물·전기·가스 안전관리	
	소방시설(소화설비, 경보설비, 피난구조설비)의 구조·점검·실습·평가	
	소방계획의 수립 이론·실습·평가(업무 수행기록의 작성·유지 실습·평가 및 피난약자의 피난계획 등 포함)	
	작동기능점검표 작성 실습·평가	
	응급처치 이론·실습·평가	
	소방안전 교육 및 훈련 이론·실습·평가	
	화재 시 초기대응 및 피난 실습·평가	
	형성평가(시험)	
마. 영 제40조의 공공기관에 소방안전관리자가 되려는 사람	소방안전관리자 제도	40시간
	직업윤리 및 리더십	
	소방 관계 법령	
	건축 관계 법령	
	공공기관 소방안전규정의 이해	
	소방학개론	
	소방시설의 종류 및 기준	
	소방시설(소화설비, 경보설비, 피난구조설비, 소화용수설비, 소화활동설비)의 구조·점검·실습·평가	
	소방안전관리업무 대행 감독	
	공사장 안전관리 계획 및 감독	
	화기취급감독 및 화재위험작업 허가·관리	
	위험물·전기·가스 안전관리	
	소방계획의 수립 이론·실습·평가(피난약자의 피난계획 등 포함)	
	자위소방대 및 초기대응체계 구성 등 이론·실습·평가	

	작동기능점검표 및 외관점검표 작성 실습·평가	
	피난시설, 방화구획 및 방화시설의 관리	
	응급처치 이론·실습·평가	
	소방안전 교육 및 훈련 이론·실습·평가	
	화재 시 초기대응 및 피난 실습·평가	
	업무 수행기록의 작성·유지 실습·평가	
	공공기관 소방안전관리 우수사례 토의	
	형성평가(수료)	
바. 법 제24조제3항에 따른 업무대행 감독 소방안전관리자가 되려는 사람	소방 관계 법령	16시간
	소방안전관리업무대행 감독	
	소방시설 유지·관리	
	화기취급감독 및 위험물·전기·가스 안전관리	
	소방계획의 수립 이론·실습·평가(업무 수행기록의 작성·유지 및 피난약자의 피난계획 등 포함)	
	자위소방대 구성운영 등 이론·실습·평가	
	응급처치 이론·실습·평가	
	소방안전 교육 및 훈련 이론·실습·평가	
	화재 시 초기대응 및 피난 실습·평가	
	형성평가(수료)	
사. 법 제29조제1항에 따른 건설현장 소방안전관리자가 되려는 사람	소방 관계 법령	24시간
	건설현장 관련 법령	
	건설현장 화재일반	
	건설현장 위험물·전기·가스 안전관리	
	임시소방시설의 구조·점검·실습·평가	
	화기취급감독 및 화재위험작업 허가·관리	
	건설현장 소방계획 이론·실습·평가	
	초기대응체계 구성·운영 이론·실습·평가	
	건설현장 피난계획 수립	
	건설현장 작업자 교육훈련 이론·실습·평가	
	응급처치 이론·실습·평가	
	형성평가(수료)	

2. 교육운영방법
   가. 교육과정별 교육시간 운영 편성기준

구분	시간 합계	이론(30%)	실무(70%)	
			일반(30%)	실습 및 평가(40%)
특급 소방안전관리자	160시간	48시간	48시간	64시간
1급 소방안전관리자	80시간	24시간	24시간	32시간
2급 및 공공기관 소방안전관리자	40시간	12시간	12시간	16시간
3급 소방안전관리자	24시간	7시간	7시간	10시간
업무 대행감독 소방안전관리자	16시간	5시간	5시간	6시간
건설현장 소방안전관리자	24시간	7시간	7시간	10시간

나. 가목에 따른 평가는 서식작성, 설비운용(소방시설에 대한 점검능력을 포함한다) 및 비상대응 등 실습내용에 대한 평가를 말한다.
다. 교육과정을 수료하려는 사람은 가목에 따른 교육시간 합계의 90퍼센트 이상을 출석하고, 나목에 따른 실습내용 평가에 합격(해당 평가항목을 이수하거나 평가기준을 충족한 경우를 말한다)해야 한다. 다만, 결강시간은 1일 최대 3시간을 초과할 수 없다.
라. 공공기관 소방안전관리업무에 관한 강습과목 중 일부 과목은 16시간 범위에서 원격교육으로 실시할 수 있다.
마. 구조 및 응급처치과목에는 「응급의료에 관한 법률 시행규칙」 제6조제1항에 따른 구조 및 응급처치에 관한 교육의 내용과 시간이 포함되어야 한다.

(5) 실무교육의 실시(규칙 제29조)

① **실무교육 실시계획** : 소방청장은 법 제34조제1항제2호에 따른 실무교육의 대상·일정·횟수 등을 포함한 실무교육의 실시 계획을 매년 수립·시행해야 한다.

② **실무교육의 통보** : 소방청장은 실무교육을 실시하려는 경우에는 실무교육 실시 30일 전까지 일시·장소, 그 밖에 실무교육 실시에 필요한 사항을 인터넷 홈페이지에 공고하고 교육대상자에게 통보해야 한다.

③ **소방안전관리자의 실무교육**
   ㉠ **실무교육의 시기** : 소방안전관리자는 소방안전관리자로 선임된 날부터 6개월 이내에 실무교육을 받아야 하며, 그 이후에는 2년마다(최초 실무교육을 받은 날을 기준일로 하여 매 2년이 되는 해의 기준일과 같은 날 전까지) 1회 이상 실무교육을 받아야 한다.
   ㉡ **교육 후 1년 이내 선임된 경우** : 소방안전관리 강습교육 또는 실무교육을 받은 후 1년 이내에 소방안전관리자로 선임된 사람은 해당 강습교육을 수료하거나 실무교육을 이수한 날에 실무교육을 이수한 것으로 본다.

④ **소방안전관리보조자의 실무교육**
   ㉠ **실무교육의 시기** : 소방안전관리보조자는 그 선임된 날부터 6개월(영 별표 5 제2호마목에 따라 소방안전관리보조자로 지정된 사람의 경우 3개월을 말한다) 이내에 실무교육을 받아야 하며, 그 이후에는 2년마다(최초 실무교육을 받은 날을 기준일로 하여 매 2년이 되는 해의 기준일과 같은 날 전까지를 말한다) 1회 이상 실무교육을 받아야 한다.
   ㉡ **교육 후 1년 이내 선임된 경우** : 소방안전관리자 강습교육 또는 실무교육이나 소방안전관리보조자 실무교육을 받은 후 1년 이내에 소방안전관리보조자로 선임된 사람은 해당 강습교육을 수료하거나 실무교육을 이수한 날에 실무교육을 이수한 것으로 본다.

(6) 실무교육의 운영(규칙 제30조 ~ 제32조)

① **실무교육의 강사** : 실무교육을 담당할 강사는 다음의 어느 하나에 해당하는 사람 중에서 소방에 관한 학식·경험·능력 등을 종합적으로 고려하여 소방청장이 임명 또는 위촉한다.
   ㉠ 안전원 직원

ⓒ 소방기술사
　　　ⓓ 소방시설관리사
　　　ⓔ 소방안전 관련 학과에서 부교수 이상의 직(職)에 재직 중이거나 재직한 사람
　　　ⓕ 소방안전 관련 분야에서 석사 이상의 학위를 취득한 사람
　　　ⓖ 소방공무원으로 5년 이상 근무한 사람
　② **실무교육의 과목, 시간 등** : 실무교육의 과목, 시간 및 운영방법은 별표 6과 같다.

[별표 6] 실무교육의 과목, 시간 및 운용방법(규칙 제31조 관련)

1. 소방안전관리자에 대한 실무교육의 과목 및 시간

교육과목	시간
가. 소방 관계 법규 및 화재 사례 나. 소방시설의 구조원리 및 현장실습 다. 소방시설의 유지·관리요령 라. 소방계획서의 작성 및 운영 마. 업무수행 기록·유지에 관한 사항 바. 자위소방대의 조직과 소방 훈련 및 교육 사. 피난시설 및 방화시설의 유지·관리 아. 화재 시 초기대응 및 인명 대피 요령 자. 소방 관련 질의회신 등	8시간 이내

※ 비고 : 교육과목 중 이론 과목 및 서식작성 등은 4시간 이내에서 원격교육으로 실시할 수 있다.

2. 소방안전관리보조자에 대한 실무교육의 과목 및 시간

교육과목	시간
가. 소방 관계 법규 및 화재사례 나. 화재의 예방·대비 다. 소방시설 유지관리 실습 라. 초기대응체계 교육 및 훈련 실습 마. 화재발생 시 대응 실습 등	4시간 이내

3. 교육운영 방법
　가. 실무교육은 이론·실습 또는 실습·평가로 구분하여 실시할 수 있다. 이 경우 실습·평가는 교육시간을 달리 정할 수 있다.
　나. 실무교육의 수료를 위한 출석기준은 제1호 및 제2호에 따른 교육시간의 90퍼센트 이상으로 한다. 다만, 실습·평가의 경우에는 가목 후단에 따라 달리 정한 시간의 100퍼센트로 한다.

---

　③ **실무교육 수료증 발급 및 실무교육 결과의 통보**
　　　ⓐ **수료증 발급** : 소방청장은 실무교육을 수료한 사람에게 실무교육 수료증(전자문서를 포함)을 발급하고, 실무교육 수료자명부(전자문서를 포함)에 작성·관리해야 한다.
　　　ⓑ **실무교육 결과의 통보** : 소방청장은 해당 연도의 실무교육이 끝난 날부터 30일 이내에 그 결과를 소방본부장 또는 소방서장에게 통보해야 한다.

2 자위소방대의 구성 및 운영(규칙 제11조)

(1) 자위소방대의 기능 및 구성

① **자위소방대의 기능** : 소방안전관리대상물의 소방안전관리자는 자위소방대를 다음의 기능을 효율적으로 수행할 수 있도록 편성·운영하되, 소방안전관리대상물의 규모·용도 등의 특성을 고려하여 응급구조 및 방호안전기능 등을 추가하여 수행할 수 있도록 편성할 수 있다.
  ㉠ 화재 발생 시 비상연락, 초기소화 및 피난유도
  ㉡ 화재 발생 시 인명·재산피해 최소화를 위한 조치
② **자위소방대의 구성** : 자위소방대에는 대장과 부대장 1명을 각각 두며, 편성 조직의 인원은 해당 소방안전관리대상물의 수용인원 등을 고려하여 구성한다. 이 경우 자위소방대의 대장·부대장 및 편성조직의 임무는 다음과 같다.
  ㉠ 대장은 자위소방대를 총괄 지휘한다. 부대장은 대장을 보좌하고 대장이 부득이한 사유로 임무를 수행할 수 없는 때에는 그 임무를 대행한다.
  ㉡ 비상연락팀은 화재사실의 전파 및 신고 업무를 수행한다.
  ㉢ 초기소화팀은 화재 발생 시 초기화재 진압 활동을 수행한다.
  ㉣ 피난유도팀은 재실자(在室者) 및 장애인, 노인, 임산부, 영유아 및 어린이 등 이동이 어려운 사람(피난약자)을 안전한 장소로 대피시키는 업무를 수행한다.
  ㉤ 응급구조팀은 인명을 구조하고, 부상자에 대한 응급조치를 수행한다.
  ㉥ 방호안전팀은 화재확산방지 및 위험시설의 비상정지 등 방호안전 업무를 수행한다.
③ **초기대응체계 포함** : 소방안전관리대상물의 소방안전관리자는 법 제24조제5항제2호에 따른 초기대응체계를 자위소방대에 포함하여 편성하되, 화재 발생 시 초기에 신속하게 대처할 수 있도록 해당 소방안전관리대상물에 근무하는 사람의 근무위치, 근무인원 등을 고려한다.

(2) 자위소방대의 운영 및 교육

① **초기대응체계의 상시적 운영** : 소방안전관리대상물의 소방안전관리자는 해당 특정소방대상물이 이용되고 있는 동안 초기대응체계를 상시적으로 운영해야 한다.
② **소방교육** : 소방안전관리대상물의 소방안전관리자는 연 1회 이상 자위소방대를 소집하여 그 편성 상태 및 초기대응체계를 점검하고, 편성된 근무자에 대한 소방교육을 실시해야 한다. 이 경우 초기대응체계에 편성된 근무자 등에 대해서는 화재 발생 초기대응에 필요한 기본 요령을 숙지할 수 있도록 소방교육을 실시해야 하며, 소방교육을 소방훈련과 병행하여 실시할 수 있다.
③ **결과의 기록 및 보관** : 소방교육을 실시하였을 때는 그 실시 결과를 자위소방대 및 초기대응체계 교육·훈련 실시 결과 기록부에 기록하고, 교육을 실시한 날부터 2년간 보관해야 한다.
④ **자위소방대의 구성 등의 지침** : 소방청장은 자위소방대의 구성·운영 및 교육, 초기대응체계의 편성·운영 등에 필요한 지침을 작성하여 배포할 수 있으며, 소방본부장 또는 소방서장은 소방안전관리대상물의 소방안전관리자가 해당 지침을 준수하도록 지도할 수 있다.

3 피난계획의 수립 및 시행

(1) 피난계획21)의 수립(법 제36조) ★ 24년 소방장

① **피난계획의 수립** : 소방안전관리대상물의 관계인은 그 장소에 근무하거나 거주 또는 출입하는 사람들이 화재가 발생한 경우에 안전하게 피난할 수 있도록 피난계획을 수립·시행하여야 한다. 피난계획에는 그 소방안전관리대상물의 구조, 피난시설 등을 고려하여 설정한 피난경로가 포함되어야 한다.(제1항 및 제2항)

② **피난유도 안내정보의 제공** : 소방안전관리대상물의 관계인은 피난시설의 위치, 피난경로 또는 대피요령이 포함된 피난유도 안내정보를 근무자 또는 거주자에게 정기적으로 제공하여야 한다.(제3항)

③ **피난계획의 수립에 필요한 사항** : 제1항에 따른 피난계획의 수립·시행, 제3항에 따른 피난유도 안내정보 제공에 필요한 사항은 행정안전부령으로 정한다.(제4항)

④ **피난계획의 포함사항** : 피난계획에는 다음의 사항이 포함되어야 한다.(규칙 제34조 제1항)
   ㉠ 화재경보의 수단 및 방식
   ㉡ 층별, 구역별 피난대상 인원의 연령별·성별 현황
   ㉢ 피난약자의 현황
   ㉣ 각 거실에서 옥외(옥상 또는 피난안전구역을 포함한다)로 이르는 피난경로
   ㉤ 피난약자 및 피난약자를 동반한 사람의 피난동선과 피난방법
   ㉥ 피난시설, 방화구획, 그 밖에 피난에 영향을 줄 수 있는 제반 사항

⑤ **고려사항** : 소방안전관리대상물의 관계인은 해당 소방안전관리대상물의 구조·위치, 소방시설 등을 고려하여 피난계획을 수립해야 한다.(규칙 제34조 제2항)

⑥ **피난계획의 정비** : 소방안전관리대상물의 관계인은 해당 소방안전관리대상물의 피난시설이 변경된 경우에는 그 변경사항을 반영하여 피난계획을 정비하여야 한다. 규칙에서 규정한 사항 외에 피난계획의 수립·시행에 필요한 세부사항은 소방청장이 정하여 고시한다.(규칙 제34조 제3항 및 4항)

(3) 피난유도 안내정보의 제공 방법 ★ 20년 소방교, 소방장, 18년 소방장

① **정보 제공의 방법** : 다음의 어느 하나의 방법으로 제공한다. 위 규칙 외에 피난유도 안내정보의 제공에 필요한 세부사항은 소방청장이 정하여 고시한다.(규칙 제35조)
   ㉠ 연 2회 피난안내 교육을 실시하는 방법
   ㉡ 분기별 1회 이상 피난안내방송을 실시하는 방법
   ㉢ 피난안내도를 층마다 보기 쉬운 위치에 게시하는 방법
   ㉣ 엘리베이터, 출입구 등 시청이 용이한 지역에 피난안내영상을 제공하는 방법

---

21) 화재발생 시 인명피해를 줄이기 위해서는 관계인의 피난시설 관리 및 인명 대피 유도가 가장 중요하다. 이 법에서는 비상상황 발생 시 인명피해를 최소화하기 위해 관계인에게 건물의 특성을 고려한 피난계획을 수립·시행하도록 하고 있다.

제4절 소방훈련 및 소방안전교육

1 근무자 및 거주자에 대한 소방훈련 등

(1) 소방훈련과 교육을 하여야 하는 대상(법 제37조) ☆ 23년 소방교

① 근무자 또는 거주자 : 소방안전관리대상물의 관계인은 그 장소에 근무하거나 거주하는 사람 등(근무자등)에게 소화·통보·피난 등의 훈련(소방훈련)과 소방안전관리에 필요한 교육을 하여야 하고, 피난훈련은 그 소방대상물에 출입하는 사람을 안전한 장소로 대피시키고 유도하는 훈련을 포함하여야 한다.
② 소방훈련과 교육의 횟수 및 방법 등에 관하여 필요한 사항은 행정안전부령으로 정한다.
③ 소방훈련의 지도·감독 : 소방본부장 또는 소방서장은 소방안전관리대상물의 관계인이 실시하는 소방훈련과 교육을 지도·감독할 수 있다.

(2) 소방훈련과 교육(규칙 제36조) ☆ 19년 소방교

① 소방훈련 및 교육 횟수 : 소방안전관리대상물의 관계인은 소방훈련과 교육을 연 1회 이상 실시해야 한다. 다만, 소방본부장 또는 소방서장이 화재예방을 위하여 필요하다고 인정하여 2회의 범위에서 추가로 실시할 것을 요청하는 경우에는 소방훈련과 교육을 추가로 실시해야 한다.
② 합동 소방훈련 : 소방본부장 또는 소방서장은 특급 및 1급 소방안전관리대상물의 관계인으로 하여금 소방훈련과 교육을 소방기관과 합동으로 실시하게 할 수 있다.
③ 소방훈련 장비 및 교재의 확보 : 소방안전관리대상물의 관계인은 소방훈련과 교육을 실시하는 경우 소방훈련 및 교육에 필요한 장비 및 교재 등을 갖추어야 한다.
④ 소방훈련 실시 결과의 기록 : 소방안전관리대상물의 관계인은 소방훈련과 교육을 실시했을 때에는 그 실시 결과를 소방훈련·교육 실시 결과 기록부에 기록하고, 이를 소방훈련 및 교육을 실시한 날부터 2년간 보관해야 한다.

(3) 소방훈련·교육 결과 제출

① 제출 대상 : 소방안전관리대상물 중 소방안전관리업무의 전담이 필요한 대통령령으로 정하는 소방안전관리대상물(특급 또는 1급 소방안전관리대상물)의 관계인은 소방훈련 및 교육을 한 날부터 30일 이내에 소방훈련 및 교육 결과를 행정안전부령으로 정하는 바에 따라 소방본부장 또는 소방서장에게 제출하여야 한다.(법 제37조 제2항)
② 실시 결과서 제출 : 특급 또는 1급 소방안전관리대상물의 관계인은 소방훈련 및 교육을 실시한 날부터 30일 이내에 별지 제29호서식의 소방훈련·교육 실시 결과서를 작성하여 소방본부장 또는 소방서장에게 제출해야 한다.(규칙 제37조)

(4) 불시 소방훈련·교육(법 제37조) ☆ 23년 소방장

① **불시 소방훈련·교육** : 소방본부장 또는 소방서장은 소방안전관리대상물 중 불특정 다수인이 이용하는 대통령령으로 정하는 특정소방대상물의 근무자등에게 불시에 소방훈련과 교육을 실시할 수 있다. 이 경우 소방본부장 또는 소방서장은 그 특정소방대상물 근무자등의 불편을 최소화하고 안전 등을 확보하는 대책을 마련하여야 하며, 소방훈련과 교육의 내용, 방법 및 절차 등은 행정안전부령으로 정하는 바에 따라 관계인에게 사전에 통지하여야 한다.(제4항)

② **소방훈련과 교육의 평가** : 소방본부장 또는 소방서장은 제4항에 따라 소방훈련과 교육을 실시한 경우에는 그 결과를 평가할 수 있다. 이 경우 소방훈련과 교육의 평가방법 및 절차 등에 필요한 사항은 행정안전부령으로 정한다.(제5항)

③ **대통령령으로 정하는 특정소방대상물** : 불시 소방훈련·교육의 대상은 다음과 같다.(영 제39조)
  ㉠ 「소방시설 설치 및 관리에 관한 법률 시행령」별표 2 제7호에 따른 의료시설
  ㉡ 「소방시설 설치 및 관리에 관한 법률 시행령」별표 2 제8호에 따른 교육연구시설
  ㉢ 「소방시설 설치 및 관리에 관한 법률 시행령」별표 2 제9호에 따른 노유자 시설
  ㉣ 그 밖에 화재 발생 시 불특정 다수의 인명피해가 예상되어 소방본부장 또는 소방서장이 소방훈련·교육이 필요하다고 인정하는 특정소방대상물

④ **불시 소방훈련 및 교육 사전통지** : 소방본부장 또는 소방서장은 불시 소방훈련과 교육을 실시하려는 경우에는 소방안전관리대상물의 관계인에게 불시 소방훈련·교육 실시 10일 전까지 불시 소방훈련·교육 계획서를 통지해야 한다.(규칙 제38조)

(5) 불시 소방훈련·교육의 평가 방법 및 절차(규칙 제39조)

① **평가 계획 수립** : 소방본부장 또는 소방서장은 불시 소방훈련·교육 실시 결과에 대한 평가를 실시하려는 경우에는 평가 계획을 사전에 수립해야 한다.

② **불시 소방훈련·교육의 평가 기준**
  ㉠ 불시 소방훈련·교육 내용의 적절성
  ㉡ 불시 소방훈련·교육 유형 및 방법의 적합성
  ㉢ 불시 소방훈련·교육 참여인력, 시설 및 장비 등의 적정성
  ㉣ 불시 소방훈련·교육 여건 및 참여도

③ **현장평가 원칙** : 평가는 현장평가를 원칙으로 하되, 필요에 따라 서면평가 등을 병행할 수 있다. 이 경우 불시 소방훈련·교육 참가자에 대한 설문조사 또는 면접조사 등을 함께 실시할 수 있다.

④ **평가 결과서 통지** : 소방본부장 또는 소방서장은 평가를 실시한 경우 소방안전관리대상물의 관계인에게 불시 소방훈련·교육 종료일부터 10일 이내에 불시 소방훈련·교육 평가 결과서를 통지해야 한다.

> **실전연습**
>
> Q. 근무자 및 거주자에 대한 소방훈련 등에 관한 설명으로 틀린 것은?
>
> ① 소방본부장 또는 소방서장은 소방안전관리대상물 중 불특정 다수인이 이용하는 대통령령으로 정하는 특정소방대상물의 근무자등에게 불시에 소방훈련과 교육을 실시할 수 있다.
> ② 관계인은 소방훈련과 교육을 실시하였을 때에는 소방훈련·교육기록을 2년간 보관해야 한다.
> ③ 소방안전관리대상물의 관계인은 소방훈련과 교육을 연 2회 이상 실시하여야 한다.
> ④ 소방본부장 또는 소방서장은 특급 및 1급 소방안전관리대상물의 관계인으로 하여금 소방훈련을 소방기관과 합동으로 실시하게 할 수 있다.
>
> 해설 | 소방안전관리대상물의 관계인은 소방훈련과 교육을 연 1회 이상 실시하여야 한다. ➜ ③

2 관계인에 대한 소방안전교육

(1) 의의

관계인에 대한 소방안전교육은 소방안전관리자 선임 대상이 아닌 특정소방대상물의 관계인을 대상으로 소방본부장 또는 소방서장이 소방안전교육을 실시토록 함으로서 소규모 소방대상물의 안전을 도모하고 화재예방에 대한 의식을 제고하기 위한 것이다.

(2) 소방안전교육의 실시(법 제38조)

① 소방본부장이나 소방서장은 제37조를 적용받지 아니하는 특정소방대상물의 관계인에 대하여 특정소방대상물의 화재예방과 소방안전을 위하여 행정안전부령으로 정하는 바에 따라 소방안전교육을 할 수 있다.
② 교육대상자 및 특정소방대상물의 범위 등에 필요한 사항은 행정안전부령으로 정한다.

(3) 소방안전교육 대상자 등(규칙 제40조)

① **교육 대상자** : 소방안전교육의 교육대상자는 법 제37조를 적용받지 않는 특정소방대상물 중 다음의 어느 하나에 해당하는 특정소방대상물의 관계인으로서 관할 소방서장이 소방안전교육이 필요하다고 인정하는 사람으로 한다.
   ㉠ 소화기 또는 비상경보설비가 설치된 공장·창고 등의 특정소방대상물
   ㉡ 그 밖에 관할 소방본부장 또는 소방서장이 화재에 대한 취약성이 높다고 인정하는 특정소방대상물
② **통보** : 소방본부장 또는 소방서장은 소방안전교육을 실시하려는 경우에는 교육일 10일 전까지 특정소방대상물 관계인에게 소방안전교육 계획서를 작성하여 통보해야 한다.

CHAPTER 04 소방대상물의 소방안전관리
핵심요약

특정소방 대상물의 소방안전관리

1) **소방안전관리자의 선임 의무**
   ① **소방안전관리자의 선임** : 소방안전관리대상물의 관계인은 소방안전관리업무를 수행하기 위하여 자격증을 발급받은 사람을 소방안전관리자로 선임하여야 한다.
   ② **전담 대상물** : 전기·위험물 등의 안전관리자는 소방안전관리업무의 전담이 필요한 특급 및 1급 대상물의 소방안전관리자를 겸할 수 없다.
   ③ **관리업자 감독 소방안전관리자** : 선임된 날부터 3개월 이내에 교육을 받아야 한다.

2) **소방안전관리업무** : 특정소방대상물의 관계인(⑥,⑦,⑧,⑨ 제외)과 소방안전관리대상물의 소방안전관리자는 다음의 소방안전관리 업무를 수행하여야 한다.
   ① 피난시설, 방화구획 및 방화시설의 관리
   ② 소방시설이나 그 밖의 소방 관련 시설의 관리
   ③ 화기(火氣) 취급의 감독
   ④ 화재발생시 초기대응
   ⑤ 그 밖에 소방안전관리에 필요한 업무
   ⑥ 피난계획에 관한 사항과 대통령령으로 정하는 사항이 포함된 소방계획서 작성 및 시행
   ⑦ 자위소방대 및 초기대응체계의 구성·운영 및 교육, 소방훈련 및 교육
   ⑧ 행안부령으로 정하는 소방안전관리에 관한 업무(①,②,③)수행에 관한 기록·유지

3) **소방계획서 포함 사항**(영 제27조)
   ① **현황** : 소방안전관리대상물의 위치·구조 등 일반 현황, 소방 및 위험물 시설 현황
   ② **각종 계획** : 화재 예방을 위한 자체점검계획, 소방시설 및 방화시설의 정비계획, 소방훈련 및 교육에 관한 계획, 방염물품의 사용현황과 방화구조 및 설비의 관리계획, 피난층 및 피난시설의 위치와 피난경로, 장애인 피난계획 등을 포함한 피난계획
   ③ 자위소방대 조직과 대원의 임무에 관한 사항
   ④ **소방안전관리에 관한 사항** : 소방본부장·소방서장 요청사항, 공사 중 소방안전관리, 관리의 권원이 분리된 특정소방대상물의 소방안전관리, 업무수행에 관한 기록
   ⑤ 소화와 연소 방지, 위험물 저장·취급에 관한 사항(예방규정을 정하는 제조소 제외)
   ⑥ 화재발생 시 화재경보, 초기소화 및 피난유도 등 초기대응에 관한 사항

4) **소방안전관리업무의 대행**
   ① **대행할 수 있는 업무** : 방화시설의 관리, 소방시설 및 소방 관련 시설의 관리업무
   ※ 1급 또는 2급 : 스프링클러, 물분무소화 또는 제연설비는 중급점검자 이상 1명 이상, 옥내소화전·옥외소화전설비는 초급점검자 이상 1명 이상 기술인력이 필요함
   ② **대행할 수 있는 소방안전관리대상물** : 지상층의 층수가 11층 이상인 1급 대상물(연면적 1만 5천제곱미터 이상과 아파트는 제외) 또는 2급·3급 대상물

5) 관계인의 의무 등
   ① 관계인의 지도・감독 : 관계인은 소방안전관리업무를 수행하여야 하며, 소방안전관리자가 소방안전관리 업무를 성실하게 수행할 수 있도록 지도・감독하여야 한다.
   ② 조치요구 : 소방안전관리자는 소방시설 등이 법령에 위반된 것을 발견한 때에는 지체 없이 관계인에게 소방대상물의 개수 등 필요한 조치를 할 것을 요구하여야 하며, 시정하지 아니하는 경우 소방본부장 또는 소방서장에게 그 사실을 알려야 한다.
   ③ 불이익 처우 금지 : 관계인은 조치요구 등을 이유로 소방안전관리자를 해임하거나 보수 지급을 거부하는 등 불이익한 처우를 하여서는 아니 된다.
   ④ 선임명령 및 이행명령 : 소방본부장 또는 소방서장은 소방안전관리자를 선임하지 아니한 소방안전관리대상물의 관계인에게 소방안전관리자를 선임하도록 명할 수 있고 관계인 또는 소방안전관리자에게 소방안전관리업무의 이행을 명할 수 있다.
   ⑤ 업무수행 기록 : 소방안전관리대상물의 소방안전관리자는 업무 수행에 관한 기록(소방시설・방화시설 관리 및 화기취급 감독)을 월 1회 이상 작성・관리해야 한다.

소방안전 관리 대상물

1) 소방안전관리자를 두어야 하는 특정소방대상물
   ① 특급 소방안전관리대상물(1명 이상 특급 관리자)
      ㉠ 50층 이상(지하층 제외)이거나 지상으로부터 높이가 200미터 이상인 아파트
      ㉡ 30층 이상(지하층 포함)이거나 지상으로부터 높이가 120미터 이상(아파트 제외)
      ㉢ 연면적 10만제곱미터 이상 대상물(아파트 제외)
   ② 1급 소방안전관리대상물(1명 이상 1급 관리자)
      ㉠ 30층 이상(지하층 제외)이거나 지상으로부터 높이가 120미터 이상인 아파트
      ㉡ 연면적 1만5천제곱미터 이상인 특정소방대상물(아파트 제외)
      ㉢ 11층 이상인 특정소방대상물(아파트 제외)
      ㉣ 가연성 가스를 1천톤 이상 저장・취급하는 시설
      ※ 특급 및 1급 대상물에서 제외되는 것 : 동・식물원, 철강 등 불연성 물품을 저장・취급하는 창고, 위험물 저장 및 처리 시설 중 위험물 제조소등, 지하구
   ③ 2급 소방안전관리대상물(1명 이상 2급 관리자) : 다음에 해당하는 것(특급・1급 제외)
      ㉠ 옥내소화전설비, 스프링클러설비 또는 물분무등소화설비[호스릴 방식의 물분무등소화설비만을 설치한 경우 제외]를 설치하는 특정소방대상물
      ㉡ 가스 제조설비를 갖추고 도시가스사업의 허가를 받아야 하는 시설 또는 가연성 가스를 100톤 이상 1천톤 미만 저장・취급하는 시설
      ㉢ 지하구, 보물 또는 국보로 지정된 목조건축물
      ㉣ 의무관리대상 공동주택(옥내소화전・스프링클러가 설치된 공동주택) : 300세대 이상, 150세대 이상으로 승강기가 설치되거나 중앙집중 난방의 공동주택
   ④ 3급 소방안전관리대상물(1명 이상 3급 관리자) : 특급, 1급 또는 2급에 해당하지 아니하는 것으로서 간이스프링클러, 자동화재탐지설비를 설치해야 하는 대상물

2) 소방안전관리보조자를 두어야 하는 특정소방대상물
   ① 300세대 이상 아파트 : 최소선임 1명(초과되는 300세대마다 1명 이상 추가 선임)
   ② 연면적이 1만5천제곱미터 이상 : 최소선임 1명, 초과되는 연면적 1만5천제곱미터마다(방재실에 자위소방대가 24시간 상시 근무하고 소방펌프차 등을 운용하는 경우 3만제곱미터) 1명 이상을 추가로 선임

③ ① 및 ②를 제외한 다음에 해당하는 특정소방대상물 : 최소 선임기준 1명
  ㉠ 수련시설, 의료시설, 노유자시설, 공동주택 중 기숙사
  ㉡ 숙박시설(바닥 1천500제곱미터 미만이고 관계인이 24시간 상시 근무하는 곳 제외)

소방안전 관리자의 자격	1) **특급 소방안전관리대상물의 소방안전관리자**(자격증 발급받은 사람) ① 소방기술사 또는 소방시설관리사의 자격이 있는 사람 ② 소방설비기사 자격을 취득한 후 5년 이상 1급 소방안전관리자 실무경력자 ③ 소방설비산업기사 자격을 취득한 후 7년 이상 1급 소방안전관리자 실무경력자 ④ 소방공무원으로 20년 이상 근무한 경력이 있는 사람 ⑤ 소방청장이 실시하는 특급 소방안전관리에 관한 시험합격자 2) **1급 소방안전관리대상물의 소방안전관리자**(자격증 발급받은 사람) ① 소방설비기사 또는 소방설비산업기사의 자격이 있는 사람 ② 소방공무원으로 7년 이상 근무한 경력이 있는 사람 ③ 소방청장이 실시하는 1급 소방안전관리에 관한 시험합격자 3) **2급 소방안전관리대상물의 소방안전관리자**(자격증 발급받은 사람) ① 위험물기능장·위험물산업기사 또는 위험물기능사 자격이 있는 사람 ② 소방공무원으로 3년 이상 근무한 경력이 있는 사람 ③ 소방청장이 실시하는 2급 소방안전관리에 관한 시험합격자 ④ 「기업활동 규제완화에 관한 특별조치법」제29조, 제30조 및 제32조에 따라 소방안전관리자로 선임된 사람(소방안전관리자로 선임된 기간으로 한정) 4) **3급 소방안전관리대상물의 소방안전관리자**(자격증 발급받은 사람) ① 소방공무원으로 1년 이상 근무한 경력이 있는 사람 ② 소방청장이 실시하는 3급 소방안전관리에 관한 시험합격자 ③ 「기업활동 규제완화에 관한 특별조치법」제29조, 제30조 및 제32조에 따라 소방안전관리자로 선임된 사람(소방안전관리자로 선임된 기간으로 한정) 5) **소방안전관리보조자의 자격** ① 특급, 1급, 2급 또는 3급 소방안전관리자 자격이 있는 사람 ② 행정안전부령으로 정하는 국가기술자격자(건축, 기계제작, 위험물, 전기 등) ③ 공공기관 강습교육을 수료한 사람 및 각급 강습교육을 수료한 사람
소방안전관리 자의 선임 절차	1) **선임시기** : 관계인은 다음에서 정하는 날(사유발생일)부터 30일 이내 선임해야 한다. ① 신축·증축·개축·재축·대수선 또는 용도변경으로 소방안전관리자를 신규로 선임하여야 하는 경우 : 사용승인일(건축물을 사용할 수 있게 된 날) ② 증축 또는 용도변경으로 소방안전관리대상물로 되거나 등급이 변경된 경우 : 증축공사의 사용승인일 또는 용도변경 사실을 건축물관리대장에 기재한 날 ③ 특정소방대상물을 양수하거나 경매 등에 따라 관계인의 권리를 취득한 경우 : 해당 권리를 취득한 날 또는 관할 소방서장으로부터 선임 안내를 받은 날 ④ 관리 권원이 분리된 경우 : 관리의 권원이 분리되거나 관리의 권원을 조정한 날 ⑤ 소방안전관리자의 업무가 종료된 경우 : 소방안전관리자가 해임된 날 또는 퇴직한 날 등 근무를 종료한 날 ⑥ 소방안전관리자 자격이 정지·취소된 경우 : 자격이 정지·취소된 날

2) 2급 또는 3급 소방안전관리자의 선임연기
  ① 연기 사유 : 소방안전관리자 자격시험이나 강습교육이 소방안전관리자 선임기간 내에 있지 않아 소방안전관리자를 선임할 수 없는 경우
  ② 소방안전관리 업무 수행 : 선임 연기신청을 하는 경우 관계인은 소방안전관리자가 선임될 때까지 소방안전관리 업무를 수행하여야 한다.
  ③ 선임기간 지정 통보 : 소방본부장 또는 소방서장은 연기신청을 받은 때에는 소방안전관리자 선임기간을 정하여 관계인에게 통보해야 한다.

3) 선임신고
  ① 선임신고 : 관계인이 선임한 날부터 14일 이내에 소방본부장이나 소방서장에게 신고하고 소방안전관리대상물의 출입자가 쉽게 알 수 있도록 소방안전관리자의 성명과 그 밖에 행정안전부령으로 정하는 사항을 게시하여야 한다.
    ㉠ 소방안전관리자 : 성명, 선임일자, 연락처, 근무위치(화재 수신기·방재실)
    ㉡ 소방안전관리대상물 : 명칭 및 등급
  ② 선임신고서 제출 : 소방안전관리자 선임신고서에 다음의 서류를 첨부
    ㉠ 소방안전관리자 자격증
    ㉡ 소방안전관리에 관한 업무를 감독할 수 있는 직위에 있는 사람을 증명하는 서류 및 소방안전관리업무의 대행 계약서 사본
    ㉢ 소방안전관리대상물의 소방안전관리자를 겸임할 수 있는 안전관리자로 선임된 사실을 증명할 수 있는 서류 또는 선임사항이 기록된 자격증(자격수첩)
  ③ 행정정보의 공동이용을 통한 확인 : 담당 공무원은 행정정보의 공동이용을 통하여 선임된 소방안전관리자의 국가기술자격증을 확인하여야 한다.
  ④ 소방본부장 또는 소방서장은 신고인에게 소방안전관리자 선임증을 발급해야 한다.

소방안전관리
보조자의 선임
절차
	1) 선임시기 : 관계인은 보조자를 다음에서 정하는 날부터 30일 이내에 선임해야 한다.
	① 신축·증축·개축·재축·대수선 또는 용도변경으로 해당 특정소방대상물의 소방안전관리보조자를 신규로 선임해야 하는 경우 : 특정소방대상물의 사용승인일
	② 특정소방대상물을 양수하거나 경매 등에 의한 압류재산의 매각 등에 의하여 관계인의 권리를 취득한 경우 : 해당 권리를 취득한 날 또는 선임 안내를 받은 날
	③ 소방안전관리보조자의 해임, 퇴직 등으로 해당 보조자의 업무가 종료된 경우 : 소방안전관리보조자가 해임된 날, 퇴직한 날 등 근무를 종료한 날
	2) 선임연기 : 관계인은 강습교육이 선임기간 내에 있지 아니하여 선임할 수 없는 경우에는 선임의 연기를 신청할 수 있다.(종합정보망에서 강습교육의 접수여부 확인)
	3) 선임신고
	① 선임신고서 제출 : 선임신고서에 다음의 서류를 첨부하여 소방본부장 또는 소방서장에게 제출하여야 한다.(선임한 날부터 14일 이내)
	  ㉠ 소방시설관리사 자격증
	  ㉡ 특급, 1급, 2급 또는 3급 소방안전관리에 관한 강습교육 수료증
	  ㉢ 소방안전 관련 업무에 2년 이상 근무한 경력을 증명할 수 있는 서류
	② 담당 공무원은 행정정보의 공동이용을 통하여 국가기술자격증을 확인해야 한다.

건설현장 소방안전관리	1) 건설현장 소방안전관리 　① 소방안전관자 선임 : 공사시공자가 화재발생 및 화재피해의 우려가 큰 대통령령으로 정하는 특정소방대상물을 건축·용도변경 등을 하는 경우 소방안전관리자로서 교육을 받은 사람을 소방시설공사 착공 신고일부터 건축물 사용승인일(건축물을 사용할 수 있게 된 날)까지 소방안전관리자로 선임하고 신고해야 한다. 　② 건설현장 소방안전관리자의 업무 　　㉠ 건설현장의 소방계획서 작성, 건설현장 작업자에 대한 소방안전 교육 및 훈련 　　㉡ 임시소방시설의 설치 및 관리에 대한 감독, 화재위험작업의 허가 및 관리 　　㉢ 공사진행 단계별 피난안전구역, 피난로 등의 확보와 관리 　　㉣ 초기대응체계 구성·운영 및 교육, 화기취급의 감독, 소방청장이 고시하는 업무 　③ 준용 : 소방안전관리자 선임신고, 관계인의 의무, 소방안전관리자 선임명령 등 2) 대통령령으로 정하는 건설현장 소방안전관리대상물 　① 건축·용도변경 또는 대수선 : 연면적의 합계가 1만 5천제곱미터 이상인 것 　② 건축·용도변경 또는 대수선 부분의 연면적이 5천제곱미터 이상인 것으로서 지하층의 층수가 2개 층 이상, 지상층의 층수가 11층 이상, 냉동창고, 냉장창고
관리의 권원이 분리된 특정소방대상 물의 소방안전관리	1) 대상 　① 복합건축물(지하층 제외 11층 이상 또는 연면적 3만제곱미터 이상인 건축물) 　② 지하상가(지하의 인공구조물 안에 설치된 상점 및 사무실 등) 　③ 대통령령으로 정하는 대상물 : 판매시설 중 도매시장, 소매시장 및 전통시장 2) 총괄소방안전관리자 　① 총괄소방안전관리자 선임 : 관리의 권원별 관계인은 상호 협의하여 총괄소방안전관리자를 선임된 소방안전관리자 중에서 선임하거나 별도로 선임하여야 한다. 　② 공동 소방안전관리 : 선임된 소방안전관리자 및 총괄소방안전관리자는 공동소방안전관리협의회를 구성하고, 소방안전관리를 공동으로 수행하여야 한다. 3) 관리의 권원별 소방안전관리자 선임 및 조정 기준 　① 권원별 관리자 선임 : 관리의 권원이 분리되어 있는 특정소방대상물의 관계인은 소유권, 관리권 및 점유권에 따라 각각 소방안전관리자를 선임해야 한다. 　② 선임 기준 : ①의 규정에도 불구하고 다음의 경우는 이에 따른다. 　　㉠ 법령 또는 계약 등에 따라 공동으로 관리하는 경우 : 하나의 관리 권원으로 보아 소방안전관리자 1명 선임 　　㉡ 화재 수신기 또는 소화펌프(가압송수장치 포함)가 별도로 설치된 경우 : 화재 수신기 또는 소화펌프가 화재를 감지·소화 또는 경보할 수 있는 부분을 각각 하나의 관리 권원으로 보아 각각 소방안전관리자를 선임 　　㉢ 하나의 화재 수신기 및 소화펌프가 설치된 경우 : 하나의 관리 권원으로 보아 소방안전관리자 1명 선임 　③ 관리의 권원 조정 : 소방본부장 또는 소방서장은 관리의 권원이 많아 효율적인 소방안전관리가 이루어지지 않는다고 판단되는 경우 권원이 분리되어 있는 특정소방대상물의 관리의 권원을 조정하여 소방안전관리자를 선임하도록 할 수 있다. 4) 총괄소방안전관리자 선임자격 　① 소방안전관리대상물의 등급별(특급, 1급, 2급, 3급) 선임자격을 갖춰야 한다.

② 관리의 권원이 분리되어 있는 특정소방대상물에 대하여 소방안전관리대상물의 등급을 결정할 때에는 해당 특정소방대상물 전체를 기준으로 한다.

5) 공동소방안전관리협의회의 구성·운영 등
① 협의회 구성 : 공동소방안전관리협의회는 선임된 소방안전관리자 및 총괄소방안전관리자(총괄소방안전관리자등)로 구성한다.
② 공동소방안전관리 업무 수행 : 총괄소방안전관리자등은 다음의 공동소방안전관리 업무를 협의회의 협의를 거쳐 공동으로 수행한다.
㉠ 특정소방대상물 전체의 소방계획 수립 및 시행에 관한 사항
㉡ 특정소방대상물 전체의 소방훈련·교육의 실시에 관한 사항
㉢ 공용 부분의 소방시설 및 피난·방화시설의 유지·관리에 관한 사항
㉣ 그 밖에 공동으로 소방안전관리를 할 필요가 있는 사항

6) 공공기관의 소방안전관리
① 국가, 지방자치단체, 국공립학교, 대통령령으로 정하는 공공기관, 지방공사 또는 지방공단, 사립학교의 장은 화재 예방, 자위소방대의 조직 및 편성, 소방시설의 자체점검과 소방훈련 등의 소방안전관리를 해야 한다.
② 공공기관은 공공기관의 소방안전관리에 관한 규정으로 정하는 바에 따른다.

종합정보망의 구축

1) 소방안전관리자 등 종합정보망의 구축·운영
① 소방청장은 소방안전관리자 등에 대한 다음의 정보를 효율적으로 관리하기 위하여 종합정보망을 구축·운영할 수 있다.(법 제33조 제1항)
㉠ 소방안전관리자 및 보조자의 선임신고 현황, 해임 사실의 확인 현황
㉡ 건설현장 소방안전관리자 선임신고 현황
㉢ 소방안전관리자 시험합격자 및 자격증 발급 현황, 자격 정지·취소 처분 현황
㉣ 소방안전관리자 및 소방안전관리보조자의 교육 실시현황
② 종합정보망의 구축·운영 등에 필요한 사항은 대통령령으로 정한다.

2) 정보시스템의 구축·운영 : 소방청장은 종합정보망의 효율적 운영을 위하여 종합정보망과 유관 정보시스템의 연계·운영과 제33조 제1항의 정보를 저장·가공 및 제공하기 위한 시스템의 구축·운영업무를 수행할 수 있다.

소방안전관리자 자격

1) 소방안전관리자 자격
① 소방청장이 실시하는 소방안전관리자 자격시험에 합격한 사람
② 다음에 해당하는 사람으로서 대통령령으로 정하는 사람
㉠ 소방안전과 관련한 국가기술자격증을 소지한 사람
㉡ 국가기술자격증을 소지한 사람으로서 소방안전관리자 실무경력
㉢ 소방공무원 경력자
㉣「기업활동 규제완화에 관한 특별조치법」에 따라 소방안전관리자로 선임된 사람

2) 자격증의 발급
① 자격증의 발급 : 소방청장은 자격을 갖춘 사람이 자격증 발급을 신청하는 경우 행정안전부령으로 정하는 바에 따라 자격증을 발급해야 한다 3일 이내 발급)
② 자격증의 재발급 : 자격증을 발급받은 사람이 자격증을 잃어버렸거나 못 쓰게 된 경우, 소방청장은 신청자에게 자격증을 3일 이내에 재발급하여야 한다.

3) 소방안전관리자 자격시험의 응시자격
   ① 특급 소방안전관리자 응시자격
      ㉠ 1급 관리자로 5년(소방설비기사 2년, 소방설비산업기사 3년) 이상 실무경력
      ㉡ 1급 선임 자격이 있는 사람으로서 특급 또는 1급 보조자로 7년 이상 실무경력
      ㉢ 소방공무원으로 10년 이상 근무한 경력이 있는 사람
      ㉣ 소방행정학(소방학, 소방방재학) 또는 소방안전공학(소방방재공학, 안전공학) 분야에서 석사학위 이상을 취득한 후 2년 이상 1급 관리자 실무경력
      ㉤ 대학교 또는 고등학교에서 **소방안전관리학과**를 전공하고 졸업한 후 2년 이상 1급 소방안전관리자 실무경력
      ㉥ 대학교 또는 고등학교에서 **소방안전 관련 교과목**을 12학점 이상 이수하고 졸업또는 소방안전 관련 학과를 졸업한 사람으로 3년 이상 1급 관리자 실무경력
      ㉦ 특급 소방안전관리보조자로 10년 이상 근무한 실무경력자
      ㉧ 특급 강습교육을 수료한 사람
      ㉨ 총괄재난관리자로 지정되어 1년 이상 근무한 경력이 있는 사람
   ② 1급 소방안전관리자 응시자격
      ㉠ 대학 또는 고등학교에서 소방안전관리학과를 전공하고 졸업한 사람으로서 2년 이상 2급 또는 3급 소방안전관리자로 근무한 실무경력이 있는 사람
      ㉡ 대학 또는 고등학교에서 소방안전 관련 교과목을 12학점 이상 이수하고 졸업하거나 소방안전 관련 학과를 전공하고 졸업한 사람으로서 3년 이상 2급·3급 소방안전관리자로 실무경력이 있는 사람
      ㉢ 소방행정학(소방학, 소방방재학 포함) 또는 소방안전공학(소방방재공학, 안전공학 포함) 분야에서 석사학위 이상을 취득한 사람
      ㉣ 5년 이상 2급 소방안전관리자로 근무한 실무경력이 있는 사람
      ㉤ 특급 또는 1급 소방안전관리에 대한 강습교육을 수료한 사람
      ㉥ 2급 선임 자격자로 특급 또는 1급 보조자로 5년 이상 실무경력이 있는 사람
      ㉦ 2급 선임 자격이 있는 사람으로서 2급 보조자로 7년 이상 근무한 실무경력(특급 또는 1급 보조자 실무경력이 있는 경우 포함하여 합산)이 있는 사람
      ㉧ 산업안전기사 또는 산업안전산업기사의 자격을 취득한 후 2년 이상 2급 또는 3급 소방안전관리자로 근무한 실무경력이 있는 사람
   ③ 2급 소방안전관리자 응시자격
      ㉠ 대학 또는 고등학교에서 소방안전관리학과를 전공하고 졸업한 사람
      ㉡ 대학 또는 고등학교에서 소방안전 관련 교과목을 6학점 이상 이수하고 졸업하거나 소방안전 관련 학과를 전공하고 졸업한 사람
      ㉢ 소방본부 또는 소방서에서 1년 이상 화재진압 또는 그 보조 업무에 종사한 경력자
      ㉣ 군부대(주한 외국군부대 포함) 및 의무소방대원으로 1년 이상 근무경력자
      ㉤ 경호공무원 또는 별정직공무원으로서 2년 이상 안전검측 업무에 종사 경력자
      ㉥ 의용소방대원, 자체소방대원, 경찰공무원으로 3년 이상 근무한 경력자
      ㉦ 3급 소방안전관리자로 2년 이상 근무한 실무경력이 있거나 특급 ·1급·2급 또는 3급 소방안전관리보조자로 3년 이상 근무한 실무경력이 있는 사람
      ㉧ 건축사·산업안전기사·산업안전산업기사·건축기사·건축산업기사·일반기계기사·전기기능장·전기기사·전기산업기사 등의 자격을 가진 사람
      ㉨ 특급, 1급, 2급 소방안전관리 강습교육이나 공공기관 강습교육을 수료한 사람

④ 3급 소방안전관리자 응시자격
  ㉠ 자체소방대원으로 1년 이상 근무한 경력이 있는 사람
  ㉡ 경호공무원 또는 별정직공무원으로 1년 이상 안전검측 업무에 종사한 경력자
  ㉢ 의용소방대원, 경찰공무원으로 2년 이상 근무한 경력이 있는 사람
  ㉣ 특급, 1급, 2급 또는 3급 소방안전관리보조자로 2년 이상 근무 실무경력자
  ㉤ 특급, 1급, 2급 또는 3급, 공공기관 강습교육을 수료한 사람

소방안전관리자 시험

1) 시험방법, 시험의 공고 및 합격자 결정 등
  ① 자격시험 : 소방청장은 소방안전관리자 자격시험을 다음과 같이 실시한다.
    ㉠ 특급 소방안전관리자 자격시험(제1차와 제2차로 나누어 실시, 제1차시험 합격자는 제1차시험에 합격한 날부터 2년간 제1차시험을 면제) : 연 2회 이상
    ㉡ 1급·2급·3급 소방안전관리자 자격시험 : 월 1회 이상
  ② 시험의 공고 : 응시자격·시험과목·일시·장소 및 응시절차를 모든 응시 희망자가 알 수 있도록 시험 시행일 30일 전에 인터넷 홈페이지에 공고해야 한다..
  ③ 합격 기준 : 매과목 100점 만점으로 매과목 40점 이상, 전과목 평균 70점 이상

2) 시험위원의 위촉 등
  ① 시험위원 : 소방청장은 소방안전관리자 자격시험의 시험문제 출제, 검토 및 채점을 위하여 다음의 사람 중에서 시험 위원을 임명 또는 위촉해야 한다.
    ㉠ 소방 관련 분야에서 석사 이상의 학위를 취득한 사람
    ㉡ 대학교에서 소방안전 관련 학과의 조교수 이상으로 2년 이상 재직한 사람
    ㉢ 소방위 이상의 소방공무원
    ㉣ 소방기술사, 소방시설관리사
    ㉤ 그 밖에 화재안전 또는 소방 관련 법령이나 정책에 전문성이 있는 사람
  ② 위촉된 시험위원에게는 예산의 범위에서 수당 등 필요한 경비를 지급할 수 있다.

3) 부정행위자 : 해당 시험을 정지하고 무효로 처리한다.

1) 자격의 정지 및 취소
  ① 사유 : 소방안전관리자 자격증을 발급받은 사람이 다음의 어느 하나에 해당하는 경우 그 자격을 취소하거나 1년 이하의 기간을 정하여 그 자격을 정지시킬 수 있다. 다만, ㉠ 또는 ㉢에 해당하는 경우에는 그 자격을 취소하여야 한다.
    ㉠ 거짓이나 그 밖의 부정한 방법으로 자격증을 발급받은 경우 : 자격 취소
    ㉡ 제24조제5항에 따른 소방안전관리업무를 게을리한 경우
    ㉢ 소방안전관리자 자격증을 다른 사람에게 빌려준 경우 : 자격 취소
    ㉣ 제34조에 따른 실무교육을 받지 아니한 경우
    ㉤ 이 법 또는 이 법에 따른 명령을 위반한 경우
  ② 자격이 취소된 사람은 취소된 날부터 2년간 자격증을 발급받을 수 없다.

2) 자격의 정지 및 취소의 기준(규칙 제19조 관련, 별표 3)
  ① 일반기준
    ㉠ 위반행위가 둘 이상인 경우로서 그에 해당하는 각각의 처분기준이 다른 경우에는 그 중 무거운 처분기준에 따른다.
    ㉡ 위반행위의 횟수에 따른 행정처분 기준은 최근 3년간 같은 위반행위로 행정처분을 받은 경우에 적용한다. 이 경우 기준 적용일은 위반행위에 대한 행정처분일과

그 처분 후에 한 위반행위가 다시 적발된 날을 기준으로 한다.
ⓒ 감경 : 사소한 부주의나 오류 등으로 인하거나 시정하여 해소한 경우 등 감경 사유에 해당하는 경우 그 처분기준의 2분의 1의 범위에서 감경할 수 있다.
② 개별기준
㉠ 부정한 방법으로 자격증 발급, 자격증 대여 : 자격취소
㉡ 소방안전관리업무를 게을리하거나 실무교육을 받지 않는 경우 : 1차 경고(시정명령) 2차 자격정지 3개월, 3차 위반 자격정지 6개월

소방안전관리자 교육

1) 교육의 대상
   ① 강습교육
      ㉠ 특급·1급·2급·3급 또는 공공기관의 소방안전관리자가 되려는 사람
      ㉡ 대행 관리업자를 감독하는 소방안전관리자로 선임되고자 하는 사람
      ㉢ 제29조에 따른 건설현장 소방안전관리자로 선임되고자 하는 사람
   ② 실무교육 : 선임된 소방안전관리자 및 소방안전관리보조자와 대행 관리업자를 감독하는 선임된 소방안전관리자

2) 교육실시방법
   ① 집합교육, 원격교육(정보통신매체 이용), 혼합교육(집합교육과 원격교육 혼용)
   ② 감염병 등 불가피한 사유가 있는 경우 집합·혼합교육을 원격교육으로 할 수 있다.

3) 강습교육의 실시
   ① 실시계획 : 소방청장은 강습교육의 실시계획을 매년 수립·시행해야 한다.
   ② 공고 : 강습교육을 실시하려는 경우에는 강습교육 실시 20일 전까지 일시·장소, 강습교육 실시에 필요한 사항을 인터넷 홈페이지에 공고해야 한다.
   ③ 수료증 발급 : 소방청장은 강습교육을 실시한 경우에는 수료자에게 수료증을 발급하고 강습교육의 과정별로 강습교육수료자 명부대장을 작성·보관해야 한다.

4) 강습교육의 운영
   ① 수강 신청 : 강습교육을 받으려는 사람은 강습교육의 과정별로 강습교육 수강신청서에 사진, 재직증명서를 첨부하여 소방청장에게 제출해야 한다.
   ② 강습교육·실무교육 강사 : 다음의 사람 중에서 소방청장이 임명 또는 위촉한다.
      ㉠ 안전원 직원, 소방기술사 소방시설관리사
      ㉡ 소방안전 관련 학과에서 부교수 이상의 직(職)에 재직 중이거나 재직한 사람
      ㉢ 소방안전 관련 분야에서 석사 이상의 학위를 취득한 사람
      ㉣ 소방공무원으로 5년 이상 근무한 사람
   ③ 교육시간 : 특급 160시간, 1급 80시간, 2급 및 공공기관 40시간, 3급 24시간

5) 실무교육의 실시
   ① 실시계획 : 소방청장은 실무교육의 실시 계획을 매년 수립·시행해야 한다.
   ② 교육의 통보 : 실무교육 실시 30일 전까지 일시·장소, 실무교육 실시에 필요한 사항을 인터넷 홈페이지에 공고하고 교육대상자에게 통보해야 한다.
   ③ 관리자의 실무교육 : 선임된 날부터 6개월 이내에 실무교육을 받아야 하며, 그 이후에는 2년마다(최초 실무교육을 받은 날을 기준일로 하여 매 2년이 되는 해의 기준일과 같은 날 전까지) 1회 이상 실무교육을 받아야 한다.

6) 실무교육의 운영
   ① 교육과목 : 관리자·보조자 공통과목(소방관계 법규 및 화재사례)
   ② 교육시간 : 소방안전관리자 8시간 이내, 소방안전관리보조자 4시간 이내
   ③ 수료증 발급 : 소방청장은 실무교육 수료자에게 수료증을 발급하고, 실무교육이 끝난 날부터 30일 이내에 결과를 소방본부장 또는 소방서장에게 통보해야 한다.

자위소방대 구성 및 운영

1) 기능 및 구성
   ① 기능 : 소방안전관리자는 자위소방대를 다음의 기능을 효율적으로 수행할 수 있도록 편성·운영하되, 소방안전관리대상물의 규모·용도 등의 특성을 고려하여 응급구조 및 방호안전기능 등을 추가하여 수행할 수 있도록 편성할 수 있다.
      ㉠ 화재 발생 시 비상연락, 초기소화 및 피난유도
      ㉡ 화재 발생 시 인명·재산피해 최소화를 위한 조치
   ② 구성 : 자위소방대에는 대장과 부대장 1명을 각각 두며, 편성 조직의 인원은 해당 소방안전관리대상물의 수용인원 등을 고려하여 구성한다.
   ③ 초기대응체계 포함 : 소방안전관리자는 초기대응체계를 자위소방대에 포함하여 편성하되, 소방안전관리대상물에 근무하는 사람의 근무위치, 인원 등을 고려한다.

2) 운영 및 교육
   ① 초기대응체계의 상시적 운영 : 소방안전관리대상물의 소방안전관리자는 해당 특정소방대상물이 이용되고 있는 동안 초기대응체계를 상시적으로 운영해야 한다.
   ② 소방교육 : 소방안전관리자는 연 1회 이상 자위소방대를 소집하여 그 편성 상태 및 초기대응체계를 점검하고, 편성된 근무자에 대한 소방교육을 실시해야 한다.
   ③ 결과 기록 : 소방교육 실시 결과를 자위소방대 및 초기대응체계 교육·훈련 실시 결과 기록부에 기록하고, 교육을 실시한 날부터 2년간 보관한다.

피난계획의 수립 및 시행

1) 피난계획의 수립
   ① 피난계획 : 소방안전관리대상물의 관계인은 그 장소에 근무하거나 거주·출입하는 사람들이 화재가 발생한 경우에 안전하게 피난할 수 있도록 피난계획을 수립·시행하여야 한다. 피난계획은 피난경로가 포함되어야 한다.
   ③ 피난계획의 포함사항
      ㉠ 화재경보의 수단 및 방식
      ㉡ 층별, 구역별 피난대상 인원의 현황
      ㉢ 장애인, 노인, 임산부, 영유아 및 어린이 등 이동이 어려운 사람의 현황
      ㉣ 각 거실에서 옥외(옥상 또는 피난안전구역을 포함)로 이르는 피난경로
      ㉤ 피난약자 및 피난약자를 동반한 사람의 피난동선과 피난방법
      ㉥ 피난시설, 방화구획, 그 밖에 피난에 영향을 줄 수 있는 제반 사항

2) 피난유도 안내정보의 제공
   ① 소방안전관리대상물의 관계인은 피난시설의 위치, 피난경로 또는 대피요령이 포함된 피난유도 안내정보를 근무자·거주자에게 정기적으로 제공해야 한다.
   ② 피난유도 안내정보의 제공 방법 : 세부사항은 소방청장이 정하여 고시한다.
      ㉠ 연 2회 피난안내 교육을 실시하는 방법
      ㉡ 분기별 1회 이상 피난안내방송을 실시하는 방법
      ㉢ 피난안내도를 층마다 보기 쉬운 위치에 게시하는 방법
      ㉣ 엘리베이터, 출입구 등 시청이 용이한 지역에 피난안내영상을 제공하는 방법

근무자 등에 대한 소방훈련	1) **근무자 등에 대한 소방훈련과 교육** ① 소방안전관리대상물의 관계인은 그 장소에 상시 근무하거나 거주하는 사람에게 소화·통보·피난 등의 소방훈련과 소방안전관리에 필요한 교육을 하여야 한다. 피난훈련은 그 소방대상물에 출입하는 사람을 안전한 장소로 대피시키고 유도하는 훈련을 포함하여야 한다. ② 소방훈련의 횟수 및 방법 등에 관해 필요한 사항은 행정안전부령으로 정한다. ③ 소방본부장·소방서장은 관계인이 실시하는 소방훈련과 교육을 지도·감독할 수 있다. 2) **소방훈련과 교육** ① **연 1회 이상** : 소방안전관리대상물의 관계인은 소방훈련과 교육을 연 1회 이상 실시해야 한다. 다만, 소방서장이 화재예방을 위하여 필요하다고 인정하여 2회의 범위 안에서 추가로 실시할 것을 요청하는 경우에는 추가로 실시해야 한다. ② **합동 소방훈련** : 소방본부장 또는 소방서장은 특급 및 1급 소방안전관리대상물의 관계인으로 하여금 소방훈련을 소방기관과 합동으로 실시하게 할 수 있다. ③ **장비 및 교재** : 관계인은 소방훈련에 필요한 장비 및 교재 등을 갖추어야 한다. ④ **소방훈련 결과 기록부** : 관계인은 소방훈련과 교육을 실시하였을 때에는 그 실시 결과를 소방훈련·교육 실시 결과 기록부에 기록하고, 이를 소방훈련과 교육을 실시한 날부터 2년간 보관해야 한다. 3) **소방훈련·교육 결과 제출** : 소방안전관리업무 전담 대상물(특급 또는 1급)의 관계인은 소방훈련 및 교육을 한 날부터 30일 이내에 소방훈련 및 교육 결과를 행안부령으로 정하는 바에 따라 소방본부장 또는 소방서장에게 제출해야 한다. 4) **불시 소방훈련·교육** ① **불시 소방훈련·교육** : 소방본부장 또는 소방서장은 소방안전관리대상물 중 불특정 다수인이 이용하는 대통령령으로 정하는 특정소방대상물의 근무자등에게 불시에 소방훈련과 교육을 실시할 수 있다. ② **대상** : 의료시설, 교육연구시설, 노유자 시설, 소방본부장 또는 소방서장이 소방훈련·교육이 필요하다고 인정하는 특정소방대상물 ③ **사전통지** : 불시 소방훈련과 교육을 실시하려는 경우 관계인에게 불시 소방훈련·교육 실시 10일 전까지 불시 소방훈련·교육 계획서를 통지해야 한다.
관계인에 대한 소방안전교육	1) **소방안전교육의 실시** ① 소방본부장이나 소방서장은 제37조(근무자 등에 대한 소방훈련)를 적용받지 아니하는 특정소방대상물의 관계인에 대하여 화재 예방과 소방안전을 위하여 행정안전부령으로 정하는 바에 따라 소방안전교육을 할 수 있다. ② 교육대상자 및 특정소방대상물의 범위 등은 행정안전부령으로 정한다. ③ **소방안전교육의 통보** : 소방본부장이나 소방서장은 교육일시·장소 등 교육에 필요한 사항을 명시하여 교육일 10일 전까지 교육대상자에게 통보해야 한다. 2) **소방안전교육 대상자** : 법 제37조를 적용받지 않는 특정소방대상물 중 다음의 어느 하나에 해당하는 특정소방대상물의 관계인으로서 관할 소방서장이 소방안전교육이 필요하다고 인정하는 사람으로 한다. ① 소화기 또는 비상경보설비가 설치된 공장·창고 등의 특정소방대상물 ② 그 밖에 관할 소방본부장 또는 소방서장이 화재에 대한 취약성이 높다고 인정하는 특정소방대상물

CHAPTER 04 소방대상물의 소방안전관리

적중OX문제

01 특정소방대상물 중 전문적인 안전관리가 요구되는 대통령령으로 정하는 특정소방대상물(소방안전관리대상물)의 관계인은 소방안전관리업무를 수행하기 위하여 소방안전관리자 자격증을 발급받은 사람을 소방안전관리자로 선임하여야 한다. ( )

02 다른 법령에 따라 전기·가스 등의 안전관리 업무에 종사하는 자는 소방안전관리업무의 전담이 필요한 대통령령으로 정하는 소방안전관리대상물의 소방안전관리자를 겸할 수 있다. ( )

03 소방안전관리업무를 대행하는 관리업자를 감독할 수 있는 사람을 소방안전관리자로 선임하는 경우 소방안전관리자로 선임된 자는 선임된 날부터 3개월 이내에 소방안전관리자 교육을 받아야 한다. ( )

04 특정소방대상물의 관계인은 소방계획서의 작성, 자위소방대의 구성·운영·교육, 소방훈련 및 교육 및 행정안전부령으로 정하는 소방안전관리에 관한 업무수행에 관한 기록·유지를 수행하여야 한다. ( )

05 소방계획서에는 소방시설·피난시설 및 방화시설의 점검·정비계획과 피난층 및 피난시설의 위치와 피난경로의 설정, 화재안전취약자의 피난계획 등을 포함한 피난계획이 포함되어야 한다. ( )

06 소방안전관리 업무대행이 가능한 소방안전관리대상물은 지상층의 층수가 10층 이상인 1급 소방안전관리대상물(연면적 1만5천제곱미터 이상인 특정소방대상물과 아파트는 제외한다) 또는 2급·3급 소방안전관리대상물이다. ( )

07 관리업자의 업무대행에서 대통령령으로 정하는 소방안전관리 업무란 피난시설, 방화구획 및 방화시설의 관리 또는 소방시설이나 그 밖의 소방 관련 시설의 관리업무를 말한다. ( )

08 1급 또는 2급 소방안전관리대상물에 설치된 스프링클러설비, 물분무등소화설비 또는 제연설비에 대한 대행인력의 기술등급은 중급점검자 이상 1명 이상이다. ( )

09 30층 이상(지하층 제외)이거나 지상으로부터 높이가 120미터 이상인 특정소방대상물과 50층 이상(지하층 포함)이거나 지상으로부터 높이가 200미터 이상인 아파트는 특급 소방안전관리대상물이다. ( )

10 연면적이 10만제곱미터 이상인 특정소방대상물(아파트는 제외한다)은 특급 소방안전관리대상물이다. 특급 및 1급 소방안전관리대상물은 동·식물원, 철강 등 불연성 물품을 저장·취급하는 창고, 위험물 저장 및 처리 시설 중 위험물 제조소등, 지하구를 제외한다. ( )

정답 1.○ 2.X 3.○ 4.X 5.○ 6.X 7.○ 8.○ 9.X 10.○

11 가스 제조설비를 갖추고 도시가스사업의 허가를 받아야 하는 시설이나 가연성 가스를 100톤 이상 1천톤 미만 저장·취급하는 시설은 2급 소방안전관리대상물에 해당하며, 2급 소방안전관리대상물에는 1명 이상의 2급 소방안전관리자를 두어야 한다. ( )

12 간이스프링클러설비(주택전용 간이스프링클러설비는 제외한다)를 설치해야 하는 특정소방대상물은 2급 소방안전관리대상물이다. ( )

13 300세대 이상인 아파트와 연면적이 1만 제곱미터 이상인 특정소방대상물, 공동주택 중 기숙사, 의료시설, 노유자시설에 해당하는 특정소방대상물은 소방안전관리보조자를 두어야 한다. ( )

14 특급 소방안전관리대상물의 관계인은 소방설비기사의 자격을 취득한 후 5년 이상 1급 소방안전관리대상물의 소방안전관리자로 근무한 실무경력이 있는 사람을 소방안전관리자를 선임할 수 있다. ( )

15 소방설비기사 또는 소방설비산업기사의 자격이 있는 사람과 소방공무원으로 5년 이상 근무한 경력이 있는 사람은 1급 소방안전관리대상물의 소방안전관리자로 선임될 수 있다. ( )

16 위험물기능사 자격을 가진 사람과 소방공무원으로 3년 이상 근무한 경력이 있는 사람은 2급 소방안전관리대상물의 소방안전관리자로 선임될 수 있다. ( )

17 신축·증축·개축·재축·대수선 등으로 해당 특정소방대상물의 소방안전관리자를 신규로 선임하는 경우 해당 특정소방대상물의 사용승인일부터 30일 이내에 소방안전관리자를 선임해야 한다. ( )

18 1급 소방안전관리대상물의 관계인은 소방안전관리자 강습교육이 소방안전관리자 선임기간 내에 있지 아니하여 소방안전관리자를 선임할 수 없는 경우 소방안전관리자 선임의 연기를 신청할 수 있다. ( )

19 소방안전관리대상물의 관계인이 소방안전관리자를 선임한 경우에는 행정안전부령으로 정하는 바에 따라 선임한 날부터 30일 이내에 소방본부장이나 소방서장에게 신고하여야 한다. ( )

20 소방안전관리대상물의 관계인이 소방안전관리자 등을 선임한 경우 소방안전관리대상물의 출입자가 쉽게 알 수 있도록 소방안전관리자의 성명 및 선임일자, 연락처, 근무 위치(화재 수신기 또는 종합방재실을 말한다)와 소방안전관리대상물의 명칭 및 등급을 게시하여야 한다. ( )

21 소방안전관리대상물의 관계인은 소방안전관리자가 소방안전관리업무를 성실하게 수행할 수 있도록 지도·감독하여야 한다. ( )

22 소방안전관리자는 소방시설 등이 법령에 위반된 것을 발견한 때에는 지체 없이 소방안전관리대상물의 관계인에게 필요한 조치를 요구하고 즉시 소방본부장 등에게 그 사실을 알려야 한다. ( )

정답 ○ 11.○ 12.X 13.X 14.○ 15.X 16.○ 17.○ 18.X 19.○ 20.○ 21.○ 22.X

23 소방본부장 또는 소방서장은 소방안전관리자 또는 소방안전관리보조자를 선임하지 아니한 소방안전관리대상물의 관계인에게 소방안전관리자 또는 소방안전관리보조자를 선임하도록 명할 수 있다. (   )

24 공사시공자가 건설현장 소방안전관리대상물을 신축·증축·개축·재축·이전·용도변경 또는 대수선 하는 경우에는 소방안전관리자로서 제34조에 따른 교육을 받은 사람을 소방시설공사 착공 신고일부터 건축물 사용승인일까지 소방안전관리자로 선임하여야 한다. (   )

25 신축·증축·개축·재축·이전·용도변경 또는 대수선을 하려는 부분의 연면적이 3천제곱미터 이상인 것으로서 지상층의 층수가 11층 이상인 것은 건설현장 소방안전관리대상물이다. (   )

26 지하층을 제외한 층수가 11층 이상 또는 연면적 5천제곱미터 이상인 복합건축물과 지하상가는 관리의 권원이 분리된 특정소방대상물이다. (   )

27 관리의 권원이 분리되어 있는 특정소방대상물의 관계인은 소유권, 관리권 및 점유권에 따라 각각 소방안전관리자를 선임해야 한다. (   )

28 소방청장, 소방본부장 또는 소방서장은 소방안전관리자 등의 선임신고 현황 및 해임 사실의 확인 현황 등을 효율적으로 관리하기 위하여 종합정보망을 구축·운영할 수 있으며, 종합정보망과 유관 정보시스템의 연계·운영 업무를 수행할 수 있다. (   )

29 소방공무원으로 10년 이상 근무한 경력이 있는 사람과 1급 소방안전관리대상물의 소방안전관리자로 5년(소방설비기사의 경우 2년, 소방설비산업기사의 경우 3년) 이상 근무한 실무경력이 있는 사람은 특급 소방안전관리대상물의 소방안전관리에 관한 시험에 응시할 수 있다. (   )

30 자체소방대의 소방대원으로 1년 이상 근무한 경력이 있는 사람과 의용소방대원 또는 경찰공무원으로 2년 이상 근무한 경력이 있는 사람은 3급 소방안전관리자시험에 응시할 수 있다. (   )

31 소방안전관리자 자격시험을 실시하려는 경우에는 응시자격·시험과목·일시·장소 및 응시절차를 모든 응시 희망자가 알 수 있도록 시험 시행일 20일 전에 인터넷 홈페이지에 공고해야 한다. (   )

32 소방청장은 소방안전관리자 자격증을 발급받은 사람이 거짓이나 그 밖의 부정한 방법으로 소방안전관리자 자격증을 발급받거나 자격증을 다른 사람에게 빌려준 경우에는 그 자격을 취소해야 한다. (   )

33 법 제24조제5항에 따른 소방안전관리업무를 게을리하거나 제34조에 따른 실무교육을 받지 않는 경우 제2차 위반에 대한 행정처분기준은 자격정지 6개월이다. (   )

정답 23.○ 24.○ 25.X 26.X 27.○ 28.X 29.○ 30.○ 31.X 32.○ 33.X

34 소방안전관리자가 되려고 하는 사람 또는 소방안전관리자(소방안전관리보조자를 포함한다)로 선임된 사람은 소방안전관리업무에 관한 능력의 습득 또는 향상을 위하여 행정안전부령으로 정하는 바에 따라 소방청장이 실시하는 강습교육 또는 실무교육을 받아야 한다. ( )

35 소방청장은 강습교육을 실시하려는 경우에는 강습교육 실시 10일 전까지 일시·장소, 그 밖에 강습교육 실시에 필요한 사항을 인터넷 홈페이지에 공고해야 한다. ( )

36 특급 소방안전관리자의 강습교육의 시간은 80시간, 1급 소방안전관리자와 공공기관 소방안전관리자는 강습교육의 시간은 40시간이다. ( )

37 소방청장은 실무교육을 실시하려는 경우에는 실무교육 실시 30일 전까지 일시·장소, 그 밖에 실무교육 실시에 필요한 사항을 인터넷 홈페이지에 공고하고 교육대상자에게 통보해야 한다. ( )

38 소방안전관리자는 소방안전관리자로 선임된 날부터 6개월 이내에 실무교육을 받아야 한다. 그 이후에는 2년마다(최초 실무교육을 받은 날을 기준일로 하여 매 2년이 되는 해의 기준일과 같은 날 전까지를 말한다) 1회 이상 실무교육을 받아야 한다. ( )

39 소방안전관리대상물의 관계인은 자위소방대를 화재 발생 시 비상연락, 초기소화 및 피난유도와 화재 발생 시 인명·재산피해 최소화를 위한 조치를 효율적으로 수행할 수 있도록 편성·운영해야 한다. ( )

40 소방안전관리대상물의 소방안전관리자는 연 1회 이상 자위소방대를 소집하여 편성 상태 및 초기대응체계를 점검하고, 소방교육을 실시해야 하며 그 결과를 기록하고 1년간 보관하여야 한다. ( )

41 소방안전관리대상물의 관계인은 그 장소에 근무하거나 거주 또는 출입하는 사람들이 화재가 발생한 경우에 안전하게 피난할 수 있도록 피난계획을 수립·시행하여야 한다. ( )

42 피난계획에는 화재경보의 수단 및 방식과 층별, 구역별 피난대상 인원의 현황, 이동이 어려운 사람(재해약자)의 현황, 각 거실에서 옥외(옥상 또는 피난안전구역을 포함)로 이르는 피난경로, 피난약자 및 피난약자를 동반한 사람의 피난동선과 피난방법이 포함되어야 한다. ( )

43 피난유도 안내정보 제공은 연 1회 피난안내 교육을 실시하는 방법, 분기별 1회 이상 피난안내방송을 실시하는 방법, 피난안내도를 층마다 보기 쉬운 위치에 게시하는 방법 등으로 제공한다. ( )

44 소방안전관리대상물의 관계인은 그 장소에 근무하거나 거주하는 사람 등(근무자등)에게 소화·통보·피난 등의 훈련과 소방안전관리에 필요한 교육을 하여야 하고, 피난훈련은 그 소방대상물에 출입하는 사람을 안전한 장소로 대피시키고 유도하는 훈련을 포함하여야 한다. ( )

정답 ⊶ 34.○ 35.X 36.X 37.○ 38.○ 39.X 40.X 41.○ 42.○ 43.X 44.○

45 소방안전관리대상물의 관계인은 소방훈련과 교육을 연 1회 이상 실시해야 한다. 다만, 소방본부장 또는 소방서장이 화재예방을 위하여 필요하다고 인정하여 1회의 범위에서 추가로 실시할 것을 요청하는 경우에는 소방훈련과 교육을 추가로 실시해야 한다. ( )

46 소방본부장 또는 소방서장은 특급 및 1급 소방안전관리대상물의 관계인으로 하여금 소방훈련과 교육을 소방기관과 합동으로 실시하게 할 수 있다. ( )

47 소방안전관리대상물의 관계인은 소방훈련과 교육을 실시했을 때에는 그 실시 결과를 소방훈련·교육 실시 결과 기록부에 기록하고, 이를 소방훈련 및 교육을 실시한 날부터 2년간 보관해야 한다. ( )

48 소방안전관리대상물 중 소방안전관리업무의 전담이 필요한 대통령령으로 정하는 소방안전관리대상물(특급 또는 1급 소방안전관리대상물)의 관계인은 소방훈련 및 교육을 한 날부터 30일 이내에 소방훈련 및 교육 결과를 소방본부장 또는 소방서장에게 제출하여야 한다. ( )

49 소방청장은 특정소방대상물의 관계인이 실시하는 소방훈련을 지도·감독할 수 있다. ( )

50 불시 소방훈련·교육의 대상으로는 의료시설, 교육연구시설, 노유자 시설 및 그 밖에 화재 발생 시 불특정 다수의 인명피해가 예상되어 소방본부장 또는 소방서장이 소방훈련·교육이 필요하다고 인정하는 특정소방대상물이다. ( )

51 소방본부장 또는 소방서장은 불시 소방훈련과 교육을 실시하려는 경우에는 소방안전관리대상물의 관계인에게 불시 소방훈련·교육 실시 7일 전까지 불시 소방훈련·교육 계획서를 통지해야 한다. ( )

52 화재예방법 제38조제1항에 따른 소방안전교육의 교육대상자는 소화기 또는 비상경보설비가 설치된 공장·창고 등의 특정소방대상물 등에 해당하는 특정소방대상물의 관계인으로서 관할 소방서장이 소방안전교육이 필요하다고 인정하는 사람으로 한다. ( )

53 소방본부장 또는 소방서장은 소방안전교육을 실시하려는 경우에는 교육일 10일 전까지 특정소방대상물 관계인에게 소방안전교육 계획서를 작성하여 통보해야 한다. ( )

정답 ◦ 45.X 46.○ 47.○ 48.○ 49.X 50.○ 51.X 52.○ 53.○

CHAPTER 04 소방대상물의 소방안전관리 적중예상문제

01 특정소방대상물의 소방안전관리에 대한 설명으로 옳지 않은 것은?

① 특정소방대상물 중 전문적인 안전관리가 요구되는 대통령령으로 정하는 특정소방대상물의 관계인은 소방안전관리업무를 수행하기 위하여 소방안전관리자로 선임하여야 한다.
② 가스·위험물 등의 안전관리자는 소방안전관리업무의 전담이 필요한 대통령령으로 정하는 소방안전관리대상물(1급 및 2급 소방안전관리대상물)의 소방안전관리자를 겸할 수 없다.
③ 관리업자를 감독하는 소방안전관리자로 선임된 자는 선임된 날부터 3개월 이내에 소방안전관리자 교육을 받아야 한다.
④ 소방안전관리자 및 소방안전관리보조자의 선임 대상별 자격 및 인원기준은 대통령령으로 정하고, 선임 절차 등 그 밖에 필요한 사항은 행정안전부령으로 정한다.

해설 ② 틀림, 다른 안전관리자(다른 법령에 따라 전기·가스·위험물 등의 안전관리 업무에 종사하는 자)는 소방안전관리업무의 전담이 필요한 대통령령으로 정하는 소방안전관리대상물(특급 및 1급 소방안전관리대상물)의 소방안전관리자를 겸할 수 없다. 다만, 다른 법령에 특별한 규정이 있는 경우에는 그러하지 아니하다.

02 특정소방대상물의 관계인이 수행할 수 있는 소방안전관리 업무가 아닌 것은?

① 소방계획서의 작성 및 시행
② 화기(火氣) 취급의 감독
③ 화재발생 시 초기대응
④ 소방시설이나 그 밖의 소방 관련 시설의 유지·관리

해설 ① 틀림, 소방계획서의 작성 및 시행은 소방안전관리대상물의 소방안전관리자가 수행해야 할 업무이다.

관계인과 소방안전관리자의 공통적인 소방안전관리 업무	㉠ 피난시설, 방화구획 및 방화시설의 관리 ㉡ 소방시설이나 그 밖의 소방 관련 시설의 관리 ㉢ 화기(火氣) 취급의 감독 ㉣ 화재발생 시 초기대응 ㉤ 그 밖에 소방안전관리에 필요한 업무
소방안전관리대상물의 소방안전관리자의 소방안전관리업무	㉥ 소방계획서의 작성 및 시행 ㉦ 자위소방대 및 초기대응체계의 구성, 운영 및 교육 ㉧ 소방훈련 및 교육 ㉨ 행안부령으로 정하는 소방안전관리 업무수행에 관한 기록·유지

정답 01.② 02.①

03 소방안전관리대상물의 소방안전관리자가 수행하여야 할 업무가 아닌 것은?

① 소방 관련 시설의 관리
② 화기취급자의 선임 및 감독
③ 방화구획 및 방화시설의 관리
④ 자위소방대 및 초기대응체계의 구성

해설 ② 틀림, 화기(火氣) 취급의 감독은 소방안전관리대상물의 소방안전관리자가 수행하여야 할 업무이다. 그러나 화기취급자의 선임은 소방안전관리자의 업무에 해당하지 아니한다.

04 소방안전대상물의 소방계획서에 포함되어야 할 사항이 아닌 것은?

① 소방안전관리대상물에 설치한 소방시설·방화시설, 전기·가스시설 및 위험물시설의 현황
② 화재 예방을 위한 자체점검계획 및 대응대책
③ 소방시설·피난시설 및 방화시설의 점검·정비계획
④ 위험물의 저장·취급에 관한 사항(예방규정을 정하는 제조소등을 포함한다)

해설 ④ 틀림, 예방규정을 정하는 제조소등은 제외한다. 소방계획서에는 ①,②,③ 및 다음 사항이 포함되어야 한다.
㉠ 소방안전관리대상물의 위치·구조·연면적·용도 및 수용인원 등 일반 현황
㉡ 피난층 및 피난시설의 위치와 피난경로의 설정, 장애인 및 노약자의 피난계획 등을 포함한 피난계획
㉢ 방화구획, 제연구획, 건축물의 내부 마감재료 및 방염물품의 사용현황과 그 밖의 방화구조 및 설비의 유지·관리계획, 소방훈련 및 교육에 관한 계획
㉣ 특정소방대상물의 근무자 및 거주자의 자위소방대 조직과 대원의 임무에 관한 사항
㉤ 화기 취급 작업에 대한 사전 안전조치 및 감독 등 공사 중 소방안전관리에 관한 사항
㉥ 관리의 권원이 분리된 특정소방대상물의 소방안전관리에 관한 사항
㉦ 소화와 연소 방지에 관한 사항, 화재발생 시 화재경보, 초기소화 및 피난유도 등 초기대응에 관한 사항
㉧ 소방안전관리에 대한 업무수행에 관한 기록 및 유지에 관한 사항
㉨ 그 밖에 소방안전관리를 위하여 소방본부장 또는 소방서장이 소방안전관리대상물의 위치·구조·설비 또는 관리 상황 등을 고려하여 소방안전관리에 필요하여 요청하는 사항

05 소방안전대상물의 소방계획서에 포함되어야 할 사항이 아닌 것은?

① 소방안전관리대상물의 위치·구조·연면적·용도 및 수용인원 등 일반 현황
② 소방안전관리를 위하여 소방청장, 소방본부장 또는 소방서장이 소방안전관리대상물의 위치·구조·설비 또는 관리 상황 등을 고려하여 소방안전관리에 필요하여 요청하는 사항
③ 방화구획, 제연구획, 건축물의 내부 마감재료 및 방염물품의 사용현황
④ 피난층 및 피난시설의 위치와 피난경로의 설정, 장애인 등의 피난계획을 포함한 피난계획

해설 ① 맞음, ①의 일반 현황과 소방안전관리대상물에 설치한 소방·위험물시설 등의 현황이 포함되어야 한다.
② 틀림, 소방청장은 제외된다.
③ 맞음, 방화구획, 제연구획, 건축물의 내부 마감재료 및 방염물품의 사용현황과 그 밖의 방화구조 및 설비의 유지·관리계획이 포함되어야 한다.

정답 03.② 04.④ 05.②

06 다음 중 소방안전관리업무의 대행에 대한 설명으로 틀린 것은?

① 대통령령으로 정하는 소방안전관리대상물의 관계인은 관리업자로 하여금 행정안전부령으로 정하는 소방안전관리업무를 대행하게 할 수 있다.
② 관리업자로 하여금 대행하게 하는 경우 선임된 소방안전관리자는 관리업자의 대행업무 수행을 감독하고 대행업무 외의 소방안전관리업무는 직접 수행하여야 한다.
③ 대행할 수 있는 소방안전관리대상물은 지상층의 층수가 11층 이상인 1급 소방안전관리대상물(연면적 1만5천제곱미터 이상과 아파트 제외)과 2급 및 3급 소방안전관리대상물이다.
④ 대행할 수 있는 정하는 소방안전관리업무란 피난시설, 방화구획 및 방화시설의 관리 또는 소방시설이나 그 밖의 소방 관련 시설의 관리업무를 말한다.

> 해설 ① 틀림, 소방안전관리대상물 중 연면적 등이 일정규모 미만인 대통령령으로 정하는 소방안전관리대상물의 관계인은 관리업자로 하여금 소방안전관리업무 중 대통령령으로 정하는 업무를 대행하게 할 수 있다. 이 경우 선임된 소방안전관리자는 관리업자의 대행업무 수행을 감독하고 대행업무 외의 소방안전관리업무는 직접 수행하여야 한다.(법 제25조 제1항)
> ③,④ 맞음, 영 28조 규정이다.

07 다음 중 관리업자가 대행할 수 있는 소방안전관리 업무에 해당하는 것은?

┌───┐
│ ㉠ 자위소방대 및 초기대응체계의 구성·운영·교육 │
│ ㉡ 피난시설, 방화구획 및 방화시설의 관리 │
│ ㉢ 피난계획에 관한 사항이 포함된 소방계획서의 작성 및 시행 │
│ ㉣ 소방시설이나 그 밖의 소방 관련 시설의 관리 │
└───┘

① ㉠, ㉡　　　　　　　　　　② ㉡, ㉢
③ ㉡, ㉣　　　　　　　　　　④ ㉢, ㉣

> 해설 ③ 맞음, 대행할 수 있는 소방안전관리업무 : 법 제25조 제1항 전단에서 대행할 수 있는 "대통령령으로 정하는 업무"란 다음의 업무를 말한다.(영 28조)
> ㉠ 법 제24조제5항제3호에 따른 피난시설, 방화구획 및 방화시설의 관리
> ㉡ 법 제24조제5항제4호에 따른 소방시설이나 그 밖의 소방 관련 시설의 관리

08 자위소방대와 초기대응체계의 구성, 운영 및 교육 등에 필요한 사항은 무엇으로 정하는가?

① 법률　　　　　　　　　　② 대통령령
③ 행정안전부령　　　　　　④ 행정규칙

> 해설 ③ 맞음, 법 제24조 제5항 제2호에 따른 자위소방대와 초기대응체계의 구성, 운영 및 교육 등에 필요한 사항은 행정안전부령으로 정한다.(법 제24조 제6항)

정답 06.① 07.③ 08.③

09 소방안전관리업무 대행인력의 배치기준에 대한 설명으로 틀린 것은?

① 1급 소방안전관리대상물에 설치된 스프링클러설비 : 중급점검자 이상 1명 이상
② 2급 소방안전관리대상물에 설치된 제연설비 : 초급점검자 이상 1명 이상
③ 2급 소방안전관리대상물에 설치된 옥내소화전설비 : 초급점검자 이상 1명 이상
④ 3급 소방안전관리대상물에 설치된 자동화재탐지설비 : 초급점검자 이상 1명 이상

해설 ② 틀림, 1급 또는 2급 소방안전관리대상물에 설치된 스프링클러설비, 물분무등소화설비 또는 제연설비는 중급점검자 이상 1명 이상이 필요하며, 1급 또는 2급 소방안전관리대상물에 설치된 옥내소화전설비 또는 옥외소화전설비는 초급점검자 이상 1명 이상이 필요하다.
④ 맞음, 3급 소방안전관리대상물에 설치된 자동화재탐지설비 또는 간이스프링클러설비는 초급점검자 이상 1명 이상이 필요하다.

10 소방안전관리업무 대행인력의 배치기준에 대한 설명으로 틀린 것은?

① 대행인력의 기술등급은 소방시설공사업법령에 따른 소방기술자의 자격 등급에 따른다.
② 연면적 5천제곱미터 미만으로서 스프링클러설비 또는 물분무등소화설비가 설치된 1급 또는 2급 소방안전관리대상물의 경우에는 초급점검자를 배치할 수 있다.
③ 연면적 5천제곱미터 미만으로서 제연설비가 설치된 1급 또는 2급 소방안전관리대상물의 경우에는 초급점검자를 배치할 수 없다.
④ 스프링클러설비에는 화재조기진압용 스프링클러설비를 포함하고, 물분무등소화설비에는 호스릴(hose reel)방식은 제외한다.

해설 ① 맞음, 소방안전관리대상물의 등급은 영 별표 4에 따른 소방안전관리대상물의 등급을 말한다.
② 틀림, 연면적 5천제곱미터 미만으로서 스프링클러설비가 설치된 1급 또는 2급 소방안전관리대상물의 경우에는 초급점검자를 배치할 수 있다. 다만, 스프링클러설비 외에 제연설비 또는 물분무등소화설비가 설치된 경우에는 그렇지 않다

11 다음 중 특급 소방안전관리대상물에 해당하지 않는 것은?

① 지하층 포함 30층 이상인 특정소방대상물(아파트 제외)
② 지상으로부터 높이가 120미터 이상인 특정소방대상물(아파트 제외)
③ 지하층 포함 50층 이상이거나 지상으로부터 높이가 200미터 이상인 아파트
④ 연면적이 10만제곱미터 이상인 특정소방대상물(아파트 제외)

해설 ③ 틀림, 지하층 제외하고 50층이상이어야 한다. 특급 소방안전관리대상물은 ①,②,④ 및 50층 이상(지하층을 제외한다)이거나 지상으로부터 높이가 200미터 이상인 아파트이다. 다만, 동·식물원, 철강 등 불연성 물품을 저장·취급하는 창고, 위험물 저장 및 처리 시설 중 위험물 제조소등과 지하구는 제외한다. 특급 소방안전관리대상물은 1명 이상의 특급 소방안전관리자를 두어야 한다.

정답   09.②   10.②   11.③

12 다음 중 1급 소방안전관리대상물에 해당하지 않는 것은?

① 문화유산의 보존 및 활용에 관한 법률에 따라 국보 또는 보물로 지정된 목조건축물
② 지상층의 층수가 11층 이상인 특정소방대상물(아파트는 제외한다)
③ 연면적 1만5천제곱미터 이상인 특정소방대상물(아파트 및 연립주택은 제외한다)
④ 가연성가스를 1천톤 이상 저장·취급하는 시설

> 해설 ① 틀림, 국보 또는 보물로 지정된 목조건축물은 2급 소방안전관리대상물이다. 1급 소방안전관리대상물 특급 대상물을 제외한 다음의 어느 하나에 해당하는 것으로서 동·식물원, 철강 등 불연성 물품을 저장·취급하는 창고, 위험물 저장 및 처리 시설 중 위험물 제조소등, 지하구를 제외한 것이다.
> ㉠ 30층 이상(지하층 제외)이거나 지상으로부터 높이가 120미터 이상인 아파트
> ㉡ 연면적 1만5천제곱미터 이상인 특정소방대상물(아파트 및 연립주택은 제외한다)
> ㉢ ㉡에 해당하지 아니하는 특정소방대상물로서 지상층의 층수가 11층 이상인 것(아파트는 제외한다)
> ㉣ 가연성 가스를 1천톤 이상 저장·취급하는 시설

13 다음 중 1급 소방안전관리대상물에 해당하지 않는 것은?

① 지하층 제외한 층수가 30층인 아파트
② 연면적 1만5천제곱미터인 상가
③ 층수가 10층인 호텔
④ 가연성 가스를 1천톤 저장·취급하는 시설

> 해설 ③ 틀림, 30층 이상(지하층 제외)이거나 지상으로부터 높이가 120미터 이상인 아파트, 연면적 1만5천제곱미터 이상인 특정소방대상물(아파트 및 연립주택은 제외한다), 특정소방대상물로서 층수가 11층 이상인 것, 가연성 가스를 1천톤 이상 저장·취급하는 시설은 1급 소방안전관리대상물에 해당한다.

14 다음 중 2급 소방안전관리대상물에 해당하지 않는 것은?

① 옥내소화전, 스프링클러설비, 물분무등소화설비를 설치해야 하는 특정소방대상물
② 가연성가스를 100톤 이상 1천톤 미만 저장·취급하는 시설
③ 지하구 및 300세대 이상의 공동주택
④ 간이스프링클러설비 또는 자동화재탐지설비를 설치해야 하는 특정소방대상물

> 해설 ② 맞음, 가스 제조설비를 갖추고 도시가스사업의 허가를 받아야 하는 시설 또는 가연성 가스를 100톤 이상 1천톤 미만 저장·취급하는 시설이 2급 소방안전관리대상물이다.
> ①,③ 맞음, ① 및 지하구, 300세대 이상의 공동주택, 150세대 이상으로서 승강기가 설치된 공동주택, 150세대 이상으로서 중앙집중식 난방방식의 공동주택, 「문화유산의 보존 및 활용에 관한 법률」 제23조에 따라 보물 또는 국보로 지정된 목조건축물 등은 2급 소방안전관리대상물이다.
> ④ 틀림, 간이스프링클러설비(주택전용 간이스프링클러설비는 제외한다) 또는 자동화재탐지설비를 설치해야 하는 특정소방대상물은 3급 소방안전관리대상물이다.

정답 12.① 13.③ 14.④

15 건축물대장의 건축물현황도에 표시된 대지경계선 안의 지역 또는 인접한 2개 이상의 대지에 소방안전관리자를 두어야 하는 특정소방대상물이 둘 이상인 경우 소방안전관리대상물의 등급 적용에 대한 설명으로 옳은 것은?

① 관리에 관한 권원을 가진 자가 다른 경우에는 이를 하나의 특정소방대상물로 본다.
② 관리에 관한 권원을 가진 자가 동일인이며 등급이 다를 때에는 각각 따로 적용한다.
③ 관리에 관한 권원을 가진 자가 동일인이며 등급이 다를 때에는 높은 등급을 적용한다.
④ 관리에 관한 권원을 가진 자가 동일인이며 등급이 다를 때에는 낮은 등급을 적용한다.

> 해설 ③ 맞음, 건축물대장의 건축물현황도에 표시된 대지경계선 안의 지역 또는 인접한 2개 이상의 대지에 소방안전관리자를 두어야 하는 특정소방대상물이 둘 이상 있고, 그 관리에 관한 권원을 가진 자가 동일인인 경우에는 이를 하나의 특정소방대상물로 본다. 이 경우 해당 특정소방대상물이 별표 4에 따른 소방안전관리대상물의 등급 둘 이상에 해당하면 그 중에서 등급이 높은 특정소방대상물로 본다.

16 소방안전관리보조자를 두어야 하는 특정소방대상물로 틀린 것은?

① 아파트 중 150세대 이상의 아파트
② 의료시설
③ 공동주택 중 기숙사
④ 아파트 및 연립주택을 제외한 연면적이 1만5천 제곱미터 이상인 특정소방대상물

> 해설 ① 틀림, 아파트 중 300세대 이상인 아파트에 최소선임기준 1명의 소방안전관리보조자를 두어야 한다.
> ②,③ 맞음, ②,③ 및 노유자·수련·숙박시설에 최소선임기준 1명의 소방안전관리보조자를 두어야 한다.
> ④ 맞음, 아파트 및 연립주택을 제외한 연면적이 1만5천제곱미터 이상인 특정소방대상물은 최소 선임기준 1명. 다만, 초과되는 연면적 1만5천 제곱미터마다 1명 이상을 추가로 선임해야 한다.

17 소방안전관리보조자의 선임 대상별 자격 및 인원기준에 대한 설명으로 틀린 것은?

① 아파트 중 300세대 이상의 아파트는 소방안전관리보조자 1명을 선임하며, 초과되는 300세대마다 1명 이상을 추가로 선임해야 한다.
② 아파트 및 연립주택을 제외한 연면적이 1만5천제곱미터 이상인 특정소방대상물은 1명을 선임하며, 초과되는 연면적 1만5천제곱미터마다 1명 이상을 추가로 선임해야 한다.
③ ②의 경우 특정소방대상물의 방재실에 자위소방대가 24시간 상시 근무하고 소방펌프차, 소방물탱크차 등을 운용하는 경우에는 5만제곱미터마다 1명 이상을 추가로 선임해야 한다.
④ 수련시설, 의료시설, 공동주택 중 기숙사는 1명을 선임한다.

> 해설 ③ 틀림, ②의 경우 특정소방대상물의 방재실에 자위소방대가 24시간 상시 근무하고 「소방장비관리법 시행령」별표 1 제1호 가목에 따른 소방자동차 중 소방펌프차, 소방물탱크차, 소방화학차 또는 무인방수차를 운용하는 경우에는 3만제곱미터로 한다)마다 1명 이상을 추가로 선임해야 한다.

정답 15.③ 16.① 17.③

18 특급 소방안전관리자로 선임할 수 있는 자격으로 틀린 것은?

① 소방기술사 또는 소방시설관리사의 자격이 있는 사람
② 소방설비기사의 자격을 취득한 후 5년 이상 1급 소방안전관리대상물의 소방안전관리자로 근무한 실무경력(대행자를 감독하는 소방안전관리자로 선임되어 근무한 경력 제외)이 있는 사람
③ 소방공무원으로 10년 이상 근무한 경력이 있는 사람
④ 소방청장이 실시하는 특급 소방안전관리대상물의 소방안전관리에 관한 시험에 합격한 사람

해설 ③ 틀림, 소방공무원으로 20년 이상 근무한 경력이 있는 사람이어야 한다.
①,②,④ 맞음, 특급소방안전관리자로 선임할 수 있는 자격은 ①,②,④ 및 소방설비산업기사의 자격을 취득한 후 7년 이상 1급 소방안전관리대상물의 소방안전관리자로 근무한 실무경력이 있는 사람 등이다.

19 1급 소방안전관리대상물에 선임해야 하는 소방안전관리자의 자격으로 틀린 것은?

① 소방공무원으로 6년 이상 근무한 경력이 있는 사람
② 소방설비기사의 자격이 있는 사람
③ 소방설비산업기사의 자격이 있는 사람
④ 소방청장이 실시하는 1급 소방안전관리대상물의 소방안전관리에 관한 시험에 합격한 사람

해설 ① 틀림, 1급 소방안전관리대상물에 선임해야 하는 소방안전관리자의 자격은 다음의 어느 하나에 해당하는 사람으로서 1급 소방안전관리자 자격증을 발급받은 사람 또는 특급 소방안전관리자 자격증을 발급받은 사람이다.
㉠ 소방설비기사 또는 소방설비산업기사의 자격이 있는 사람
㉡ 소방공무원으로 7년 이상 근무한 경력이 있는 사람
㉢ 소방청장이 실시하는 1급 소방안전관리대상물의 소방안전관리에 관한 시험에 합격한 사람

20 2급 소방안전관리대상물의 소방안전관리자로 선임될 수 있는 자격기준으로 틀린 것은?

① 위험물기능장·위험물산업기사 또는 위험물기능사 자격을 가진 사람
② 소방공무원으로 5년 이상 근무한 경력이 있는 사람
③ 소방청장이 실시하는 2급 소방안전관리대상물의 소방안전관리에 관한 시험에 합격한 사람
④ 「기업활동 규제완화에 관한 특별조치법」제29조, 제30조 및 제32조에 따라 소방안전관리자로 선임된 사람(소방안전관리자로 선임된 기간으로 한정한다)

해설 ② 틀림, 2급 소방안전관리대상물에 선임해야 하는 소방안전관리자의 자격은 다음의 어느 하나에 해당하는 사람으로서 2급 소방안전관리자 자격증을 발급받은 사람, 특급·1급 소방안전관리자 자격증을 발급받은 사람이다.
㉠ 위험물기능장·위험물산업기사 또는 위험물기능사 자격이 있는 사람
㉡ 소방공무원으로 3년 이상 근무한 경력이 있는 사람
㉢ 소방청장이 실시하는 2급 소방안전관리대상물의 소방안전관리에 관한 시험에 합격한 사람
㉣ 「기업활동 규제완화에 관한 특별조치법」에 따라 소방안전관리자로 선임된 사람(그 선임된 기간으로 한정)

정답 18.③ 19.① 20.②

21 다음 중 소방안전관리대상물의 소방안전관리자 선임 등에 대한 설명으로 틀린 것은?

① 소방공무원으로 1년 이상 근무한 경력이 있는 사람을 3급 소방안전관리대상물의 소방안전관리자로 선임할 수 있다.
② 소방설비산업기사 자격 취득 후 7년 이상 1급 소방안전관리대상물의 소방안전관리자로 근무한 실무경력이 있는 사람을 특급 소방안전관리대상물의 소방안전관리자로 선임할 수 있다.
③ 기업활동 규제완화에 관한 특별조치법」에 따라 소방안전관리자로 선임된 사람을 2급 또는 3급 소방안전관리대상물의 소방안전관리자로 선임할 수 있다.
④ 1급 소방안전관리자 자격이 인정되는 사람은 2급 소방안전관리자로 선임할 수 없다.

해설 ① 맞음, 특급 소방안전관리대상물의 소방안전관리자는 소방공무원 근무경력 20년 이상, 1급은 7년 이상, 2급은 3년 이상, 3급은 1년 이상의 근무경력이 필요하다.
④ 틀림, 3급 소방안전관리대상물의 관계인은 3급 소방안전관리자 자격증을 발급받은 사람 또는 특급·1급·2급 소방안전관리대상물의 소방안전관리자 자격증을 발급받은 사람을 소방안전관리자를 선임할 수 있다.

22 다음 중 소방안전관리보조자로 선임될 수 없는 사람은?

① 특급, 1급, 2급, 3급 소방안전관리대상물의 소방안전관리자 자격이 있는 사람
② 「공공기관의 소방안전관리에 관한 규정」제5조제1항제2호에 따른 강습교육을 수료한 사람
③ 소방안전관리대상물에서 소방안전 관련 업무에 1년 이상 근무한 경력이 있는 사람
④ 건축, 기계제작, 기계장비설비·설치, 위험물 등에 해당하는 국가기술자격이 있는 사람

해설 ③ 틀림, 소방안전관리대상물에서 소방안전 관련 업무에 2년 이상 근무한 경력이 있는 사람이어야 한다. 소방안전관리보조자의 자격은 ①,②,④ 및 강습교육 중 특급·1급·2급 및 3급 소방안전관리자가 되려는 사람을 대상으로 하는 각급 강습교육을 수료한 사람 등이다.

23 용도변경으로 인하여 특정소방대상물이 1급 소방안전관리대상물에서 특급 소방안전관리대상물로 등급이 변경된 경우 소방안전관리자 선임의 기준이 되는 날은?

① 건축물을 사용할 수 있게 된 날
② 특정소방대상물의 완공일
③ 소방안전관리자를 해임한 날
④ 건축물관리대장에 기재한 날

해설 ① 틀림, 건축물의 신축·증축 또는 용도변경으로 소방안전관리자를 신규로 선임해야 하는 경우이다.
④ 맞음, 증축 또는 용도변경으로 인하여 특정소방대상물이 영 제25조제1항에 따른 소방안전관리대상물로 된 경우 또는 특정소방대상물의 소방안전관리 등급이 변경된 경우에는 증축공사의 사용승인일 또는 용도변경 사실을 건축물관리대장에 기재한 날(사유발생일)부터 30일 이내에 선임해야 한다.(규칙 제14조 제1항)

정답 21.④ 22.③ 23.④

24 다음 소방안전관리자의 선임에 대한 설명 중 옳은 것은?

① 신축·증축·개축·재축·대수선 또는 용도변경으로 해당 특정소방대상물의 소방안전관리자를 신규로 선임하여야 하는 경우 해당 특정소방대상물의 사용승인일에 선임해야 한다.
② 관리의 권원이 분리된 특정소방대상물의 경우 관리의 권원이 분리되거나 소방본부장 또는 소방서장이 관리의 권원을 조정한 날부터 30일 이내에 선임해야 한다.
③ 특정소방대상물을 양수하거나 「민사집행법」에 의한 경매 그 밖에 이에 준하는 절차에 의하여 관계인의 권리를 취득한 경우 권리를 취득한 다음 날부터 30일 이내에 선임해야 한다.
④ 소방안전관리업무를 대행하는 자를 감독하는 사람을 소방안전관리자로 선임한 경우로서 그 업무대행 계약이 종료된 경우 소방안전관리업무 대행이 끝난 날에 선임하여야 한다.

> **해설** ① 틀림, 특정소방대상물의 사용승인일(사유발생일)부터 30일 이내에 선임해야 한다.
> ② 맞음, 법 제21조(공동 소방안전관리)에 따른 특정소방대상물의 경우 소방본부장 또는 소방서장이 공동 소방안전관리대상으로 지정한 날부터 30일 이내에 선임하여야 한다.
> ③ 틀림, 해당 권리를 취득한 날 또는 관할 소방서장으로부터 소방안전관리자 선임 안내를 받은 날부터 30일 이내에 선임하여야 한다.
> ④ 틀림, 소방안전관리업무 대행이 끝난 날부터 30일 이내에 선임해야 한다.

25 소방안전관리대상물의 관계인은 소방안전관리자를 선임사유가 발생한 날부터 며칠 이내에 선임해야 하는가?

① 7일　　　　　　　　　　② 10일
③ 20일　　　　　　　　　④ 30일

> **해설** ④ 맞음, 특정소방대상물의 관계인은 소방안전관리자를 다음에서 정하는 날(사유발생일: 사용승인일, 증축공사의 완공일 또는 용도변경 사실을 건축물관리대장에 기재한 날, 해당 권리를 취득한 날 등)부터 30일 이내에 선임하여야 한다.(규칙 제14조 제1항)

26 소방안전관리자 자격시험이나 강습교육이 소방안전관리자 선임기간 내에 있지 않아 소방안전관리자를 선임할 수 없는 경우 선임의 연기를 신청할 수 있는 소방안전관리대상물은?

① 1급 소방안전관리대상물
② 2급 소방안전관리대상물
③ 2급 또는 3급 소방안전관리대상물
④ 모든 소방안전관리대상물

> **해설** ③ 맞음, 2급 또는 3급 소방안전관리대상물의 관계인은 소방안전관리자 자격시험이나 소방안전관리자에 대한 강습교육이 소방안전관리자 선임기간 내에 있지 않아 소방안전관리자를 선임할 수 없는 경우에는 소방안전관리자 선임의 연기를 신청할 수 있다.(규칙 제14조 제2항)

정답 24.② 25.④ 26.③

27 소방안전관리대상물의 관계인이 소방안전관리자를 선임한 경우 선임한 날부터 며칠 이내에 누구에게 선임사실을 신고하여야 하는가?

① 14일 이내, 소방본부장 또는 소방서장
② 14일 이내, 소방청장
③ 30일 이내, 소방본부장 또는 소방서장
④ 30일 이내, 시장·군수·구청장

해설 ① 맞음, 소방안전관리대상물의 관계인이 제24조에 따라 소방안전관리자 또는 소방안전관리보조자를 선임한 경우에는 행정안전부령으로 정하는 바에 따라 선임한 날부터 14일 이내에 소방본부장 또는 소방서장에게 신고하고, 소방안전관리대상물의 출입자가 쉽게 알 수 있도록 소방안전관리자의 성명과 그 밖에 행정안전부령으로 정하는 사항을 게시하여야 한다. (법 제26조)

28 소방안전관리대상물의 관계인이 소방안전관리자 또는 총괄소방안전관리자를 선임하는 경우 선임신고서에 첨부할 서류에 해당하지 않는 것은?

① 소방안전관리자 자격증
② 계약서 또는 권원이 분리됨을 증명하는 관련 서류
③ 소방안전관리학과를 졸업한 경우 졸업증명서
④ 소방안전관리에 관한 업무를 감독할 수 있는 직위에 있는 자임을 증명하는 서류

해설 ③ 틀림, 소방안전관리학과를 졸업한 경우 졸업증명서는 첨부서류가 아니다. 소방안전대상물의 관계인이 소방안전관리자 등을 선임할 때 선임신고서에 첨부해야 할 서류는 ①,② 및 다음과 같다.
  ㉠ 소방안전관리대상물의 소방안전관리에 관한 업무를 감독할 수 있는 직위에 있는 사람임을 증명하는 서류 및 소방안전관리업무의 대행 계약서 사본(법 제24조제3항에 따라 소방안전관리대상물의 관계인이 소방안전관리업무를 대행하게 하는 경우만 해당한다)
  ㉡ 「기업활동 규제완화에 관한 특별조치법」에 따라 해당 특정소방대상물의 소방안전관리자를 겸임할 수 있는 안전관리자로 선임된 사실을 증명할 수 있는 서류 또는 선임사항이 기록된 자격증(자격수첩을 포함한다)이다.

29 관계인이 소방안전관리자를 해임한 경우 소방본부장이나 소방서장에게 그 사실을 알려 확인을 받을 수 있는 사람은?

① 소방안전관리대상물의 관계인
② 소방안전관리대상물의 관계인, 해임된 소방안전관리자
③ 소방안전관리대상물 관계인, 해임된 소방안전관리자, 화재보험협회
④ 시·도지사, 해임된 소방안전관리자

해설 ② 맞음, 소방안전관리대상물의 관계인이 소방안전관리자 또는 소방안전관리보조자를 해임한 경우에는 그 관계인 또는 해임된 소방안전관리자 또는 소방안전관리보조자는 소방본부장이나 소방서장에게 그 사실을 알려 해임한 사실의 확인을 받을 수 있다.(법 제26조 제2항)

정답 27.① 28.③ 29.②

30 소방안전관리대상물의 관계인이 소방안전관리자 등을 선임한 경우 소방안전관리대상물의 출입자가 쉽게 알 수 있도록 소방안전관리자의 성명과 행정안전부령으로 정하는 사항을 게시하여야 한다. 다음 중 게시 사항이 아닌 것은?

① 소방안전관리대상물의 명칭 및 등급
② 소방안전관리자의 성명 및 선임일자
③ 소방안전관리자의 근무 위치(화재 수신기 또는 종합방재실을 말한다)
④ 소방안전관리자의 경력 및 연락처

해설 ④ 틀림, 정보의 게시사항 : 행정안전부령으로 정하는 정보의 게시사항은 다음과 같다.(규칙 제15조)
ㄱ 소방안전관리대상물의 명칭 및 등급
ㄴ 소방안전관리자의 성명 및 선임일자, 연락처, 근무 위치(화재 수신기 또는 종합방재실을 말한다)

31 특정소방대상물의 소방안전관리에 대한 설명에서 틀린 것은?

① 소방안전관리 업무를 관리업자에게 대행하게 하는 경우의 대가는 엔지니어링사업의 대가 기준 가운데 행정안전부령으로 정하는 방식에 따라 산정한다.
② 소방본부장 또는 소방서장은 소방안전관리자를 선임하지 아니한 소방안전관리대상물의 관계인에게 소방안전관리자를 선임하도록 명할 수 있다.
③ 소방안전관리대상물의 관계인은 소방안전관리자가 소방안전관리업무를 성실하게 수행할 수 있도록 지도·감독하여야 한다.
④ 소방안전관리자는 소방시설·피난시설 등이 법령에 위반된 것을 발견한 때에는 지체 없이 소방서장 등에게 소방대상물의 개수 등 필요한 조치를 할 것을 요구하여야 한다.

해설 ④ 틀림, 소방안전관리자는 인명과 재산을 보호하기 위하여 소방시설·피난시설·방화시설 및 방화구획 등이 법령에 위반된 것을 발견한 때에는 지체 없이 소방안전관리대상물의 관계인에게 소방대상물의 개수·이전·제거·수리 등 필요한 조치를 할 것을 요구하여야 하며, 관계인이 시정하지 아니하는 경우 소방본부장 또는 소방서장에게 그 사실을 알려야 한다.

32 소방안전관리업무 수행에 관한 기록·유지에 대한 설명으로 적절하지 못한 것은?

① 소방안전관리자는 소방안전관리업무 수행에 관한 기록을 하여야 한다.
② 소방안전관리업무 수행에 관한 기록을 분기별 1회 이상 작성·관리해야 한다.
③ 소방안전관리자는 소방안전관리업무 수행 중 보수 또는 정비가 필요한 사항을 발견한 경우에는 이를 지체 없이 관계인에게 알리고, 기록해야 한다.
④ 소방안전관리자는 업무 수행에 관한 기록을 작성한 날부터 2년간 보관해야 한다.

해설 ① 맞음, 소방안전관리업무 수행에 관한 기록·유지는 소방안전관리대상물의 소방안전관리자의 업무이다.
② 틀림, 소방안전관리대상물의 소방안전관리자는 법 제24조제5항제7호에 따른 소방안전관리업무 수행에 관한 기록을 월 1회 이상 작성·관리해야 한다.

정답 30.④ 31.④ 32.②

33 건설현장 소방안전관리에 대한 설명으로 옳지 못한 것은?

① 소방안전관리대상물의 관계인은 건설현장 소방안전관리대상물을 신축·증축·용도변경 등을 하는 경우에 건설현장 소방안전관리자를 선임해야 한다.
② 소방안전관리자로서 소방안전관리자 교육을 받은 사람을 소방시설공사 착공 신고일부터 건축물 사용승인일까지 건설현장 소방안전관리자로 선임하고 신고하여야 한다.
③ 건설현장의 소방계획서의 작성, 임시소방시설의 설치 및 관리, 공사진행 단계별 피난안전구역, 피난로 등의 확보와 관리 업무를 수행한다.
④ 건설현장 소방안전관리대상물의 소방안전관리에 관하여는 소방안전관리자 선임신고, 관계인의 의무 규정을 준용한다. 이 경우 "특정소방대상물의 관계인"은 "공사시공자"로 본다.

해설 ① 틀림, 소방시설 설치 및 관리에 관한 법률」제15조제1항에 따른 공사시공자가 화재발생 및 화재피해의 우려가 큰 대통령령으로 정하는 특정소방대상물(건설현장 소방안전관리대상물)을 신축·증축·개축·재축·이전·용도변경 또는 대수선 하는 경우에는 소방안전관리자로서 제34조에 따른 교육을 받은 사람을 소방시설공사 착공 신고일부터 건축물 사용승인일(건축물을 사용할 수 있게 된 날)까지 소방안전관리자로 선임하고 행정안전부령으로 정하는 바에 따라 소방본부장 또는 소방서장에게 신고하여야 한다.

34 다음 중 신축·증축·개축·재축·이전·용도변경 또는 대수선을 하려는 부분의 연면적 합계와 관련하여 건설현장 소방안전관리대상물에 해당하지 않는 것은?

① 연면적의 합계가 1만5천제곱미터인 특정소방대상물
② 연면적의 합계가 5천제곱미터인 지하층의 층수가 2개 층인 특정소방대상물
③ 연면적의 합계가 7천제곱미터인 지상층의 층수가 10층인 특정소방대상물
④ 연면적의 합계가 1만제곱미터인 냉동창고, 냉장창고 또는 냉동·냉장창고

해설 ③ 틀림, 이 경우 층수가 11층인 경우 건설현장 소방안전관리대상물에 해당한다. 대통령령으로 정하는 건설현장 소방안전관리대상물이란 다음의 어느 하나에 해당하는 특정소방대상물을 말한다.
㉠ 신축·증축·개축·재축·이전·용도변경 또는 대수선을 하려는 부분의 연면적 합계 1만5천제곱미터 이상
㉡ 연면적이 5천제곱미터 이상인 것으로서 다음의 어느 하나에 해당하는 것 : 지하층의 층수가 2개 층 이상인 것, 지상층의 층수가 11층 이상인 것, 냉동창고, 냉장창고 또는 냉동·냉장창고

35 다음 중 소방안전관리자가 소방안전관리 업무를 성실하게 수행할 수 있도록 지도·감독하여야 하는 사람은 누구인가?

① 소방청장
② 시·도지사
③ 소방서장
④ 소방안전관리대상물의 관계인

해설 ④ 맞음, 특정소방대상물의 관계인은 그 특정소방대상물에 대하여 제24조제5항에 따른 소방안전관리업무를 수행하여야 한다. 소방안전관리대상물의 관계인은 소방안전관리자가 소방안전관리 업무를 성실하게 수행할 수 있도록 지도·감독하여야 한다.(법 제27조 제1항 및 제2항)

정답 33.① 34.③ 35.④

36 다음 중 관리의 권원이 분리된 특정소방대상물에 대한 설명으로 틀린 것은?

① 관리의 권원이 분리되어 있는 특정소방대상물의 경우 그 관리의 권원별 관계인은 대통령령으로 정하는 바에 따라 소방안전관리자를 선임하여야 한다.
② 소방본부장 또는 소방서장은 관리의 권원이 많아 효율적이 못한 경우 대통령령으로 정하는 바에 따라 관리의 권원을 조정하여 소방안전관리자를 선임하도록 할 수 있다.
③ 관리의 권원별 관계인은 상호 협의하여 특정소방대상물의 총괄소방안전관리자를 선임된 소방안전관리자 중에서 선임하거나 별도로 선임하여야 한다.
④ 총괄소방안전관리자의 자격과 업무수행 등에 필요한 사항은 행정안전부령으로 정한다.

> 해설 ④ 틀림, 관리의 권원별 관계인은 상호 협의하여 특정소방대상물의 총괄소방안전관리자를 선임된 소방안전관리자 중에서 선임하거나 별도로 선임하여야 한다. 총괄소방안전관리자의 자격은 대통령령으로 정하고 업무수행 등에 필요한 사항은 행정안전부령으로 정한다.

37 다음 중 관리의 권원이 분리된 특정소방대상물이 아닌 것은?

① 지하층을 포함한 층수가 11층 이상의 복합건축물
② 지하상가(지하의 인공구조물 안에 설치된 상점 및 사무실 등)
③ 연면적 3만제곱미터 이상인 복합건축물
④ 판매시설 중 도매시장, 소매시장 및 전통시장

> 해설 ① 틀림, 복합건축물은 지하층을 제외한 층수가 11층 이상 또는 연면적 3만제곱미터 이상인 건축물이 대상이다.
> ②,④ 맞음, 지하상가(지하의 인공구조물 안에 설치된 상점 및 사무실, 그 밖에 이와 비슷한 시설이 연속하여 지하도에 접하여 설치된 것과 그 지하도를 합한 것을 말한다)와 대통령령으로 정하는 특정소방대상물은 판매시설 중 도매시장, 소매시장 및 전통시장이다.

38 관리의 권원이 분리된 특정소방대상물에 대한 설명으로 틀린 것은?

① 권원별 관계인은 선임된 소방안전관리자와 별도의 총괄소방안전관리자를 선임해야 한다.
② 관리의 권원이 분리되어 있는 특정소방대상물의 관계인은 소유권, 관리권 및 점유권에 따라 각각 소방안전관리자를 선임해야 한다.
③ 선임된 소방안전관리자 및 총괄소방안전관리자는 공동소방안전관리협의회를 구성하고, 해당 특정소방대상물에 대한 소방안전관리를 공동으로 수행하여야 한다.
④ 화재 수신기가 별도로 설치되어 있는 경우 설치된 화재 수신기가 화재를 감지·소화 또는 경보할 수 있는 부분을 각각 하나의 관리 권원으로 보아 각각 소방안전관리자를 선임해야 한다.

> 해설 ① 틀림, 관리의 권원별 관계인은 상호 협의하여 특정소방대상물의 총괄소방안전관리자를 선임된 소방안전관리자 중에서 선임하거나 별도로 선임해야 한다.
> ②,③,④ 맞음, 영 제34조 제1항, 제35조 제3항, 영 제34조 제2항 규정이다.

정답 36.④ 37.① 38.①

39 다음 중 특정소방대상물의 소방안전관리에 대한 설명으로 틀린 것은?

① 관리의 권원이 분리된 특정소방대상물의 총괄소방안전관리자는 2급 소방안전관리대상물의 소방안전관리자의 자격을 갖추어야 한다.
② 총괄소방안전관리자등은 특정소방대상물 전체의 소방계획 수립 및 시행과 소방훈련·교육의 실시에 관한 사항의 공동소방안전관리 업무를 협의회의 협의를 거쳐 공동으로 수행한다.
③ 국가, 지방자치단체, 국공립학교, 대통령령으로 정하는 공공기관의 장은 화재 예방, 자위소방대의 조직 및 편성, 소방시설의 자체점검과 소방훈련 등의 소방안전관리를 하여야 한다.
④ 공공기관에 대한 소방안전관리자의 자격, 책임 및 선임과 소방안전관리의 업무대행에 관하여는 공공기관의 소방안전관리에 관한 규정으로 정하는 바에 따른다.

해설 ① 틀림, 법 제35조제2항에 따른 특정소방대상물의 전체에 걸쳐 소방안전관리상 필요한 업무를 총괄하는 소방안전관리자(총괄소방안전관리자)는 별표 4에 따른 소방안전관리대상물의 등급별 선임자격을 갖춰야 한다. 이 경우 관리의 권원이 분리되어 있는 특정소방대상물에 대하여 소방안전관리대상물의 등급을 결정할 때에는 해당 특정소방대상물 전체를 기준으로 한다.(영 제36조)

40 공공기관의 소방안전관리의 적용대상으로 틀린 것은?

① 국가 및 지방자치단체
② 학교(국공립학교만 해당)
③ 공공기관
④ 지방공사

해설 ② 틀림, 국공립학교뿐만 아니라 사립학교도 그 적용대상이다. 공공기관의 소방안전관리의 적용대상은 국가 및 지방자치단체, 국공립학교 및 대통령령으로 정하는 공공기관이다. 대통령령으로 정하는 공공기관에는 공공기관, 지방공사 및 사립학교가 포함된다.

41 소방안전관리자 및 소방안전관리보조자의 종합정보망에 대한 설명으로 틀린 것은?

① 소방청장은 소방안전관리자 등에 대한 정보를 관리하기 위해 종합정보망을 구축할 수 있다.
② 종합정보망은 소방안전관리자 등의 선임신고 및 해임 사실의 확인 현황과 소방안전관리자 등 자격증의 정지·취소 처분 현황, 교육 실시현황 정보를 관리한다.
③ 종합정보망의 구축·운영 등에 필요한 사항은 소방청장이 정한다.
④ 종합정보망의 효율적인 운영을 위해 필요한 경우 종합정보망과 유관 정보시스템의 연계·운영과 정보를 저장·가공 및 제공하기 위한 시스템의 구축·운영업무를 수행할 수 있다.

해설 ② 맞음, 종합정보망은 소방안전관리자 등의 선임신고 및 해임 사실의 확인 현황과 건설현장 소방안전관리자 선임신고 현황, 자격시험 합격자 및 자격증의 발급 현황, 소방안전관리자 자격증의 정지·취소 처분 현황, 교육 실시현황 등의 정보를 관리한다.(법 제33조 제1항)
③ 틀림, 종합정보망의 구축·운영 등에 필요한 사항은 대통령령으로 정한다.

정답 39.① 40.② 41.③

42 다음 중 소방안전관리자 자격 등에 대한 설명으로 틀린 것은?

① 소방안전관리자 자격은 소방청장으로부터 소방안전관리자 자격증을 발급받은 사람으로 한다.
② 소방안전과 관련한 국가기술자격증을 소지한 사람이나 소방공무원 경력자로서 대통령령으로 정하는 사람은 소방안전관리자 자격요건이 된다.
③ 소방안전관리자 자격증을 발급받으려는 사람은 소방안전관리자 자격증 발급 신청서에 자격에 해당하는 사람임을 증명하는 서류와 신분증을 첨부하여 소방청장에게 제출해야 한다.
④ 소방안전관리자 자격증의 발급을 신청받은 소방청장은 10일 이내에 자격을 갖춘 사람에게 소방안전관리자 자격증을 발급해야 한다.

해설 ④ 틀림, 소방안전관리자 자격증의 발급을 신청받은 소방청장은 3일 이내에 자격을 갖춘 사람에게 소방안전관리자 자격증을 발급해야 한다. 이 경우 소방청장은 소방안전관리자 자격증 발급대장에 등급별로 기록하고 관리해야 한다.(규칙 제18조 제2항)

43 특급 소방안전관리대상물의 소방안전관리자 자격시험에 응시할 수 자격으로 틀린 것은?

① 소방공무원으로 10년 이상 근무한 경력이 있는 사람
② 1급 소방안전관리대상물의 소방안전관리자로 5년(소방설비기사의 경우 2년, 소방설비산업기사의 경우 3년) 이상 근무한 실무경력이 있는 사람
③ 소방행정학 또는 소방안전공학 분야에서 석사학위 이상을 취득한 후 2년 이상 1급 소방안전관리대상물의 소방안전관리자로 근무한 실무경력이 있는 사람
④ 특급 소방안전관리대상물의 소방안전관리보조자로 7년 이상 근무한 실무경력이 있는 사람

해설 ④ 틀림, 보조자로 10년 이상 실무경력이 있어야 한다. 특급 시험응시자격은 ①,②,③ 및 다음과 같다.
㉠ 1급 소방안전관리대상물의 소방안전관리자로 선임될 수 있는 자격을 갖춘 후 특급 또는 1급 소방안전관리대상물의 소방안전관리보조자로 7년 이상 근무한 실무경력이 있는 사람
㉡ 특급 강습교육을 수료한 사람 및 총괄재난관리자로 지정되어 1년 이상 근무한 경력이 있는 사람

44 안전관리자 자격시험에 대한 설명으로 적절하지 못한 것은?

① 특급 자격시험은 연 2회 이상, 1급, 2급 및 3급 자격시험은 월 1회 이상 실시한다.
② 소방청장은 소방안전관리자 자격시험을 실시하려는 경우에는 응시자격 등에 관하여 필요한 사항을 시험 시행일 20일 전에 인터넷 홈페이지에 공고해야 한다.
③ 경찰공무원 2년 이상 근무 경력이 있는 사람은 3급 소방안전관리자 시험에 응시할 수 있다.
④ 특급, 1급, 2급 및 3급 소방안전관리자 자격시험은 매과목을 100점 만점으로 하여 매과목 40점 이상, 전과목 평균 70점 이상 득점한 사람을 합격자로 한다.

해설 ② 틀림, 소방청장은 소방안전관리자 자격시험을 실시하려는 경우에는 응시자격·시험과목·일시·장소 및 응시절차를 모든 응시 희망자가 알 수 있도록 시험 시행일 30일 전에 인터넷 홈페이지에 공고해야 한다.

정답 42.④ 43.④ 44.②

45 소방안전관리자 자격의 정지 및 취소에 대한 설명으로 틀린 것은?

① 거짓이나 그 밖의 부정한 방법으로 소방안전관리자 자격증을 발급받거나 소방안전관리자 자격증을 다른 사람에게 빌려준 경우에는 그 자격을 취소하여야 한다.
② 위반행위가 둘 이상인 경우로서 각각의 처분기준이 다른 경우 무거운 처분기준에 따른다.
③ 위반행위의 횟수에 따른 행정처분 기준은 최근 1년간 같은 위반행위로 행정처분을 받은 경우에 적용한다.
④ 소방안전관리업무를 게을리하거나 실무교육을 받지 않은 경우 행정처분의 개별기준은 1차 위반 경고, 2차 위반 자격정지 3개월, 3차 위반 자격정지 6개월이다.

> 해설 ③ 틀림, 위반행위의 횟수에 따른 행정처분 기준은 최근 3년간 같은 위반행위로 행정처분을 받은 경우에 적용한다. 이 경우 기준 적용일은 위반행위에 대한 행정처분일과 그 처분 후에 한 위반행위가 다시 적발된 날을 기준으로 한다.(규칙 제19조 관련, 별표 3)

46 소방안전관리업무에 관한 능력의 습득 또는 향상을 위하여 소방청장이 실시하는 강습교육 받아야 되는 사람은?

① 소방안전관리자가 되려는 사람
② 대행 관리업자 감독 소방안전관리자
③ 선임된 소방안전관리자
④ 선임된 소방안전관리보조자

> 해설 ① 맞음, ①은 강습교육 대상, 나머지는 실무교육 대상자이다. 소방안전관리업무에 관한 능력의 습득 또는 향상을 위하여 행정안전부령으로 정하는 바에 따라 소방청장이 실시하는 강습교육 또는 실무교육을 받아야 한다.
> ㉠ 강습교육 : 각급 또는 공공기관의 소방안전관리자가 되려는 사람, 대행 관리업자를 감독하는 소방안전관리자로 선임되고자 하는 사람, 건설현장 소방안전관리자로 선임되고자 하는 사람
> ㉡ 실무교육 : 선임된 소방안전관리자(보조자 포함), 대행 관리업자를 감독하는 소방안전관리자(보조자 포함)

47 소방안전관리자 등이 받는 강습교육에 대한 설명으로 틀린 것은?

① 소방청장은 강습교육의 대상·일정을 포함한 강습교육 실시계획을 매년 수립·시행해야 한다.
② 교육시간은 특급 160시간, 1급 80시간, 2급 및 공공기관 40시간, 3급 24시간 실시한다. 교육시간에서 이론 30퍼센트, 실무 70퍼센트로 편성한다.
③ 강습교육을 실시하려는 경우에는 강습교육 실시 20일 전까지 일시·장소, 그 밖에 강습교육 실시에 필요한 사항을 인터넷 홈페이지에 공고해야 한다.
④ 교육과정을 수료하려는 사람은 교육시간 합계의 80퍼센트 이상을 출석하고, 실습내용 평가에 합격해야 한다. 다만, 결강시간은 1일 최대 3시간을 초과할 수 없다.

> 해설 ③ 맞음, 강습교육은 실시 20일 전까지, 실무교육은 실시 30일 전까지 인터넷 홈페이지에 공고해야 한다.
> ④ 틀림, 교육과정을 수료하려는 사람은 교육시간 합계의 90퍼센트 이상을 출석하고, 실습내용 평가에 합격(해당 평가항목을 이수하거나 평가기준을 충족한 경우를 말한다)해야 한다. 다만, 결강시간은 1일 최대 3시간을 초과할 수 없다.

정답 45.③ 46.① 47.④

48 소방안전관리자 및 소방안전관리보조자의 실무교육에 대한 설명으로 틀린 것은?

① 안전원장은 실무교육 실시 30일 전까지 일시·장소, 그 밖에 실무교육 실시에 필요한 사항을 인터넷 홈페이지에 공고하고 교육대상자에게 통보해야 한다.
② 소방안전관리자 및 소방안전관리보조자는 그 선임된 날부터 6개월 이내에 실무교육을 받아야 하며, 그 후에는 2년마다 1회 이상 실무교육을 받아야 한다.
③ 소방안전관리 강습 또는 실무교육을 받은 후 1년 이내에 소방안전관리자로 선임된 사람은 해당 강습교육을 수료하거나 실무교육을 이수한 날에 실무교육을 이수한 것으로 본다.
④ 강사는 소방에 관한 학식·경험·능력을 종합적으로 고려하여 소방청장이 임명·위촉한다.

> 해설 ① 틀림, 소방청장은 실무교육을 실시하려는 경우에는 실무교육 실시 30일 전까지 일시·장소, 그 밖에 실무교육 실시에 필요한 사항을 인터넷 홈페이지에 공고하고 교육대상자에게 통보해야 한다.
> ② 맞음, 소방안전관리보조자는 그 선임된 날부터 6개월(영 별표 5 제2호마목에 따라 소방안전관리보조자로 지정된 사람의 경우 3개월을 말한다) 이내에 실무교육을 받아야 하며, 그 이후에는 2년마다(최초 실무교육을 받은 날을 기준일로 하여 매 2년이 되는 해의 기준일과 같은 날 전까지를 말한다) 1회 이상 실무교육을 받아야 한다.

49 소방청장은 해당 연도의 실무교육이 끝난 날부터 며칠 이내에 그 결과를 소방본부장 또는 소방서장에게 통보해야 한다.

① 10일
② 20일
③ 30일
④ 60일

> 해설 ③ 맞음, 소방청장은 실무교육을 수료한 사람에게 실무교육 수료증(전자문서를 포함)을 발급하고, 실무교육 수료자명부(전자문서를 포함)에 작성·관리해야 한다.(규칙 제32조 제2항) 소방청장은 해당 연도의 실무교육이 끝난 날부터 30일 이내에 그 결과를 소방본부장 또는 소방서장에게 통보해야 한다.(규칙 제32조 제2항)

50 자위소방대와 관련한 소방안전관리대상물의 소방안전관리자의 역할로 틀린 것은?

① 해당 특정소방대상물이 이용되고 있는 동안 초기대응체계를 상시적으로 운영해야 한다.
② 자위소방대를 화재 발생 시 비상연락, 초기소화 및 피난유도와 화재 발생 시 인명·재산피해 최소화를 위한 조치의 기능을 효율적으로 수행할 수 있도록 편성·운영하여야 한다.
③ 연 1회 이상 자위소방대(초기대응체계를 포함)를 소집하여 그 편성 상태를 점검하고, 편성된 근무자에 대한 소방교육을 실시하여야 한다.
④ 소방교육의 실시 결과를 자위소방대 및 초기대응체계 소방교육 실시 결과 기록부에 기록하고, 교육을 실시한 날부터 1년간 보관해야 한다.

> 해설 ①,②,③ 맞음, 규칙 제11조 제4항, 규칙 제11조 제1항, 규칙 제11조 5항 규정이다.
> ④ 틀림, 소방교육을 실시하였을 때는 그 실시 결과를 자위소방대 및 초기대응체계 교육·훈련 실시 결과 기록부에 기록하고, 교육을 실시한 날부터 2년간 보관해야 한다.

정답 ○ 48.① 49.③ 50.④

51 다음 중 피난계획의 수립 및 시행에 대한 설명으로 틀린 것은?

① 소방안전관리대상물의 관계인은 그 장소에 근무하거나 거주 또는 출입하는 사람들이 화재가 발생한 경우에 안전하게 피난할 수 있도록 피난계획을 수립하여 시행하여야 한다.
② 피난계획에는 그 특정소방대상물의 구조 등을 고려하여 설정한 피난경로가 포함되어야 한다.
③ 피난계획의 수립·시행, 피난유도 안내정보 제공에 필요한 사항은 대통령령으로 정한다.
④ 소방안전관리대상물의 관계인은 해당 소방안전관리대상물의 피난시설이 변경된 경우에는 그 변경사항을 반영하여 피난계획을 정비해야 한다.

해설 ①,② 맞음, 소방안전관리대상물의 관계인은 피난계획을 수립하여 시행하여야 한다. 피난계획에는 그 특정소방대상물의 구조, 피난시설 등을 고려하여 설정한 피난경로가 포함되어야 한다.
③ 틀림, 피난계획의 수립·시행 등에 필요한 사항은 행정안전부령으로 정한다.(법 제36조 제4항)

52 소방안전관리대상물의 관계인이 근무자 또는 거주자에게 정기적으로 제공하여야 하는 피난유도 안내정보 제공의 방법으로 틀린 것은?

① 분기별 1회 이상 피난안내방송을 실시하는 방법
② 연 1회 피난안내 교육을 실시하는 방법
③ 피난안내도를 층마다 보기 쉬운 위치에 게시하는 방법
④ 엘리베이터, 출입구 등 시청이 용이한 지역에 피난안내영상을 제공하는 방법

해설 ② 틀림, 피난유도 안내정보 제공은 연 2회 피난안내 교육을 실시하는 방법, 분기별 1회 이상 피난안내방송을 실시하는 방법, 피난안내도를 층마다 보기 쉬운 위치에 게시하는 방법, 엘리베이터, 출입구 등 시청이 용이한 지역에 피난안내영상을 제공하는 방법이 있다. 위 규정 외 세부사항은 소방청장이 정하여 고시한다.

53 근무자 및 거주자에 대한 소방훈련 등에 대한 설명으로 옳지 않은 것은?

① 소방안전관리대상물의 관계인은 소방훈련과 교육을 연 1회 이상 실시하여야 하며, 소방본부장 또는 소방서장은 관계인이 실시하는 소방훈련과 교육을 지도·감독할 수 있다.
② 소방안전관리업무 전담 대상물의 관계인은 소방훈련 및 교육을 한 날부터 30일 이내에 소방훈련 및 교육 결과를 소방본부장 또는 소방서장에게 제출하여야 한다.
③ 불시 소방훈련·교육의 대상은 의료시설, 교육연구시설, 위락시설, 수련시설 등이다.
④ 불시 소방훈련과 교육을 실시하려는 경우에는 소방안전관리대상물의 관계인에게 불시 소방훈련·교육 실시 10일 전까지 불시 소방훈련·교육 계획서를 통지해야 한다.

해설 ③ 틀림, 대통령령으로 정하는 불시 소방훈련·교육의 대상은 「소방시설 설치 및 관리에 관한 법률 시행령」별표 2에 따른 의료시설, 교육연구시설, 노유자시설 및 그 밖에 화재 발생 시 불특정 다수의 인명피해가 예상되어 소방본부장 또는 소방서장이 소방훈련·교육이 필요하다고 인정하는 특정소방대상물이다.

정답 51.③ 52.② 53.③

54. 다음에서 특정소방대상물의 관계인에 대한 소방안전교육 대상은 모두 몇 개인가?

> ㉠ 소화기 또는 비상경보설비가 설치된 공장·창고 등의 특정소방대상물
> ㉡ 하나의 건축물에 영화상영관이 10개 이상인 특정소방대상물
> ㉢ 관할 소방본부장 또는 소방서장이 화재에 대한 취약성이 높다고 인정하는 특정소방대상물
> ㉣ 간이스프링클러설비를 설치해야 하는 특정소방대상물

① 1개 ② 2개
③ 3개 ④ 4개

해설 ② 맞음, 소방안전교육의 교육대상자는 법 제37조를 적용받지 않는 특정소방대상물 중 다음의 어느 하나에 해당하는 특정소방대상물의 관계인으로서 관할 소방서장이 소방안전교육이 필요하다고 인정하는 사람으로 한다.
㉠ 소화기 또는 비상경보설비가 설치된 공장·창고 등의 특정소방대상물
㉡ 그 밖에 관할 소방본부장 또는 소방서장이 화재에 대한 취약성이 높다고 인정하는 특정소방대상물

55. 특급 소방안전관리자로 선임할 수 있는 자격으로 틀린 것은? ☆ 17년 소방장

① 소방기술사의 자격이 있는 사람
② 소방시설관리사의 자격이 있는 사람
③ 소방공무원으로 20년 이상 근무한 경력이 있는 사람
④ 소방설비산업기사 자격취득 후 5년 1급 소방안전관리자로 근무한 실무경력이 있는 사람

해설 ④ 틀림, 소방설비산업기사의 자격을 취득한 후 7년 이상 1급 소방안전관리대상물의 소방안전관리자로 근무한 실무경력이 있는 사람이어야 한다. 소방설비기사의 자격을 취득한 후 5년 이상 1급 소방안전관리대상물의 소방안전관리자로 근무한 실무경력이 있는 사람이어야 한다.

56. 소방안전관리자 선임시기에 대한 내용으로 틀린 것은? ☆ 18년 소방교

① 소방안전관리자를 해임한 경우 해임한 날부터 30일 이내에 선임해야 한다.
② 특정소방대상물을 양수한 경우 해당 권리를 취득한 날부터 30일 이내에 선임해야 한다.
③ 관리의 권원이 분리된 특정소방대상물의 경우 완공일부터 30일 이내에 선임해야 한다.
④ 용도변경으로 인하여 특정소방대상물이 소방안전관리대상물이 된 경우 용도변경 사실을 건축물관리대장에 기재한 날부터 30일 이내에 선임해야 한다.

해설 ② 맞음, 특정소방대상물을 양수하거나 경매 그 밖에 이에 준하는 절차에 의하여 관계인의 권리를 취득한 경우에는 해당 권리를 취득한 날 또는 소방안전관리자 선임 안내를 받은 날부터 30일 이내에 선임해야 한다.
③ 틀림, 법 제35조(관리의 권원이 분리된 특정소방대상물)에 따른 특정소방대상물의 경우 관리의 권원이 분리되거나 소방본부장 또는 소방서장이 관리의 권원을 조정한 날부터 30일 이내에 선임해야 한다.

정답 54.② 55.④ 56.③

57 근무자 및 거주자에 대한 소방훈련 등에 관한 설명으로 틀린 것은? ☆ 19년 소방교

① 소방안전관리대상물의 관계인은 소방훈련과 교육을 연 1회 이상 실시해야 한다.
② 소방서장은 특급, 1급 및 2급 소방안전관리대상물의 관계인으로 하여금 소방훈련을 소방기관과 합동으로 실시하게 할 수 있다.
③ 소방훈련을 실시하여야 하는 관계인은 소방훈련에 필요한 장비 및 교재 등을 갖추어야 한다.
④ 소방안전관리대상물의 관계인은 소방훈련 결과를 기록부에 기록하고, 소방훈련과 교육을 실시한 날부터 2년간 보관하여야 한다.

해설   ② 틀림, 소방본부장 또는 소방서장은 특급 및 1급 소방안전관리대상물의 관계인으로 하여금 소방훈련과 교육을 소방기관과 합동으로 실시하게 할 수 있다. 2급 소방안전관리대상물의 경우 합동소방훈련의 대상이 아니다.
④ 맞음, 소방훈련 및 교육을 실시한 날부터 2년간 보관해야 한다.

58 다음 중 관리업자가 대행할 수 있는 소방안전관리 업무에 해당하는 것은? ☆ 20년 소방교

| 가. 소방계획서의 작성 및 시행 |
| 나. 자위소방대 및 초기대응체계의 구성·운영·교육 |
| 다. 피난시설, 방화구획 및 방화시설의 관리 |
| 라. 화기의 취급 및 감독 |
| 마. 소방시설이나 그 밖의 소방 관련 시설의 관리 |

① 가, 나
② 나, 다
③ 다, 마
④ 라, 마

해설   ③ 맞음, 관리업자가 대행할 수 있는 소방안전관리업무 : 대통령령으로 정하는 다음의 업무를 말한다.
㉠ 법 제24조제5항제3호에 따른 피난시설, 방화구획 및 방화시설의 관리
㉡ 법 제24조제5항제4호에 따른 소방시설이나 그 밖의 소방 관련 시설의 관리

59 다음 중 관리의 권원이 분리된 특정소방대상물로 틀린 것은? ☆ 20년 소방교

① 지하층을 제외한 11층 이상인 복합건축물
② 지하상가(지하의 인공구조물 안에 설치된 상점 등)
③ 연면적이 2,000m² 이상인 복합건축물
④ 판매시설 중 도매시장, 소매시장 및 전통시장

해설   ③ 틀림, 지하층을 제외한 층수가 11층 이상 또는 연면적 3만제곱미터 이상인 복합건축물이어야 한다.
②,④ 맞음, 지하상가(지하의 인공구조물 안에 설치된 상점 및 사무실 등) 대통령령으로 정하는 특정소방대상물 로 판매시설 중 도매시장, 소매시장 및 전통시장이 관리의 권원이 분리된 특정소방대상물이다.(영 제35조)

정답   57.② 58.③ 59.③

60 피난유도 안내정보의 제공방법으로 ( )에 적절한 것을 고르면? ☆ 20년 소방교, 소방장

> ㉠ ( )회 피난안내 교육을 실시하는 방법
> ㉡ ( )회 이상 피난안내방송을 실시하는 방법
> ㉢ ( )를(을) 층마다 보기 쉬운 위치에 게시하는 방법
> ㉣ 엘리베이터, 출입구 등 시청이 용이한 지역에 ( )을 제공하는 방법

① 연 2 - 분기 1 - 피난안내도 - 피난안내영상
② 연 1 - 반기 1 - 피난안내도 - 피난안내영상
③ 연 2 - 반기 2 - 피난계획도 - 피난유도영상
④ 연 1 - 분기 2 - 피난계획도 - 피난유도영상

해설 ① 맞음, 피난유도 안내정보 제공의 방법은 다음의 어느 하나에 해당하는 방법으로 하여야 한다.
㉠ 연 2회 피난안내 교육을 실시하는 방법
㉡ 분기별 1회 이상 피난안내방송을 실시하는 방법
㉢ 피난안내도를 층마다 보기 쉬운 위치에 게시하는 방법
㉣ 엘리베이터, 출입구 등 시청이 용이한 지역에 피난안내영상을 제공하는 방법

61 다음 특급 및 1급 소방안전관리대상물에서 ( )의 수의 합은? ☆ 21년 소방교, 소방장

> ㄱ. ( ) 층 이상 또는 ( )미터 이상인 특급 소방안전관리대상물(지하층 포함, 아파트 제외)
> ㄴ. ( ) 층 이상 또는 ( )미터 이상인 1급 소방안전관리대상물 아파트(지하층 제외)

① 260　　　　　　　　　　② 300
③ 380　　　　　　　　　　④ 400

해설 ② 맞음, ㄱ. (30) 층 이상 또는 (120)미터 이상인 특급 소방안전관리대상물(지하층 포함, 아파트 제외)과 ㄴ. (30) 층 이상 또는 (120)미터 이상인 1급 소방안전관리대상물 아파트 (지하층 제외)에서 ( )의 수의 합계는 30 + 120 + 30 + 120 = 300이다.

62 「화재의 예방 및 안전관리에 관한 법률 시행령」상 연면적 1만제곱미터인 소방안전관리대상물 중 소방안전관리보조자를 선임해야 하는 대상으로 옳지 않은 것은? ☆ 23년 소방교

① 의료시설　　　　　　　② 노유자 시설
③ 문화 및 집회시설　　　④ 공동주택 중 기숙사

해설 ③ 틀림, 300세대 이상의 아파트, 연면적이 1만5천제곱미터 이상인 특정소방대상물, 수련시설, 의료시설, 노유자시설, 공동주택 중 기숙사 및 숙박시설은 소방안전관리보조자를 두어야 하는 특정소방대상물이다.(영 제25조 제2항)

정답　60.①　61.②　62.③

63 「화재의 예방 및 안전관리에 관한 법률 시행령」상 소방 안전관리자를 선임해야 하는 소방안전관리대상물의 범위 중 특급 소방안전관리대상물 및 1급 소방안전관리대상물에서 제외되는 것을 모두 고른 것은?

☆ 23년 소방장

> 가. 연면적 10만제곱미터 이상인 동·식물원
> 나. 연면적 10만제곱미터 이상인 철강 등 불연성 물품을 저장·취급하는 창고
> 다. 연면적 1만5천제곱미터 이상인 위험물 저장 및 처리시설 중 제조소 등
> 라. 지하구

① 나, 라
② 가, 나, 다
③ 가, 나, 라
④ 가, 나, 다, 라

해설 ④ 맞음, 동·식물원, 철강 등 불연성 물품을 저장·취급하는 창고, 위험물 저장 및 처리 시설 중 위험물 제조소등과 지하구는 특급 소방안전관리대상물 및 1급 소방안전관리대상물에서 제외한다.

64 「화재의 예방 및 안전관리에 관한 법률 시행령」상 소방안전관리자를 선임해야 하는 소방안전관리대상물 중 2급 소방안전관리대상물의 범위에 해당하지 않는 것은? ☆ 23년 소방장

① 「소방시설 설치 및 관리에 관한 법률 시행령」에 따라 주택전용 간이스프링클러설비를 설치를 해야하는 특정소방대상물
② 「소방시설 설치 및 관리에 관한 법률 시행령」에 따라 스프링클러설비를 설치해야 하는 특정소방대상물
③ 「소방시설 설치 및 관리에 관한 법률 시행령」에 따라 옥내소화전설비를 설치해야 하는 특정소방대상물
④ 「소방시설 설치 및 관리에 관한 법률 시행령」에 따라 물분무등소화설비[화재안전기준에 따라 호스릴(hose reel) 방식 제외]를 설치해야 하는 특정소방대상물

해설 ① 틀림, 옥내소화전설비, 스프링클러설비, 물분무등소화설비[화재안전기준에 따라 호스릴(hose reel) 방식의 물분무등소화설비만을 설치할 수 있는 특정소방대상물은 제외한다]를 설치해야 하는 특정소방대상물, 가스 제조설비를 갖추고 도시가스사업의 허가를 받아야 하는 시설 또는 가연성 가스를 100톤 이상 1천톤 미만 저장·취급하는 시설, 지하구, 300세대 이상의 공동주택 및 150세대 이상으로서 승강기가 설치된 공동주택 등은 2급 소방안전관리대상물이다. 2급 소방안전관리대상물은 1명 이상의 2급 소방안전관리자를 두어야 한다. 간이스프링클러설비(주택전용 간이스프링클러설비는 제외한다)를 설치해야 하는 특정소방대상물과 자동화재탐지설비를 설치해야 하는 특정소방대상물은 2급 소방안전관리대상물이다.

정답 63.④ 64.①

65 「화재의 예방 및 안전관리에 관한 법률」 및 같은 법 시행령상 특정소방대상물로서 그 관리의 권원(權原)이 분리된 경우 관계인이 그 관리의 권원별로 소방안전관리자를 선임해야 하는 대상물로 옳지 않은 것은? ☆ 23년 소방교

① 복합건축물로서 연면적 3만㎡ 이상인 건축물
② 판매시설 중 도매시장, 소매시장 및 전통시장
③ 창고시설 중「물류시설의 개발 및 운영에 관한 법률」에 따른 물류터미널
④ 지하상가(지하의 인공구조물 안에 설치된 상점 및 사무실, 그 밖에 이와 비슷한 시설이 연속하여 지하도에 접하여 설치된 것과 그 지하도를 합한 것을 말한다)

> 해설 ③ 틀림. ①,②,③의 어느 하나에 해당하는 특정소방대상물로서 그 관리의 권원(權原)이 분리되어 있는 특정소방대상물의 경우 그 관리의 권원별 관계인은 대통령령으로 정하는 바에 따라 소방안전관리자를 선임하여야 한다.(법 제35조 제1항)

66 「화재의 예방 및 안전관리에 관한 법률」 소방안전관리대상물 근무자 및 거주자 등에 대한 소방훈련 등으로 옳지 않은 것은? ☆ 23년 소방장

① 소방안전관리대상물의 관계인은 그 장소에 근무하거나 거주하는 사람 등(근무자 등)에게 소화·통보·피난 등의 훈련(소방훈련)과 소방안전관리에 필요한 교육을 하여야 하고, 피난 훈련은 그 소방대상물에 출입하는 사람을 안전한 장소로 대피시키고 유도하는 훈련을 포함하여야 한다. 이 경우 소방훈련과 교육의 횟수 및 방법 등에 관하여 필요한 사항은 행정안전부령으로 정한다.
② 소방안전관리대상물 중 소방안전관리업무의 전담이 필요한 대통령령으로 정하는 소방안전관리대상물의 관계인은 제1항에 따른 소방훈련 및 교육을 한 날부터 30일 이내에 소방훈련 및 교육 결과를 행정안전부령으로 정하는 바에 따라 소방본부장 또는 소방서장에게 제출하여야 한다.
③ 소방본부장 또는 소방서장은 소방안전관리대상물 중 불특정 다수인이 이용하는 대통령령으로 정하는 특정 소방대상물은 관계인에게 불시에 소방훈련과 교육을 사전 통지 없이 실시할 수 있다.
④ 소방본부장 또는 소방서장은 불시에 소방훈련과 교육을 실시한 경우에는 그 결과를 평가할 수 있다. 이 경우 소방훈련과 교육의 평가방법 및 절차 등에 필요한 사항은 행정안전부령으로 정한다.

> 해설 ③ 틀림. 소방본부장 또는 소방서장은 소방안전관리대상물 중 불특정 다수인이 이용하는 대통령령으로 정하는 특정소방대상물의 근무자등에게 불시에 소방훈련과 교육을 실시할 수 있다. 이 경우 소방본부장 또는 소방서장은 그 특정소방대상물 근무자등의 불편을 최소화하고 안전 등을 확보하는 대책을 마련하여야 하며, 소방훈련과 교육의 내용, 방법 및 절차 등은 행정안전부령으로 정하는 바에 따라 관계인에게 사전에 통지하여야 한다.(법 제37조 제4항)

정답 65.③ 66.③

67 「화재의 예방 및 안전관리에 관한 법률」상 소방안전관리대상물 관계인의 근무자 및 거주자에 대한 소방훈련과 교육에 관한 사항이다. ( ) 안에 들어갈 용어로 옳은 것은?   ☆ 23년 소방교

> 소방안전관리대상물의 관계인은 그 장소에 근무하거나 거주하는 사람 등에게 (ㄱ)·(ㄴ)·(ㄷ) 등의 훈련(이하 "소방훈련"이라 한다)과 소방안전관리에 필요한 교육을 하여야 하고, 피난훈련은 그 소방대상물에 출입하는 사람을 안전한 장소로 대피시키고 유도하는 훈련을 포함하여야 한다.

	ㄱ	ㄴ	ㄷ
①	소화	경보	불시
②	소화	통보	피난
③	예방	대비	대응
④	예방	대응	불시

해설 ② 맞음, 소방안전관리대상물의 관계인은 그 장소에 근무하거나 거주하는 사람 등에게 (소화)·(통보)·(피난) 등의 훈련(이하 "소방훈련"이라 한다)과 소방안전관리에 필요한 교육을 하여야 하고, 피난훈련은 그 소방대상물에 출입하는 사람을 안전한 장소로 대피시키고 유도하는 훈련을 포함하여야 한다.(법 제37조 제1항)

68 「화재의 예방 및 안전관리에 관한 법률 시행령」상 소방안전관리보조자를 선임해야 하는 소방안전관리대상물의 범위로 옳은 것은?   ☆ 24년 소방교

① 수련시설
② 연면적이 1만 8천제곱미터인 아파트
③ 연면적이 1만 5천제곱미터인 연립주택
④ 숙박시설로 사용되는 바닥면적의 합계가 1천제곱미터이고 관계인이 24시간 상시 근무하고 있는 숙박시설

해설 ① 맞음, 수련시설, 의료시설, 노유자시설, 공동주택 중 기숙사 등은 소방안전관리보조자를 선임해야 한다.
②,③,④ 틀림, 아파트 및 연립주택을 제외한 연면적이 1만5천 제곱미터 이상이 대상이며, 숙박시설로 사용되는 바닥면적의 합계가 1천 500제곱미터 미만이고 관계인이 24시간 상시 근무하고 있는 숙박시설은 제외한다.

69 「화재의 예방 및 안전관리에 관한 법률 시행규칙」상 소방관계인이 소방안전관리자를 선임한 경우에는 소방안전관리대상물의 출입자가 쉽게 알 수 있도록 소방안전관리자의 정보를 게시하여야 한다. 소방안전관리자 정보의 게시사항으로 옳지 않은 것은?   ☆ 24년 소방교

① 소방안전관리자의 연락처
② 소방안전관리자의 근무 기간
③ 소방안전관리대상물의 명칭 및 등급
④ 소방안전관리자의 성명 및 선임 일자

해설 ② 틀림, 소방안전관리대상물의 관계인이 소방안전관리자를 선임한 경우 소방안전관리자의 성명 및 선임 일자, 연락처, 근무위치와 소방안전관리대상물의 명칭 및 등급의 정보를 게시하여야 한다.

정답 67.② 68.① 69.②

70 「화재의 예방 및 안전관리에 관한 법률」 및 같은 법 시행령과 시행규칙상 건설현장 소방안전관리에 대한 설명 중 옳지 않은 것은? ☆ 24년 소방장

① 공사시공자가 건설현장 소방안전관리대상물에 소방안전관리자를 선임해야 할 경우 그 기간은 소방시설공사 착공 신고일부터 소방시설공사 완공검사 신청일까지로 한다.
② 건설현장 소방안전관리대상물의 소방안전관리자는 공사진행 단계별 피난안전구역, 피난로 등의 확보와 관리, 초기대응체계의 구성·운영 및 교육 등의 업무를 하여야 한다.
③ 신축·증축·개축·재축·이전·용도변경 또는 대수선을 하려는 부분의 연면적의 합계가 1만 5천제곱미터 이상인 특정소방대상물은 건설현장 소방안전관리대상물에 해당한다.
④ 소방본부장 또는 소방서장은 건설현장 소방안전관리자의 선임신고를 접수하거나 해임 사실을 확인한 경우에는 지체 없이 관련 사실을 종합정보망에 입력해야 한다.

> 해설 ① 틀림, 공사시공자가 건설현장 소방안전관리대상물에 소방안전관리자를 선임해야 할 경우 그 기간은 소방시설공사 착공 신고일부터 건축물 사용승인일(건축법 제22조에 따라 건축물을 사용할 수 있게 된 날)까지로 한다.

71 「화재의 예방 및 안전관리에 관한 법률」 및 같은 법 시행령과 시행규칙상 규정하고 있는 사항으로 ㉠~㉣에 들어갈 숫자를 모두 합산하였을 때 옳은 것은? ☆ 24년 소방장

> (가) 소방안전관리대상물의 관계인이 소방안전관리자 또는 소방안전관리보조자를 선임한 경우에는 선임한 날부터 (㉠)일 이내에 소방본부장 또는 소방서장에게 신고해야 한다.
> (나) 소방관서장은 화재예방강화지구 안의 관계인에게 훈련 및 교육을 실시하려는 경우에는 훈련 또는 교육 (㉡)일 전까지 그 사실을 통보해야 한다.
> (다) 소방관서장은 화재안전조사 결과를 공개하는 경우 (㉢)일 이상 해당 소방관서 인터넷 홈페이지나 전산시스템을 통해 공개해야 한다.
> (라) 화재안전조사의 연기를 신청하려는 관계인은 화재안전조사 시작 (㉣)일 전까지 서류를 첨부하여 소방청장, 소방본부장 또는 소방서장에게 제출해야 한다.

① 54
② 57
③ 60
④ 63

> 해설 ② 맞음, (가) 14일 + (나) 10일 + (다) 30일 + (라) 3일 = 57일
> (가) 소방안전관리대상물의 관계인이 소방안전관리자 또는 소방안전관리보조자를 선임한 경우에는 선임한 날부터 (14)일 이내에 소방본부장 또는 소방서장에게 신고해야 한다.
> (나) 소방관서장은 화재예방강화지구 안의 관계인에게 훈련 및 교육을 실시하려는 경우에는 훈련 또는 교육 (10)일 전까지 그 사실을 통보해야 한다.
> (다) 소방관서장은 화재안전조사 결과를 공개하는 경우 (30)일 이상 해당 소방관서 인터넷 홈페이지나 전산시스템을 통해 공개해야 한다.
> (라) 화재안전조사의 연기를 신청하려는 관계인은 화재안전조사 시작 (3)일 전까지 서류를 첨부하여 소방청장, 소방본부장 또는 소방서장에게 제출해야 한다.

정답 70.① 71.②

72 「화재의 예방 및 안전관리에 관한 법률」 및 같은 법 시행규칙상 피난계획의 수립 및 시행에 관한 설명으로 옳지 않은 것은? ☆ 24년 소방장

① 피난유도 안내정보는 연 2회 피난안내 교육을 실시하거나, 분기별 1회 이상 피난안내방송을 실시하는 방법 등으로 제공한다.
② 소방안전관리대상물의 관계인은 피난시설의 위치, 피난경로 또는 대피요령이 포함된 피난유도 안내정보를 근무자 또는 거주자에게 정기적으로 제공하여야 한다.
③ 피난계획에는 화재경보의 수단 및 방식, 피난약자의 현황, 피난약자 및 피난약자를 동반한 사람의 피난동선과 피난방법, 부지 및 도로의 설치 계획이 포함되어야 한다.
④ 소방안전관리대상물의 관계인은 그 장소에 근무하거나 거주 또는 출입하는 사람들이 화재가 발생한 경우에 안전하게 피난할 수 있도록 피난계획을 수립·시행하여야 한다.

해설 ③ 틀림, 부지 및 도로의 설치 계획은 피난계획에 포함될 사항이 아니다. 피난계획에는 화재경보의 수단 및 방식, 피난약자의 현황, 피난약자 및 피난약자를 동반한 사람의 피난동선과 피난방법, 층별, 구역별 피난대상 인원의 연령별·성별 현황, 각 거실에서 옥외로 이르는 피난경로, 피난시설, 방화구획 그 밖의 피난에 영향을 줄 수 있는 제반 사항이 포함되어야 한다.

정답 72.③

CHAPTER 05 특별관리시설물의 소방안전관리

> **학/습/포/인/트**
>
> 본 이 장은 특별관리시설물의 소방안전관리를 규정하고 있다. 공항시설이나 철도시설 등 재난이 발생할 경우 사회·경제적으로 피해가 큰 시설을 소방안전 특별관리시설물로 규정하고 소방안전특별관리기본계획 및 시행계획 등을 수립·시행하게 하고 있다. 또한 대통령령으로 정하는 소방안전 특별관리시설물의 관계인은 화재예방안전진단기관으로부터 정기적으로 화재예방안전진단을 받아야 한다. 소방안전 특별관리시설물과 안전진단의 대상 범위를 명확히 파악하고 특별관리기본계획과 시행계획의 체계를 정리해야 한다.

제1절 소방안전 특별관리시설물의 안전관리

1 소방안전 특별관리시설물

(1) 의의

공항시설, 철도시설 등은 화재 등 재난이 발생하면 사회·경제적으로 큰 피해를 줄 수 있음에도 안전관리가 미흡하여 이들 시설을 소방안전 특별관리 시설물로 규정하고 소방안전특별관리기본계획 및 시행계획을 수립·시행하게 하여 공공의 안전 등에 이바지하려는 것이다.

(2) 소방안전 특별관리시설물

소방청장은 화재 등 재난이 발생할 경우 사회·경제적으로 피해가 큰 다음의 시설(소방안전 특별관리시설물)에 대하여 소방안전 특별관리를 하여야 한다.(법 제40조 제1항) ☆ 23년 소방교

① 「공항시설법」제2조제7호의 공항시설
② 「철도산업발전기본법」제3조제2호의 철도시설
③ 「도시철도법」제2조제3호의 도시철도시설
④ 「항만법」제2조제5호의 항만시설
⑤ 「문화유산의 보존 및 활용에 관한 법률」제2조제3항의 지정문화유산 및 「자연유산의 보존 및 활용에 관한 법률」제2조제5호에 따른 천연기념물등인 시설(시설이 아닌 지정문화유산 및 천연기념물등을 보호하거나 소장하고 있는 시설을 포함한다)
⑥ 「산업기술단지 지원에 관한 특례법」제2조제1호의 산업기술단지

⑦ 「산업입지 및 개발에 관한 법률」 제2조제8호의 산업단지
⑧ 「초고층 및 지하연계 복합건축물 재난관리에 관한 특별법」 제2조제1호·제2호의 초고층 건축물 및 지하연계 복합건축물
⑨ 「영화 및 비디오물의 진흥에 관한 법률」 제2조제10호의 영화상영관 중 수용인원 1천명 이상인 영화상영관
⑩ 전력용 및 통신용 지하구
⑪ 「한국석유공사법」 제10조제1항제3호의 석유비축시설
⑫ 「한국가스공사법」 제11조제1항제2호의 천연가스 인수기지 및 공급망
⑬ 「전통시장 및 상점가 육성을 위한 특별법」 제2조제1호의 전통시장으로서 대통령으로 정하는 전통시장 : 점포가 500개 이상인 전통시장을 말한다.(영 제41조 제1항)
⑭ 그 밖에 대통령령으로 정하는 시설물 : 다음의 시설물을 말한다.(영 제41조 제2항)
  ㉠ 「전기사업법」 제2조제4호에 따른 발전사업자가 가동 중인 발전소(「발전소주변지역 지원에 관한 법률 시행령」 제2조제2항에 따른 발전소는 제외한다)
  ㉡ 「물류시설의 개발 및 운영에 관한 법률」 제2조제5호의2에 따른 물류창고로서 연면적 10만제곱미터 이상인 것
  ㉢ 「도시가스사업법」 제2조제5호에 따른 가스공급시설

실전연습

Q. 다음 중 소방안전 특별관리시설물이 아닌 것은?

① 공항시설　　　　　　　　② 전력용 및 통신용 지하구
③ 도시철도시설　　　　　　④ 수용인원 500명인 영화상영관

해설 | 영화상영관 중 수용인원 1,000명 이상인 영화상영관이 소방안전 특별관리시설물이다.　④

2 소방안전 특별관리기본계획 등

(1) 소방안전 특별관리기본계획(법 제40조)

① **기본계획의 수립** : 소방청장은 특별관리를 체계적이고 효율적으로 하기 위하여 시·도지사와 협의하여 소방안전 특별관리기본계획을 제4조제1항에 따른 기본계획(화재의 예방 및 안전관리 기본계획)에 포함하여 수립 및 시행하여야 한다.(제2항)
② **기본계획의 수립에 필요한 사항** : 소방안전 특별관리기본계획의 수립·시행에 필요한 사항은 대통령령으로 정한다.(제4항)
③ **주기 및 수립시기** : 소방청장은 소방안전 특별관리기본계획을 5년마다 수립하여 시·도에 통보해야 한다.(영 42조 제1항)

④ 포함 내용 : 특별관리기본계획에는 다음의 사항이 포함되어야 한다.(영 42조 제2항)
   ㉠ 화재예방을 위한 중기·장기 안전관리정책
   ㉡ 화재예방을 위한 교육·홍보 및 점검·진단
   ㉢ 화재대응을 위한 훈련
   ㉣ 화재대응과 사후 조치에 관한 역할 및 공조체계
   ㉤ 그 밖에 화재 등의 안전관리를 위하여 필요한 사항
⑤ 화재 피해현황 고려 : 소방청장 및 시·도지사는 특별관리기본계획 또는 특별관리시행계획을 수립하는 경우 성별, 연령별, 화재안전취약자별 화재 피해현황 및 실태 등을 고려해야 한다. (영 제42조 제5항)

(2) 소방안전 특별관리시행계획(법 제40조)

① 특별관리시행계획 : 시·도지사는 소방안전 특별관리기본계획에 저촉되지 아니하는 범위에서 관할 구역에 있는 소방안전 특별관리시설물의 안전관리에 적합한 소방안전 특별관리시행계획을 제4조제6항에 따른 세부시행계획(화재의 예방 및 안전관리 세부시행계획)에 포함하여 수립 및 시행하여야 한다.(제3항)
② 계획의 수립 등에 필요한 사항 : 소방안전 특별관리기본계획 및 소방안전 특별관리시행계획의 수립·시행에 필요한 사항은 대통령령으로 정한다.(제4항)
③ 수립 및 통보 : 시·도지사는 특별관리기본계획을 시행하기 위하여 매년 법 제40조제3항에 따른 소방안전 특별관리시행계획을 수립·시행하고, 그 결과를 다음 연도 1월 31일까지 소방청장에게 통보해야 한다.(영 제42조 제3항)
④ 포함 내용 : 특별관리시행계획에는 다음의 사항이 포함되어야 한다.(영 제42조 제4항)
   ㉠ 특별관리기본계획의 집행을 위하여 필요한 사항
   ㉡ 시·도에서 화재 등의 안전관리를 위하여 필요한 사항

실전연습

Q. 소방안전 특별관리기본계획 및 시행계획에 대한 설명으로 틀린 것은?

① 소방청장은 특별관리를 체계적이고 효율적으로 하기 위하여 관계 중앙행정기관의 장과 협의하여 특별관리기본계획을 화재의 예방 및 안전관리 기본계획에 포함하여 수립 및 시행하여야 한다.
② 소방청장은 소방안전 특별관리기본계획을 5년마다 수립하여 시·도에 통보해야 한다.
③ 시·도지사는 특별관리기본계획을 시행하기 위하여 소방안전 특별관리시행계획을 수립·시행하고, 그 결과를 다음 연도 1월 31일까지 소방청장에게 통보해야 한다.
④ 소방안전 특별관리기본계획 및 시행계획의 수립·시행에 필요한 사항은 대통령령으로 정한다.

해설 | 특별관리기본계획을 시·도지사와 협의하여 수립 및 시행하여야 한다.   ➡ ①

제2절 화재예방안전진단

1 화재예방안전진단의 대상 및 절차

(1) 화재예방진단의 대상(법 제41조)

① 화재예방안전진단의 의무 : 대통령령으로 정하는 소방안전 특별관리시설물의 관계인은 화재의 예방 및 안전관리를 체계적·효율적으로 수행하기 위하여 대통령령으로 정하는 바에 따라 한국소방안전원 또는 소방청장이 지정하는 화재예방안전진단기관으로부터 정기적으로 화재예방안전진단을 받아야 한다.(제1항)

② 안전진단의 대상 : 법 제41조제1항에서 "대통령령으로 정하는 소방안전 특별관리시설물"이란 다음의 시설을 말한다.(영 제43조)
  ㉠ 공항시설 중 여객터미널의 연면적이 1천제곱미터 이상인 공항시설
  ㉡ 철도시설 중 역 시설의 연면적이 5천제곱미터 이상인 철도시설
  ㉢ 도시철도시설 중 역사 및 역 시설의 연면적이 5천제곱미터 이상인 도시철도시설
  ㉣ 항만시설 중 여객이용시설 및 지원시설의 연면적이 5천제곱미터 이상인 항만시설
  ㉤ 전력용 및 통신용 지하구 중 「국토의 계획 및 이용에 관한 법률」에 따른 공동구
  ㉥ 천연가스 인수기지 및 공급망 중 가스시설
  ㉦ 발전소 중 연면적이 5천제곱미터 이상인 발전소
  ㉧ 가스공급시설 중 가연성 가스 탱크의 저장용량의 합계가 100톤 이상이거나 저장용량이 30톤 이상인 가연성 가스 탱크가 있는 가스공급시설

③ 자체점검 의제 : 안전원 또는 진단기관의 화재예방안전진단을 받은 연도에는 제37조에 따른 소방훈련과 교육 및 「소방시설법」제22조에 따른 자체점검을 받은 것으로 본다.(제3항)

(2) 화재예방안전진단의 범위 등(법 제41조)

법 제41조 제1항에 따른 화재예방안전진단의 범위는 다음과 같다.(제2항)
① 화재위험요인의 조사에 관한 사항
② 소방계획 및 피난계획 수립에 관한 사항
③ 소방시설등의 유지·관리에 관한 사항
④ 비상대응조직 및 교육훈련에 관한 사항
⑤ 화재 위험성 평가에 관한 사항
⑥ 그 밖에 화재예방진단을 위하여 대통령령으로 정하는 사항 : 다음과 같다.(영 제45조)
  ㉠ 화재 등의 재난 발생 후 재발방지 대책의 수립 및 그 이행에 관한 사항
  ㉡ 지진 등 외부 환경 위험요인 등에 대한 예방·대비·대응에 관한 사항
  ㉢ 화재예방안전진단 결과 보수·보강 등 개선요구 사항 등에 대한 이행 여부

(3) 화재예방안전진단의 실시(영 44조)

① 최초 안전진단 : 소방안전관리대상물이 건축되어 제43조 각 호의 소방안전 특별관리시설물(안전진단의 대상)에 해당하게 된 경우 해당 소방안전 특별관리시설물의 관계인은 「건축법」 제22조에 따른 사용승인 또는 「소방시설공사업법」 제14조에 따른 완공검사를 받은 날부터 5년이 경과한 날이 속하는 해에 최초의 화재예방안전진단을 받아야 한다.

② 안전진단의 시기 : 화재예방안전진단을 받은 소방안전 특별관리시설물의 관계인은 안전등급에 따라 정기적으로 다음의 기간에 화재예방안전진단을 받아야 한다. ☆ 24년 소방장, 23년 소방교
　㉠ 우수인 경우 : 안전등급을 통보받은 날부터 6년이 경과한 날이 속하는 해
　㉡ 양호·보통인 경우 : 안전등급을 통보받은 날부터 5년이 경과한 날이 속하는 해
　㉢ 미흡·불량인 경우 : 안전등급을 통보받은 날부터 4년이 경과한 날이 속하는 해

③ 안전등급 : 화재예방안전진단 결과는 우수, 양호, 보통, 미흡 및 불량의 안전등급으로 구분하며, 안전등급의 기준은 별표 7과 같으며, 영에서 규정한 사항 외에 화재예방안전진단 절차 및 방법 등에 관하여 필요한 사항은 행정안전부령으로 정한다.

[별표 7] 화재예방안전진단 결과에 따른 안전등급 기준(영 제44조 제3항 관련) ☆ 24년 소방교, 23년 소방장

안전등급	화재예방안전진단 대상물의 상태
우수(A)	화재예방안전진단 실시 결과 문제점이 발견되지 않은 상태
양호(B)	화재예방안전진단 실시 결과 문제점이 일부 발견되었으나 대상물의 화재안전에는 이상이 없으며 대상물 일부에 대해 법 제41조제5항에 따른 보수·보강 등의 조치명령(이하 이 표에서 "조치명령"이라 한다)이 필요한 상태
보통(C)	화재예방안전진단 실시 결과 문제점이 다수 발견되었으나 대상물의 전반적인 화재안전에는 이상이 없으며 대상물에 대한 다수의 조치명령이 필요한 상태
미흡(D)	화재예방안전진단 실시 결과 광범위한 문제점이 발견되어 대상물의 화재안전을 위해 조치명령의 즉각적인 이행이 필요하고 대상물의 사용 제한을 권고할 필요가 있는 상태
불량(E)	화재예방안전진단 실시 결과 중대한 문제점이 발견되어 대상물의 화재안전을 위해 조치명령의 즉각적인 이행이 필요하고 대상물의 사용 중단을 권고할 필요가 있는 상태

※ 비고 안전등급의 세부적인 기준은 소방청장이 정하여 고시한다.

(4) 화재예방안전진단의 절차 및 방법(규칙 41조)

① 안전진단의 신청 : 화재예방안전진단을 받아야 하는 소방안전 특별관리시설물의 관계인은 안전원 또는 소방청장이 지정하는 화재예방안전진단기관에 신청해야 한다.

② 안전진단의 절차 : 화재예방안전진단 신청을 받은 안전원 또는 진단기관은 다음의 절차에 따라 화재예방안전진단을 실시한다.
　㉠ 위험요인 조사
　㉡ 위험성 평가
　㉢ 위험성 감소대책의 수립

③ 안전진단의 방법 : 화재예방안전진단은 다음의 방법으로 실시한다.
　㉠ 준공도면, 시설 현황, 소방계획서 등 자료수집 및 분석
　㉡ 화재위험요인 조사, 소방시설등의 성능점검 등 현장조사 및 점검
　㉢ 정성적·정량적 방법을 통한 화재위험성 평가
　㉣ 불시·무각본 훈련에 의한 비상대응훈련 평가
　㉤ 그 밖에 지진 등 외부 환경 위험요인에 대한 예방·대비·대응태세 평가
④ **진단에 협조** : 화재예방안전진단을 신청한 소방안전 특별관리시설물의 관계인은 화재예방안전진단에 필요한 자료의 열람 및 화재예방안전진단에 적극 협조해야 한다.
⑤ **안전진단의 세부 절차** : 위 행정안전부령에서 규정한 사항 외에 화재예방안전진단의 세부 절차 및 평가방법 등에 관하여 필요한 사항은 소방청장이 정하여 고시한다.

2 화재예방안전진단 결과의 제출 등

(1) 화재예방안전진단 결과의 제출(법 제41조)

① 안전원 또는 진단기관은 화재예방안전진단 결과를 행정안전부령으로 정하는 바에 따라 소방본부장 또는 소방서장, 관계인에게 제출하여야 한다.(제4항)
② **결과 보고서 제출** : 화재예방안전진단을 실시한 안전원 또는 진단기관은 화재예방안전진단이 완료된 날부터 60일 이내에 소방본부장 또는 소방서장, 관계인에게 화재예방안전진단 결과 보고서에 다음의 서류를 첨부하여 제출해야 한다.(규칙 제42조 제1항)
　㉠ 화재예방안전진단 결과 세부 보고서
　㉡ 화재예방안전진단기관 지정서
③ **화재예방안전진단 결과 보고서** : 다음의 사항이 포함되어야 한다.(규칙 제42조 제2항)
　㉠ 해당 소방안전 특별관리시설물 현황
　㉡ 화재예방안전진단 실시 기관 및 참여인력
　㉢ 화재예방안전진단 범위 및 내용
　㉣ 화재위험요인의 조사·분석 및 평가 결과
　㉤ 영 제44조제2항에 따른 안전등급 및 위험성 감소대책
　㉥ 그 밖에 소방안전 특별관리시설물의 화재예방 강화를 위하여 소방청장이 정하는 사항

(2) 보수·보강 등 조치명령(법 제41조)

① **조치명령** : 소방본부장 또는 소방서장은 제출받은 화재예방안전진단 결과에 따라 보수·보강 등의 조치가 필요하다고 인정하는 경우에는 해당 소방안전 특별관리시설물의 관계인에게 보수·보강 등의 조치를 취할 것을 명할 수 있다.(제5항)
② **비밀유지** : 화재예방안전진단 업무에 종사하고 있거나 종사하였던 사람은 업무를 수행하면서 알게 된 비밀을 이 법에서 정한 목적 외의 용도로 사용하거나 다른 사람 또는 기관에 제공하거나 누설하여서는 아니 된다.(제6항)

3 진단기관의 지정 및 취소

(1) 진단기관의 지정(법 제42조)

① 소방청장으로부터 진단기관으로 지정을 받으려는 자는 대통령령으로 정하는 시설과 전문인력 등 지정기준을 갖추어 소방청장에게 지정을 신청하여야 한다.(제1항)
② 화재예방안전진단기관의 지정기준 : 법 제42조제1항에서 "대통령령으로 정하는 시설과 전문인력 등 지정기준"이란 별표 8에서 정하는 기준을 말한다.(영 제46조)

[영 별표 8] 화재예방안전진단기관의 시설, 전문인력 등 지정기준(영 제46조 관련)

1. 시설

   화재예방안전진단을 목적으로 설립된 비영리법인·단체로서 제2호에 따른 전문인력이 근무할 수 있는 사무실과 제3호에 따른 장비를 보관할 수 있는 창고를 갖출 것. 이 경우 사무실과 창고를 임차하여 사용하는 경우도 사무실과 창고를 갖춘 것으로 본다.

2. 전문인력

   다음 각 목의 전문인력을 모두 갖출 것. 이 경우 전문인력은 해당 화재예방안전진단기관의 상근 직원이어야 하며, 한 사람이 다음 각 목의 자격 요건 중 둘 이상을 충족하는 경우에도 한 명의 전문인력으로 본다.

   가. 다음에 해당하는 사람
      1) 소방기술사: 1명 이상
      2) 소방시설관리사: 1명 이상
      3) 전기안전기술사·화공안전기술사·가스기술사·위험물기능장 또는 건축사: 1명 이상
   나. 다음의 분야별로 각 1명 이상

분야	자격 요건
소방	1) 소방기술사 2) 소방시설관리사 3) 소방설비기사(산업기사를 포함한다) 자격 취득 후 소방 관련 업무경력이 3년(소방설비산업기사의 경우 5년) 이상인 사람
전기	1) 전기안전기술사 2) 전기기사(산업기사를 포함한다) 자격 취득 후 소방 관련 업무 경력이 3년(전기산업기사의 경우 5년) 이상인 사람
화공	1) 화공안전기술사 2) 화공기사(산업기사를 포함한다) 자격 취득 후 소방 관련 업무 경력이 3년(화공산업기사의 경우 5년) 이상인 사람
가스	1) 가스기술사 2) 가스기사(산업기사를 포함한다) 자격 취득 후 소방 관련 업무 경력이 3년(가스산업기사의 경우 5년) 이상인 사람

위험물	1) 위험물기능장 2) 위험물산업기사 자격 취득 후 소방 관련 업무 경력이 5년 이상인 사람
건축	1) 건축사 2) 건축기사(산업기사를 포함한다) 자격 취득 후 소방 관련 업무 경력이 3년(건축산업기사의 경우 5년) 이상인 사람
교육훈련	소방안전교육사

※ 비고 소방 관련 업무 경력은 소방청장이 정하여 고시하는 기준에 따른다.

3. 장비
   소방, 전기, 가스, 위험물, 건축 분야별로 행정안전부령으로 정하는 장비를 갖출 것

③ **진단기관의 장비기준** : 영 별표 8 제3호에서 "행정안전부령으로 정하는 장비"란 규칙 별표 7의 장비를 말한다.(규칙 제43조) ☆ 24년 소방교

[규칙 별표 7] 화재예방안전진단기관의 장비기준(규칙 제43조 관련)

다음의 분야별 장비를 모두 갖출 것. 다만, 해당 장비의 기능을 2개 이상 갖춘 복합기능 장비를 갖춘 경우에는 개별 장비를 갖춘 것으로 본다.

분야	장비

소방	1) 방수압력측정계, 절연저항계, 전류전압측정계
	2) 저울
	3) 소화전밸브압력계
	4) 헤드결합렌치
	5) 검량계, 기동관누설시험기, 그 밖에 소화약제의 저장량을 측정할 수 있는 점검기구
	6) 열감지기시험기, 연(煙)감지기시험기, 공기주입시험기, 감지기시험기연결폴대, 음량계
	7) 누전계(누전전류 측정용)
	8) 무선기(통화시험용)
	9) 풍속풍압계, 폐쇄력측정기, 차압계(압력차 측정기)
	10) 조도계(최소눈금이 0.1럭스 이하인 것)
	11) 화재 및 피난 모의시험이 가능한 컴퓨터
	12) 화재 모의시험을 위한 프로그램
	13) 피난 모의시험을 위한 프로그램
	14) 교육·훈련 평가 기자재
	  가) 연기발생기
	  나) 초시계

전기	1) 정전기 전하량 측정기 2) 적외선 열화상 카메라

	3) 검전기 4) 클램프미터 5) 절연안전모 6) 고압절연장갑 7) 절연장화
가스	1) 가스누출검출기 2) 가스농도측정기 3) 일산화탄소농도측정기 4) 가스누출 검지액
위험물	1) 접지저항측정기(최소눈금 0.1옴 이하) 2) 가스농도측정기(탄화수소계 가스의 농도측정 가능할 것) 3) 정전기 전위측정기 4) 토크렌치(torque wrench: 볼트와 너트를 규정된 회전력에 맞춰 조이는데 사용하는 도구) 5) 진동시험기 6) 표면온도계(섭씨 영하 10도 ~ 300도) 7) 두께측정기 8) 소화전밸브압력계 9) 방수압력측정계 10) 포콜렉터 11) 헤드렌치 12) 포콘테이너
건축	1) 거리측정기 2) 건축 관계 도면 검토가 가능한 프로그램(AUTO CAD 등) 3) 도막(도료, 도포막) 두께측정장비(측정범위가 0.1밀리미터 이하일 것)

(2) 진단기관의 지정신청(규칙 제44조)

① 지정신청서 제출 : 진단기관으로 지정받으려는 자는 법 제42조제1항에 따라 화재예방안전진단기관 지정신청서(전자문서를 포함한다)에 다음의 서류를 첨부하여 소방청장에게 제출해야 한다.
  ㉠ 정관 사본
  ㉡ 시설 요건을 증명하는 서류 및 장비 명세서
  ㉢ 경력증명서 또는 재직증명서 등 기술인력의 자격요건을 증명하는 서류
② 행정정보의 공동이용을 통한 확인 : 화재예방안전진단기관 지정신청서를 제출받은 담당 공무원은「전자정부법」제36조제1항에 따른 행정정보의 공동이용을 통하여 법인등기부 등본(법인인 경우만 해당한다) 및 국가기술자격증을 확인해야 한다. 다만, 신청인이 확인에 동의하지 않는 경우에는 이를 제출하도록 해야 한다.

(3) 진단기관의 지정 절차(규칙 제45조)

① **지정 여부 결정** : 소방청장은 제44조제1항에 따라 지정신청서를 접수한 경우에는 지정기준 등에 적합한지를 검토하여 60일 이내에 진단기관 지정 여부를 결정해야 한다.
② **진단기관 지정서 발급** : 소방청장은 진단기관의 지정을 결정한 경우에는 화재예방안전진단기관 지정서를 발급하고, 화재예방안전진단기관 관리대장에 기록하고 관리해야 한다.
③ **인터넷 홈페이지 공고** : 소방청장은 지정서를 발급한 경우에는 그 내용을 소방청 인터넷 홈페이지에 공고해야 한다.

(4) 업무정지 및 지정취소(법 제42조)

① 소방청장은 진단기관으로 지정받은 자가 다음의 어느 하나에 해당하는 경우에는 그 지정을 취소하거나 6개월 이내의 기간을 정하여 업무의 전부 또는 일부의 정지를 명할 수 있다. 다만, ㉠ 또는 ㉣에 해당하는 경우에는 그 지정을 취소하여야 한다.(제2항)
  ㉠ 거짓이나 그 밖의 부정한 방법으로 지정을 받은 경우
  ㉡ 제41조제4항에 따른 화재예방안전진단 결과를 소방본부장 또는 소방서장, 관계인에게 제출하지 아니한 경우
  ㉢ 제1항에 따른 지정기준에 미달하게 된 경우
  ㉣ 업무정지기간에 화재예방안전진단 업무를 한 경우
② 진단기관의 지정절차, 지정취소 또는 업무정지의 처분 등에 필요한 사항은 행정안전부령으로 정한다.(제3항)
③ **진단기관의 지정취소** : 법 제42조제2항에 따른 진단기관의 지정취소 및 업무정지의 처분기준은 별표 8과 같다.(규칙 제46조)

[규칙 별표 8] 화재예방안전진단기관의 지정취소 및 업무정지의 처분기준(규칙 제46조 관련)

1. 일반기준

   가. 위반행위가 둘 이상인 경우에는 각 위반행위에 따라 각각 처분한다.

   나. 위반행위의 횟수에 따른 행정처분 기준은 최근 3년간 같은 위반행위로 행정처분을 받은 경우에 적용한다. 이 경우 기준 적용일은 위반행위에 대한 행정처분일과 그 처분 후에 한 위반행위가 다시 적발된 날을 기준으로 한다.

   다. 나목에 따라 가중된 부과처분을 하는 경우 가중처분의 적용 차수는 그 위반행위 전 부과처분 차수(나목에 따른 기간 내에 처분이 둘 이상 있었던 경우에는 높은 차수를 말한다)의 다음 차수로 한다.

   라. 처분권자는 위반행위의 동기·내용·횟수 및 위반 정도 등 다음의 감경 사유에 해당하는 경우 그 처분기준의 2분의 1의 범위에서 감경할 수 있다.

   1) 위반행위가 사소한 부주의나 오류로 인한 것으로 인정되는 경우
   2) 위반의 내용 및 정도가 경미하여 화재예방안전진단등의 업무를 수행하는데 문제가 발생하지 않는 경우
   3) 그 밖에 위반행위의 정도, 위반행위의 동기와 그 결과 등을 고려하여 감경할 필요가 있다고 인정되는 경우

2. 개별기준

위반 내용	근거 법조문	처분기준		
		1차 위반	2차 위반	3차 이상 위반
가. 거짓이나 그 밖의 부정한 방법으로 안전진단기관으로 지정을 받은 경우	법 제42조 제2항제1호	지정취소		
나. 법 제41조제4항에 따른 화재예방안전진단 결과를 소방본부장 또는 소방서장, 관계인에게 제출하지 않은 경우	법 제42조 제2항제2호	경고 (시정명령)	업무정지 3개월	업무정지 6개월
다. 법 제42조제1항에 따른 지정기준에 미달하게 된 경우	법 제42조 제2항제3호	업무정지 3개월	업무정지 6개월	지정취소
라. 업무정지기간에 화재예방안전진단 업무를 한 경우	법 제42조 제2항제4호	지정취소		

CHAPTER 05 특별관리시설물의 소방안전관리
핵심요약

소방안전 특별관리 시설물의 안전관리

1) 소방안전 특별관리시설물
   소방청장은 화재 등 재난이 발생할 경우 사회·경제적으로 피해가 큰 소방안전 특별관리시설에 대하여 소방안전 특별관리를 하여야 한다.
   ① 공항시설, 항만시설, 철도시설, 도시철도시설
   ② 산업기술단지, 지정문화유산 및 천연기념물등인 시설
   ③ 산업단지영화상영관 중 수용인원 1천명 이상인 영화상영관
   ④ 석유비축시설, 산업단지, 전력용 및 통신용 지하구, 천연가스 인수기지 및 공급망
   ⑤ 초고층 건축물 및 지하연계 복합건축물
   ⑥ 대통령령으로 정하는 시설물 : 발전소, 연면적 10만제곱미터 이상인 물류창고, 가스공급시설
   ⑦ 대통령령으로 정하는 전통시장(점포가 500개 이상인 전통시장)

2) 소방안전 특별관리기본계획
   ① 기본계획 : 소방청장은 시·도지사와 협의하여 특별관리기본계획을 화재의 예방 및 안전관리 기본계획에 포함하여 수립 및 시행하여야 한다.
   ② 수립주기 : 특별관리기본계획을 5년 마다 수립하여 시·도에 통보해야 한다.
   ③ 포함 내용 : 특별관리기본계획에는 다음의 사항이 포함되어야 한다.
      ㉠ 화재예방을 위한 중기·장기 안전관리정책
      ㉡ 화재대응 및 사후조치에 관한 역할 및 공조체계
      ㉢ 화재예방을 위한 교육·홍보 및 점검·진단, 화재대응을 위한 훈련
      ㉣ 그 밖에 화재 등의 안전관리를 위하여 필요한 사항

3) 소방안전 특별관리시행계획
   ① 시행계획 : 시·도지사는 특별관리기본계획에 저촉되지 아니하는 범위에서 관할 구역에 있는 특별관리시설물의 안전관리에 적합한 특별관리시행계획을 화재의 예방 및 안전관리 세부시행계획에 포함하여 수립 및 시행하여야 한다.
   ② 수립 및 통보 : 시·도지사는 특별관리시행계획을 수립·시행하고, 그 결과를 다음 연도 1월 31일까지 소방청장에게 통보해야 한다.
   ③ 포함 내용 : 시행계획에는 기본계획의 집행을 위하여 필요한 사항과 시·도에서 화재 등의 안전관리를 위하여 필요한 사항이 포함되어야 한다.
   ④ 소방청장 및 시·도지사는 기본계획 및 시행계획을 수립하는 경우 성별, 연령별, 화재안전취약자별 화재 피해현황 및 실태 등에 관한 사항을 고려해야 한다.

1) 안전진단 의무 : 특별관리시설물의 관계인은 화재의 예방 및 안전관리를 체계적·효율적으로 수행하기 위하여 대통령령으로 정하는 바에 따라 안전원 또는 소방청장이 지정하는 화재예방안전진단기관으로부터 정기적으로 안전진단을 받아야 한다.

| 화재예방 안전진단 | 2) 대상(대통령령으로 정하는 소방안전 특별관리시설물) : 안전진단을 받은 연도에는 제37조의 소방훈련과 교육 및 「소방시설법」에 따른 자체점검을 받은 것으로 본다.
① 공항시설 중 여객터미널 : 연면적 1천제곱미터 이상
② 항만시설(여객이용·지원시설), 철도시설(역 시설), 도시철도시설(역사 및 역 시설) : 연면적 5천제곱미터 이상
③ 전력용 및 통신용 지하구 중 공동구, 천연가스 인수기지 및 공급망 중 가스시설
④ 가스공급시설 : 가연성 가스 탱크의 저장용량의 합계가 100톤 이상이거나 저장용량이 30톤 이상인 가연성 가스 탱크가 있는 가스공급시설
⑤ 발전소 : 연면적이 5천제곱미터 이상인 발전소

3) 안전진단의 범위 등
① 화재위험요인의 조사에 관한 사항, 화재 위험성 평가에 관한 사항
② 소방계획 및 피난계획 수립에 관한 사항
③ 소방시설등의 유지·관리에 관한 사항
④ 비상대응조직 및 교육훈련에 관한 사항
⑤ 화재예방진단을 위하여 대통령령으로 정하는 사항
  ㉠ 화재 등의 재난 발생 후 재발방지 대책의 수립 및 그 이행에 관한 사항
  ㉡ 지진 등 외부 환경 위험요인 등에 대한 예방·대비·대응에 관한 사항
  ㉢ 안전진단 결과 보수·보강 등 개선요구 사항 등에 대한 이행 여부

4) 안전진단의 실시
① 최초 안전진단 : 소방안전관리대상물이 건축되어 안전진단의 대상에 해당하게 된 경우 해당 특별관리시설물의 관계인은 사용승인 또는 완공검사를 받은 날부터 5년이 경과한 날이 속하는 해에 최초의 안전진단을 받아야 한다.
② 시기 : 등급에 따라 정기적으로 다음의 기간에 안전진단을 받아야 한다.
  ㉠ 우수 등급 : 등급을 통보받은 날부터 6년이 경과한 날이 속하는 해
  ㉡ 양호·보통 : 등급을 통보받은 날부터 5년이 경과한 날이 속하는 해
  ㉢ 미흡·불량 : 등급을 통보받은 날부터 4년이 경과한 날이 속하는 해

5) 안전진단의 절차 및 방법
① 신청 : 특별관리시설물의 관계인은 안전원 또는 진단기관에 신청해야 한다.
② 절차 : 안전진단 신청을 받은 안전원 또는 진단기관은 위험요인 조사, 위험성 평가, 위험성 감소대책의 수립의 절차에 따라 안전진단을 실시한다.
③ 안전진단의 방법
  ㉠ 자료수집 및 분석, 현장조사 및 점검
  ㉡ 정성적·정량적 방법을 통한 화재위험성 평가, 불시·무각본 훈련에 의한 비상대응훈련 평가, 외부 환경 위험요인에 대한 예방·대비·대응태세 평가
④ 안전진단의 세부 절차 : 소방청장이 정하여 고시한다. |
|---|---|
| 안전진단 결과의 제출 | 1) 안전진단 결과의 제출
① 안전원 또는 진단기관은 안전진단 결과를 행정안전부령으로 정하는 바에 따라 소방본부장 또는 소방서장, 관계인에게 제출해야 한다.
② 결과 보고서 : 안전원 또는 진단기관은 안전진단이 완료된 날부터 60일 이내에 소방본부장 또는 소방서장, 관계인에게 안전진단 결과 보고서에 안전진단 결과 세부 보고서, 안전진단기관 지정의 서류를 첨부하여 제출해야 한다. |

③ 화재예방안전진단 결과 보고서 : 해당 소방안전 특별관리시설물 현황, 안전진단 실시기관 및 참여인력, 안전진단 범위 및 내용, 화재위험요인의 조사·분석 및 평가 결과, 안전등급 및 위험성 감소대책 등이 포함되어야 한다.

2) 보수·보강 등 조치명령
① 조치명령 : 소방본부장 또는 소방서장은 진단 결과에 따라 해당 소방안전 특별관리시설물의 관계인에게 보수·보강 등의 조치를 취할 것을 명할 수 있다.
② 비밀유지 : 안전진단 업무 종사자는 업무를 수행하면서 알게 된 비밀을 목적 외의 용도로 사용하거나 다른 사람에 제공하거나 누설하여서는 아니 된다.

진단기관의 지정 및 취소

1) 화재예방진단기관의 지정
① 소방청장으로부터 진단기관으로 지정을 받으려는 자는 대통령령으로 정하는 시설과 전문인력 등 지정기준을 갖추어 소방청장에게 지정을 신청하여야 한다.
② 안전진단기관의 지정기준 및 진단기관의 장비기준

2) 진단기관의 지정신청
① 지정신청서 제출 : 진단기관으로 지정받으려는 자는 화재예방안전진단기관 지정신청서에 다음의 서류를 첨부하여 소방청장에게 제출해야 한다.
  ㉠ 정관 사본
  ㉡ 시설 요건을 증명하는 서류 및 장비 명세서
  ㉢ 경력증명서 또는 재직증명서 등 기술인력의 자격요건을 증명하는 서류.
② 확인 : 진단기관 지정신청서를 제출받은 담당 공무원은 행정정보의 공동이용을 통하여 법인등기부 등본(법인인 경우) 및 국가기술자격증을 확인해야 한다.

3) 진단기관의 지정 절차
① 지정 여부 결정 : 소방청장은 지정신청서를 접수한 경우에는 지정기준 등에 적합한지를 검토하여 60일 이내에 진단기관 지정 여부를 결정해야 한다.
② 진단기관 지정서 : 소방청장은 진단기관의 지정을 결정한 경우에는 화재예방안전진단기관 지정서를 발급하고 관리대장에 기록하고 관리해야 한다.
③ 인터넷 홈페이지 공고 : 소방청장은 지정서를 발급한 경우에는 그 내용을 소방청 인터넷 홈페이지에 공고해야 한다.

4) 행정처분
① 업무정지 및 지정취소 : 소방청장은 진단기관으로 지정받은 자가 다음에 해당하는 경우에는 그 지정을 취소하거나 6개월 이내의 기간을 정하여 업무의 전부 또는 일부의 정지를 명할 수 있다. 다만, ㉠ 또는 ㉣에 해당하는 경우에는 그 지정을 취소하여야 한다.
  ㉠ 거짓이나 그 밖의 부정한 방법으로 지정을 받은 경우 : 지정취소
  ㉡ 진단 결과를 소방본부장 또는 소방서장, 관계인에게 제출하지 아니한 경우: 경고(시정명령), 업무정지 3개월, 업무정지 6개월
  ㉢ 지정기준에 미달하게 된 경우 : 업무정지 3개월, 업무정지 6개월, 지정취소
  ㉣ 업무정지기간에 화재예방안전진단 업무를 한 경우 : 지정취소
② 진단기관의 지정절차, 지정취소 또는 업무정지의 처분 등에 필요한 사항은 행정안전부령으로 정한다.

CHAPTER 05 특별관리시설물의 소방안전관리 적중OX문제

01 소방청장, 소방본부장 또는 소방서장은 화재 등 재난이 발생할 경우 사회·경제적으로 피해가 큰 소방안전 특별관리시설에 대하여 소방안전 특별관리를 하여야 한다. ( )

02 「공항시설법」제2조제7호의 공항시설,「철도산업발전기본법」제3조제2호의 철도시설,「도시철도법」제2조제3호의 도시철도시설,「항만법」제2조제5호의 항만시설 및「산업기술단지 지원에 관한 특례법」제2조제1호의 산업기술단지는 소방안전 특별관리시설물이다. ( )

03 소방청장은 「문화유산의 보존 및 활용에 관한 법률」 제2조제3항의 지정문화유산 및 「자연유산의 보존 및 활용에 관한 법률」 제2조 제5호에 따른 천연기념물등인 시설과 「초고층 및 지하연계 복합건축물 재난관리에 관한 특별법」제2조제1호·제2호의 초고층 건축물 및 지하연계 복합건축물에 대하여 소방안전 특별관리를 하여야 한다. ( )

04 영화상영관 중 수용인원 500명 이상인 영화상영관. 전력용 및 통신용 지하구, 석유비축시설, 천연가스 인수기지 및 공급망 및 점포가 500개 이상인 전통시장은 소방안전 특별관리시설물이다. ( )

05 「전기사업법」제2조제4호에 따른 발전사업자가 가동 중인 발전소,「물류시설의 개발 및 운영에 관한 법률」제2조제5호의2에 따른 물류창고로서 연면적 10만제곱미터 이상인 것,「도시가스사업법」제2조제5호에 따른 가스공급시설은 모두 대통령령으로 정하는 소방안전 특별관리시설물이다. ( )

06 소방청장은 특별관리를 체계적이고 효율적으로 하기 위하여 시·도지사와 협의하여 소방안전 특별관리기본계획을 화재의 예방 및 안전관리 기본계획에 포함하여 수립 및 시행하여야 한다. ( )

07 소방청장은 소방안전 특별관리기본계획을 5년마다 수립하여 시·도에 통보해야 한다. ( )

08 특별관리기본계획에는 화재예방을 위한 중기·장기 안전관리정책, 화재예방을 위한 교육·홍보 및 점검·진단 및 시·도에서 화재 등의 안전관리를 위하여 필요한 사항이 포함되어야 한다. ( )

09 특별관리 기본계획에는 화재예방을 위한 중기·장기 안전관리정책, 화재대응과 사후 조치에 관한 역할 및 공조체계 및 화재대응을 위한 훈련이 포함되어야 한다. ( )

10 시·도지사는 소방안전 특별관리기본계획에 저촉되지 아니하는 범위에서 관할 구역에 있는 소방안전 특별관리시설물의 안전관리에 적합한 소방안전 특별관리시행계획을 화재의 예방 및 안전관리 세부시행계획에 포함하여 수립 및 시행하여야 한다. ( )

정답 ○ 01.X 02.○ 03.○ 04.X 05.○ 06.○ 07.○ 08.X 09.○ 10.○

11 소방청장 및 시·도지사는 소방안전 특별관리기본계획 또는 특별관리시행계획을 수립하는 경우 성별, 연령별, 화재 안전취약자별 화재 피해현황 및 실태 등을 고려해야 한다. ( )

12 소방안전 특별관리기본계획 및 시행계획의 수립·시행에 필요한 사항은 행정안전부령으로 정한다. ( )

13 시·도지사는 특별관리기본계획을 시행하기 위하여 매년 소방안전 특별관리시행계획을 수립·시행하고, 그 결과를 다음 연도 1월 31일까지 소방청장에게 통보해야 한다. ( )

14 대통령령으로 정하는 소방안전 특별관리시설물의 관계인은 화재의 예방 및 안전관리를 체계적·효율적으로 수행하기 위하여 대통령령으로 정하는 바에 따라 한국소방안전원 또는 소방청장이 지정하는 화재예방안전진단기관으로부터 정기적으로 화재예방안전진단을 받아야 한다. ( )

15 공항시설 중 여객터미널의 연면적이 1천제곱미터 이상인 공항시설과 철도시설 중 역 시설의 연면적이 3천제곱미터 이상인 철도시설은 화재예방안전진단의 대상이다. ( )

16 도시철도시설 중 역사 및 역 시설의 연면적이 5천제곱미터 이상인 도시철도시설과 항만시설 중 여객이용시설 및 지원시설의 연면적이 5천제곱미터 이상인 항만시설은 화재예방안전진단의 대상이다. ( )

17 가스공급시설 중 가연성 가스 탱크의 저장용량의 합계가 100톤 이상이거나 저장용량이 20톤 이상인 가연성 가스 탱크가 있는 가스공급시설은 화재예방안전진단의 대상이다. ( )

18 안전원 또는 진단기관의 화재예방안전진단을 받은 연도에는 제37조에 따른 소방훈련과 교육 및 「소방시설법」제22조에 따른 자체점검을 받은 것으로 본다. ( )

19 화재예방안전진단의 범위는 화재위험요인의 조사에 관한 사항, 소방계획 및 피난계획 수립에 관한 사항 및 소방시설등의 유지·관리에 관한 사항 및 비상대응조직 및 교육훈련에 관한 사항 등이다. ( )

20 화재 등의 재난 발생 후 재발방지 대책의 수립 및 그 이행에 관한 사항과 지진 등 외부 환경 위험요인 등에 대한 예방·대비·대응은 화재예방진단을 위하여 대통령령으로 정하는 사항이다. ( )

21 소방안전관리대상물이 건축되어 화재예방안전진단의 대상에 해당하게 된 경우 해당 소방안전 특별관리시설물의 관계인은 「건축법」에 따른 사용승인 또는 「소방시설공사업법」에 따른 완공검사를 받은 날부터 3년이 경과한 날이 속하는 해에 최초의 화재예방안전진단을 받아야 한다. ( )

22 안전등급이 우수인 경우 안전등급을 통보받은 날부터 5년이 경과한 날이 속하는 해에 정기적으로 화재예방안전진단을 받아야 한다. ( )

23 화재예방안전진단을 받아야 하는 소방안전 특별관리시설물의 관계인은 안전원 또는 소방청장이 지정하는 화재예방안전진단기관에 신청해야 한다. ( )

정답 11.O 12.X 13.O 14.O 15.X 16.O 17.X 18.O 19.O 20.O 21.X 22.X 23.O

24 화재예방안전진단 신청을 받은 안전원 또는 진단기관은 위험요인 조사, 위험성 평가, 위험성 감소대책의 수립의 절차에 따라 화재예방안전진단을 실시한다. ( )

25 화재예방안전진단은 준공도면, 시설 현황, 소방계획서 등 자료수집 및 분석, 정성적·정량적 방법을 통한 화재위험성 평가, 불시·각본 훈련에 의한 비상대응훈련 평가 등의 방법으로 실시한다. ( )

26 화재예방안전진단을 신청한 소방안전 특별관리시설물의 관계인은 화재예방안전진단에 필요한 자료의 열람 및 화재예방안전진단에 적극 협조해야 한다. ( )

27 화재예방안전진단을 실시한 안전원 또는 진단기관은 화재예방안전진단이 완료된 날부터 30일 이내에 소방본부장 또는 소방서장, 관계인에게 화재예방안전진단 결과 보고서에 화재예방안전진단 결과 세부 보고서와 화재예방안전진단기관 지정서를 첨부하여 제출해야 한다. ( )

28 안전진단 결과 보고서에는 해당 특별관리시설물 현황, 안전진단 실시 기관 및 참여인력·범위 및 내용, 화재위험요인의 조사·분석 및 평가 결과, 안전등급 및 위험성 감소대책이 포함되어야 한다. ( )

29 소방본부장 또는 소방서장은 제출받은 화재예방안전진단 결과에 따라 조치가 필요하다고 인정하는 경우에는 해당 특별관리시설물의 관계인에게 보수·보강 등의 조치를 취할 것을 명할 수 있다. ( )

30 소방청장으로부터 진단기관으로 지정을 받으려는 자는 행정안전부령으로 정하는 시설과 전문인력 등 지정기준을 갖추어 소방청장에게 지정을 신청하여야 한다. ( )

31 진단기관의 전문인력으로는 소방기술사 1명 이상, 소방시설관리사 1명 이상, 전기안전기술사·화공안전기술사·가스기술사·위험물기능장 또는 건축사 1명 이상과 분야별 각 2명 이상 필요하다. ( )

32 소방청장은 지정신청서를 접수한 경우에는 지정기준 등에 적합한지를 검토하여 60일 이내에 진단기관 지정 여부를 결정해야 한다. ( )

33 소방청장은 지정서를 발급한 경우에는 그 내용을 소방청 인터넷 홈페이지에 공고해야 한다. ( )

34 진단기관으로 지정받은 자가 거짓이나 그 밖의 부정한 방법으로 지정을 받은 경우나 업무정지기간에 화재예방안전진단 업무를 한 경우에는 그 지정을 취소하여야 한다. ( )

35 위반행위의 횟수에 따른 행정처분 기준은 최근 1년간 같은 위반행위로 행정처분을 받은 경우에 적용한다. 이 경우 기준 적용일은 위반행위에 대한 행정처분일과 그 처분 후에 한 위반행위가 다시 적발된 날을 기준으로 한다.( )

36 화재예방진단기관의 지정기준에 미달하게 된 경우 행정처분의 개별기준은 1차 위반 경고(시정명령), 2차 위반 업무정지 3개월, 3차 이상 위반 업무정지 6개월이다. ( )

정답 ○ 24.○ 25.X 26.○ 27.X 28.○ 29.○ 30.X 31.X 32.○ 33.○ 34.○ 35.X 36.X

CHAPTER 05 특별관리시설물의 소방안전관리
적중예상문제

01 화재 등 재난이 발생할 경우 사회·경제적으로 피해가 큰 소방안전 특별관리시설물에 대하여 소방안전 특별관리를 하여야 하는 사람은?

① 소방청장
② 시·도지사
③ 소방본부장 또는 소방서장
④ 소방청장, 소방본부장 또는 소방서장

해설 ① 맞음, 소방청장은 화재 등 재난이 발생할 경우 사회·경제적으로 피해가 큰 공항시설, 철도시설, 도시철도시설, 항만시설, 지정문화유산 및 천연기념물등인 시설, 산업기술단지 및 산업단지 등(소방안전 특별관리시설물)에 대하여 소방안전 특별관리를 하여야 한다.(법 제40조 제1항)

02 소방안전 특별관리를 하여야 하는 소방안전 특별관리시설물이 아닌 것은?

① 「도시철도법」제2조제3호의 도시철도시설
② 지정문화유산 및 천연기념물등인 시설
③ 「한국석유공사법」제10조제1항제3호의 석유비축시설
④ 「소방시설법 시행령」에 따른 위험물 저장 및 처리시설

해설 ④ 틀림, 위험물 저장시설은 특별관리시설물에 해당하지 않는다. 소방청장이 소방안전 특별관리를 하여야 하는 소방안전 특별관리시설물은 다음과 같다.(법 제40조 제1항)
　㉠ 공항시설, 철도시설, 도시철도시설, 항만시설
　㉡ 지정문화유산 및 천연기념물등인 시설
　㉢ 산업기술단지, 산업단지
　㉣ 초고층 건축물 및 지하연계 복합건축물
　㉤ 영화상영관 중 수용인원 1,000명 이상인 영화상영관
　㉥ 전력용 및 통신용 지하구
　㉦ 「한국석유공사법」제10조제1항제3호의 석유비축시설
　㉧ 「한국가스공사법」제11조제1항제2호의 천연가스 인수기지 및 공급망
　㉨ 「전통시장 및 상점가 육성을 위한 특별법」제2조제1호의 전통시장으로서 대통령령으로 정하는 전통시장
　㉩ 점포가 500개 이상인 전통시장을 말한다.
　㉪ 그 밖에 대통령령으로 정하는 시설물 : 「전기사업법」제2조제4호에 따른 발전사업자가 가동 중인 발전소, 물류창고로서 연면적 10만제곱미터 이상인 것, 「도시가스사업법」제2조제5호에 따른 가스공급시설

정답 01.① 02.④

03 다음 중 대통령령으로 정하는 소방안전 특별관리시설물이 아닌 것은?

① 「전기사업법」제2조제4호에 따른 발전사업자가 가동 중인 발전소(「발전소주변지역 지원에 관한 법률 시행령」제2조제2항에 따른 발전소는 제외한다)
② 「물류시설의 개발 및 운영에 관한 법률」제2조제5호의2에 따른 물류창고로서 연면적 10만제곱미터 이상인 것
③ 「도시가스사업법」제2조제5호에 따른 가스공급시설
④ 「영화 및 비디오물의 진흥에 관한 법률」제2조제10호의 영화상영관 중 수용인원 1천명 이상인 영화상영관

> 해설 ④ 틀림, 대통령령으로 정하는 소방안전 특별관리시설물은 ①,②,③ 및 「전통시장 및 상점가 육성을 위한 특별법」제2조제1호의 전통시장으로서 대통령령으로 정하는 전통시장으로 점포가 500개 이상인 전통시장을 말한다. 영화상영관 중 수용인원 1천명 이상인 영화상영관은 법 제40조 제1항에서 직접 규정하고 있다.

04 소방안전 특별관리를 하여야 하는 소방안전 특별관리시설물로 틀린 것은?

① 지하층을 제외한 층수가 11층 이상인 복합건축물
② 천연가스 인수기지 및 공급망
③ 공항시설 및 항만시설
④ 초고층 건축물 및 지하연계 복합건축물

> 해설 ① 틀림, 지하층을 제외한 층수가 11층 이상인 복합건축물은 관리의 권원이 분리된 특정소방물로 소방안전 특별관리를 하여야 하는 소방안전 특별관리시설물이 아니다.
> ②,③,④ 맞음, 천연가스 인수기지 및 공급망, 공항시설 및 항만시설, 「초고층 및 지하연계 복합건축물 재난관리에 관한 특별법」제2조제1호·제2호의 초고층 건축물 및 지하연계 복합건축물은 특별관리시설물이다.

05 소방안전 특별관리시설물의 소방안전관리에 대한 설명으로 틀린 것은?

① 소방청장은 화재 등 재난이 발생할 경우 사회·경제적으로 피해가 큰 소방안전 특별관리시설물에 대하여 소방안전 특별관리를 하여야 한다.
② 소방청장은 특별관리를 체계적이고 효율적으로 하기 위하여 시·도지사와 협의하여 특별관리기본계획을 화재의 예방 및 안전관리 기본계획에 포함하여 수립하여야 한다.
③ 소방청장은 소방안전 특별관리기본계획을 3년마다 수립하여 시·도에 통보해야 한다.
④ 소방청장 및 시·도지사는 특별관리기본계획 또는 특별관리시행계획을 수립하는 경우 성별, 연령별, 화재안전취약자별 화재 피해현황 및 실태 등을 고려해야 한다.

> 해설 ③ 틀림, 소방청장은 소방안전 특별관리기본계획을 5년마다 수립하여 시·도에 통보해야 한다.
> ④ 맞음, 소방청장 및 시·도지사는 특별관리기본계획 또는 특별관리시행계획을 수립하는 경우 성별, 연령별, 화재안전취약자별 화재 피해현황 및 실태 등을 고려해야 한다.(영 제42조 제5항)

정답 03.④ 04.① 05.③

06 다음 중 소방안전 특별관리기본계획에 포함되어야 할 사항으로 틀린 것은?

① 화재예방을 위한 중기·장기 안전관리정책
② 화재예방을 위한 교육·홍보 및 점검·진단
③ 화재안전취약자별 화재 피해현황 및 실태
④ 화재대응과 사후 조치에 관한 역할 및 공조체계

해설 ③ 틀림, 성별, 연령별, 화재안전취약자별 화재 피해현황 및 실태 등은 소방청장 및 시·도지사가 특별관리기본계획 또는 특별관리시행계획을 수립하는 경우 고려할 사항이며, 기본계획에 포함될 사항이 아니다.
①,②,④ 맞음, 소방안전 특별관리기본계획에 포함되어야 할 사항은 ①,②,④와 화재대응을 위한 훈련, 그 밖에 화재 등의 안전관리를 위하여 필요한 사항이다.

07 다음 중 소방안전 특별관리시행계획에 대한 설명으로 옳지 않은 것은?

① 시·도지사는 특별관리기본계획에 저촉되지 아니하는 범위에서 관할 구역에 있는 특별관리시설물의 안전관리에 적합한 소방안전 특별관리시행계획을 수립하여야 한다.
② 시·도지사는 소방안전 특별관리시행계획을 화재의 예방 및 안전관리 시행계획에 포함하여 수립 및 시행하여야 한다.
③ 시·도지사는 특별관리기본계획을 시행하기 위하여 매년 소방안전 특별관리시행계획을 수립·시행하고, 그 결과를 다음 연도 1월 31일까지 소방청장에게 통보해야 한다.
④ 특별관리시행계획에는 특별관리기본계획의 집행을 위하여 필요한 사항이 포함되어야 한다.

해설 ② 틀림, 시·도지사는 소방안전 특별관리기본계획에 저촉되지 아니하는 범위에서 관할 구역에 있는 소방안전 특별관리시설물의 안전관리에 적합한 소방안전 특별관리시행계획을 제4조제6항에 따른 세부시행계획(화재의 예방 및 안전관리 세부시행계획)에 포함하여 수립 및 시행하여야 한다.(법 제40조 제3항)

08 다음 중 화재예방안전진단에 대한 설명으로 옳지 않은 것은?

① 대통령령으로 정하는 소방안전 특별관리시설물의 관계인은 안전원 또는 소방청장이 지정하는 화재예방안전진단기관으로부터 정기적으로 화재예방안전진단을 받아야 한다.
② 안전진단은 화재의 예방 및 안전관리를 체계적·효율적으로 수행하기 위하여 운영된다.
③ 역 시설의 연면적이 1천제곱미터 이상인 철도시설 안전진단을 받아야 한다.
④ 안전원 또는 진단기관의 안전진단을 받은 연도에는 제37조에 따른 소방훈련과 교육 및「소방시설법」제22조에 따른 자체점검을 받은 것으로 본다.

해설 ①,② 맞음, 법 제41조 제1항의 규정이다.
③ 틀림, 철도시설 중 역 시설의 연면적이 5천제곱미터 이상인 철도시설이 안전진단을 받아야 한다. 공항시설 중 여객터미널의 연면적이 1천제곱미터 이상인 공항시설은 안전진단을 받아야 한다.

정답 06.③ 07.② 08.③

09 화재예방안전진단의 대상이 되는 소방안전 특별관리시설물이 아닌 것은?

① 공항시설 중 여객터미널의 연면적이 1천제곱미터 이상인 공항시설
② 항만시설 중 여객이용시설 및 지원시설의 연면적이 3천제곱미터 이상인 항만시설
③ 발전소 중 연면적이 5천제곱미터 이상인 발전소
④ 전력용 및 통신용 지하구 중「국토의 계획 및 이용에 관한 법률」에 따른 공동구

> 해설 ② 틀림, 안전진단 대상 중 연면적 5천제곱미터 이상인 것인 것은 다음과 같다. 이 경우 소방안전 특별관리시설물의 관계인은 안전진단기관으로부터 정기적으로 안전진단을 받아야 한다.(법 제41조 제1항)
> ㉠ 항만시설 중 여객이용시설 및 지원시설의 연면적이 5천제곱미터 이상인 항만시설
> ㉡ 철도시설 중 역 시설의 연면적이 5천제곱미터 이상인 철도시설
> ㉢ 도시철도시설 중 역사 및 역 시설의 연면적이 5천제곱미터 이상인 도시철도시설
> ㉣ 발전소 중 연면적이 5천제곱미터 이상인 발전소

10 다음 화재예방안전진단의 대상에서 (   )에 들어갈 말은?

> 가스공급시설 중 가연성 가스 탱크의 저장용량의 합계가 (   ) 이상이거나 저장용량이 (   ) 이상인 가연성 가스 탱크가 있는 가스공급시설은 화재예방안전진단을 받아야 한다.

① 100톤, 30톤
② 200톤, 50톤
③ 100톤, 50톤
④ 50톤, 30톤

> 해설 ① 맞음, 가스공급시설 중 가연성 가스 탱크의 저장용량의 합계가 (100톤) 이상이거나 저장용량이 (30톤) 이상인 가연성 가스 탱크가 있는 가스공급시설은 화재예방안전진단을 받아야 한다.

11 도시철도시설 중 역사 및 역 시설의 면적이 얼마 이상인 도시철도시설이 화재예방안전진단의 대상이 되는가?

① 연면적 1천제곱미터 이상
② 연면적 3천제곱미터 이상
③ 연면적 5천제곱미터 이상
④ 바닥면적 5천제곱미터 이상

> 해설 ③ 맞음, 도시철도시설 중 역사 및 역 시설의 연면적이 5천제곱미터 이상인 도시철도시설의 관계인은 대통령령으로 정하는 바에 따라 한국소방안전원 또는 소방청장이 지정하는 화재예방안전진단기관으로부터 정기적으로 화재예방안전진단을 받아야 한다.(법 제41조 제1항)

정답 09.② 10.① 11.③

12 다음 중 화재예방안전진단의 범위로 적절하지 못한 것은?

① 화재 등의 안전관리를 위하여 필요한 사항
② 소방계획 및 피난계획 수립에 관한 사항
③ 비상대응조직 및 교육훈련에 관한 사항
④ 화재예방진단을 위하여 대통령령으로 정하는 사항

해설 ① 틀림, 화재 등의 안전관리를 위하여 필요한 사항은 소방안전 특별관리기본계획에 포함되어야 할 사항이다. 법 제41조 제1항에 따른 화재예방안전진단의 범위는 ②,③,④ 및 다음과 같다.
㉠ 화재위험요인의 조사에 관한 사항
㉡ 소방시설등의 유지·관리에 관한 사항
㉢ 화재 위험성 평가에 관한 사항

13 다음 화재예방안전진단의 범위에서 대통령령을 정해지는 것이 아닌 것은?

① 화재 등의 재난 발생 후 재발방지 대책의 수립 및 그 이행에 관한 사항
② 지진 등 외부 환경 위험요인 등에 대한 예방·대비·대응에 관한 사항
③ 화재예방안전진단 결과 보수·보강 등 개선요구 사항 등에 대한 이행 여부
④ 소방시설등의 유지·관리에 관한 사항

해설 ④ 틀림, 소방시설등의 유지·관리에 관한 사항은 법 41조 제2항에서 직접 규정하고 있는 사항이다. 화재예방진단을 위하여 대통령령으로 정하는 사항은 다음과 같다.(영 제45조)
㉠ 화재 등의 재난 발생 후 재발방지 대책의 수립 및 그 이행에 관한 사항
㉡ 지진 등 외부 환경 위험요인 등에 대한 예방·대비·대응에 관한 사항
㉢ 화재예방안전진단 결과 보수·보강 등 개선요구 사항 등에 대한 이행 여부

14 화재예방안전진단의 실시에 대한 설명으로 적절하지 못한 것은?

① 소방안전관리대상물이 건축되어 화재예방안전진단의 대상에 해당하게 된 경우 해당 소방안전 특별관리시설물의 관계인은 최초의 안전진단을 받아야 한다.
② 최초의 안전진단은 「건축법」제22조에 따른 사용승인 또는「소방시설공사업법」제14조에 따른 완공검사를 받은 날부터 5년이 경과한 날이 속하는 해에 받아야 한다.
③ 양호 안전등급은 통보받은 날부터 4년이 경과한 날이 속하는 해에 받아야 한다.
④ 화재예방안전진단 결과는 우수, 양호, 보통, 미흡 및 불량의 안전등급으로 구분한다.

해설 ③ 맞음, 안전등급에 따라 정기적으로 다음의 기간에 화재예방안전진단을 받아야 한다.
㉠ 안전등급이 우수인 경우 : 안전등급을 통보받은 날부터 6년이 경과한 날이 속하는 해
㉡ 안전등급이 양호·보통인 경우 : 안전등급을 통보받은 날부터 5년이 경과한 날이 속하는 해
㉢ 안전등급이 미흡·불량인 경우 : 안전등급을 통보받은 날부터 4년이 경과한 날이 속하는 해

정답 12.① 13.④ 14.③

15 화재예방안전진단 결과에 따른 안전등급 기준에서 화재예방안전진단 실시 결과 문제점이 일부 발견되었으나 대상물의 화재안전에는 이상이 없으며 대상물 일부에 대해 보수·보강 등의 조치명령이 필요한 상태에 해당하는 안전등급은?

① 우수(A)
② 양호(B)
③ 보통(C)
④ 미흡(D)

해설 ② 맞음, 안전등급 양호에 대한 설명이다. ①,③ 우수(A)는 화재예방안전진단 실시 결과 문제점이 발견되지 않은 상태를 말하며, 보통(C)은 화재예방안전진단 실시 결과 문제점이 다수 발견되었으나 대상물의 전반적인 화재안전에는 이상이 없으며 대상물에 대한 다수의 조치명령이 필요한 상태를 말한다.
④ 미흡(D)이란 화재예방안전진단 실시 결과 광범위한 문제점이 발견되어 대상물의 화재안전을 위해 조치명령의 즉각적인 이행이 필요하고 대상물의 사용 제한을 권고할 필요가 있는 상태를 말한다.

16 다음 중 화재예방안전진단의 방법으로 적절하지 못한 것은?

① 정성적·정량적 방법을 통한 화재위험성 평가
② 불시·무각본 훈련에 의한 비상대응훈련 평가
③ 비상대응조직 및 교육훈련에 대한 평가
④ 지진 등 외부 환경 위험요인에 대한 예방·대비·대응태세 평가

해설 ③ 틀림, 화재예방안전진단은 ①,②,④ 및 다음의 방법으로 실시한다.
㉠ 준공도면, 시설 현황, 소방계획서 등 자료수집 및 분석
㉡ 화재위험요인 조사, 소방시설등의 성능점검 등 현장조사 및 점검
㉢ 불시·무각본 훈련에 의한 비상대응훈련 평가

17 화재예방진단기관 결과의 제출 등에 대한 설명으로 틀린 것은?

① 안전원 또는 진단기관은 화재예방안전진단 결과를 행정안전부령으로 정하는 바에 따라 소방본부장 또는 소방서장, 관계인에게 제출하여야 한다.
② 진단기관 결과의 제출은 안전진단이 완료된 날부터 30일 이내에 제출해야 한다.
③ 소방본부장 또는 소방서장은 소방안전 특별관리시설물의 관계인에게 보수·보강 등의 조치를 취할 것을 명할 수 있다.
④ 안전진단 업무에 종사하고 있는 사람은 업무를 수행하면서 알게 된 비밀을 법에서 정한 목적 외의 용도로 사용하거나 다른 사람 또는 기관에 제공하거나 누설하여서는 아니 된다.

해설 ② 틀림, 안전진단을 실시한 안전원 또는 진단기관은 안전진단이 완료된 날부터 60일 이내에 소방본부장 또는 소방서장, 관계인에게 안전진단 결과 보고서에 다음의 서류를 첨부하여 제출해야 한다.(규칙 제42조 제1항)
③ 맞음, 소방본부장 또는 소방서장은 제출받은 안전진단 결과에 따라 조치가 필요하다고 인정하는 경우에는 해당 소방안전 특별관리시설물의 관계인에게 보수·보강 조치를 취할 것을 명할 수 있다.(법 제41조 제5항)

정답 15.② 16.③ 17.②

18 「화재의 예방 및 안전관리에 관한 법률 시행규칙」상 화재예방진단기관이 갖추어야 할 분야별 장비기준으로 옳지 않은 것은?

① 소방 분야 : 저울
② 전기 분야 : 누전계(누전전류 측정용)
③ 가스 분야 : 가스누출검출기
④ 위험물 분야 : 가스농도측정기(탄화수소계 가스의 농도측정 가능할 것)

해설 ① 맞음, 소방 분야는 방수압력측정계, 절연저항계, 전류전압측정계, 저울, 소화전밸브압력계, 헤드결합렌치, 검량계, 기동관누설시험기, 그 밖에 소화약제의 저장량을 측정할 수 있는 점검기구 등 14종의 장비가 필요하다.
② 틀림, 누전계(누전전류 측정용)는 소방 분야에서 갖추어야 할 장비이다. 전기 분야에서 갖추어야 할 장비는 정전기 전하량 측정기, 적외선 열화상 카메라, 검전기, 클램프미터, 절연안전모, 고압절연장갑, 절연장화이다.
③ 맞음, 가스 분야는 가스누출검출기, 가스농도측정기, 일산화탄소농도측정기 등의 장비가 필요하다.

19 화재예방안전진단기관의 지정 신청 등에 대한 설명으로 옳지 않은 것은?

① 진단기관으로 지정받으려는 자는 화재예방안전진단기관 지정신청서에 정관 사본, 시설 요건을 증명하는 서류 및 장비 명세서 등의 서류를 첨부하여 소방청장에게 제출해야 한다.
② 소방청장은 지정신청서를 접수한 경우에는 지정기준 등에 적합한지를 검토하여 60일 이내에 진단기관 지정 여부를 결정해야 한다.
③ 지정신청서를 제출받은 담당 공무원은 행정정보의 공동이용을 통하여 법인등기부 등본(법인인 경우만 해당한다) 및 국가기술자격증을 확인해야 한다.
④ 소방청장은 지정서를 발급한 경우에는 그 내용을 소방청의 게시판에 공고해야 한다.

해설 ② 맞음, 소방청장은 제44조제1항에 따라 지정신청서를 접수한 경우에는 지정기준 등에 적합한지를 검토하여 60일 이내에 진단기관 지정 여부를 결정해야 한다.(규칙 제45조 제1항)
④ 틀림, 소방청장은 지정서를 발급한 경우에는 그 내용을 소방청 인터넷 홈페이지에 공고해야 한다.

20 화재예방안전진단기관의 지정취소 및 업무정지의 처분기준으로 옳지 못한 것은?

① 거짓이나 그 밖의 부정한 방법으로 지정을 받은 경우 지정을 취소하여야 한다.
② 업무정지기간에 화재예방안전진단 업무를 한 경우 지정을 취소하여야 한다.
③ 지정기준에 미달하게 된 경우 개별기준은 1차 위반 경고(시정명령)이다.
④ 화재예방안전진단 결과를 소방본부장 또는 소방서장, 관계인에게 제출하지 아니한 경우 개별기준은 1차 위반 경고, 2차 위반 업무정지 3개월, 3차 이상 위반 업무정지 6개월이다.

해설 ①,② 맞음, ①,②의 경우에는 진단기관의 지정을 취소하여야 한다.
③ 틀림, 지정기준에 미달하게 된 경우 개별기준은 1차 위반 업무정지 3개월, 2차 위반 업무정지 6개월, 3차 이상 위반 지정취소이다.

정답 18.② 19.④ 20.③

21 다음 중 소방안전 특별관리시설물에 해당되는 것을 모두 고르면? ☆ 17년 소방교

> ㉠ 철도시설
> ㉡ 항만시설
> ㉢ 수용인원 1,000명 이상인 영화상영관
> ㉣ 산업단지
> ㉤ 공항시설
> ㉥ 11층 이상의 건물
> ㉦ 지하상가

① ㉠, ㉡, ㉢
② ㉠, ㉡, ㉢, ㉣
③ ㉠, ㉡, ㉢, ㉣, ㉤
④ ㉢, ㉣, ㉤, ㉥, ㉦

해설 ③ 맞음, 소방안전 특별관리시설물 : 소방청장은 화재 등 재난이 발생할 경우 사회·경제적으로 피해가 큰 다음의 시설에 대하여 소방안전 특별관리를 하여야 한다.
㉠ 공항시설, 항만시설, 철도시설, 도시철도시설
㉡ 산업기술단지, 지정문화재인 시설 및 천년기념물·명승, 시·도 자연유산인 시설
㉢ 영화상영관 중 수용인원 1,000명 이상인 영화상영관, 석유비축시설, 산업단지
㉣ 전력용 및 통신용 지하구, 천연가스 인수기지 및 공급망, 초고층 건축물 및 지하연계 복합건축물
㉤ 전통시장으로서 대통령령으로 정하는 전통시장 : 점포가 500개 이상인 전통시장
㉥ 그 밖에 대통령령으로 정하는 시설물 : 전기사업법 제2조제4호에 따른 발전사업자가 가동 중인 발전소, 물류창고로서 연면적 10만제곱미터 이상인 것, 「도시가스사업법」제2조제5호에 따른 가스공급시설

22 「화재의 예방 및 안전관리에 관한 법률」 및 같은 법 시행령상 화재 등 재난이 발생할 경우 사회적·경제적으로 피해가 큰 소방안전 특별관리시설물의 대상 중 (   ) 안에 들어갈 내용으로 옳은 것은? ☆ 23년 소방교

> 가. 「전통시장 및 상점가 육성을 위한 특별법」제2조 제1호의 대통령령으로 정하는 전통시장으로서 점포가 (ㄱ)개 이상인 전통시장
> 나. 「물류시설의 개발 및 운영에 관한 법률」제2조제5호의2에 따른 물류창고로서 연면적 (ㄴ)제곱미터 이상인 것
> 다. 「영화 및 비디오물의 진흥에 관한 법률」제2조제10호의 영화상영관 중 수용인원 (ㄷ)명 이상인 영화상영관

	ㄱ	ㄴ	ㄷ
①	300	10만	100
②	300	3만	100
③	500	3만	1,000
④	500	10만	1,000

해설 ④ 맞음, 가. 대통령령으로 정하는 전통시장으로서 점포가 (500)개 이상인 전통시장
나. 물류창고로서 연면적 (10만)제곱미터 이상인 것
다. 영화상영관 중 수용인원 (1,000)명 이상인 영화상영관

정답 21.③ 22.④

23 다음 중 소방안전 특별관리시설물이 아닌 것은?   ☆ 21년 소방교, 소방장

① 수용인원 1,000명 이상인 영화상영관
② 석유비축시설
③ 천연가스 인수기지 및 공급망
④ 점포가 300개 이상인 전통시장

해설 ④ 틀림, 소방청장이 소방안전 특별관리를 하여야 하는 소방안전 특별관리시설물은 ①②③ 및 항만, 공항, 철도, 도시철도시설, 산업기술단지, 지정문화재 등, 시·도 자연유산인 시설, 산업단지, 전력용 및 통신용 지하구, 초고층 건축물 및 지하연계 복합건축물, 발전사업자가 가동 중인 발전소, 물류창고로서 연면적 10만제곱미터 이상인 것,「도시가스사업법」제2조제5호에 따른 가스공급시설, 점포가 500개 이상인 전통시장이다.

24 「화재의 예방 및 안전관리에 관한 법률 시행령」상 화재예방안전진단 결과에 따른 안전등급 기준으로 옳지 않은 것은?   ☆ 23년 소방장

① 우수(A) : 화재예방안전진단 실시 결과 문제점이 발견되지 않은 상태
② 양호(B) : 화재예방안전진단 실시 결과 문제점이 일부 발견되었으나 대상물의 화재안전에는 이상이 없으며 대상물 일부에 대해 조치명령이 필요한 상태
③ 보통(C) : 화재예방안전진단 실시 결과 문제점이 다수 발견되었으나 대상물의 전반적인 화재안전에는 이상이 없으며 대상물에 대한 다수의 조치명령이 필요한 상태
④ 미흡(D) : 화재예방안전진단 실시 결과 중대한 문제점이 발견되어 대상물의 화재안전을 위해 조치명령의 즉각적인 이행이 필요하고 대상물의 사용 중단을 권고할 필요가 있는 상태

해설 ④ 틀림, 미흡(D)은 화재예방안전진단 실시 결과 광범위한 문제점이 발견되어 대상물의 화재안전을 위해 조치명령의 즉각적인 이행이 필요하고 대상물의 사용 제한을 권고할 필요가 있는 상태이다. 화재예방안전진단 실시 결과 중대한 문제점이 발견되어 대상물의 화재안전을 위해 조치명령의 즉각적인 이행이 필요하고 대상물의 사용 중단을 권고할 필요가 있는 상태는 안전등급이 불량(E)이다.

25 「화재의 예방 및 안전관리에 관한 법률 시행령」상 특별관리시설물의 안전등급에 따른 화재예방안전진단 기간의 설명으로 옳지 않은 것은?   ☆ 23년 소방교

① 안전등급이 우수인 경우 : 안전등급을 통보받은 날부터 6년이 경과한 날이 속하는 해
② 안전등급이 양호인 경우 : 안전등급을 통보받은 날부터 5년이 경과한 날이 속하는 해
③ 안전등급이 미흡인 경우 : 안전등급을 통보받은 날부터 4년이 경과한 날이 속하는 해
④ 안전등급이 불량인 경우 : 안전등급을 통보받은 날부터 3년이 경과한 날이 속하는 해

해설 ①,② 맞음, 안전등급이 우수인 경우 안전등급을 통보받은 날부터 6년이 경과한 날이 속하는 해에, 안전등급이 양호인 경우 안전등급을 통보받은 날부터 5년이 경과한 날이 속하는 해에 화재예방안전진단을 받아야 한다.
④ 틀림, 안전등급이 미흡·불량인 경우 안전등급을 통보받은 날부터 4년이 경과한 날이 속하는 해에 화재예방안전진단을 받아야 한다.

정답 23.④ 24.④ 25.④

26 「화재의 예방 및 안전관리에 관한 법률」 및 같은 법 시행령과 시행규칙상 화재예방안전진단에 관한 설명으로 옳지 않은 것은?   ☆ 24년 소방장

① 공항시설 중 여객터미널의 연면적이 1천 제곱미터 이상인 공항시설은 화재예방안전진단 대상에 속하는 소방안전 특별관리시설물에 해당한다.
② 화재예방안전진단 신청을 받은 안전원 또는 진단기관은 위험요인 조사, 위험성 평가, 위험성 감소대책 수립의 절차에 따라 화재예방안전진단을 실시한다.
③ 소방계획 및 피난계획 수립에 관한 사항, 소방시설등의 유지·관리에 관한 사항, 비상대응조직 및 교육훈련에 관한 사항은 화재예방안전진단의 범위에 해당한다.
④ 화재예방안전진단은 정기적으로 받아야 하며 안전등급이 미흡·불량인 경우 안전등급을 통보받은 날부터 5년이 경과한 날이 속하는 해에 화재예방안전진단을 받아야 한다.

> 해설 ④ 틀림, 안전등급이 미흡·불량인 경우 안전등급을 통보받은 날부터 4년이 경과한 날이 속하는 해에 화재예방안전진단을 받아야 한다. 안전등급이 양호·보통인 경우 안전등급을 통보받은 날부터 5년이 경과한 날이 속하는 해에, 우수인 경우 안전등급을 통보받은 날부터 4년이 경과한 날이 속하는 해에 화재예방안전진단을 받아야 한다.

27 「화재의 예방 및 안전관리에 관한 법률 시행령」상 화재예방안전진단 결과에 따른 안전등급 기준에서 보통(C)에 대한 대상물의 상태로 옳은 것은?   ☆ 24년 소방교

① 대상물 일부에 대해 법 제41조제5항에 따른 보수·보강 등의 조치명령이 필요한 상태
② 문제점이 다수 발견되었으나 대상물의 전반적인 화재안전에는 이상이 없으며 대상물에 대한 다수의 조치명령이 필요한 상태
③ 광범위한 문제점이 발견되어 대상물의 화재안전을 위해 조치명령의 즉각적인 이행이 필요하고 대상물의 사용제한을 권고할 필요가 있는 상태
④ 중대한 문제점이 발견되어 대상물의 화재안전을 위해 조치명령의 즉각적인 이행이 필요하고 대상물의 사용중단을 권고할 필요가 있는 상태

> 해설 ② 맞음, 문제점이 다수 발견되었으나 대상물의 전반적인 화재안전에는 이상이 없으며 대상물에 대한 다수의 조치명령이 필요한 상태는 안전등급 기준에서 보통(C)에 해당한다. ① 양호(B), ② 보통(C), ③ 미흡(D), ④ 불량(E)에 해당한다.

28 「화재의 예방 및 안전관리에 관한 법률 시행규칙」상 화재예방안전진단기관의 장비기준에서 소방분야 장비로 옳은 것은?   ☆ 24년 소방교

① 포콜렉터
② 클램프미터
③ 진동시험기
④ 폐쇄력측정기

> 해설 ①,②,③ 틀림, ① 포콜렉터는 위험물 분야, ② 클램프미터는 전기분야, ③ 진동시험기는 위험물분야 장비에 해당한다.
> ④ 맞음, 화재예방안전진단기관의 장비기준에서 소방분야 장비로 폐쇄력측정기, 풍속풍압계, 차압계(압력차 측정기), 방수압력측정계, 절연저항계, 전류전압측정계, 저울 등이 소방분야 장비에 해당한다.

정답 26.④ 27.② 28.④

CHAPTER 06 보칙 및 벌칙

> **학/습/포/인/트**
>
> 보칙에서는 소방관서장의 화재의 예방과 안전문화 진흥을 위한 시책의 추진 등과 제품검사 전문기관의 지정과 취소, 소방청장 또는 시·도지사 의 권한의 위임·위탁사항을 규정하고 있으며, 벌칙은 화재예방법상 의무위반에 대한 제재에 대한 것이다. 보칙에서는 권한의 위임·위탁의 내용을 명확히 파악하고, 벌칙에서는 행정형벌과 행정질서벌(과태료)로 나누고 처벌의 경중에 따라 구분하여 명확하게 정리하여야 한다.

제1절 보칙

1 화재의 예방과 안전문화 진흥을 위한 시책의 추진

(1) 소방관서장의 책무(법 제43조)

① 화재예방을 위한 시책 추진 : 소방관서장은 국민의 화재 예방과 안전에 관한 의식을 높이고 화재의 예방과 안전문화를 진흥시키기 위한 다음의 활동을 적극 추진하여야 한다.(제1항)
  ㉠ 화재의 예방 및 안전관리에 관한 의식을 높이기 위한 활동 및 홍보
  ㉡ 소방대상물 특성별 화재의 예방과 안전관리에 필요한 행동요령의 개발·보급
  ㉢ 화재의 예방과 안전문화 우수사례의 발굴 및 확산
  ㉣ 화재 관련 통계 현황의 관리·활용 및 공개
  ㉤ 화재의 예방과 안전관리 취약계층에 대한 화재의 예방 및 안전관리 강화
  ㉥ 그 밖에 화재의 예방과 안전문화를 진흥하기 위한 활동
② 국민 참여제도의 마련 : 소방관서장은 화재의 예방과 안전문화 활동에 국민 또는 주민이 참여할 수 있는 제도를 마련하여 시행할 수 있다.(제2항)

(2) 소방청장과 국가 등의 역할(법 제43조)

① 체험시설의 설치·운영 : 소방청장은 국민이 화재의 예방과 안전문화를 실천하고 체험할 수 있는 체험시설을 설치·운영할 수 있다.(제3항)
② 예산 지원 : 국가와 지방자치단체는 지방자치단체 또는 그 밖의 기관·단체에서 추진하는 화재의 예방과 안전문화활동을 위하여 필요한 예산을 지원할 수 있다.(제4항)

정답 ○ 23.④ 24.④ 25.④

2 우수 소방대상물 관계인에 대한 포상 등

(1) 우수 소방대상물의 관계인 포상[22] (법 제44조)
① 소방청장은 소방대상물의 자율적인 안전관리를 유도하기 위하여 안전관리 상태가 우수한 소방대상물을 선정하여 우수 소방대상물 표지를 발급하고, 소방대상물의 관계인을 포상할 수 있다.
② 우수 소방대상물의 선정 방법 : 우수 소방대상물의 선정 방법, 평가 대상물의 범위 및 평가 절차 등에 필요한 사항은 행정안전부령으로 정한다.

(2) 우수 소방대상물의 선정(규칙 제47조)
① 시행계획의 수립 : 소방청장은 법 제44조제1항에 따른 우수 소방대상물의 선정 및 관계인에 대한 포상을 위하여 우수 소방대상물의 선정방법, 평가 대상물의 범위 및 평가 절차 등에 관한 내용이 포함된 시행계획을 매년 수립·시행해야 한다.
② 필요한 사항의 확인 : 소방청장은 우수 소방대상물 선정을 위하여 필요한 경우에는 소방대상물을 직접 방문하여 필요한 사항을 확인할 수 있다.(규칙 제47조 제2항)
③ 우수 소방대상물의 평가 등에 관한 사항 : 위 시행규칙에서 규정한 사항 외에 우수 소방대상물의 평가, 평가위원회 구성·운영, 포상의 종류·명칭 및 우수 소방대상물 표지 등에 관하여 필요한 사항은 소방청장이 정하여 고시한다.(규칙 제47조 제4항)
④ 종합점검 면제기간 : 우수소방대상물 수상등급별 종합점검 면제기간은 다음과 같다.
  ㉠ 대통령, 국무총리 표창(상장·상패를 포함한다) : 3년
  ㉡ 장관, 소방청장 표창 : 2년
  ㉢ 시·도지사 표창 : 1년

(3) 평가위원회(규칙 제47조 제3항)
① 평가위원회의 구성 : 소방청장은 우수 소방대상물 선정 등 업무의 객관성 및 전문성을 확보하기 위하여 필요한 경우에는 다음의 어느 하나에 해당하는 사람이 2명 이상 포함된 평가위원회를 성별을 고려하여 구성·운영할 수 있다.
  ㉠ 소방기술사(소방안전관리자로 선임된 사람은 제외한다)
  ㉡ 소방시설관리사
  ㉢ 소방 관련 석사 학위 이상을 취득한 사람
  ㉣ 소방 관련 법인 또는 단체에서 소방 관련 업무에 5년 이상 종사한 사람
  ㉤ 소방공무원 교육기관, 대학 또는 연구소에서 소방과 관련한 교육 또는 연구에 5년 이상 종사한 사람
② 평가위원회의 위원에게는 예산의 범위에서 수당, 여비 등 필요한 경비를 지급할 수 있다.

---
[22] 특정소방대상물의 관계인 및 소방안전관리자에게 일정한 의무를 부과하는 한편 소방안전관리 상태가 우수한 소방대상물을 선정하여 포상하고, 일정기간 종합점검을 면제하는 방법으로 자율적인 안전관리와 소방역량 강화를 유도하려는 것이다.

3 조치명령 등의 기간연장 등

(1) 조치명령등의 기간연장(법 제45조)

① **조치명령등의 대상** : 다음에 따른 조치명령·선임명령 또는 이행명령(조치명령등)을 받은 관계인 등은 천재지변이나 그 밖에 대통령령으로 정하는 사유로 조치명령등을 그 기간 내에 이행할 수 없는 경우에는 조치명령등을 명령한 소방관서장에게 대통령령으로 정하는 바에 따라 조치명령등의 이행시기를 연장하여 줄 것을 신청할 수 있다.(제1항)
  ㉠ 제14조에 따른 소방대상물의 개수·이전·제거, 사용의 금지 또는 제한, 사용폐쇄, 공사의 정지 또는 중지, 그 밖의 필요한 조치명령
  ㉡ 제28조제1항에 따른 소방안전관리자 또는 소방안전관리보조자 선임명령
  ㉢ 제28조제2항에 따른 소방안전관리업무 이행명령

② **조치명령등 기간연장의 사유** : 법 제45조제1항에서 "대통령령으로 정하는 사유"란 다음의 어느 하나에 해당하는 사유를 말한다.(영 제47조 제1항)
  ㉠ 「재난 및 안전관리 기본법」제3조제1호에 해당하는 재난이 발생한 경우
  ㉡ 경매 등의 사유로 소유권이 변동 중이거나 변동된 경우
  ㉢ 관계인의 질병, 사고, 장기출장의 경우
  ㉣ 시장·상가·복합건축물 등 소방대상물의 관계인이 여러 명으로 구성되어 법 제45조제1에 따른 조치명령·선임명령 또는 이행명령(조치명령등)의 이행에 대한 의견을 조정하기 어려운 경우
  ㉤ 그 밖에 관계인이 운영하는 사업에 부도 또는 도산 등 중대한 위기가 발생하여 조치명령등을 그 기간 내에 이행할 수 없는 경우

③ 연장신청을 받은 소방관서장은 연장신청 승인 여부를 결정하고 그 결과를 조치명령등의 이행 기간 내에 관계인 등에게 알려 주어야 한다.(법 제45조 제2항)

(2) 조치명령등의 기간연장 절차

① **연장신청서 제출** : 법 제45조제1항에 따라 조치명령등의 이행시기 연장을 신청하려는 관계인 등은 행정안전부령으로 정하는 바에 따라 연장신청서에 기간연장의 사유 및 기간 등을 적어 소방관서장에게 제출해야 한다. 이에 따른 기간연장의 신청 및 연장신청서의 처리에 필요한 사항은 행정안전부령으로 정한다.(영 제47조 제2항 및 제3항)

② **증명서류 첨부** : 조치명령등의 기간연장을 신청하려는 관계인 등은 조치명령등의 기간연장 신청서에 조치명령등을 이행할 수 없음을 증명할 수 있는 서류를 첨부하여 소방관서장에게 제출해야 한다.(규칙 제48조 제1항)

③ **승인 여부의 결정** : 신청서를 제출받은 소방관서장은 신청받은 날부터 3일 이내에 조치명령등의 기간연장 여부를 결정하여 별지 제39호서식의 조치명령등의 기간연장 신청 결과 통지서를 관계인 등에게 통지해야 한다.(규칙 제48조 제2항)

4 청문 및 수수료

(1) 청문(법 제46조)

소방청장 또는 시·도지사는 다음의 어느 하나에 해당하는 처분을 하려면 청문을 하여야 한다.
① 제31조제1항에 따른 소방안전관리자의 자격 취소
② 제42조제2항에 따른 진단기관의 지정 취소

(2) 수수료(법 제47조)

① 수수료 등의 납부 : 다음의 어느 하나에 해당하는 자는 행정안전부령으로 정하는 수수료 또는 교육비를 내야 한다.
　㉠ 제30조제1항에 따른 소방안전관리자 자격시험에 응시하려는 사람
　㉡ 제30조제2항 및 제3항에 따른 소방안전관리자 자격증을 발급 또는 재발급 받으려는 사람
　㉢ 제34조에 따른 강습교육 또는 실무교육을 받으려는 사람
　㉣ 제41조제1항에 따라 화재예방안전진단을 받으려는 관계인
② 수수료 및 교육비 : 법 제47조에 따른 수수료 및 교육비는 별표 9와 같다.(규칙 제49조 제1항)

[규칙 별표 9] 수수료 및 교육비(제49조제1항 관련)

1. 자격증 발급 및 시험응시 수수료

납부 대상자	수수료 금액
가. 법 제30조제1항에 따른 소방안전관리자 자격시험에 응시하려는 사람	특급 제1차시험: 1만8천원 특급 제2차시험: 2만4천원 1·2·3급시험: 1만2천원
나. 법 제30조제2항 및 제3항에 따른 소방안전관리자 자격증(수첩형)을 발급 또는 재발급받으려는 사람	1만원

2. 교육비

납부 대상자	납부 금액
가. 영 별표 4의 특급 소방안전관리대상물에 대한 소방안전관리업무 강습교육을 받으려는 사람	96만원
나. 영 별표 4의 1급 소방안전관리대상물에 대한 소방안전관리업무 강습교육을 받으려는 사람	48만원
다. 영 별표 4의 2급 소방안전관리대상물에 대한 소방안전관리업무 강습교육 및 공공기관 소방안전관리 강습교육을 받으려는 사람	24만원
라. 영 별표 4의 3급 소방안전관리대상물에 대한 소방안전관리업무 강습교육을 받으려는 사람	14만4천원
마. 법 제24조제3항에 따라 선임된 소방안전관리자 업무대행 감독자에 대한 강습교육을 받으려는 사람	9만6천원

바. 법 제29조제1항에 따른 건설현장에 대한 소방안전관리업무 강습교육을 받으려는 사람	14만4천원
사. 법 제34조제1항제2호에 따른 소방안전관리자에 대한 실무교육을 받으려는 사람	5만5천원
아. 법 제34조제1항제2호에 따른 소방안전관리보조자에 대한 실무교육을 받으려는 사람	3만원

3. 화재예방안전진단 수수료

　가. 법 제41조제1항에 따라 화재예방안전진단을 받으려는 자는 다음의 계산식에 따라 산출한 수수료(천원 미만은 절사한다)를 납부해야 한다.

구분	계산식
수수료	직접인건비 + 직접경비 + 제경비 + 기술료

　나. 가목의 계산식에서 직접인건비, 직접경비, 제경비 및 기술료는 다음의 값으로 한다.

구분	내용
직접인건비	1) 직접인건비는 진단단계별 각 공사량에 진단단계별 투입인력의 노임단가를 곱하여 산출한 금액의 합계 금액으로 한다. 2) 1)에서 진단단계별 각 공사량은 현장시설진단의 용도별 공사량에 보정계수1을 곱하고 사전조사의 공사량, 비상대응훈련의 공사량 및 보고서작성의 공사량에 보정계수2를 곱한 값으로 한다. 3) 1)에서 노임단가는「엔지니어링산업 진흥법」제31조에 따른 엔지니어링사업대가의 기준 중 기타부분의 노임단가로 한다. 4) 노임단가 산정 시 투입인력의 등급은「엔지니어링산업 진흥법 시행령」제4조에 따른다.
직접경비	직접인건비에 0.1을 곱하여 산출한 금액으로 한다.
제 경 비	직접인건비에 1.1을 곱하여 산출한 금액으로 한다.
기 술 료	직접인건비와 제경비의 합에 0.2를 곱하여 산출한 금액으로 한다.

　다. 나목에서 진단단계별 분야별 공사량은 다음과 같다.

구분		공사량									
진단단계	용도별	영 별표 8 제2호가목에 따른 전문인력				영 별표 8 제2호나목에 따른 분야별 전문인력					
		합계	소방기술사	소방시설관리사	그 밖의 기술사 등	소방	전기	건축	가스	화공	위험물
사전조사	전체	1.0									
현장시설진단	공항	4.5	0.5	0.5	0.5	1.0	0.4	0.7	0.2	0.2	0.5
	철도, 도시철도, 항만	3.0	0.5	0.5	0.2	0.7	0.3	0.4	0.1	0.1	0.2

공동구	3.0	0.5	0.5	0.2	0.5	0.5	0.4	0.2	0.1	0.1
천연가스인수기, 가스공급시설	5.0	0.5	0.5	0.5	1.0	0.3	0.7	1.0	0.2	0.3
발전소	5.0	0.7	0.5	0.5	1.0	0.5	0.7	0.3	0.5	0.3
비상대응훈련		4.0(소방안전교육사1명 포함)								
보고서 작성 (시뮬레이션 포함)		4.0								

라. 나목에서 보정계수 값은 다음과 같이 한다.

연면적의 합계(㎡)	보정계수1 (현장진단)	보정계수2(사전조사, 비상대응훈련 및 보고서작성)
10,000이하	1.0	0.25
10,000 초과 ~ 15,000 이하	1.5	0.50
15,000 초과 ~ 20,000 이하	2.0	0.50
20,000 초과 ~ 25,000 이하	2.5	1.00
25,000 초과 ~ 30,000 이하	3.0	1.00
30,000 초과 ~ 35,000 이하	3.5	1.50
35,000 초과 ~ 40,000 이하	4.0	1.50
40,000 초과 ~ 45,000 이하	4.5	1.50
45,000 초과 ~ 50,000 이하	5.0	1.50
50,000 초과 ~ 60,000 이하	6.0	2.00
60,000 초과 ~ 70,000 이하	7.0	2.00
70,000 초과 ~ 80,000 이하	8.0	2.00
80,000 초과 ~ 90,000 이하	9.0	2.00
90,000 초과 ~ 100,000 이하	10.0	2.00
100,000 초과	11.0으로 하되 10,000 초과 시 마다 1.0을 더한 수치	2.10으로 하되 100,000 초과 시 마다 0.1을 더한 수치

비고
1. 수수료 및 교육비는 계좌입금의 방식 또는 현금으로 납부하거나 신용카드로 결제해야 한다. 다만, 정보통신망을 이용하여 전자화폐·전자결제 등의 방법으로 결제할 수 있다.
2. 제1호가목에도 불구하고 영 별표 4 제2호부터 제4호까지에 해당하는 소방안전관리대상물의 소방안전관리자가 되려는 사람이 강습교육 마지막일(원격 교육과정의 경우 수료 후 처음 시험에 응시하는 경우를 말한다)에 실시하는 소방안전관리자 자격시험에 응시하는 경우에는 응시 수수료를 납부한 것으로 본다.
3. 강습교육을 받으려는 사람은 강습교육 수강신청 시 교육비를 납부해야 한다.

③ 수수료 및 교육비의 반환 : 별표 9에 따른 수수료 또는 교육비를 반환하는 경우에는 다음의 구분에 따라 반환해야 한다.(규칙 제49조 제2항)
  ㉠ 수수료 또는 교육비를 과오납한 경우 : 그 과오납한 금액의 전부
  ㉡ 시험시행기관 또는 교육실시기관에 책임이 있는 사유로 시험에 응시하지 못하거나 교육을 받지 못한 경우 : 납입한 수수료 또는 교육비의 전부
  ㉢ 직계가족의 사망, 본인의 사고 또는 질병, 격리가 필요한 감염병이나 예견할 수 없는 기상상황 등으로 인해 시험에 응시하지 못하거나 교육을 받지 못한 경우(해당 사실을 증명하는 서류 등을 제출한 경우로 한정한다) : 납입한 수수료 또는 교육비의 전부
  ㉣ 원서접수기간 또는 교육신청기간에 접수를 철회한 경우 : 납입한 수수료 또는 교육비의 전부
  ㉤ 시험시행일 또는 교육실시일 20일 전까지 접수를 취소한 경우 : 납입한 수수료 또는 교육비의 전부
  ㉥ 시험시행일 또는 교육실시일 10일 전까지 접수를 취소한 경우: 납입한 수수료 또는 교육비의 100분의 50

5 권한의 위임·위탁 등

(1) 권한의 위임(법 제48조)

① 이 법에 따른 소방청장 또는 시·도지사의 권한은 그 일부를 대통령령으로 정하는 바에 따라 시·도지사, 소방본부장 또는 소방서장에게 위임할 수 있다.(제1항)
② 자격의 정지 및 취소 업무 : 소방청장은 법 제48조제1항에 따라 법 제31조에 따른 소방안전관리자 자격의 정지 및 취소에 관한 업무를 소방서장에게 위임한다.(영 제48조)

(2) 권한의 위탁(법 제48조)

① 소방관서장은 다음에 해당하는 업무를 안전원에 위탁할 수 있다.(제2항)
  ㉠ 제26조제1항에 따른 소방안전관리자 또는 소방안전관리보조자 선임신고의 접수
  ㉡ 제26조제2항에 따른 소방안전관리자 또는 소방안전관리보조자 해임 사실의 확인
  ㉢ 제29조제1항에 따른 건설현장 소방안전관리자 선임신고의 접수
  ㉣ 제30조제1항제1호에 따른 소방안전관리자 자격시험
  ㉤ 제30조제2항 및 제3항에 따른 소방안전관리자 자격증의 발급 및 재발급
  ㉥ 제33조에 따른 소방안전관리 등에 관한 종합정보망의 구축·운영
  ㉦ 제34조에 따른 강습교육 및 실무교육
② 비밀 유지 : 위탁받은 업무에 종사하고 있거나 종사하였던 사람은 업무를 수행하면서 알게 된 비밀을 이 법에서 정한 목적 외의 용도로 사용하거나 다른 사람 또는 기관에 제공하거나 누설하여서는 아니 된다.(제3항)

(3) 벌칙 적용에서 공무원 의제(법 제49조)

다음의 어느 하나에 해당하는 자 중 공무원이 아닌 사람은 「형법」제129조부터 제132조(수뢰, 사전수뢰, 제3자 뇌물제공, 수뢰후부정처사, 사후수뢰, 알선수뢰)까지의 규정을 적용할 때에는 공무원으로 본다.

① 제9조에 따른 화재안전조사단의 구성원
② 제10조에 따른 화재안전조사위원회의 위원
③ 제11조에 따라 화재안전조사에 참여하는 자
④ 제22조에 따른 화재안전영향평가심의회 위원
⑤ 제41조제1항에 따른 화재예방안전진단업무 수행 기관의 임원 및 직원
⑥ 제48조제2항에 따라 위탁받은 업무에 종사하는 안전원의 담당 임원 및 직원

(4) 안전원이 갖춰야 하는 시설 기준 등(규칙 제50조)

① 안전원의 장은 화재예방안전진단을 원활하게 수행하기 위하여 영 별표 8에 따른 진단기관이 갖춰야 하는 시설, 전문인력 및 장비를 갖춰야 한다.

② 안전원이 갖추어야 하는 시설기준 : 안전원은 법 제48조제2항제7호에 따른 업무를 위탁받은 경우 별표 10의 시설기준을 갖춰야 한다.

[규칙 별표 10] 한국소방안전원이 갖추어야 하는 시설기준(제50조제2항 관련)

1. 사무실 : 바닥면적 60제곱미터 이상일 것
2. 강의실 : 바닥면적 100제곱미터 이상이고 책상·의자, 음향시설, 컴퓨터 및 빔프로젝터 등 교육에 필요한 비품을 갖출 것
3. 실습실 : 바닥면적 100제곱미터 이상이고, 교육과정별 실습·평가를 위한 교육기자재 등을 갖출 것
4. 교육용기자재 등

교육 대상	교육용기자재 등	수량
공통 (특급·1급·2급·3급 소방안전관리자, 소방안전관리보조자, 업무대행감독 소방안전관리자, 건설현장 소방안전관리자)	1. 소화기(분말, 이산화탄소, 할로겐화합물 및 불활성기체)	각 1개
	2. 소화기 실습·평가설비	1식
	3. 자동화재탐지설비(P형) 실습·평가설비	3식
	4. 응급처치 실습·평가장비(마네킹, 심장충격기)	각 1개
	5. 피난구조설비(유도등, 완강기)	각 1식
	6. 「소방시설 설치 및 관리에 관한 법률 시행규칙」 별표 4에 따른 소방시설별 점검 장비	각 1개
	7. 원격교육을 위한 스튜디오, 영상장비 및 콘텐츠	1식
	8. 가상체험(VR 등) 장비 및 기기	1식
		1식
특급 소방안전관리자	1. 옥내소화전설비 실습·평가설비	1식

	2. 스프링클러설비 실습·평가설비	1식
	3. 가스계소화설비 실습·평가설비	1식
	4. 자동화재탐지설비(R형) 실습·평가설비	1식
	5. 제연설비 실습·평가설비	1식
1급 소방안전관리자	1. 옥내소화전설비 실습·평가설비	1식
	2. 스프링클러설비 실습·평가설비	1식
	3. 자동화재탐지설비(R형) 실습·평가설비	1식
2급 소방안전관리자, 「공공기관의 소방안전관리에 관한 규정」 제2조에 따른 공공기관의 소방안전관리자	1. 옥내소화전설비 실습·평가설비 2. 스프링클러설비 실습·평가설비	1식 1식
건설현장 소방안전관리자	1. 임시소방시설 실습·평가설비 2. 화기취급작업 안전장비	1식 1식

(5) 고유식별정보의 처리(영 49조)

소방관서장(제48조 및 법 제48조제2항에 따라 소방관서장의 권한 또는 업무를 위임받거나 위탁받은 자를 포함한다) 또는 시·도지사(해당 권한 또는 업무가 위임되거나 위탁된 경우에는 그 권한 또는 업무를 위임받거나 위탁받은 자를 포함한다)는 다음의 사무를 수행하기 위하여 불가피한 경우「개인정보 보호법 시행령」제19조제1호 또는 제4호에 따른 주민등록번호 또는 외국인등록번호가 포함된 자료를 처리할 수 있다.

① 법 제7조 및 제8조에 따른 화재안전조사에 관한 사무
② 법 제14조에 따른 화재안전조사 결과에 따른 조치명령에 관한 사무
③ 법 제15조에 따른 손실보상에 관한 사무
④ 법 제17조에 따른 화재의 예방조치 등에 관한 사무
⑤ 법 제19조에 따른 화재의 예방 등에 대한 지원에 관한 사무
⑥ 법 제23조에 따른 화재안전취약자 지원에 관한 사무
⑦ 법 제24조, 제26조, 제28조 및 제29조에 따른 소방안전관리자, 소방안전관리보조자 및 건설현장 소방안전관리자의 선임신고 등에 관한 사무
⑧ 법 제30조에 따른 소방안전관리자 자격증의 발급·재발급 및 법 제31조에 따른 자격의 정지·취소에 관한 사무
⑨ 법 제32조에 따른 소방안전관리자 자격시험에 관한 사무
⑩ 법 제33조에 따른 소방안전관리 등에 관한 종합정보망의 구축·운영에 관한 사무

⑪ 법 제34조에 따른 소방안전관리자 등에 대한 교육에 관한 사무
⑫ 법 제42조에 따른 화재예방안전진단기관의 지정 및 취소
⑬ 법 제44조에 따른 우수 소방대상물 관계인에 대한 포상 등에 관한 사무
⑭ 법 제45조에 따른 조치명령등의 기간연장에 관한 사무
⑮ 법 제46조에 따른 청문에 관한 사무
⑯ 법 제47조에 따른 수수료 징수에 관한 사무

(6) 규제의 재검토(영 제50조)

소방청장은 다음의 사항에 대하여 해당 호에서 정하는 날을 기준일로 하여 3년마다(매 3년이 되는 해의 기준일과 같은 날 전까지를 말한다) 그 타당성을 검토하여 개선 등의 조치를 해야 한다.

① 제25조에 따른 소방안전관리자를 두어야 하는 특정소방대상물 : 2022년 12월 1일
② 제25조에 따른 소방안전관리보조자를 두어야 하는 특정소방대상물 : 2022년 12월 1일
③ 제25조에 따른 소방안전관리자 및 소방안전관리보조자의 선임 대상별 자격 및 선임인원 : 2022년 12월 1일
④ 제28조에 따른 소방안전관리 업무의 대행 대상 및 업무 : 2022년 12월 1일

제2절 벌칙

1 개요

(1) 벌칙규정

① 벌칙규정이란 법률상의 의무 위반자에게 일정한 형벌 또는 과태료를 과하는 규정을 말하며 징계벌과 같이 특별권력관계의 내부에서 과하는 제재는 벌칙이라 하지 아니한다.
② 화재예방법의 벌칙은 징역과 벌금, 과태료가 있으며, 이는 행정벌에 해당한다.

(2) 행정벌의 종류

행정벌은 행정법상의 의무위반에 대하여 과하는 처벌로 행정형벌과 행정질서벌이 있다.
① 행정형벌 : 행정상의 의무위반에 대해 법원이 재판을 통해 형법에 규정되어 있는 형벌(사형·징역·금고·자격상실·자격정지·벌금·구류·과료 및 몰수)을 과하는 것이다. 형법총칙이 적용되며 형사소송절차(예외로 통고처분·즉결심판절차)에 의한다.
② 행정질서벌 : 행정상의 질서에 장애를 줄 우려가 있는 의무(각종 등록이나 신고·보고의무)위반에 대해 행정청이 과태료를 부과하는 것으로 형법총칙이 적용되지 아니한다.

2 행정형벌

(1) 3년 이하의 징역 또는 3천만원 이하의 벌금(제50조)

① 제14조제1항 및 제2항(화재안전조사 결과)에 따른 조치명령을 정당한 사유 없이 위반한 자
② 제28조제1항(소방안전관리자 선임명령) 및 제2항에 따른 명령(업무의 이행명령)을 정당한 사유 없이 위반한 자
③ 제41조제5항(화재예방안전진단 결과)에 따른 보수·보강 등의 조치명령을 정당한 사유 없이 위반한 자
④ 거짓이나 그 밖의 부정한 방법으로 제42조제1항에 따른 진단기관으로 지정을 받은 자

(2) 1년 이하의 징역 또는 1천만원 이하의 벌금(법 제50조)

① 제12조제2항을 위반하여 관계인의 정당한 업무를 방해하거나, 화재안전조사업무를 수행하면서 취득한 자료나 알게 된 비밀을 다른 사람 또는 기관에게 제공 또는 누설하거나 목적 외의 용도로 사용한 자
② 제30조제4항을 위반하여 자격증(소방안전관리자 자격증)을 다른 사람에게 빌려 주거나 빌리거나 이를 알선한 자
③ 제41조제1항을 위반하여 진단기관으로부터 화재예방안전진단을 받지 아니한 자

> **실전연습**
>
> Q. 다음 중 3년 이하의 징역 또는 3천만 이하의 벌금에 처할 수 있는 행위는?
>
> ① 관계인의 정당한 업무를 방해하거나, 조사업무를 수행하면서 알게 된 비밀을 누설한 자
> ② 거짓이나 그 밖의 부정한 방법으로 화재예방안전진단기관으로 지정을 받은 자
> ③ 소방안전관리자 자격증을 다른 사람에게 빌려 주거나 빌리거나 이를 알선한 자
> ④ 진단기관으로부터 화재예방안전진단을 받지 아니한 자
>
> 해설 | ①, ③, ④는 1년 이하의 징역 또는 1천만원 이하의 벌금에 처할 수 있다.　　↠ ②

(3) 300만원 이하의 벌금(법 제50조) ☆ 24년 소방교

다음의 어느 하나에 해당하는 자는 300만원 이하의 벌금에 처한다.

① 제7조제1항에 따른 화재안전조사를 정당한 사유 없이 거부·방해 또는 기피한 자
② 제17조제2항에 따른 명령(화재예방 조치명령)을 정당한 사유 없이 따르지 아니하거나 방해한 자
③ 제24조제1항·제3항, 제29조제1항 및 제35조제1항·제2항을 위반하여 소방안전관리자, 총괄소방안전관리자 또는 소방안전관리보조자를 선임하지 아니한 자
④ 제27조제3항을 위반하여 소방시설·피난시설·방화시설 및 방화구획 등이 법령에 위반된 것을 발견하였음에도 필요한 조치를 할 것을 요구하지 아니한 소방안전관리자
⑤ 제27조제4항을 위반하여 소방안전관리자에게 불이익한 처우를 한 관계인
⑥ 제41조제6항(화재예방안전진단업무 종사자의 비밀유지 의무) 및 제48조제3항(위탁업무 종사자의 비밀유지 의무)을 위반하여 업무를 수행하면서 알게 된 비밀을 이 법에서 정한 목적 외의 용도로 사용하거나 다른 사람 또는 기관에 제공하거나 누설한 자

(4) 양벌규정[23)](법 제51조)

① **양벌 규정** : 법인의 대표자나 법인 또는 개인의 대리인, 사용인, 그 밖의 종업원이 그 법인 또는 개인의 업무에 관하여 제50조(행정형벌)에 해당하는 위반행위를 하면 그 행위자를 벌하는 외에 그 법인 또는 개인에게도 해당 조문의 벌금형을 과(科)한다.
② **면책 규정** : 다만, 법인 또는 개인이 그 위반행위를 방지하기 위하여 해당 업무에 관하여 상당한 주의와 감독을 게을리하지 아니한 경우에는 그러하지 아니다.

---

23) 행정법규에는 법인의 대표자 또는 대리인·사용인 기타 종업원이 법인의 사무에 관하여 행정상 의무를 위반하는 행위를 한 때에는 그 행위자를 처벌하는 외에 법인(개인의 대리인인 경우에 그 개인)에 대하여 재산벌을 과하여 법인에 의한 범죄를 예방하려는 경우가 많다. 이와 같이 직접 행위를 한 자연인 외의 법인 등을 처벌하는 규정을 양벌규정이라 한다.

3 행정질서벌(과태료) ☆ 24년 소방교

(1) 300만원 이하의 과태료(법 제52조 제1항) ☆ 21년 소방교, 소방장

다음의 어느 하나에 해당하는 자에게는 300만원 이하의 과태료를 부과한다.
① 정당한 사유 없이 제17조제1항 각 호(화재예방강화지구 등에서 금지행위)의 어느 하나에 해당하는 행위를 한 자
② 제24조제2항을 위반하여 전담 대상물(특급 및 1급)의 소방안전관리자를 겸한 자
③ 제24조제5항에 따른 소방안전관리업무를 하지 아니한 특정소방대상물의 관계인 또는 소방안전관리대상물의 소방안전관리자
④ 제27조제2항을 위반하여 소방안전관리업무의 지도·감독을 하지 아니한 자
⑤ 제29조제2항에 따른 건설현장 소방안전관리대상물의 소방안전관리자의 업무를 하지 아니한 소방안전관리자
⑥ 제36조제3항을 위반하여 피난유도 안내정보를 제공하지 아니한 자
⑦ 제37조제1항을 위반하여 소방훈련 및 교육을 하지 아니한 자
⑧ 제41조제4항을 위반하여 화재예방안전진단 결과를 제출하지 아니한 자

(2) 200만원 이하의 과태료(법 제52조 제2항)

다음의 어느 하나에 해당하는 자에게는 300만원 이하의 과태료를 부과한다.
① 제17조제4항에 따른 불을 사용할 때 지켜야 하는 사항 및 같은 조 제5항에 따른 특수가연물의 저장 및 취급 기준을 위반한 자
② 제18조제4항에 따른 소방설비등의 설치 명령을 정당한 사유 없이 따르지 아니한 자
③ 제26조제1항을 위반하여 기간 내에 선임신고를 하지 아니하거나 소방안전관리자의 성명 등을 게시하지 아니한 자
④ 제29조제1항을 위반하여 기간 내에 선임신고를 하지 아니한 자
⑤ 제37조제2항을 위반하여 기간 내에 소방훈련 및 교육 결과를 제출하지 아니한 자

(3) 100만원 이하의 과태료(법 제52조 제2항)

제34조제1항제2호를 위반하여 실무교육을 받지 아니한 소방안전관리자 및 소방안전관리보조자에게는 100만원 이하의 과태료를 부과한다.

(4) 과태료의 부과·징수 및 부과기준(법 제52조 제4항 및 영51조)

① **부과·징수** : 화재예방법 제52조 제1항부터 제3항까지에 따른 과태료는 대통령령으로 정하는 바에 따라 소방청장, 시·도지사, 소방본부장 또는 소방서장이 부과·징수한다.
② **부과기준** : 법 제52조제1항부터 제3항까지의 규정에 따른 과태료의 부과기준은 별표 9와 같다.

[영 별표 9] 과태료의 부과기준 (영 제51조 관련)

1. 일반기준 ☆ 20년 소방교, 19년 소방교

가. 위반행위의 횟수에 따른 과태료의 가중된 부과기준은 최근 1년간 같은 위반행위로 과태료 부과처분을 받은 경우에 적용한다. 이 경우 기간의 계산은 위반행위에 대하여 과태료 부과처분을 받은 날과 그 처분 후 다시 같은 위반행위를 하여 적발된 날을 기준으로 한다.

나. 가목에 따라 가중된 부과처분을 하는 경우 가중처분의 적용 차수는 그 위반행위 전 부과처분 차수(가목에 따른 기간 내에 과태료 부과처분이 둘 이상 있었던 경우에는 높은 차수를 말한다)의 다음 차수로 한다.

다. 과태료의 감경 : 부과권자는 다음의 어느 하나에 해당하는 경우에는 제2호의 개별기준에 따른 과태료의 2분의 1 범위에서 그 금액을 줄여 부과할 수 있다. 다만, 과태료를 체납하고 있는 위반행위자에 대해서는 그렇지 않다.
  1) 위반행위가 사소한 부주의나 오류로 인한 것으로 인정되는 경우
  2) 위반행위자가 법 위반상태를 시정하거나 해소하기 위하여 노력한 사실이 인정되는 경우
  3) 위반행위자가 처음 위반행위를 한 경우로서 3년 이상 해당 업종을 모범적으로 영위한 사실이 인정되는 경우
  4) 위반행위자가 화재 등 재난으로 재산에 현저한 손실을 입거나 사업 여건의 악화로 그 사업이 중대한 위기에 처하는 등 사정이 있는 경우
  5) 위반행위자가 같은 위반행위로 다른 법률에 따라 과태료·벌금·영업정지 등의 처분을 받은 경우
  6) 그 밖에 위반행위의 정도, 위반행위의 동기와 그 결과 등을 고려하여 과태료 금액을 줄일 필요가 있다고 인정되는 경우

2. 개별기준

위반행위	근거 법조문	과태료 금액(만원)		
		1차 위반	2차 위반	3차 이상 위반
가. 정당한 사유 없이 법 제17조제1항 각 호(화재예방강화지구에서 금지행위)의 어느 하나에 해당하는 행위를 한 경우	법 제52조 제1항제1호	300		
나. 법 제17조제4항에 따른 불을 사용할 때 지켜야 하는 사항 및 같은 조 제5항에 따른 특수가연물의 저장 및 취급 기준을 위반한 경우	법 제52조 제2항제1호	200		
다. 법 제18조제4항에 따른 소방설비등의 설치 명령을 정당한 사유 없이 따르지 않은 경우	법 제52조 제2항제2호	200		
라. 법 제24조제2항을 위반하여 소방안전관리자를 겸한 경우	법 제52조 제1항제2호	300		
마. 법 제24조제5항에 따른 소방안전관리업무를 하지 않은 경우	법 제52조 제1항제3호	100	200	300

바. 법 제26조제1항을 위반하여 기간 내에 선임신고를 하지 않거나 소방안전관리자의 성명 등을 게시하지 않은 경우 　1) 지연신고기간이 1개월 미만인 경우 　2) 지연신고기간이 1개월 이상 3개월 미만인 경우 　3) 지연신고기간이 3개월 이상이거나 신고를 하지 않은 경우 　4) 소방안전관리자의 성명 등을 게시하지 않은 경우	법 제52조 제2항제3호		50 100 200	
		50	100	200
사. 법 제27조제2항을 위반하여 소방안전관리업무의 지도·감독을 하지 않은 경우	법 제52조 제1항제4호	300		
아. 법 제29조제1항을 위반하여 기간 내에 선임신고를 하지 않은 경우 　1) 지연신고기간이 1개월 미만인 경우 　2) 지연신고기간이 1개월 이상 3개월 미만인 경우 　3) 지연신고기간이 3개월 이상이거나 신고를 하지 않은 경우	법 제52조 제2항제4호	50 100 200		
자. 법 제29조제2항에 따른 건설현장 소방안전관리대상물의 소방안전관리자의 업무를 하지 않은 경우	법 제52조 제1항제5호	100	200	300
차. 법 제34조제1항제2호를 위반하여 실무교육을 받지 않은 경우	법 제52조 제3항	50		
카. 법 제36조제3항을 위반하여 피난유도 안내정보를 제공하지 않은 경우	법 제52조 제1항제6호	100	200	300
타. 법 제37조제1항을 위반하여 소방훈련 및 교육을 하지 않은 경우	법 제52조 제1항제7호	100	200	300
파. 법 제37조제2항을 위반하여 기간 내에 소방훈련 및 교육 결과를 제출하지 않은 경우 　1) 지연 제출기간이 1개월 미만인 경우 　2) 지연 제출기간이 1개월 이상 3개월 미만인 경우 　3) 지연 제출기간이 3개월 이상이거나 제출을 하지 않은 경우	법 제52조 제2항제5호	50 100 200		
하. 법 제41조제4항을 위반하여 화재예방안전진단 결과를 제출하지 않은 경우 　1) 지연 제출기간이 1개월 미만인 경우 　2) 지연 제출기간이 1개월 이상 3개월 미만인 경우 　3) 지연 제출기간이 3개월 이상이거나 제출을 하지 않은 경우	법 제52조 제1항제8호	100 200 300		

CHAPTER 06 보칙 및 벌칙 핵심요약

화재예방과 안전문화 진흥을 위한 시책

1) 소방관서장의 책무
   ① 화재예방을 위한 시책 : 소방관서장은 국민의 화재 예방과 안전에 관한 의식을 높이고 안전문화를 진흥시키기 위한 다음의 활동을 적극 추진하여야 한다.
      ㉠ 화재의 예방 및 안전관리에 관한 의식을 높이기 위한 활동 및 홍보
      ㉡ 소방대상물 특성별 화재의 예방과 안전관리에 필요한 행동요령의 개발·보급
      ㉢ 화재의 예방과 안전문화 우수사례의 발굴 및 확산
      ㉣ 화재 관련 통계 현황의 관리·활용 및 공개
      ㉤ 화재의 예방과 안전관리 취약계층에 대한 화재의 예방 및 안전관리 강화
      ㉥ 그 밖에 화재의 예방과 안전문화를 진흥하기 위한 활동
   ② 국민 참여제도 : 소방관서장은 화재의 예방과 안전문화 활동에 국민 또는 주민이 참여할 수 있는 제도를 마련하여 시행할 수 있다.

2) 소방청장과 국가의 역할
   ① 체험시설의 설치·운영 : 소방청장은 국민이 화재의 예방과 안전문화를 실천하고 체험할 수 있는 체험시설을 설치·운영할 수 있다.
   ② 예산 지원 : 국가와 지방자치단체는 지방자치단체 또는 그 밖의 기관·단체에서 추진하는 화재의 예방과 안전문화활동을 위하여 필요한 예산을 지원할 수 있다.

우수 소방 대상물관계인 포상

1) 규정 : 소방청장은 안전관리 상태가 우수한 소방대상물을 선정하여 우수 소방대상물 표지를 발급하고, 소방대상물의 관계인을 포상할 수 있다. 우수 소방대상물의 선정 방법, 평가 대상물의 범위 등에 필요한 사항은 행정안전부령으로 정한다.

2) 우수 소방대상물의 선정
   소방청장은 우수 소방대상물의 선정 및 관계인에 대한 포상을 위하여 우수 소방대상물의 선정 방법, 평가 대상물의 범위 및 평가 절차 등에 관한 내용이 포함된 시행계획을 매년 수립·시행해야 한다.

3) 평가위원회
   ① 구성 : 업무의 객관성 및 전문성을 확보하기 위하여 필요한 경우 다음에 해당하는 사람이 2명 이상 포함된 평가위원회를 성별을 고려하여 구성·운영할 수 있다.
      ㉠ 소방기술사(소방안전관리자로 선임된 사람은 제외한다)
      ㉡ 소방시설관리사
      ㉢ 소방 관련 석사 학위 이상을 취득한 사람
      ㉣ 소방 관련 법인 또는 단체에서 소방 관련 업무에 5년 이상 종사한 사람
      ㉤ 소방공무원 교육기관, 대학·연구소에서 소방관련 교육·연구 5년 이상 종사자
   ② 경비 : 위원에게는 예산의 범위에서 수당, 여비 등 필요한 경비를 지급할 수 있다.

조치명령 등의 기간연장 등

1) 조치명령등의 기간연장
   ① 연장 신청 : 관계인 등은 천재지변이나 대통령령으로 정하는 사유로 기간 내에 이행할 수 없는 경우에는 조치명령등을 명령한 소방관서장에게 조치명령등의 이행시기를 연장하여 줄 것을 신청할 수 있다.
   　㉠ 소방대상물의 개수·이전·제거, 사용 금지, 공사 정지 등 조치명령
   　㉡ 소방안전관리자 또는 보조자 선임명령, 소방안전관리업무 이행명령
   ② 대통령령으로 정하는 연기 사유
   　㉠ 재난 및 안전관리법에 따른 재난이 발생한 경우
   　㉡ 경매 등의 사유로 소유권이 변동 중이거나 변동된 경우
   　㉢ 관계인의 질병, 사고, 장기출장의 경우
   　㉣ 시장·상가·복합건축물 등 소방대상물의 관계인이 여러 명으로 구성되어 조치명령등의 이행에 대한 의견을 조정하기 어려운 경우
   　㉤ 관계인이 운영하는 사업에 부도로 조치명령등을 기간 내 이행할 수 없는 경우
   ③ 연장신청을 받은 소방관서장은 연장신청 승인 여부를 결정하고 그 결과를 조치명령 등의 이행 기간 내에 관계인 등에게 알려 주어야 한다.

2) 기간연장 절차
   ① 연장신청서 : 조치명령등의 이행시기 연장을 신청하려는 관계인 등은 연장신청서에 기간연장의 사유 및 기간 등을 적어 소방관서장에게 제출해야 한다.
   ② 소방관서장은 신청받은 날부터 3일 이내에 조치명령등의 기간연장 여부를 결정하여 조치명령등의 기간연장 신청 결과 통지서를 관계인 등에게 통지해야 한다.

3) 청문 : 소방청장 또는 시·도지사는 다음의 처분을 하려면 청문을 하여야 한다.
   ① 제31조제1항에 따른 소방안전관리자의 자격 취소
   ② 제42조제2항에 따른 진단기관의 지정 취소

4) 수수료 및 교육비의 반환
   ① 수수료 또는 교육비를 과오납한 경우 : 그 과오납한 금액의 전부
   ② 시험시행일·교육실시일 20일 전까지 취소한 경우 납입한 수수료 또는 교육비의 전부, 10일 전까지 취소한 경우 납입한 수수료·교육비의 100분의 50

권한의 위임 · 위탁

1) 권한의 위임
   ① 이 법에 따른 소방청장 또는 시·도지사의 권한은 그 일부를 대통령령으로 정하는 바에 따라 시·도지사, 소방본부장 또는 소방서장에게 위임할 수 있다.
   ② 소방안전관리자 자격의 정지 및 취소 업무 : 소방청장은 소방안전관리자 자격의 정지 및 취소에 관한 업무를 소방서장에게 위임한다.

2) 안전원에 위탁 : 소방관서장은 다음에 해당하는 업무를 안전원에 위탁할 수 있다. 위탁받은 업무에 종사하고 있는 사람은 업무를 수행하면서 알게 된 비밀을 누설하여서는 아니 된다.
   ① 소방안전관리자 선임신고의 접수, 건설현장 소방안전관리자 선임신고의 접수
   ② 소방안전관리자 또는 소방안전관리보조자 해임 사실의 확인
   ③ 소방안전관리자 자격시험, 소방안전관리자 자격증의 발급 및 재발급
   ④ 소방안전관리 등에 관한 종합정보망의 구축·운영
   ⑤ 소방안전관리자 강습교육 및 실무교육

3) 벌칙 적용에서 공무원 의제 : 다음에 해당하는 자 중 공무원이 아닌 사람은「형법」수뢰 관련, 제3자 뇌물제공 규정을 적용할 때에는 공무원으로 본다.
   ① 화재안전조사단의 구성원, 화재안전조사위원회의 위원 및 참여하는 자
   ② 화재안전영향평가심의회 위원
   ③ 화재예방안전진단업무 수행 기관의 임원 및 직원
   ④ 위탁받은 업무에 종사하는 안전원의 담당 임원 및 직원

4) 안전원이 갖춰야 하는 시설 기준 등
   ① 사무실 : 바닥면적 60제곱미터 이상일 것
   ② 강의실 : 바닥면적 100제곱미터 이상이고 책상·의자, 음향시설, 컴퓨터 및 빔프로젝터 등 교육에 필요한 비품을 갖출 것
   ③ 실습실 : 바닥면적 100제곱미터 이상이고, 교육과정별 실습·평가를 위한 교육기자재 등을 갖출 것
   ④ 교육용기자재 등

5) 고유식별정보의 처리 : 소방관서장 또는 시·도지사(권한 또는 업무를 위임·위탁받은 자를 포함)는 화재안전조사, 조사 결과에 따른 조치명령, 손실보상에 관한 사무, 화재의 예방조치 등을 수행하기 위하여 불가피한 경우 주민등록번호 또는 외국인등록번호가 포함된 자료를 처리할 수 있다.

6) 규제의 재검토 : 소방청장은 소방안전관리자를 두어야 하는 특정소방대상물, 소방안전관리자의 선임 대상별 자격 및 선임인원, 소방안전관리 업무의 대행 대상 및 업무에 대하여 3년마다(매 3년이 되는 해의 기준일과 같은 날 전까지) 그 타당성을 검토하여 개선 등의 조치를 해야 한다.

벌칙 (행정 형벌)

1) 3년 이하의 징역 또는 3천만원 이하의 벌금
   ① 화재안전조사 결과에 따른 조치명령을 정당한 사유 없이 위반한 자
   ② 소방안전관리자 선임명령 및 업무의 이행명령을 정당한 사유 없이 위반한 자
   ③ 안전진단 결과에 따른 보수·보강의 조치명령을 정당한 사유 없이 위반한 자
   ④ 거짓이나 그 밖의 부정한 방법으로 화재예방안전진단기관으로 지정을 받은 자

2) 1년 이하의 징역 또는 1천만원 이하의 벌금(법 제49조)
   ① 관계인의 정당한 업무를 방해하거나 조사업무를 수행하면서 알게 된 비밀을 누설한 자
   ② 소방안전관리자 자격증을 다른 사람에게 빌려 주거나 빌리거나 이를 알선한 자
   ③ 진단기관으로부터 화재예방안전진단을 받지 아니한 자

3) 300만원 이하의 벌금(법 제50조)
   ① 화재안전조사를 정당한 사유 없이 거부·방해 또는 기피한 자
   ② 화재예방 조치명령을 정당한 사유 없이 따르지 아니하거나 방해한 자
   ③ 소방안전관리자, 총괄소방안전관리자 또는 보조자를 선임하지 아니한 자
   ④ 소방시설·피난시설·방화시설 및 방화구획 등이 법령에 위반된 것을 발견하였음에도 필요한 조치를 할 것을 요구하지 아니한 소방안전관리자
   ⑤ 소방안전관리자에게 불이익한 처우를 한 관계인
   ⑥ 안전진단업무·위탁업무 종사자가 업무를 수행하면서 알게 된 비밀을 누설한 자

4) **양벌규정** : 법인의 대표자나 법인 또는 개인의 대리인, 사용인, 그 밖의 종업원이 그 법인 또는 개인의 업무에 관하여 행정형벌에 해당하는 위반행위를 하면 그 행위자를 벌하는 외에 그 법인 또는 개인에게도 해당 조문의 벌금형을 과(科)한다.

행정질서벌 (과태료)

1) 300만원 이하의 과태료
   ① 정당한 사유 없이 화재예방강화지구 등에서 금지행위를 한 자(300--)
   ② 제24조제2항을 위반하여 전담 대상물의 소방안전관리자를 겸한 자(300--)
   ③ 소방안전관리업무를 하지 아니한 관계인 또는 소방안전관리자(100, 200, 300)
   ④ 소방안전관리업무의 지도·감독을 하지 아니한 자(300--)
   ⑤ 건설현장 소방안전관리자 업무를 하지 아니한 소방안전관리자(100, 200, 300)
   ⑥ 피난유도 안내정보를 제공하지 아니한 자(100, 200, 300)
   ⑦ 소방훈련 및 교육을 하지 아니한 자(100, 200, 300)
   ⑧ 화재예방안전진단 결과를 제출하지 아니한 자
      ㉠ 지연 제출기간이 1개월 미만인 경우 100
      ㉡ 지연 제출기간이 1개월 이상 3개월 미만인 경우 200
      ㉢ 지연 제출기간이 3개월 이상이거나 제출하지 않은 경우 300

2) 200만원 이하의 과태료
   ① 불을 사용할 때 준수 사항 및 특수가연물의 저장 및 취급 기준을 위반한 자(200--)
   ② 소방설비등의 설치 명령을 정당한 사유 없이 따르지 아니한 자(200--)
   ③ 기간 내에 선임신고(건설현장 포함)를 하지 아니하거나 관리자 성명 등을 미게시
      ㉠ 1개월 미만 50, 1개월 이상 3개월 미만 100, 3개월 이상이거나 미신고 200)
      ㉡ 소방안전관리자의 성명 등을 게시하지 않은 경우(50, 100, 200)
   ④ 기간 내에 소방훈련 및 교육 결과를 제출하지 아니한 자   (1개월 미만 50, 1개월 이상 3개월 미만 100, 3개월 이상이거나 제출을 하지 않은 경우 200)

3) 100만원 이하의 과태료 : 제34조제1항제2호를 위반하여 실무교육을 받지 아니한 소방안전관리자 및 소방안전관리보조자에게는 100만원 이하의 과태료를 부과한다.(50--)

4) **과태료의 부과·징수** : 화재예방법에 따른 과태료는 대통령령으로 정하는 바에 따라 소방청장, 관할 시·도지사, 소방본부장 또는 소방서장이 부과·징수한다.

CHAPTER 06 보칙 및 벌칙
적중OX문제

01 소방관서장은 국민의 화재 예방과 안전에 관한 의식을 높이고 화재의 예방과 안전문화를 진흥시키기 위한 화재의 예방 및 안전관리에 관한 의식을 높이기 위한 활동 및 홍보, 화재의 예방과 안전문화 우수사례의 발굴 및 확산 등의 활동을 적극 추진하여야 한다. ( )

02 소방관서장은 화재의 예방과 안전문화 활동에 국민이 참여할 수 있는 제도를 마련하여 시행할 수 있으며, 국민이 화재예방과 안전문화를 실천하고 체험할 수 있는 체험시설을 설치·운영할 수 있다. ( )

03 국가와 지방자치단체는 지방자치단체 또는 그 밖의 기관·단체에서 추진하는 화재의 예방과 안전문화활동을 위하여 필요한 예산을 지원할 수 있다. ( )

04 소방청장은 소방대상물의 자율적인 안전관리를 유도하기 위하여 안전관리 상태가 우수한 소방대상물을 선정하여 우수 소방대상물 표지를 발급하고, 소방대상물의 관계인을 포상할 수 있다. ( )

05 우수 소방대상물의 선정 방법, 평가 대상물의 범위 및 평가 절차 등에 필요한 사항은 소방청장이 정한다. ( )

06 소방청장은 우수 소방대상물의 선정 및 관계인에 대한 포상을 위하여 우수 소방대상물의 선정방법, 평가 대상물의 범위 및 평가 절차 등에 관한 내용이 포함된 시행계획을 매년 수립·시행해야 한다. ( )

07 소방청장은 우수 소방대상물 선정 등 업무의 객관성 및 전문성을 확보하기 위하여 필요한 경우에는 소방기술사, 소방시설관리사, 소방 관련 석사 학위 이상을 취득한 사람, 소방 관련 법인 또는 단체에서 소방 관련 업무에 5년 이상 종사한 사람 등이 3명 이상 포함된 평가위원회를 구성하여 운영할 수 있다. ( )

08 조치명령을 받은 관계인 등은 천재지변이나 대통령령으로 정하는 사유로 조치명령등을 그 기간 내에 이행할 수 없는 경우에는 소방관서장에게 조치명령의 이행시기를 연장하여 줄 것을 신청할 수 있다. ( )

09 대통령령으로 정하는 조치명령 연기 사유는 재난이 발생한 경우, 경매 등의 사유로 소유권이 변동 중이거나 변동된 경우, 관계인의 질병, 사고, 장기출장의 경우, 소방대상물의 관계인이 여러 명으로 구성되어 조치명령등의 이행에 대한 의견을 조정하기 어려운 경우 등이 있다. ( )

10 조치명령등의 이행시기 연장을 신청하려는 관계인 등은 연장신청서를 소방관서장에게 제출해야 하며, 조치명령등의 기간연장 신청서를 제출받은 소방관서장은 신청받은 날부터 5일 이내에 조치명령등의 기간연장 여부를 결정하여 조치명령등의 기간연장 신청 결과 통지서를 관계인 등에게 통지해야 한다. ( )

정답 01.O 02.X 03.O 04.O 05.X 06.O 07.X 08.O 09.O 10.X

11 소방청장은 소방안전관리자의 자격 취소의 처분이나 화재예방진단기관의 지정 취소의 처분을 하려면 청문을 하여야 한다. ( )

12 소방안전관리자 자격시험에 응시하려는 사람이나 소방안전관리자 자격증을 발급 받으려는 사람은 행정안전부령으로 정하는 수수료 또는 교육비를 내야 한다. ( )

13 수수료 및 교육비는 계좌입금 또는 현금 납부나 신용카드로 결제해야 한다. 시험시행일 또는 교육실시일 10일 전까지 접수를 취소한 경우 납입한 수수료 또는 교육비의 전부를 반환하여야 한다. ( )

14 화재예방법에 따른 소방청장 또는 시·도지사의 권한은 그 일부를 대통령령으로 정하는 바에 따라 시·도지사, 소방본부장 또는 소방서장에게 위임할 수 있다. ( )

15 소방청장은 법 제48조제1항에 따라 법 제31조에 따른 소방안전관리자 자격의 정지 및 취소에 관한 업무를 소방본부장 또는 소방서장에게 위임한다. ( )

16 소방관서장은 소방안전관리자 또는 소방안전관리보조자 선임신고의 접수와 해임 사실의 확인, 소방안전관리자 자격시험, 강습교육 및 실무교육 업무를 안전원에 위탁할 수 있다. ( )

17 소방관서장은 소방안전관리에 관한 종합정보망의 구축·운영업무를 기술원에 위탁할 수 있다. ( )

18 화재안전조사단의 구성원이나 위탁받은 업무를 수행하는 안전원의 담당 임직원에 대해서는 「형법」 제129조부터 제132조(수뢰 관련, 제3자 뇌물제공)까지의 규정을 적용할 때에는 공무원으로 본다. ( )

19 안전원이 갖추어야 하는 시설기준에서 사무실은 바닥면적 100제곱미터 이상, 강의실은 바닥면적 100제곱미터 이상이고 책상·의자, 음향시설, 컴퓨터 등 교육에 필요한 비품을 갖추어야 한다. ( )

20 소방관서장 또는 시·도지사는 사무를 수행하기 위하여 불가피한 경우 주민등록번호 또는 외국인등록번호가 포함된 자료를 처리할 수 있다. ( )

21 화재안전조사 결과에 따른 조치명령을 정당한 사유 없이 위반한 자나 거짓이나 그 밖의 부정한 방법으로 안전진단기관으로 지정을 받은 자는 5년 이하의 징역 또는 5천만원 이하의 벌금에 처한다. ( )

22 관계인의 정당한 업무를 방해하거나, 조사업무를 수행하면서 취득한 자료나 알게 된 비밀을 다른 사람 또는 기관에게 제공 또는 누설한 자 또는 소방안전관리자 자격증을 다른 사람에게 빌려 주거나 빌리거나 이를 알선한 자는 1년 이하의 징역 또는 1천만원 이하의 벌금에 처한다. ( )

23 화재예방진단기관으로부터 화재예방안전진단을 받지 아니한 자, 화재안전조사를 정당한 사유 없이 거부·방해 또는 기피한 자 및 화재예방 조치명령을 정당한 사유 없이 따르지 아니하거나 방해한 자는 모두 300만원 이하의 벌금에 처한다. ( )

정답 11.○ 12.○ 13.X 14.○ 15.X 16.○ 17.X 18.○ 19.X 20.○ 21.X 22.○ 23.X

24 법인의 대표자나 법인 또는 개인의 대리인, 사용인, 그 밖의 종업원이 그 법인 또는 개인의 업무에 관하여 제50조(행정형벌)에 해당하는 위반행위를 하면 그 행위자를 벌하는 외에 그 법인 또는 개인에게도 해당 조문의 벌금형을 과(科)한다. ( )

25 정당한 사유 없이 화재예방강화지구 등에서 금지행위에 해당하는 행위를 한 자나 제24조제2항을 위반하여 전담 대상물의 소방안전관리자를 겸한 자는 300만원 이하의 과태료를 부과한다. ( )

26 피난유도 안내정보를 제공하지 아니한 자나 소방설비등의 설치 명령을 정당한 사유 없이 따르지 아니한 자는 200만원 이하의 과태료를 부과한다. ( )

27 실무교육을 받지 아니한 소방안전관리자 및 보조자에게는 100만원 이하의 과태료를 부과한다. ( )

28 기간 내에 소방안전관리자 선임신고에서 지연신고기간이 1개월 이상 3개월 미만인 경우의 과태료 부과의 개별기준은 200만원이다. ( )

29 화재예방법령에 따른 위반행위의 횟수에 따른 과태료의 가중된 부과기준은 최근 1년간 같은 위반행위로 과태료 부과처분을 받은 경우에 적용한다. 이 경우 기간의 계산은 위반행위에 대하여 과태료 부과처분을 받은 날과 그 처분 후 다시 같은 위반행위를 하여 적발된 날을 기준으로 한다. ( )

30 「화재의 예방 및 안전관리에 관한 법률」에 따른 과태료는 대통령령으로 정하는 바에 따라 소방청장, 시·도지사, 소방본부장 또는 소방서장이 부과·징수한다. ( )

정답　24.○　25.○　26.X　27.○　28.X　29.○　30.○

CHAPTER 06 보칙 및 벌칙

적중예상문제

01 「화재의 예방 및 안전관리에 관한 법률」에서 화재의 예방과 안전문화 진흥을 위하여 소방관서장이 추진하는 시책으로 옳지 않은 것은?

① 화재의 예방 및 안전관리에 관한 의식을 높이기 위한 활동 및 홍보
② 화재의 예방과 안전문화 우수사례의 발굴 및 확산
③ 화재 관련 통계 현황의 관리·활용 및 공개
④ 화재의 예방과 안전문화를 체험할 수 있는 체험시설의 설치·운영

해설 ④ 틀림, 화재의 예방과 안전문화를 실천하고 체험할 수 있는 체험시설을 설치·운영할 수 있는 사람은 소방청장이다. 소방관서장은 화재의 예방과 안전문화 진흥을 위한 다음의 활동을 적극 추진하여야 한다.
㉠ 화재의 예방 및 안전관리에 관한 의식을 높이기 위한 활동 및 홍보
㉡ 소방대상물 특성별 화재의 예방과 안전관리에 필요한 행동요령의 개발·보급
㉢ 화재의 예방과 안전문화 우수사례의 발굴 및 확산
㉣ 화재 관련 통계 현황의 관리·활용 및 공개
㉤ 화재의 예방과 안전관리 취약계층에 대한 화재의 예방 및 안전관리 강화
㉥ 그 밖에 화재의 예방과 안전문화를 진흥하기 위한 활동

02 화재의 예방과 안전문화 진흥을 위한 시책의 추진으로 옳지 않은 것은?

① 소방관서장은 화재의 예방과 안전문화 진흥을 위하여 소방대상물 특성별 화재의 예방과 안전관리에 필요한 행동요령의 개발·보급과 그 밖에 화재의 예방과 안전문화를 진흥하기 위한 활동을 적극 추진하여야 한다.
② 소방관서장은 화재의 예방과 안전문화 활동에 국민 또는 주민이 참여할 수 있는 제도를 마련하여 시행할 수 있다.
③ 소방관서장은 국민이 화재의 예방과 안전문화를 실천하고 체험할 수 있는 체험시설을 설치·운영할 수 있다.
④ 국가와 지방자치단체는 지방자치단체 또는 그 밖의 기관·단체에서 추진하는 화재의 예방과 안전문화활동을 위하여 필요한 예산을 지원할 수 있다.

해설 ③ 틀림, 화재의 예방 및 안전관리에 관한 법률에서 화재의 예방과 안전문화를 실천하고 체험할 수 있는 체험시설을 설치·운영할 수 있는 사람은 소방청장이다.(법 제43조 제3항)
①,②,④ 맞음, 법 제43조 제1항, 제2항 및 제4항 규정이다.

정답 ○ 01.④ 02.③

03 「화재의 예방 및 안전관리에 관한 법률」에서 국민이 화재의 예방과 안전문화를 실천하고 체험할 수 있는 체험시설을 설치·운영할 수 있는 사람은?

① 소방청장
② 시·도지사
③ 소방관서장
④ 소방본부장

해설 ① 맞음, 소방청장은 국민이 화재의 예방과 안전문화를 실천하고 체험할 수 있는 체험시설을 설치·운영할 수 있다. 국가와 지방자치단체는 지방자치단체 또는 그 밖의 기관·단체에서 추진하는 화재의 예방과 안전문화활동을 위하여 필요한 예산을 지원할 수 있다.(법 제43조 제3항 및 제4항)

04 화재예방법령의 우수소방대상물 관계인에 대한 포상으로 틀린 것은?

① 소방청장은 소방대상물의 자율적인 안전관리를 유도하기 위하여 안전관리 상태가 우수한 소방대상물을 선정하여 우수 소방대상물 표지를 발급하고, 관계인을 포상할 수 있다.
② 우수 소방대상물의 선정 방법, 평가 대상물의 범위 등은 대통령령령으로 정한다.
③ 소방청장은 우수 소방대상물의 선정 및 관계인에 대한 포상을 위하여 우수 소방대상물의 선정방법, 평가 대상물의 범위에 관한 내용이 포함된 시행계획을 매년 수립·시행해야 한다.
④ 소방청장은 우수 소방대상물 선정 등 업무의 객관성 및 전문성을 확보하기 위하여 필요한 경우에는 소방기술사, 소방시설관리사 및 소방 관련 석사 학위 이상을 취득한 사람 등이 2명 이상 포함된 평가위원회를 성별을 고려하여 구성·운영할 수 있다.

해설 ①,③,④ 맞음, 규칙 제44조 제1항, 제2항 및 규칙 제47조 제3항 규정이다.
② 틀림, 우수 소방대상물의 선정 방법, 평가 대상물의 범위 및 평가 절차 등에 필요한 사항은 행정안전부령으로 정한다.(규칙 제44조 제2항)

05 화재예방법상 조치명령 등의 기간연장에 대한 설명으로 옳지 않은 것은?

① 조치명령등을 받은 관계인 등은 이행시기를 연장하여 줄 것을 신청할 수 있다.
② 천재지변이나 시장·상가·복합건축물 등 소방대상물의 관계인이 여러 명으로 구성되어 조치명령등의 이행에 대한 의견을 조정하기 어려운 경우는 기간연장의 사유이다.
③ 조치명령등의 이행시기 연장을 신청하려는 관계인 등은 행정안전부령으로 정하는 바에 따라 연장신청서에 기간연장의 사유 및 기간 등을 적어 소방관서장에게 제출해야 한다.
④ 소방관서장은 신청받은 날부터 5일 이내 조치명령등의 기간연장 여부를 결정·통지해야 한다.

해설 ④ 틀림, 신청서를 제출받은 소방관서장은 신청받은 날부터 3일 이내에 조치명령등의 기간연장 여부를 결정하여 별지 제39호서식의 조치명령등의 기간연장 신청 결과 통지서를 관계인 등에게 통지해야 한다.(규칙 제48조 제2항)

정답 03.① 04.② 05.④

06 「화재의 예방 및 안전관리에 관한 법률」에 따른 행정처분에서 청문을 하여야 하는 것은?

| ㉠ 소방안전관리자의 자격 정지 | ㉡ 소방안전관리자의 자격 취소 |
| ㉢ 화재예방진단기관의 업무 정지 | ㉣ 화재예방진단기관의 지정 취소 |

① ㉠, ㉡
② ㉡, ㉣
③ ㉢, ㉣
④ ㉠, ㉡, ㉢, ㉣

해설 ② 맞음, 소방안전관리자의 자격 정지 및 화재예방진단기관의 업무 정지는 청문의 대상이 아니다. 소방청장 또는 시·도지사는 다음의 어느 하나에 해당하는 처분을 하려면 청문을 하여야 한다.(법 제46조)
㉠ 제31조제1항에 따른 소방안전관리자의 자격 취소
㉡ 제42조제2항에 따른 진단기관의 지정 취소

07 「화재의 예방 및 안전관리에 관한 법률」에 대한 설명으로 틀린 것은?

① 강습교육을 받으려는 사람은 강습교육 수강신청 시 교육비를 납부해야 한다.
② 시험시행일 또는 교육실시일 10일 전까지 접수를 취소한 경우에는 납입한 수수료 또는 교육비의 전부를 반환해야 한다.
③ 화재안전조사단의 구성원과 위탁받은 업무에 종사하는 안전원의 담당 임원 및 직원은 「형법」제129조부터 제132조까지의 규정을 적용할 때에는 공무원으로 본다.
④ 소방관서장(권한 또는 업무를 위탁받은 자를 포함) 또는 시·도지사는 사무를 수행하기 위하여 불가피한 경우 주민등록번호 또는 외국인등록번호가 포함된 자료를 처리할 수 있다.

해설 ② 틀림, 시험시행일 또는 교육실시일 10일 전까지 접수를 취소한 경우에는 납입한 수수료 또는 교육비의 100분의 50을 반환해야 한다. 시험시행일 또는 교육실시일 20일 전까지 접수를 취소한 경우에 납입한 수수료 또는 교육비의 전부를 반환해야 한다.(규칙 제49조 제2항)

08 「화재의 예방 및 안전관리에 관한 법률」에서 안전원에 위탁하는 업무가 아닌 것은?

① 소방안전관리 등에 관한 종합정보망의 구축·운영 업무
② 소방안전관리자 자격시험 및 자격증의 발급 및 재발급 업무
③ 소방안전관리자 자격의 정지 및 취소에 관한 업무
④ 소방안전관리자 또는 소방안전관리보조자 선임신고의 접수 확인 업무

해설 ③ 틀림, 소방청장은 법 제31조에 따른 소방안전관리자 자격의 정지 및 취소에 관한 업무를 소방서장에게 위임한다.(영 제48조) 소방관서장은 ①,②,④ 및 다음의 업무를 안전원에 위탁할 수 있다.(영 제48조)
㉠ 소방안전관리자 또는 소방안전관리보조자 해임 사실의 확인
㉡ 건설현장 소방안전관리자 선임신고의 접수
㉢ 제34조에 따른 강습교육 및 실무교육

정답 06.② 07.② 08.③

09 「화재예방법」상 업무의 위임·위탁에 대한 설명으로 옳지 않은 것은?

① 소방청장 또는 시·도지사의 권한은 그 일부를 대통령령으로 정하는 바에 따라 시·도지사, 소방본부장 또는 소방서장에게 위임할 수 있다.
② 소방청장은 소방안전관리자 자격의 정지 및 취소에 관한 업무를 소방서장에게 위임한다.
③ 소방관서장은 소방안전관리자 또는 소방안전관리보조자 선임신고의 접수 및 소방안전관리자 또는 소방안전관리보조자 해임 사실의 확인 업무를 기술원에 위탁할 수 있다.
④ 위탁받은 업무에 종사하고 있거나 종사하였던 사람은 업무를 수행하면서 알게 된 비밀을 법에서 정한 목적 외의 용도로 사용하거나 다른 사람에 제공하거나 누설하여서는 아니 된다.

해설 ①,② 맞음, 법 제58조 제항 및 영 제48조 규정이다.
③ 틀림, 소방관서장은 소방안전관리자 또는 소방안전관리보조자 선임신고의 접수 및 소방안전관리자 또는 소방안전관리보조자 해임 사실의 확인 업무를 안전원에 위탁할 수 있다.(법 제48조 제2항)
④ 맞음, 위탁받은 업무에 종사하고 있거나 종사하였던 사람은 업무를 수행하면서 알게 된 비밀을 이 법에서 정한 목적 외의 용도로 사용하거나 다른 사람 또는 기관에 제공하거나 누설하여서는 아니 된다.

10 「화재예방법령」상 소방서장에게 위임하는 업무로 옳은 것은?

① 강습교육 및 실무교육
② 소방안전관리 등에 관한 종합정보망의 구축·운영
③ 건설현장 소방안전관리자 선임신고의 접수
④ 소방안전관리자 자격의 정지 및 취소

해설 ①,②,③ 틀림, 강습교육 및 실무교육, 소방안전관리 등에 관한 종합정보망의 구축·운영 및 건설현장 소방안전관리자 선임신고의 접수 업무는 소방관서장이 안전원에 위탁할 수 있는 업무이다.
④ 맞음, 소방청장은 법 제48조제1항에 따라 법 제31조에 따른 소방안전관리자 자격의 정지 및 취소에 관한 업무를 소방서장에게 위임한다.(영 제48조)

11 「화재예방법령」상 「형법」의 수뢰 관련 규정 적용에서 공무원 의제가 되지 않는 사람은?

① 제11조에 따라 화재안전조사에 참여하는 자
② 제22조에 따른 화재안전영향평가심의회 위원
③ 한국소방산업기술원의 담당 임원 및 직원
④ 위탁받은 업무에 종사하는 안전원의 담당 임원 및 직원

해설 ③ 틀림, 한국소방산업기술원의 담당 임원 및 직원은 화재예방법령상 위탁업무를 처리하지 않으므로 「형법」의 수뢰 관련 규정 적용에서 공무원 의제가 되지 않는다. 화재예방법령상 벌칙 적용에서 공무원 의제가 되는 사람은 ①,②,④ 및 제9조에 따른 화재안전조사단의 구성원, 제10조에 따른 화재안전조사위원회의 위원, 제41조제1항에 따른 화재예방안전진단업무 수행 기관의 임원 및 직원 등이다.

정답 09.③ 10.④ 11.③

12 업무를 위탁받은 한국소방안전원이 갖추어야 하는 시설기준으로 틀린 것은?

① 사무실 : 바닥면적 60제곱미터 이상일 것
② 강의실 : 바닥면적 100제곱미터 이상이고 책상·의자, 음향시설, 컴퓨터 및 빔프로젝터 등 교육에 필요한 비품을 갖출 것
③ 실습실 : 바닥면적 100제곱미터 이상이고, 교육과정별 실습·평가를 위한 교육기자재 등을 갖출 것
④ 교육용 기자재 : 건설현장 소방안전관리자 대상 교육용기자재로 옥내소화전설비 실습·평가설비와 스프링클러설비 실습·평가설비 각 1식을 갖출 것

해설 ①,②,③ 맞음, 규칙 제50조 제2항 관련 별표 10 규정이다.
④ 틀림, 건설현장 소방안전관리자 대상 교육용기자재로는 임시소방시설 실습·평가설비와 화기취급작업 안전장비 각 1식을 갖추어야 한다. 교육용기자재로 옥내소화전설비 실습·평가설비와 스프링클러설비 실습·평가설비는 특급, 1급 및 2급 소방안전관리자 대상 교육용기자재이다.

13 다음 중 업무를 위탁받은 한국소방안전원이 갖추어야 하는 시설기준에서 공통으로 갖추어야 할 교육용 기자재로 틀린 것은?

① 소화기(분말, 이산화탄소, 할로겐화합물 및 불활성기체)
② 자동화재탐지설비(R형) 실습·평가설비
③ 원격교육을 위한 스튜디오, 영상장비 및 콘텐츠
④ 응급처치 실습·평가장비(마네킹, 심장충격기)

해설 ② 틀림, 자동화재탐지설비(R형) 실습·평가설비는 특급 및 1급 소방안전관리자 대상 교육용기자재이다. 모든 교육 대상으로 공통으로 갖추어야 하는 교육용기자재는 ①,③,④ 및 소화기 실습·평가설비, 자동화재탐지설비(P형) 실습·평가설비, 피난구조설비(유도등, 완강기), 소방시설 설치 및 관리에 관한 법률 시행 규칙」별표 4에 따른 소방시설별 점검 장비, 가상체험(VR 등) 장비 및 기기이다.

14 소방청장은 소방안전관리자 등에 대한 교육 업무를 누구에게 위탁할 수 있는가?

① 소방본부장
② 한국소방안전원
③ 전문기관
④ 한국소방산업기술원

해설 ② 맞음, 소방안전관리자 등에 대한 교육 업무는 안전원에 위탁할 수 있다. 소방관서장은 다음에 해당하는 업무를 안전원에 위탁할 수 있다.(법 제48조 제2항)
㉠ 소방안전관리자 및 보조자 선임신고의 접수, 해임 사실의 확인, 건설현장 소방안전관리자 선임신고의 접수, 소방안전관리자 자격시험, 소방안전관리자 자격증의 발급 및 재발급, 소방안전관리자 강습교육 및 실무교육
㉡ 소방안전관리 등에 관한 종합정보망의 구축·운영

정답 12.④ 13.② 14.②

15 「화재의 예방 및 안전관리에 관한 법률」에서 3년 이하의 징역 또는 3천만원 이하의 벌금에 처하는 것이 아닌 것은?

① 화재예방진단기관으로부터 화재예방안전진단을 받지 아니한 자
② 화재안전조사 결과에 따른 조치명령을 정당한 사유 없이 위반한 자
③ 안전진단 결과에 따른 보수·보강 등의 조치명령을 정당한 사유 없이 위반한 자
④ 거짓이나 그 밖의 부정한 방법으로 화재예방안전진단기관으로 지정을 받은 자

해설 ① 틀림, 제41조제1항을 위반하여 진단기관으로부터 화재예방안전진단을 받지 아니한 자는 1년 이하의 징역 또는 1천만원 이하의 벌금에 처한다.(제50조 제2항)
②,③,④ 맞음, 각종 조치명령에 대한 위반과 거짓이나 그 밖의 부정한 방법으로 제42조제1항에 따른 진단기관(화재예방안전진단기관)으로 지정을 받은 자는 3년 이하의 징역 또는 3천만원 이하의 벌금에 처한다.

16 「화재의 예방 및 안전관리에 관한 법률」에서 1년 이하의 징역 또는 1천만원 이하의 벌금에 처하는 것이 아닌 것은?

① 화재예방진단기관으로부터 화재예방안전진단을 받지 아니한 자
② 소방안전관리자 자격증을 다른 사람에게 빌려 주거나 빌리거나 이를 알선한 자
③ 위탁 업무를 수행하면서 알게 된 비밀을 법에서 정한 목적 외의 용도로 사용하거나 다른 사람 또는 기관에 제공하거나 누설한 자
④ 관계인의 정당한 업무를 방해하거나, 조사업무를 수행하면서 취득한 자료나 알게 된 비밀을 다른 사람 또는 기관에게 제공 또는 누설하거나 목적 외의 용도로 사용한 자

해설 ③ 틀림, 제41조제6항(화재예방안전진단업무 종사자의 비밀유지 의무) 및 제48조제3항(위탁업무 종사자의 비밀유지 의무)을 위반하여 업무를 수행하면서 알게 된 비밀을 이 법에서 정한 목적 외의 용도로 사용하거나 다른 사람 또는 기관에 제공하거나 누설한 자는 300만원 이하의 벌금에 처한다.(법 제50조 제3항)
①,③,④ 맞음, ①,③,④는 모두 1년 이하의 징역 또는 1천만원 이하의 벌금에 해당한다.

17 「화재의 예방 및 안전관리에 관한 법률」상의 벌칙으로 옳지 않은 것은?

① 업무의 이행명령을 정당한 사유 없이 위반한 자 : 3년 이하 징역 또는 3천만원 이하 벌금
② 진단기관으로부터 안전진단을 받지 아니한 자 : 3년 이하 징역 또는 3천만원 이하 벌금
③ 화재안전조사를 정당한 사유 없이 거부한 자 : 300만원 이하 벌금
④ 소방안전관리자, 총괄소방안전관리자를 선임하지 아니한 자 : 300만원 이하의 벌금

해설 ② 틀림, 제41조제1항을 위반하여 진단기관으로부터 화재예방안전진단을 받지 아니한 자는 1년 이하의 징역 또는 1천만원 이하의 벌금에 처한다.(법 제50조 제2항)
③,④ 맞음, 제7조제1항에 따른 화재안전조사를 정당한 사유 없이 거부·방해 또는 기피한 자, 소방안전관리자, 총괄소방안전관리자 또는 소방안전관리보조자를 선임하지 아니한 자 는 300만원 이하의 벌금에 처한다.

정답 15.① 16.③ 17.②

18 「화재의 예방 및 안전관리에 관한 법률」에서 화재예방 조치명령을 정당한 사유 없이 따르지 아니하거나 방해한 자에 대한 처벌은?

① 200만원 이하의 벌금
② 300만원 이하의 벌금
③ 1년 이하의 징역 또는 1천만원 이하의 벌금
④ 3년 이하의 징역 또는 3천만원 이하의 벌금

해설 ② 맞음, 제17조제2항 각 호의 어느 하나에 따른 명령(화재예방 조치명령)을 정당한 사유 없이 따르지 아니하거나 방해한 자는 300만원 이하의 벌금에 처한다.(법 제50조 제3항)
③ 틀림, 1년 이하의 징역 또는 1천만원 이하의 벌금에 처하는 것은 관계인의 정당한 업무를 방해하거나, 조사업무를 수행하면서 알게 된 비밀을 다른 사람 누설한 자, 소방안전관리자 자격증을 다른 사람에게 빌려 주거나 빌리거나 이를 알선한 자, 진단기관으로부터 화재예방안전진단을 받지 아니한 자이다.

19 다음의 위반행위에서 양벌규정을 적용할 수 있는 경우로 틀린 것은?

① 진단기관으로부터 화재예방안전진단을 받지 아니한 자
② 소방안전관리자 또는 소방안전관리보조자를 선임하지 아니한 자
③ 소방안전관리자에게 불이익한 처우를 한 관계인
④ 법을 위반하여 전담 대상물의 소방안전관리자를 겸한 자

해설 ① 맞음, 1년 이하의 징역 또는 1천만원 이하의 벌금에 처할 수 있으므로 양벌규정을 적용할 수 있다.
②,③ 맞음, 모두 300만원 이하의 벌금에 처할 수 있으므로 양벌규정을 적용할 수 있다.
④ 틀림, 법 제24조제2항을 위반하여 전담 대상물의 소방안전관리자를 겸한 자 자는 300만원 이하의 과태료 부과 대상이므로 양벌규정을 적용할 수 없다.

20 화재예방법령에서 300만원 이하의 과태료 부과 대상이 아닌 것은?

① 법을 위반하여 화재예방안전진단 결과를 제출하지 아니한 자
② 법을 위반하여 소방안전관리업무 전담 대상물의 소방안전관리자를 겸한 자
③ 소방설비등의 설치 명령을 정당한 사유 없이 따르지 아니한 자
④ 정당한 사유 없이 화재예방강화지구 등에서 금지행위에 해당하는 행위를 한 자

해설 ③ 틀림, 법 제18조제4항에 따른 소방설비등의 설치 명령을 정당한 사유 없이 따르지 아니한 자는 200만원 이하의 과태료를 부과한다.(법 제52조 제2항)
①,②,④ 맞음, 300만원 이하의 과태료 부과 대상은 ①,②,④ 및 다음과 같다.
㉠ 소방안전관리업무를 하지 아니한 특정소방대상물의 관계인 또는 소방안전관리대상물의 소방안전관리자
㉡ 제27조제2항을 위반하여 소방안전관리업무의 지도·감독을 하지 아니한 자
㉢ 피난유도 안내정보를 제공하지 아니한 자 및 소방훈련 및 교육을 하지 아니한 자

정답 18.② 19.④ 20.③

21 화재예방법령에서 200만원 이하의 과태료 부과 대상이 아닌 것은?

① 실무교육을 받지 아니한 소방안전관리자 및 소방안전관리보조자
② 선임신고를 하지 아니하거나 소방안전관리자의 성명 등을 게시하지 아니한 자
③ 기간 내에 소방훈련 및 교육 결과를 제출하지 아니한 자
④ 불을 사용할 때 지켜야 하는 사항 및 특수가연물의 저장 및 취급 기준을 위반한 자

해설 ① 틀림, 실무교육을 받지 아니한 소방안전관리자 및 소방안전관리보조자는 100만원 이하의 과태료를 부과한다.
②,③,④ 맞음, 200만원 이하의 과태료 부과 대상은 ①,②,③ 및 다음과 같다.
㉠ 소방설비등의 설치 명령을 정당한 사유 없이 따르지 아니한 자
㉡ 제29조제1항을 위반하여 기간 내에 선임신고를 하지 아니한 자

22 「화재예방법령」상 과태료 부과의 일반기준에 대한 설명으로 옳지 않은 것은?

① 위반행위의 횟수에 따른 과태료의 가중된 부과기준은 최근 1년간 같은 위반행위로 과태료 부과처분을 받은 경우에 적용한다.
② ①의 경우 기간의 계산은 위반행위에 대하여 과태료 부과처분을 받은 날과 그 처분 후 다시 같은 위반행위를 하여 적발된 날을 기준으로 한다.
③ 처음 위반행위를 한 경우로서 5년 이상 해당 업종을 모범적으로 영위한 사실이 인정되는 경우에는 개별기준에 따른 과태료의 2분의 1 범위에서 그 금액을 줄여 부과할 수 있다.
④ 위반행위자가 같은 위반행위로 다른 법률에 따라 과태료·벌금·영업정지 등의 처분을 받은 경우에는 개별기준에 따른 과태료의 2분의 1 범위에서 그 금액을 줄여 부과할 수 있다.

해설 ①,② 맞음, 영 제51조 관련 별표 9, 1호 가목 및 나목 규정이다.
③ 틀림, 위반행위자가 처음 위반행위를 한 경우로서 3년 이상 해당 업종을 모범적으로 영위한 사실이 인정되는 경우에는 개별기준에 따른 과태료의 2분의 1 범위에서 그 금액을 줄여 부과할 수 있다.

23 다음 중 소방안전관리자의 선임신고를 하지 아니하거나 소방안전관리자의 성명 등을 게시하지 아니한 자에 대한 과태료 부과의 개별기준으로 틀린 것은?

① 지연신고기간이 1개월 미만인 경우 : 50만원
② 지연신고기간이 1개월 이상 3개월 미만인 경우 : 100만원
③ 지연신고기간이 3개월 이상이거나 신고를 하지 않은 경우 : 200만원
④ 소방안전관리자의 성명 등을 게시하지 않은 경우 2차 위반 : 200만원

해설 ①,②,③ 맞음, 소방안전관리자의 선임신고에서 지연신고기간이 1개월 미만인 경우 50만원, 1개월 이상 3개월 미만인 경우 100만원, 3개월 이상이거나 신고를 하지 않은 경우 200만원이다.
④ 틀림, 소방안전관리자의 성명 등을 게시하지 않은 경우 1차 위반 50만원, 2차 위반 100만원, 3차 이상 위반 200만원이다.

정답 21.① 22.③ 23.④

24 다음 화재예방법령상 과태료 부과의 개별기준이 다른 하나는?

① 소방안전관리업무를 하지 않은 경우
② 피난유도 안내정보를 제공하지 않은 경우
③ 소방안전관리업무의 지도·감독을 하지 않은 경우
④ 소방훈련 및 교육을 하지 않은 경우

해설 ③ 맞음, 법 제27조제2항을 위반하여 소방안전관리업무의 지도·감독을 하지 않은 경우 과태료부과의 개별기준은 위반회수와 관계없이 300만원의 과태료를 부과한다.
①,②,④의 경우에는 1차 위반 100만원, 2차 위반 200만원, 3차 이상 위반 300만원의 과태료를 부과한다.

25 다음 중 「화재의 예방 및 안전관리에 관한 법률」에서 과태료를 부과·징수할 수 없는 사람은?

① 시·도지사
② 소방청장
③ 소방본부장
④ 행정안전부장관

해설 ④ 틀림, 법 제52조 제1항부터 제3항까지에 따른 과태료는 대통령령으로 정하는 바에 따라 소방청장, 시·도지사, 소방본부장 또는 소방서장이 부과·징수한다.(법 제52조 제4항) 법 제5조 제1항부터 제3항까지의 규정에 따른 과태료의 부과기준은 별표 9와 같다.(영 51조)

26 다음은 「화재의 예방 및 안전관리에 관한 법률」의 양벌규정에 대한 내용이다. 양벌규정에 해당하는 것을 고르면?

☆ 19년 소방장

> 법인의 대표자나 법인 또는 개인의 대리인, 사용인, 그 밖의 종업원이 그 법인 또는 개인의 업무에 관하여 제50조에 해당하는 위반행위를 하면 그 행위자를 벌하는 외에 그 법인 또는 개인에게도 해당 조문의 벌금형을 과(科)한다.

① 소방안전관리업무의 지도·감독을 하지 아니한 자
② 소방안전관리자의 업무를 수행하지 아니한 경우
③ 피난유도 안내정보를 제공하지 아니한 경우
④ 관계인이 소방안전관리자에게 불이익한 처우를 한 경우

해설 ④ 맞음, 제27조제4항을 위반하여 관계인이 소방안전관리자에게 불이익한 처우를 한 경우 300만원 이하의 벌금에 해당하는 행위로서 양벌규정이 적용된다. ①,②,③은 300만원 이하의 과태료 부과대상이므로 양벌규정이 적용되지 않는다.

정답 24.③ 25.④ 26.④

27 화재예방법에서 300만원 이하의 벌금에 해당하지 않는 것은? ☆ 17년 소방교 수정

① 화재안전조사를 정당한 사유 없이 거부·방해 또는 기피한 자
② 화재예방안전진단 결과를 제출하지 아니한 자
③ 소방안전관리자 또는 소방안전보조자를 선임하지 아니한 자
④ 소방시설·피난시설·방화시설 및 방화구획 등이 법령에 위반된 것을 발견하였음에도 필요한 조치를 할 것을 요구하지 아니한 소방안전관리자

해설 ② 틀림, 화재예방안전진단 결과를 제출하지 아니한 자에게는 300만원 이하의 과태료를 부과한다.
①,③,④ 맞음, 화재안전조사를 정당한 사유 없이 거부·방해 또는 기피하거나 소방안전관리자 또는 소방안전보조자를 선임하지 아니한 자, 소방시설·피난시설·방화시설 및 방화구획 등이 법령에 위반된 것을 발견하였음에도 필요한 조치를 할 것을 요구하지 아니한 소방안전관리자는 300만원 이하의 벌금에 처한다.

28 화재의 예방 및 안전관리에 관한 법령의 과태료에 대한 설명으로 틀린 것은? ☆ 19년 소방교

① 피난유도 안내정보를 제공하지 아니한 자는 300만원 이하의 과태료를 부과한다.
② 소방안전관리업무를 수행하지 아니한 자는 300만원 이하의 과태료를 부과한다.
③ 실무교육을 받지 아니한 소방안전관리자는 100만원 이하의 과태료를 부과한다.
④ 위반행위의 횟수에 따른 과태료의 가중된 부과기준은 최근 2년간 같은 위반행위로 과태료 부과처분을 받은 경우에 적용한다.

해설 ④ 틀림, 위반행위의 횟수에 따른 과태료의 가중된 부과기준은 최근 1년간 같은 위반행위로 과태료 부과처분을 받은 경우에 적용한다. 이 경우 기간의 계산은 위반행위에 대하여 과태료 부과처분을 받은 날과 그 처분 후 다시 같은 위반행위를 하여 적발된 날을 기준으로 한다.

29 화재안전조사를 정당한 사유 없이 거부·방해 또는 기피한 자에 대한 벌칙과 소방안전관리자를 선임하지 아니한 자에 벌칙을 순서대로 바르게 연결한 것은? ☆ 21년 소방교, 소방장

① 300만원 이하의 벌금, 300만원 이하의 과태료
② 300만원 이하의 벌금, 300만원 이하의 벌금
③ 200만원 이하의 과태료, 200만원 이하의 과태료
④ 300만원 이하의 과태료, 300만원 이하의 과태료

해설 ② 맞음, 법 제7조제1항에 따른 화재안전조사를 정당한 사유 없이 거부·방해 또는 기피한 자와 법을 위반하여 소방안전관리자 또는 소방안전관리보조자, 총괄소방안전관리자를 선임하지 아니한 자는 300만원 이하의 벌금에 처한다.(법 제50조 제3항)

정답 27.② 28.④ 29.②

30 「화재의 예방 및 안전관리에 관한 법률」상 화재예방강화지구 및 이에 준하는 대통령령으로 정하는 장소에서 용접·용단 등 불꽃을 발생시키는 행위의 금지 또는 제한 등에 따른 명령을 정당한 사유 없이 따르지 아니하거나 방해한 자에 대한 벌칙으로 옳은 것은? (단, 행정안전부령으로 정하는 바에 따라 안전조치를 한 경우에는 그러하지 아니한다)
☆ 24년 소방교

① 3천만원 이하의 벌금
② 1천만원 이하의 벌금
③ 3백만원 이하의 벌금
④ 2백만원 이하의 벌금

해설 ③ 맞음, 제17조제2항에 따른 명령(화재예방 조치명령: 화재예방강화지구 및 이에 준하는 대통령령으로 정하는 장소에서 용접·용단 등 불꽃을 발생시키는 행위의 금지 또는 제한 등에 따른 명령)을 정당한 사유 없이 따르지 아니하거나 방해한 자는 3백만원 이하의 벌금에 처한다.

31 「화재의 예방 및 안전관리에 관한 법률」상 과태료 부과기준에 관한 사항이다. ㉠~㉣에 들어갈 숫자로 옳은 것은?
☆ 24년 소방교

- 소방안전관리대상물 근무자 및 거주자에게 소방훈련 및 교육을 하지 아니한 관계인에게는 (㉠)만원 이하의 과태료를 부과한다.
- 실무교육을 받지 아니한 소방안전관리자 및 소방 안전관리보조자에게는 (㉡)만원 이하의 과태료를 부과한다.
- 소방설비등의 설치 명령을 정당한 사유 없이 따르지 아니한 관계인에게는 (㉢)만원 이하의 과태료를 부과한다.
- 소방안전관리업무의 지도·감독을 하지 아니한 소방 안전관리대상물의 관계인에게는 (㉣)만원 이하의 과태료를 부과한다.

	㉠	㉡	㉢	㉣
①	100	200	300	200
②	200	100	200	300
③	300	300	100	200
④	300	100	200	300

해설 ④ 맞음, 과징금 부과의 일반기준
㉠,㉣ 근무자 및 거주자에게 소방훈련 및 교육을 하지 아니한 관계인과 소방안전관리업무의 지도·감독을 하지 아니한 소방 안전관리대상물의 관계인 300만원 이하의 과태료를 부과한다.
㉡ 실무교육을 받지 아니한 소방안전관리자 등에게는 100만원 이하의 과태료를 부과한다.
㉢ 소방설비등의 설치 명령을 정당한 사유 없이 따르지 아니한 관계인에게는 200만원 이하의 과태료를 부과한다.

정답 30.③ 31.④

부록 2024 소방승진시험문제

2024년 소방교 승진시험
【 소방법령Ⅱ - 소방시설법 및 화재예방법】

9. 「소방시설 설치 및 관리에 관한 법률」상 중앙소방기술심의위원회의 심의사항에 해당하지 않는 것은?
   ① 화재안전기준에 관한 사항
   ② 소방시설에 하자가 있는지의 판단에 관한 사항
   ③ 소방시설의 설계 및 공사감리의 방법에 관한 사항
   ④ 소방시설의 구조 및 원리 등에서 공법이 특수한 설계 및 시공에 관한 사항

10. 「소방시설 설치 및 관리에 관한 법률」상 1년 이하의 징역 또는 1천만원 이하의 벌금에 처해지는 경우로 옳지 않은 것은?
    ① 동시에 둘 이상의 업체에 취업한 소방시설관리사
    ② 자격정지처분을 받고 그 자격정지기간 중에 관리사의 업무를 한 자
    ③ 방염성능검사에 합격하지 아니한 물품에 합격표시를 하거나 합격표시를 위조하거나 변조하여 사용한 자
    ④ 우수품질인증을 받지 아니한 제품에 우수품질인증 표시를 하거나 우수품질인증 표시를 위조하거나 변조하여 사용한 자

정답 9.② 10.③

11. 다음은「소방시설 설치 및 관리에 관한 법률 시행령」상 무창층(無窓層)에 대한 설명이다. ㉠~㉢에 들어갈 내용으로 옳은 것은?

> "무창층"(無窓層)이란 지상층 중 다음 각 목의 요건을 모두 갖춘 개구부(건축물에서 채광·환기·통풍 또는 출입 등을 위하여 만든 창·출입구, 그 밖에 이와 비슷한 것을 말한다. 이하 같다)의 면적의 합계가 해당 층의 바닥면적(「건축법 시행령」 제119조제1항제3호에 따라 산정된 면적을 말한다. 이하 같다)의 (㉠) 이하가 되는 층을 말한다.
> 가. 크기는 지름 (㉡) 이상의 원이 통과할 수 있을 것
> 나. 해당 층의 바닥면으로부터 개구부 밑부분까지의 높이가 (㉢) 이내일 것
> 다. 도로 또는 차량이 진입할 수 있는 빈터를 향할 것
> － 이 하 생 략 －

	㉠	㉡	㉢
①	30분의 1	50센티미터	1.2미터
②	30분의 1	60센티미터	1.5미터
③	50분의 1	50센티미터	1.5미터
④	50분의 1	60센티미터	1.2미터

12. 「소방시설 설치 및 관리에 관한 법률 시행령」상 건축허가등을 할 때 미리 소방본부장 또는 소방서장의 동의를 받아야 하는 건축물 등의 범위에 해당하지 않는 것은?
① 방송용 송수신탑
② 가스시설로서 지상에 노출된 탱크의 저장용량의 합계가 150톤인 것
③ 지하층 또는 무창층이 있는 건축물(공연장은 없음)로서 바닥면적이 120제곱미터인 층이 있는 것
④ 지하층을 제외한 층수가 10층인 건축물

정답 ○ 11.① 12.③

13. 「소방시설 설치 및 관리에 관한 법률」 및 같은 법 시행령상 소방청장이 정하는 내진설계기준에 맞게 설치하여야 하는 소방시설로 옳지 않은 것은?
   ① 옥내소화전설비
   ② 옥외소화전설비
   ③ 스프링클러설비
   ④ 이산화탄소 소화설비

14. 「소방시설 설치 및 관리에 관한 법률」 및 같은 법 시행령상 방염성능기준 이상의 실내장식물 등을 설치해야 하는 특정소방대상물에 해당하지 않는 것은?
   ① 의료시설
   ② 숙박이 가능한 수련시설
   ③ 근린생활시설 중 체력단련장
   ④ 방송통신시설 중 통신용 시설

15. 「소방시설 설치 및 관리에 관한 법률 시행령」상 특정소방대상물 중 근린생활시설에 해당하지 않는 것은? (주어진 용도 외 다른 용도는 없음)
   ① 자동차영업소로서 같은 건축물에 해당 용도로 쓰는 바닥면적의 합계가 600 ㎡ 인 건축물
   ② 탁구장, 그 밖에 이와 비슷한 것으로서 같은 건축물에 해당 용도로 쓰는 바닥면적의 합계가 300 ㎡인 건축물
   ③ 슈퍼마켓과 일용품(식품, 잡화, 의류, 완구, 서적, 건축 자재, 의약품, 의료기기 등) 등의 소매점으로서 같은 건 축물에 해당 용도로 쓰는 바닥면적의 합계가 800 ㎡ 인 건축물
   ④ 종교집회장[교회, 성당, 사찰, 기도원, 수도원, 수녀원, 제실(祭室), 사당, 그 밖에 이와 비슷한 것을 말한다.]으로서 같은 건축물에 해당 용도로 쓰는 바닥면적의 합계가 400 ㎡ 인 건축물

정답 13.② 14.④ 15.④

16. 「소방시설 설치 및 관리에 관한 법률 시행령」상 특정소방대상물의 관계인이 특정소방대상물에 설치·관리해야 하는 소방시설의 종류 중 옥내소화전설비를 설치하여야 하는 특정소방대상물의 기준으로 옳은 것은?
   ① 교육연구시설로서 연면적 1천5백 ㎡ 이상인 것
   ② 터널로서 길이가 500 m 이상인 터널
   ③ 발전시설이 지하층·무창층으로서 바닥면적이 300 ㎡ 이상인 층이 있는 것
   ④ 건축물의 옥상에 설치된 차고·주차장으로서 사용되는 면적이 150 ㎡ 이상인 경우 해당 부분

17. 「소방시설 설치 및 관리에 관한 법률 시행령」상 임시소방시설의 종류에 해당하지 않는 것은?
   ① 질식소화포
   ② 간이소화장치
   ③ 비상경보장치
   ④ 가스누설경보기

18. 「화재의 예방 및 안전관리에 관한 법률 시행령」상 보일러 등의 설비 또는 기구 등의 위치·구조 및 관리와 화재예방을 위하여 불을 사용할 때 지켜야 하는 사항으로 옳지 않은 것은? (단, 주택에서 사용하는 가정용은 제외)
   ① 건조설비와 벽·천장 사이의 거리는 0.5미터 이상이어야 한다.
   ② 보일러 본체와 벽·천장 사이의 거리는 0.5미터 이상이어야 한다.
   ③ 노 또는 화덕의 주위에는 녹는 물질이 확산되지 않도록 높이 0.1미터 이상의 턱을 설치해야 한다.
   ④ 일반음식점 주방에서 음식조리를 위하여 설치하는 주방설비에 부속된 배출덕트(공기 배출통로)는 0.5밀리미터 이상의 아연도금강판 또는 이와 같거나 그 이상의 내식성불연재료로 설치해야 한다.

정답 ○― 16.③ 17.① 18.②

19. 「화재의 예방 및 안전관리에 관한 법률」 및 같은 법 시행령상 화재의 예방 및 안전관리에 관한 기본계획에 포함되어야 할 사항으로 옳지 않은 것은?
   ① 화재의 예방과 안전관리 관련 전문인력의 육성·지원 및 관리
   ② 화재의 예방과 안전관리를 위한 법령·제도의 마련 등 기반 조성
   ③ 계절별·시기별·소방대상물별 화재예방대책의 추진 및 평가 등에 관한 사항
   ④ 그 밖에 화재의 예방 및 안전관리와 관련하여 소방서장이 필요하다고 인정하는 사항

20. 「화재의 예방 및 안전관리에 관한 법률 시행규칙」상 소방관계인이 소방안전관리자를 선임한 경우에는 소방안전관리대상물의 출입자가 쉽게 알 수 있도록 소방안전관리자의 정보를 게시하여야 한다. 소방안전관리자 정보의 게시사항으로 옳지 않은 것은?
   ① 소방안전관리자의 연락처
   ② 소방안전관리자의 근무 기간
   ③ 소방안전관리대상물의 명칭 및 등급
   ④ 소방안전관리자의 성명 및 선임 일자

21. 「화재의 예방 및 안전관리에 관한 법률」상 화재예방강화지구 및 이에 준하는 대통령령으로 정하는 장소에서 용접·용단 등 불꽃을 발생시키는 행위의 금지 또는 제한 등에 따른 명령을 정당한 사유 없이 따르지 아니하거나 방해한 자에 대한 벌칙으로 옳은 것은? (단, 행정안전부령으로 정하는 바에 따라 안전조치를 한 경우에는 그러하지 아니한다)
   ① 3천만원 이하의 벌금
   ② 1천만원 이하의 벌금
   ③ 3백만원 이하의 벌금
   ④ 2백만원 이하의 벌금

정답   19.④   20.②   21.③

22. 「화재의 예방 및 안전관리에 관한 법률 시행령」상 화재예방안전진단 결과에 따른 안전등급 기준에서 보통(C)에 대한 대상물의 상태로 옳은 것은?
   ① 대상물 일부에 대해 법 제41조제5항에 따른 보수·보강 등의 조치명령이 필요한 상태
   ② 문제점이 다수 발견되었으나 대상물의 전반적인 화재안전에는 이상이 없으며 대상물에 대한 다수의 조치명령이 필요한 상태
   ③ 광범위한 문제점이 발견되어 대상물의 화재안전을 위해 조치명령의 즉각적인 이행이 필요하고 대상물의 사용제한을 권고할 필요가 있는 상태
   ④ 중대한 문제점이 발견되어 대상물의 화재안전을 위해 조치명령의 즉각적인 이행이 필요하고 대상물의 사용중단을 권고할 필요가 있는 상태

23. 「화재의 예방 및 안전관리에 관한 법률 시행령」상 소방안전관리보조자를 선임해야 하는 소방안전관리대상물의 범위로 옳은 것은?
   ① 수련시설
   ② 연면적이 1만 8천제곱미터인 아파트
   ③ 연면적이 1만 5천제곱미터인 연립주택
   ④ 숙박시설로 사용되는 바닥면적의 합계가 1천제곱미터이고 관계인이 24시간 상시 근무하고 있는 숙박시설

24. 「화재의 예방 및 안전관리에 관한 법률 시행규칙」상 화재예방안전진단기관의 장비기준에서 소방분야 장비로 옳은 것은?
   ① 포콜렉터
   ② 클램프미터
   ③ 진동시험기
   ④ 폐쇄력측정기

정답 ○― 22.② 23.① 24.④

25. 「화재의 예방 및 안전관리에 관한 법률」상 과태료 부과기준에 관한 사항이다. ㉠~㉣에 들어갈 숫자로 옳은 것은?

- 소방안전관리대상물 근무자 및 거주자에게 소방훈련 및 교육을 하지 아니한 관계인에게는 (㉠)만원 이하의 과태료를 부과한다.
- 실무교육을 받지 아니한 소방안전관리자 및 소방 안전관리보조자에게는 (㉡)만원 이하의 과태료를 부과한다.
- 소방설비등의 설치 명령을 정당한 사유 없이 따르지 아니한 관계인에게는 (㉢)만원 이하의 과태료를 부과한다.
- 소방안전관리업무의 지도·감독을 하지 아니한 소방 안전관리대상물의 관계인에게는 (㉣)만원 이하의 과태료를 부과한다.

	㉠	㉡	㉢	㉣
①	100	200	300	400
②	200	100	200	300
③	300	300	100	200
④	300	100	200	300

정답 25.④

2024년 소방장 승진시험

【 소방법령Ⅱ - 소방시설법 및 화재예방법】

9. 「소방시설 설치 및 관리에 관한 법률」 및 같은 법 시행령상 건축허가 등의 동의에 대한 설명으로 옳지 않은 것은?

   ① 건축물 등의 신축·증축·개축·재축·이전·용도변경 또는 대수선의 허가·협의 및 사용승인의 권한이 있는 행정기관은 건축허가등을 할 때 미리 그 건축물 등의 시공지 또는 소재지를 관할하는 소방본부장이나 소방서장의 동의를 받아야 한다.
   ② 건축물의 증축 또는 용도변경으로 인하여 해당 특정소방대상물에 추가로 소방시설이 설치되지 않는 경우에는 해당 특정소방대상물은 건축허가등의 동의대상물에 해당한다.
   ③ 신축하는 방송용 송수신탑은 건축허가등의 동의대상물에 해당한다.
   ④ 소방시설공사의 착공신고 대상에 해당하지 않는 경우의 특정소방대상물은 건축허가등의 동의대상에서 제외한다.

10. 「소방시설 설치 및 관리에 관한 법률 시행령」상 자동화재속보설비를 설치해야 하는 특정소방대상물을 있는대로 모두 고른 것은? (단, 화재 수신기가 설치된 장소에 24시간 화재를 감시할 수 있는 사람이 근무하는 경우는 제외)

   (가) 노유자 생활시설
   (나) 근린생활시설 중 조산원 및 산후조리원
   (다) 판매시설 중 전통시장
   (라) 종합병원, 치과병원, 한방병원
   (마) 교육시설 내에 있는 기숙사 및 합숙소

   ① (가), (다)
   ② (나), (라), (마)
   ③ (가), (나), (다), (라)
   ④ (나), (다), (라), (마)

정답 ○─ 9.② 10.③

11. 「소방시설 설치 및 관리에 관한 법률」 및 같은 법 시행령상 소방청장이 정하는 내진설계기준에 맞게 설치하여야 하는 소방시설로 옳지 않은 것은?
   ① 옥내소화전설비
   ② 스프링클러설비
   ③ 연결송수관설비
   ④ 할로겐화합물 및 불활성기체 소화설비

12. 「소방시설 설치 및 관리에 관한 법률」 및 같은 법 시행령상 성능위주설계에 대한 설명으로 옳지 않은 것은?
   ① 연면적 3만제곱미터의 철도 및 도시철도 시설에 소방시설을 설치하려는 자는 성능위주설계를 해야 한다.
   ② 지상으로부터 높이가 120미터인 30층 아파트에 소방시설을 설치하려는 자는 성능위주설계를 해야 한다.
   ③ 소방시설을 설치하려는 자가 성능위주설계를 한 경우에는 건축허가를 신청하기 전에 해당 특정소방대상물의 시공지 또는 소재지를 관할하는 소방서장에게 신고해야 한다.
   ④ 소방서장은 성능위주설계의 신고, 변경신고 또는 사전검토 신청을 받은 경우에는 소방청 또는 관할 소방본부에 설치된 성능위주설계평가단의 검토·평가를 거쳐야 한다.

13. 「소방시설 설치 및 관리에 관한 법률」 및 같은 법 시행령상 대통령령 또는 화재안전기준이 변경되어 그 기준이 강화되는 경우 강화된 기준을 적용할 수 있는 소방시설을 모두 고른 것은?

   (가) 판매시설에 설치하는 옥내소화전설비
   (나) 업무시설에 설치하는 비상방송설비
   (다) 의료시설에 설치하는 스프링클러설비
   (라) 통신사업용 지하구에 설치하는 자동화재탐지설비

   ① (가), (나)
   ② (가), (다)
   ③ (나), (라)
   ④ (다), (라)

정답 11.③ 12.② 13.④

14. 「소방시설 설치 및 관리에 관한 법률 시행령」상 임시소방시설의 설치 기준으로 옳지 않은 것은?
   ① 간이소화장치는 연면적 600 ㎡ 이상 3천 ㎡ 미만에 해당하는 공사의 화재위험작업현장에 설치한다.
   ② 비상경보장치는 연면적 400 ㎡ 이상에 해당하는 공사의 화재위험작업현장에 설치한다.
   ③ 간이피난유도선은 바닥면적이 150 ㎡ 이상인 지하층 또는 무창층의 화재위험작업현장에 설치한다.
   ④ 비상조명등은 바닥면적이 150 ㎡ 이상인 지하층 또는 무창층의 화재위험작업현장에 설치한다.

15. 「소방시설 설치 및 관리에 관한 법률」 및 같은 법 시행령과 시행규칙상 소방시설등의 자체점검의 기준에 대한 설명으로 옳은 것은?
   ① 특정소방대상물의 소방시설이 새로 설치되는 경우 건축물을 사용할 수 있게 된 날부터 90일 이내에 점검을 실시해야 한다.
   ② 특급 소방안전관리대상물의 종합점검은 연 1회 이상 실시해야 한다.
   ③ 관계인은 자체점검이 끝난 날부터 15일 이내에 소방시설등 자체점검 실시결과 보고서를 소방본부장 또는 소방서장에게 보고해야 한다.
   ④ 관계인은 자체점검결과 공개 내용 등을 통보받은 날부터 30일 이내에 관할 소방본부장 또는 소방서장에게 이의신청을 할 수 있다.

16. 「소방시설 설치 및 관리에 관한 법률」 및 같은 법 시행령상 특정소방대상물에 실내장식 등의 목적으로 설치 또는 부착하는 물품과 관련하여 과태료 부과대상에 해당하는 것은?
   ① 층수가 11층인 업무시설 내의 창문에 방염처리하지 않은 블라인드를 설치한 경우
   ② 종교시설 내부에 방염처리하지 않은 두께가 2 mm 미만인 종이벽지를 부착한 경우
   ③ 숙박시설 내부에 방염처리하지 않은 가구류를 천장이나 벽에 부착하거나 설치한 경우
   ④ 의료시설에 방염처리하지 않은 침구류·소파 및 의자를 설치·비치한 경우

정답 14.① 15.③ 16.①

17. 「소방시설 설치 및 관리에 관한 법률」상 벌칙이나 과태료 규정에 대한 설명으로 옳지 않은 것은?
① 소방시설등에 대하여 스스로 점검을 하지 아니하거나 관리업자등으로 하여금 정기적으로 점검하게 하지 아니한 관계인은 1년 이하의 징역 또는 1천만원 이하의 벌금에 처한다.
② 소방시설등의 자체점검 결과 중대위반사항에 대하여 필요한 조치를 하지 아니한 관계인 또는 관계인에게 중대위반사항을 알리지 아니한 관리업자등은 300만원 이하의 벌금에 처한다.
③ 소속 기술인력의 참여 없이 자체점검을 한 관리업자는 300만원 이하의 과태료를 부과한다.
④ 관리업의 등록증이나 등록수첩을 다른 자에게 빌려주거나 빌리거나 이를 알선한 자는 300만원 이하의 과태료를 부과한다.

18. 「화재의 예방 및 안전관리에 관한 법률」상 정의하는 용어의 뜻으로 옳지 않은 것은?
① "안전관리"란 화재로 인한 피해를 최소화하기 위한 예방, 대비, 대응 등의 활동을 말한다.
② "예방"이란 화재의 위험으로부터 사람의 생명·신체 및 재산을 보호하기 위하여 화재발생을 사전에 제거하거나 방지하기 위한 모든 활동을 말한다.
③ "화재예방안전진단"이란 화재가 발생할 경우 사회·경제적으로 피해 규모가 클 것으로 예상되는 소방대상물에 대하여 화재위험요인을 조사하고 그 위험성을 평가하여 개선대책을 수립하는 것을 말한다.
④ "화재예방강화지구"란 소방청장, 소방본부장 또는 소방서장이 화재발생 우려가 크거나 화재가 발생할 경우 피해가 클 것으로 예상되는 지역에 대하여 화재의 예방 및 안전관리를 강화하기 위해 지정·관리하는 지역을 말한다.

19. 「화재의 예방 및 안전관리에 관한 법률」 및 같은 법 시행령상 화재의 예방 및 안전관리 기본계획 등의 수립·시행에 관한 설명 중 ㉠과 ㉡에 들어갈 말로 옳은 것은?

(가) 소방청장은 화재예방정책을 체계적·효율적으로 추진하고 이에 필요한 기반 확충을 위하여 화재의 예방 및 안전관리에 관한 기본계획을 (㉠)와/과 협의하여 수립한다.
(나) 소방청장은 기본계획을 시행하기 위한 계획을 계획 시행 전년도 (㉡)까지 수립해야 한다.

	㉠	㉡
①	시·도지사	10월 31일
②	시·도지사	12월 31일
③	관계 중앙행정기관의 장	10월 31일
④	관계 중앙행정기관의 장	12월 31일

정답 ○— 17.④ 18.④ 19.③

20. 「화재의 예방 및 안전관리에 관한 법률」 및 같은 법 시행령과 시행규칙상 규정하고 있는 사항으로 ㉠~㉣에 들어갈 숫자를 모두 합산하였을 때 옳은 것은?

> (가) 소방안전관리대상물의 관계인이 소방안전관리자 또는 소방안전관리보조자를 선임한 경우에는 선임한 날부터 (㉠)일 이내에 소방본부장 또는 소방서장에게 신고해야 한다.
> (나) 소방관서장은 화재예방강화지구 안의 관계인에게 훈련 및 교육을 실시하려는 경우에는 훈련 또는 교육 (㉡)일 전까지 그 사실을 통보해야 한다.
> (다) 소방관서장은 화재안전조사 결과를 공개하는 경우 (㉢)일 이상 해당 소방관서 인터넷 홈페이지나 전산시스템을 통해 공개해야 한다.
> (라) 화재안전조사의 연기를 신청하려는 관계인은 화재안전조사 시작 (㉣)일 전까지 서류를 첨부하여 소방청장, 소방본부장 또는 소방서장에게 제출해야 한다.

① 54
② 57
③ 60
④ 63

21. 「화재의 예방 및 안전관리에 관한 법률 시행령」상 특수가연물의 저장 및 취급 기준에 관한 설명으로 옳은 것은?
① 특수가연물을 실외에 쌓아 저장하는 경우 쌓는 부분이 대지경계선, 도로 및 인접 건축물과 최소 3미터 이상 간격을 두어야 한다.
② 특수가연물 표지의 바탕은 흰색으로 문자는 검은색으로 하고, 화기엄금 표시 부분의 바탕은 흰색으로 문자는 붉은색으로 해야 한다.
③ 특수가연물을 쌓는 부분 바닥면적의 사이는 실내의 경우 1.2미터 또는 쌓는 높이의 1/2 중 큰 값 이상으로 간격을 두어야 하며, 실외의 경우 2.4미터 또는 쌓는 높이 중 큰 값 이상으로 간격을 두어야 한다.
④ 특수가연물을 저장 또는 취급하는 장소에는 품명, 최대저장수량, 단위부피당 질량 또는 단위체적당 질량, 관리책임자 성명·직책, 연락처 및 화기취급의 금지표시가 포함된 특수가연물 표지를 설치해야 한다.

정답 20.② 21.④

22. 「화재의 예방 및 안전관리에 관한 법률 시행령」상 화재안전취약자에 대한 지원 대상으로 옳지 않은 것은?
   ① 「아동복지법」에 따른 피해아동
   ② 「장애인복지법」에 따른 중증장애인
   ③ 「국민기초생활 보장법」에 따른 수급자
   ④ 「다문화가족지원법」에 따른 다문화가족의 구성원

23. 「화재의 예방 및 안전관리에 관한 법률」 및 같은 법 시행령과 시행규칙상 건설현장 소방안전관리에 대한 설명 중 옳지 않은 것은?
   ① 공사시공자가 건설현장 소방안전관리대상물에 소방안전관리자를 선임해야 할 경우 그 기간은 소방시설공사 착공 신고일부터 소방시설공사 완공검사 신청일까지로 한다.
   ② 건설현장 소방안전관리대상물의 소방안전관리자는 공사진행 단계별 피난안전구역, 피난로 등의 확보와 관리, 초기대응체계의 구성·운영 및 교육 등의 업무를 하여야 한다.
   ③ 신축·증축·개축·재축·이전·용도변경 또는 대수선을 하려는 부분의 연면적의 합계가 1만 5천제곱미터 이상인 특정소방대상물은 건설현장 소방안전관리대상물에 해당한다.
   ④ 소방본부장 또는 소방서장은 건설현장 소방안전관리자의 선임신고를 접수하거나 해임 사실을 확인한 경우에는 지체 없이 관련 사실을 종합정보망에 입력해야 한다.

24. 「화재의 예방 및 안전관리에 관한 법률」 및 같은 법 시행규칙상 피난계획의 수립 및 시행에 관한 설명으로 옳지 않은 것은?
   ① 피난유도 안내정보는 연 2회 피난안내 교육을 실시하거나, 분기별 1회 이상 피난안내방송을 실시하는 방법 등으로 제공한다.
   ② 소방안전관리대상물의 관계인은 피난시설의 위치, 피난경로 또는 대피요령이 포함된 피난유도 안내정보를 근무자 또는 거주자에게 정기적으로 제공하여야 한다.
   ③ 피난계획에는 화재경보의 수단 및 방식, 피난약자의 현황, 피난약자 및 피난약자를 동반한 사람의 피난동선과 피난방법, 부지 및 도로의 설치 계획이 포함되어야 한다.
   ④ 소방안전관리대상물의 관계인은 그 장소에 근무하거나 거주 또는 출입하는 사람들이 화재가 발생한 경우에 안전하게 피난할 수 있도록 피난계획을 수립·시행하여야 한다.

정답 22.① 23.① 24.③

25. 「화재의 예방 및 안전관리에 관한 법률」 및 같은 법 시행령과 시행규칙상 화재예방안전진단에 관한 설명으로 옳지 않은 것은?

① 공항시설 중 여객터미널의 연면적이 1천 제곱미터 이상인 공항시설은 화재예방안전진단 대상에 속하는 소방안전 특별관리시설물에 해당한다.

② 화재예방안전진단 신청을 받은 안전원 또는 진단기관은 위험요인 조사, 위험성 평가, 위험성 감소대책 수립의 절차에 따라 화재예방안전진단을 실시한다.

③ 소방계획 및 피난계획 수립에 관한 사항, 소방시설등의 유지·관리에 관한 사항, 비상대응조직 및 교육훈련에 관한 사항은 화재예방안전진단의 범위에 해당한다.

④ 화재예방안전진단은 정기적으로 받아야 하며 안전등급이 미흡·불량인 경우 안전등급을 통보받은 날부터 5년이 경과한 날이 속하는 해에 화재예방안전진단을 받아야 한다.

정답 25.④